J. Richards, Joseph Gould, W. J. Wray

Draughts

Gould's Problems, Critical Positions and Games by all the Greatest Players and Composers of the World

J. Richards, Joseph Gould, W. J. Wray

Draughts

Gould's Problems, Critical Positions and Games by all the Greatest Players and Composers of the World

ISBN/EAN: 9783337427924

Printed in Europe, USA, Canada, Australia, Japan

GOULD'S

PROBLEMS, CRITICAL POSITIONS,

AND

GAMES,

BY ALL THE GREATEST PLAYERS AND COMPOSERS OF THE WORLD.

TO WHICH IS ADDED A SPECIAL SECTION OF

BRIDGE POSITION PROBLEMS,

BY THE LATE W. J. WRAY, HALIFAX.

THE WHOLE INTERSPERSED WITH

NOTES ON THE POSITIONS,

BY JOSEPH GOULD.

WITH

AN APPENDIX, CONTAINING CORRECTIONS AND IMPROVEMENTS OF PLAY,

COMPILED BY J. RICHARDS, PENZANCE.

THIRD EDITION.

PHILADELPHIA
DAVID McKAY COMPANY
Washington Square

PREFACE.

The First Edition of 3,500 copies of this work having long been exhausted, I have pleasure in offering a new and carefully revised and corrected edition to my friends and the public, to meet the pressing demands both from abroad and home.

The great and rapid sale of the first edition indicates that the work has met the popular taste, and proves that the intricacy, brilliancy, and depth of the play of the various authors has been recognised and appreciated.

Great efforts have been made to secure correctness in notation, so that the play on all the positions may be considered reliable.

The value of this edition has been greatly enhanced by the persistent efforts of the many experts who have tested the play on the positions to prove their soundness or otherwise. Although flaws have been discovered in many problems, the play given to correct them will be found a source of great instruction; and the efforts of those who have discovered and corrected the errors will have the grateful thanks of all lovers of the game as well as my own. My gratitude is particularly due to Mr. W. C. Belden, of Cucamongo, California, U.S.A., who, when he found that I was revising this work, wrote repeatedly, and sent me the fruits of his years of study on the positions. Although I can point with pride and pleasure to the play of all correctors, I feel I am fully justified in referring to that of our mutual friend, Mr. Belden, as particularly meritorious and fine. Some of his is now published for the first time.

In order that the typographical merits of this work might in some degree correspond with the sterling worth of its contents, I spared neither trouble nor expense in my endeavours to produce it in a creditable manner, and for that purpose had newly designed diagrams cut and cast expressly for it.

In the whole of the diagrams the Blacks occupy the upper and the Whites the lower squares; but for the information of the learner I give the board numbered as required for following the play, and the men placed for commencing the games.

BLACK.

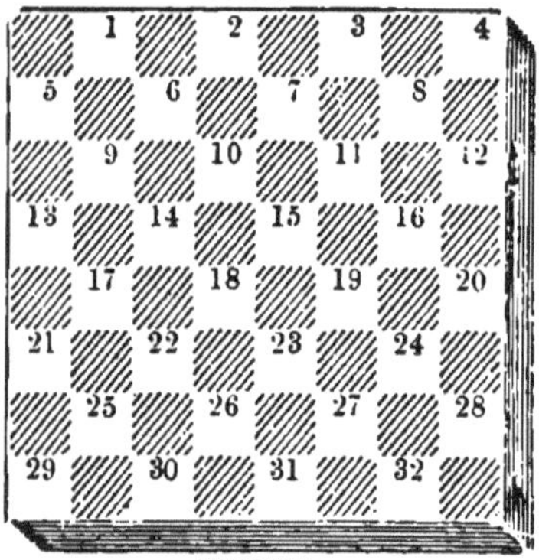

WHITE.

BLACK.

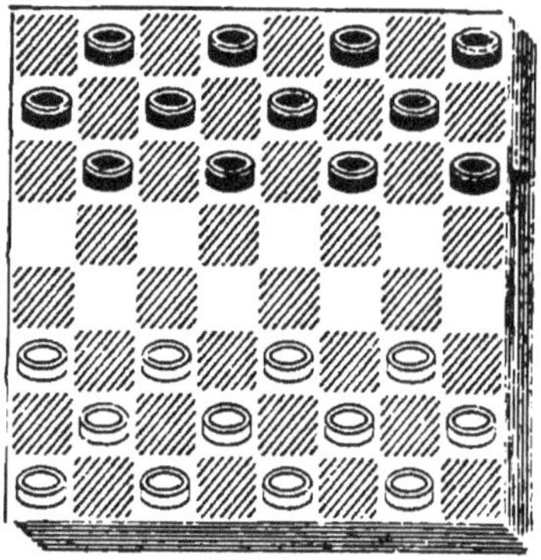

WHITE.

JOSEPH GOULD.

THE STANDARD LAWS.

1.—The Standard Board must be of light and dark squares, not less than fourteen and one-half inches, nor more than sixteen inches across said squares.

2.—The Board shall be placed so that the bottom corner square on the left hand shall be black.

3.—The Standard Men, technically described as Black and White, must be light and dark (say red and white, or black and white), turned, and round, and not less than one and one-eight inch, nor more than one and one-fourth inch in diameter.

4.—The men shall be placed on the black squares.

5.—The black men shall invariably be placed upon the real or supposed first twelve squares of the board; the white men upon the last twelve squares.

6.—Each player shall play alternately with black and white men, and lots shall be cast for the colour only once—viz., at the commencement of a match—the winner to have the choice of taking either black or white.

7.—The first move must invariably be made by the person having the black men.

8.—At the end of Five Minutes (if the move has not been previously made), "Time" must be called in a distinct manner, by the person appointed for the purpose; and if the move be not completed on the expiry of another minute, the game shall be adjudged as lost through improper delay.

9.—When there is only one way of taking one or more pieces, "Time" shall be called at the end of one minute; and if the move be not completed on the expiry of another minute, the game shall be adjudged as lost through improper delay.

10.—Either player is entitled, on giving intimation, to arrange his own, or his opponent's pieces properly on the squares. After the move has been made, however, if either player touch or arrange any piece without giving intimation he shall be cautioned for the first offence, and shall forfeit the game for any subsequent act of the kind.

11.—After the pieces have been arranged, if the person whose turn it is to play touch one, he must either play it or forfeit the game. When the piece is not playable, he is penalized according to the preceding law.

12.—If any part of a playable piece be played over an angle of the square on which it is stationed, the play must be completed in that direction.

13.—A capturing play, as well as an ordinary one, is completed whenever the hand is withdrawn from the piece played, even although two or more pieces should have been taken.

14.—When taking, if a player remove one of his own pieces he cannot replace it; but his opponent can either play or insist on his replacing it.

15.—Either player making a false or improper move, shall instantly forfeit the game to his opponent, without another move being made.

16.—The "Huff" or "Blow" is (before one plays his own piece) to remove from the board any one of the adverse pieces that might or should have taken. But the huff or blow never constitutes a play.

17.—The player has the power either to Huff, compel the take, or to let the piece remain on the board, as he thinks proper.

18.—When a Man first reaches any of the squares on the opposite extreme line of the board it becomes a King, and can be moved backwards or forwards, as the limits of the board permit (though not in the same play), and must be crowned—by placing a man on the top of it—by the opponent. If he neglect to do so, and play, any such play shall be put back until the Man be crowned.

19.—A Draw is when neither of the players can FORCE a win. When one of the sides appears stronger than the other, the stronger party is required to complete the win, or to show to the satisfaction of the umpire or referee at least a decided advantage over his opponent within forty of his own moves—to be counted from the point at which notice was given—failing in which he must relinquish the game as a draw.

20.—Anything which may tend either to annoy or distract the attention of the player is strictly forbidden—such as making signs or sounds, pointing or hovering over the board, unnecessarily delaying to move a piece touched, or smoking. Any principal so acting, after having been warned of the consequence and requested to desist, shall forfeit the game.

21.—While a game is pending, neither player is permitted to leave the room without a sufficient reason, or receiving the other's consent or company.

22.—Any spectator giving warning, either by sign, sound, or remark, on any of the games, whether played or pending, shall be ordered from the room during the match, and play will be discontinued until such offending party retires.

23.—A match between equals, wins and draws to count, should consist of an even number of games, so that each player may have the first move the same number of times.

24.—Either player committing a breach of any of these laws must submit to the penalty; and his opponent is equally bound to exact the same.

25.—Should any dispute occur not satisfactorily determined by the preceding laws, a written statement of the facts must be sent to a disinterested arbiter, having a knowledge of the game, whose decision shall be final.

SECTION I.

Elementary and Easy Positions

(FOR LEARNERS.)

1.—"First Position."

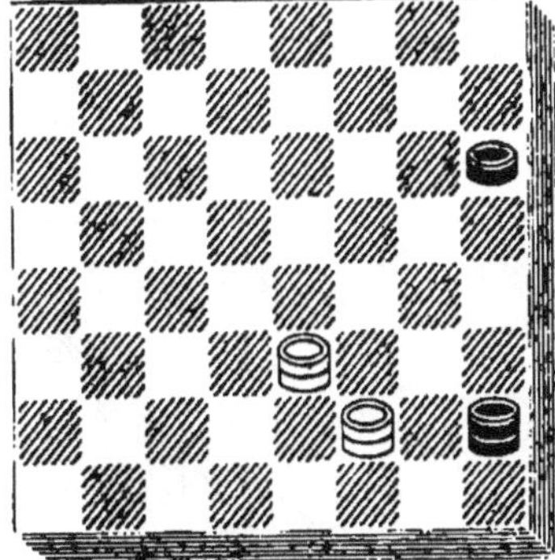

White to move and win.

3.—"Third Position."

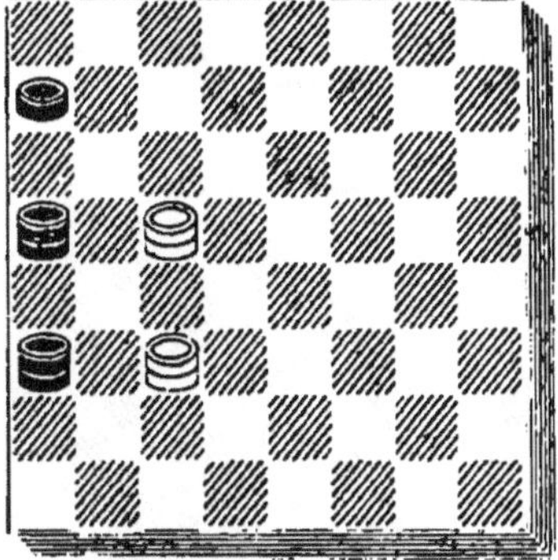

Black to move and win.

2.—"Second Position."

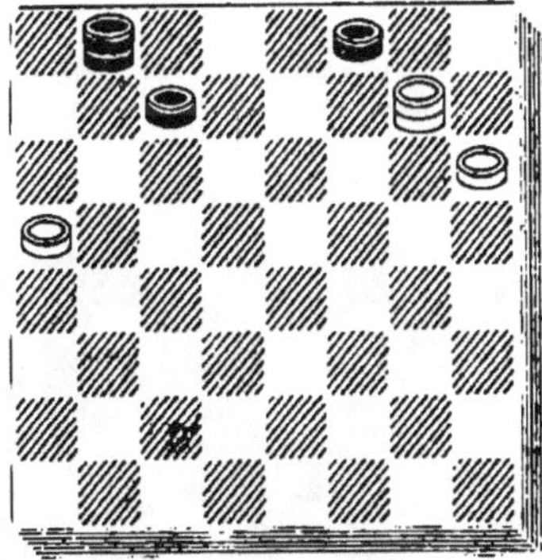

Black to move and win.

4.—"Fourth Position."

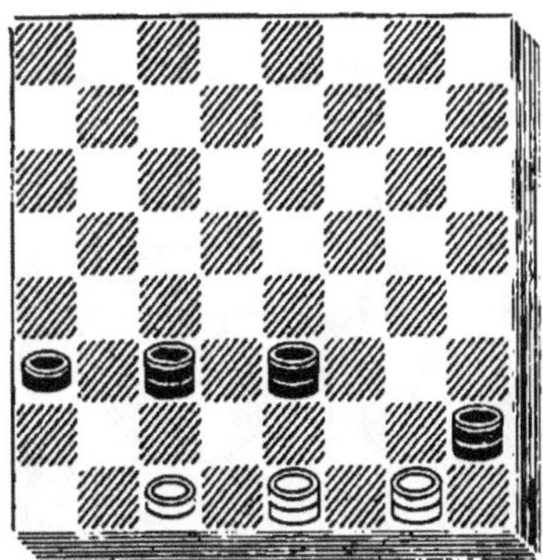

B. move & win, W. move & draw.

5.—Sturges.

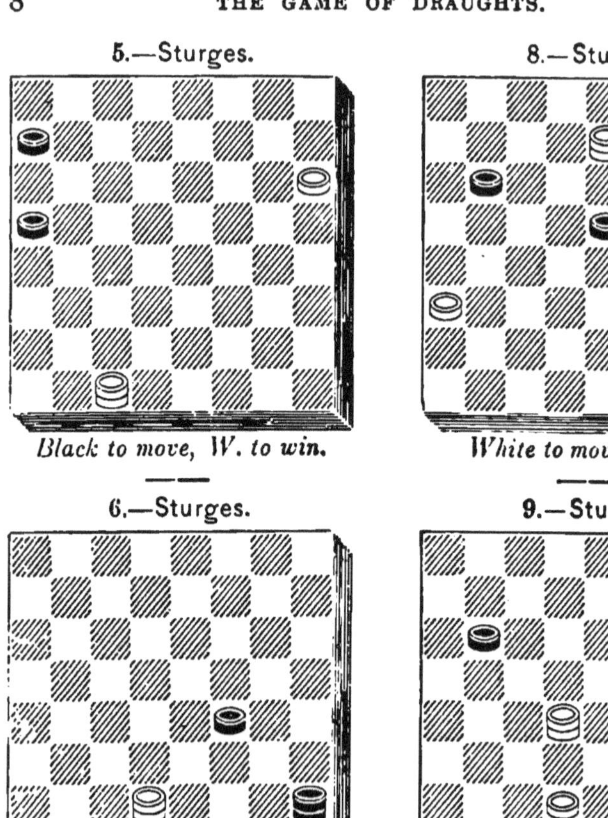

Black to move, W. to win.

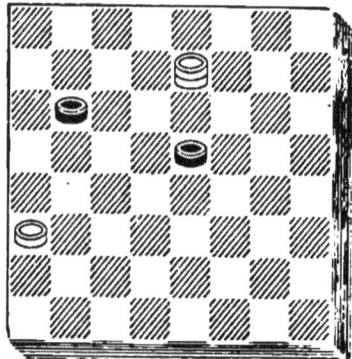

6.—Sturges.

White to move and win.

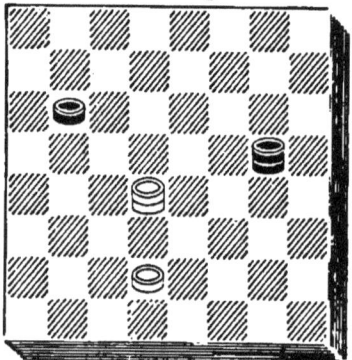

7.—Sturges.

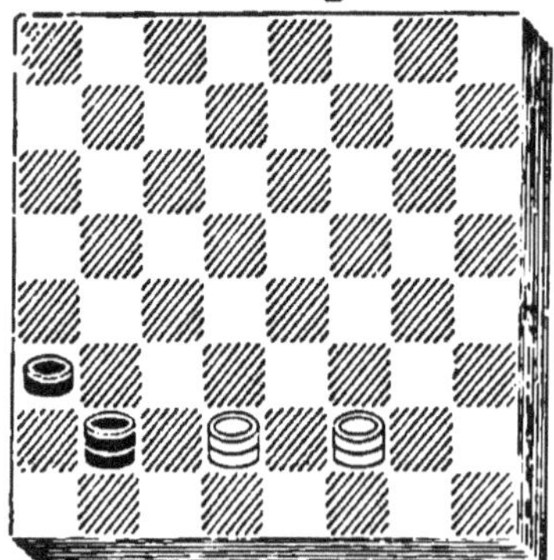

Either to move. W. to win.

8.—Sturges.

White to move and win.

9.—Sturges.

White to move and win.

10.—Sturges.

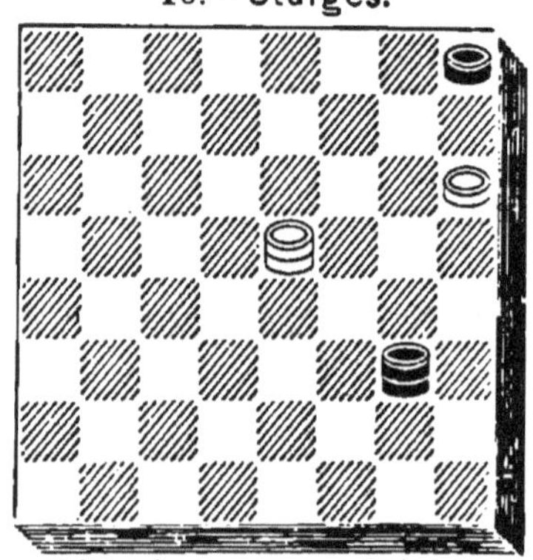

Black to move and draw.

11.—Sturges.

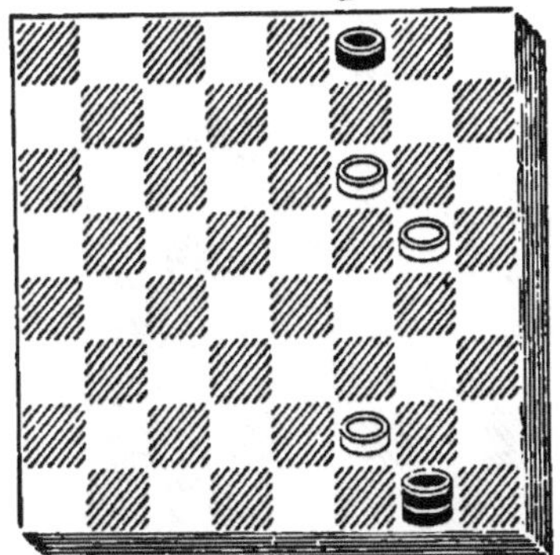

White to move and win.

14.—Sturges.

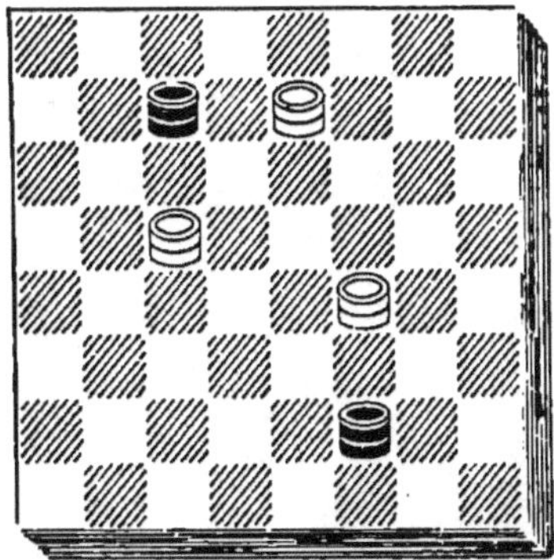

Black to move, W. to win.

12.—Sturges.

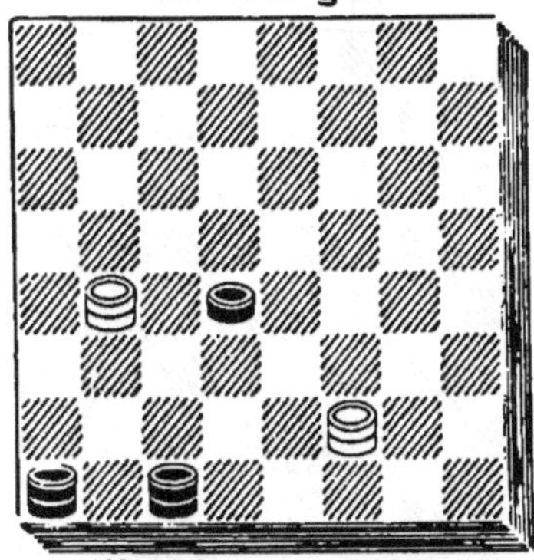

White to move and win.

15.—Sturges.

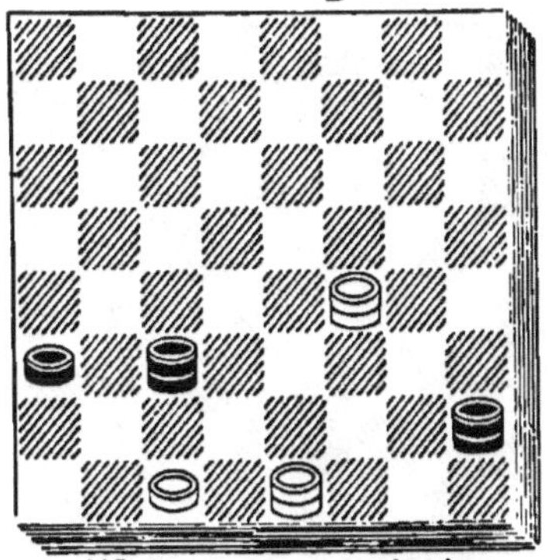

White to move and win.

13.—The late C. M. Wilder.

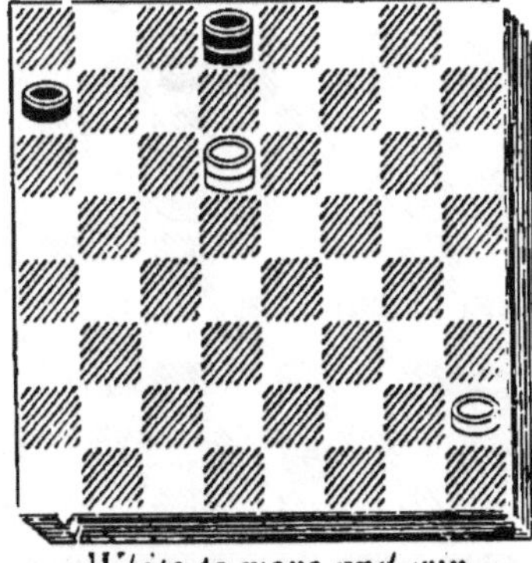

White to move and win.

16.—Dr. Brown.

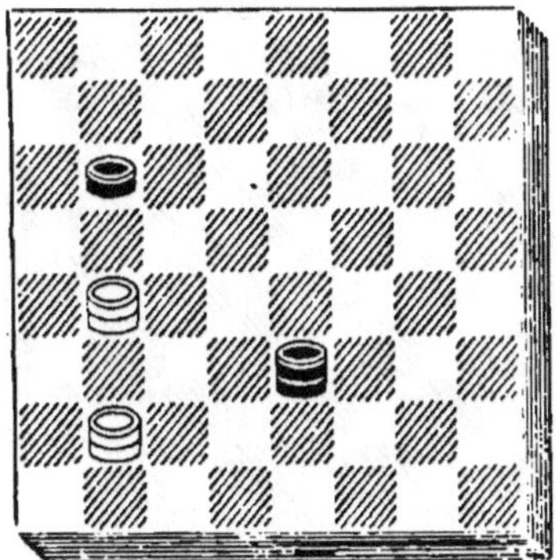

White to move and win.

17.—Dr. Brown.

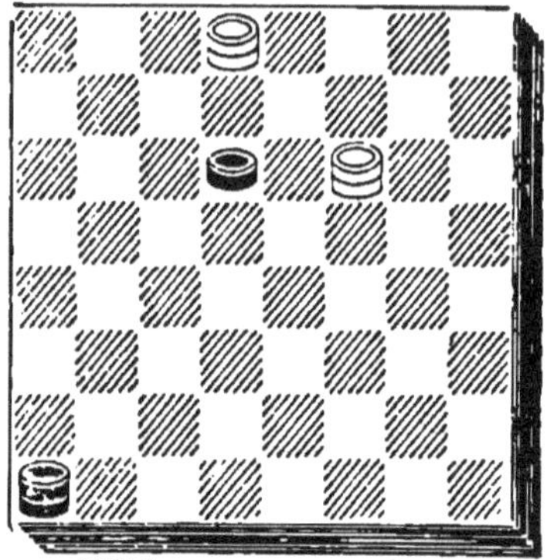

White to move and win.

20.—Dr. Brown.

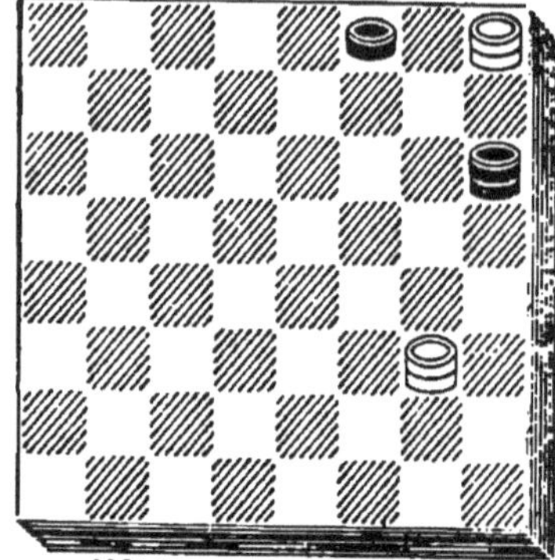

White to move and win.

18.—Dr. Brown.

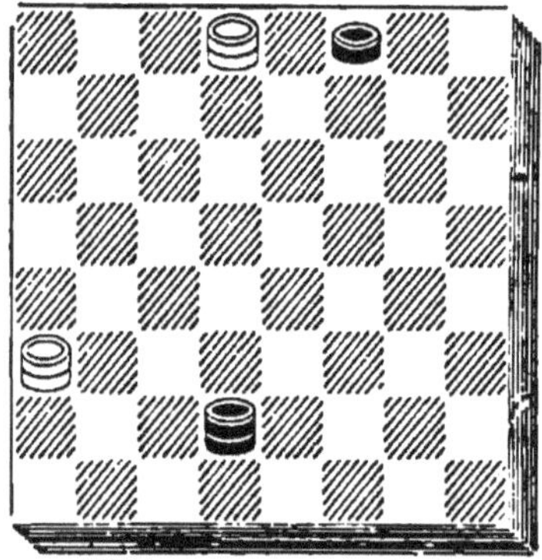

White to move and win.

21.—Dr. Brown.

Black to move and win.

19.—Dr. Brown.

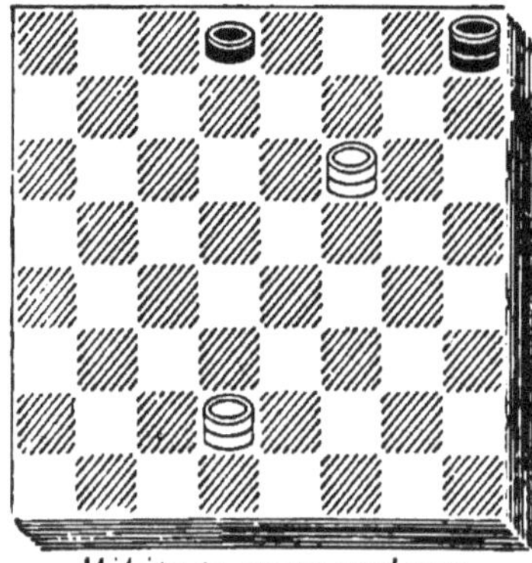

White to move and win.

22.—Drs. Brown and Lucas.

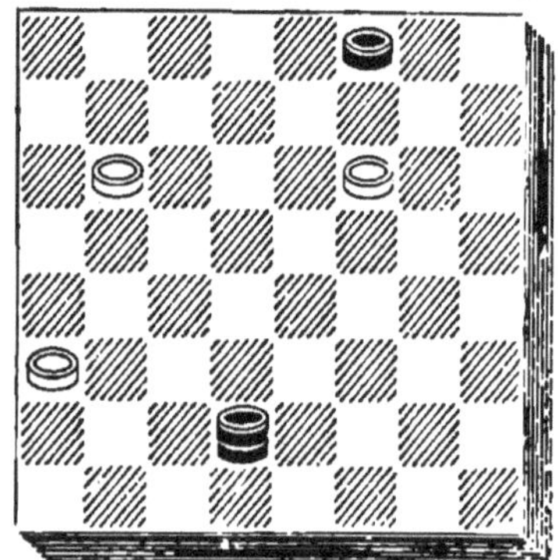

White to move and win.

23.—Dr. Brown.

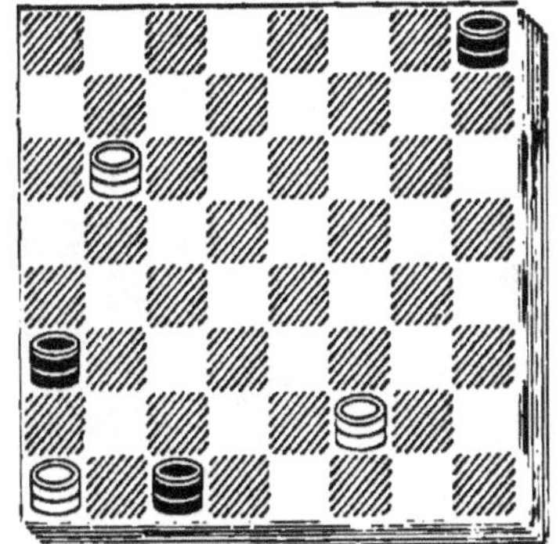

White to move and win.

24.—Dr. Brown.

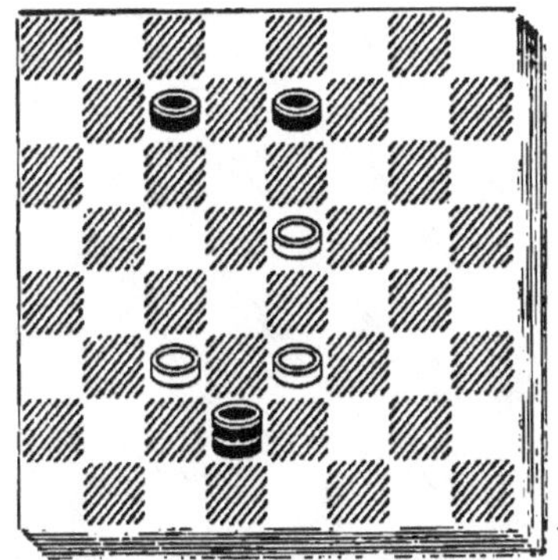

White to move and draw.

25.—Dr. Brown.

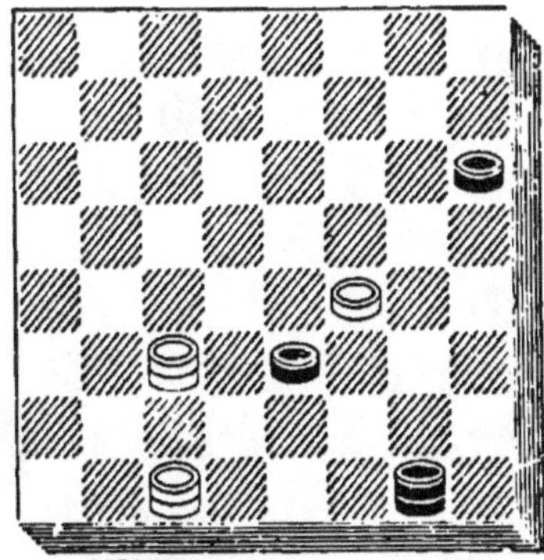

White to move and win.

26.—Dr. Brown.

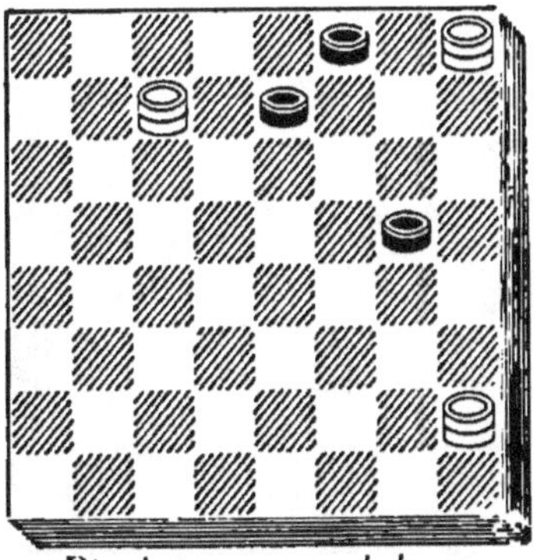

Black to move and draw.

27.—Payne.

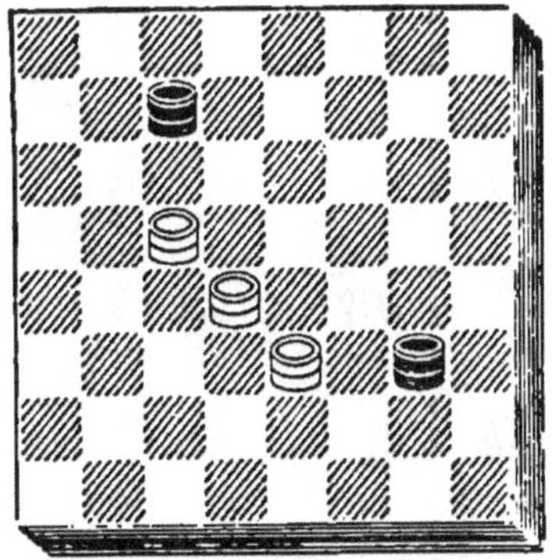

White to move and win.

28.—Payne.

White to move and draw.

29.—Payne.

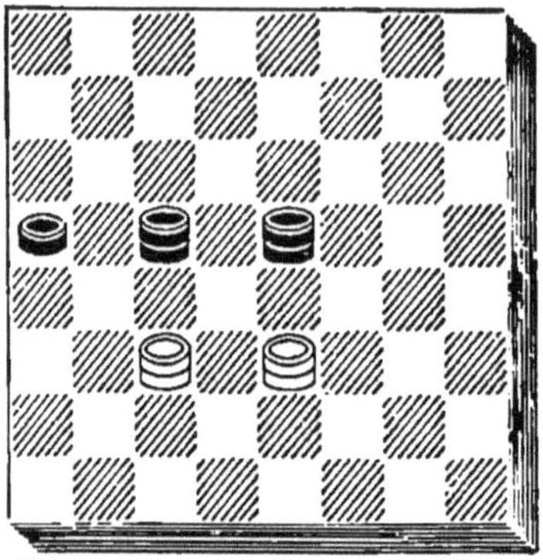

Black to move, White to draw.

30.—Payne.

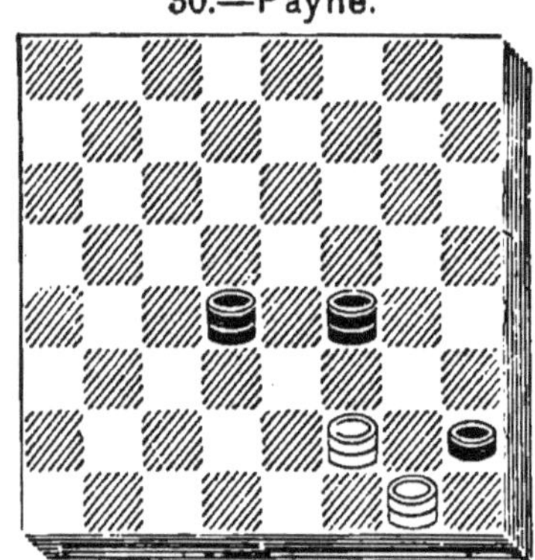

White to move and draw.

31.—Payne.

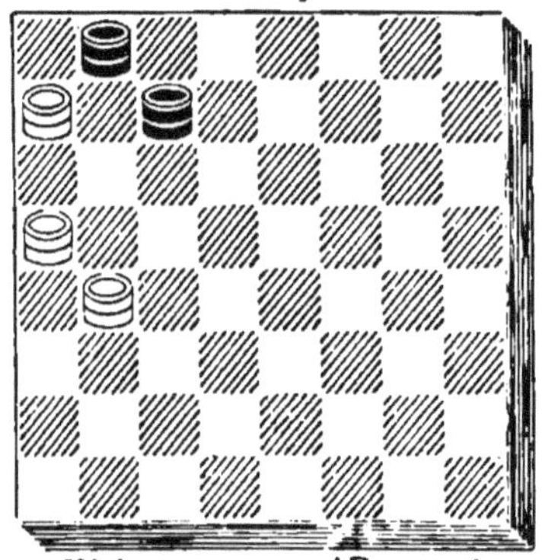

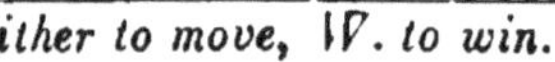

Either to move, W. to win.

32.—Payne.

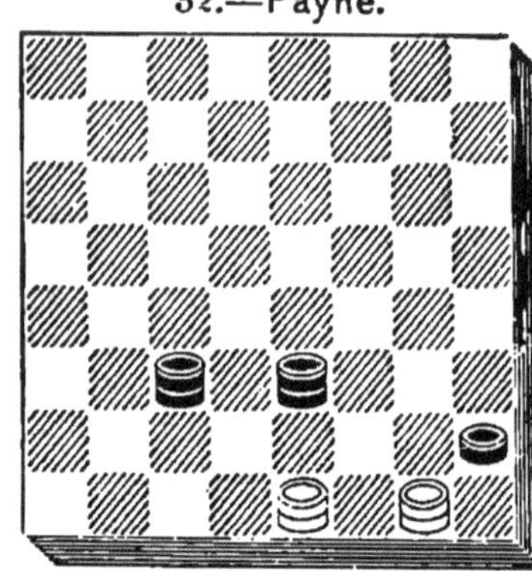

Either to move, B. to win.

33.—Alonzo Brooks.

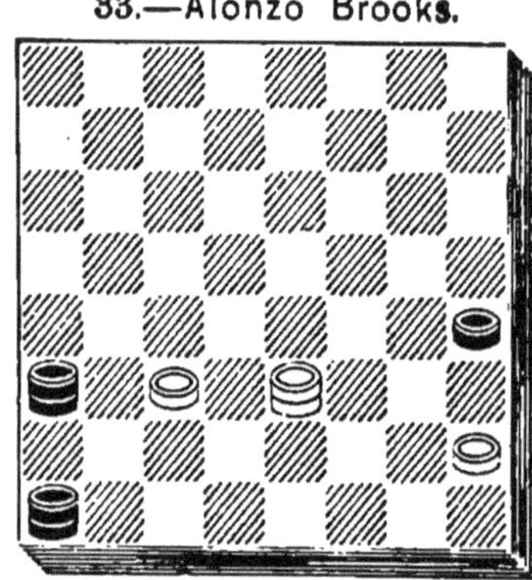

White to move and win.

34.—Alonzo Brooks.

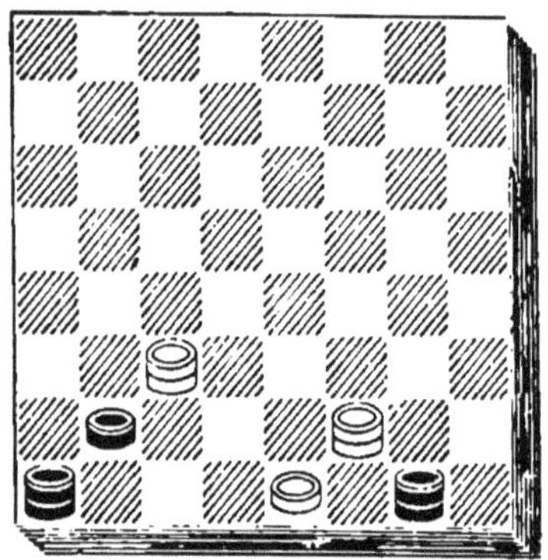

White to move and win.

35.—Alonzo Brooks.

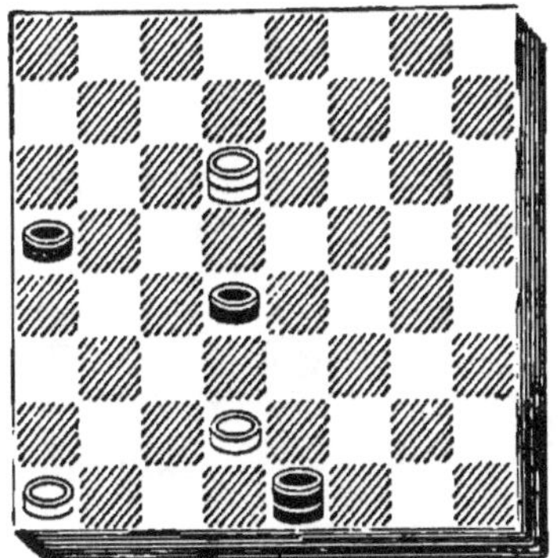

White to move and win.

36.—Alonzo Brooks.

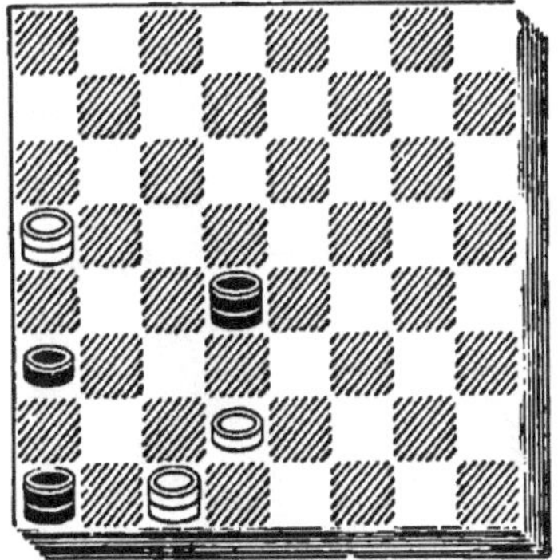

White to move and win.

37.—Selected.

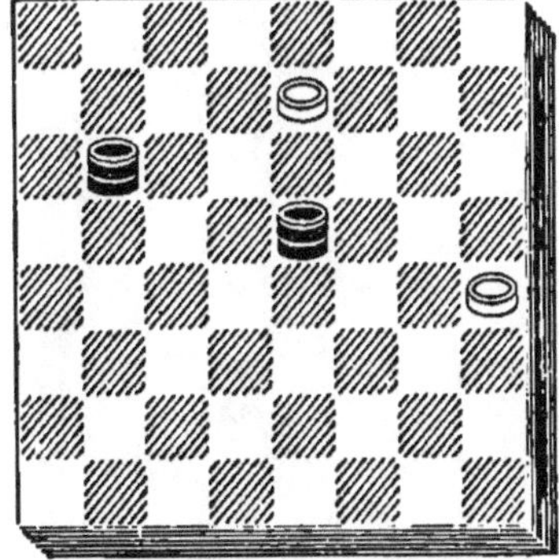

Black to move and win.

38.—By the American.

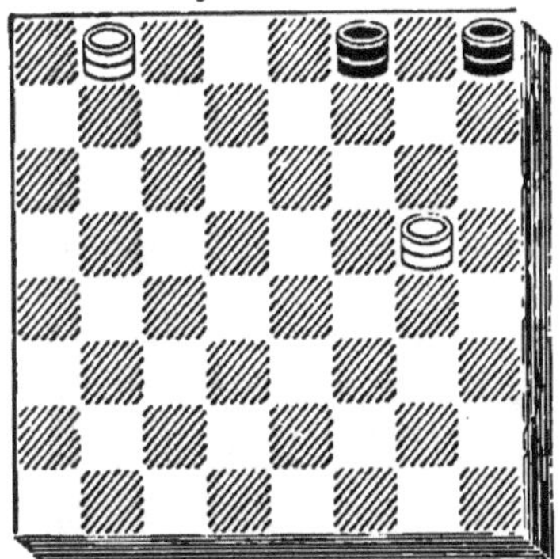

White to move and win.

39.—R. W. Mulholland.

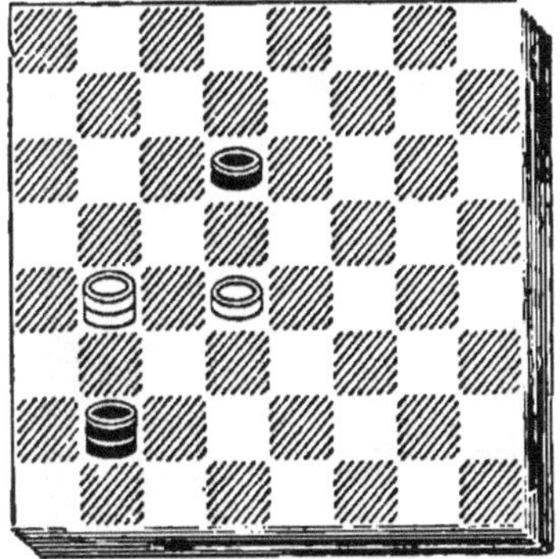

White to move and win.

40.—W. Wright.

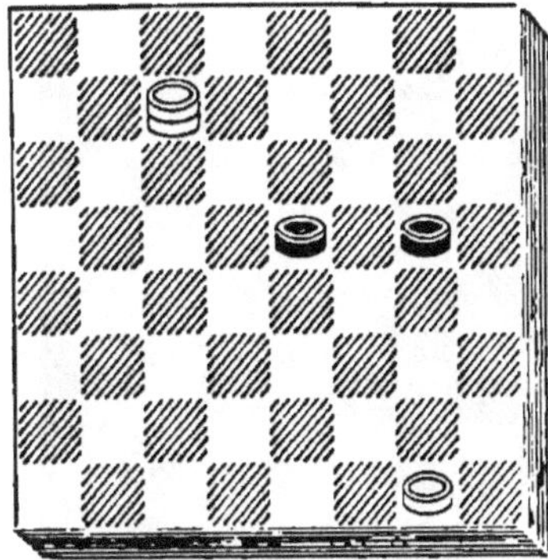

White to move and win.

41.—T. J. King.

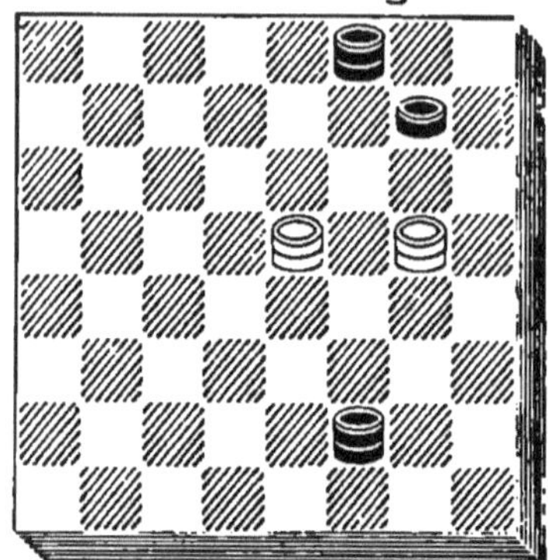

White to move and draw.

44.—E. Hull.

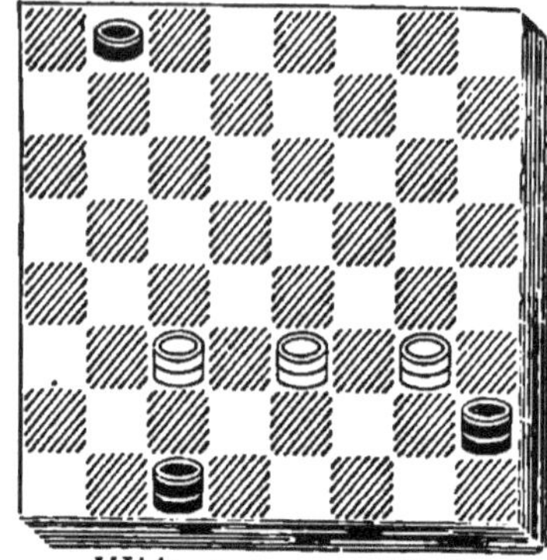

White to move and win.

42.—Miss Donnan.

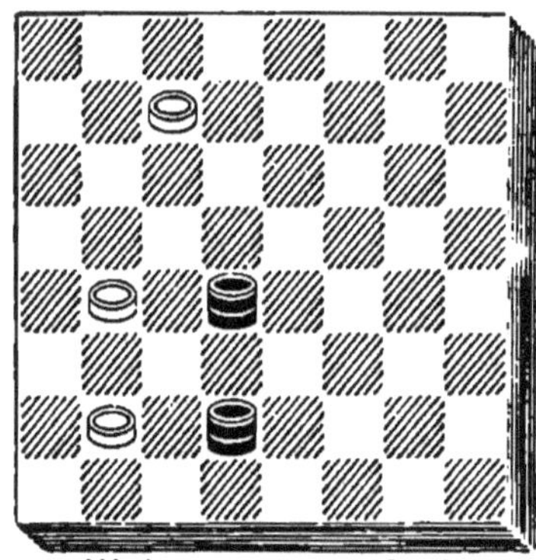

White to move and win.

45.—A. Ross.

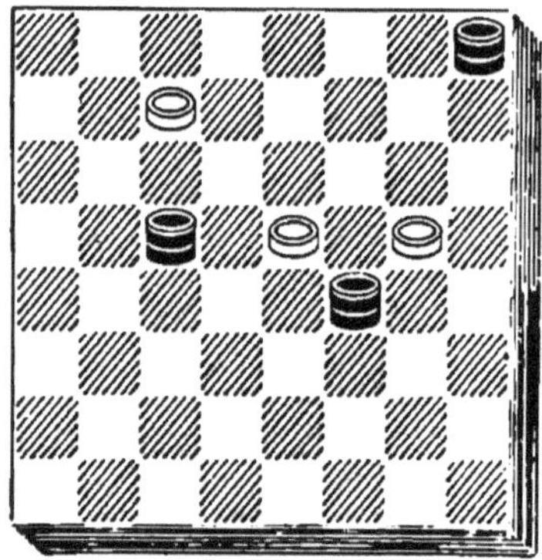

White to move and draw.

43.—Selected.

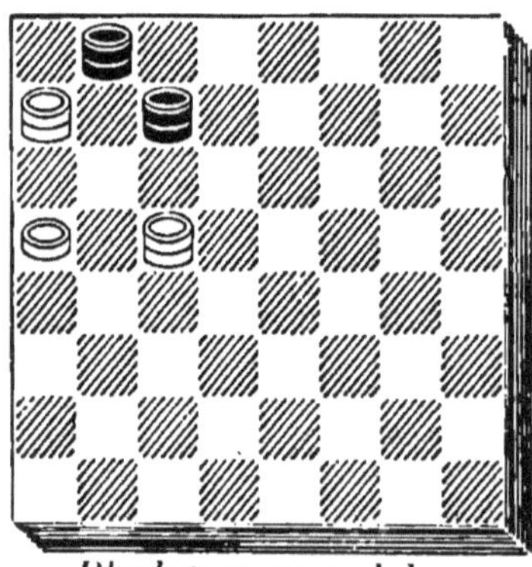

Black to move and draw.

46.—J. Story.

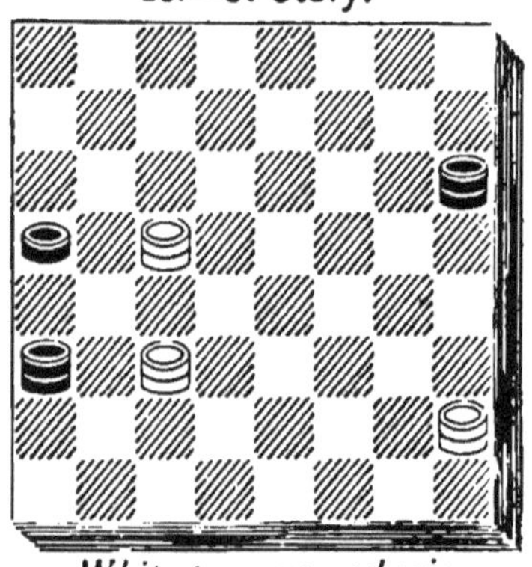

White to move and win.

47.—Selected.

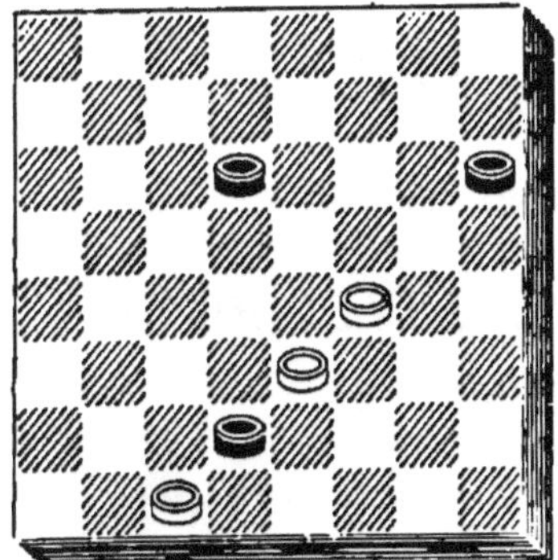

White to move and win.

48.—Mr. Brough.

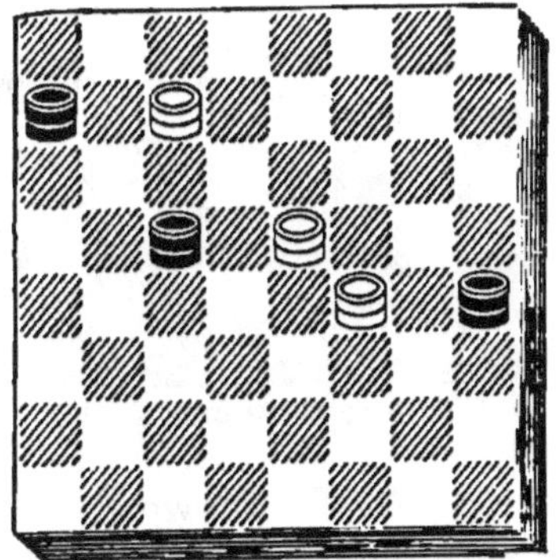

Black to move and win.

49.—Selected.

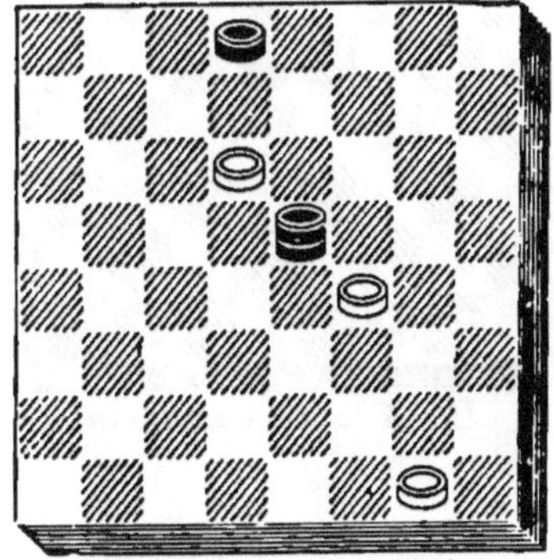

White to move and win.

50.—Willie Gardner.

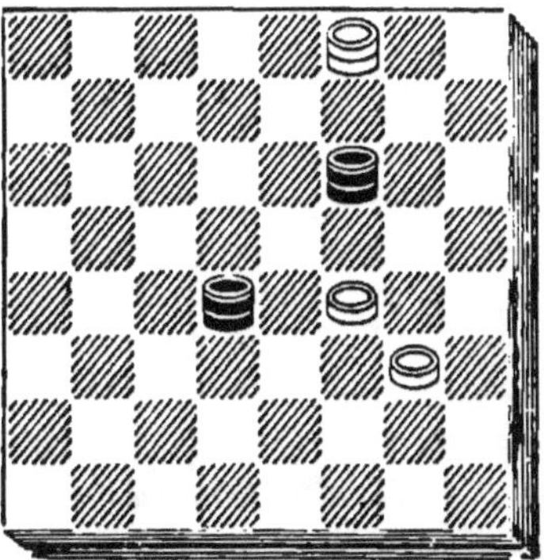

Black to move and draw.

51.—Selected.

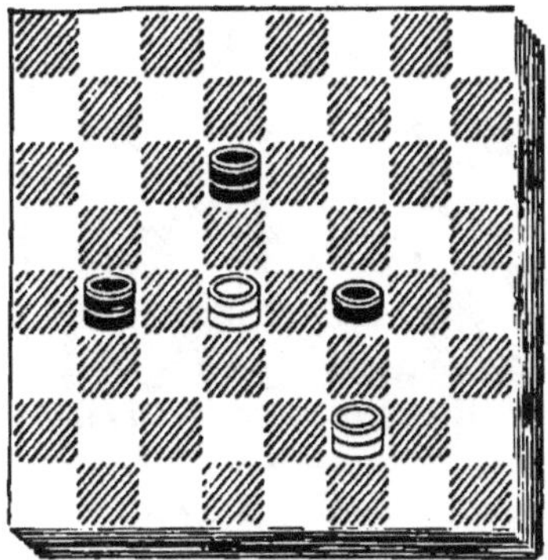

White to move and draw.

52.—T. Muir.

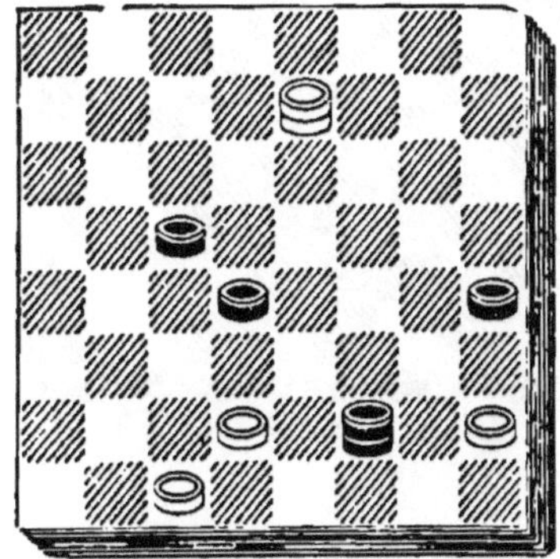

White to move and win.

SECTION II.

PROBLEMS AND CRITICAL POSITIONS

CONTRIBUTED BY

DR. T. J. BROWN, LIVERPOOL.

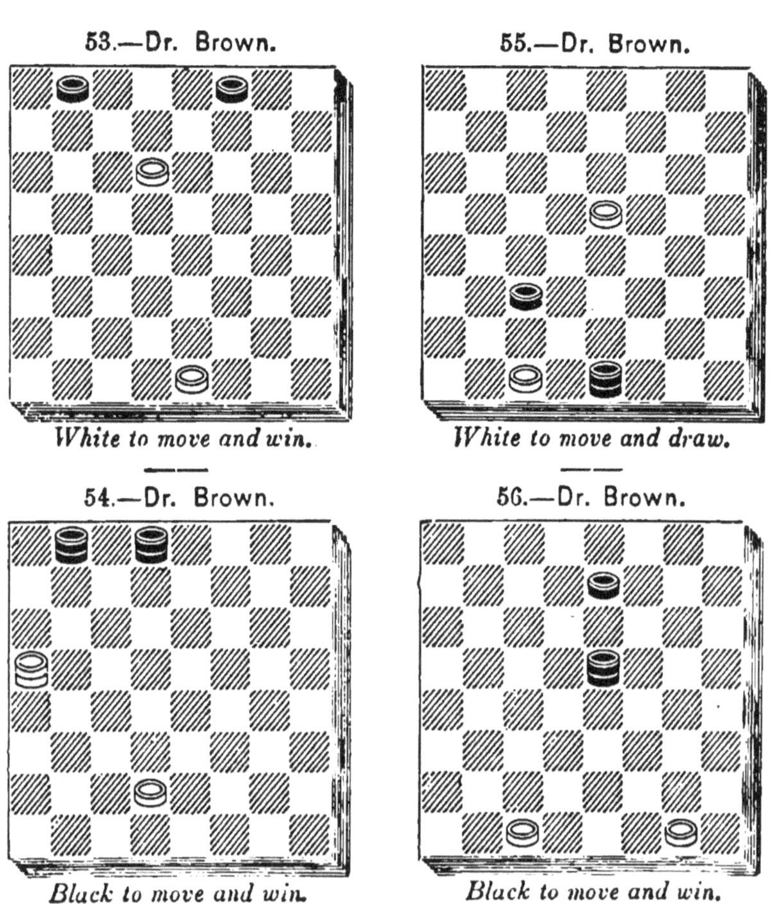

53.—Dr. Brown.

White to move and win.

55.—Dr. Brown.

White to move and draw.

54.—Dr. Brown.

Black to move and win.

56.—Dr. Brown.

Black to move and win.

57.—Dr. Brown.

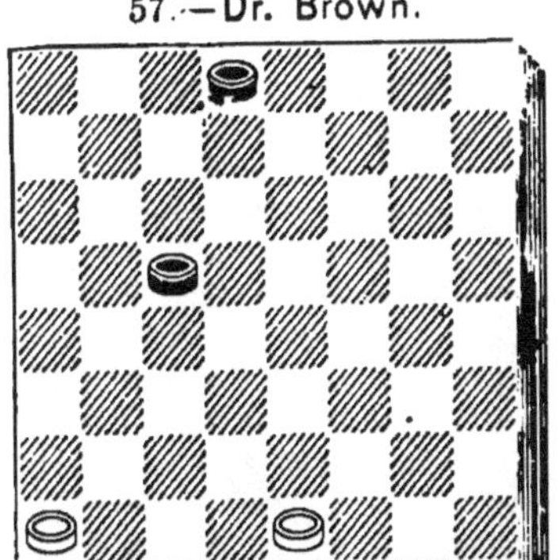

Black to move, W. to draw

60.—Dr. Brown.

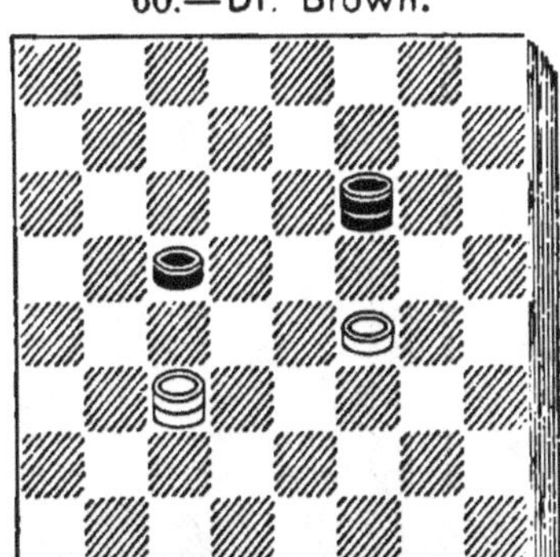

Either moving first will lose.

58.—Dr. Brown.

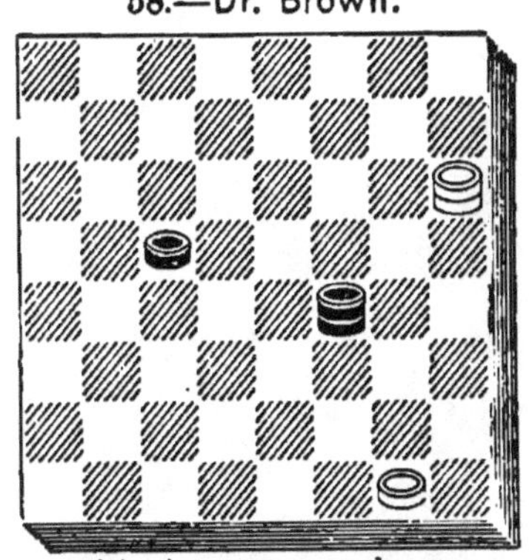

Black to move and win.

61.—Dr. Brown.

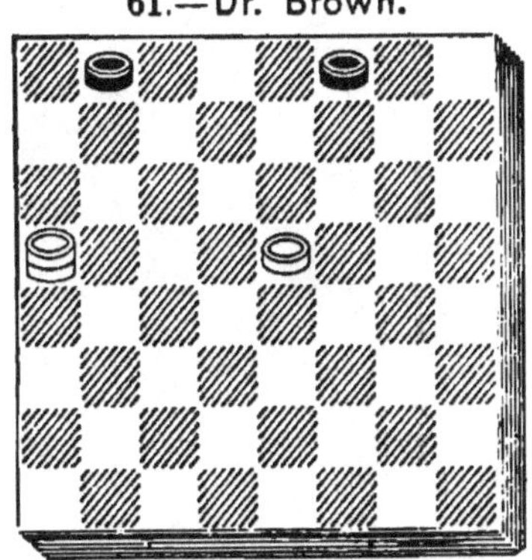

White to move and win.

59—Dr. Brown.

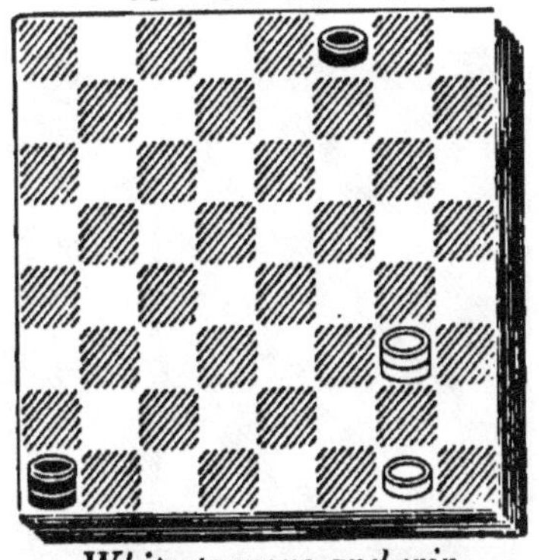

White to move and win.

62.—Dr. Brown.

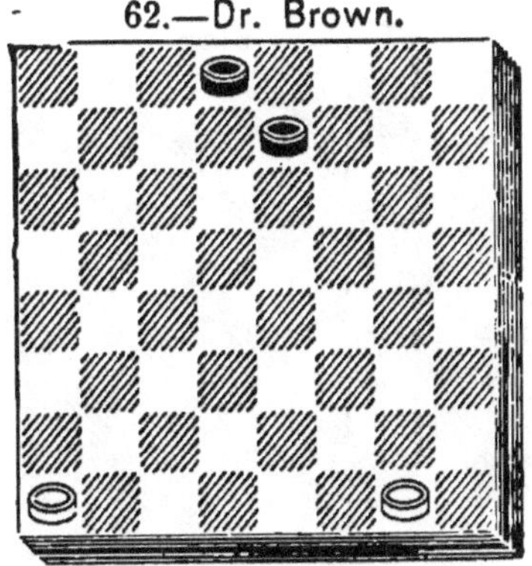

Black to move, W. to draw.

63.—Dr. Brown.

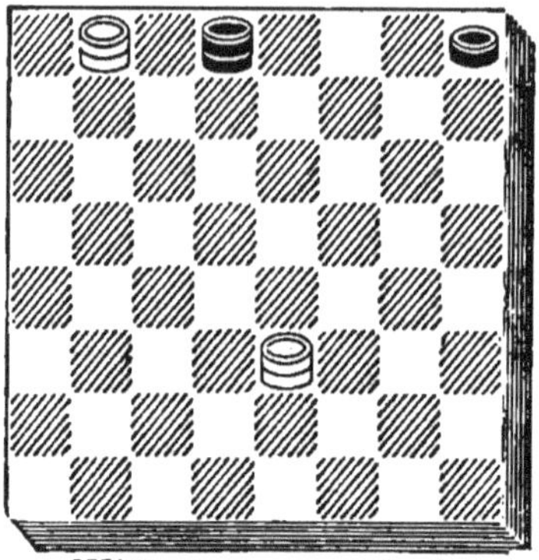

White to move and win.

64.—Dr. Brown.

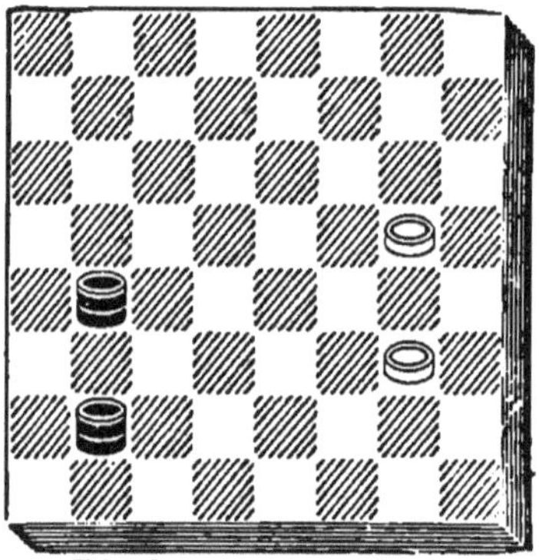

Black to move and win.

65.—Dr. Brown.

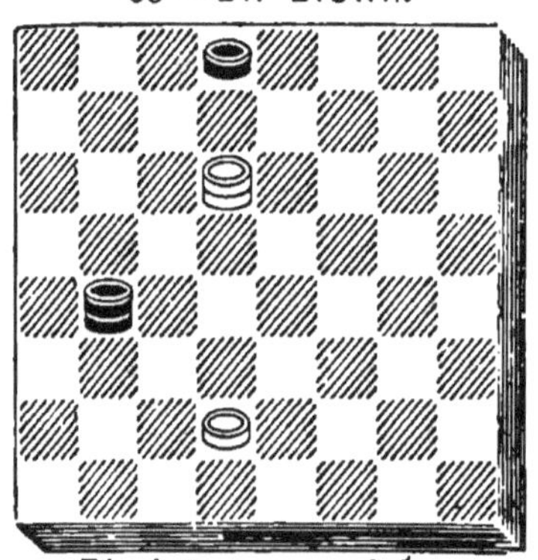

Black to move and draw.

66.—Dr. Brown.

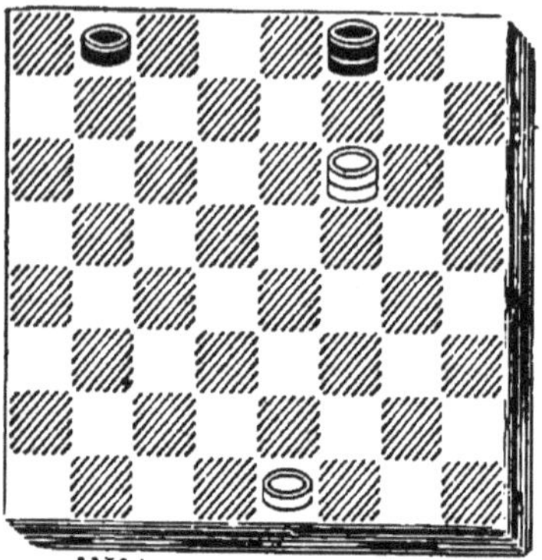

White to move and win.

67.—Dr. Brown.

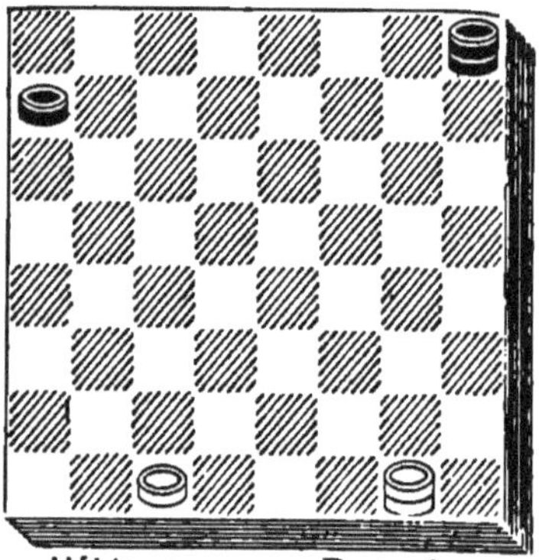

White to move, B. to draw.

68.—Dr. Brown.

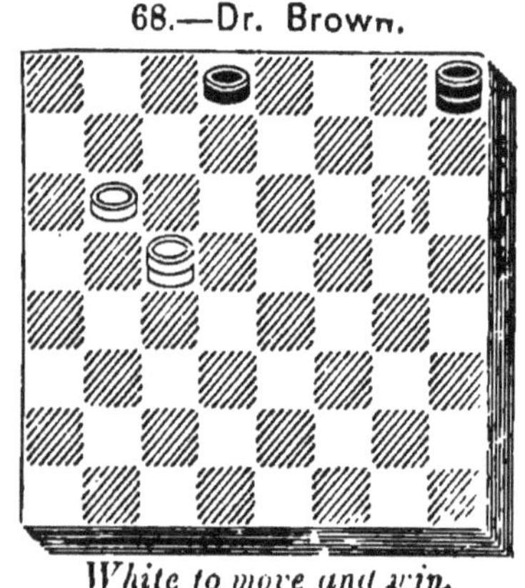

White to move and win.

69.—Dr. Brown.

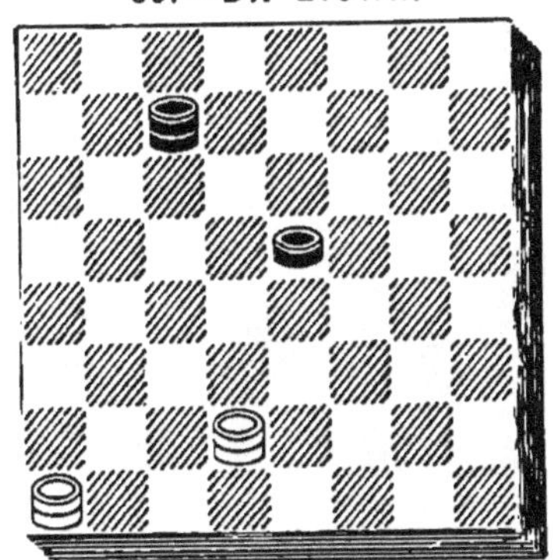

White to move and win.

72.—Dr. Brown.

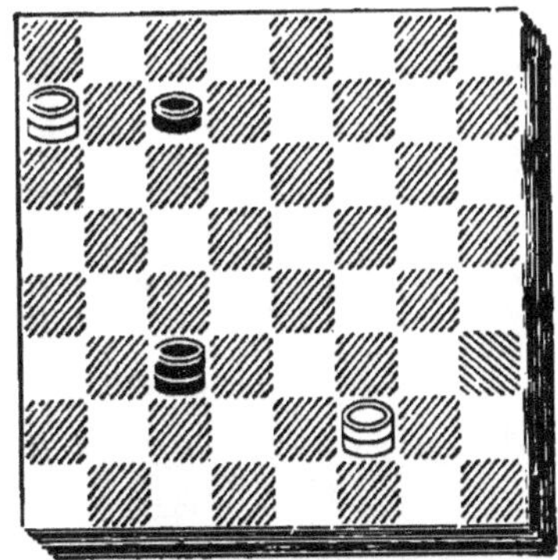

White to move and win.

70.—Dr. Brown.

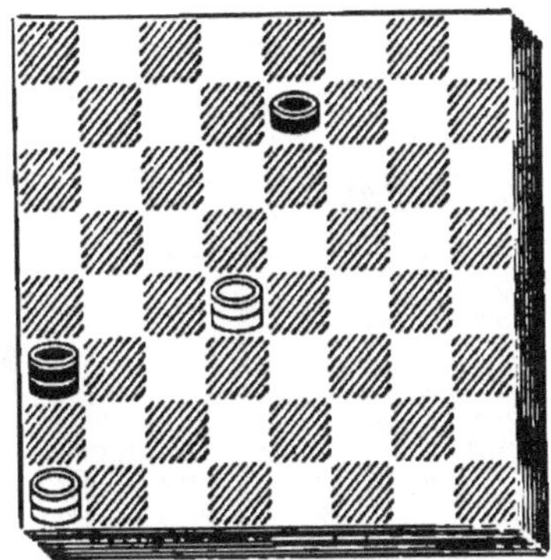

White to move and win.

73.—Dr. Brown.

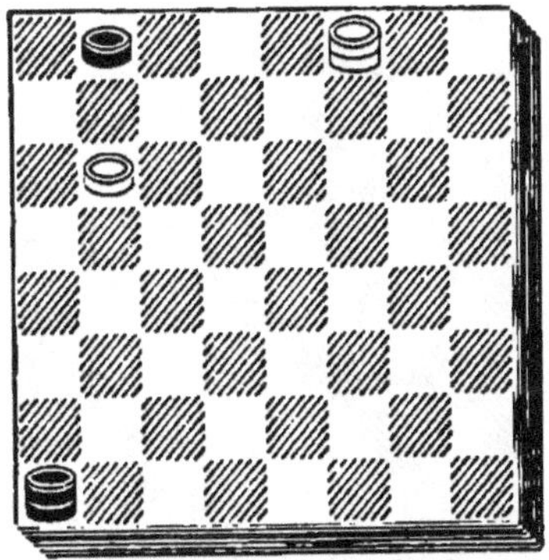

White to move and win.

71.—Dr. Brown.

White to move and win.

74.—Dr. Brown.

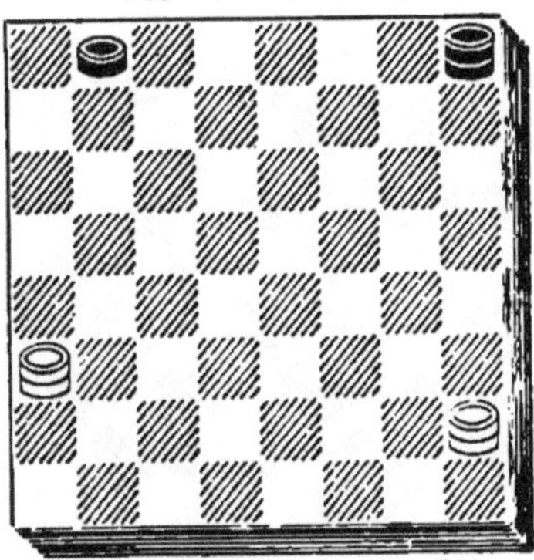

White to move and win.

75.—Dr. Brown.

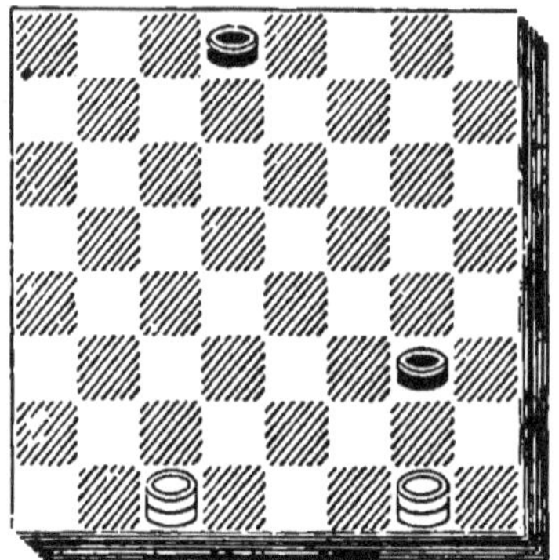

White to move aud win.

78.—Dr. Brown.

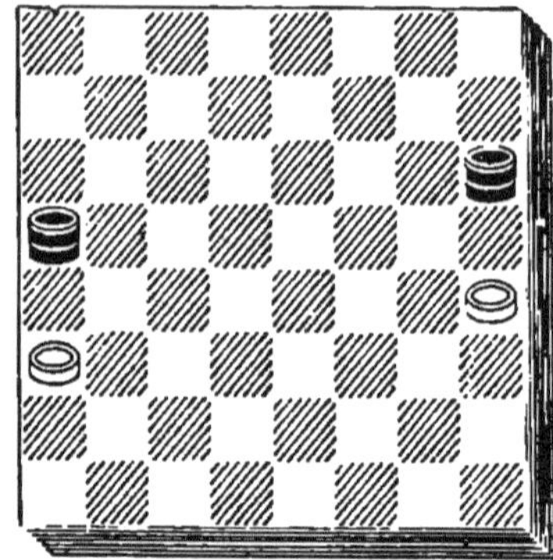

Black to move and win.

76.—Dr. Brown.

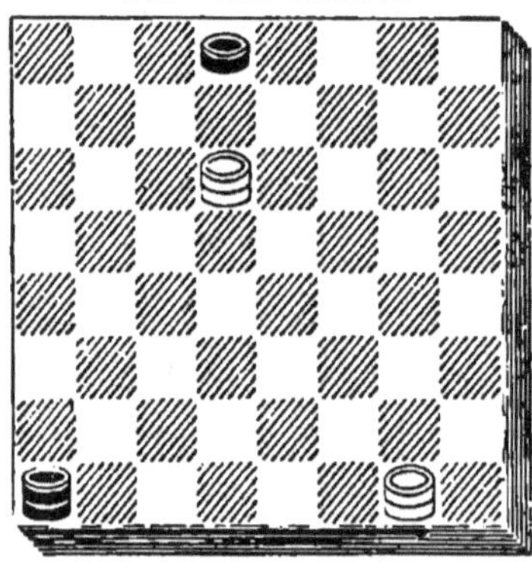

White to move and win.

79.—Dr. Brown.

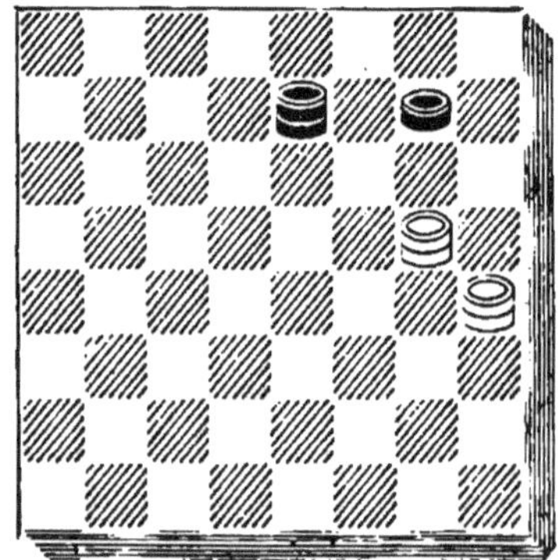

White to move and win.

77.—Dr. Brown.

White to move and draw.

80.—J. C. Moss.

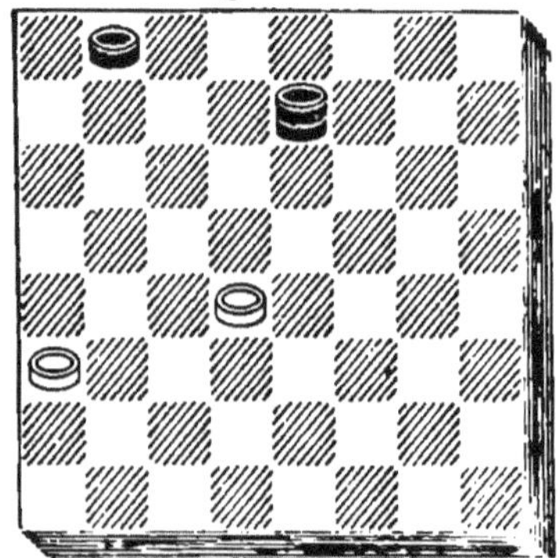

Black to move and win.

81.—C. W. Flower.

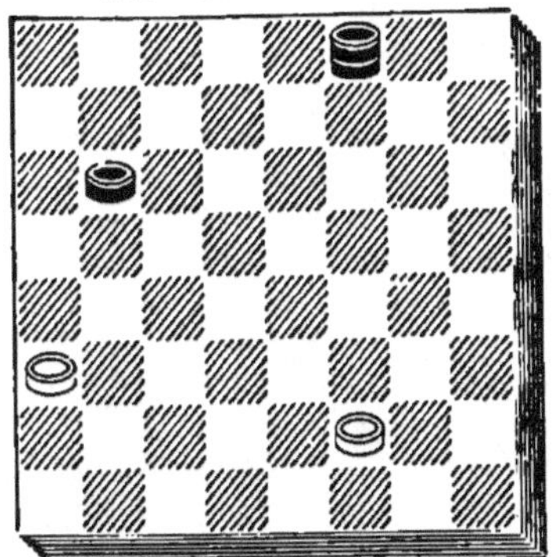

Black to move and win.

84.—Dr. Brown.

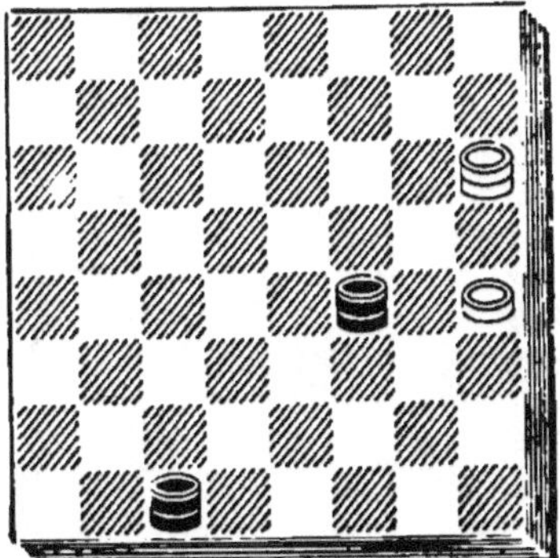

Black to move and win.

82.—Fred Allen.

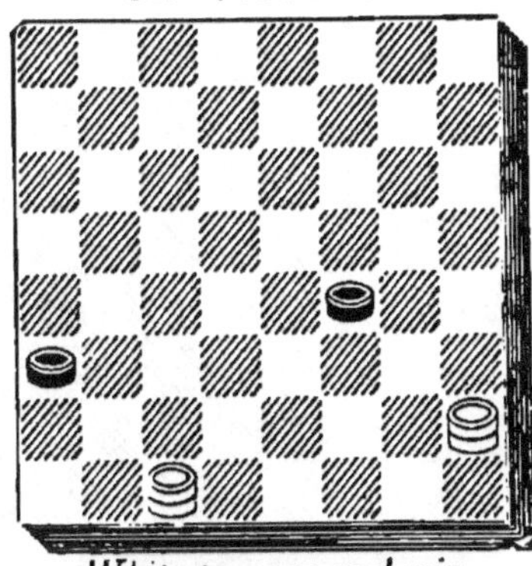

White to move and win.

85.—Fred Allen.

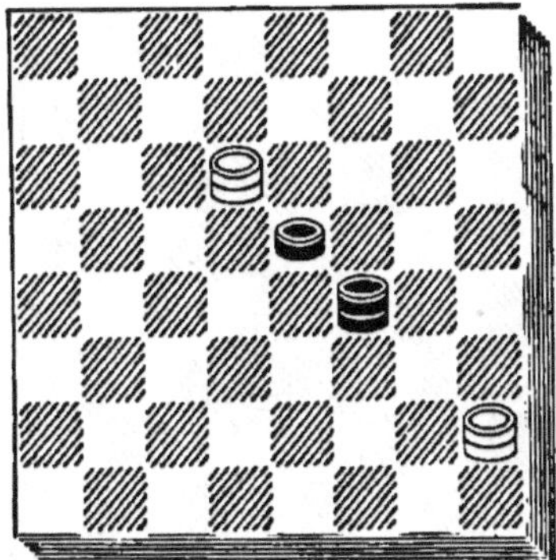

White to move and win.

83.—Dr. Brown.

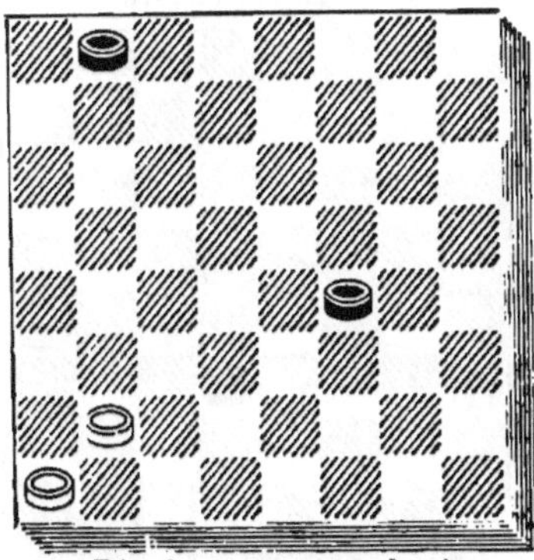

Black to move and win.

86.—Anderson.

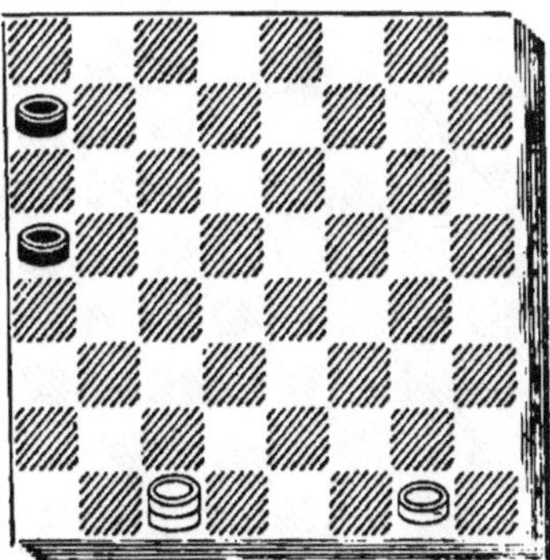

White to move and win.

87.—Mr. Lear.

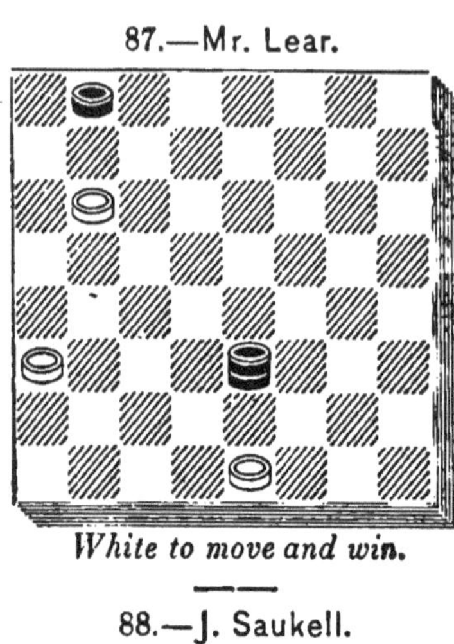

White to move and win.

88.—J. Saukell.

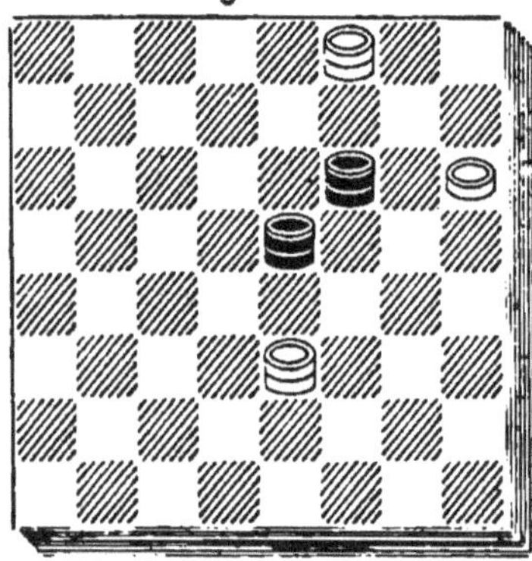

Black to move and draw.

89.—C. G. Roger.

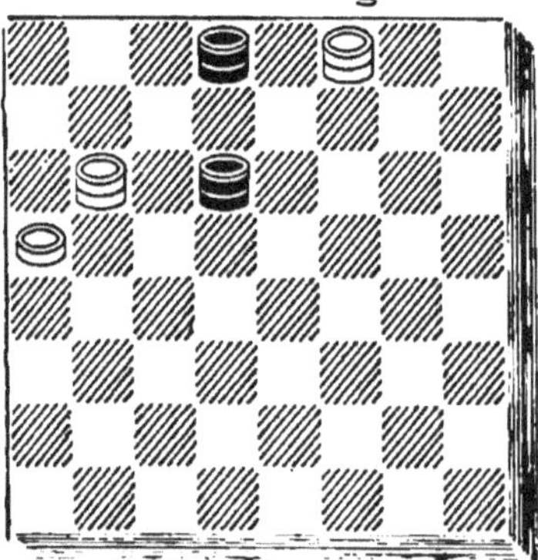

White to move and win.

90.—J. A. Kear.

White to move and draw.

91.—Fred Allen.

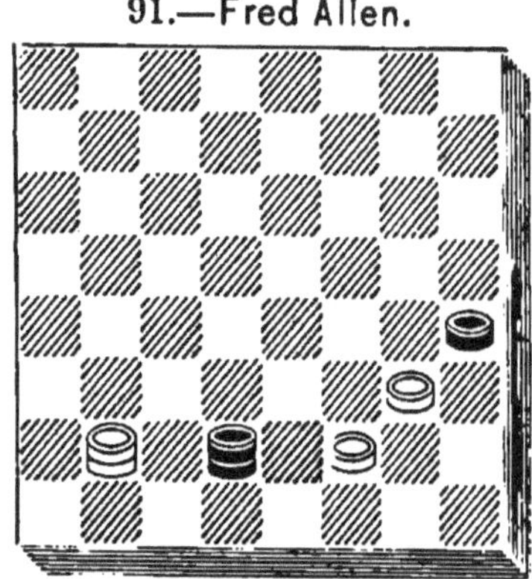

White to move and win.

92.—J. W. Howard.

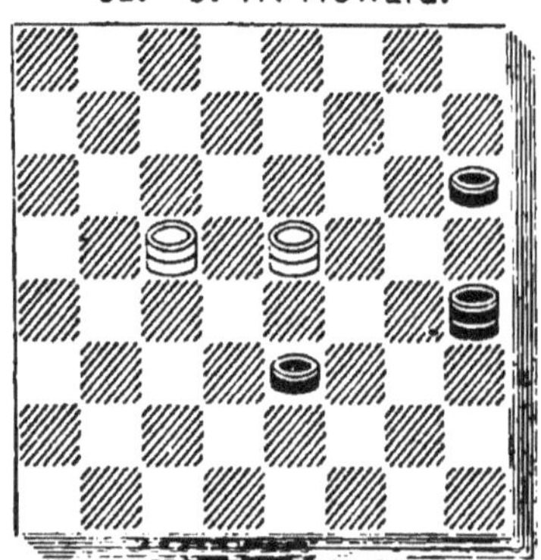

White to move and draw.

93.—Dr. Brown.

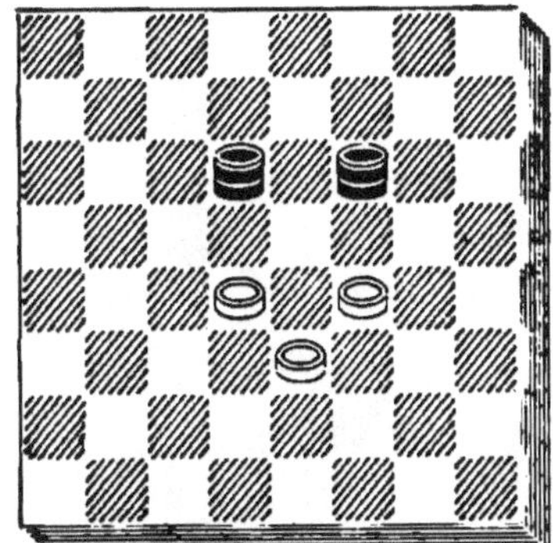

Black to move, W. to win.

94.—Dr. Brown.

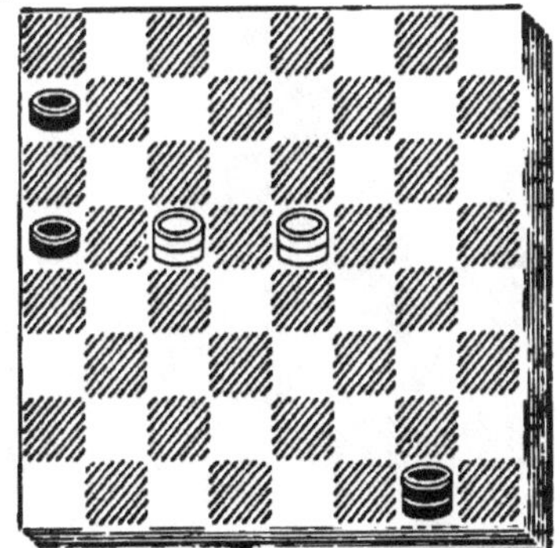

White to move and draw.

95.—Dr. Brown.

White to move and draw.

96.—Dr. Brown.

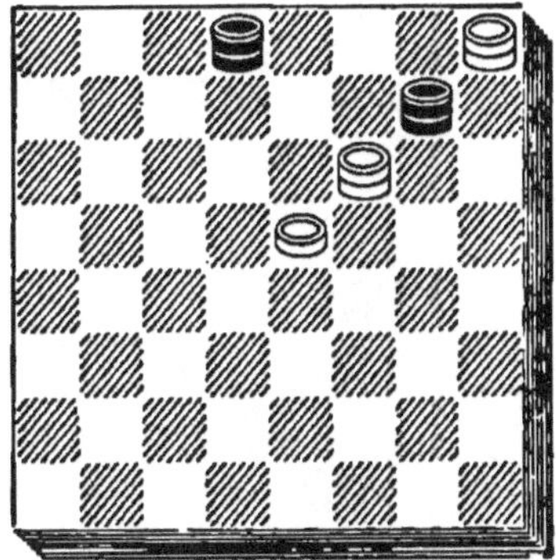

White to move and win.

97.—Dr. Brown.

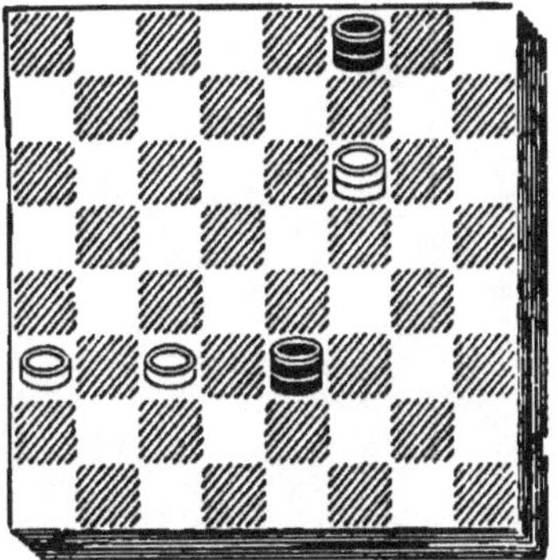

White to move and win.

98.—Dr. Brown.

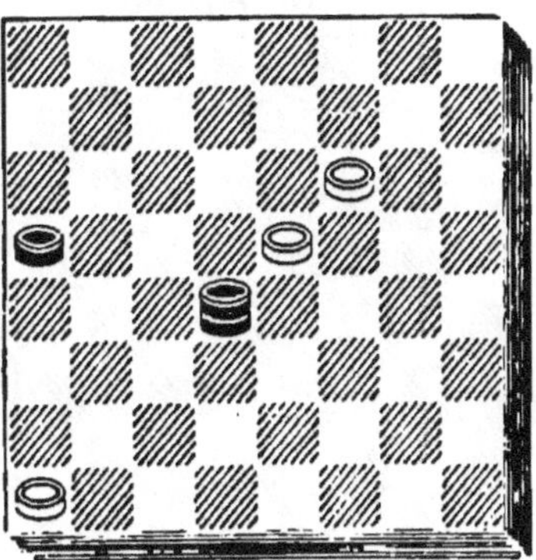

White to move and win.

99.—Dr. Brown.

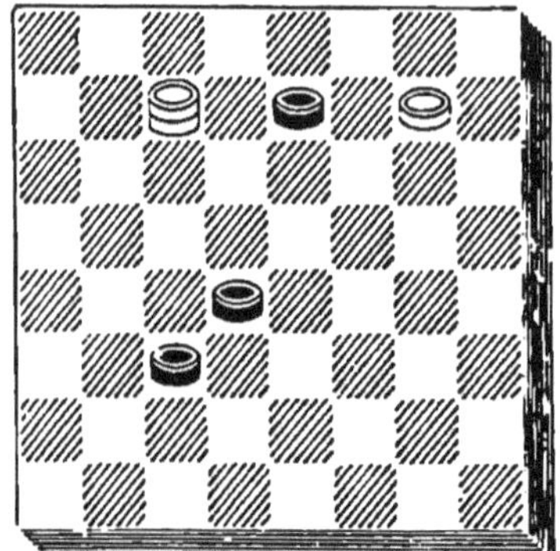

White to move and draw.

102.—C. W. Flower.

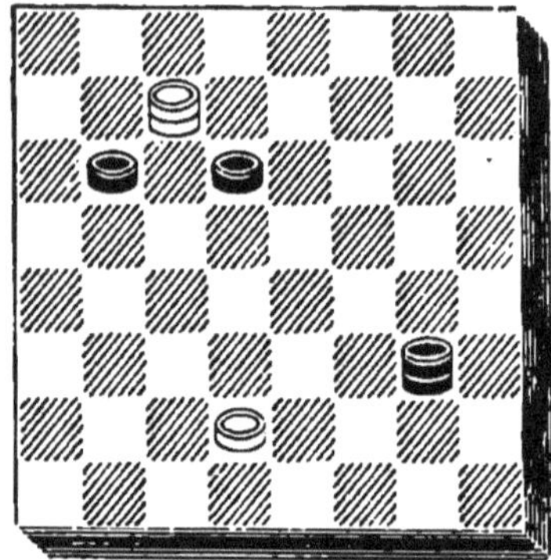

Black to move and win.

100.—Wyllie & Martins.

Black to move and win.

103.—C. Adamson.

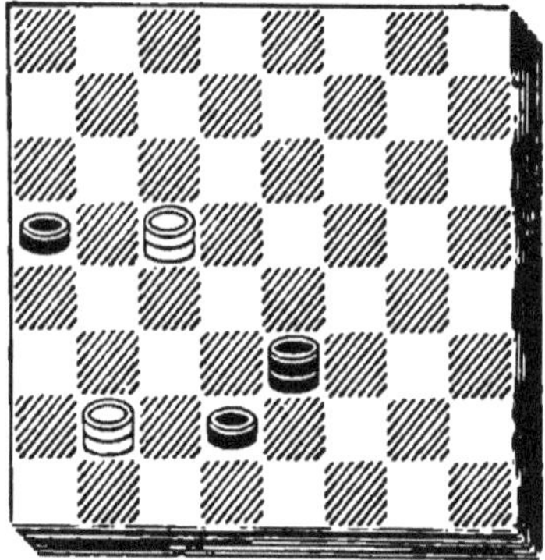

Black to move and win.

101.—Drummond.

White to move, B. to win.

104.—Author not known.

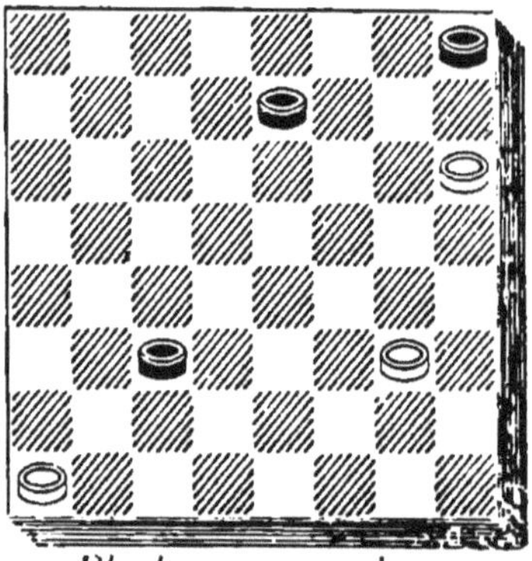

Black to move and win.

105.—Grant & M'Guire.

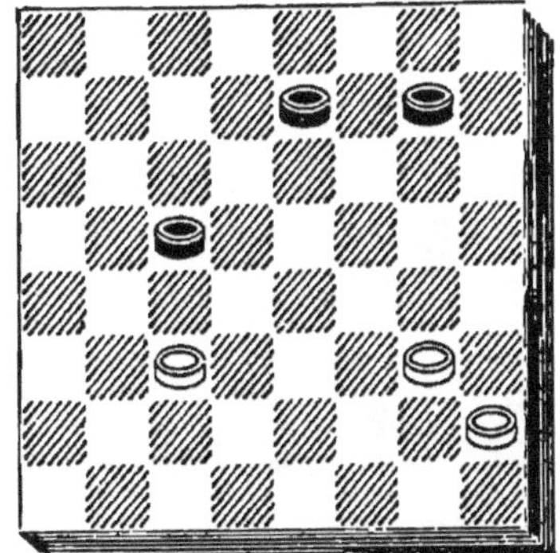

Black to move, W. to draw.

106.—Dr. Brown.

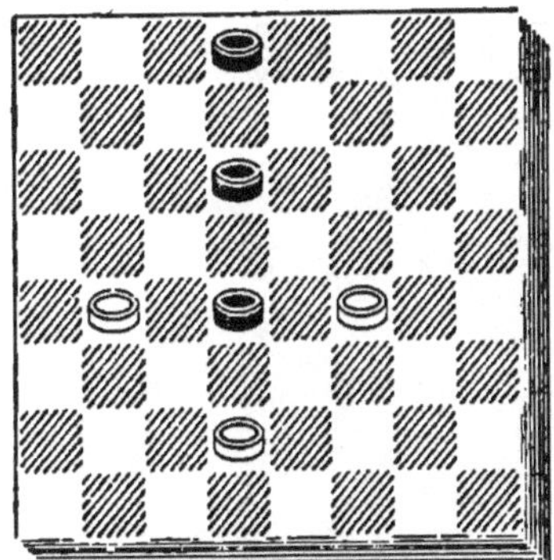

Black to move and win.

107.—Dr Brown.

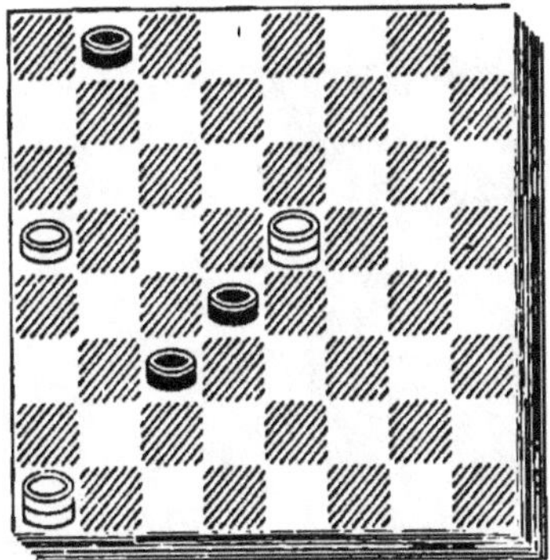

White to move and win.

108.—J. A. Kear.

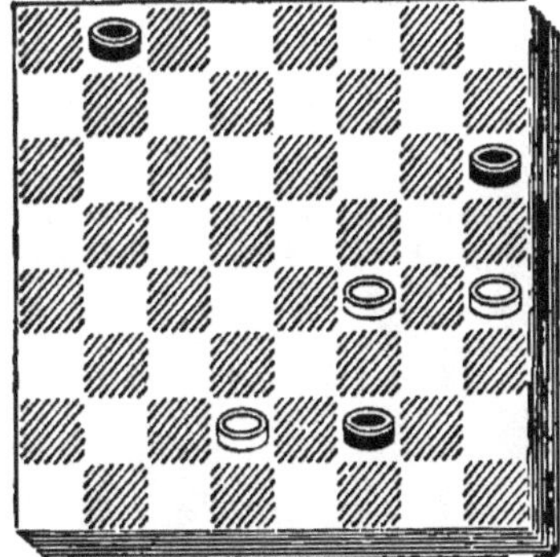

White to move and draw.

109.—W. Wickham.

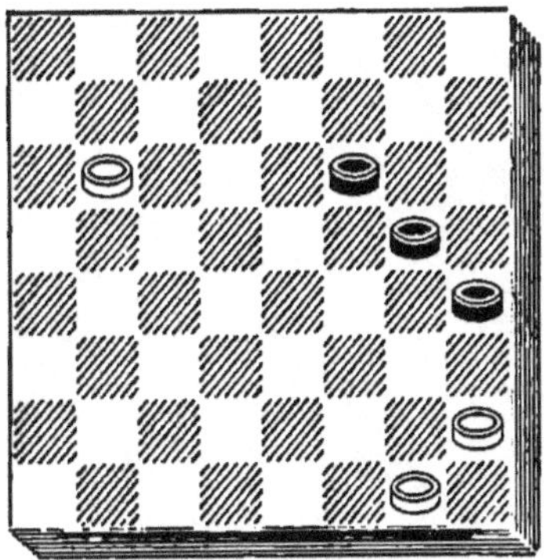

White to move and win.

110.—Dr. Brown.

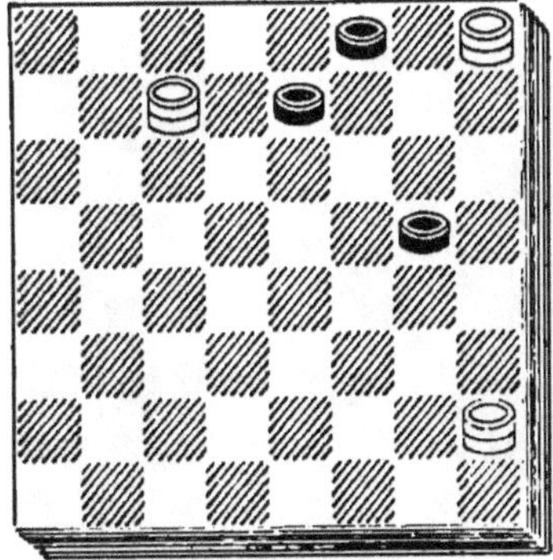

Black to move and draw.

111.—J. Seaton.

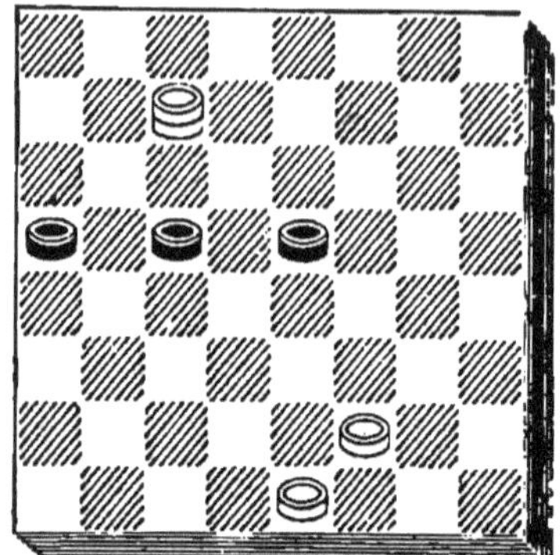

White to move and win.

114.—Dr. Brown.

White to move and draw.

112.—Dr. Brown.

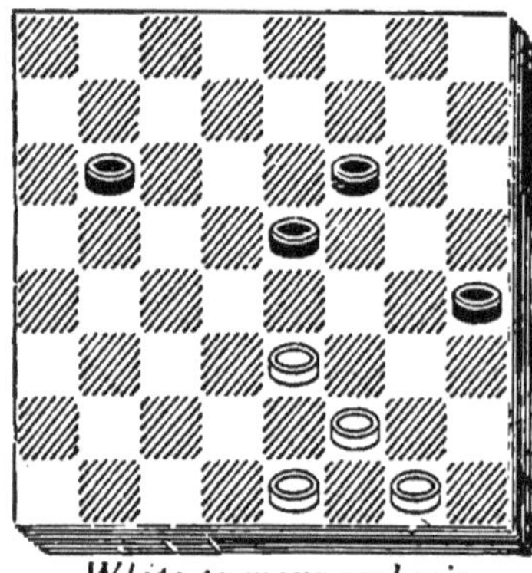

White to move and win.

115.—Dr. Brown.

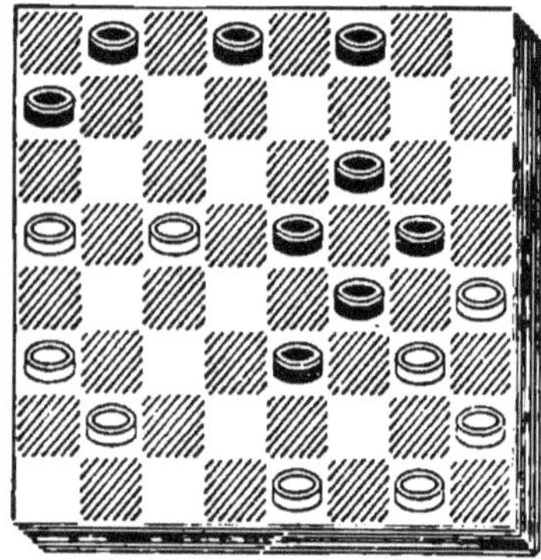

Black to move and win.

113.—Dr. Brown.

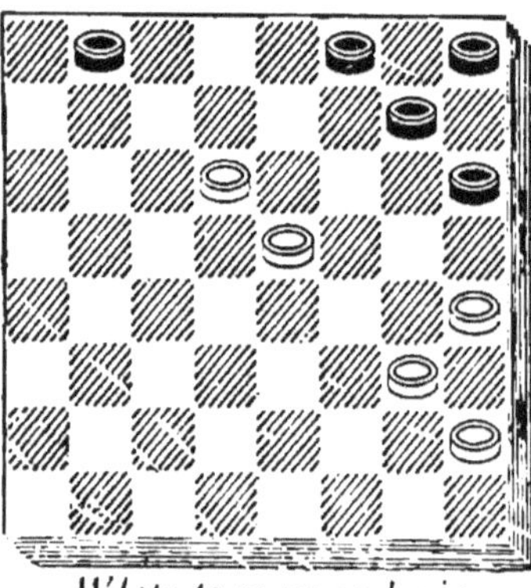

White to move and win.

116.—Dr. Brown.

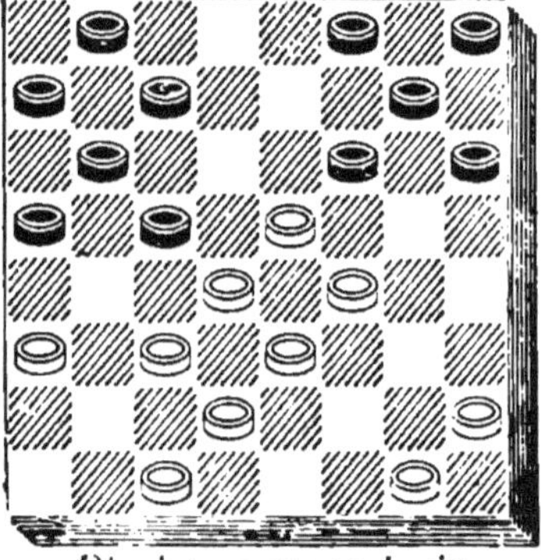

Black to move and win.

SECTION III.

PROBLEMS AND CRITICAL POSITIONS

CONTRIBUTED BY

MR. F. W. DRINKWATER, CARDIFF.

1874 - 1882.

117.—F. W. Drinkwater.

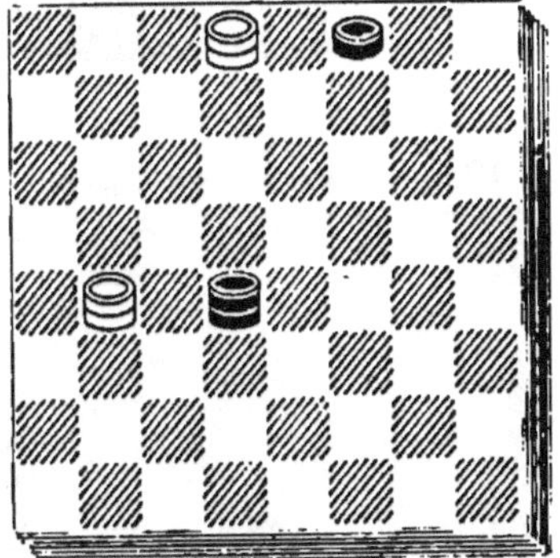

Black to move and draw.

118.—F. W. Drinkwater.

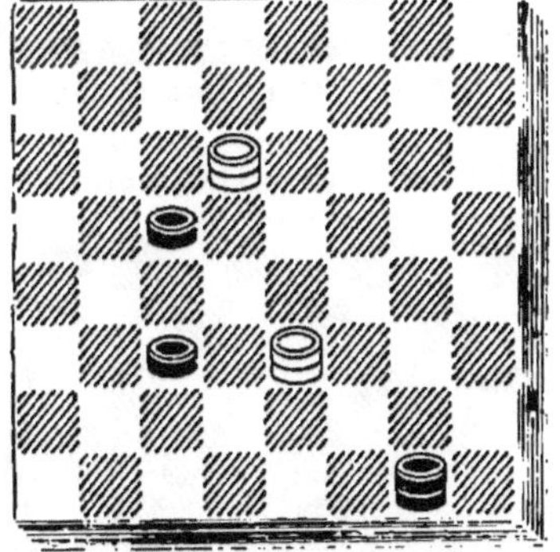

Black to move and win.

119.—F. W. Drinkwater.

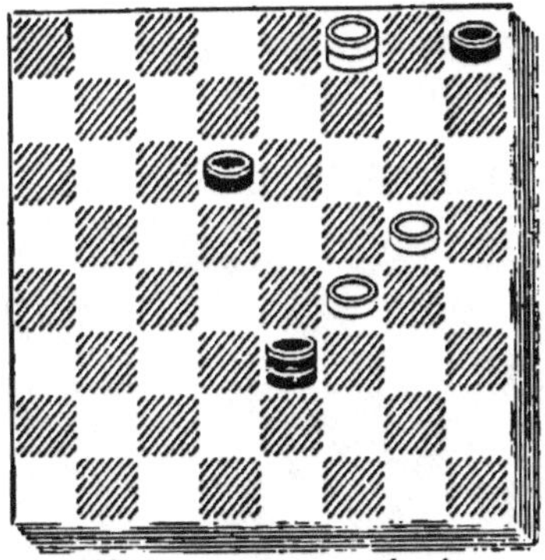

White to move and win.

120.—F. W. Drinkwater.

White to move and win.

121.—F. W. Drinkwater.

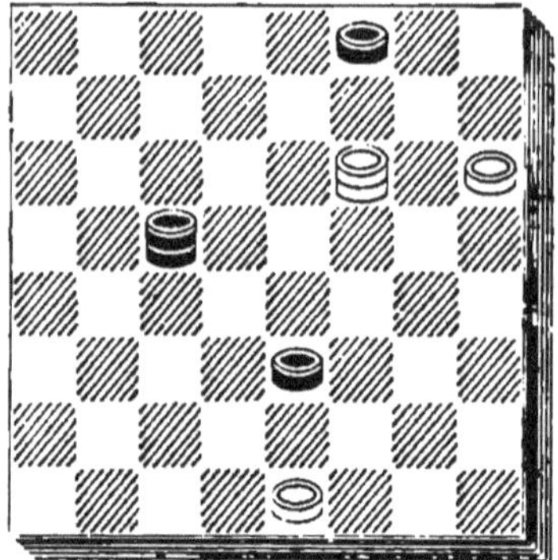

Black to move and win.

122.—F. W. Drinkwater.

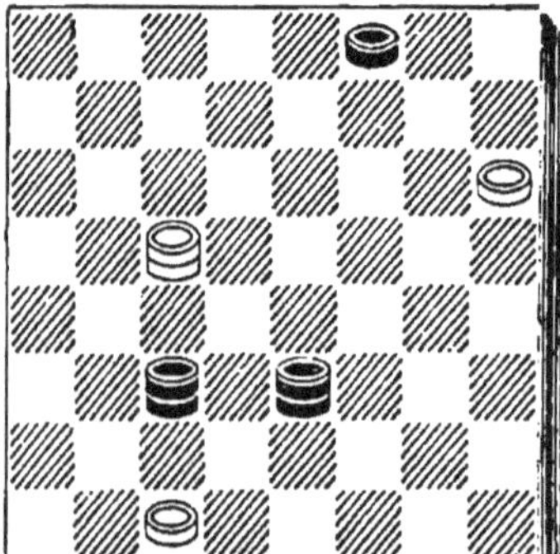

Black to move and win.

123.—F. W. Drinkwater.

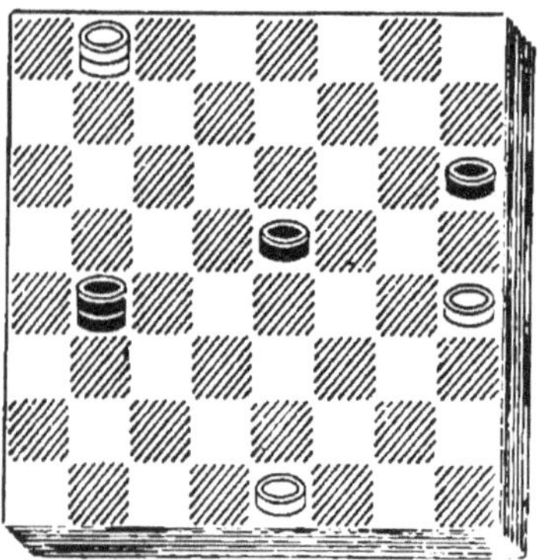

Black to move and win.

124.—F. W. Drinkwater.

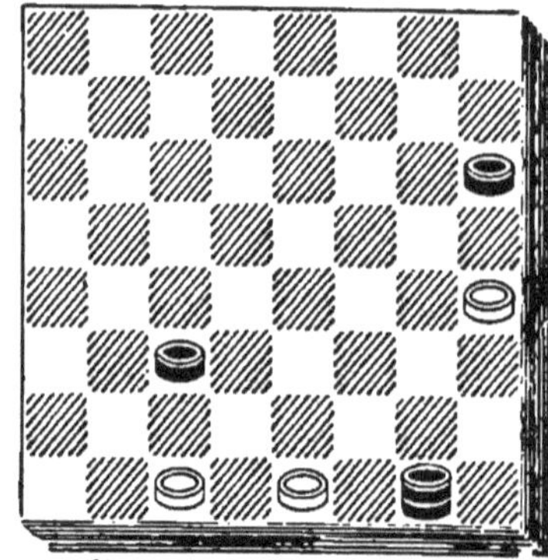

Black to move and win.

125.—F. W. Drinkwater.

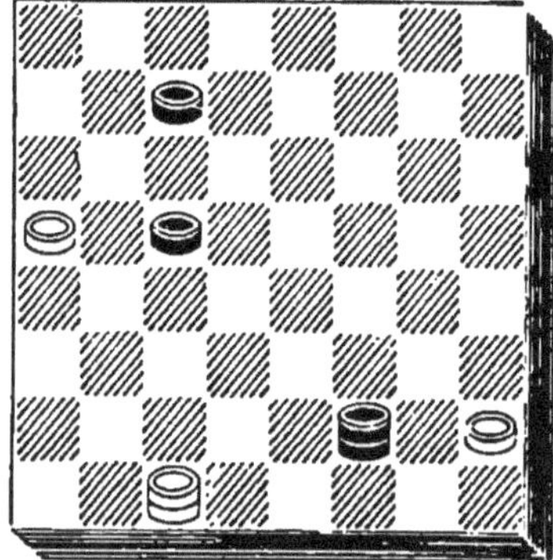

White to move and draw.

126.—F. W. Drinkwater.

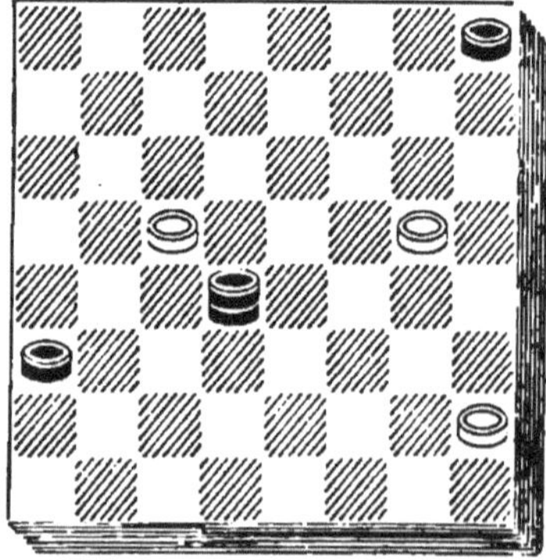

White to move and draw.

127.—F. W. Drinkwater.

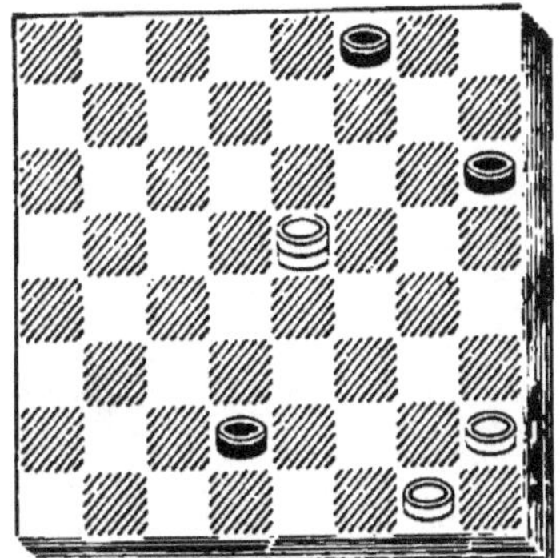

Black to move and draw.

130.—F. W. Drinkwater.

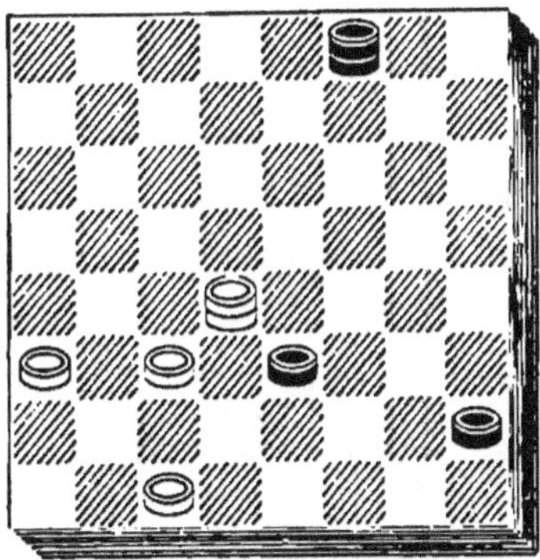

Black to move and draw.

128.—F. W. Drinkwater.

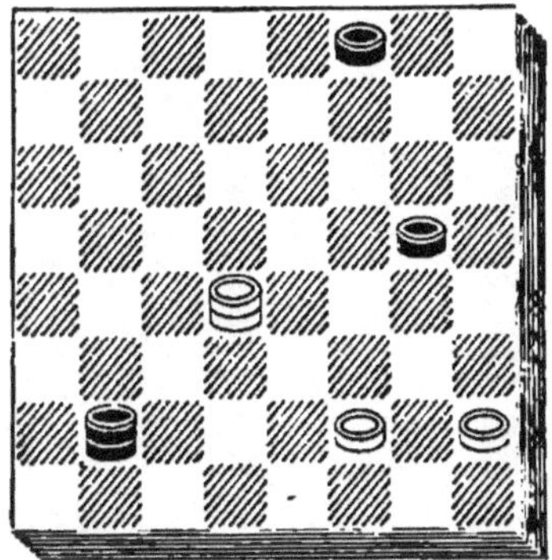

White to move and win.

131.—F. W. Drinkwater.

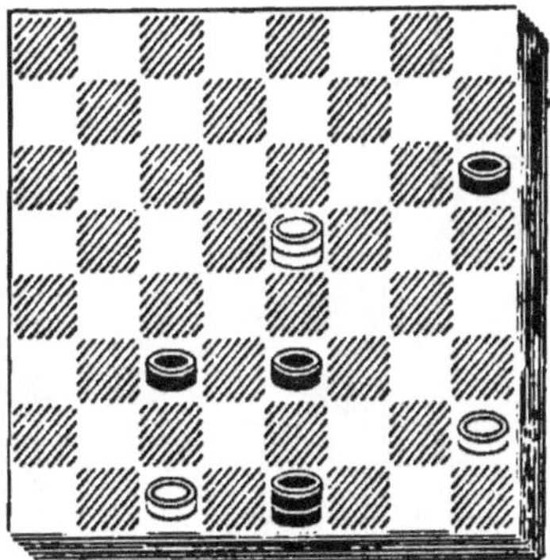

White to move and draw.

129.—F. W. Drinkwater.

Black to move and draw.

132.—F. W. Drinkwater.

White to move and draw.

133.—F. W. Drinkwater.

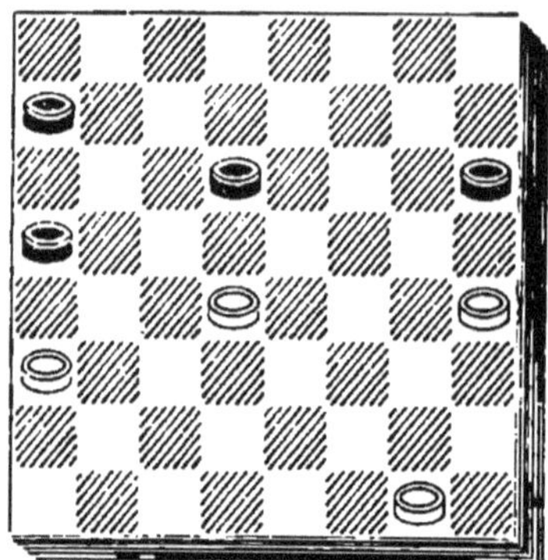

White to move and win.

136.—F. W. Drinkwater.

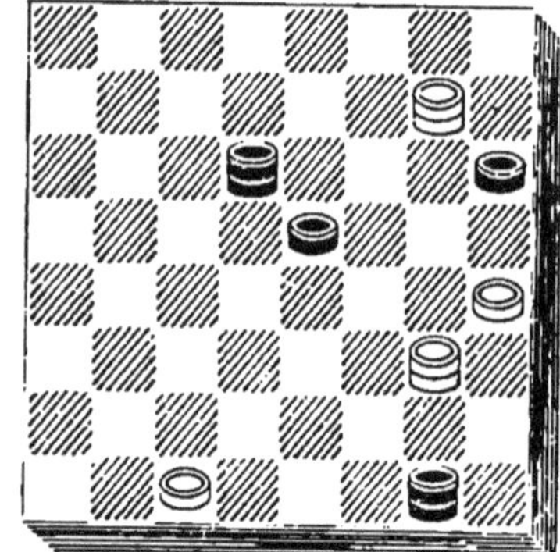

White to move and win.

134.—F. W. Drinkwater.

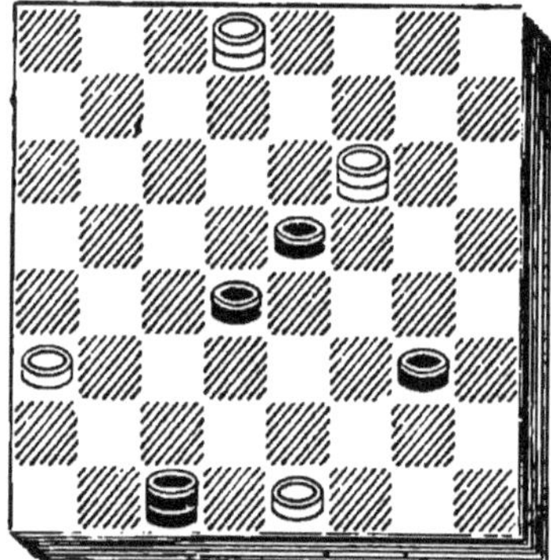

Black to move and draw.

137.—F. W. Drinkwater.

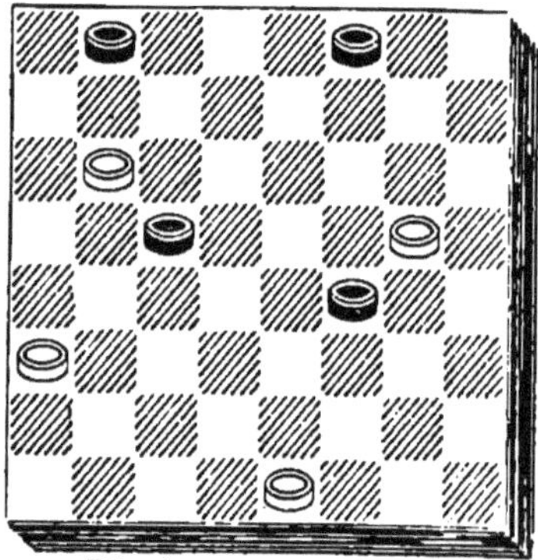

Black to move and win.

135.—F. W. Drinkwater.

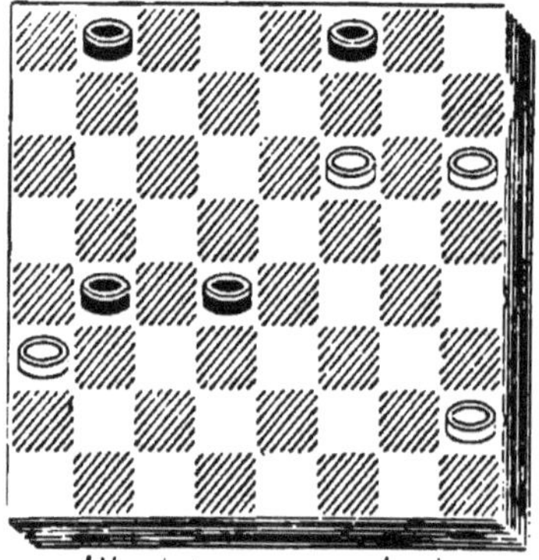

Black to move and win.

138.—F. W. Drinkwater.

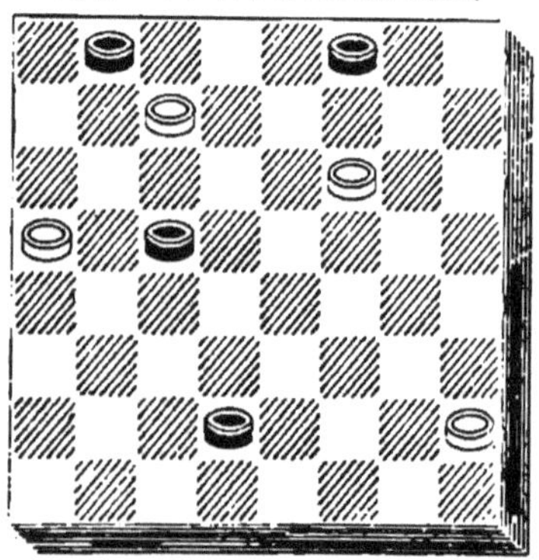

White to move and draw.

139.—F. W. Drinkwater.

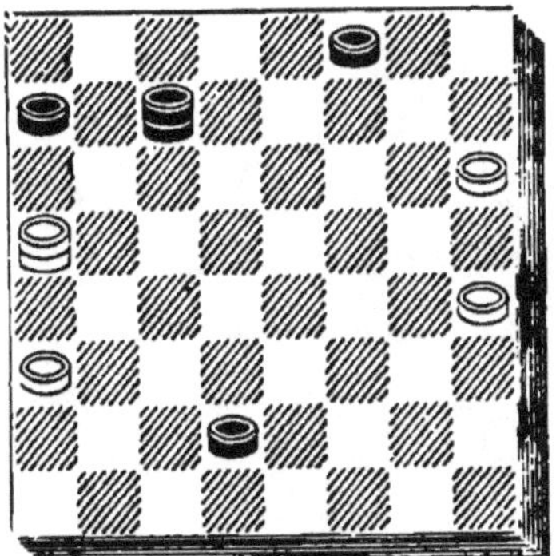

White to move and draw.

140.—F. W. Drinkwater.

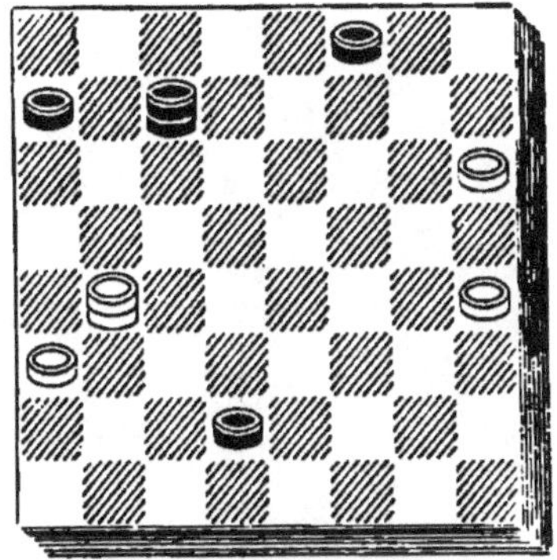

Black to move and win.

141.—F. W. Drinkwater.

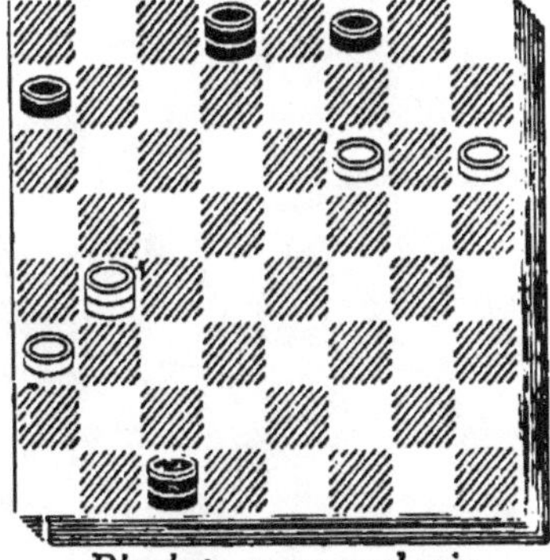

Black to move and win.

142.—F. W. Drinkwater.

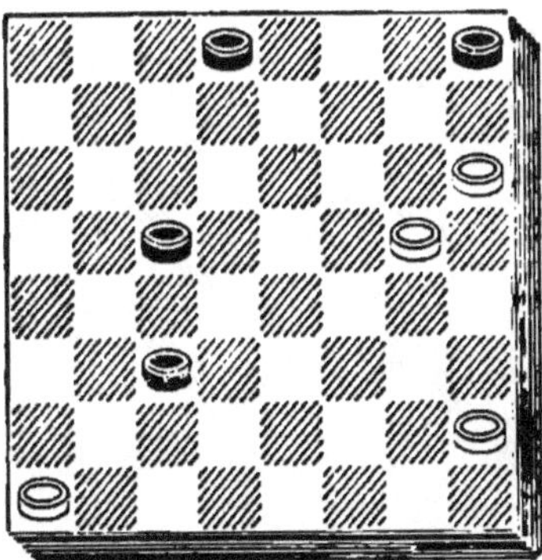

White to move and draw.

143.—F. W. Drinkwater.

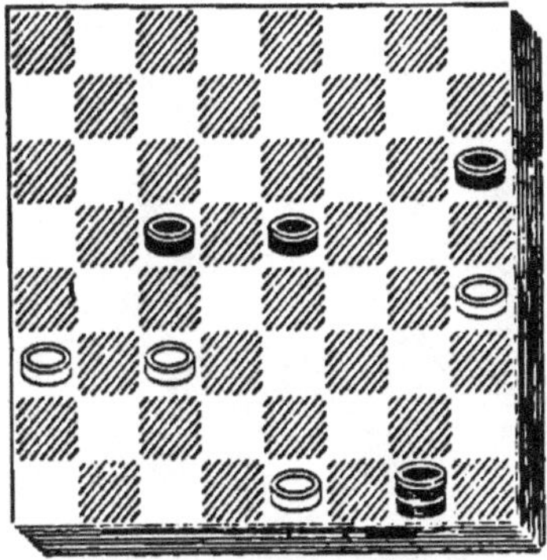

White to move and draw.

144.—F. W. Drinkwater.

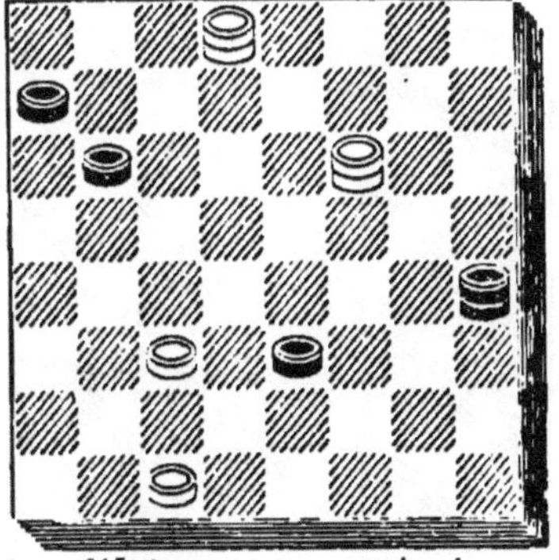

White to move and win.

145.—F. W. Drinkwater.

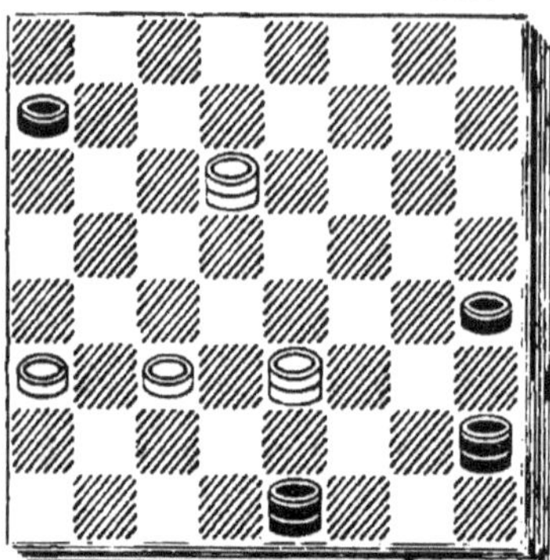

White to move and win.

146.—F. W. Drinkwater.

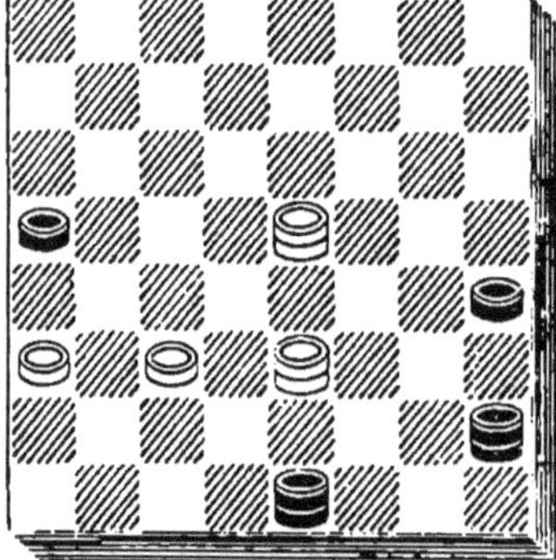

Black to move and draw.

147.—F. W. Drinkwater.

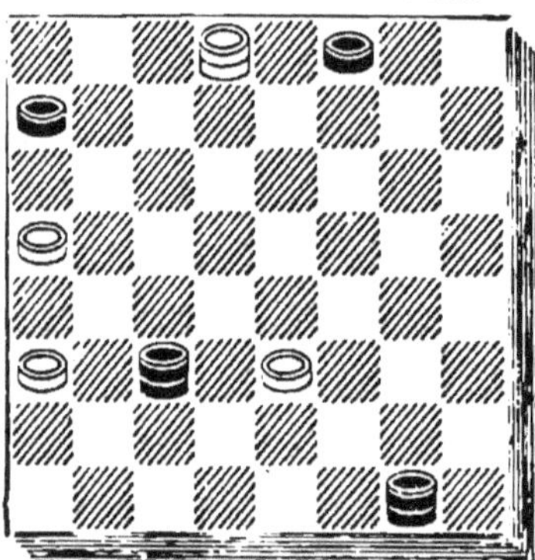

Black to move and win.

148.—F. W. Drinkwater.

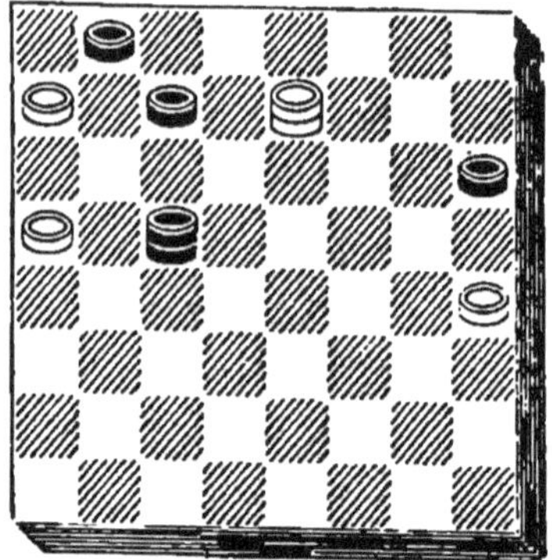

Black to move and win.

149.—F. W. Drinkwater.

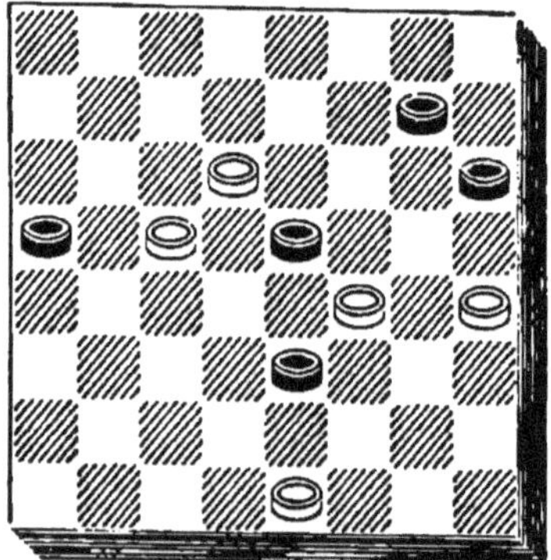

White to move and draw.

150.—F. W. Drinkwater.

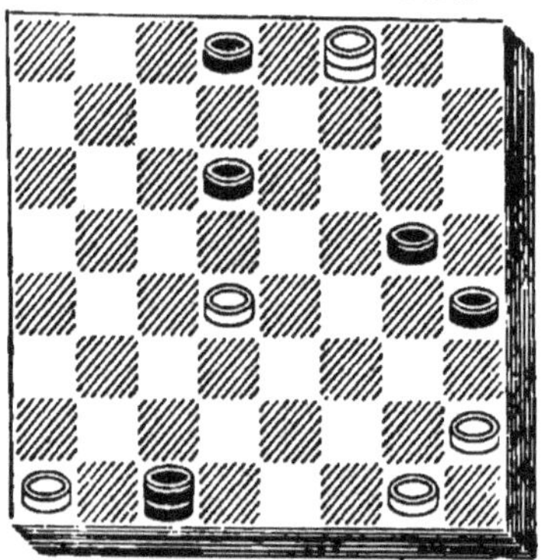

Black to move and win.

151.—F. W. Drinkwater.

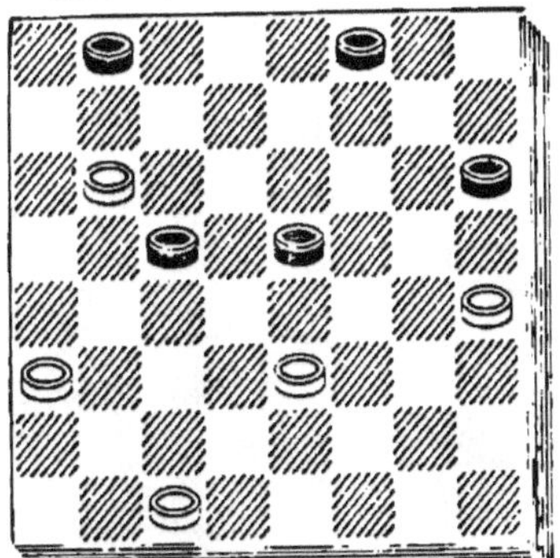

Black to move and win.

152.—F. W. Drinkwater.

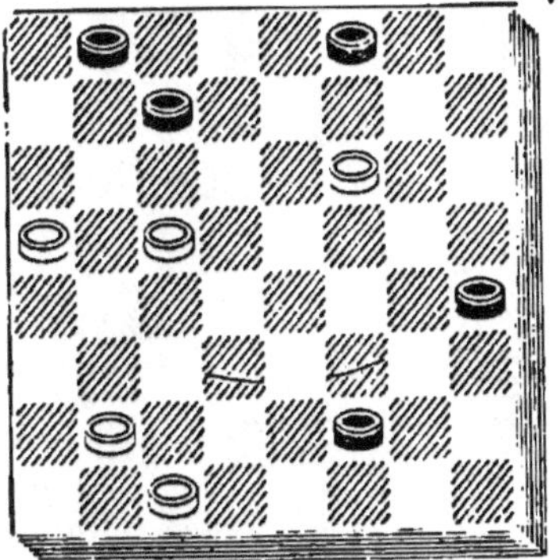

Black to move and win.

153.—F. W. Drinkwater.

White to move, B to win.

154.—F. W. Drinkwater.

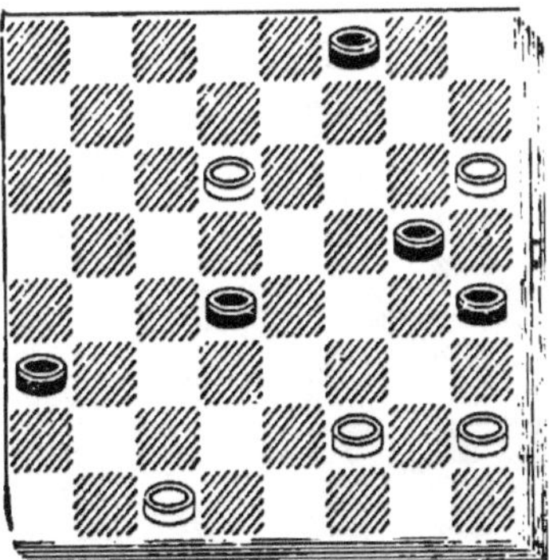

Black to move and win.

155.—F. W. Drinkwater.

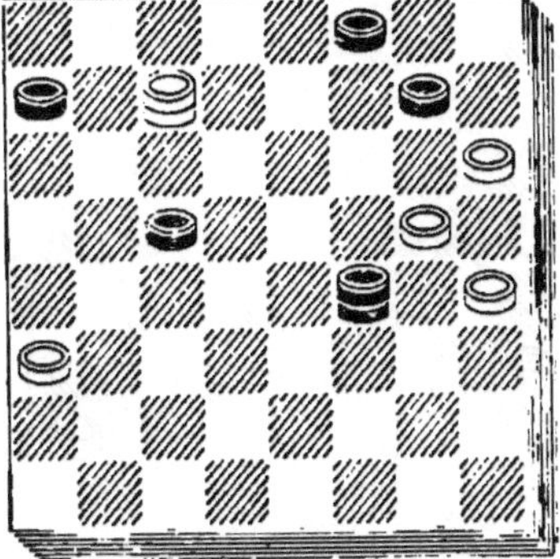

Black to move and win.

156.—F. W. Drinkwater.

White to move and win.

157.—F. W. Drinkwater.

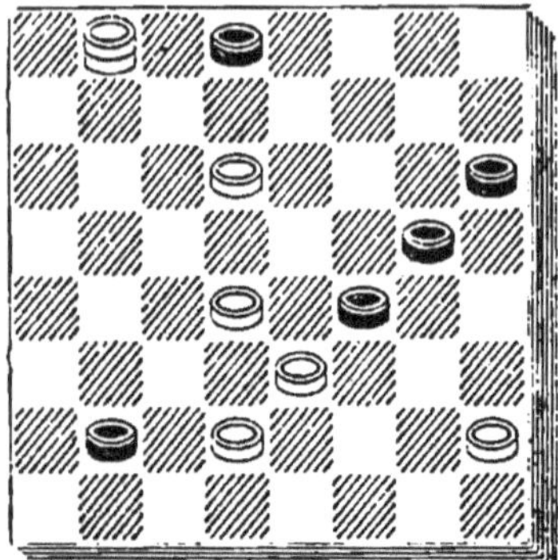

Black to move and draw.

158.—F. W. Drinkwater.

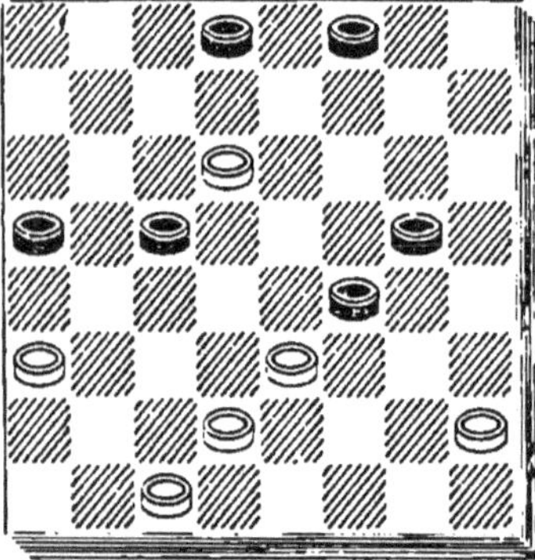

White to move and win.

159.—F. W. Drinkwater.

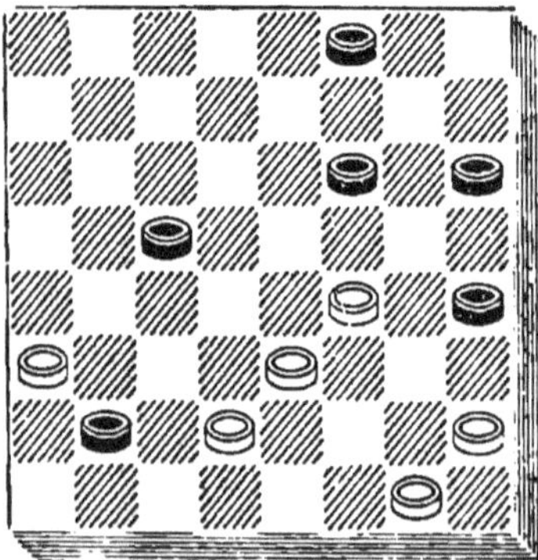

Black to move and draw.

160.—F. W. Drinkwater.

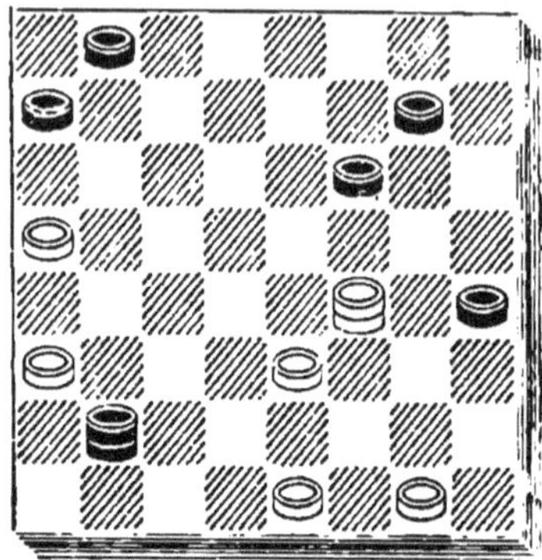

White to move and win.

161.—F. W. Drinkwater.

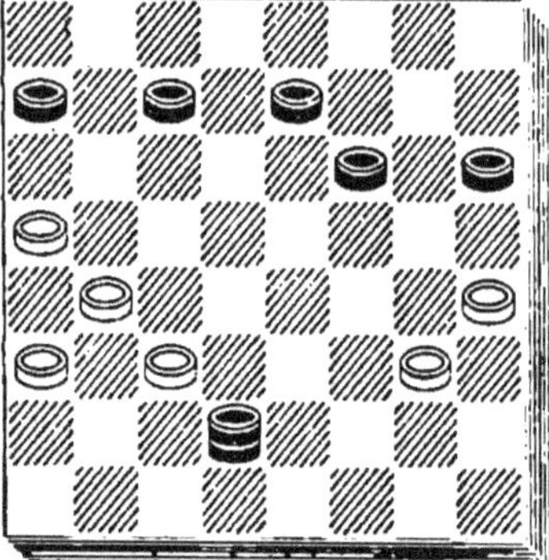

White to move and draw.

162.—F. W. Drinkwater.

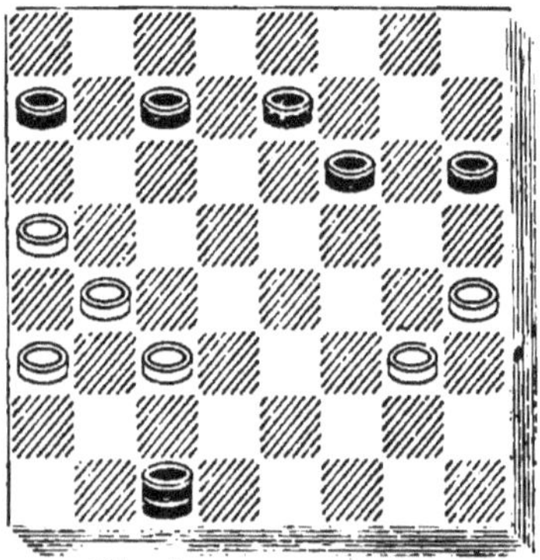

Black to move and win.

163.—F. W. Drinkwater.

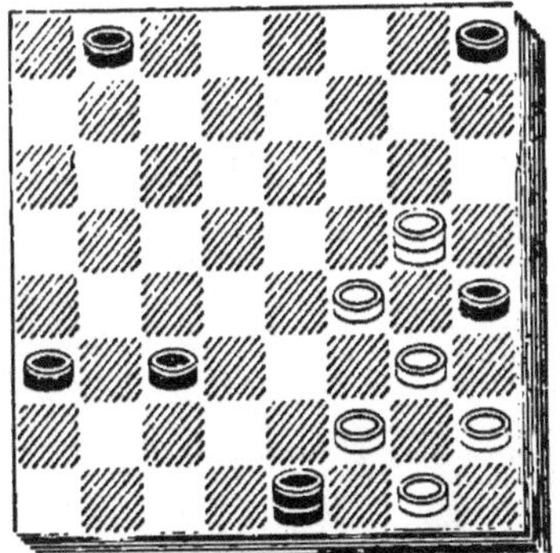

Black to move and win.

164.—F. W. Drinkwater.

White to move and draw.

165.—Wm. Bell, Cardiff.

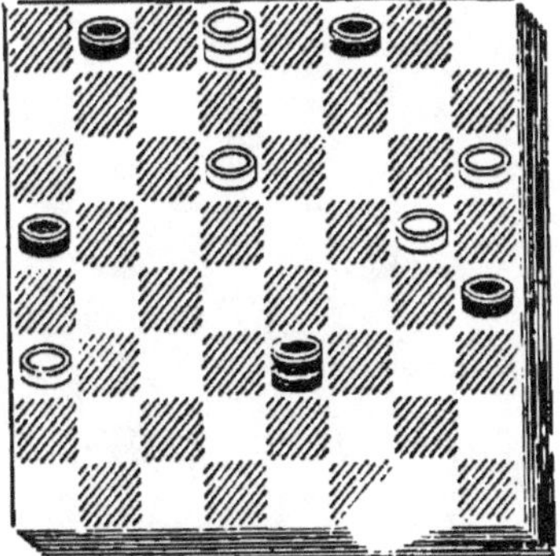

White to move and draw.

166.—Wm. Bell, Cardiff.

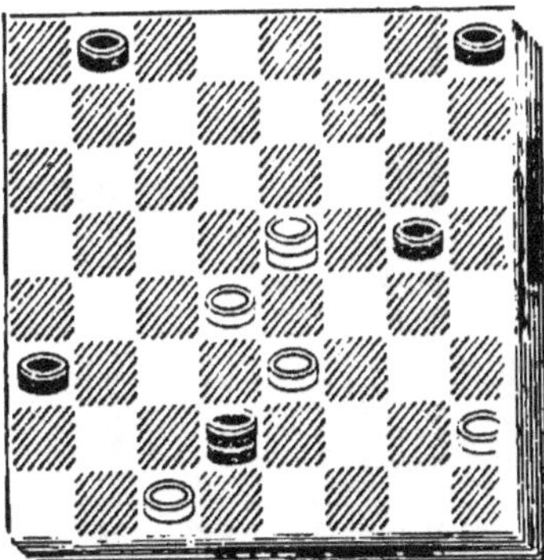

White to move and draw.

167.—Wm. Bell, Cardiff.

Black to move and win.

168.—W. Edward, Cardiff.

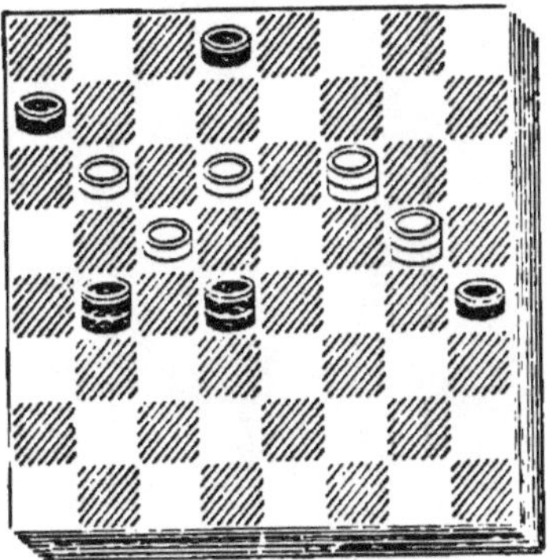

White to move and draw.

169.—W. Edward, Cardiff.

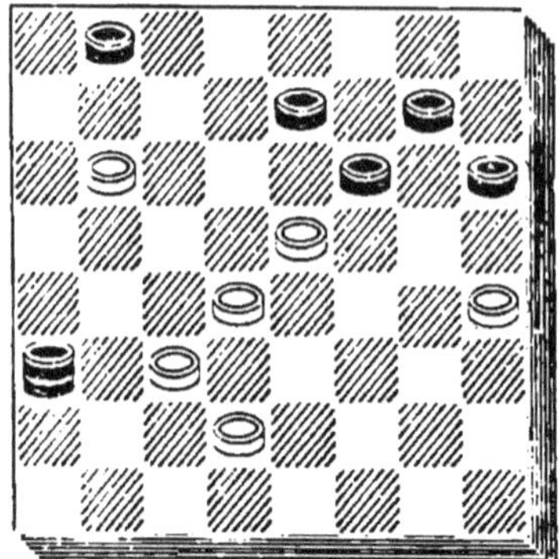

White to move and draw.

170.—W. Edward, Cardiff.

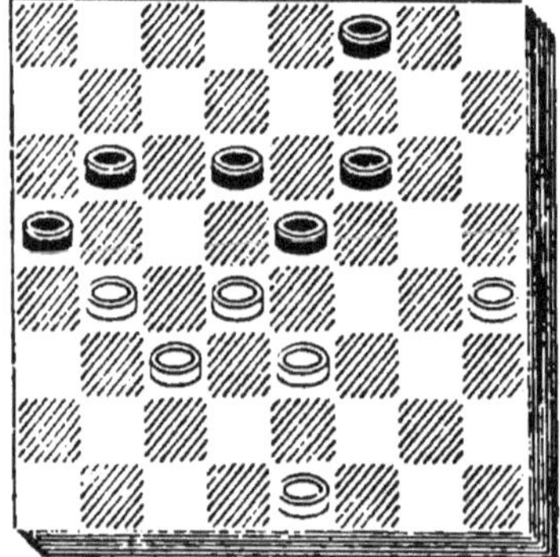

Black to move and draw.

171.—J. Robertson.

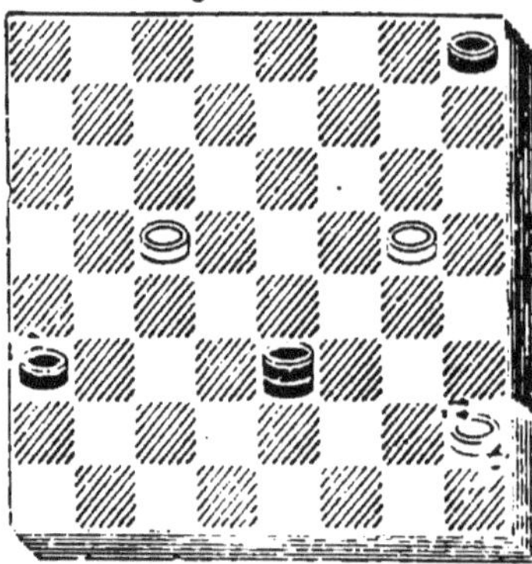

Black to move and win.

172.—J. Ward, Crewe.

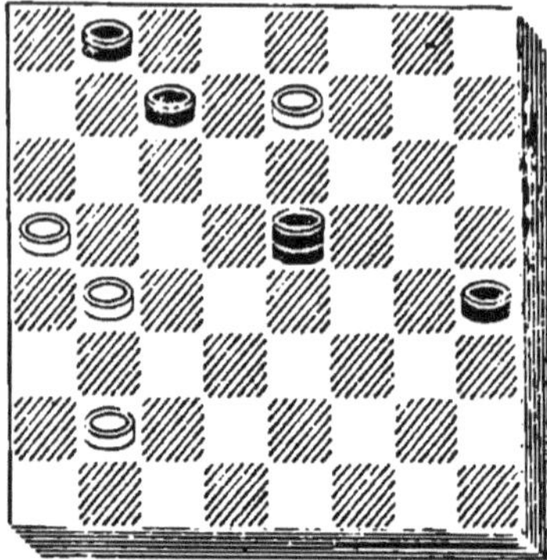

White to move and draw.

173.—J. Ward, Crewe.

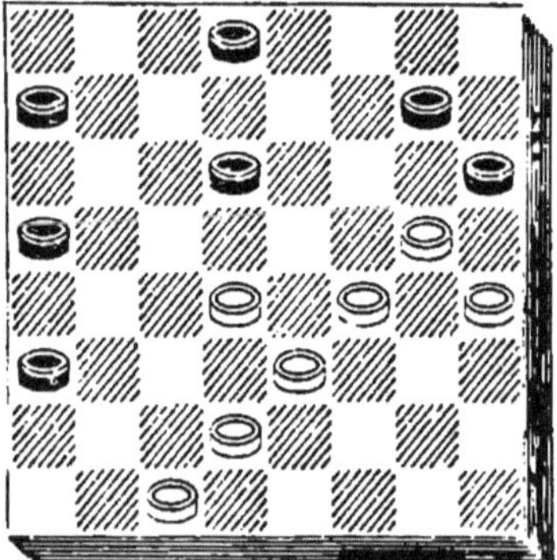

Black to move and win.

174.—J. Ward. Crewe.

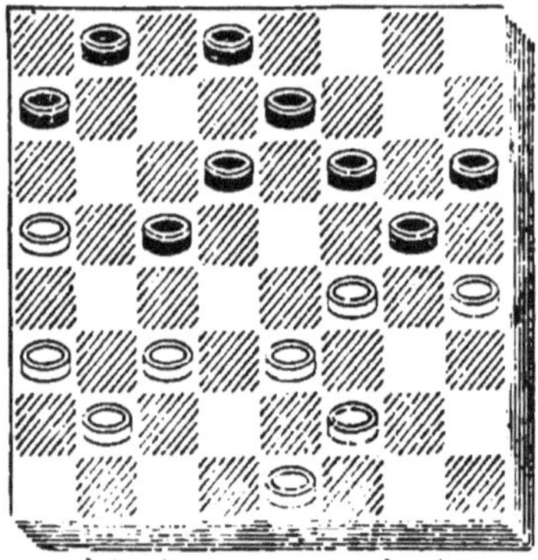

Black to move and win.

175.—C. Hefter.

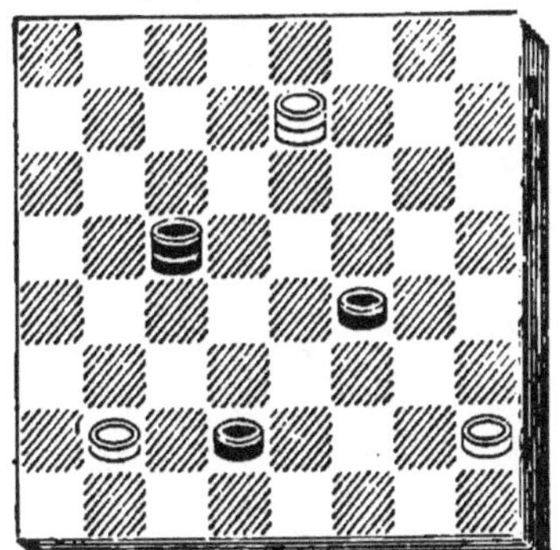

Black to move and win.

176.—C. Hefter.

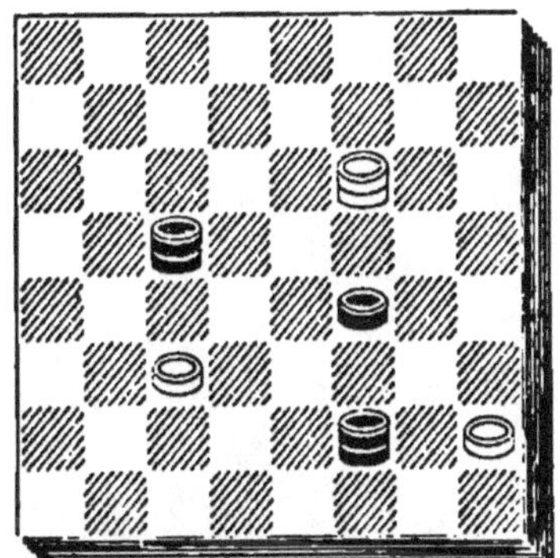

Black to move and win.

177.—C. Hefter.

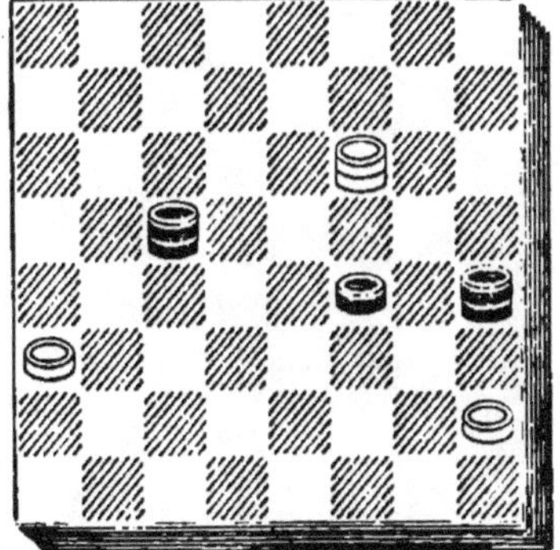

Black to move and win.

178.—C. Hefter.

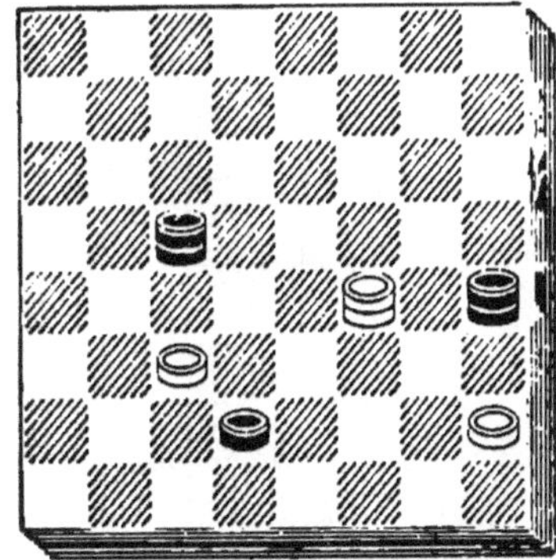

Black to move and win.

179.—J. H. Tregaskis.

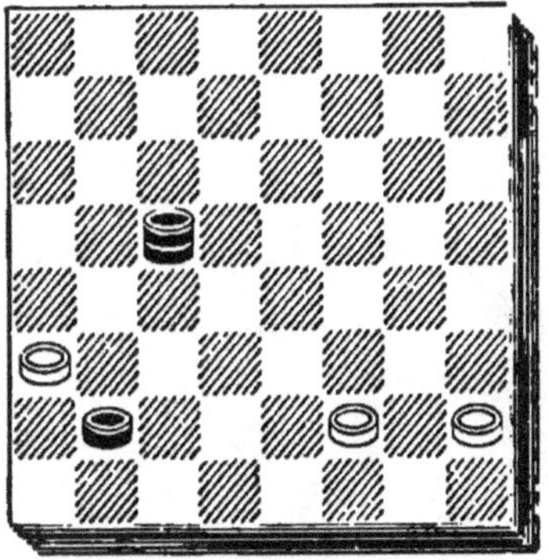

Black to move and draw.

180—Wyllie.

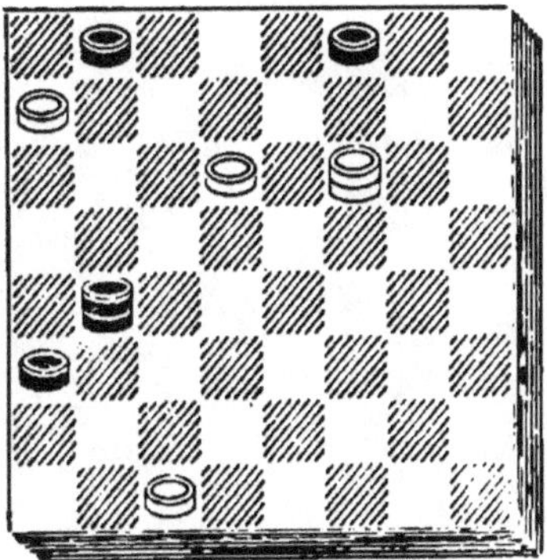

White to move and draw.

181.—R. E. Bowen.

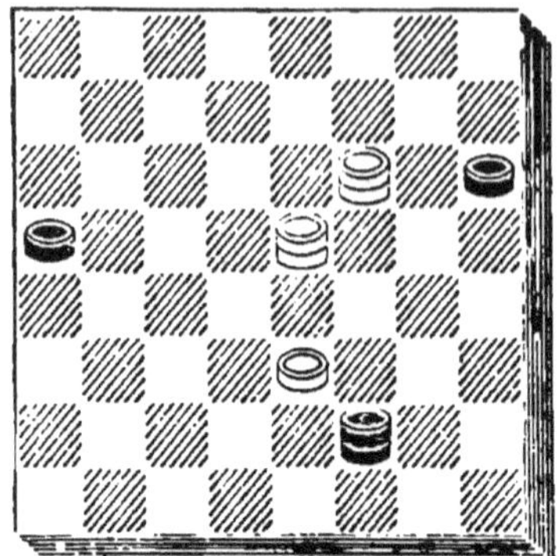

White to move, B. to draw.

184.—Mr. Church (Leo).

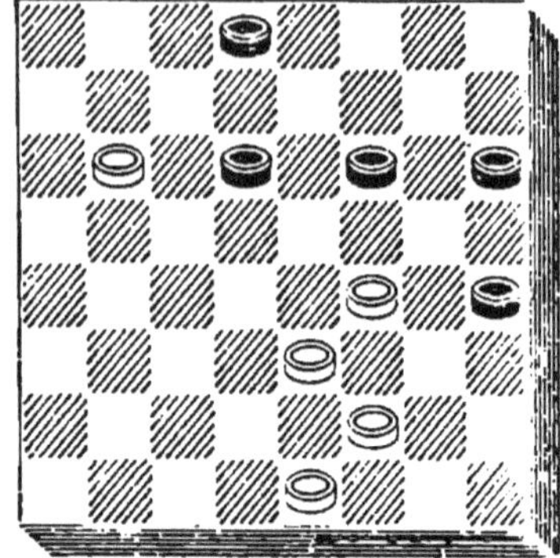

White to move and win.

182.—J. Donaldson.

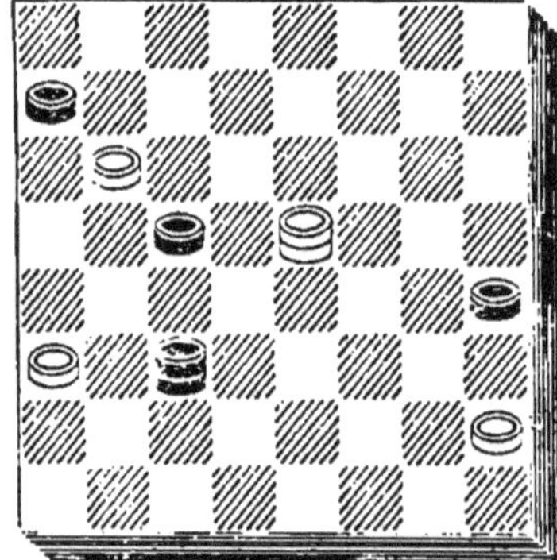

White to move and win.

185.—H. Gibson.

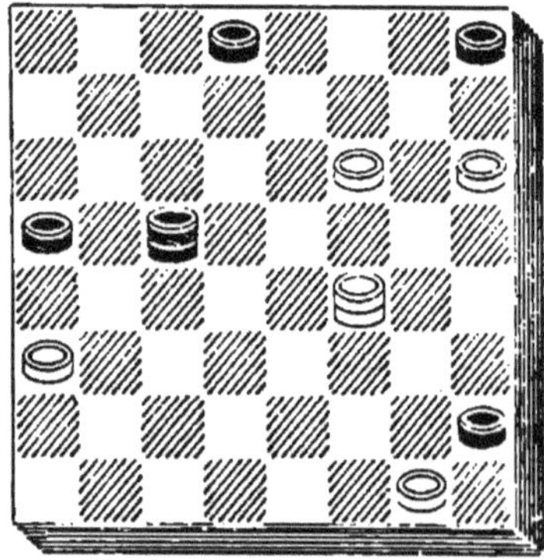

White to move and win.

183.—D. Robertson.

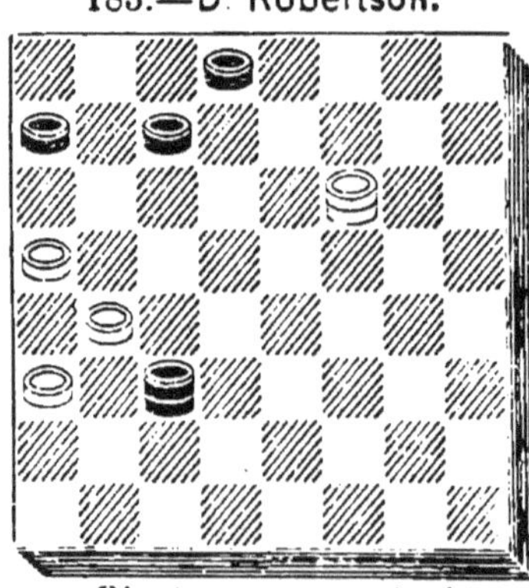

Black to move and win.

186.—E. Hull.

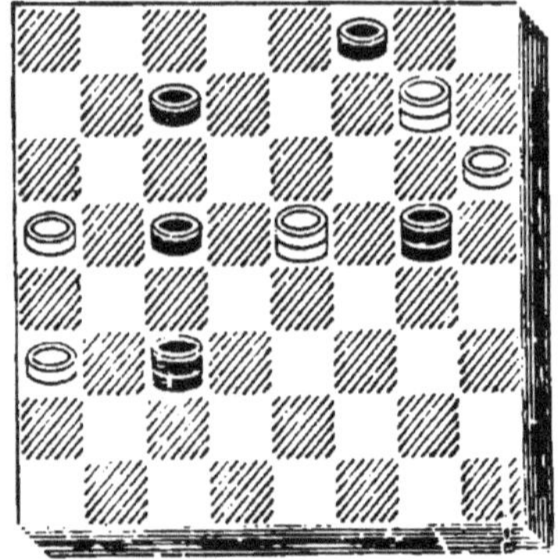

Black to move and win.

SECTION IV.

PROBLEMS AND CRITICAL POSITIONS

CONTRIBUTED BY

MR. FRED. ALLEN, LEEDS.

187.—Fred Allen.

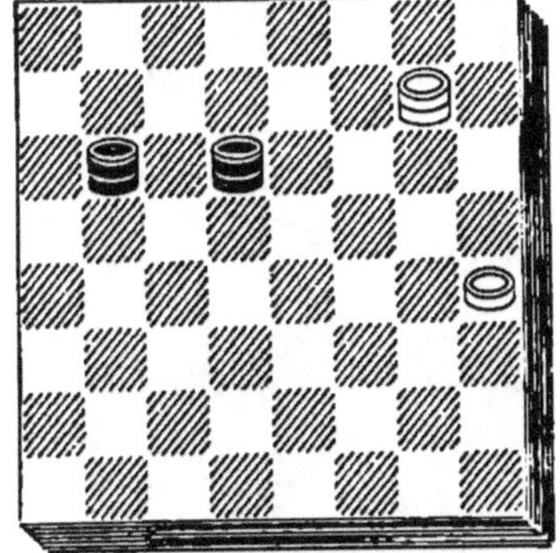

Black to move and win.

188.—Fred Allen.

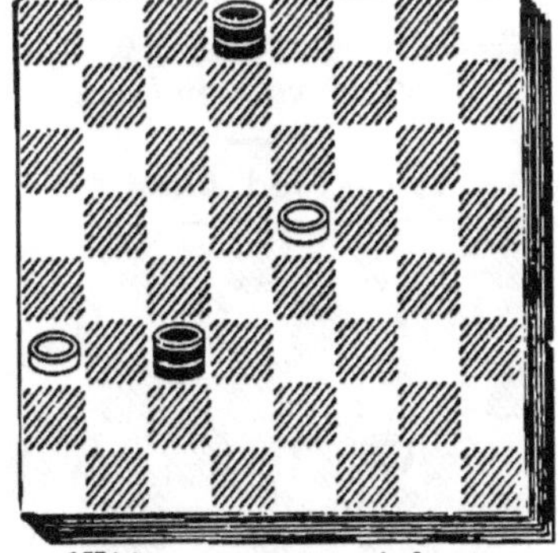

White to move and draw.

189.—Fred Allen.

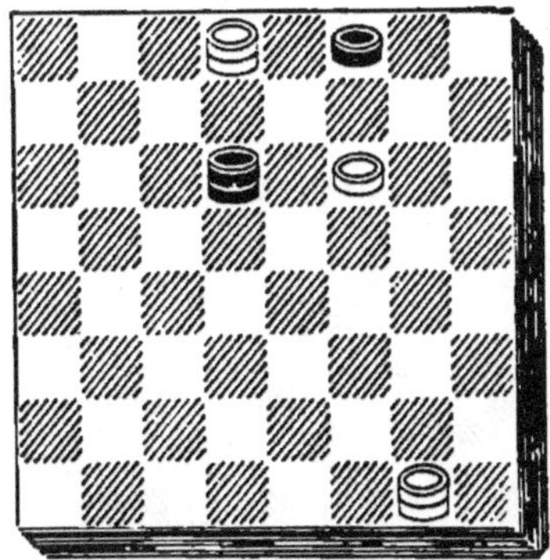

White to move and win.

190.—Mr. F. Green.

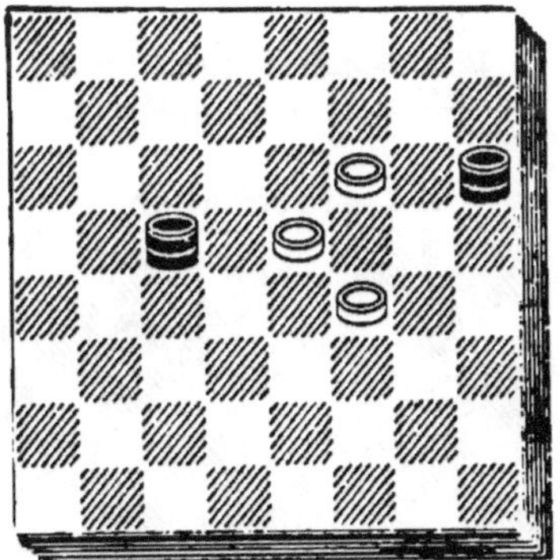

White to move and win.

191.—Mr. Heffner.

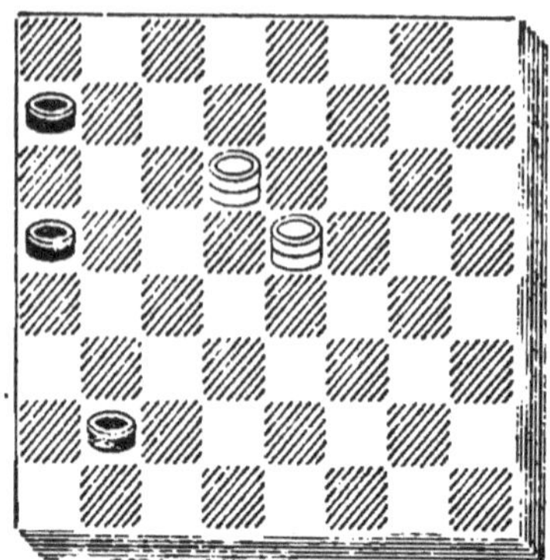

White to move and draw.

194.—Fred Allen.

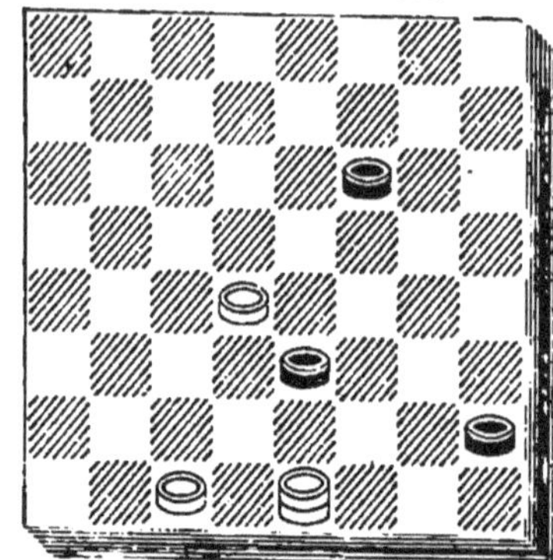

White to move and win.

192.—Fred Allen.

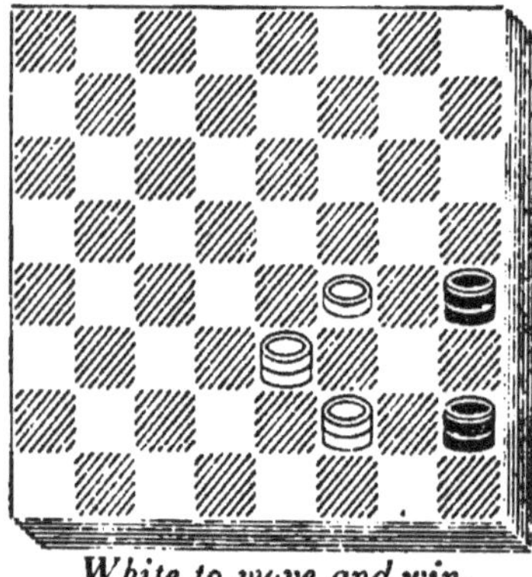

White to move and win.

195.—Fred Allen.

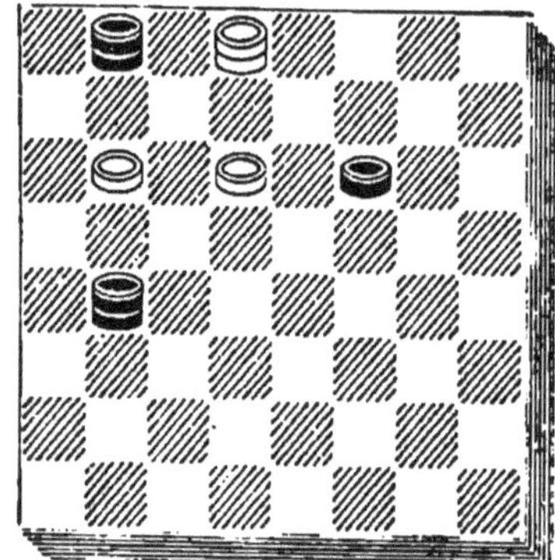

Black to move and win.

193.—Fred Allen.

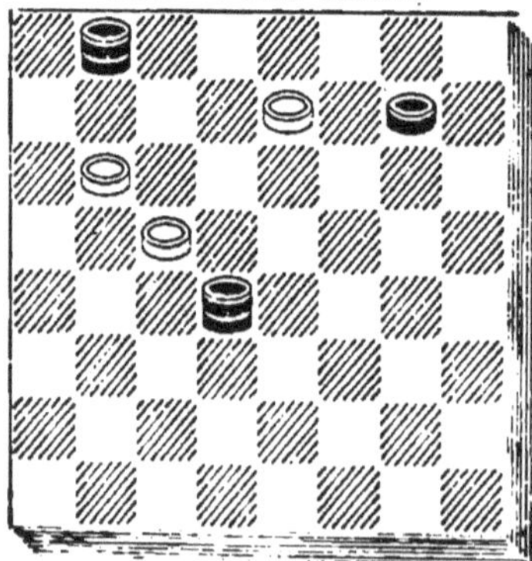

Black to move and win.

196.—Fred Allen.

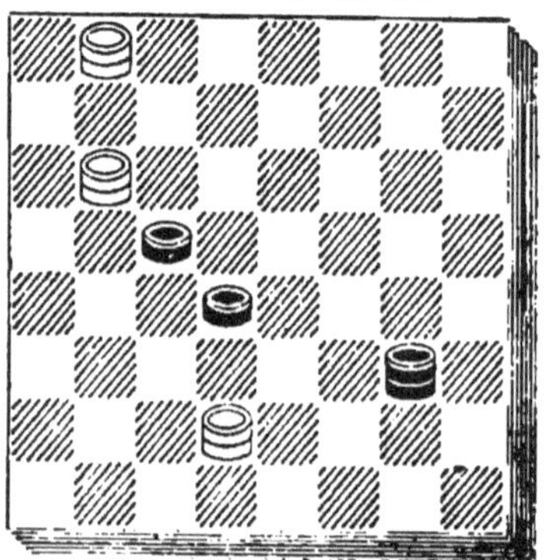

Black to move and draw.

197.—Fred Allen.

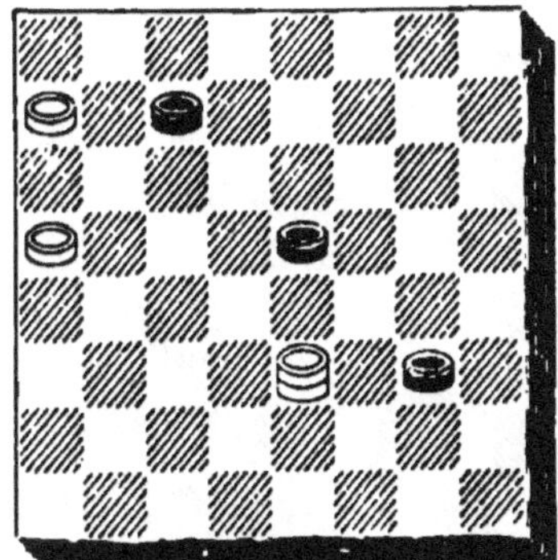

Black to move and draw.

200. - Fred Allen.

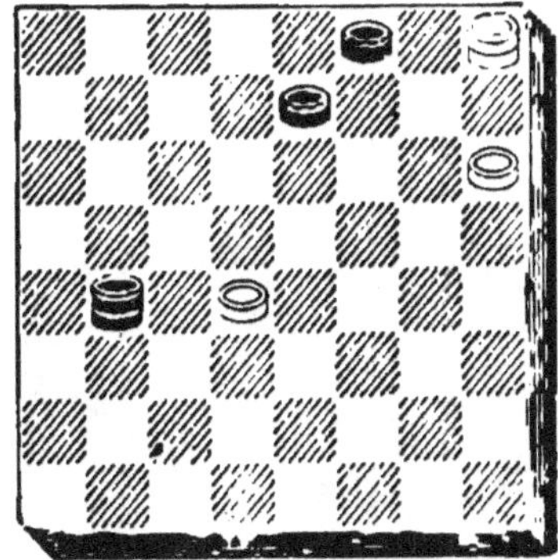

Black to play and win.

198.—Mr. Robt. Raw.

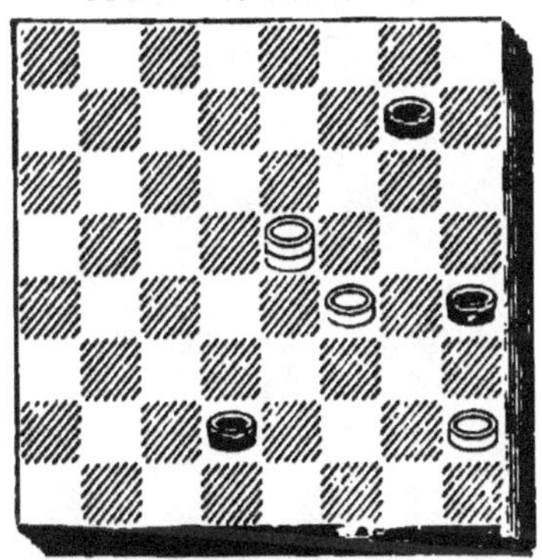

Black to move and draw.

201. —Fred Allen.

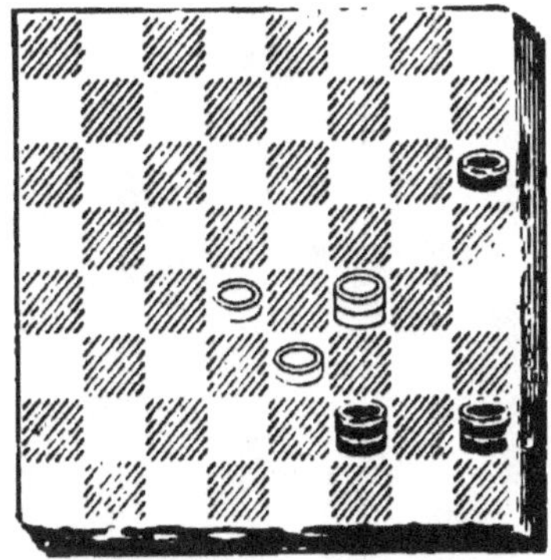

White to move and draw.

199.—Mr. Taso Ellis.

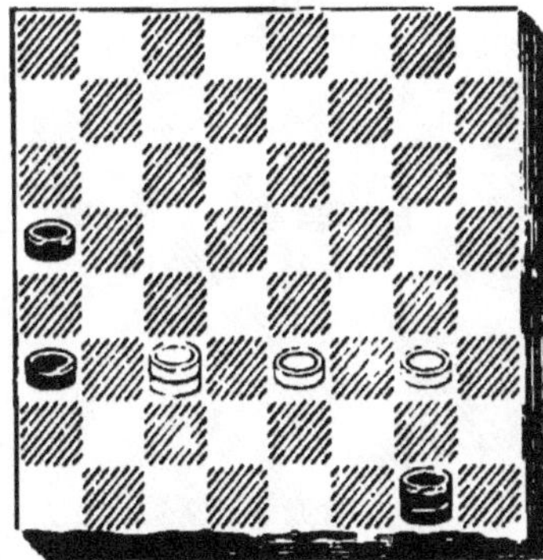

White to move and win.

202.—Fred Allen.

Black to move and win.

203.—Fred Allen.

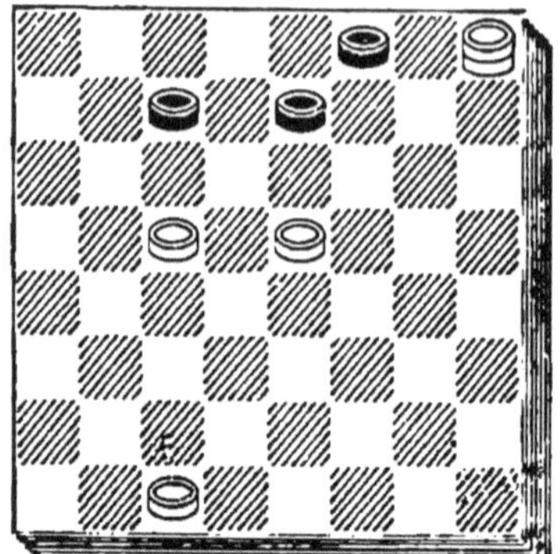

White to move and win.

204.—Fred Allen.

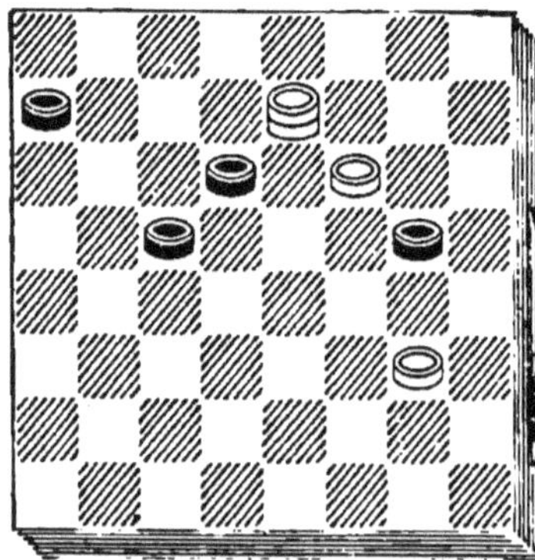

White to move and draw.

205.—Fred Allen.

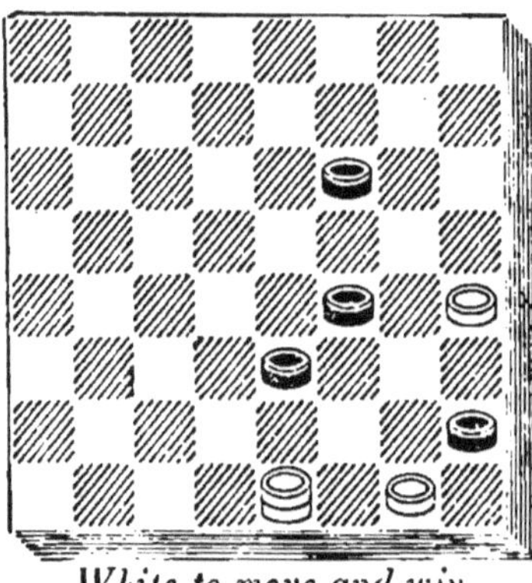

White to move and win.

206.—Fred Allen.

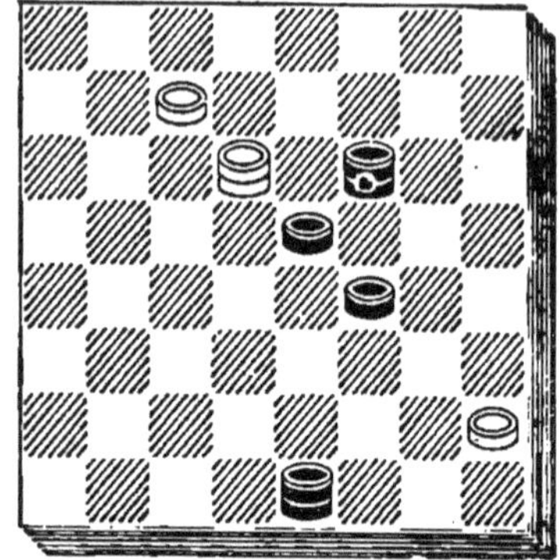

Black to move and win.

207.—Fred Allen.

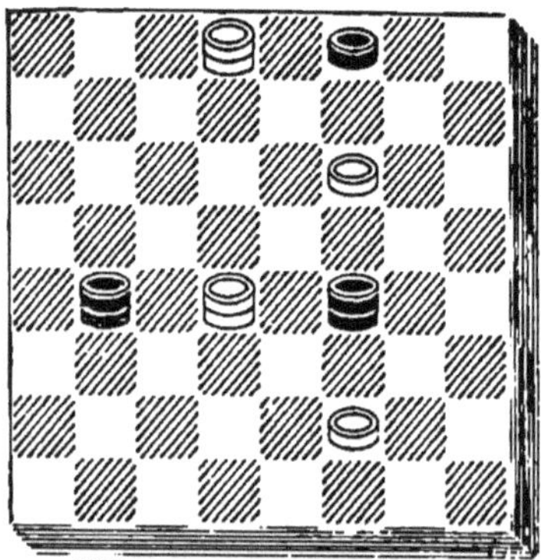

White to move and win.

208.—Fred Allen.

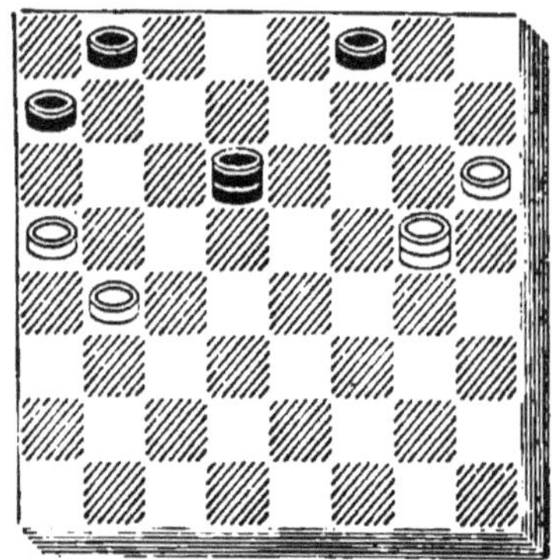

White to move and draw.

209.—Fred Allen.

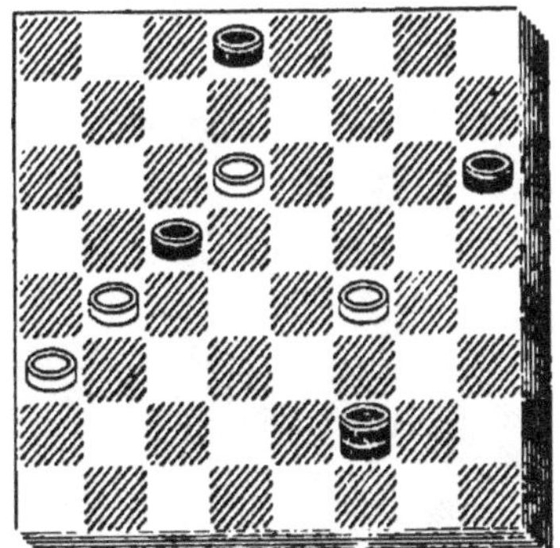

Black to move and win.

212.—Fred Allen.

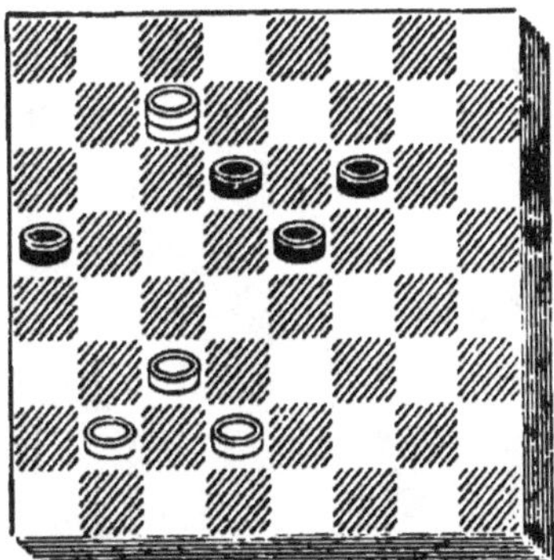

White to move and win.

210.—Fred Allen.

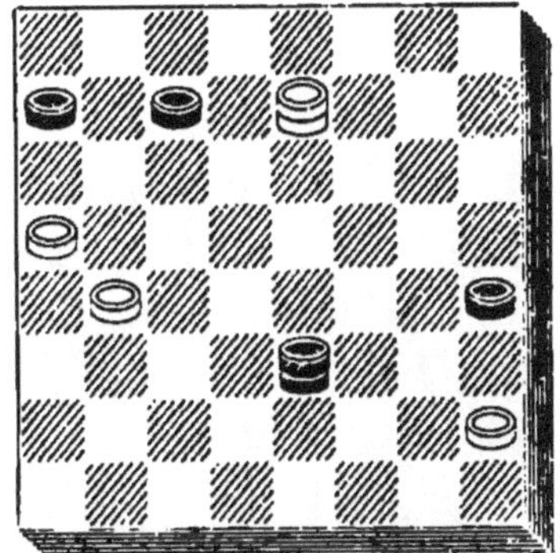

White to move and draw.

213.—Fred Allen.

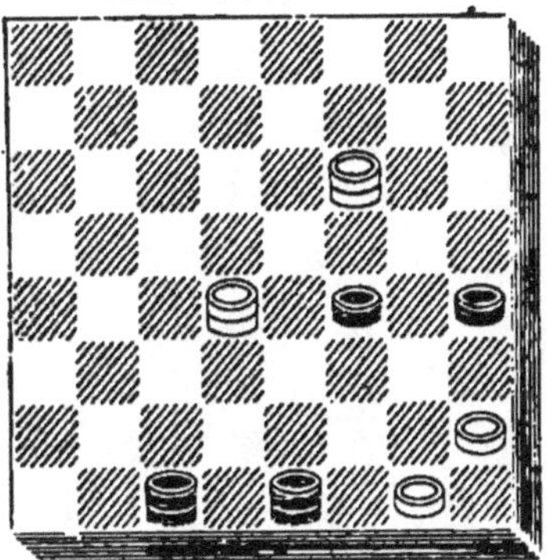

Black to move and draw

211.—Fred Allen.

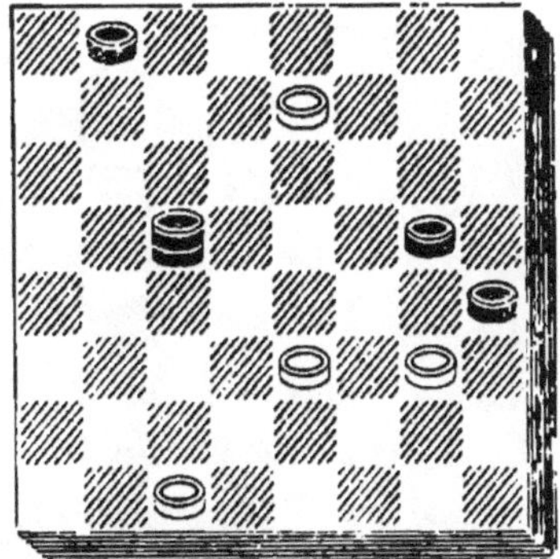

White to move and draw.

214.—Fred Allen.

Black to move, W. to draw.

215.—Fred Allen.

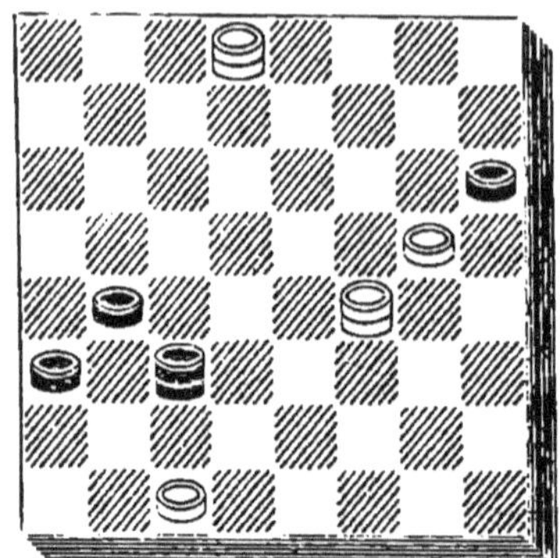

White to move and win.

216.—Fred Allen.

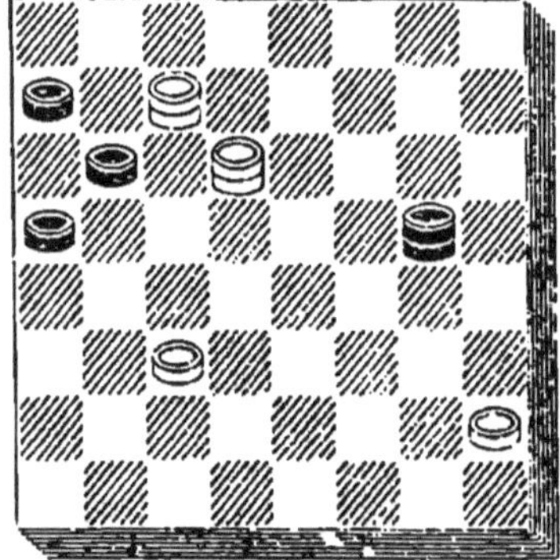

White to move and win.

217.—Fred Allen.

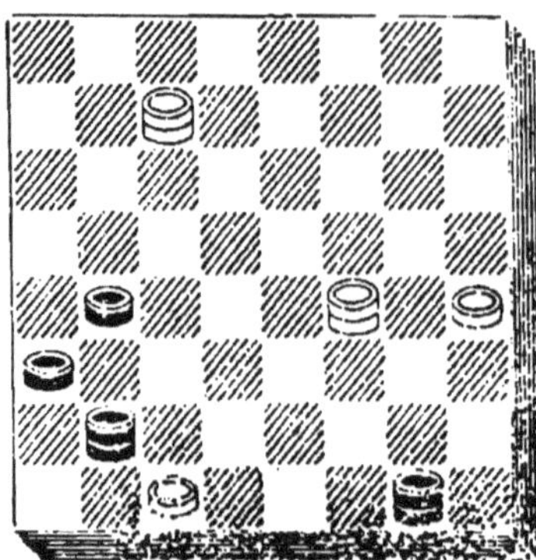

Black to move and draw.

218.—Fred Allen.

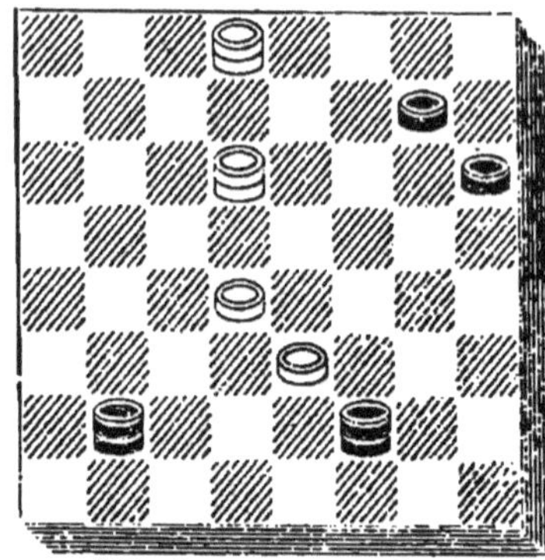

Black to move and win.

219.—Fred Allen.

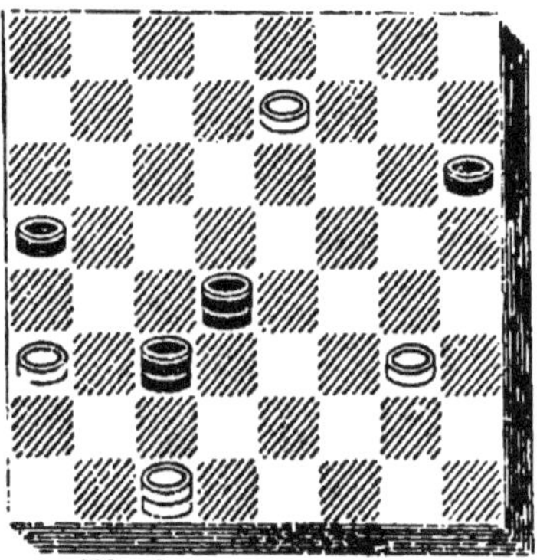

Black to move and win.

220.—Fred Allen.

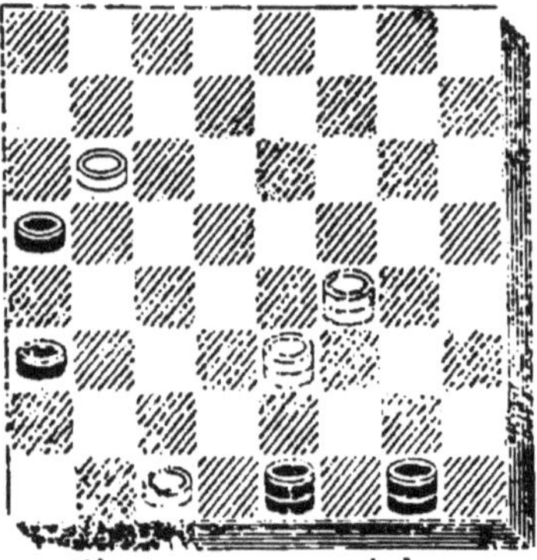

Black to move and draw.

221.—Fred Allen.

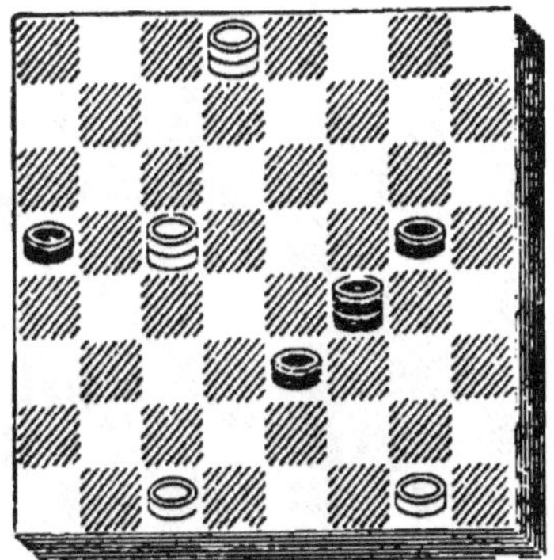

White to move and win.

222.—Fred Allen.

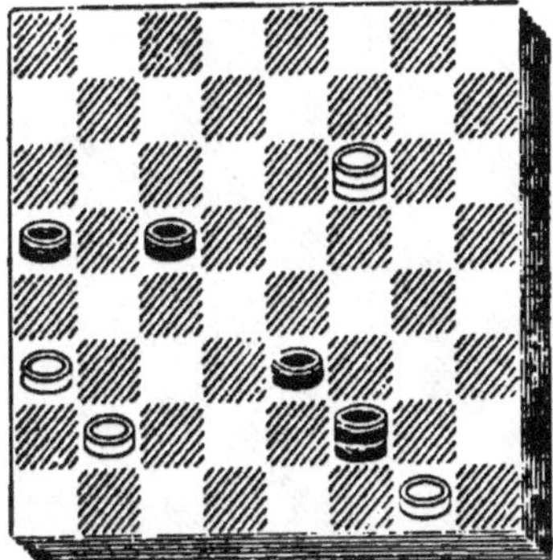

Black to move and win.

223.—Fred Allen.

Black to move and win.

224.—Mr. C. Adamson.

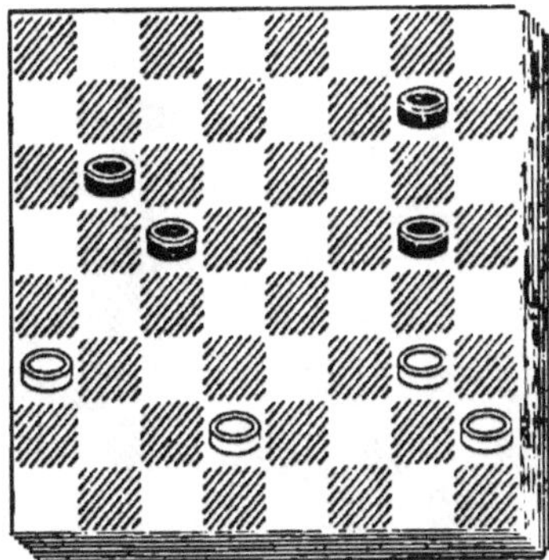

Black to move and win.

225.—Fred Allen.

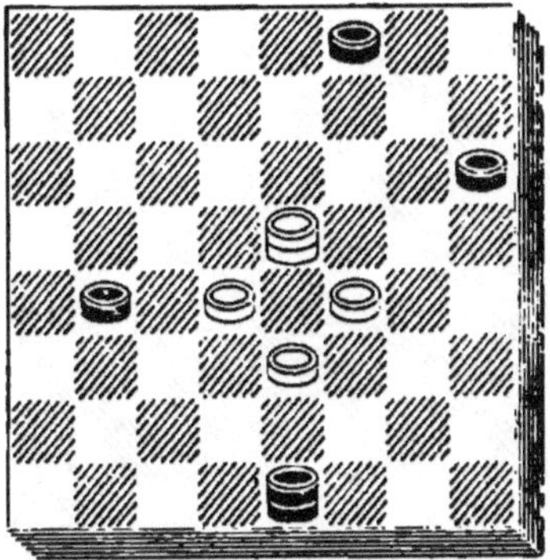

White to move and draw.

226.—Fred Allen.

Either to move, W. to win.

227.—Fred Allen.

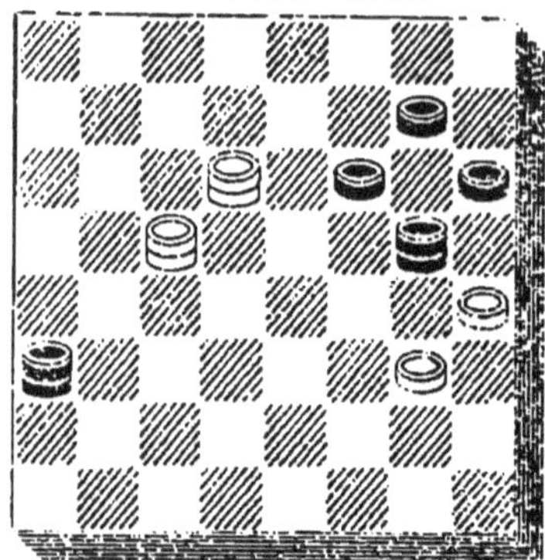

Black to move and draw.

228.—Fred Allen.

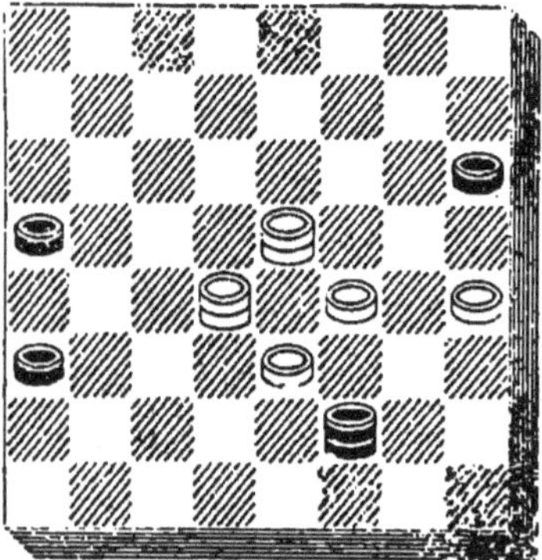

Black to move, W. to win.

229.—Fred Allen.

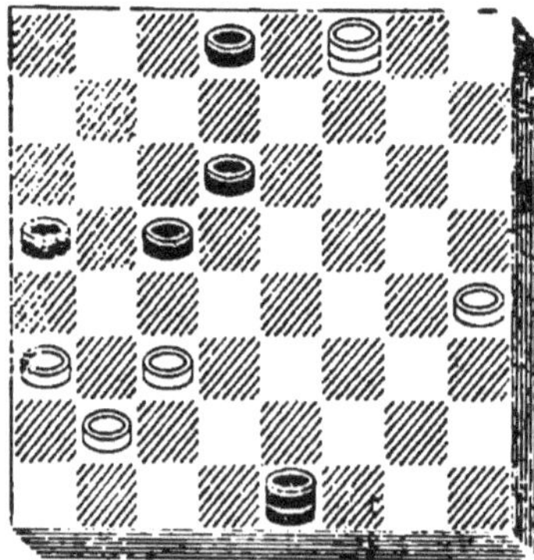

Black to move and win.

230.—Fred Allen.

White to move and draw.

231.—Fred Allen.

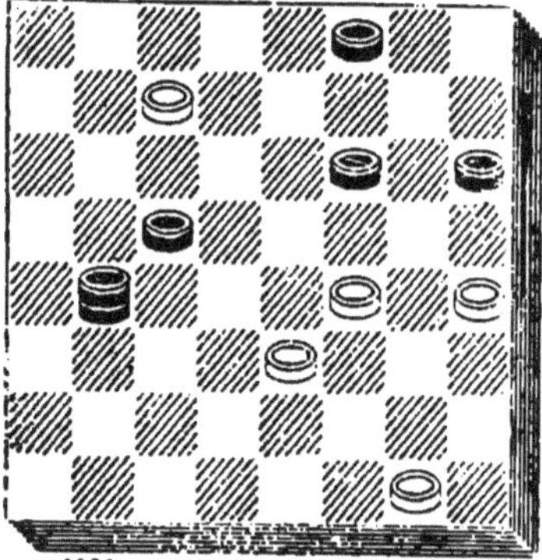

White to move and draw.

232.—Fred Allen.

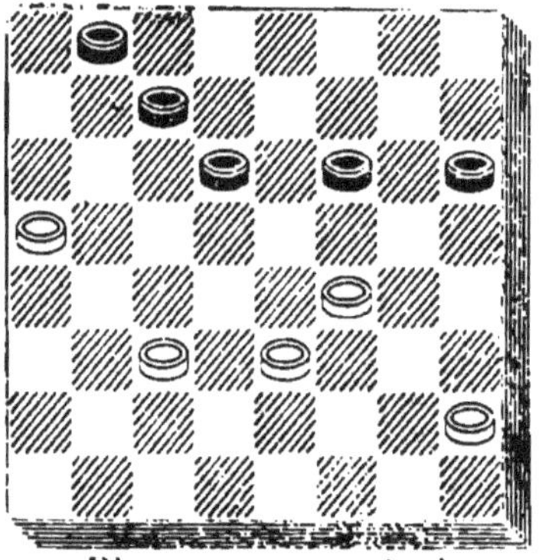

Black to move and win.

233.—Fred Allen.

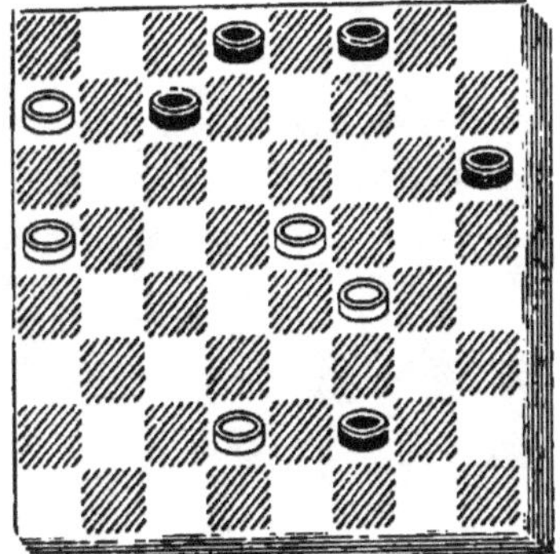

White to move and draw.

234.—Fred Allen.

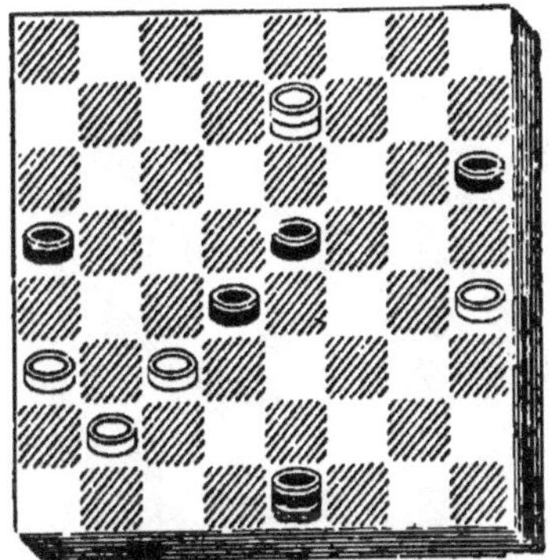

Black to move and draw.

235.—Fred Allen.

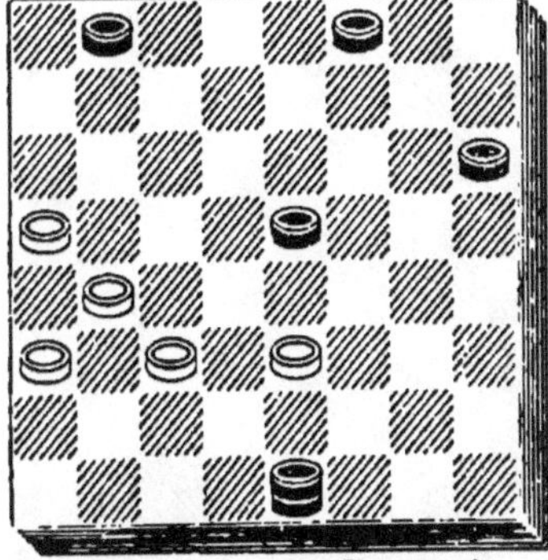

White to move, B. to win.

236.—Fred Allen.

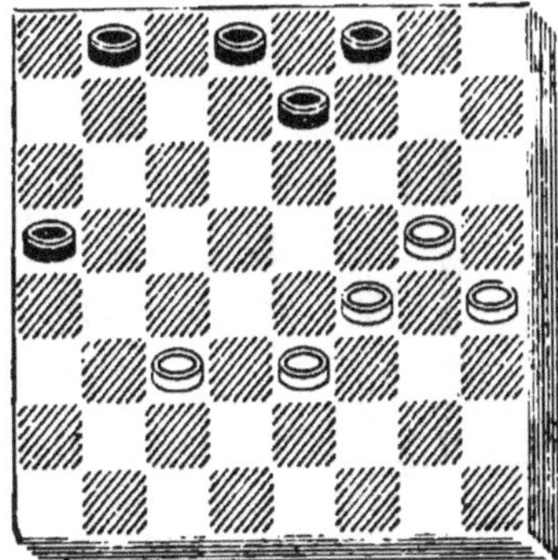

Black to move and win.

237.—Fred Allen.

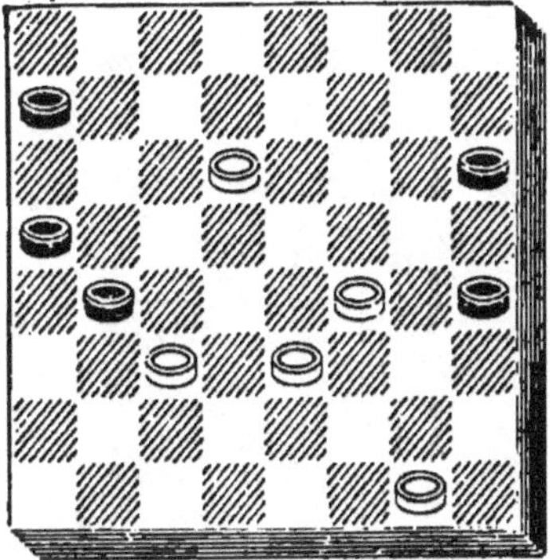

White to move and draw.

238.—Fred Allen.

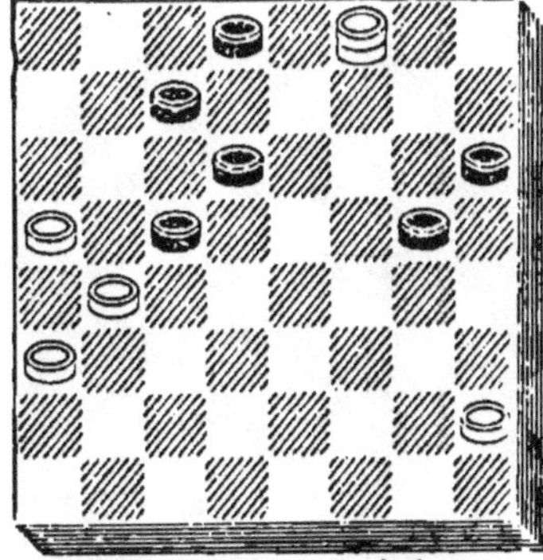

White to move and draw.

239.—Fred Allen.

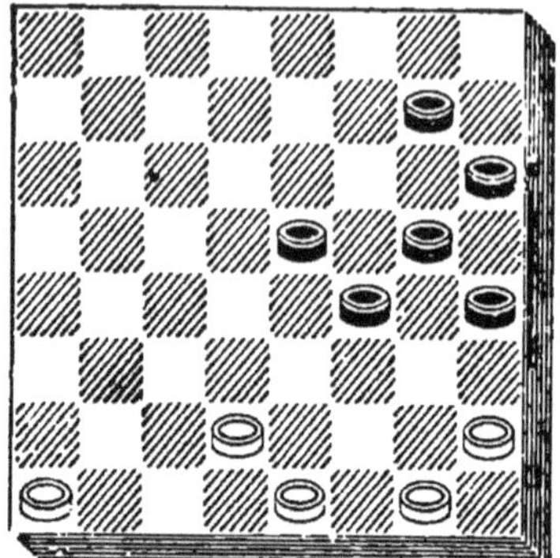

White to move and win.

240.—Fred Allen.

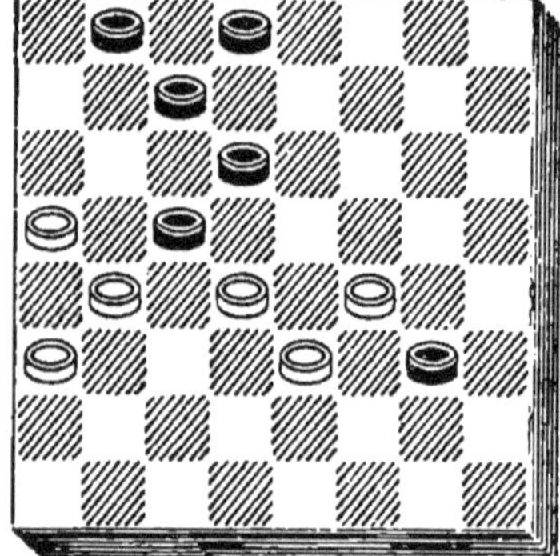

Black to move and win.

241.—Fred Allen.

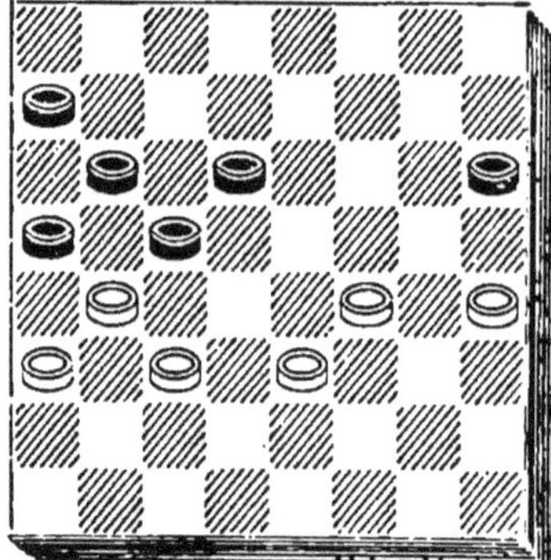

White to move and draw.

242.—Fred Allen.

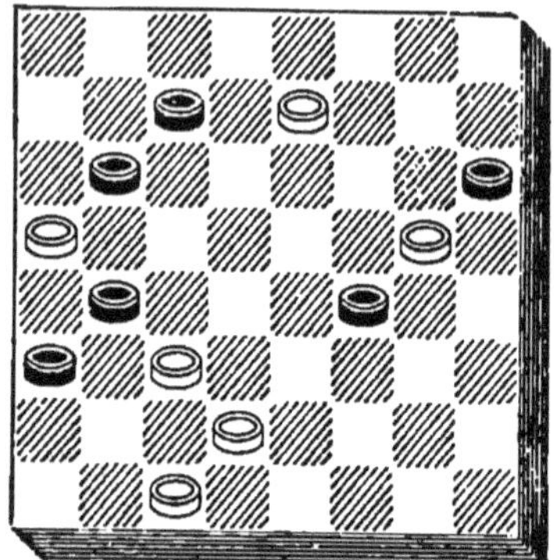

Black to move and draw.

243.—Fred Allen.

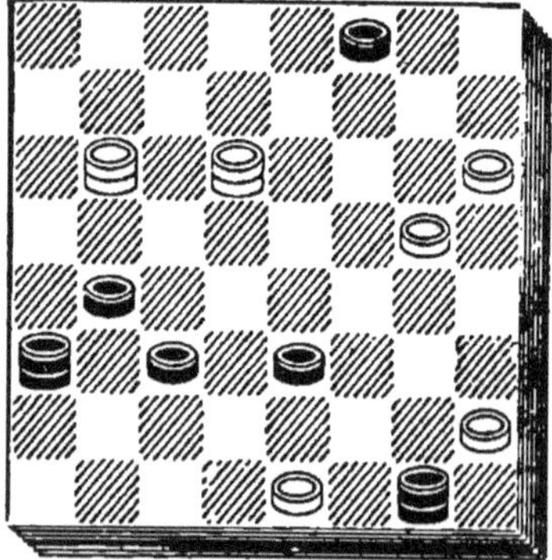

Black to move and draw.

244.—Fred Allen.

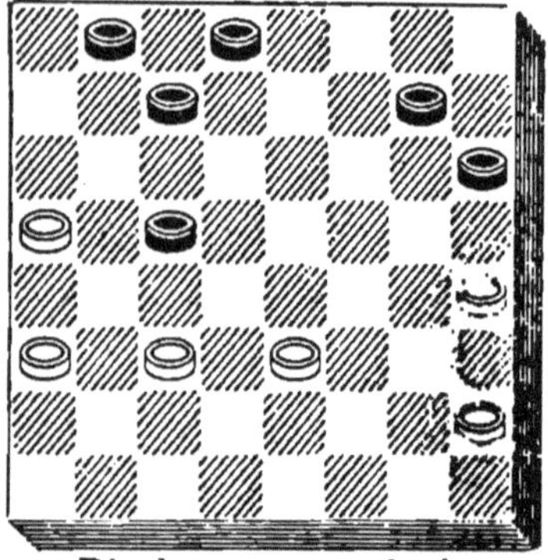

Black to move and win.

245.—Fred Allen.

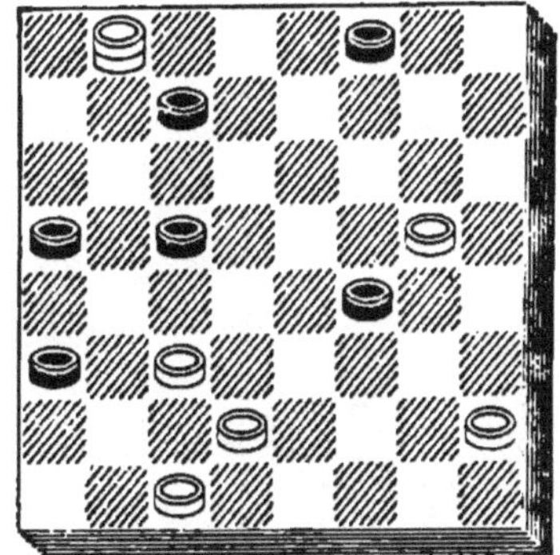

Black to move and draw.

246.—Fred Allen.

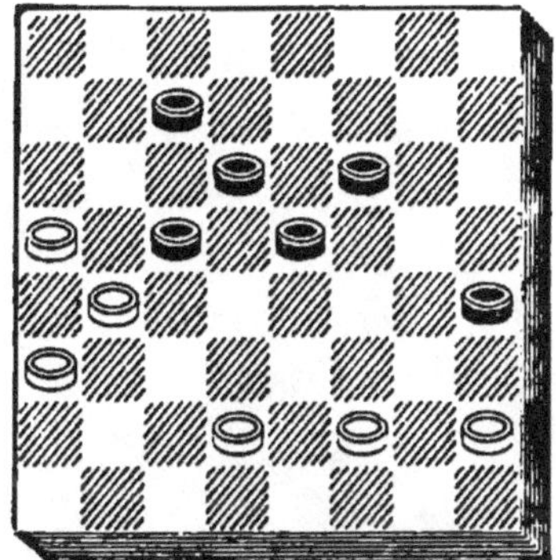

White to move and win.

247.—Fred Allen.

White to move and win.

248.—Fred Allen.

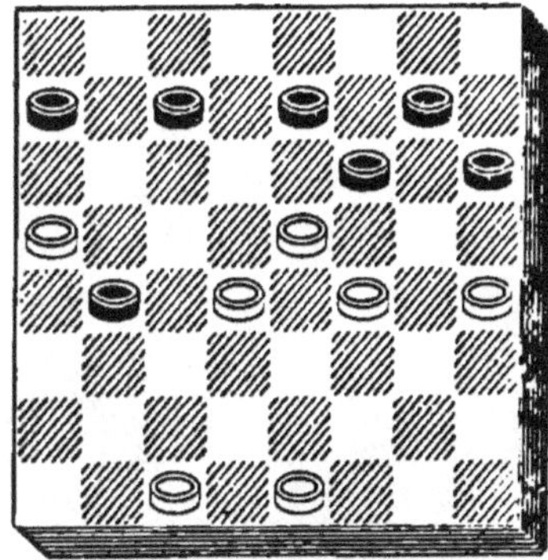

White to move and win.

249.—Fred Allen.

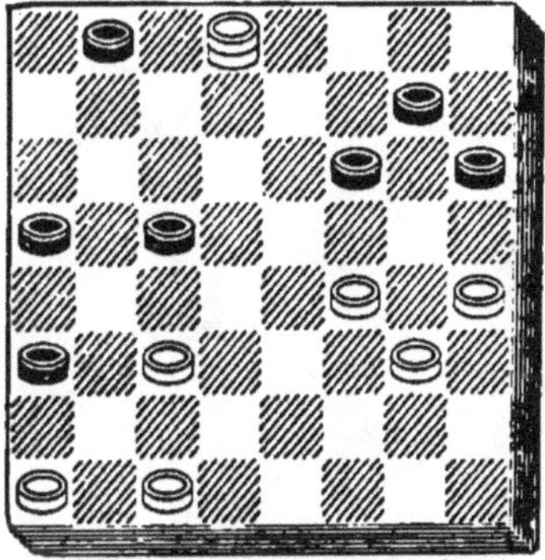

White to move and win.

250.—Fred Allen.

White to move and draw.

251.—Fred Allen.

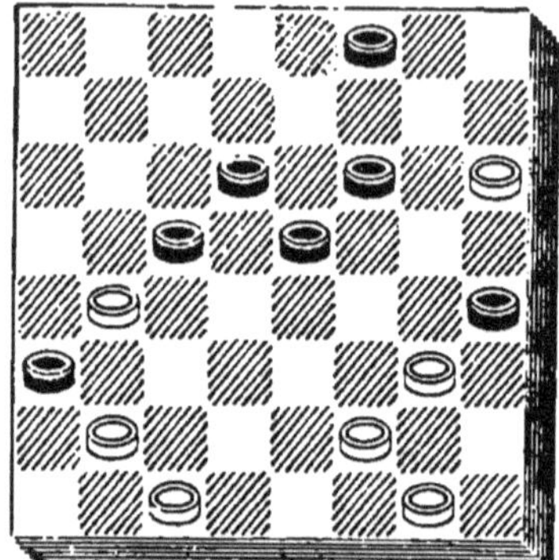

White to move and draw.

254.—Fred Allen.

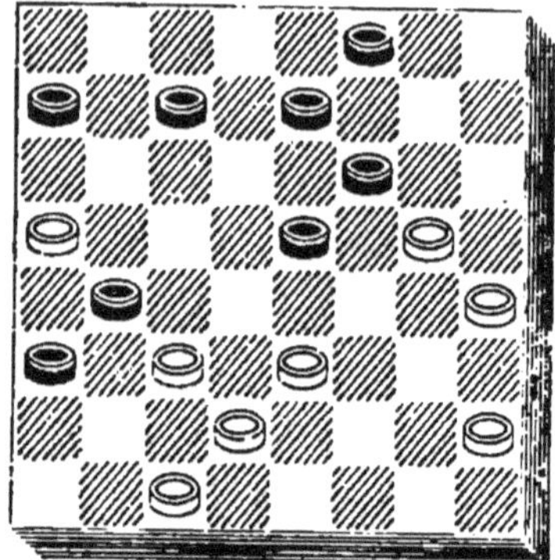

Black to move and draw.

252.—Fred Allen.

Black to move and draw.

255.—Fred Allen.

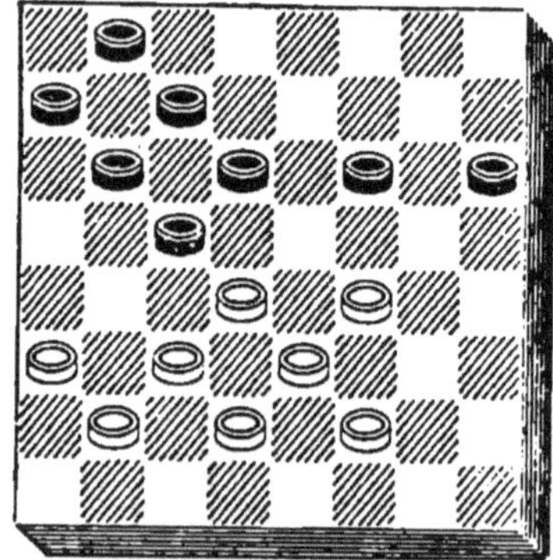

White to move and draw.

253.—Fred Allen.

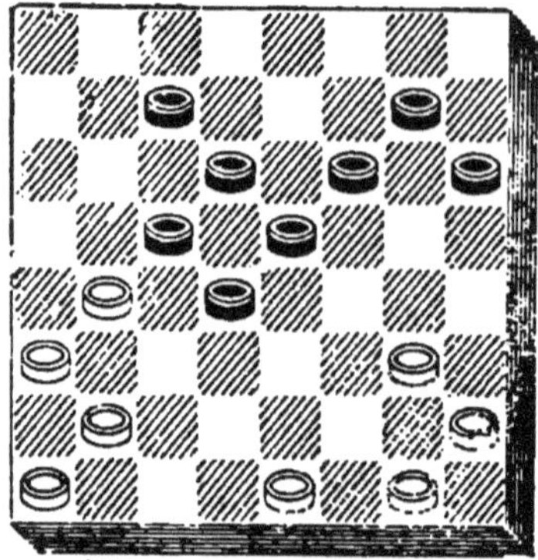

White to move and win.

256.—Fred Allen.

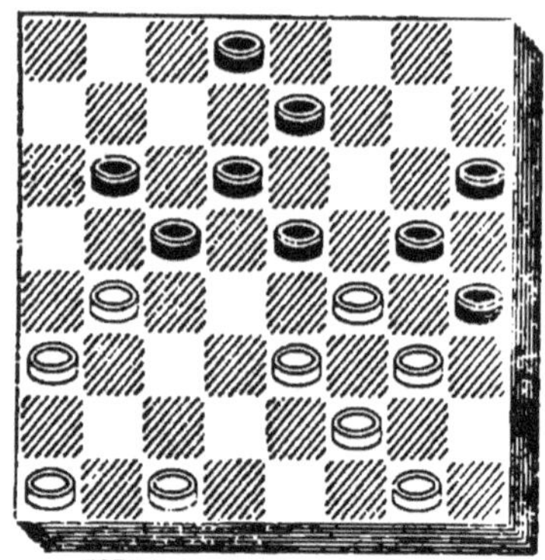

White to move and win.

SECTION V.

PROBLEMS AND CRITICAL POSITIONS

CONTRIBUTED BY

MR. FRANK DUNNE, WARRINGTON.

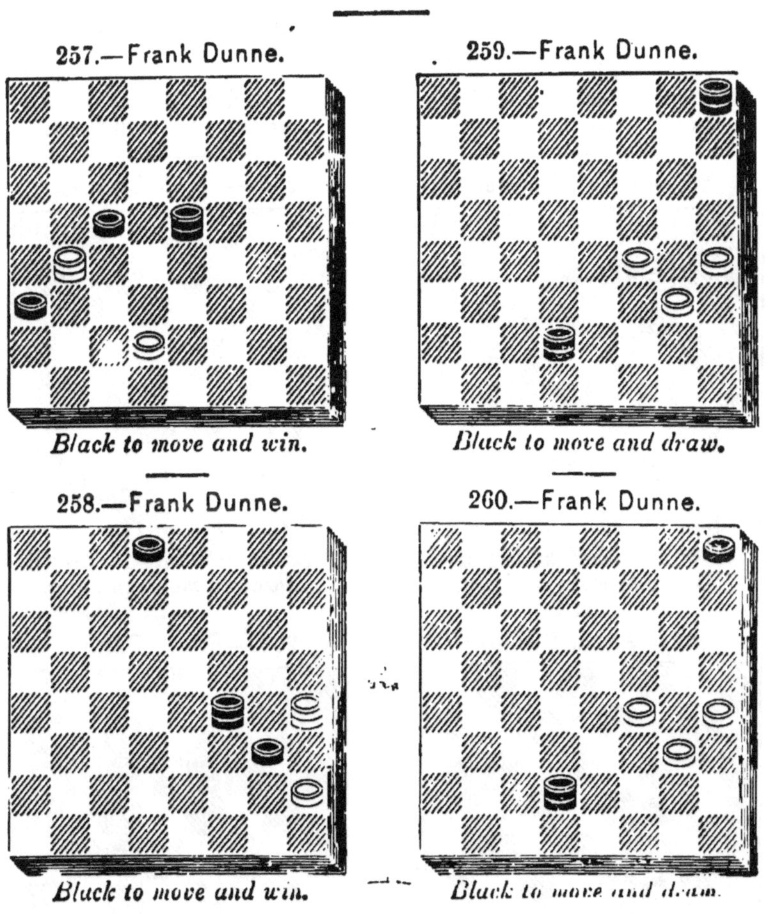

257.—Frank Dunne.

Black to move and win.

258.—Frank Dunne.

Black to move and win.

259.—Frank Dunne.

Black to move and draw.

260.—Frank Dunne.

Black to move and draw.

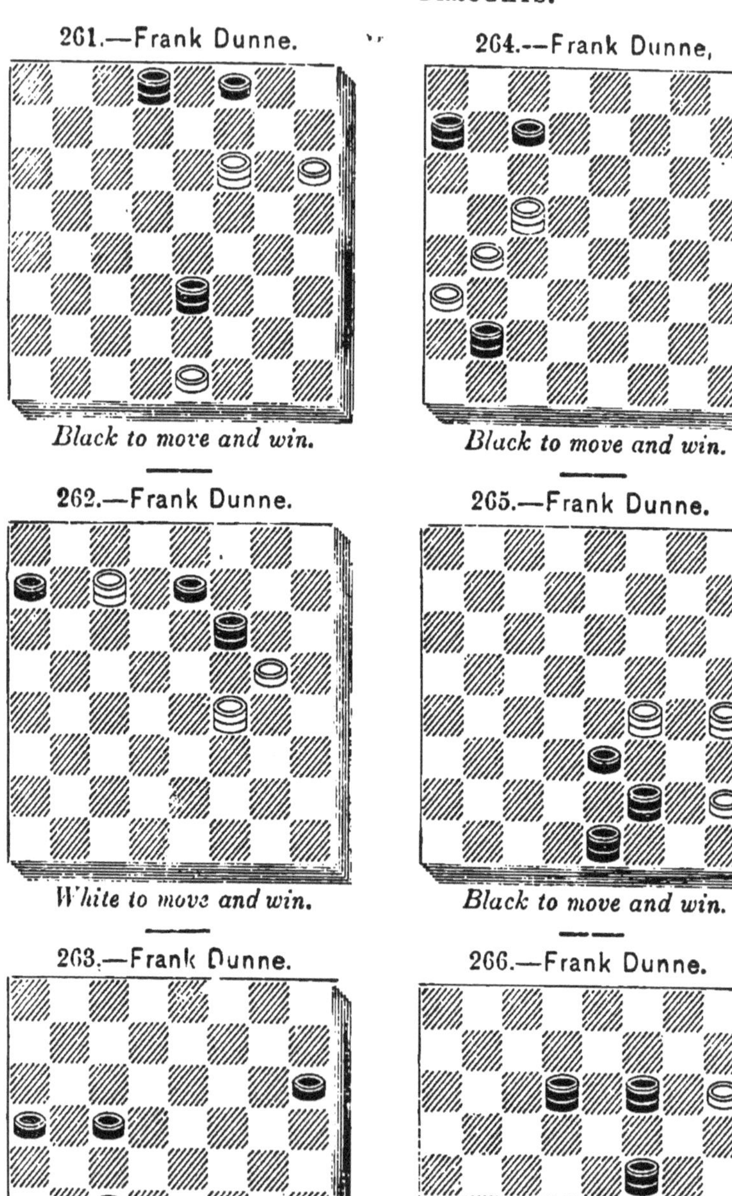

261.—Frank Dunne.

Black to move and win.

262.—Frank Dunne.

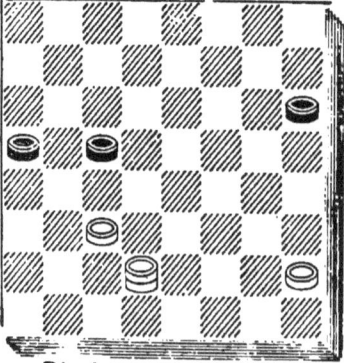

White to move and win.

263.—Frank Dunne.

Black to move and draw.

264.—Frank Dunne,

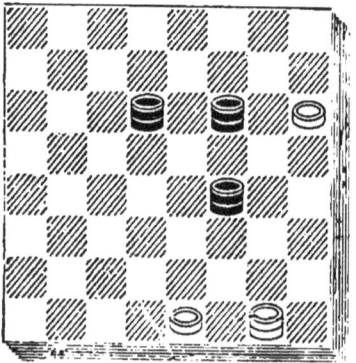

Black to move and win.

265.—Frank Dunne.

Black to move and win.

266.—Frank Dunne.

Black to move and win

267.—Frank Dunne,

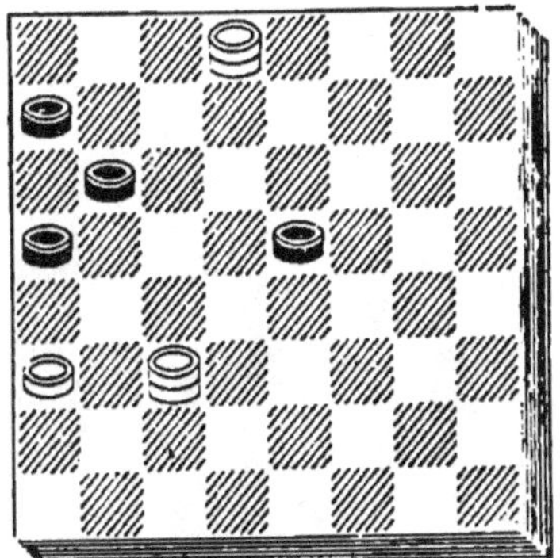

White to move and draw.

270.—Frank Dunne.

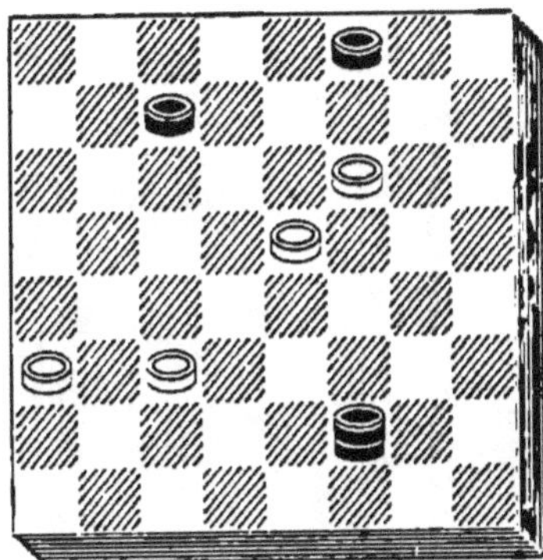

White to move and win.

268.—Frank Dunne.

White to move and draw.

271.—Frank Dunne.

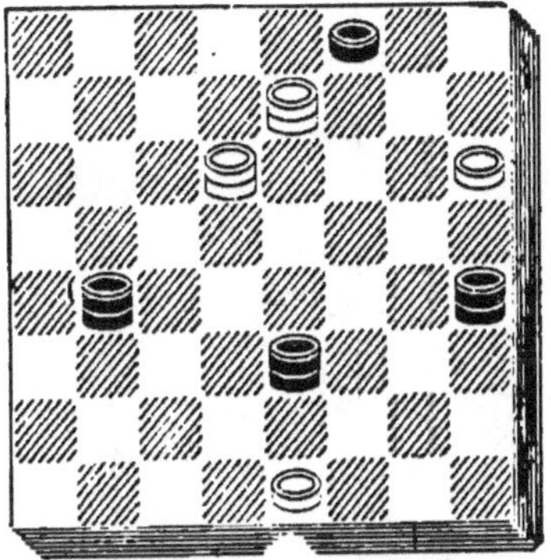

Black to move and win.

269.—Frank Dunne.

White to move and draw.

272.—Frank Dunne.

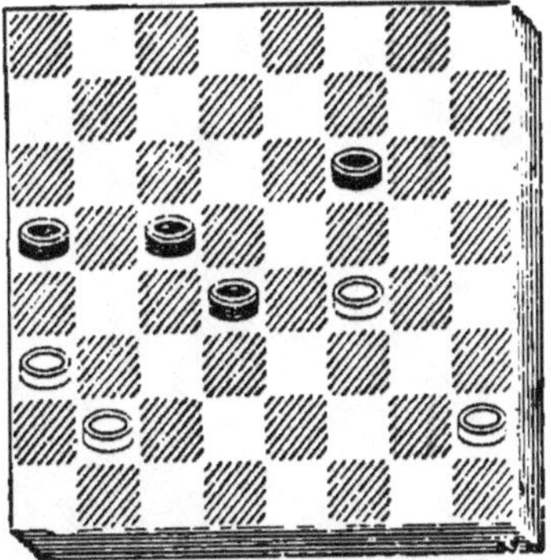

White to move and draw.

273.—Frank Dunne.

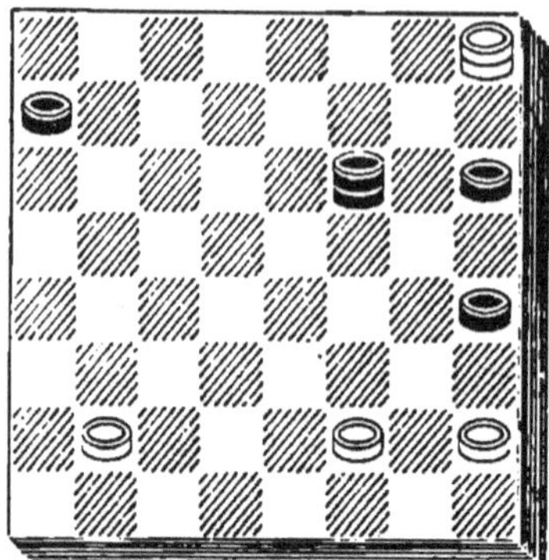

Black to move and win.

276.—Frank Dunne.

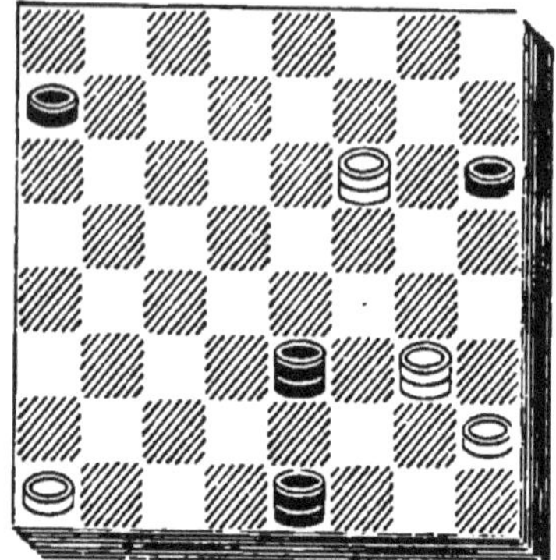

Black to move, W. to draw.

274.—Frank Dunne.

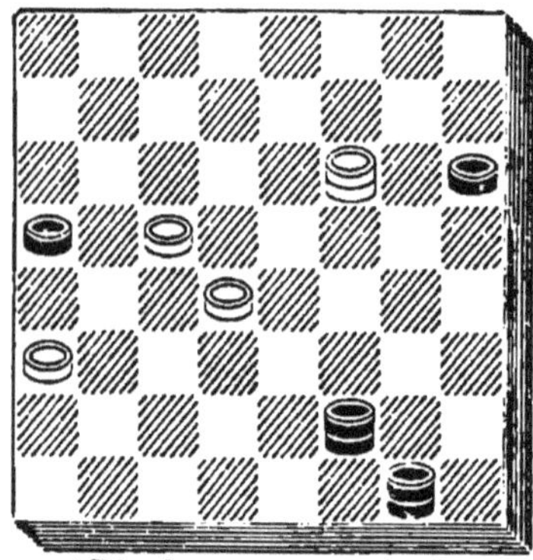

Black to move and win.

277.—Frank Dunne.

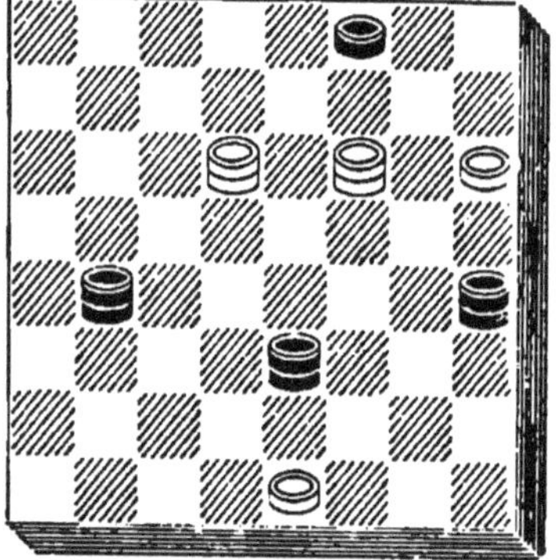

White to move and draw.

275.—Frank Dunne.

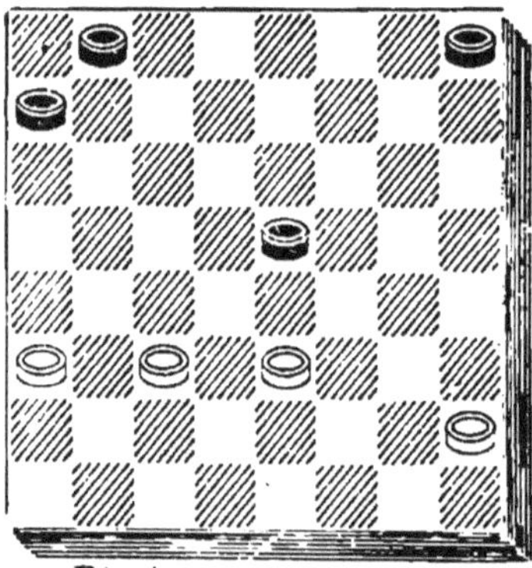

Black to move and draw.

278.—Frank Dunne.

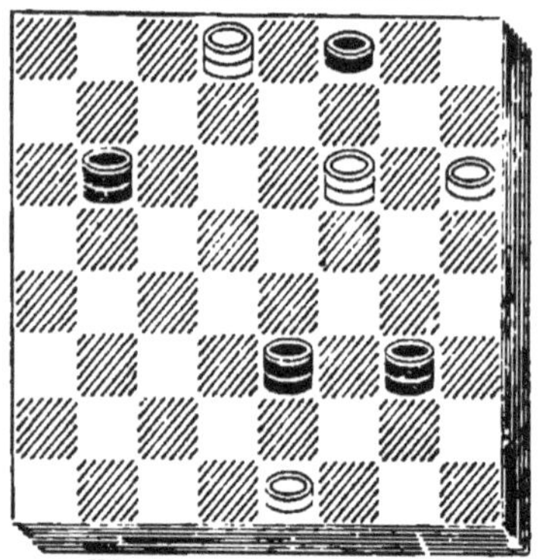

Black to move and win.

279.—Frank Dunne.

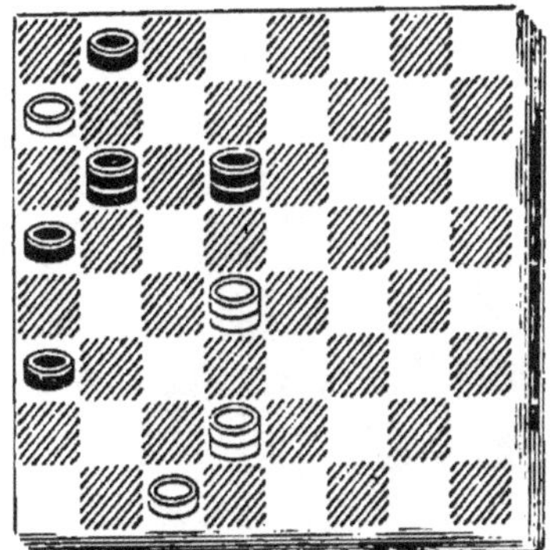

Black to move and win.

280.—Frank Dunne.

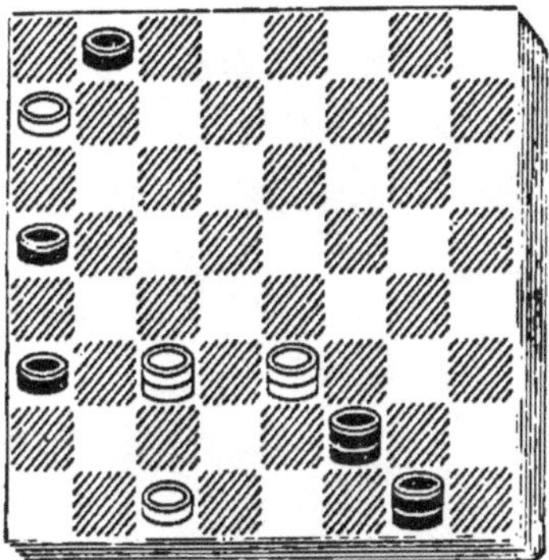

White to move and draw.

281.—Frank Dunne.

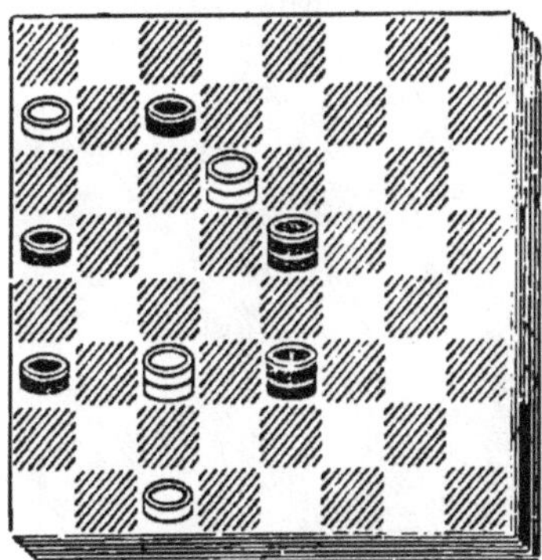

Black to move and win.

282.—Frank Dunne.

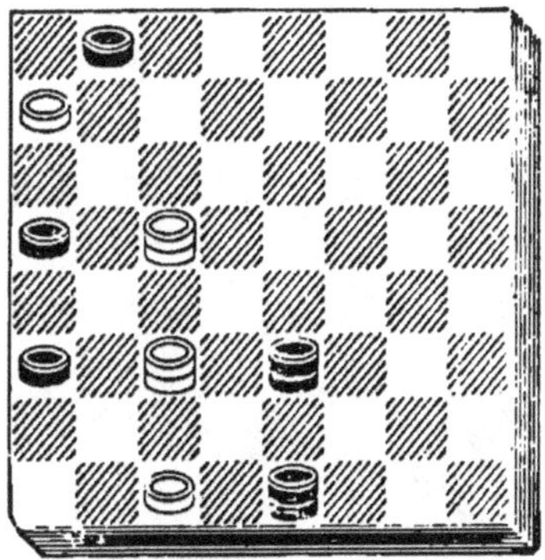

Black to move and win.

283.—Frank Dunne.

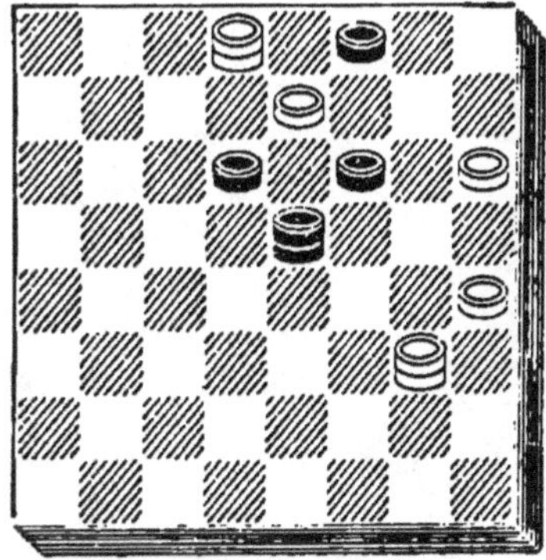

White to move and win.

284.—F. Dunne & R. E. Bowen.

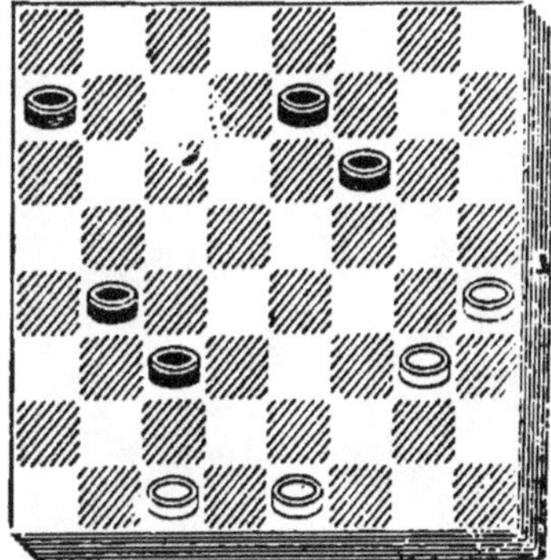

Black to move and win.

285.—Frank Dunne.

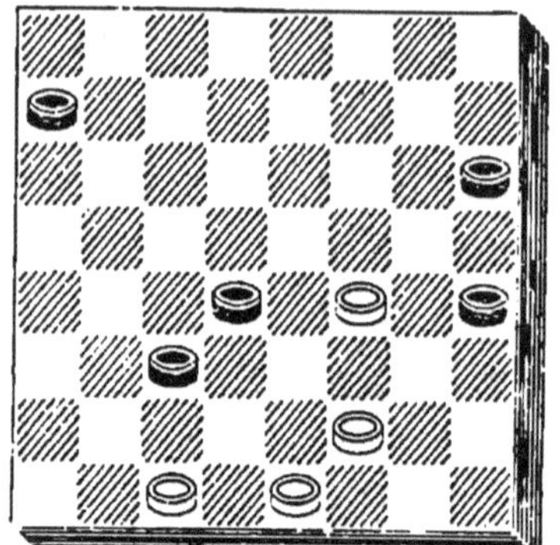

White to move and draw.

288.—Frank Dunne.

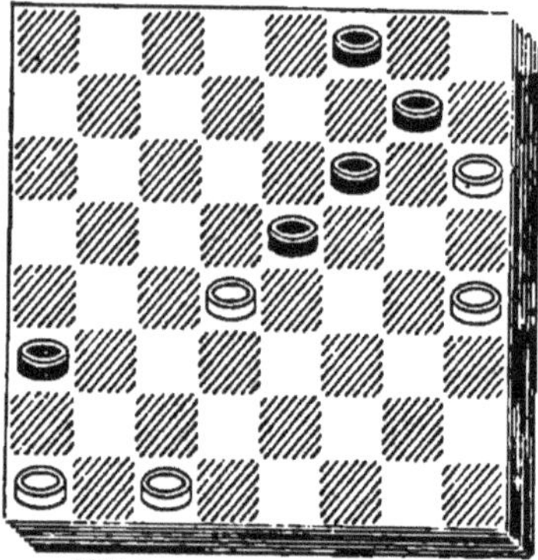

White to move and win.

286.—Frank Dunne.

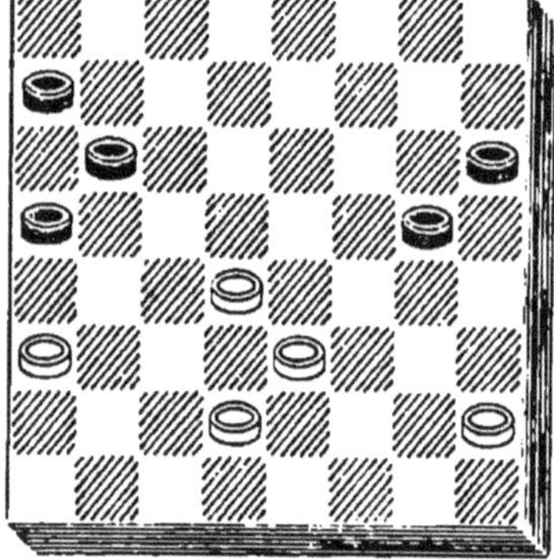

Black to move and win.

289.—Frank Dunne.

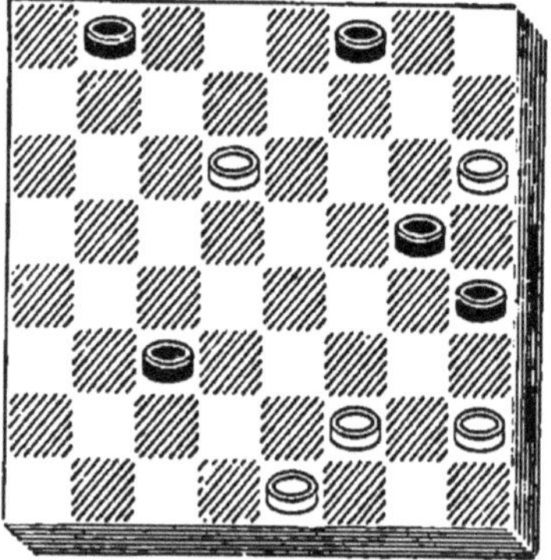

White to move and draw.

287.—Frank Dunne.

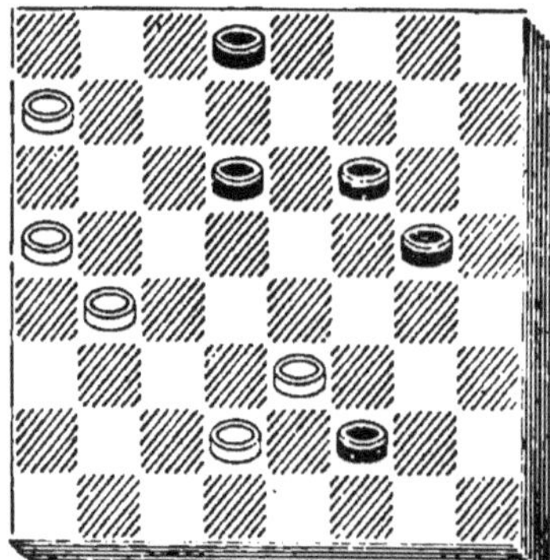

White to move and draw.

290.—Frank Dunne.

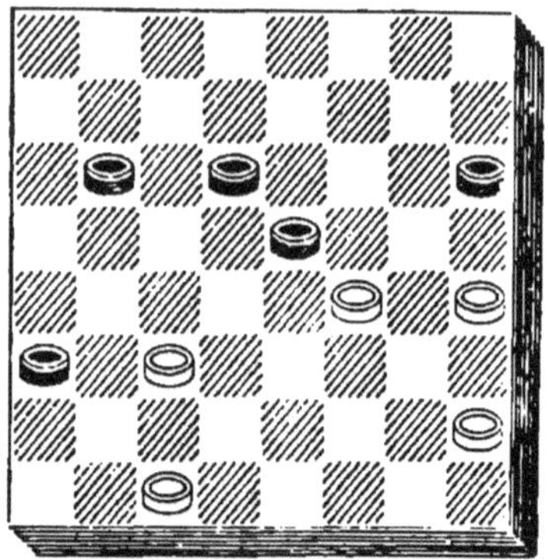

White to move and win.

291.—Frank Dunne.

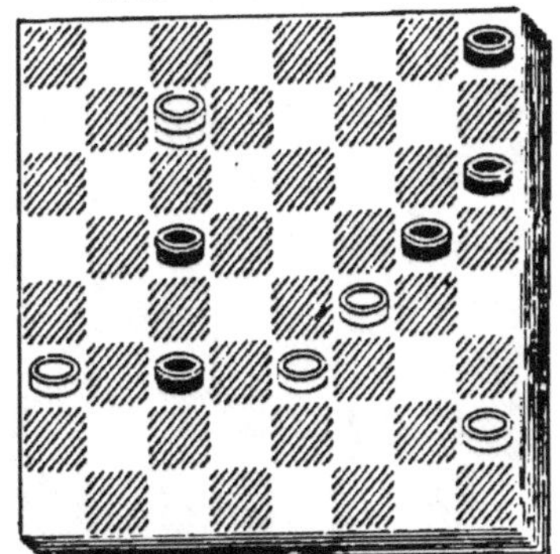

White to move and win.

292.—Frank Dunne.

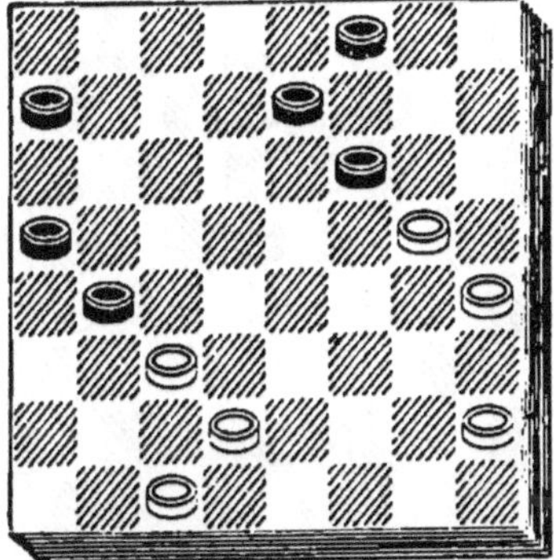

Either to move and win.

293.—Frank Dunne.

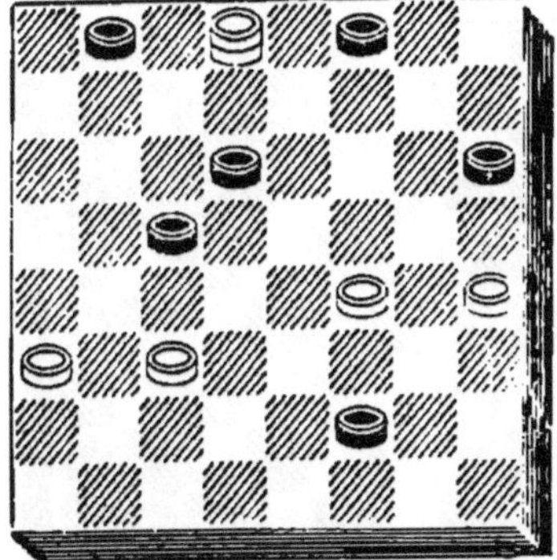

Black to move and win.

294.—Frank Dunne.

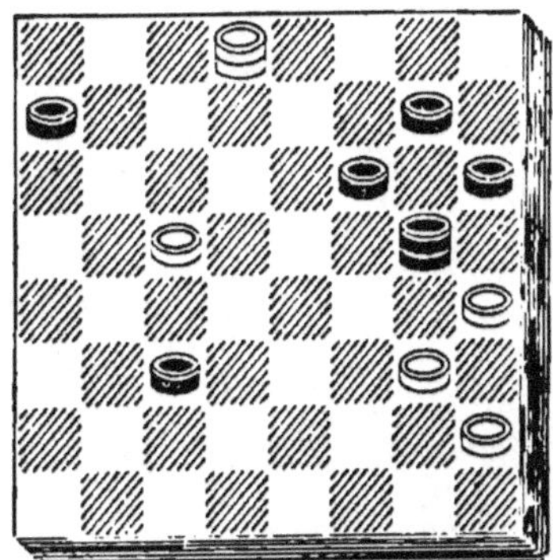

Black to move and win.

295.—Frank Dunne.

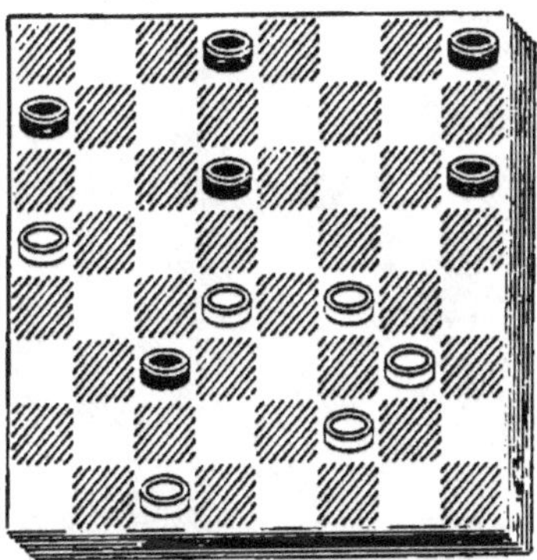

Black to move and win.

296.—Frank Dunne.

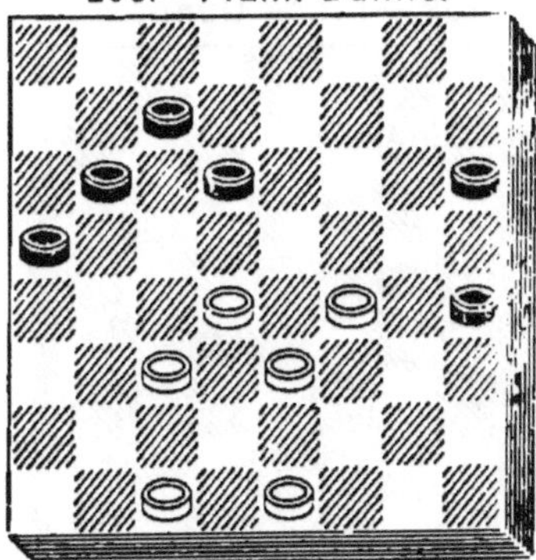

White to move and win.

297.—Frank Dunne.

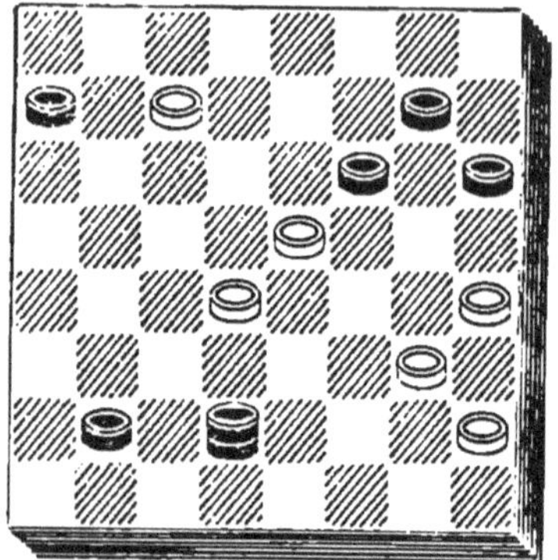

Black to move and win.

298.—Frank Dunne.

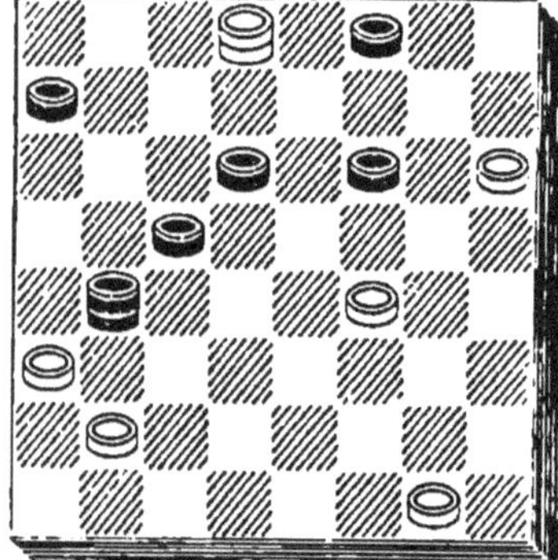

Black to move and win.

299.—Frank Dunne.

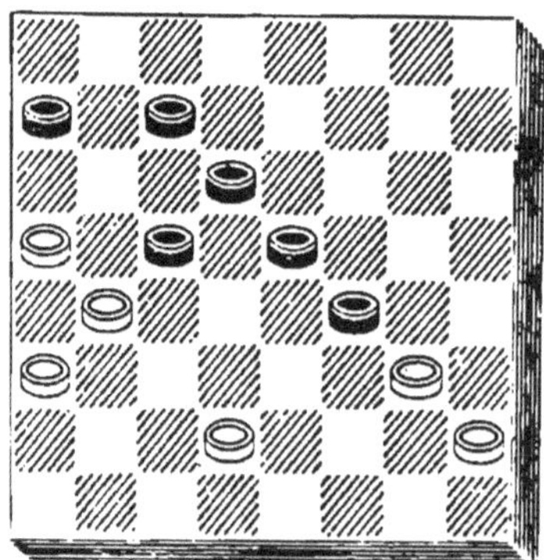

White to move and draw.

300.—Frank Dunne.

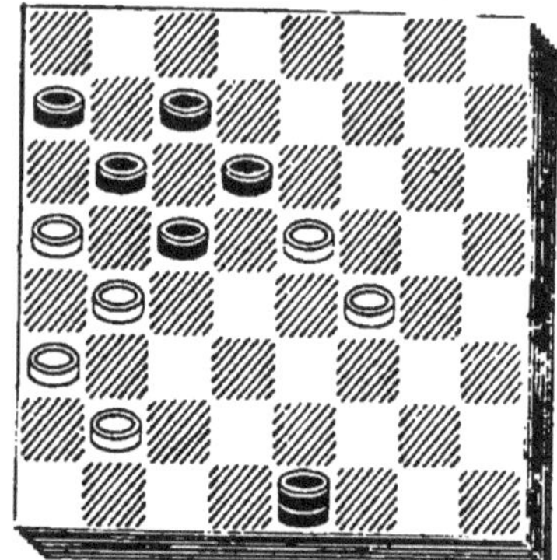

Black to move and draw.

301.—Frank Dunne.

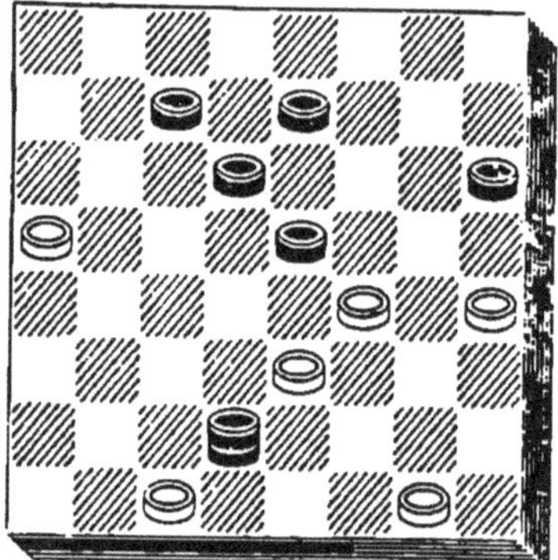

White to move and win.

302.—Frank Dunne.

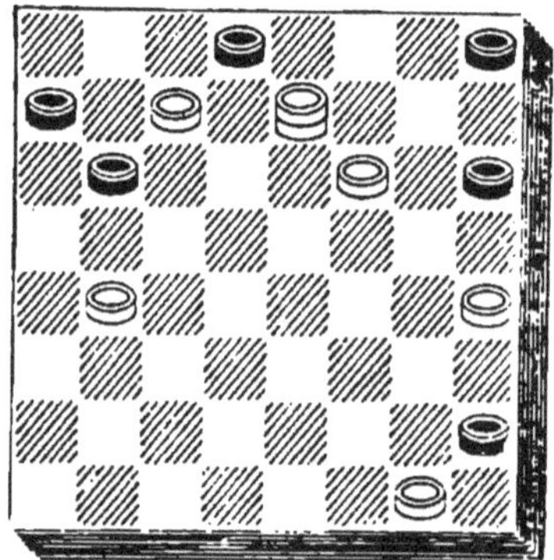

Black to move. W. to win.

303.—Frank Dunne.

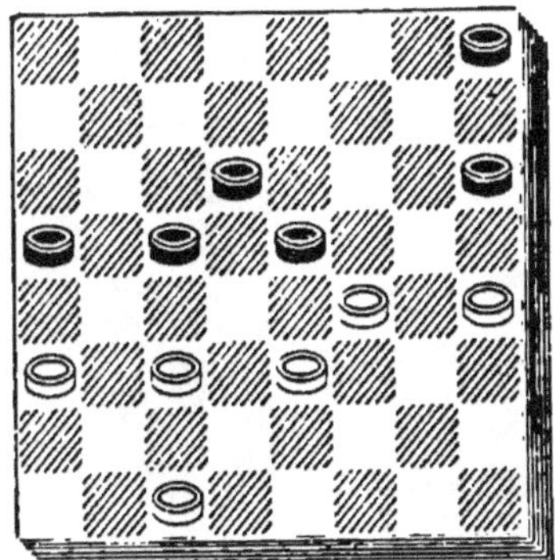

White to move and draw

306.—Frank Dunne.

Black to move and win.

304.—Frank Dunne.

Black to move and win.

307.—Frank Dunne.

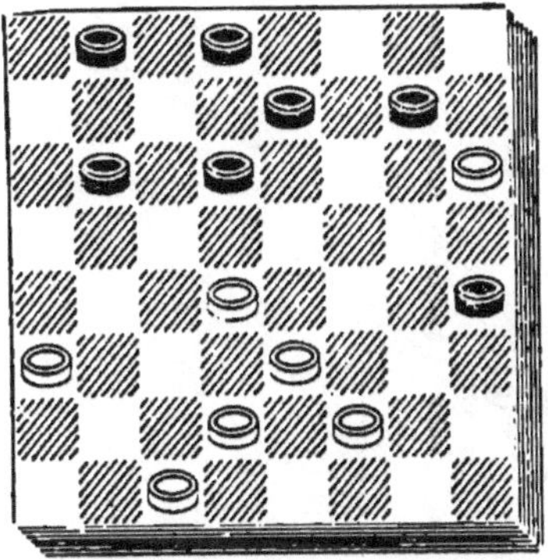

Black to move and win.

305.—Frank Dunne.

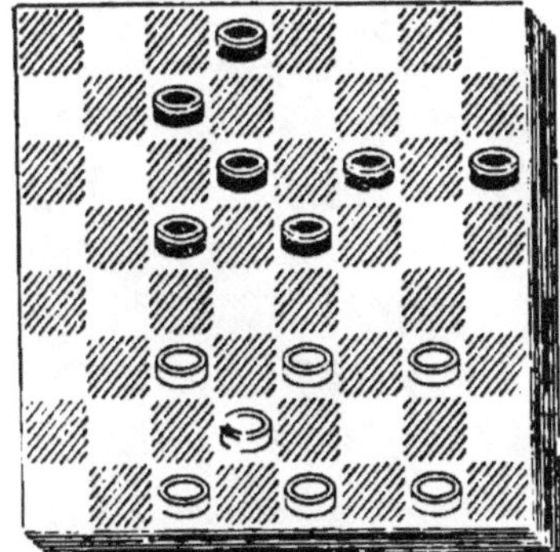

White to move and win.

308.—Frank Dunne.

White to move and win.

309.—Frank Dunne.

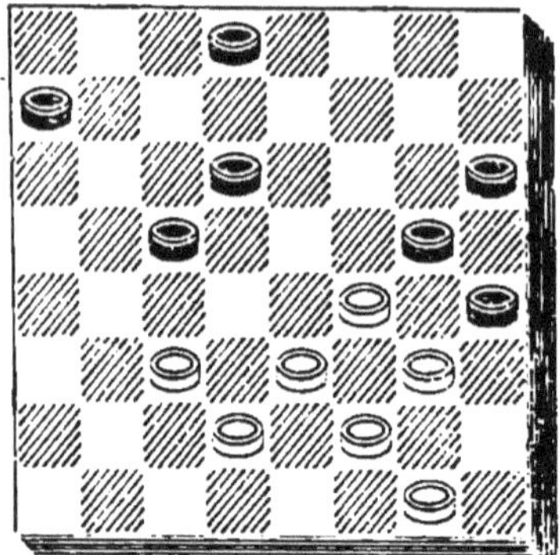

Black to move and win.

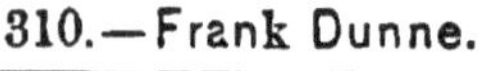

310.—Frank Dunne.

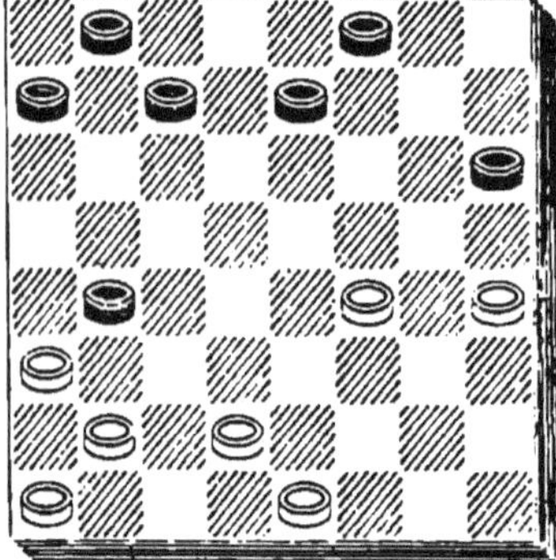

Black to move and draw.

311.—Frank Dunne.

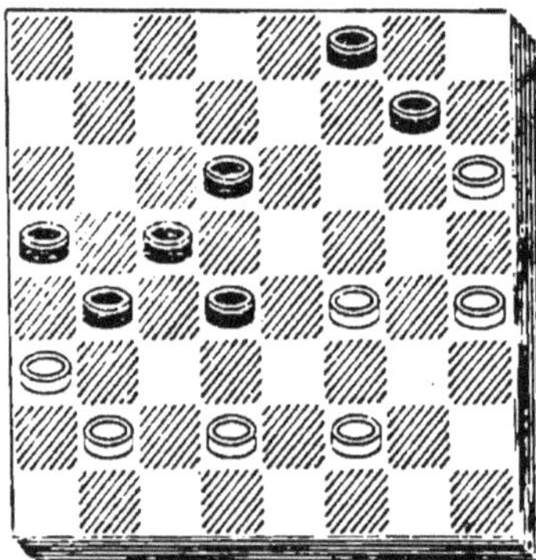

White to move and draw.

312.—Frank Dunne.

White to move and draw.

313.—Frank Dunne.

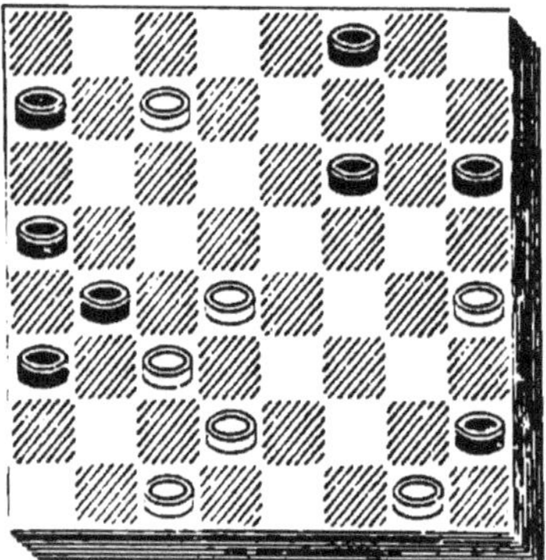

White to move and win.

314.—Frank Dnnne.

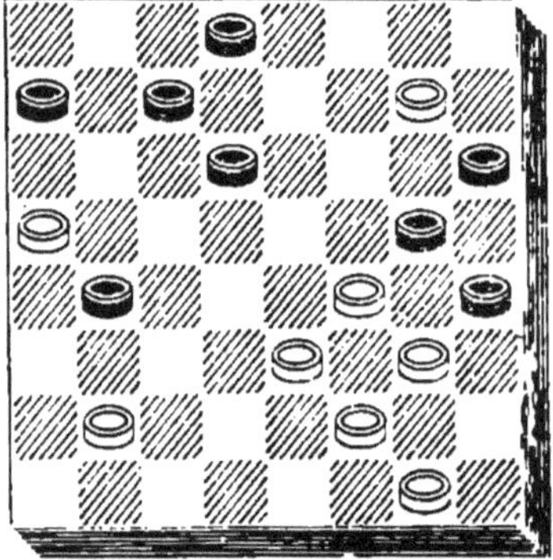

White to move and draw.

315.—Frank Dunne.

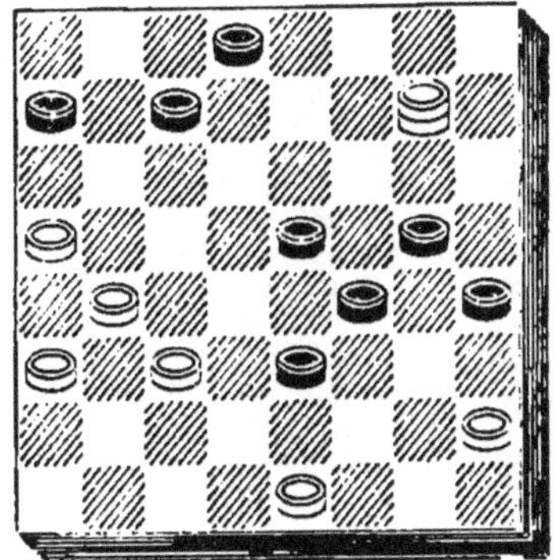

Black to move and win.

318.—Frank Dunne.

White to move and win.

316.—Frank Dunne.

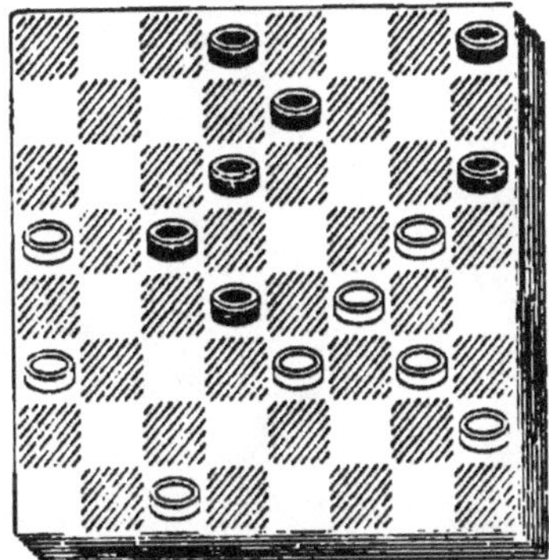

White to move and draw.

319.—Frank Dunne.

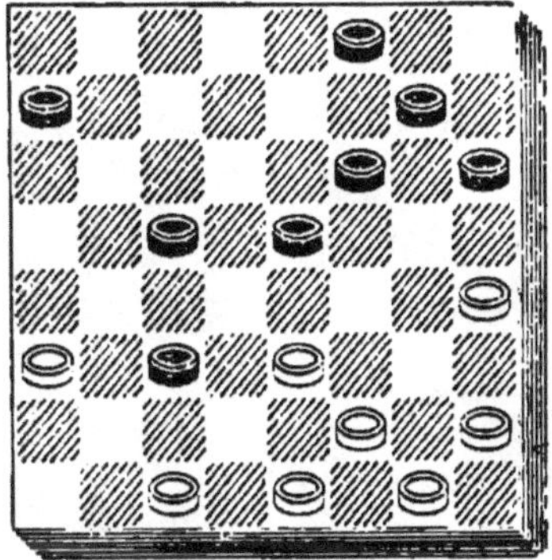

White to move and win.

317.—Frank Dunne.

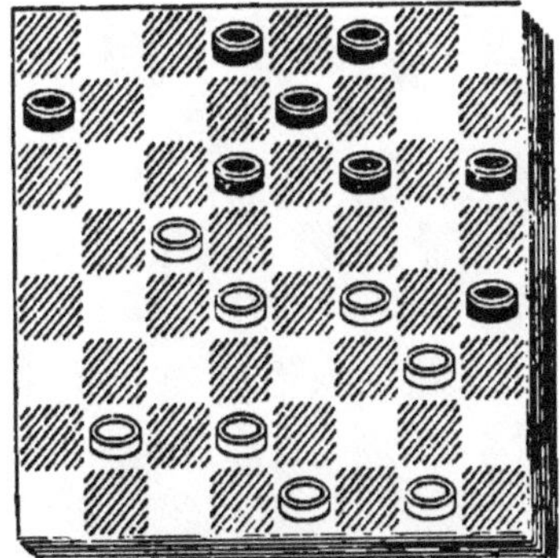

Black to move and win.

320.—Frank Dunne.

White to move and win.

321.—Frank Dunne.

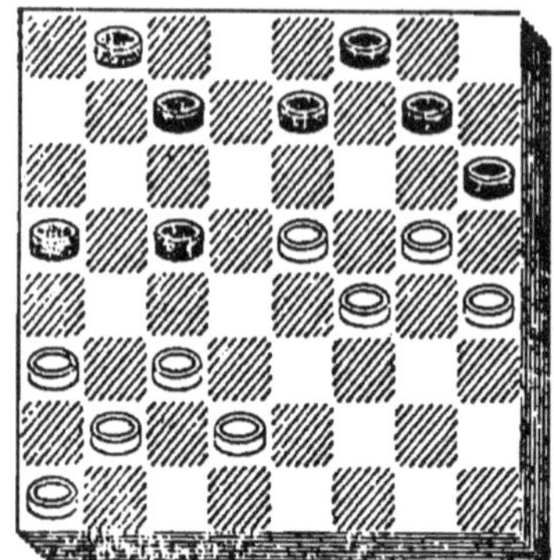

White to move and draw.

323.—Frank Dunne.

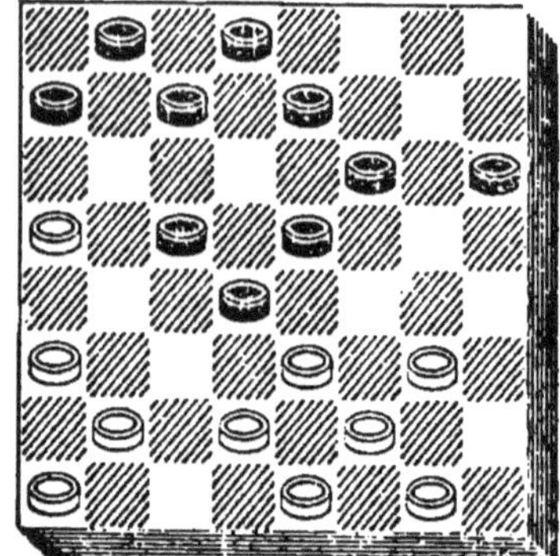

White to move and win.

322.—Frank Dunne.

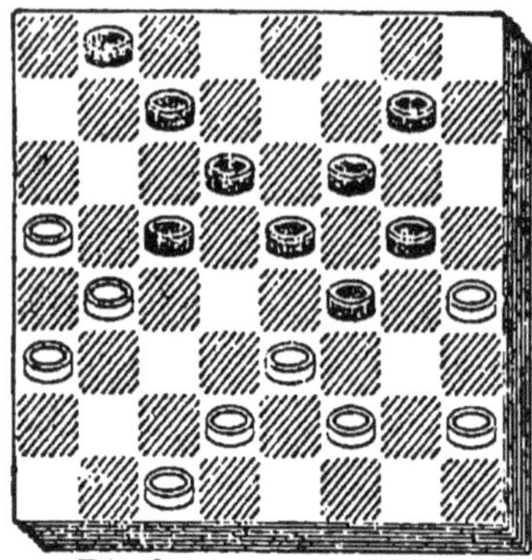

Black to move and draw.

324.—Frank Dunne.

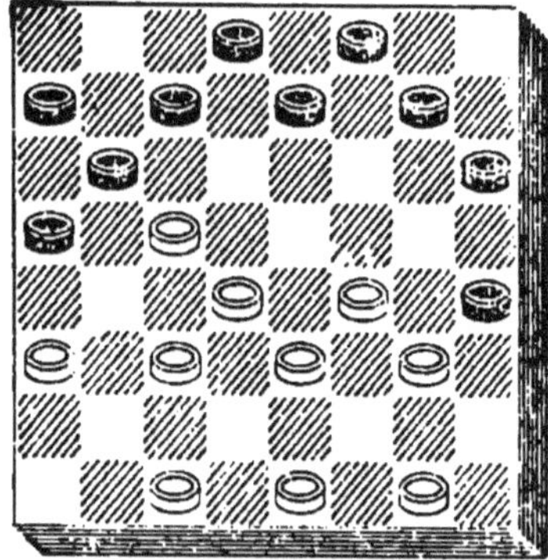

White to move and win.

325.—Frank Dunne.

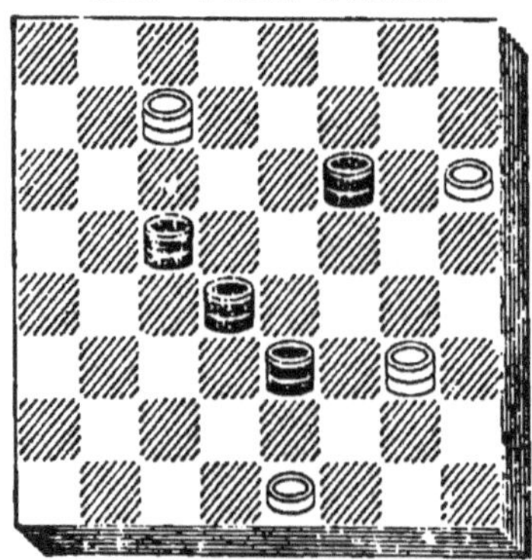

Black to move and win.

326.—M. H. C. Wardell.

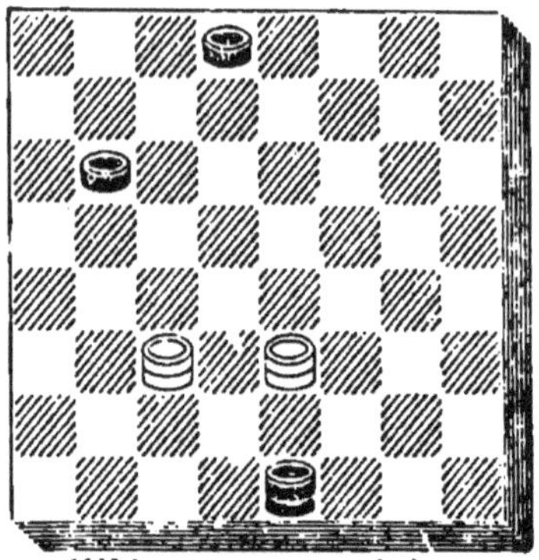

White to move and draw.

SECTION VI.

PROBLEMS AND CRITICAL POSITIONS

CONTRIBUTED BY

MR. J. A. KEAR, BRISTOL.

327.—J. A. Kear.

White to move and draw.

329.—J. A. Kear.

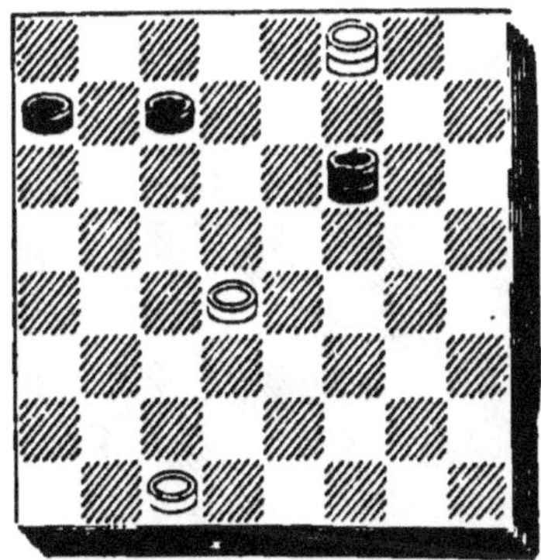

White to move and draw.

328.—Mr. Collisham.

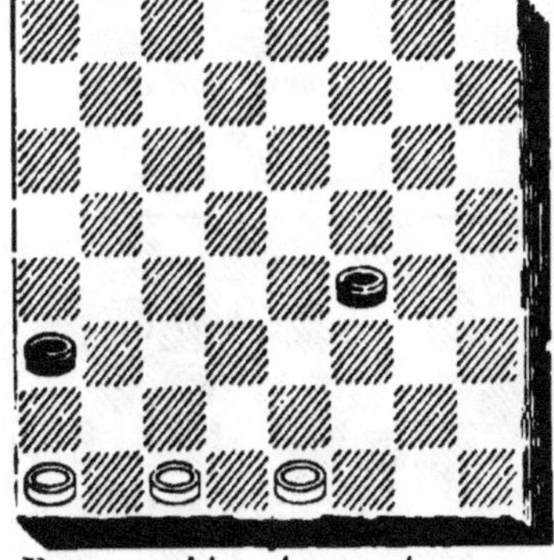

B. cannot king the man he moves.

330.—J. A. Kear.

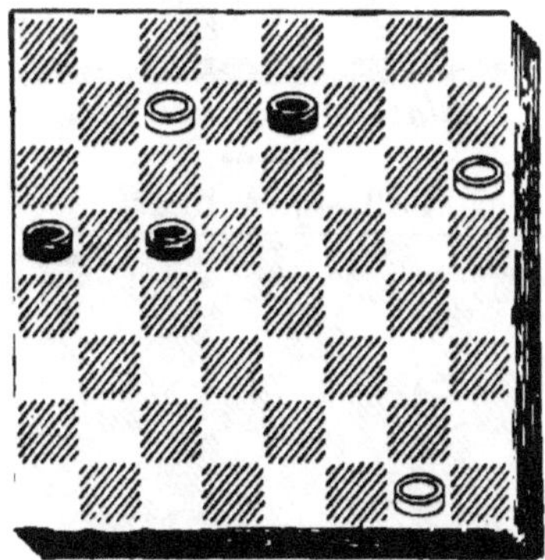

Black to move and draw.

331.—J. A. Kear.

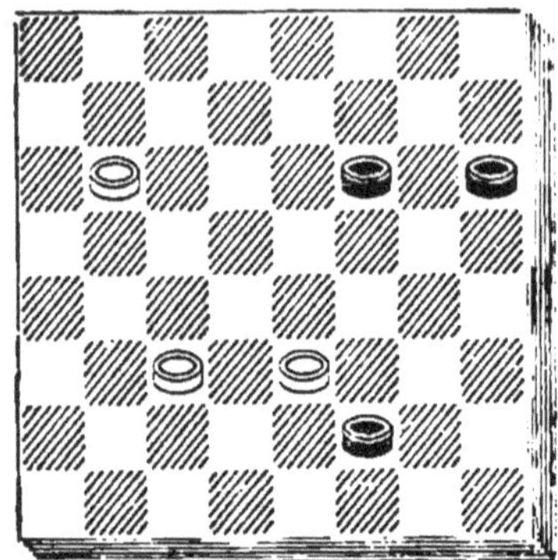

White to move and draw.

334.—J. A. Kear.

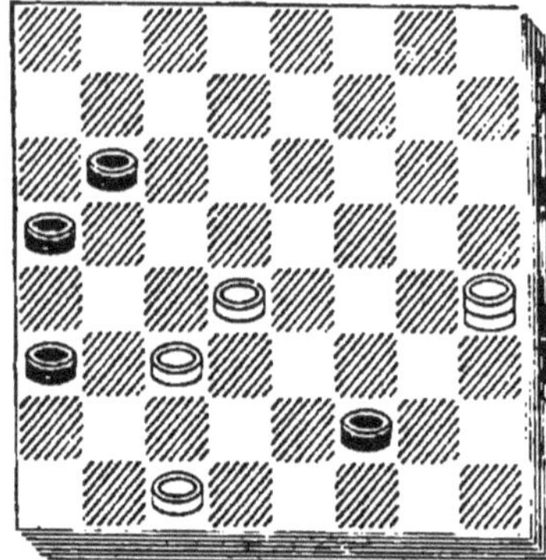

Black to move and draw.

332.—J. A. Kear.

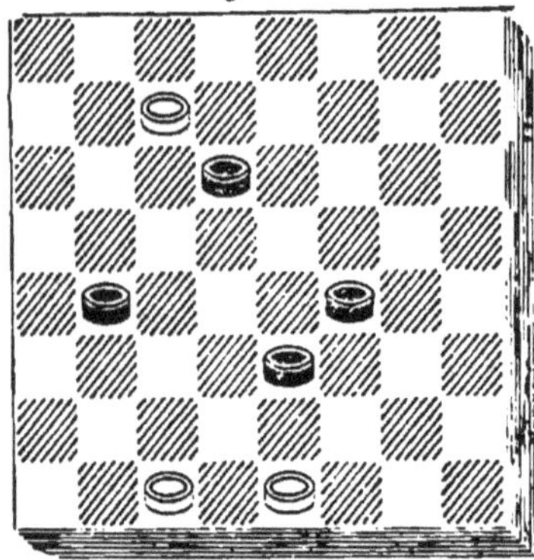

Black to move and win.

335.—J. A. Kear.

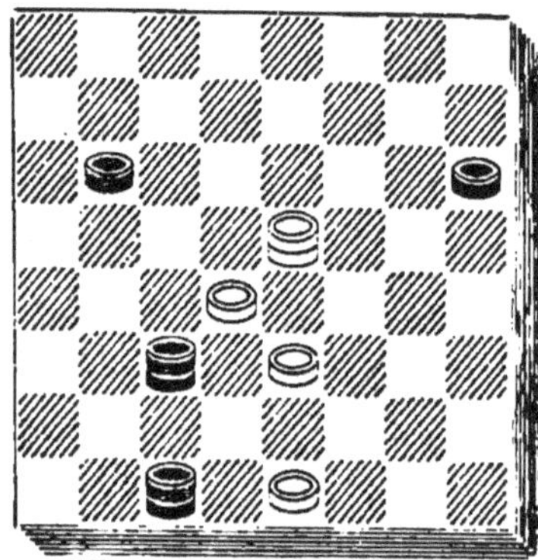

White to move and draw

333.—J. A. Kear.

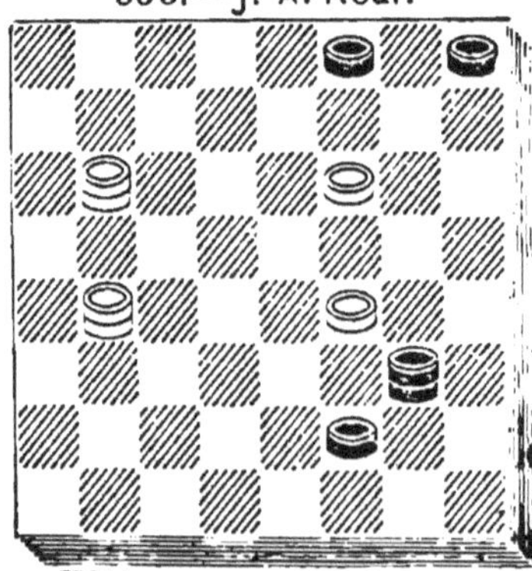

White to move and draw.

336.—J. A. Kear.

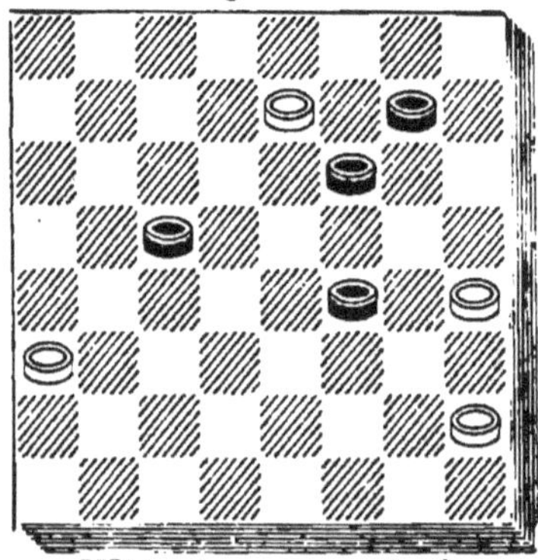

White to move and win.

337.—J. A. Kear.

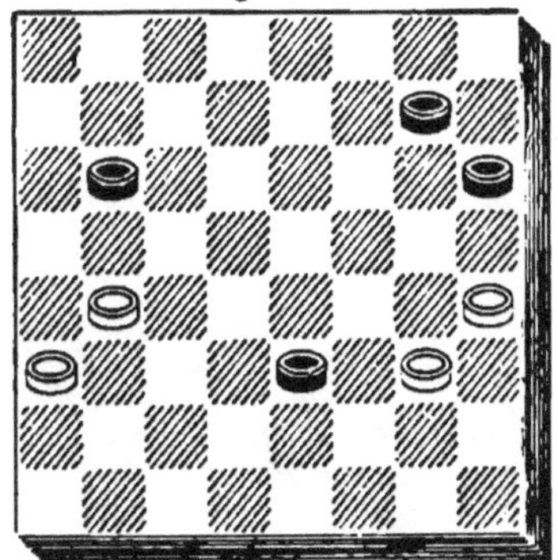

White to move and draw.

340.—J. A. Kear.

White to move and win.

338.—J. A. Kear.

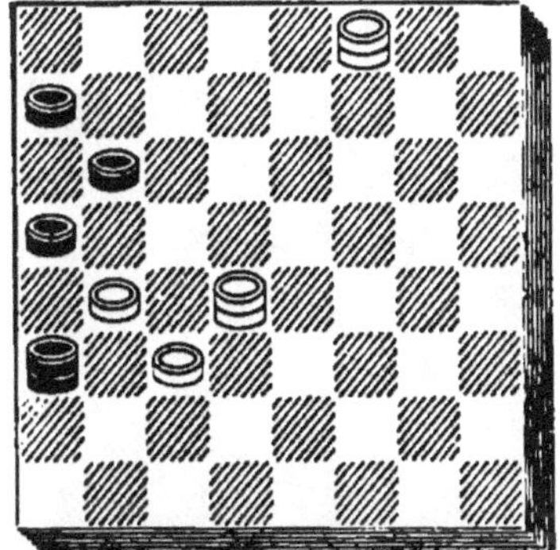

White to move and win.

341.—J. A. Kear.

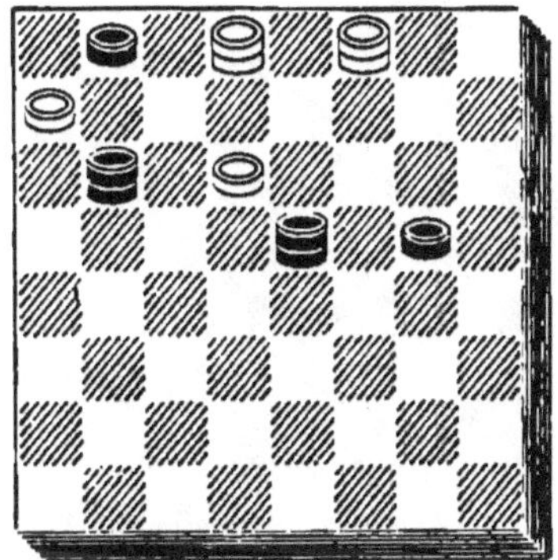

White to move and draw.

339.—J. A. Kear.

Black to move and draw.

342.—J. A. Kear.

Black to move and win.

343.—J. A. Kear.

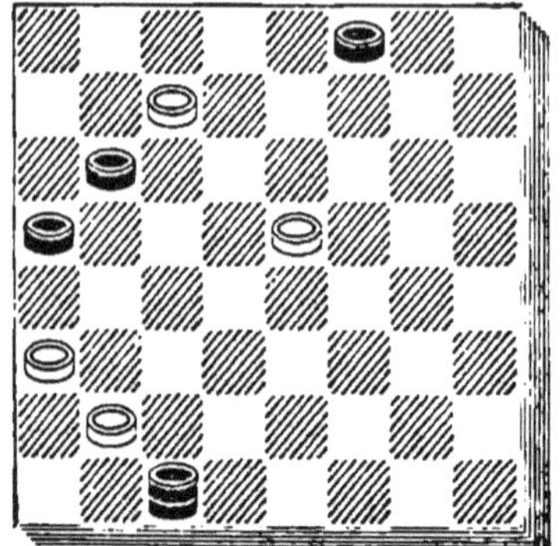

Black to move and win.

344.—J. A. Kear.

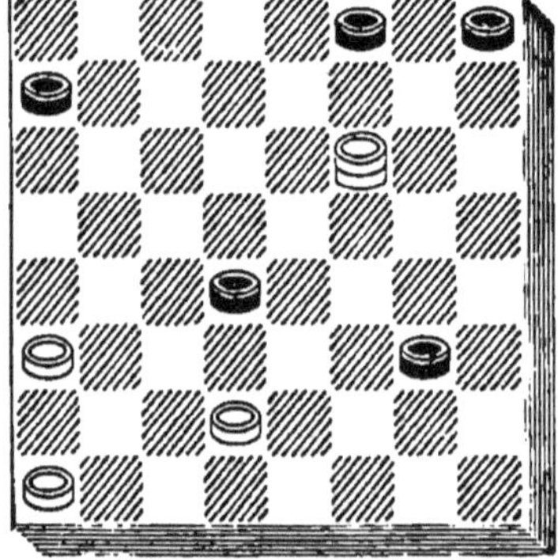

Black to move and win.

345.—J. A. Kear.

Black to move and win.

346.—C. W. Flower.

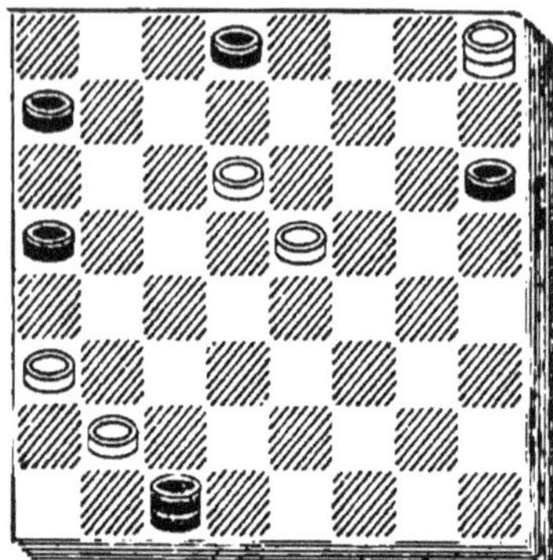

White to move and draw.

347.—J. A. Kear.

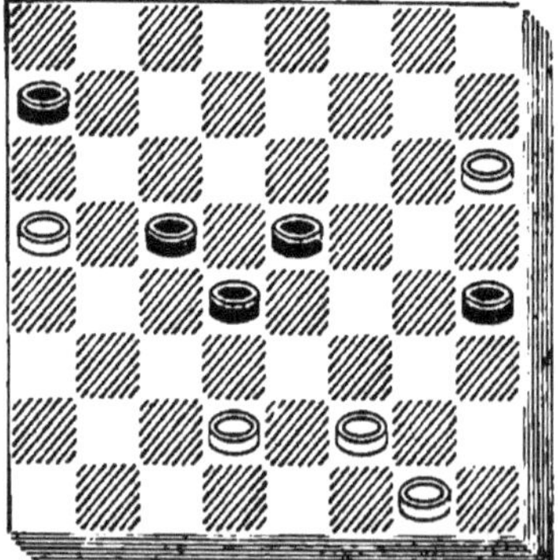

Black to move and draw.

348.—J. A. Kear.

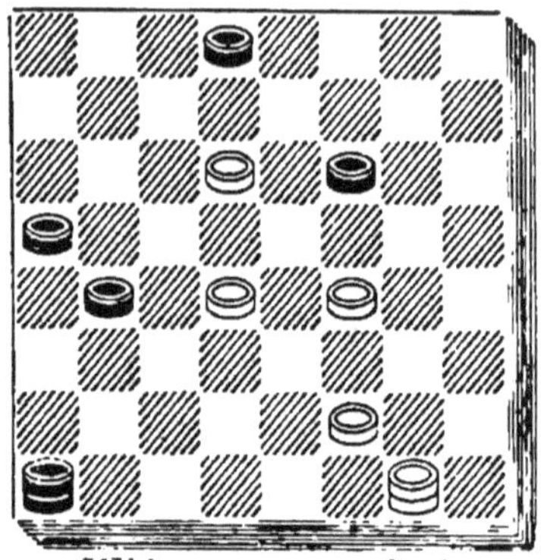

White to move and win.

349.—J. A. Kear.

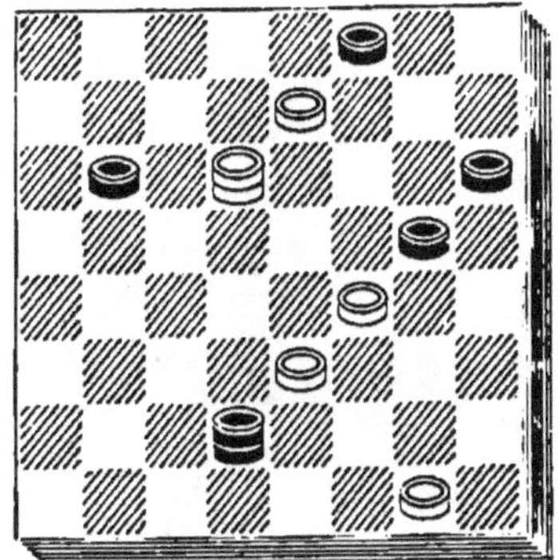

White to move and win.

350.—J. A. Kear.

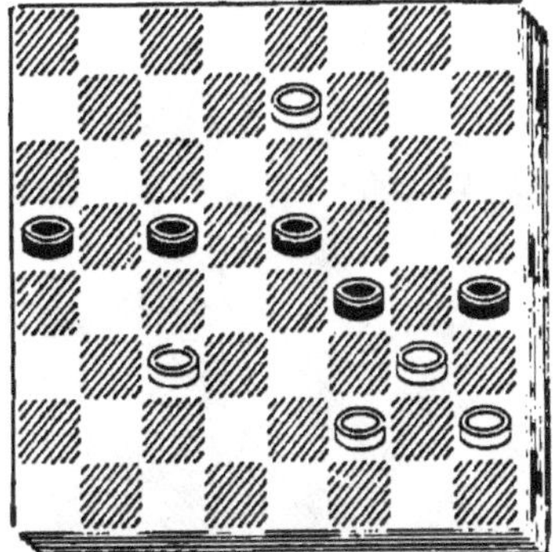

White to move and draw.

351.—J. A. Kear.

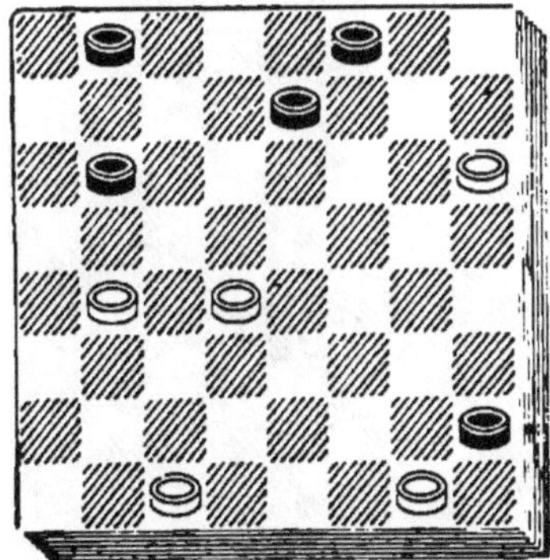

Black to move and draw.

352.—J. A. Kear.

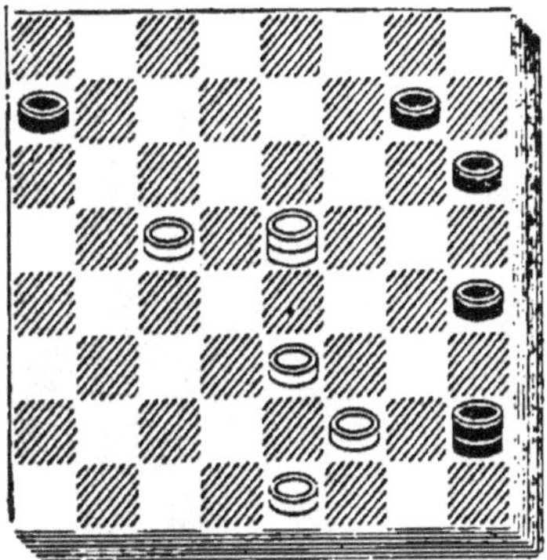

White to move and win.

353.—J. A. Kear.

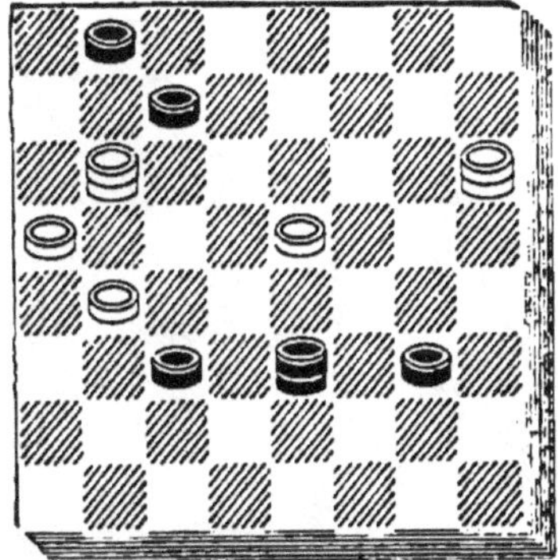

Black to move and win.

354.—J. A. Kear.

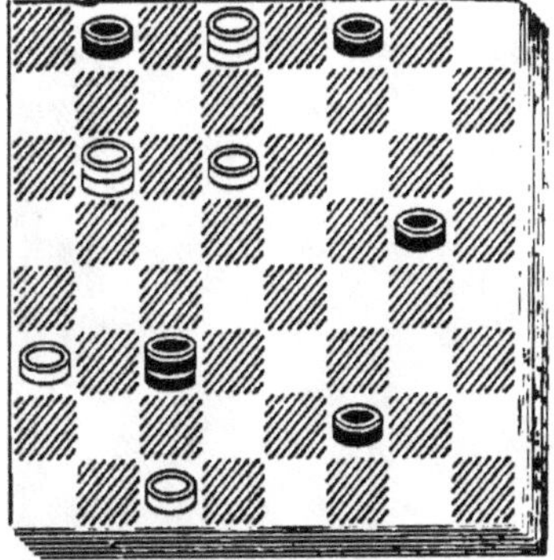

White to move and draw.

355.—J. A. Kear.

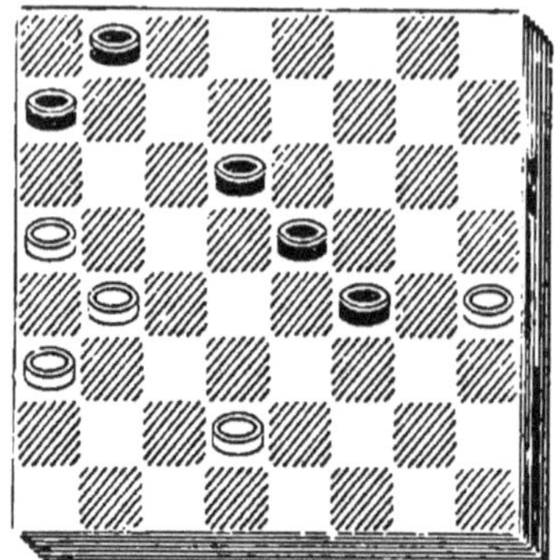

Black to move and win.

358.—J. A. Kear.

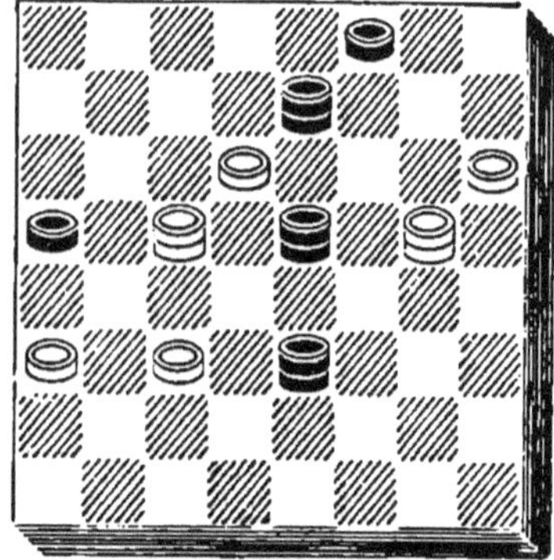

White to move and draw.

356.—J. A. Kear.

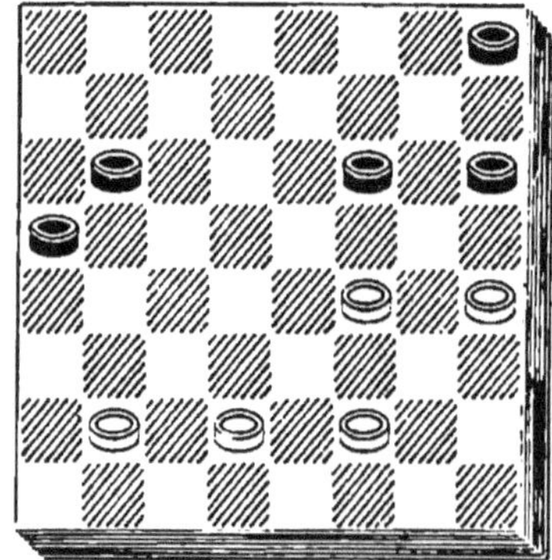

Black to move and draw.

359.—J. A. Kear.

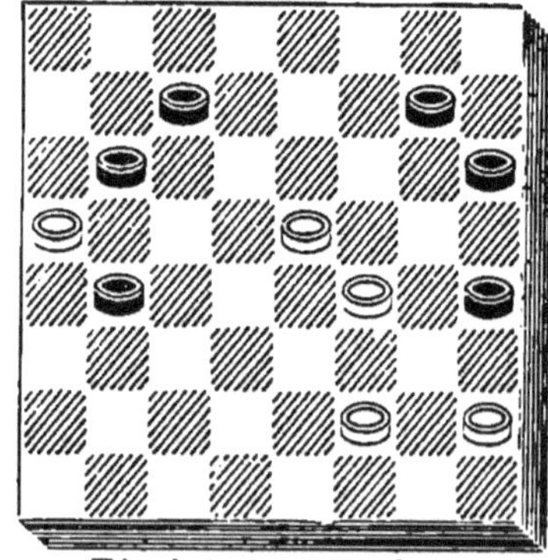

Black to move and win.

357.—J. A. Kear.

Black to move and win.

360.—J. A. Kear.

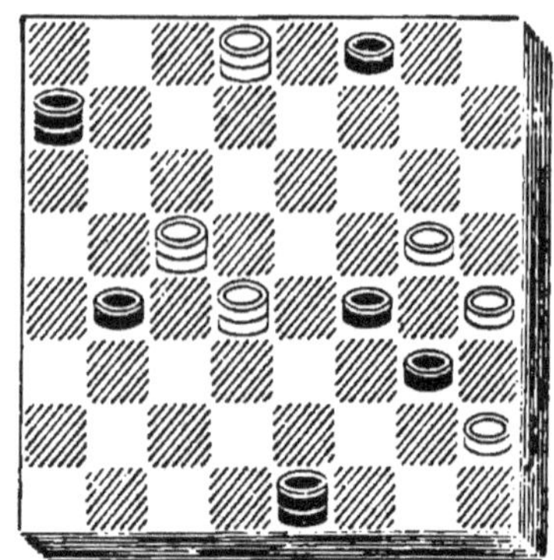

Black to move and draw.

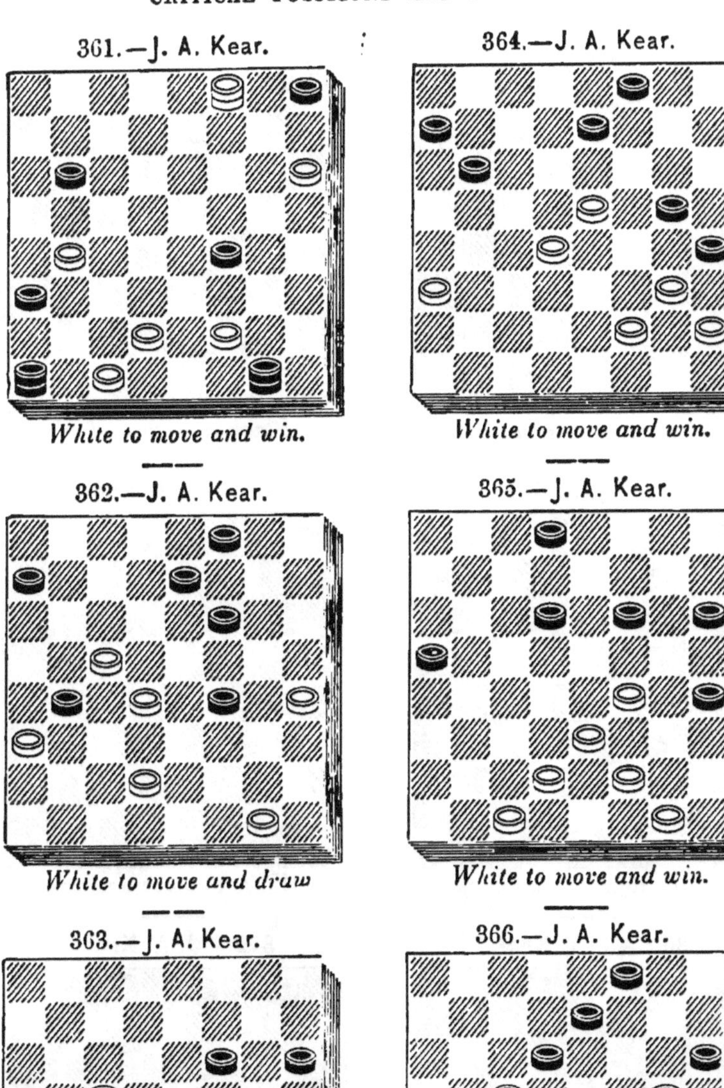

361.—J. A. Kear.

White to move and win.

362.—J. A. Kear.

White to move and draw

363.—J. A. Kear.

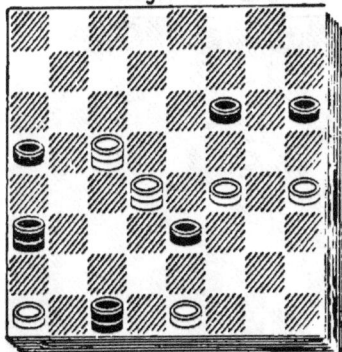

Black to move and draw.

364.—J. A. Kear.

White to move and win.

365.—J. A. Kear.

White to move and win.

366.—J. A. Kear.

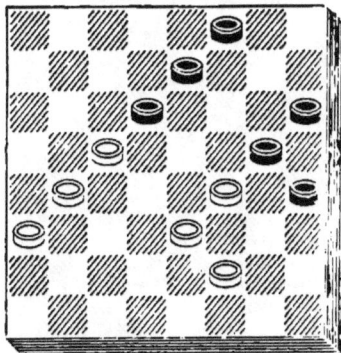

B. to move & draw, two ways.

367.—J. A. Kear.

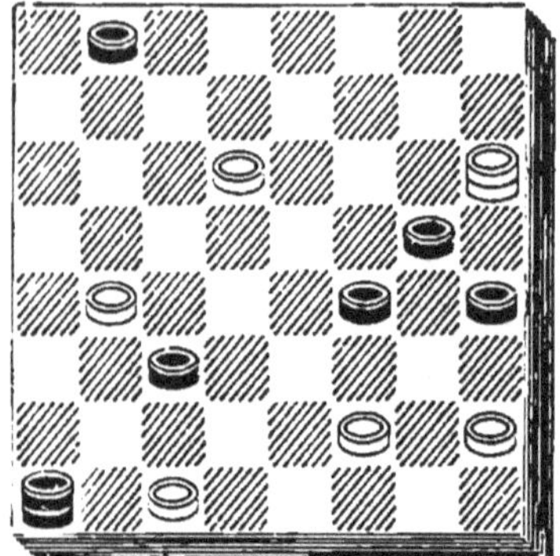

Black to move and draw.

370.—J. A. Kear.

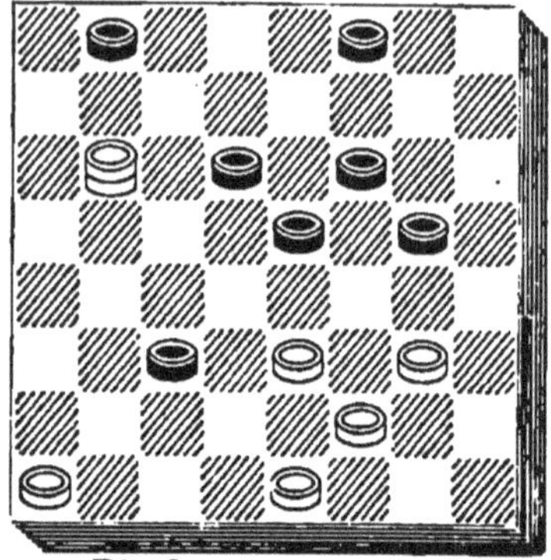

Black to move and win.

368.—J. A. Kear.

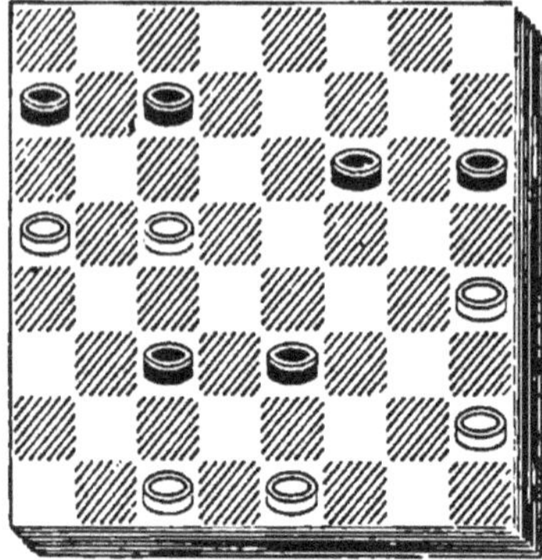

Black to move and draw.

371.—J. A. Kear.

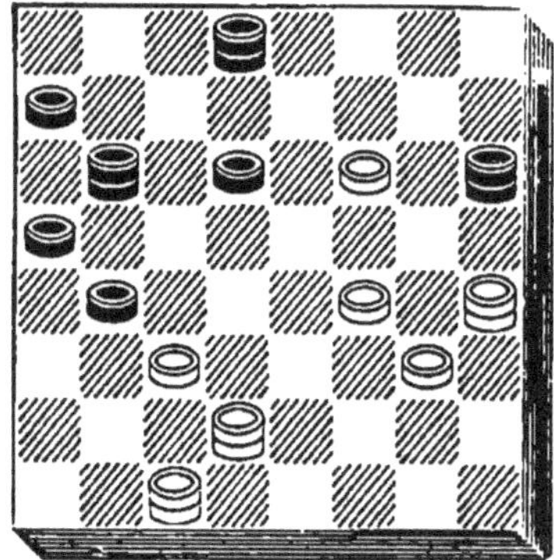

White to move and win.

369.—J. A. Kear.

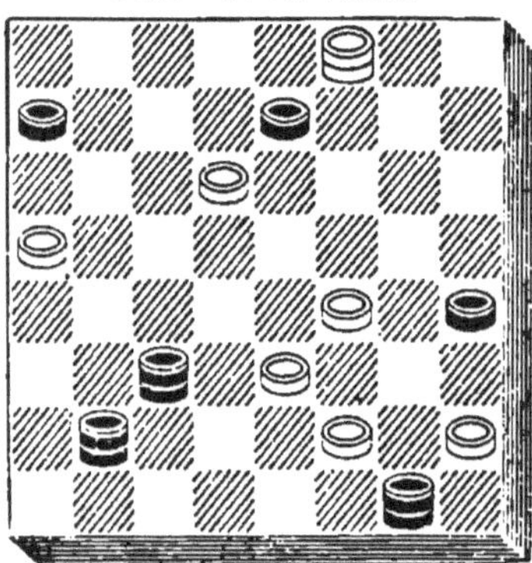

White to move and win.

372.—J. A. Kear.

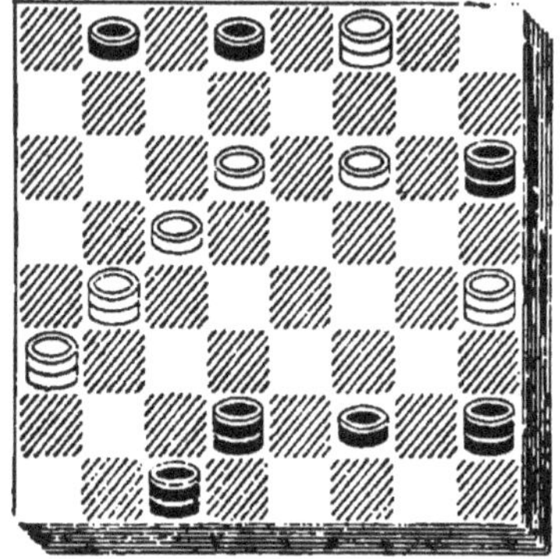

White to move and win.

373.—J. A. Kear.

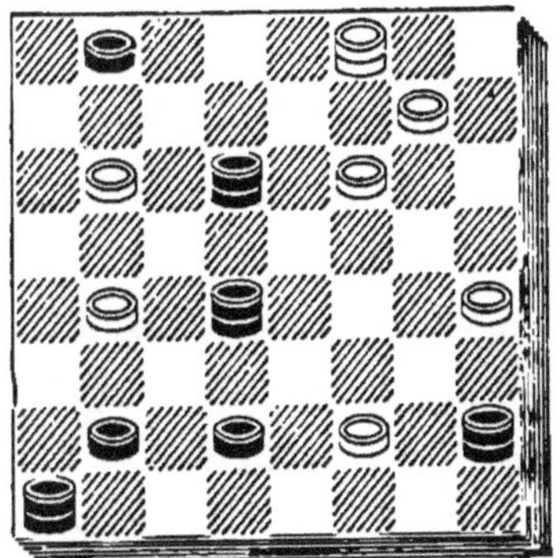

White to move and win.

376.—J. A. Kear.

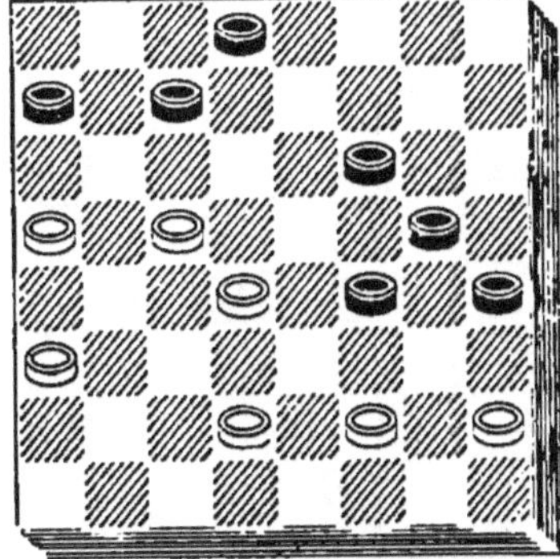

White to move and draw.

374.—J. A. Kear.

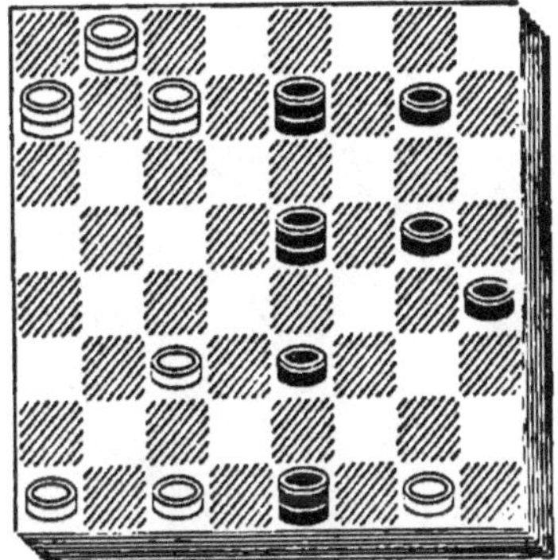

White to move and win.

377.—J. A. Kear.

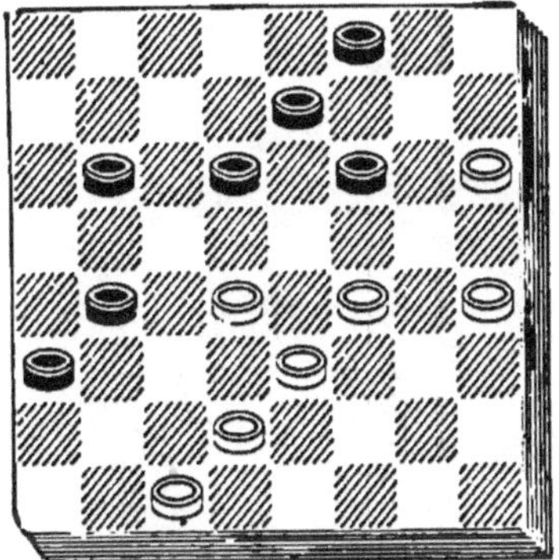

White to move and win.

375.—J. A. Kear.

White to move and win.

378.—J. A. Kear.

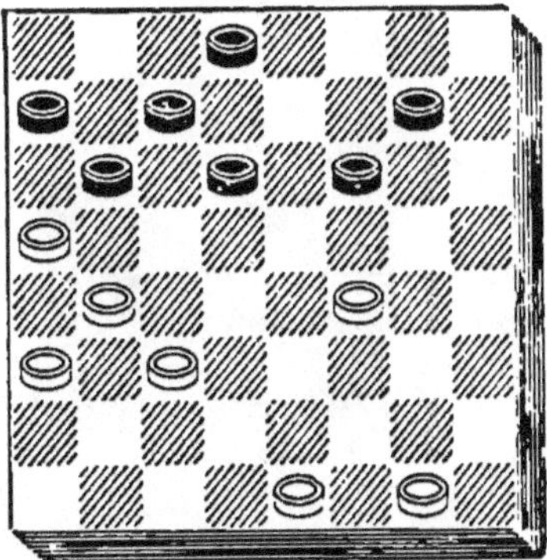

White to move and draw.

379.—J. A. Kear.

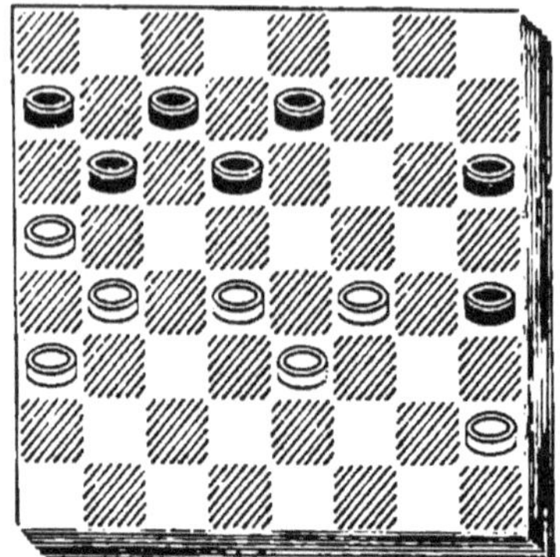

White to move and draw.

380.—J. A. Kear.

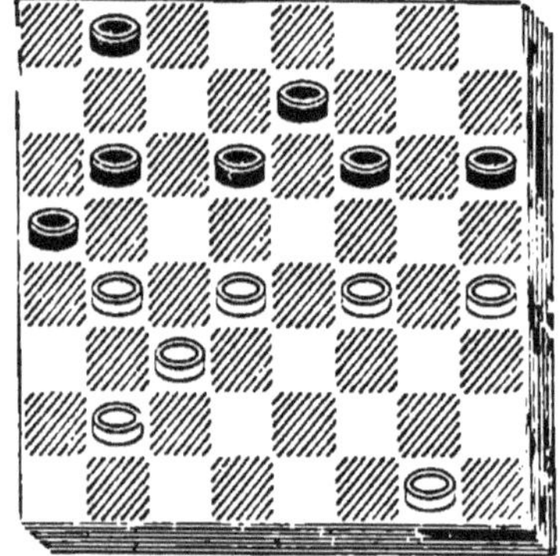

Black to move and draw.

381.—J. A. Kear.

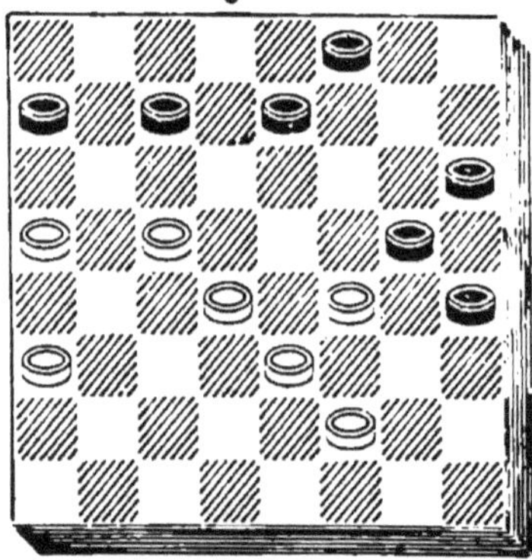

Black to move and draw.

382.—J. A. Kear.

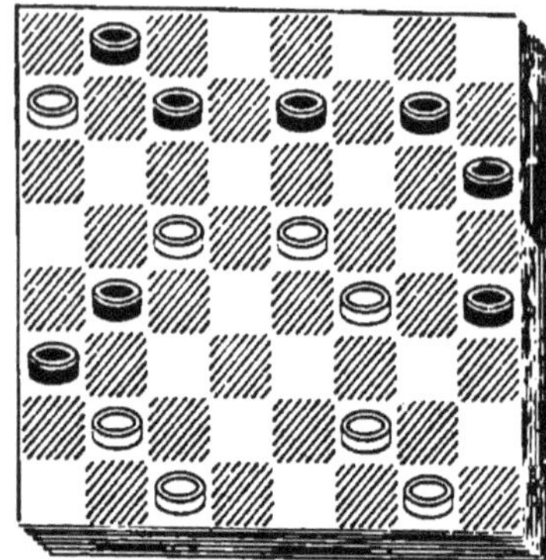

White to move and draw.

383.—J. A. Kear.

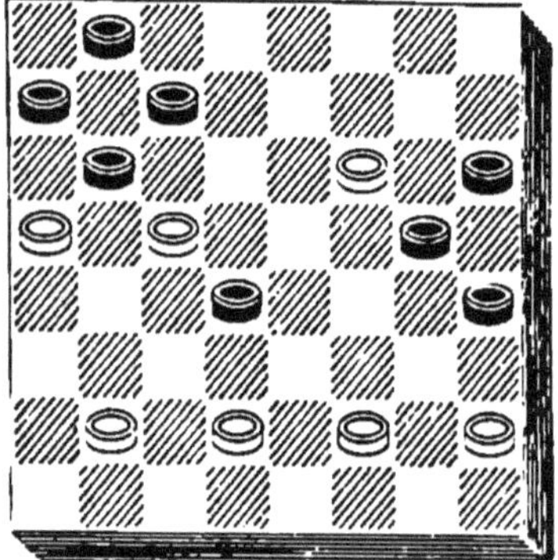

Black to move and win.

384.—J. A. Kear.

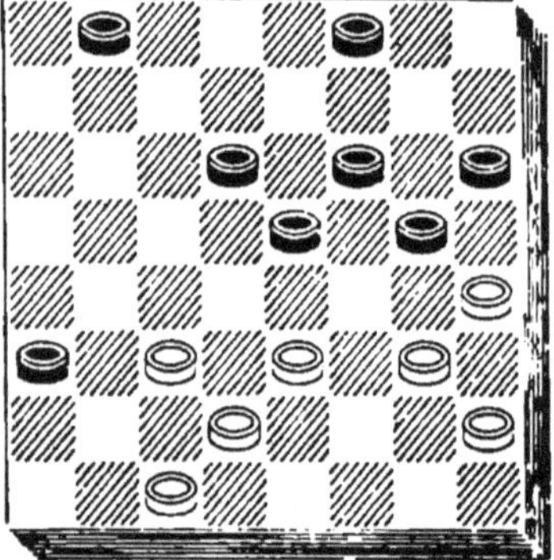

White to move and draw.

385.—J. A. Kear.

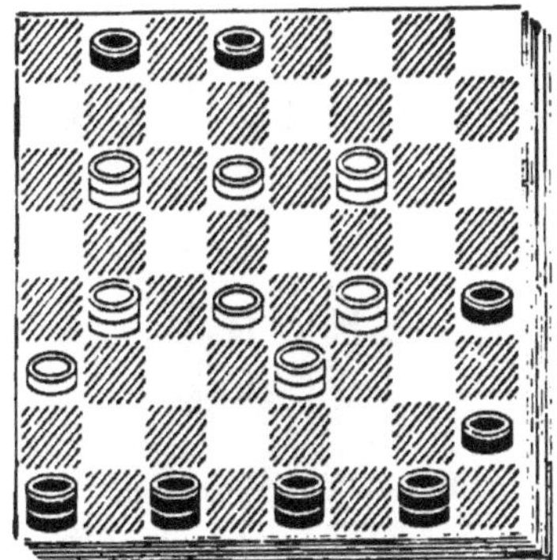

White to move and win.

388. J. A. Kear.

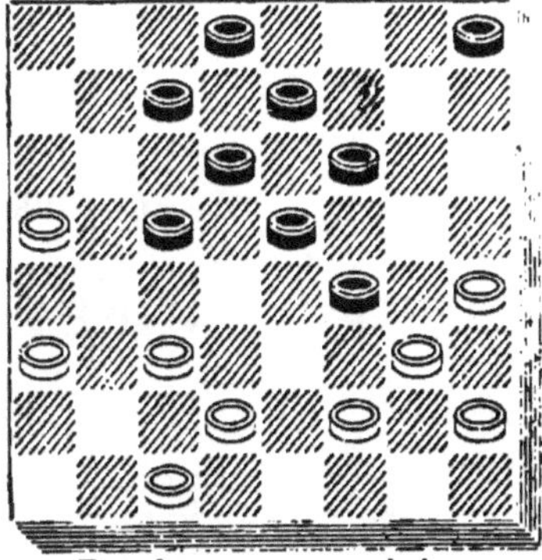

Black to move and draw.

386.—J. A. Kear.

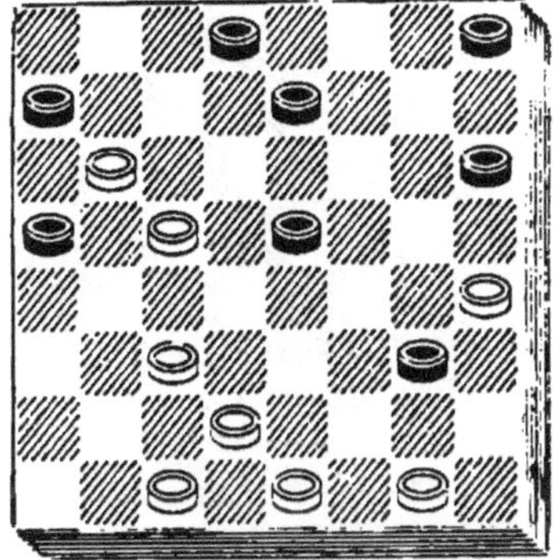

White to move and win.

389.—J. A. Kear.

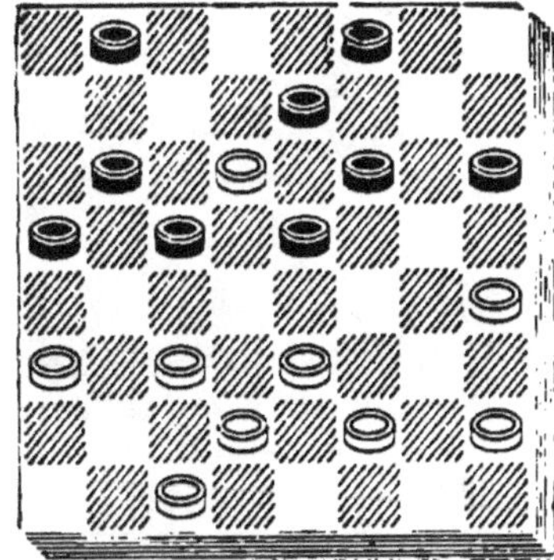

White to move and win.

387.—J. A. Kear.

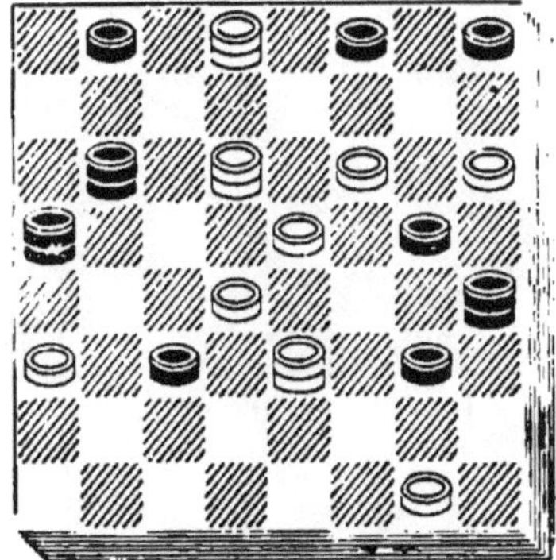

Black to move and win.

390.—J. A. Kear.

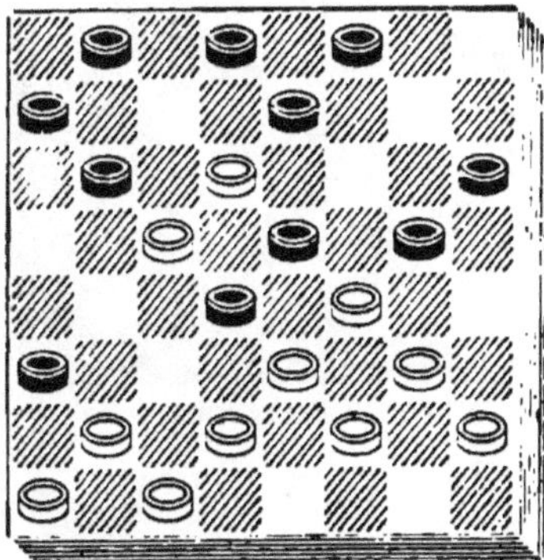

White to move and draw.

SECTION VII.

PROBLEMS AND CRITICAL POSITIONS

CONTRIBUTED BY

MR. J. ROBERTSON, BERWICK.

391.—J. Robertson.

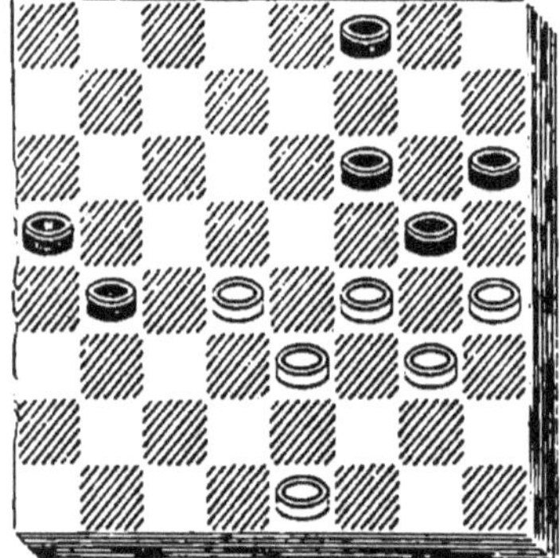

White to move and win.

393.—J. Robertson.

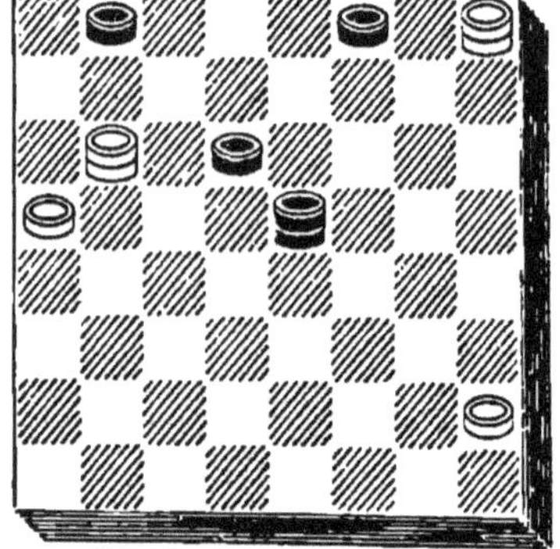

Black to move and win.

392.—J. Robertson.

White to move and draw.

394.—J. Robertson.

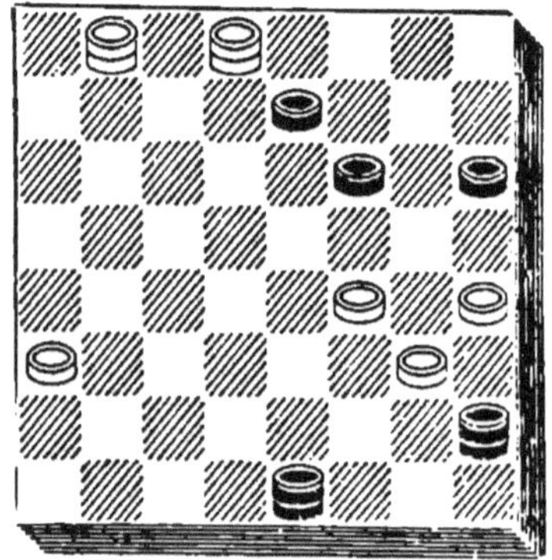

White to move and win.

395.—J. Robertson.

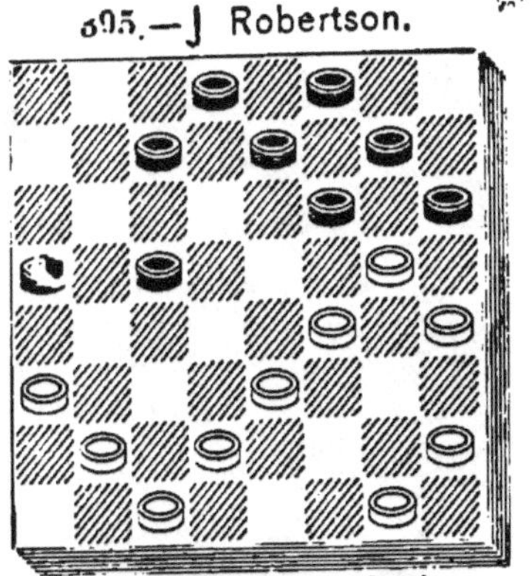

White to move and win.

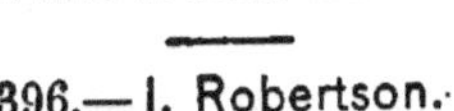

396.—J. Robertson.

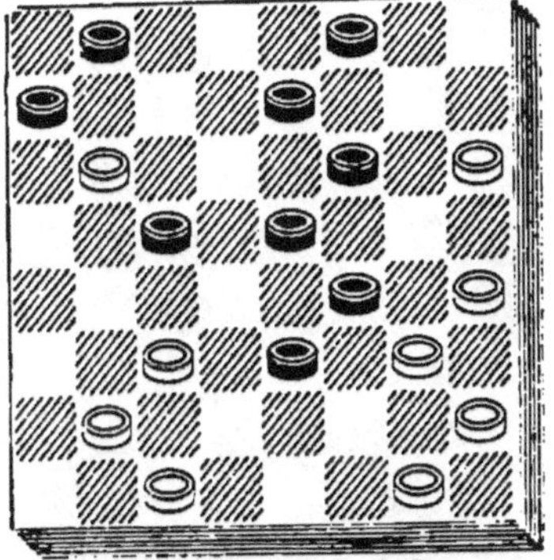

White to move and draw.

397.—J. Robertson.

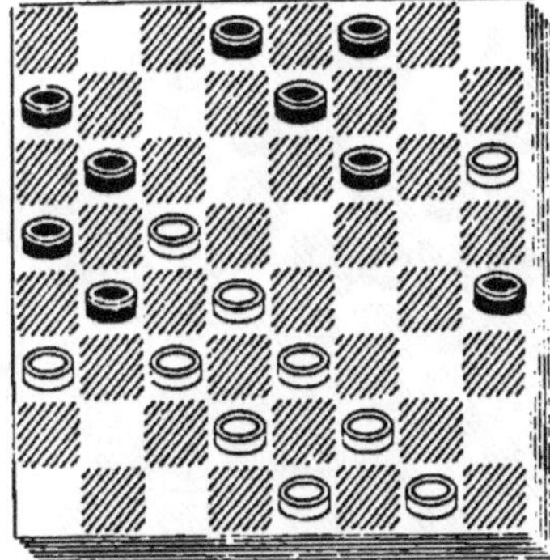

White to move and draw.

398.—J. Robertson.

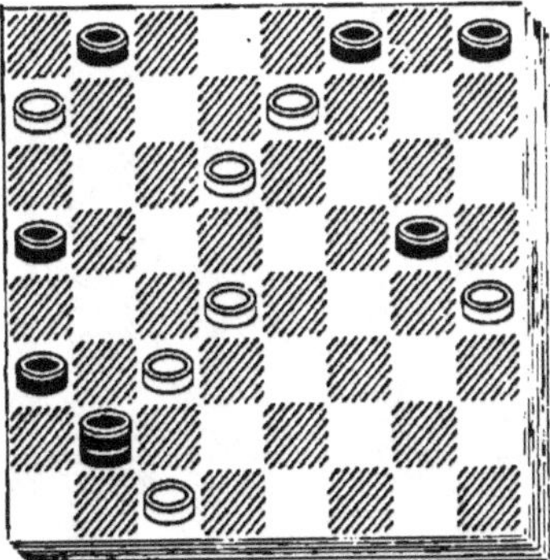

Black to move and win.

399.—J. Robertson.

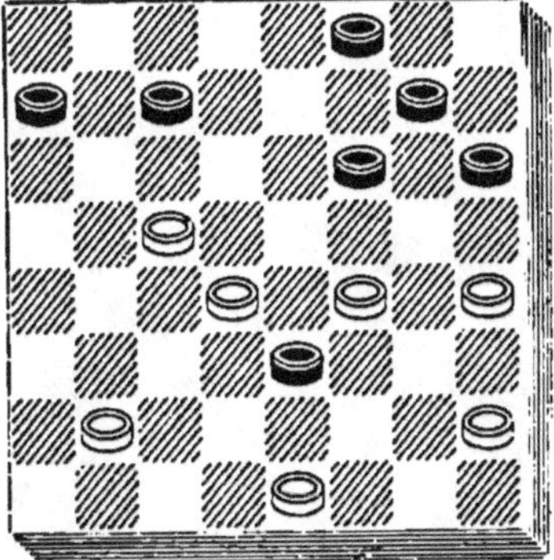

White to move and win.

400.—J. Robertson.

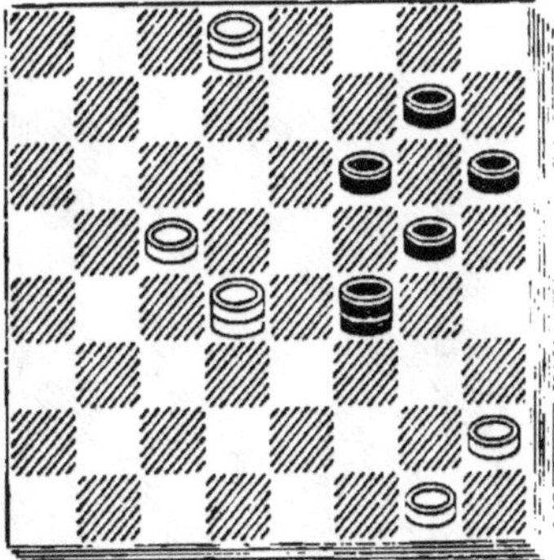

White to move and win.

401.—J. Robertson.

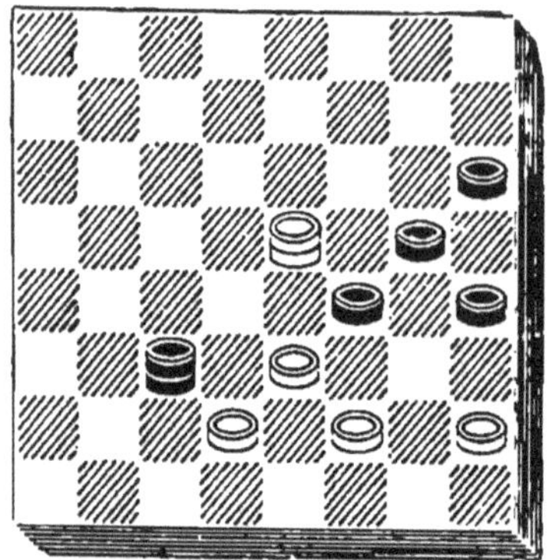

White to move and win.

402.—J. Robertson.

White to move and draw.

403.—J. Robertson.

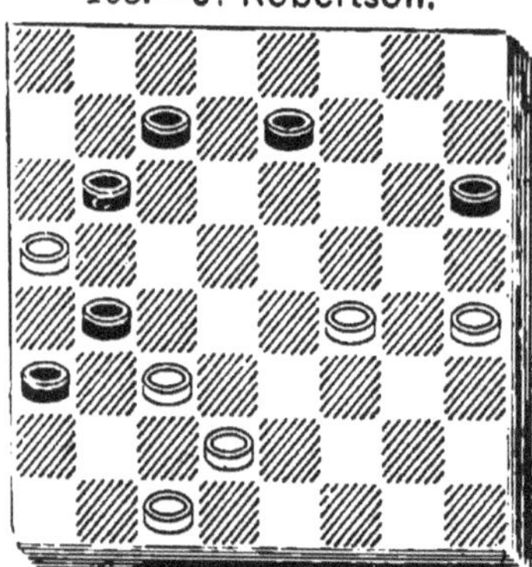

White to move and win.

404.—J. Robertson.

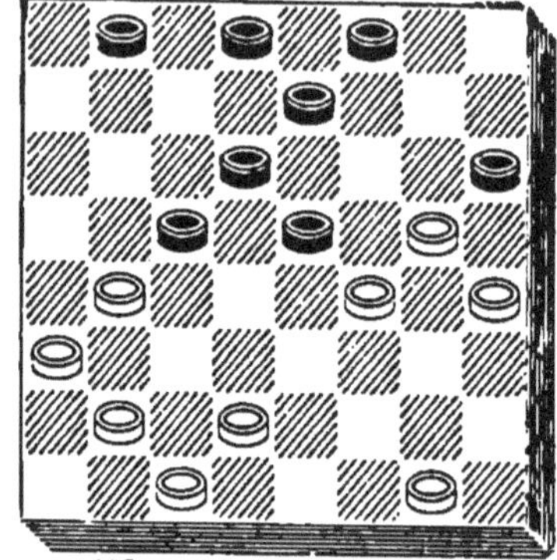

White to move and win.

405.—J. Robertson.

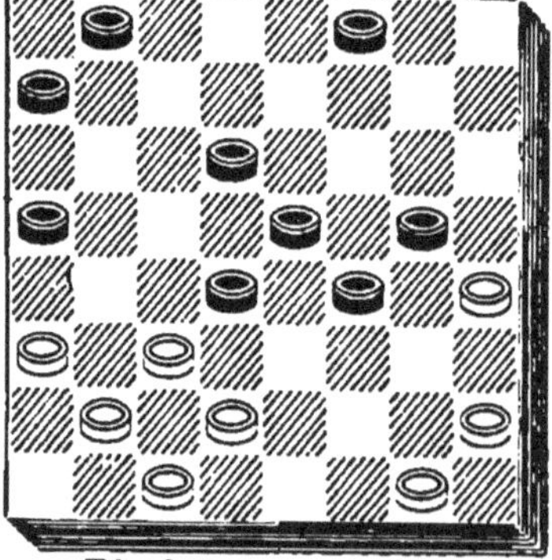

Black to move and win.

406.—J. Robertson.

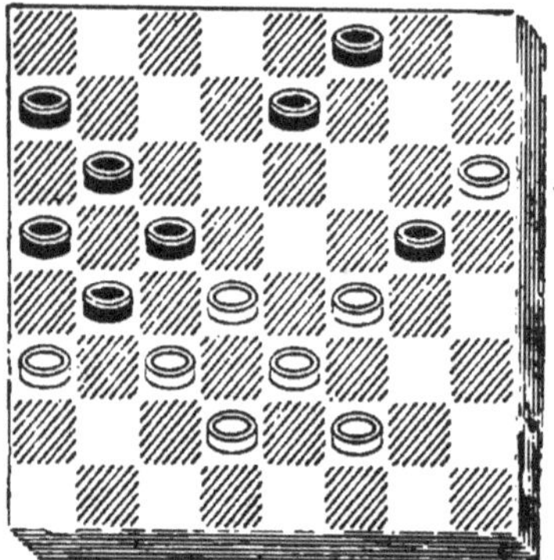

Black to move and win.

407.—J. Robertson.

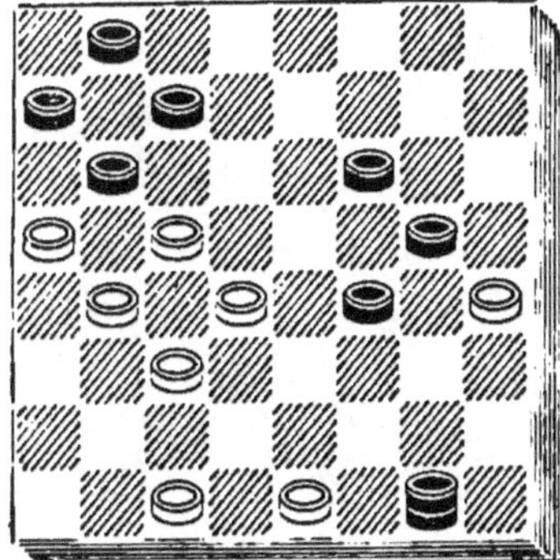

Black to move and draw.

408.—J. Robertson.

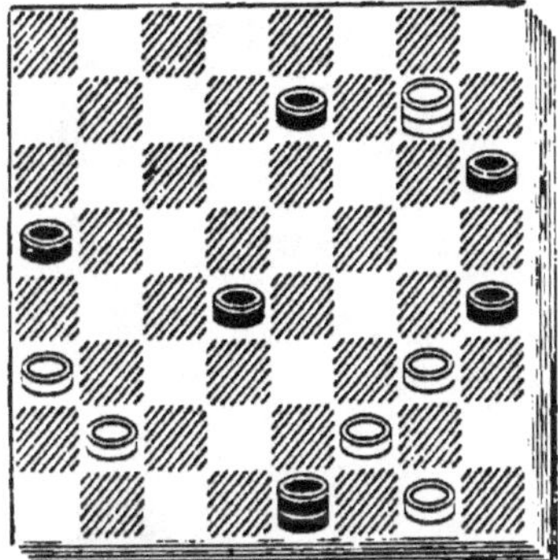

White to move and draw.

409.—Robertson & Wyllie.

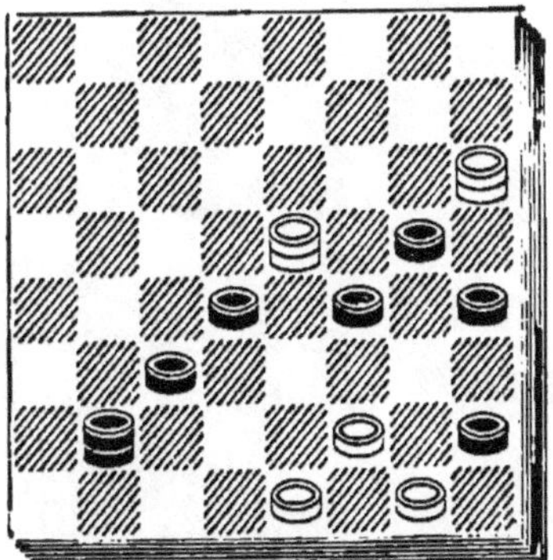

Black to move and draw.

410.—Wyllie & Robertson.

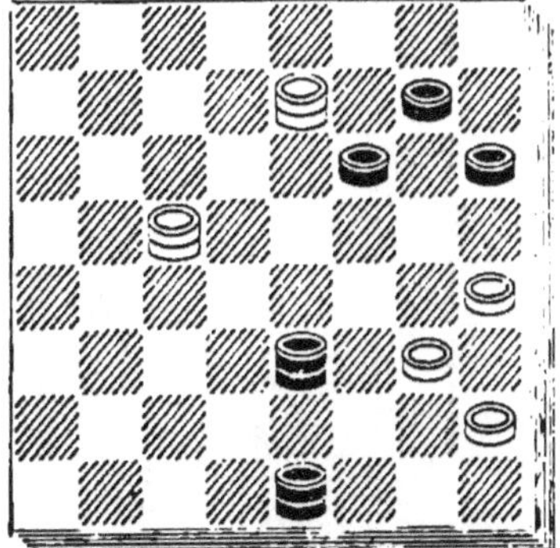

Black to move and draw.

411.—Wyllie & Robertson.

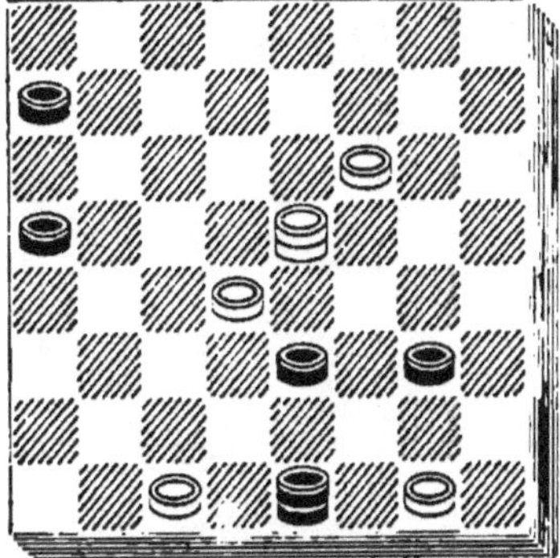

Black to move and draw.

412.—Robertson & Wyllie.

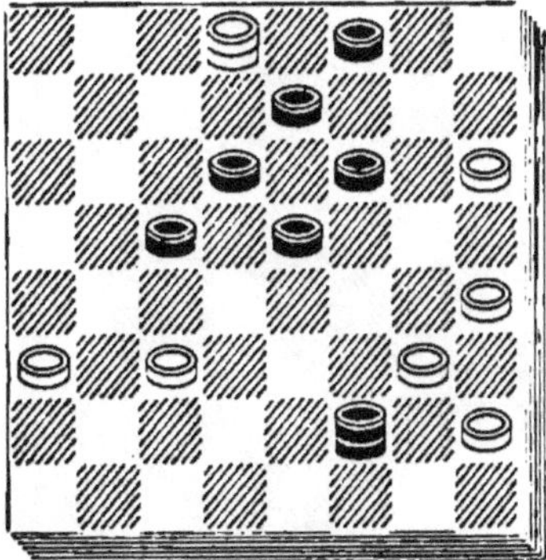

Black to move and draw.

413.—Wyllie & Robertson.

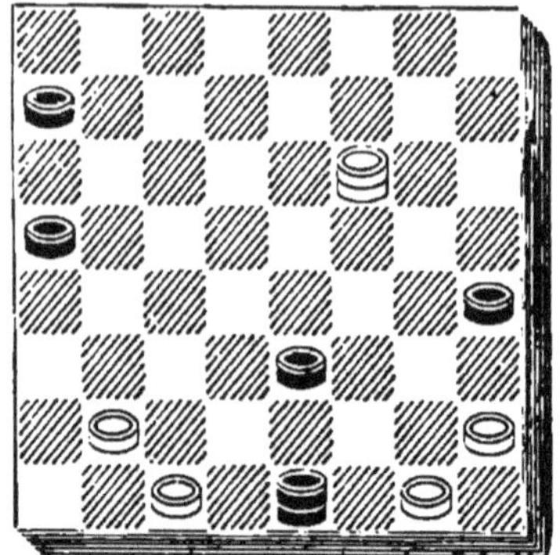

Black to move and draw.

414.—J. Robertson.

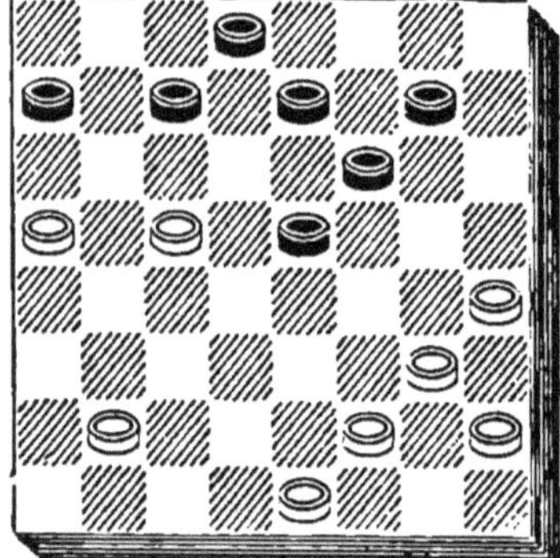

White to move and win.

415.—J. Robertson.

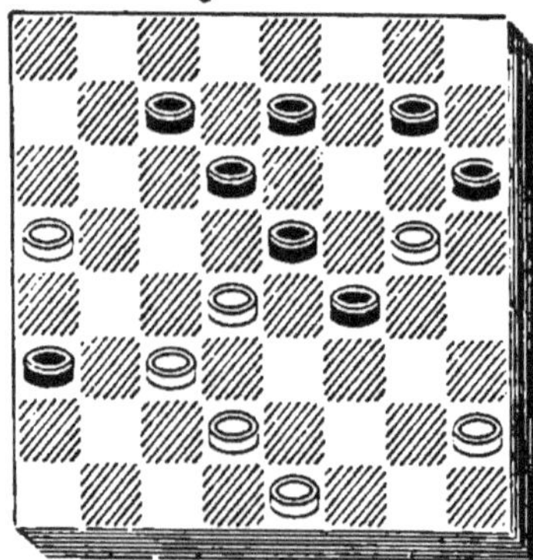

Black to move and draw.

416.—J. Robertson.

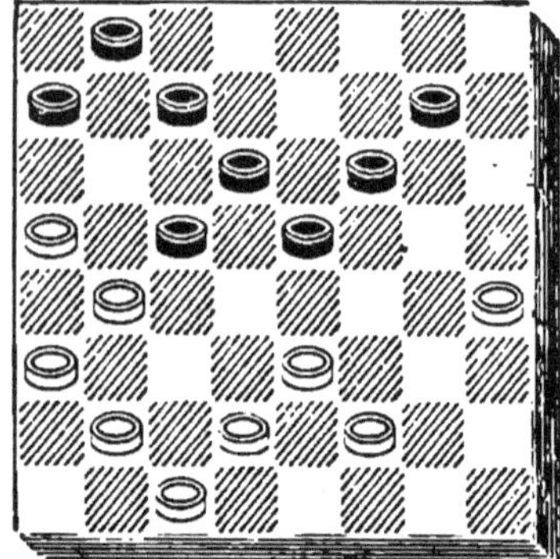

Black to move and draw.

417.—J. Robertson.

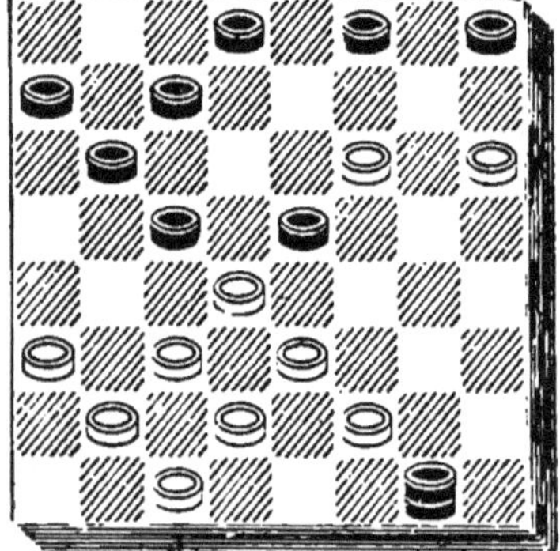

White to move and win.

418.—J. Robertson.

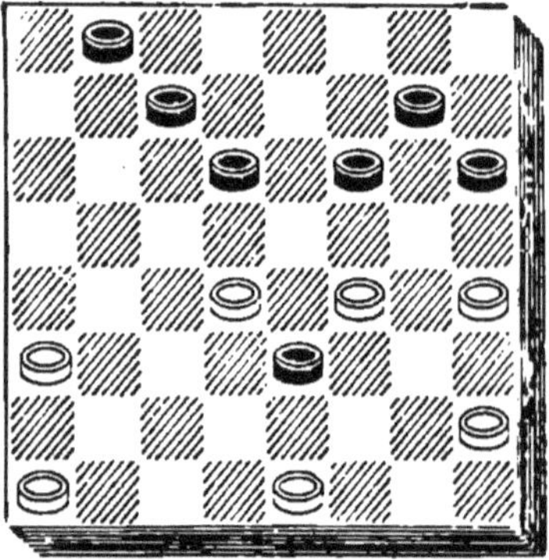

White to move and win.

419.—J. Robertson.

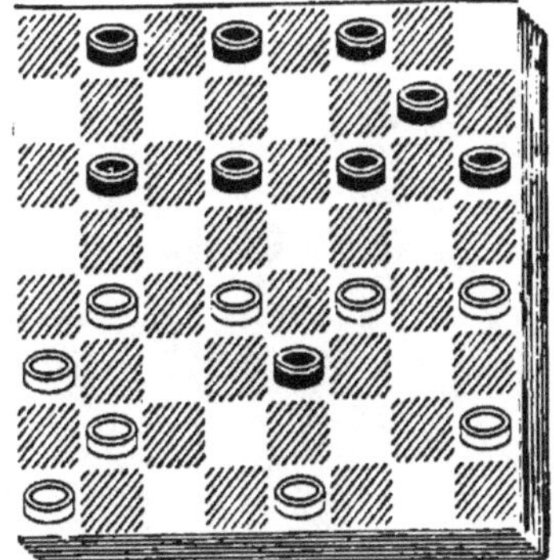

Black to move and draw.

422.—J. Robertson.

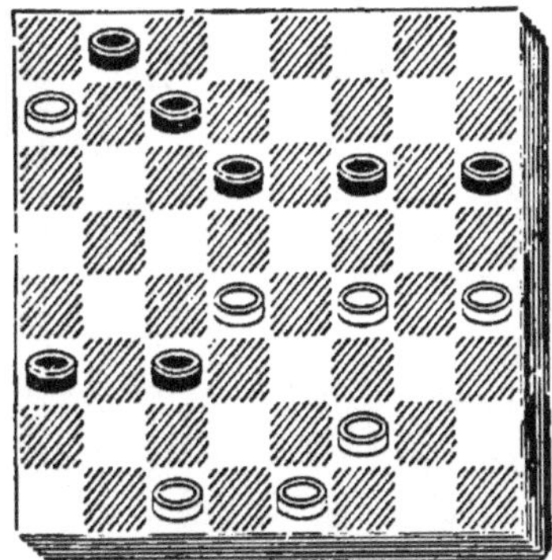

White to move and draw.

420.—J. Robertson.

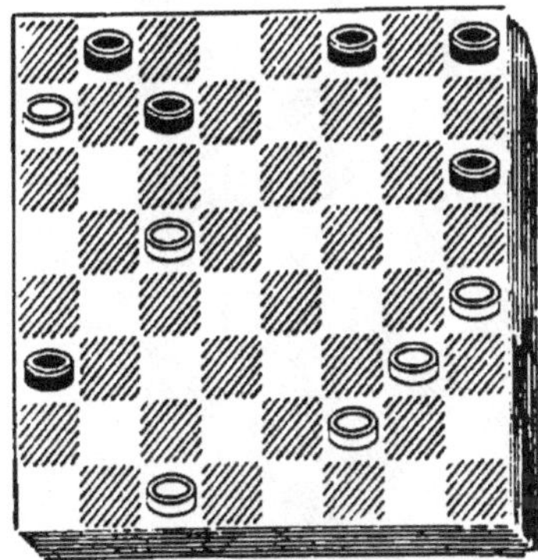

Black to move and win.

423.—J. Robertson.

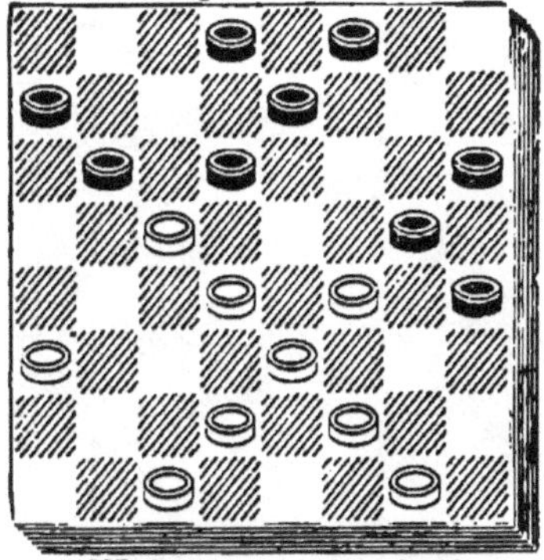

White to move and win

421.—J. Robertson.

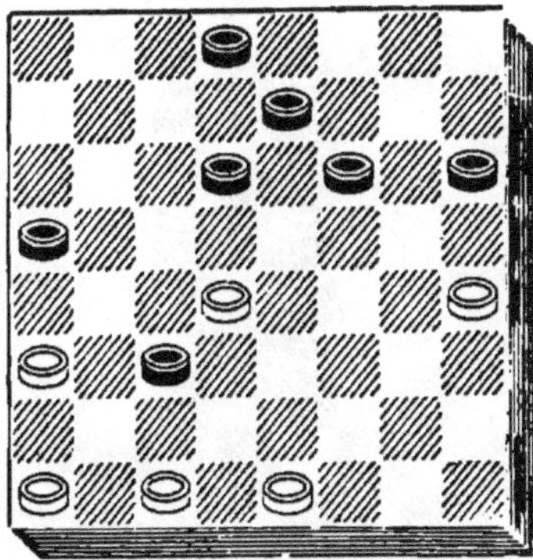

Black to move and win.

424.—J. Robertson.

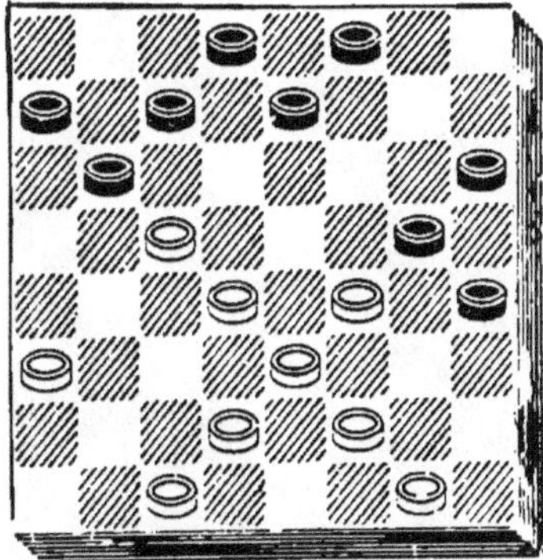

Black to move and draw.

425.—J. Robertson.

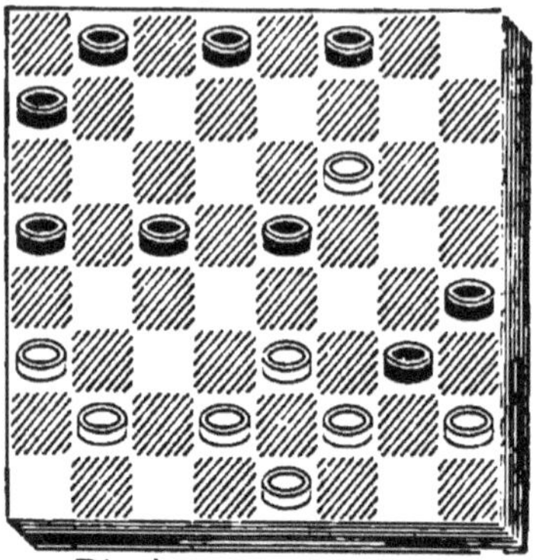

Black to move and win.

426.—J. Robertson.

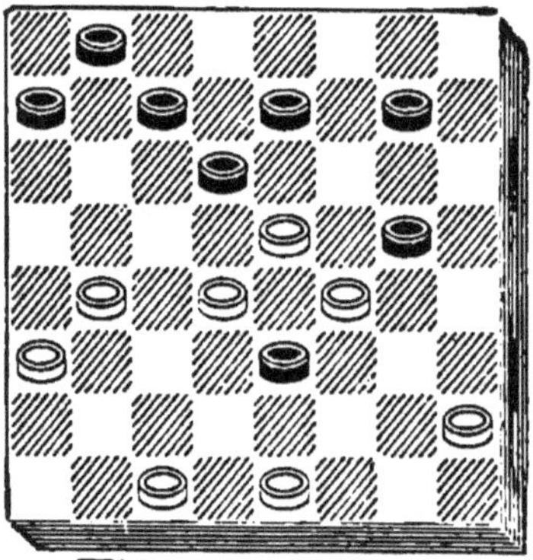

White to move and win.

427.—J. Robertson.

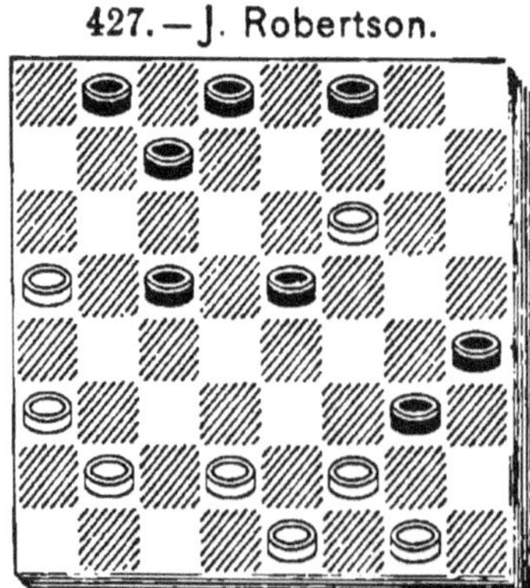

Black to move and draw.

428.—J. Robertson.

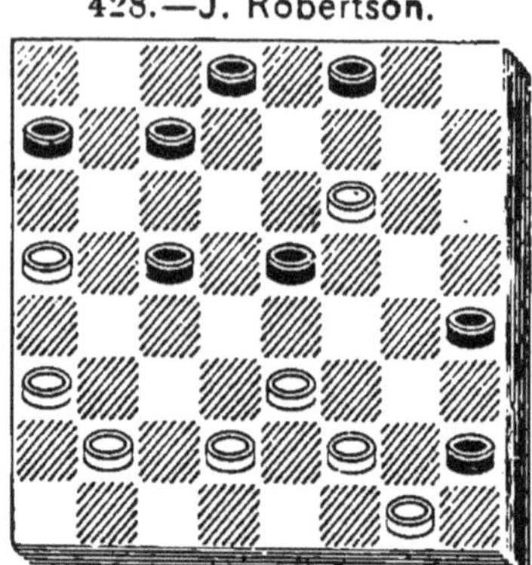

Black to move and draw.

429.—J. Robertson.

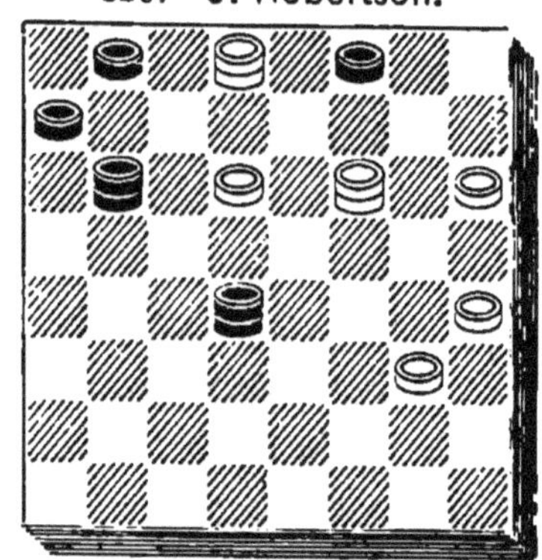

Black to move and draw.

430.—J. Robertson.

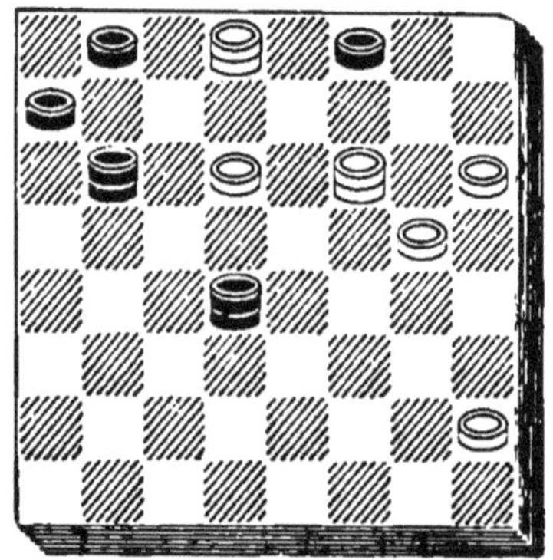

Black to move and draw.

431.—J. Robertson.

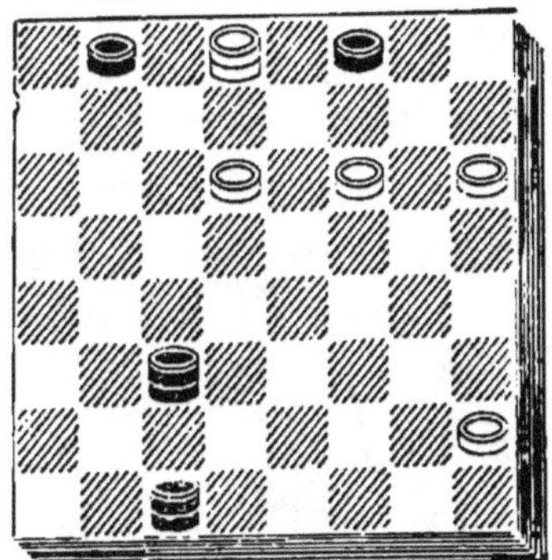

Black to move and draw.

434.—J. Robertson.

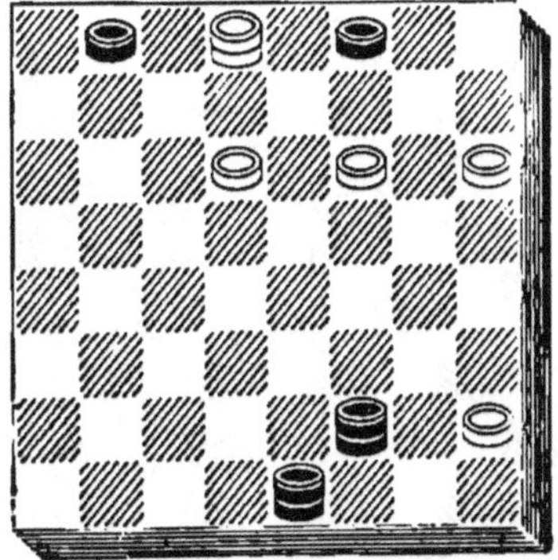

Black to move and draw.

432.—J. Robertson.

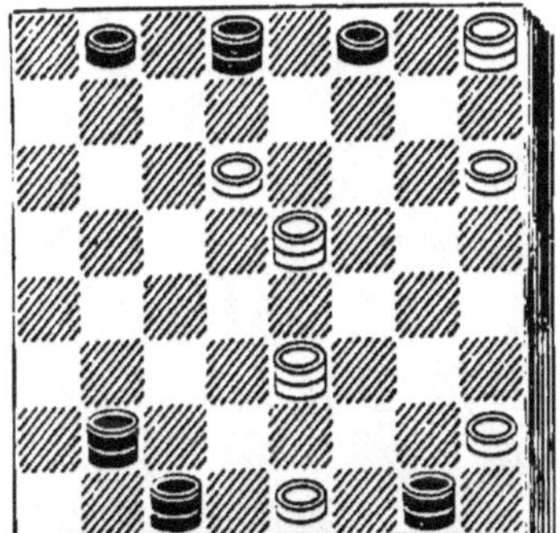

Black to move and draw.

435.—J. Robertson.

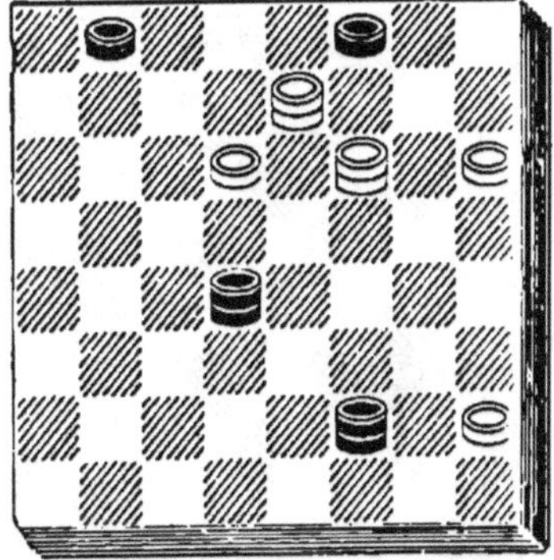

Black to move and draw.

433.—J. Robertson.

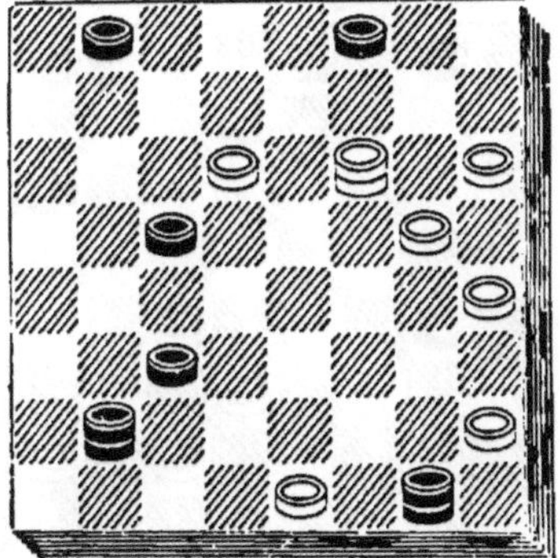

Black to move and draw.

436.—J. Robertson.

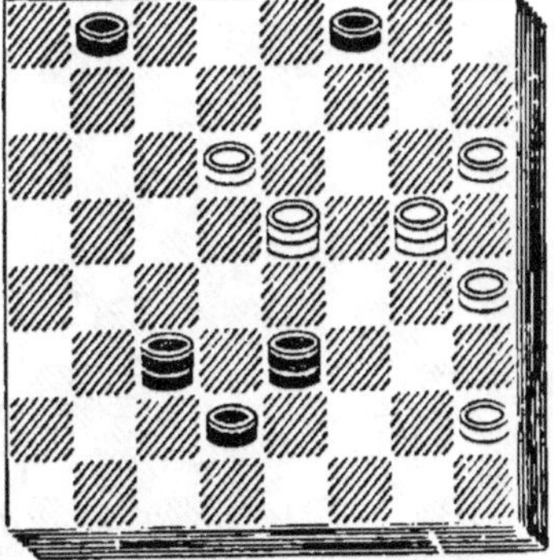

Black to move and draw.

437.—J. Robertson.

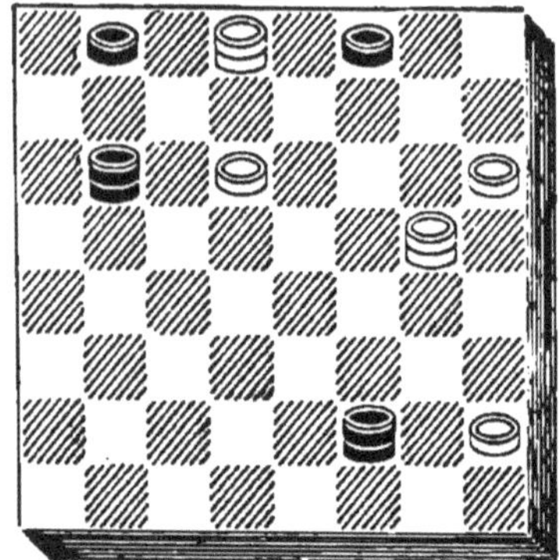

Black to move and draw.

440.—J. Robertson.

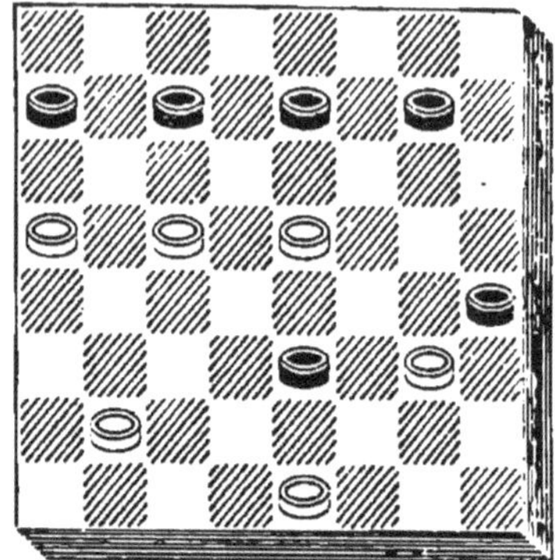

White to move and draw.

438.—J. Robertson.

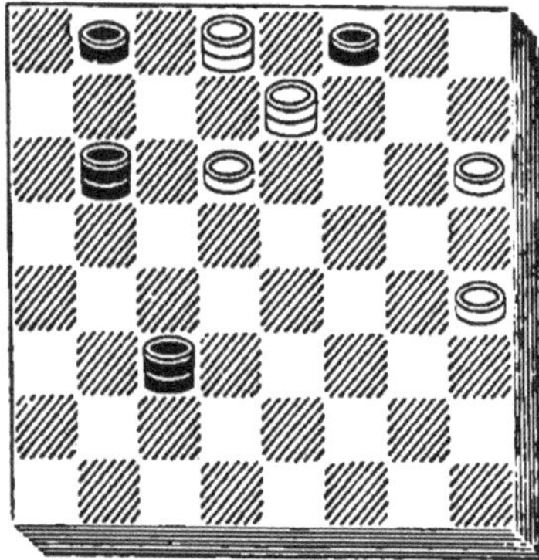

Black to move and draw.

441.—J. Robertson.

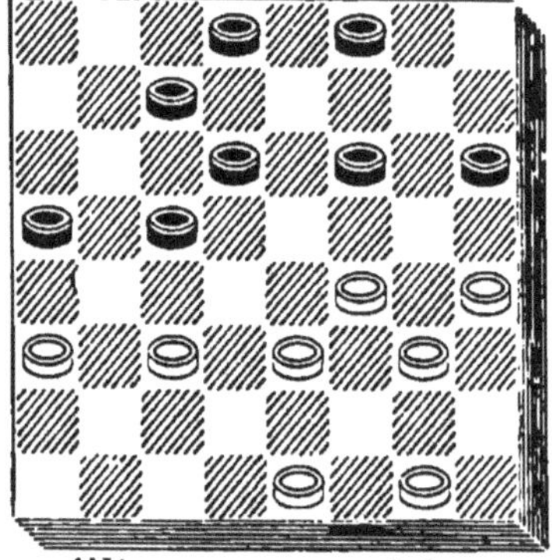

White to move and draw.

439.—J. Robertson.

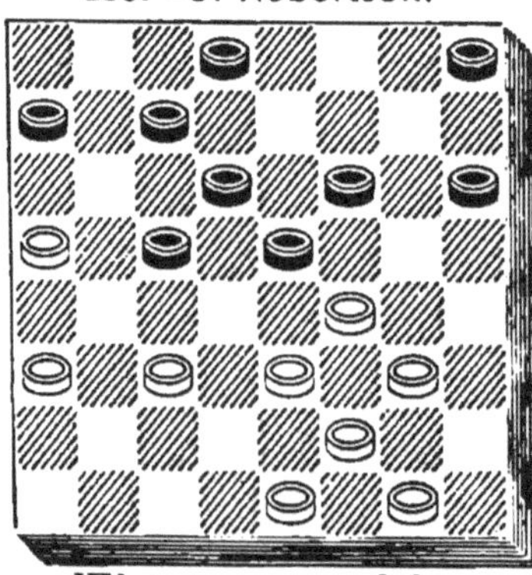

White to move and draw.

442.—J. Robertson.

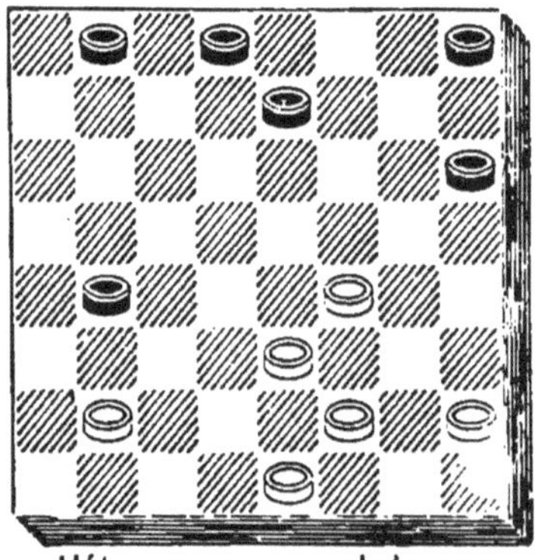

White to move and draw.

443.—J. Robertson.

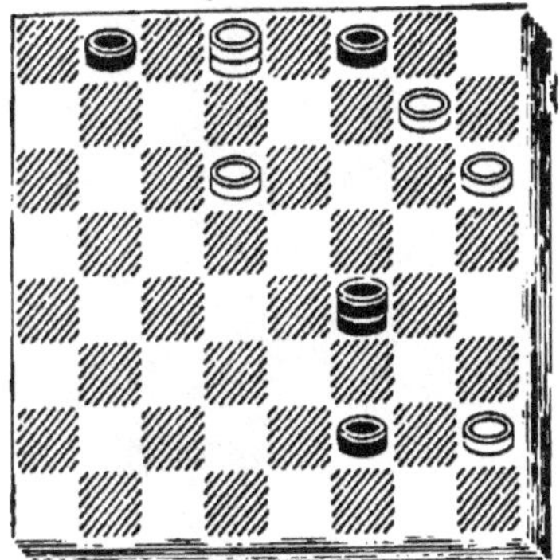

Black to move and draw.

446.—J. Robertson.

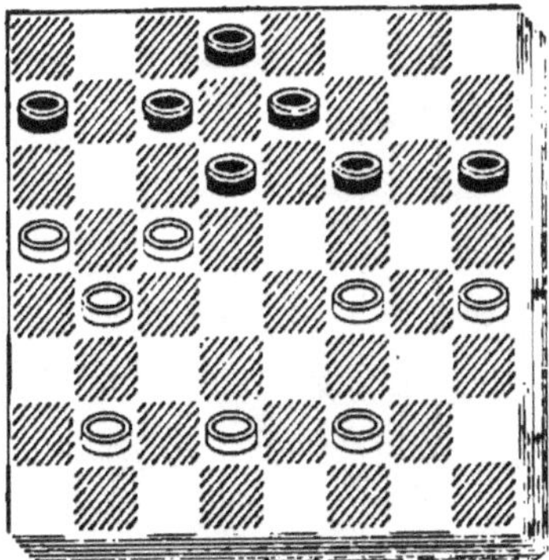

White to move and win.

444.—J. Robertson.

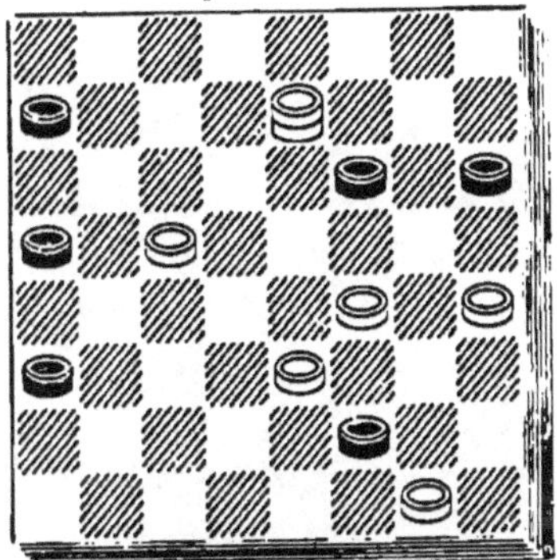

Black to move and draw.

447.—J. Robertson.

White to move and win.

445.—J. Robertson.

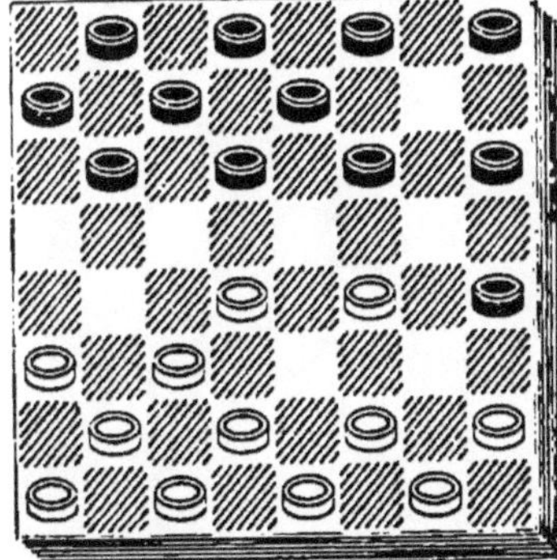

White to move and win.

448.—J. Robertson.

Black to move and draw.

449.—J. Robertson.

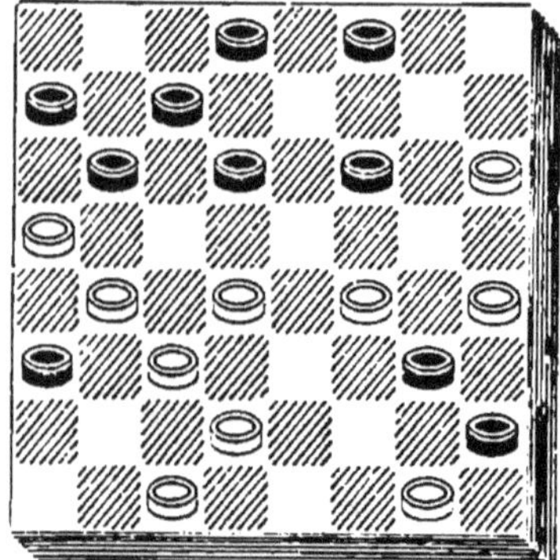

Black to move and draw.

451.—J. Robertson.

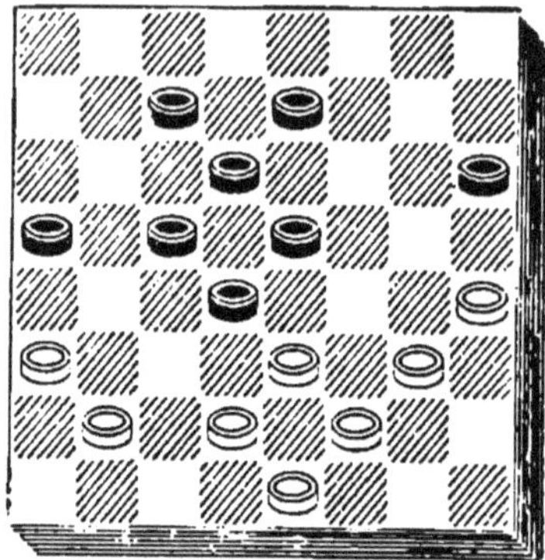

White to move and draw.

450.—J. Robertson.

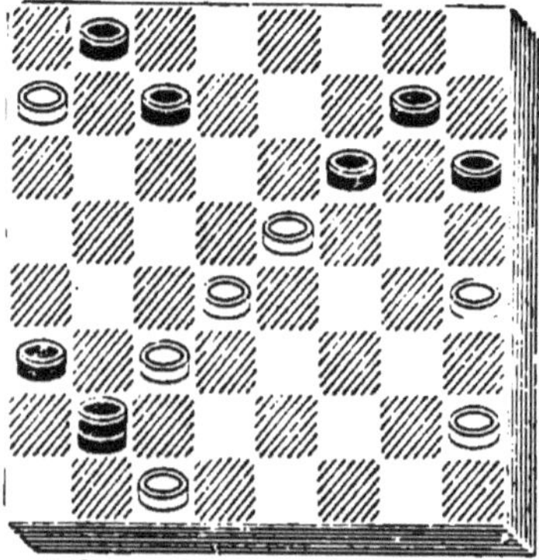

Black to move and win.

452.—J. Robertson.

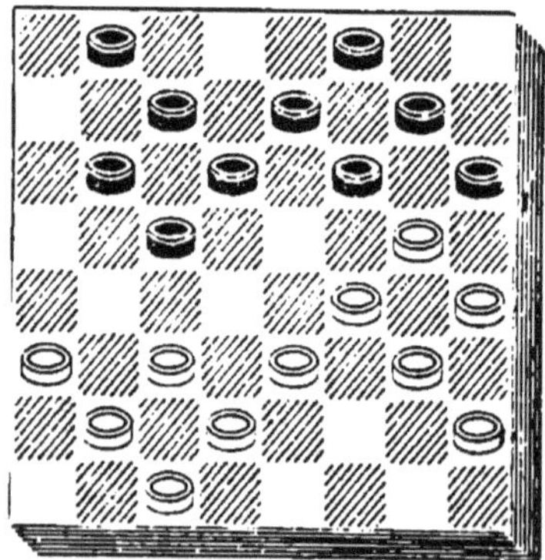

Black to move and draw.

SECTION VIII.

PROBLEMS AND CRITICAL POSITIONS

BY

MR. J. WYLLIE,

THE CHAMPION DRAUGHT PLAYER.

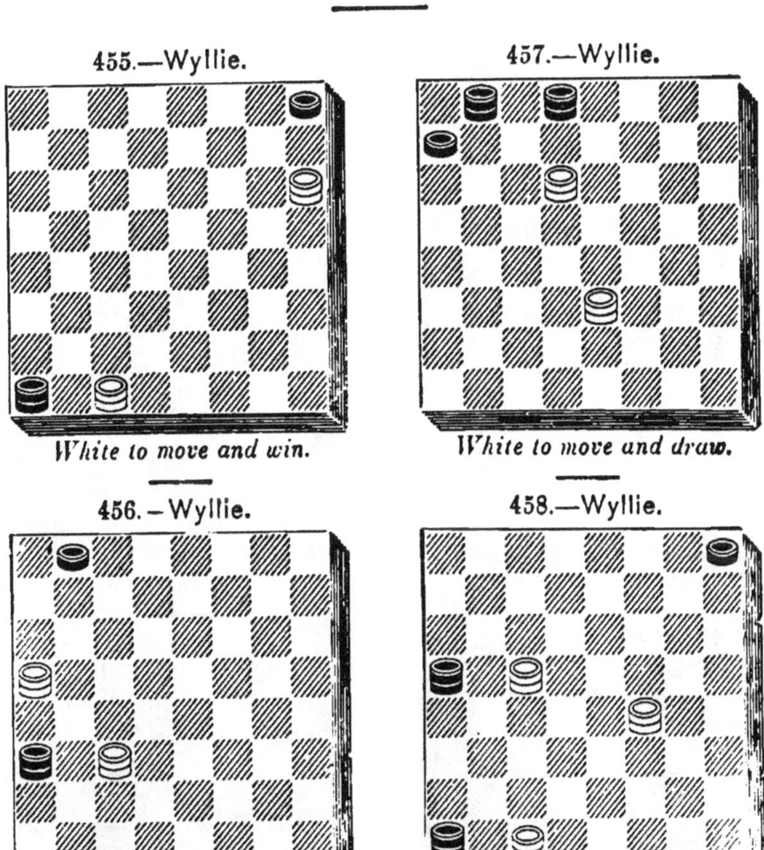

455.—Wyllie.

White to move and win.

457.—Wyllie.

White to move and draw.

456.—Wyllie.

Black to move, W. to win.

458.—Wyllie.

White to move and win.

459.—Wyllie.

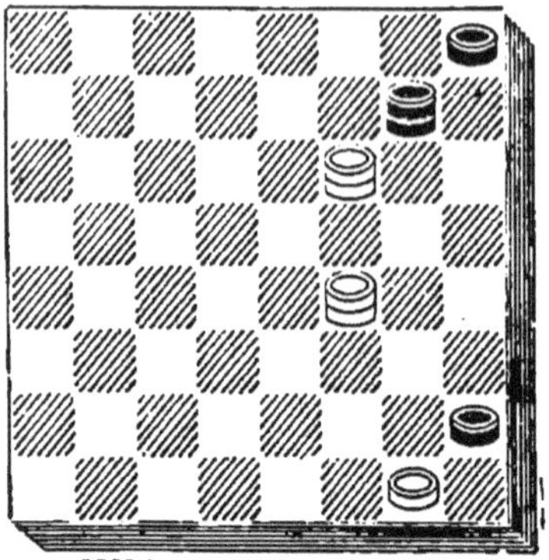

White to move and win.

460.—Wyllie.

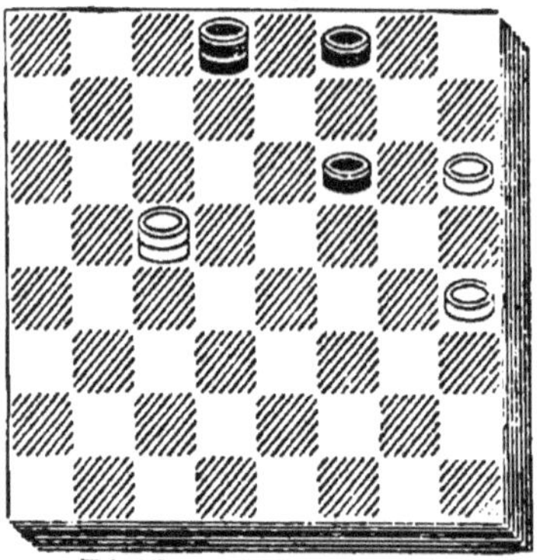

Black to move and win.

461.—Wyllie & Scott.

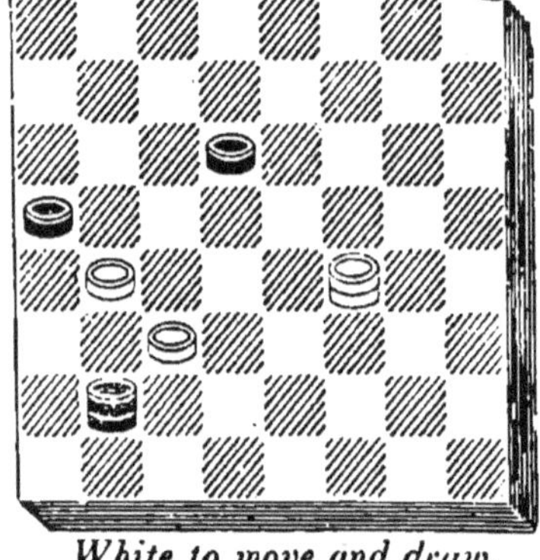

White to move and draw.

462.—Wyllie.

White to move and win.

463.—Wyllie.

White to move and win.

464.—Wyllie.

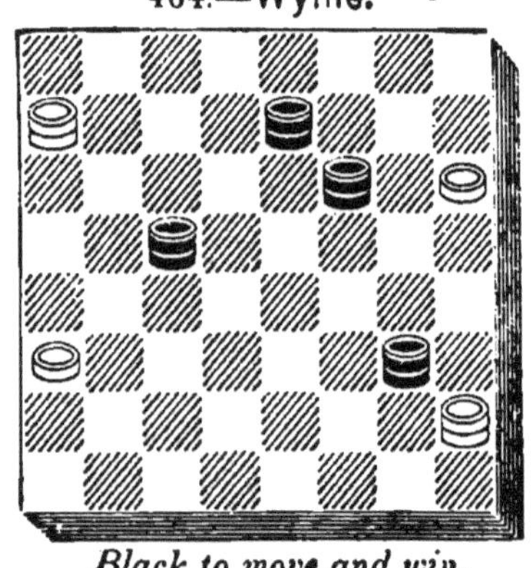

Black to move and win.

465.—Martins.

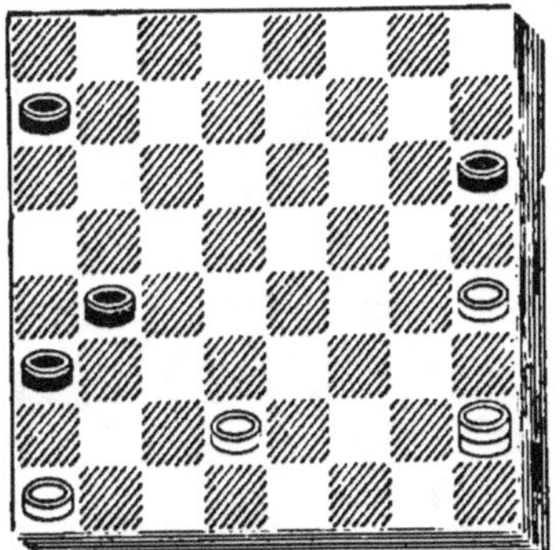

White to move and win.

468.—Wyllie.

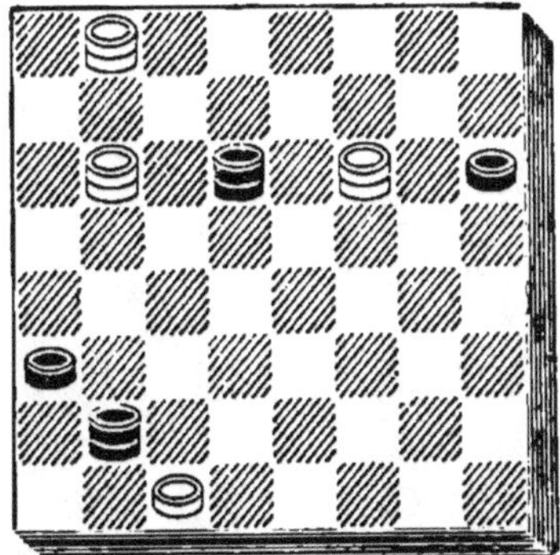

White to move and win.

466.-Wyllie & Alnwick Player.

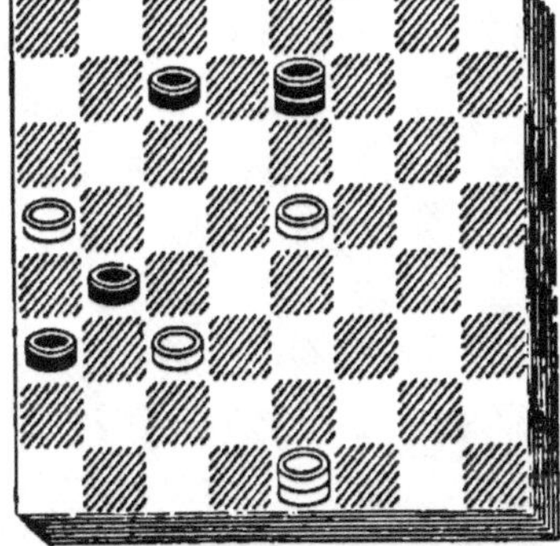

White to move and win.

469.—Wyllie.

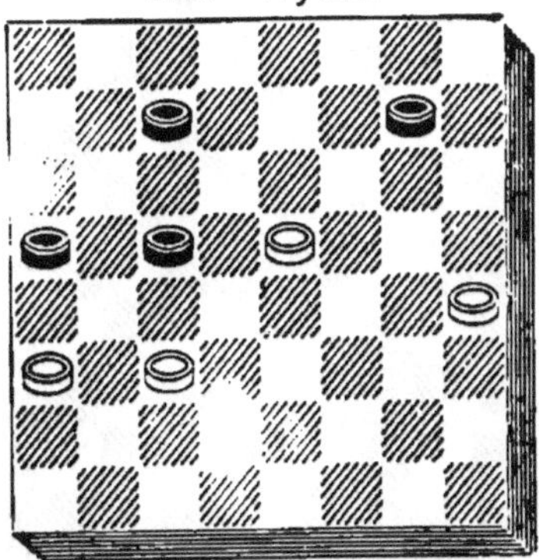

White to move and draw.

467.—Wyllie.

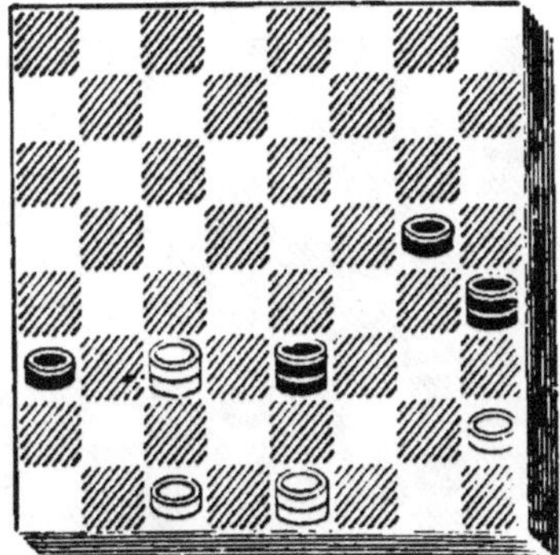

White to move and win.

470.—Wyllie.

Black to move and win.

471.—Wyllie.

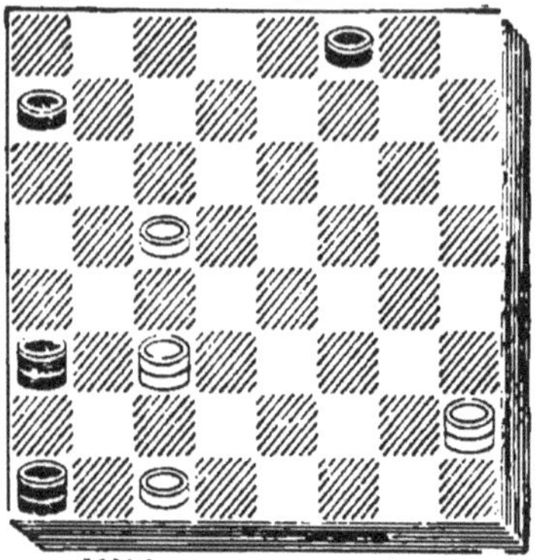

White to move and win.

472.—Wyllie.

White to move and win

473.—Wyllie.

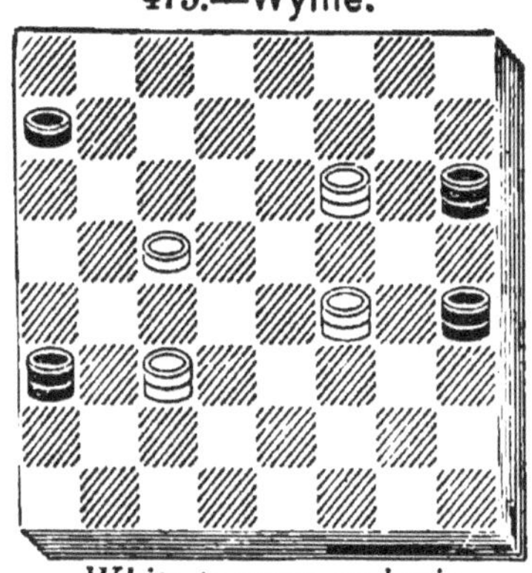

White to move and win.

474.—Wyllie.

Black to move, W. to win.

475.—Wyllie & Yates.

White to move and win.

476.—Wyllie.

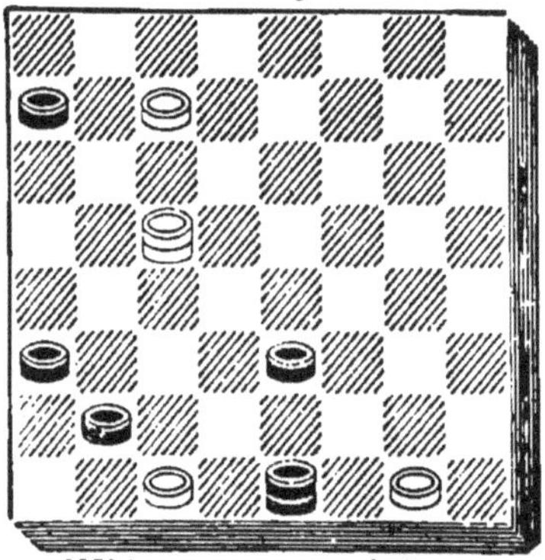

White to move and draw.

477.—Wyllie.

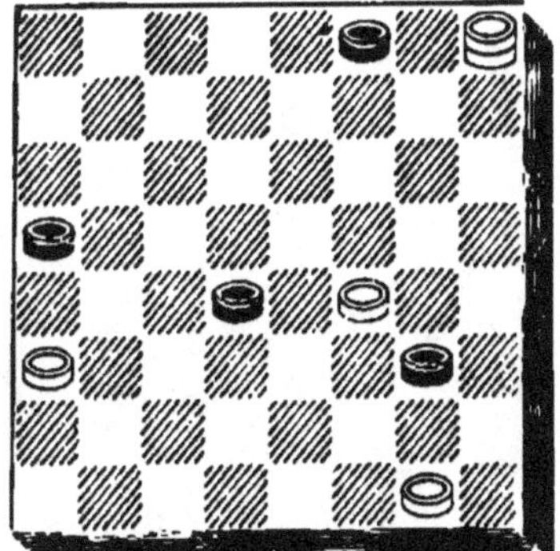

White to move and draw.

478.-Wyllie & Liverpool Playr.

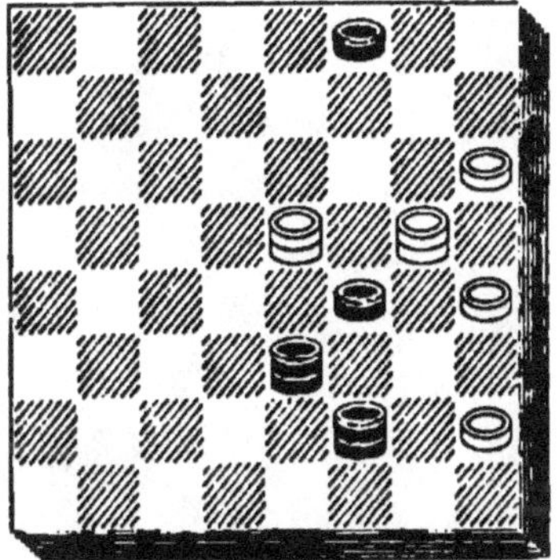

Black to move, W. to win.

479.—Wyllie.

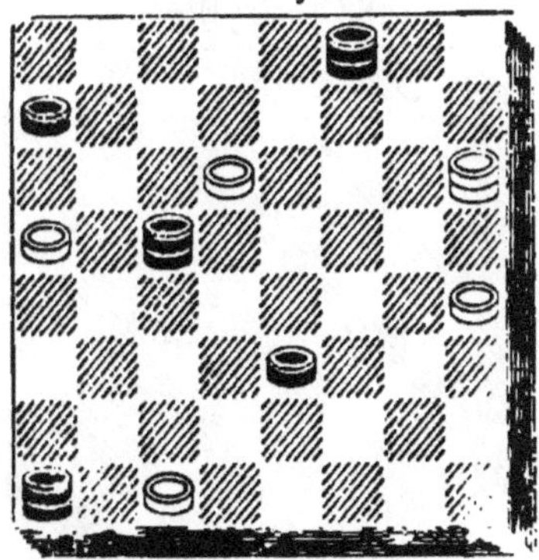

White to move and win.

480.—Wyllie.

Black to move and win.

481.—Wyllie.

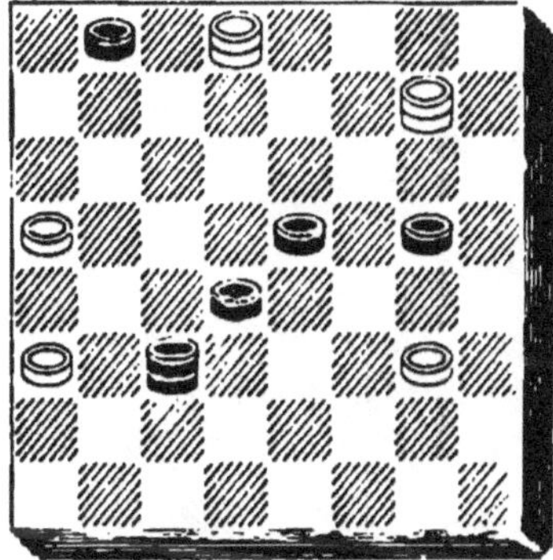

White to move and win.

482.—Wyllie.

Black to move and win.

483.—Wyllie.

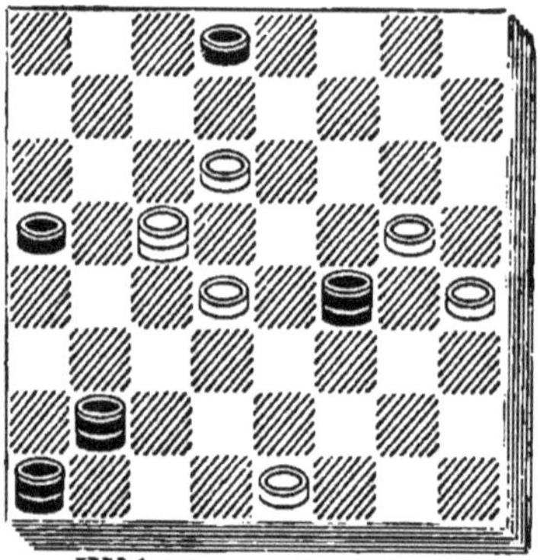

White to move and win.

484.—Wyllie.

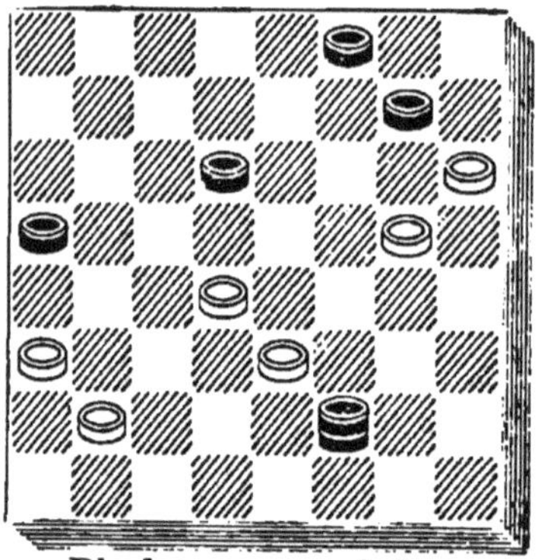

Black to move and draw.

485.—Wyllie.

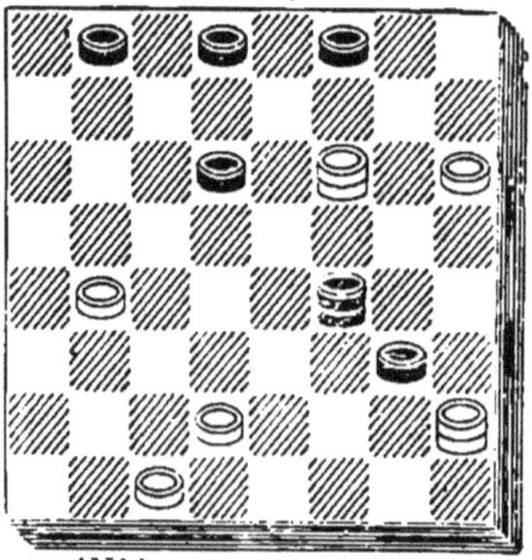

White to move and win.

486.—Wyllie.

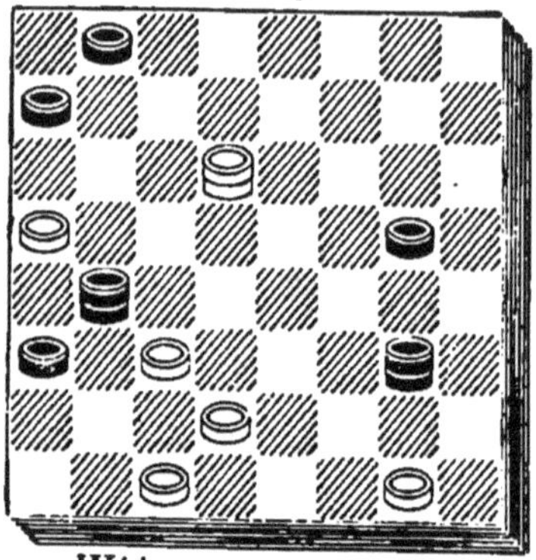

White to move and win.

487.—Wyllie.

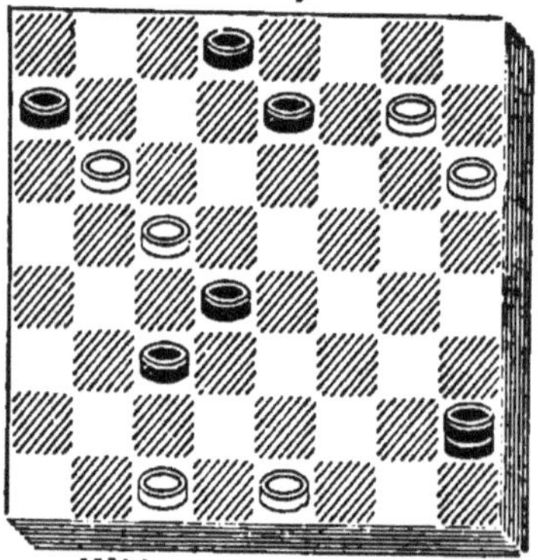

White to move and win.

488.—Wyllie.

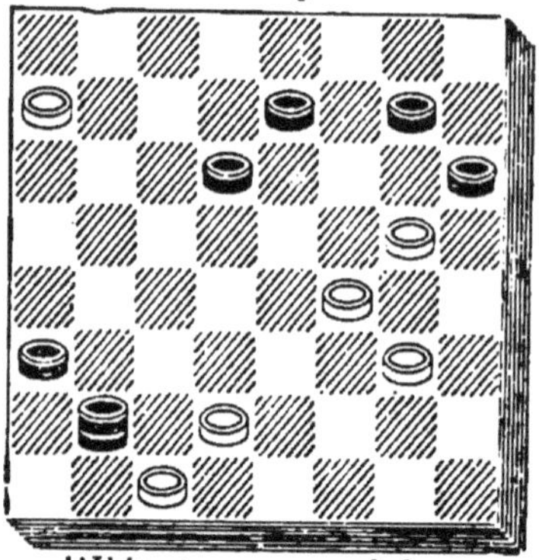

White to move and draw.

480.—Wyllie.

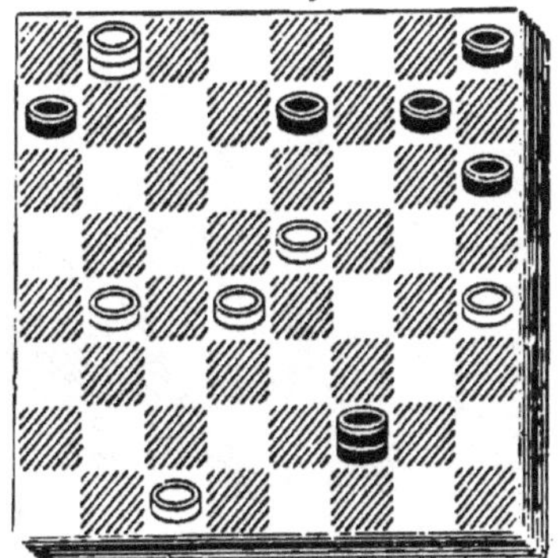

Black to move and win.

490.—Wyllie.

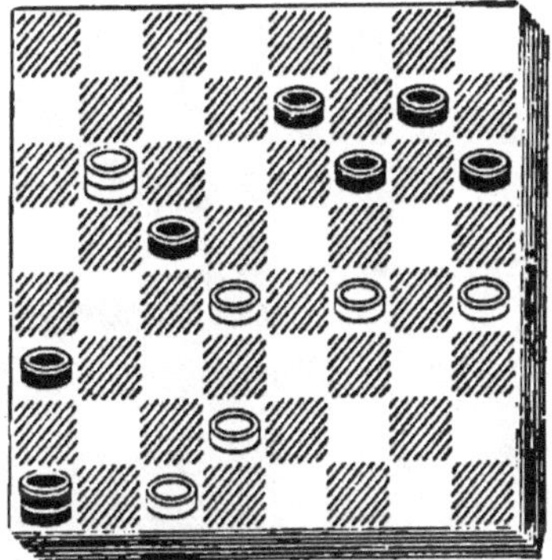

White to move and win.

491.—Wyllie.

White to move and draw.

492.—Wyllie.

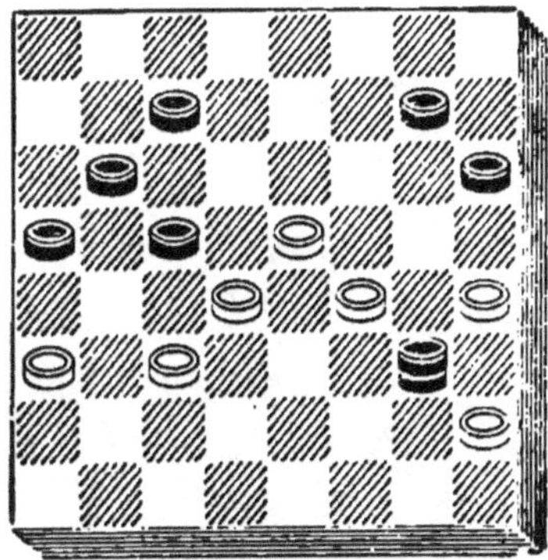

White to move and draw.

493.—Wyllie.

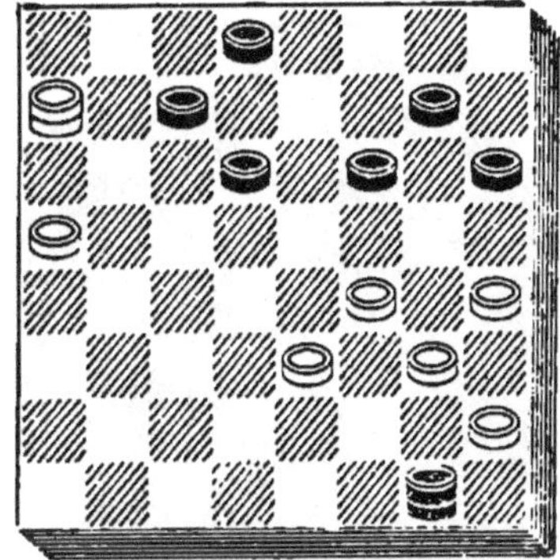

White to move and win.

494.—Wyllie.

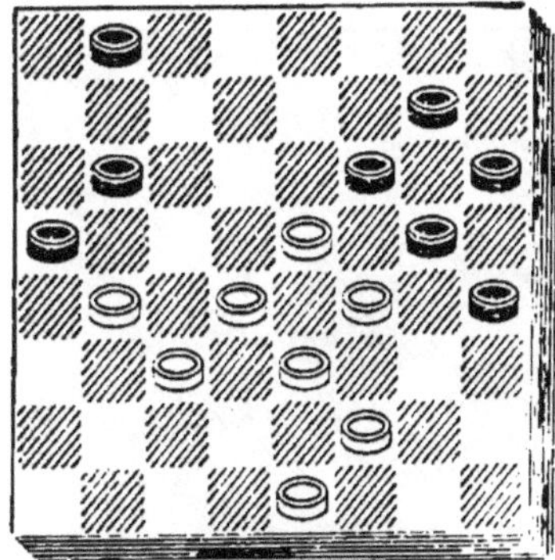

White to move and win.

495.—Lyman & Wyllie.

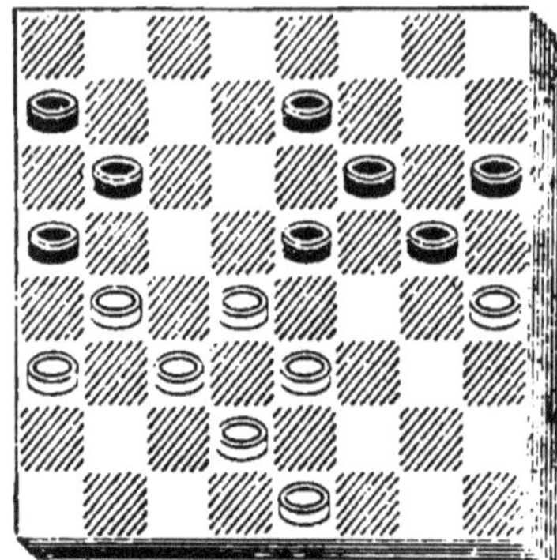

White to move and draw.

498.—Wyllie.

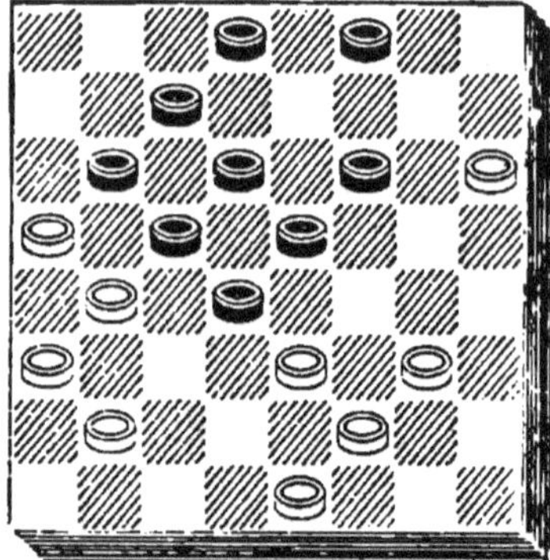

White to move and draw.

496.—Wyllie.

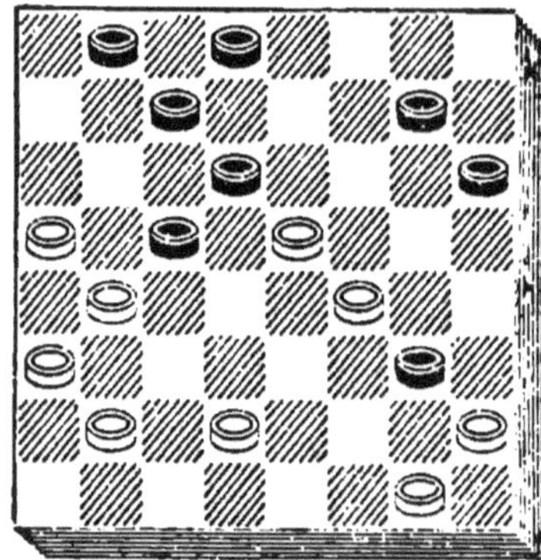

White to move and draw.

499.—Wyllie.

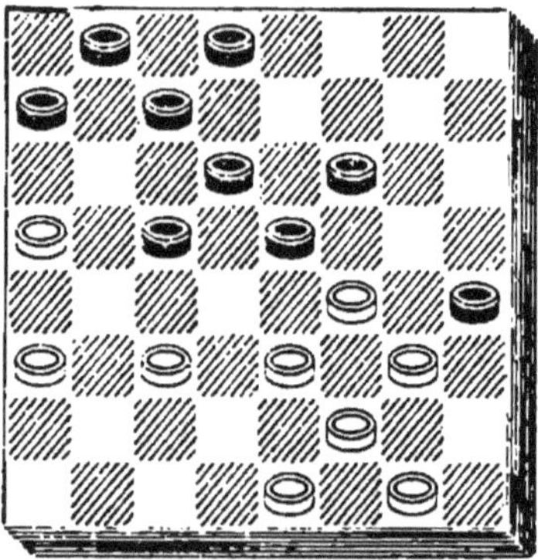

Black to move and win.

497.—Wyllie.

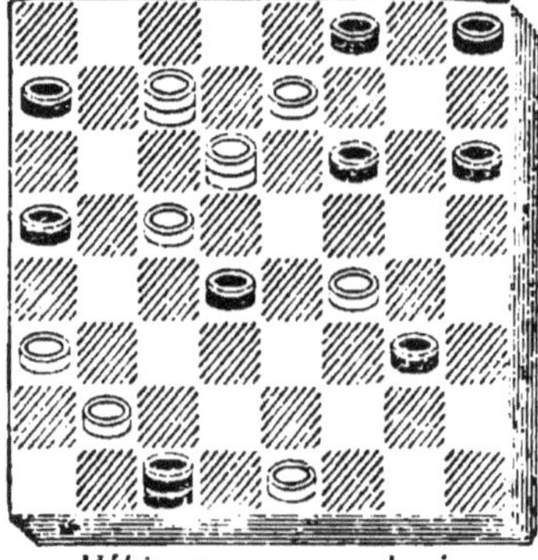

White to move and win.

500.—Wyllie.

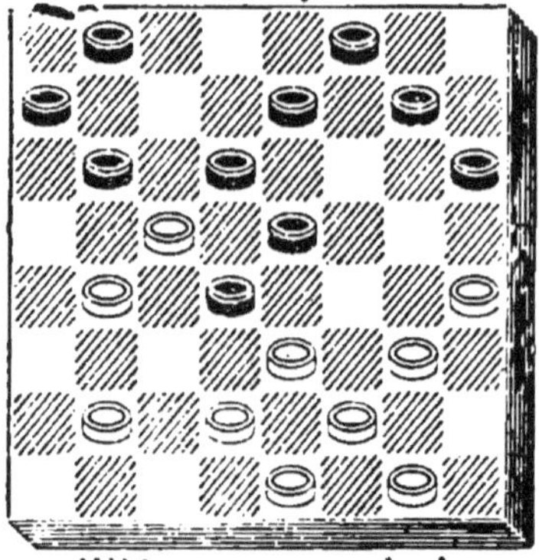

White to move and win.

501.—Wyllie.

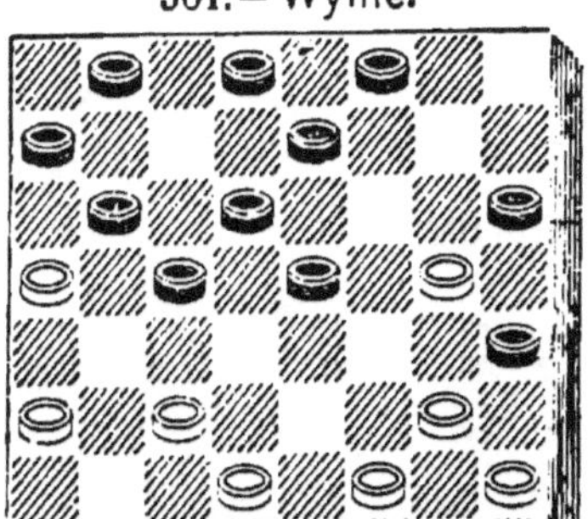

White to move and win.

502.—Wyllie.

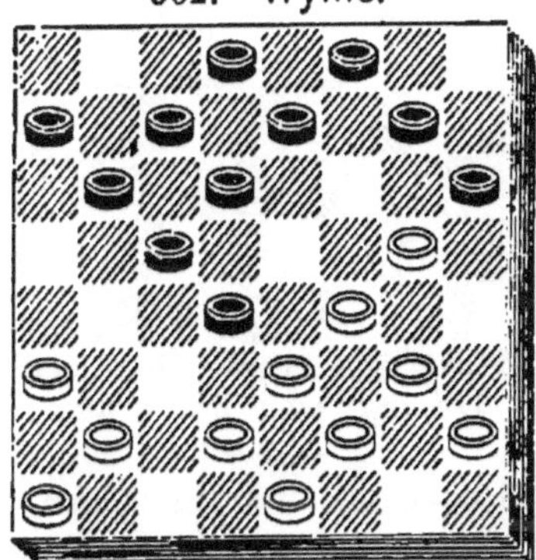

Black to move and win.

503.—Wyllie.

White to move and win.

504.—Wyllie.

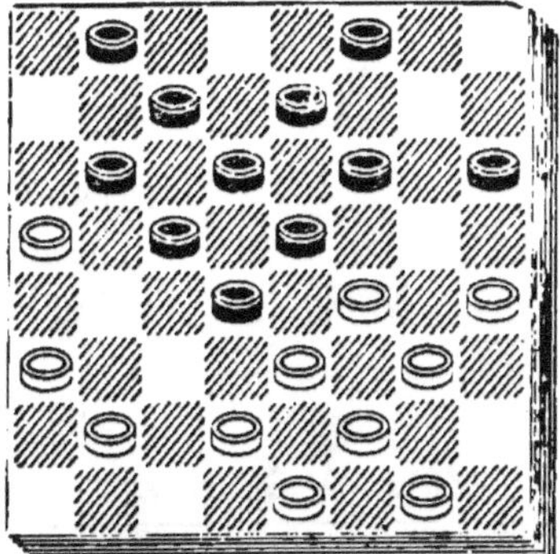

White to move and win.

505.—Wyllie.

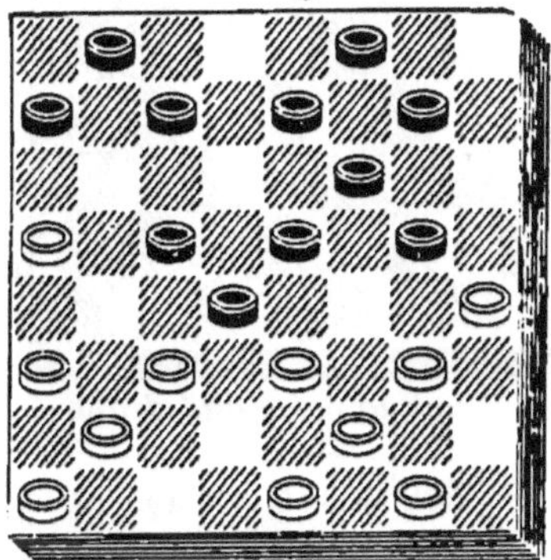

Black to move and win.

506.—Wyllie.

Black to move and win.

SECTION IX.

PROBLEMS AND CRITICAL POSITIONS

CONTRIBUTED BY

MR. D. GOURLAY, GLASGOW.

507.—D. Gourlay.

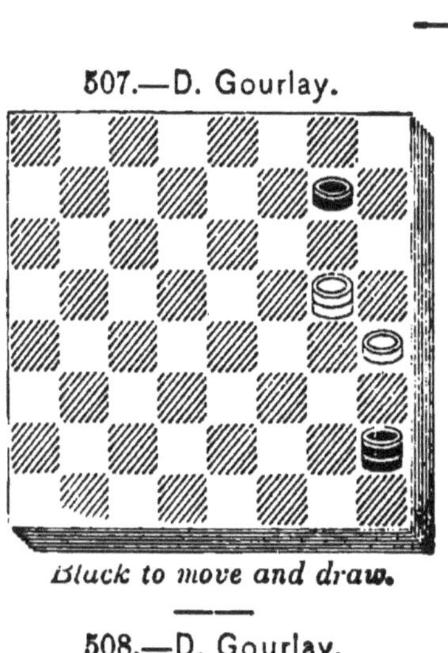

Black to move and draw.

508.—D. Gourlay.

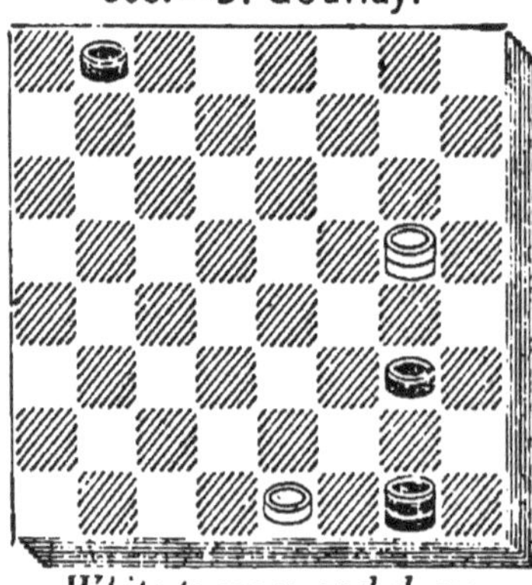

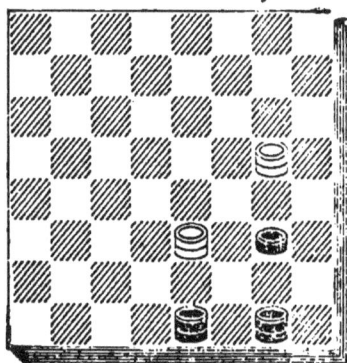

White to move and draw.

509.—D. Gourlay.

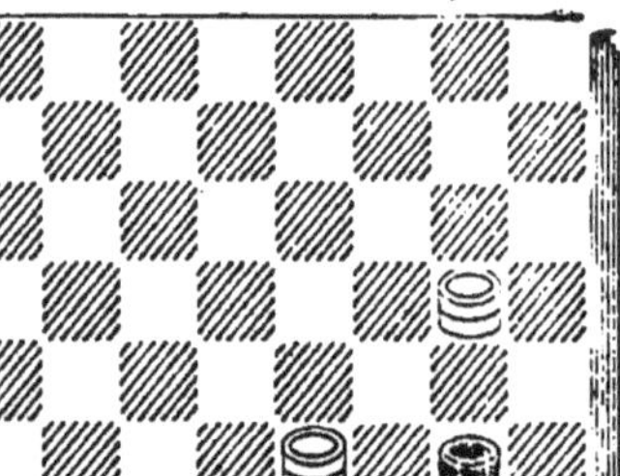

White to move and draw.

510.—Gourlay & Macintosh.

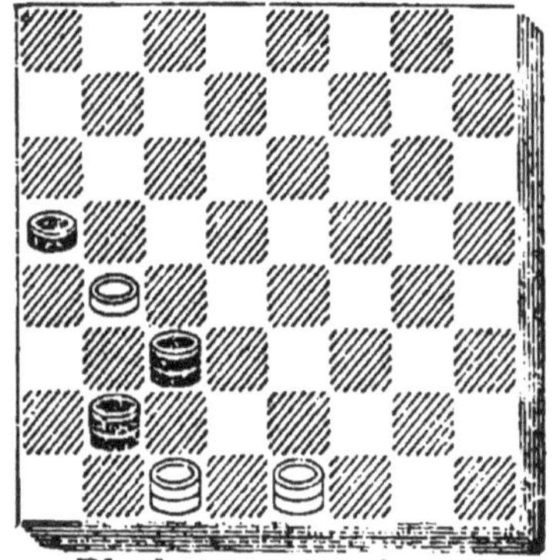

Black to move and draw.

511.—D. Gourlay.

Black to move and win.

512.—D. Gourlay.

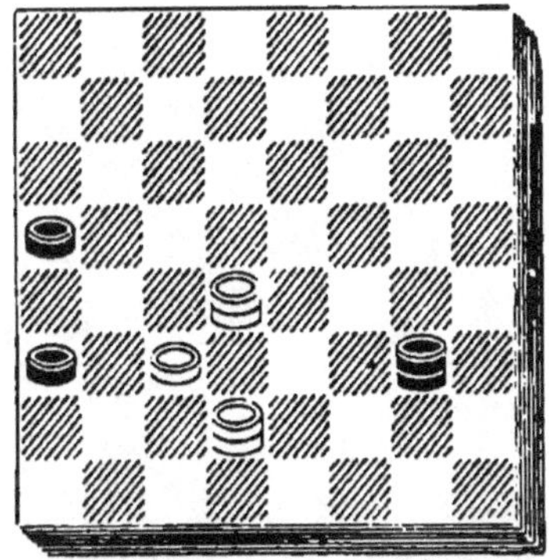

White to move and win.

513.—D. Gourlay.

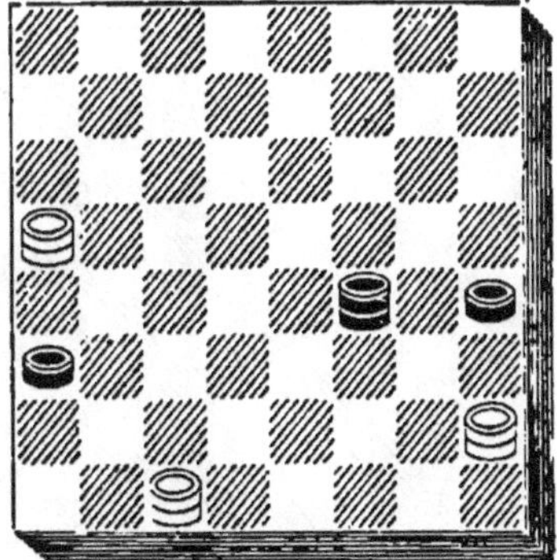

White to move and win.

514.—D. Gourlay.

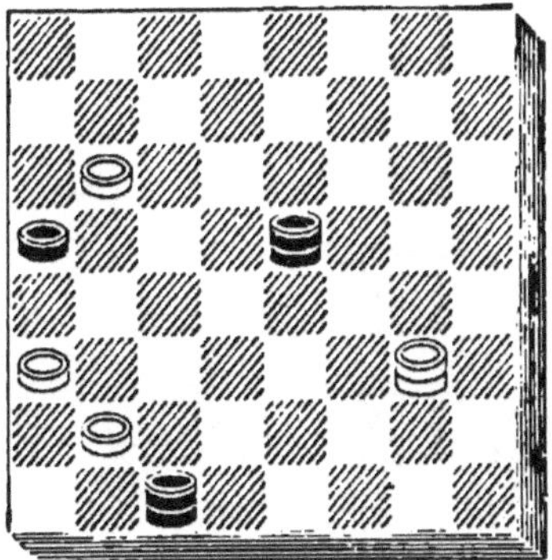

White to move and win.

515.—D. Gourlay.

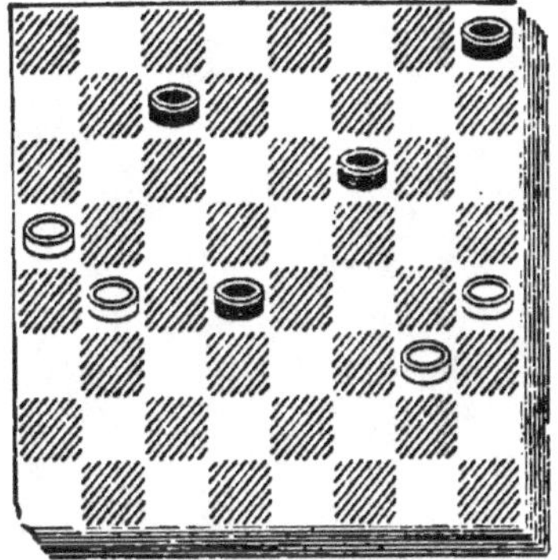

White to move and win.

516.— Gourlay & Bryden.

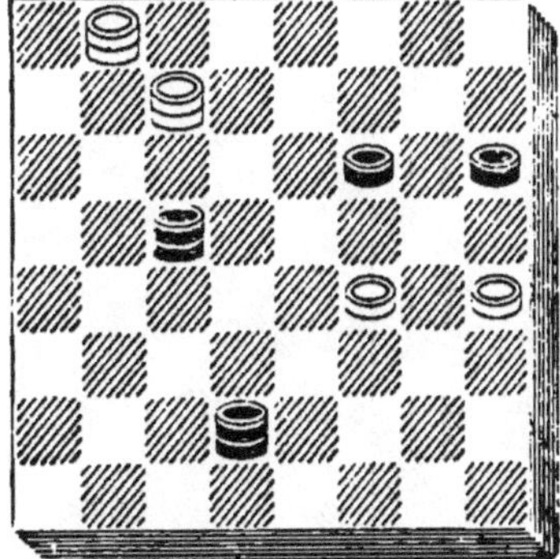

White to move and draw.

517.—D. Gourlay.

White to move and win.

520.—D. Gourlay.

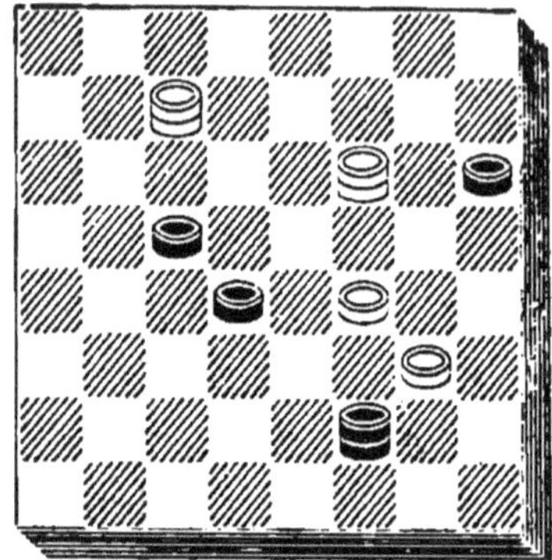

White to move and win.

518.—D. Gourlay.

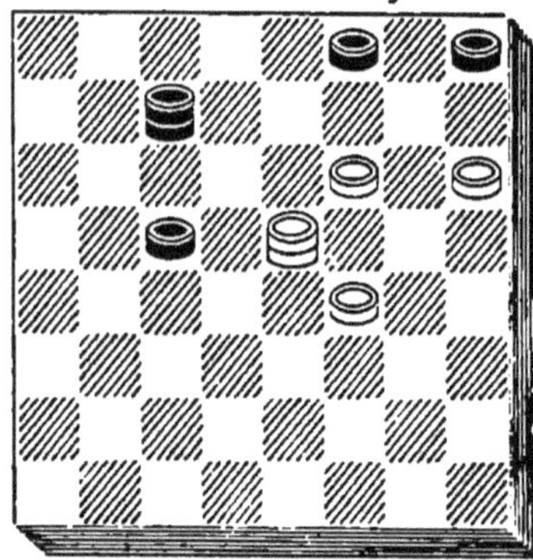

Black to move and win.

521.—D. Gourlay.

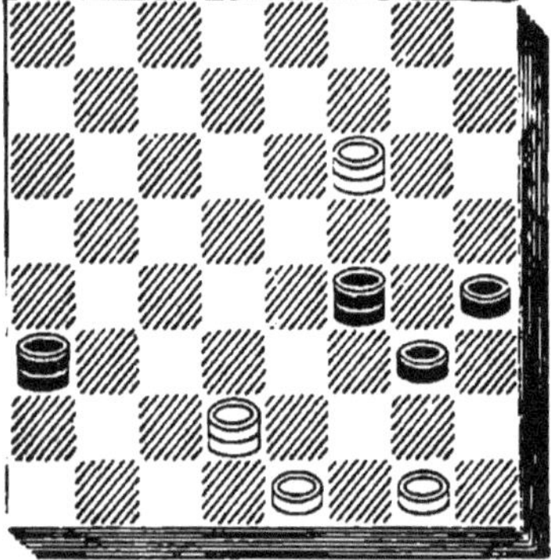

White to move and draw.

519.—D. Gourlay.

White to move and win.

522.—D. Gourlay.

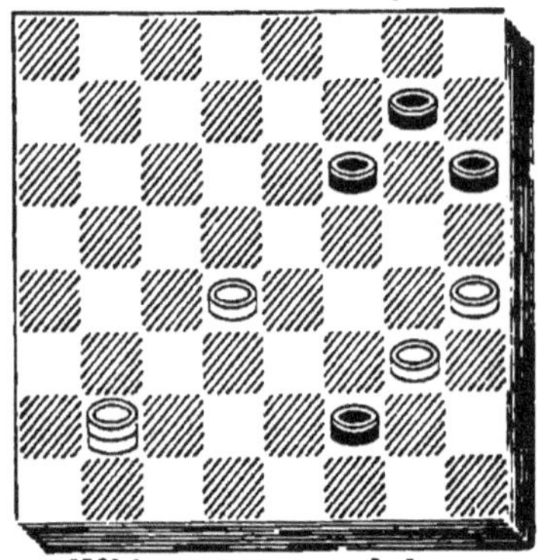

White to move and draw.

523.—D. Gourlay.

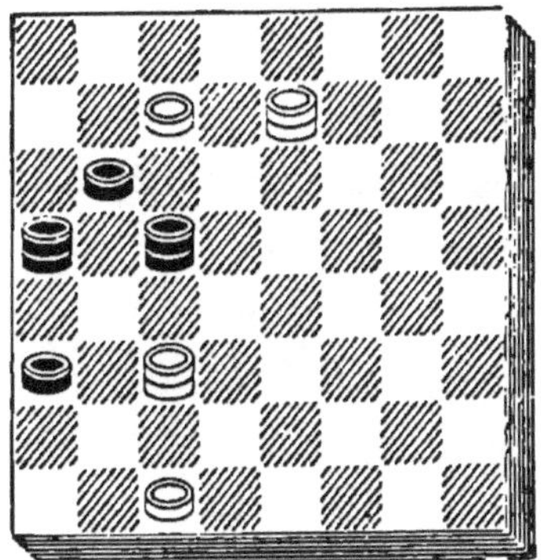

White to move and win.

524.—Gourlay & M'Garvie.

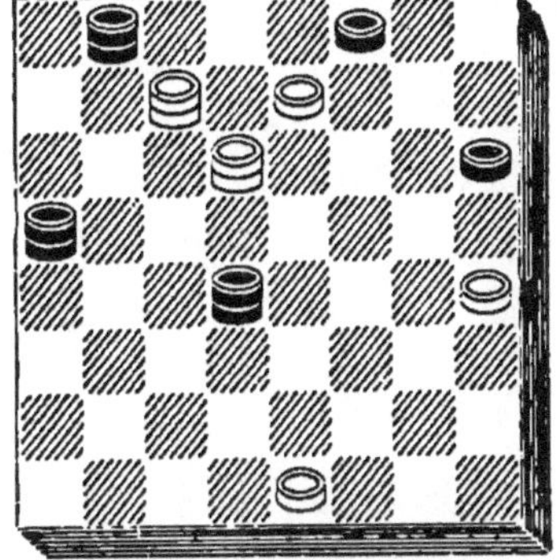

White to move and draw.

525.—D. Gourlay.

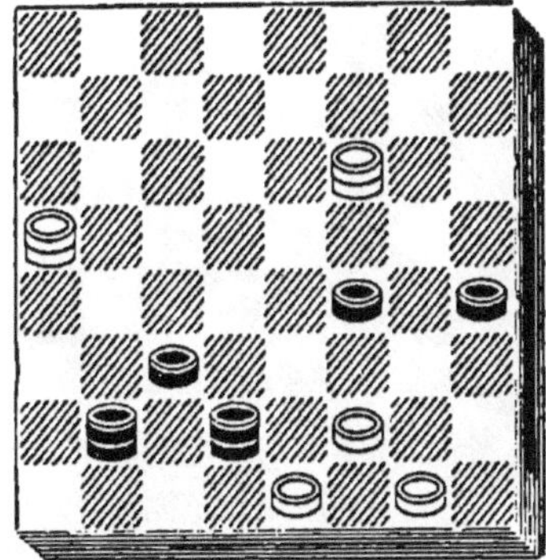

White to move and win.

526.—D. Gourlay.

White to move and win.

527.—D. Gourlay.

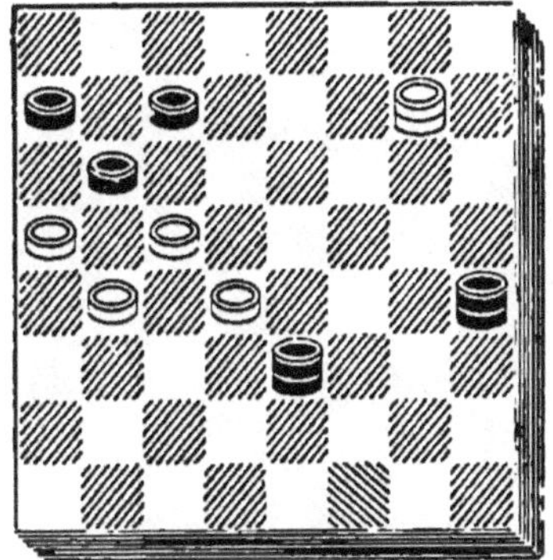

White to move and draw.

528.—D. Gourlay.

White to move and win.

529.—D. Gourlay.

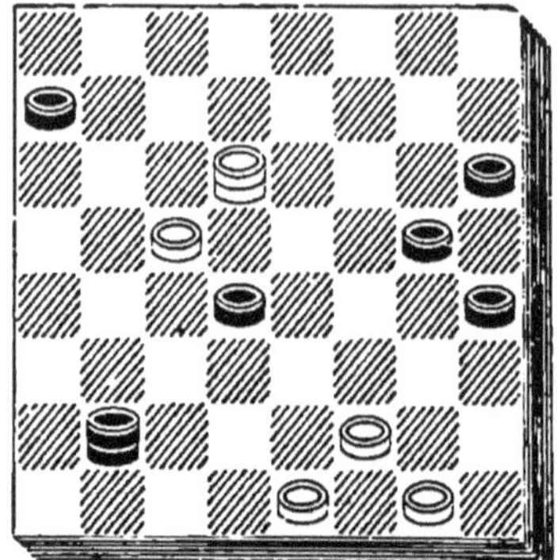

White to move and draw.

532.—Bryden & Gourlay.

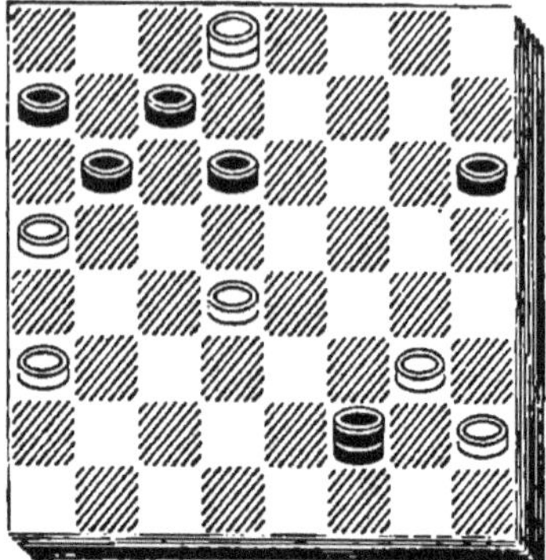

White to move and draw.

530.—D. Gourlay.

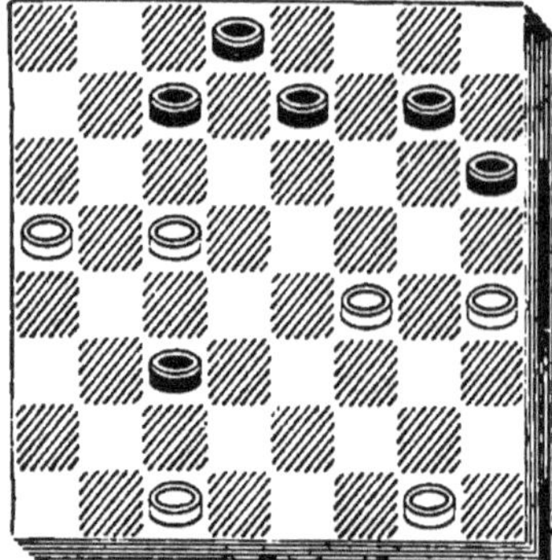

White to move and draw.

533.—D. Gourlay.

White to move and draw.

531.—D. Gourlay.

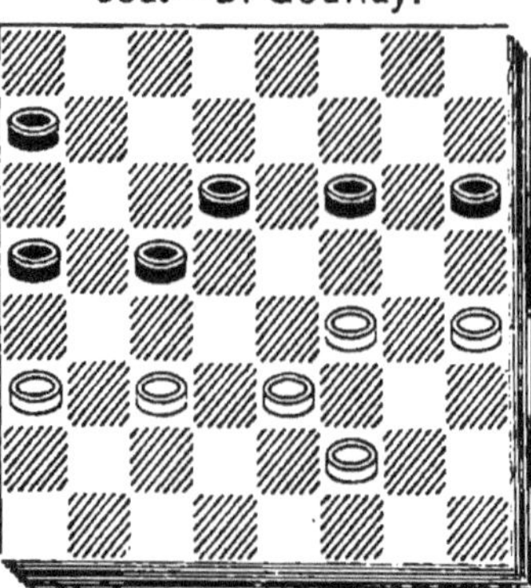

White to move and draw.

534.—D. Gourlay.

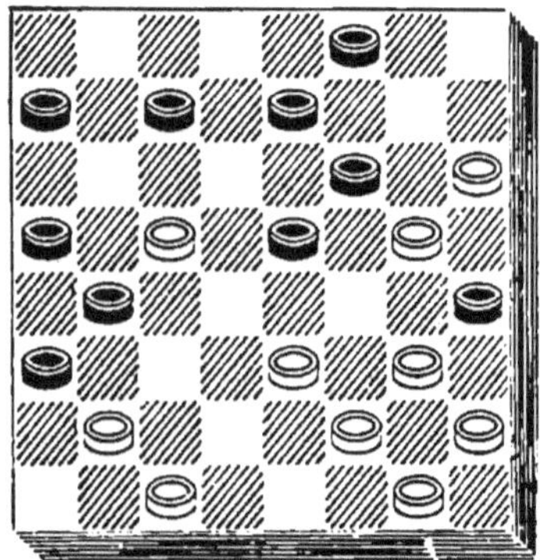

White to move and win.

SECTION X.

PROBLEMS AND CRITICAL POSITIONS

CONTRIBUTED BY

MR. G. WHITNEY, NORTHAMPTON.

535.—G. Whitney

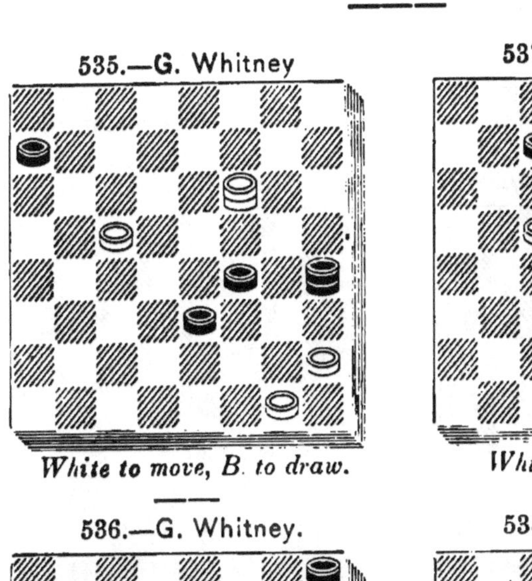

White to move, B. to draw.

537.—G. Whitney.

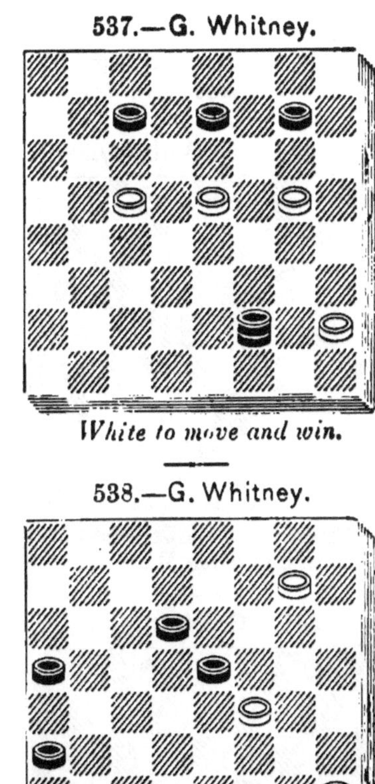

White to move and win.

536.—G. Whitney.

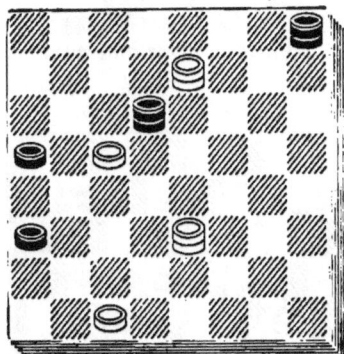

White to move and win.

538.—G. Whitney.

White to move and win.

539.—G. Whitney.

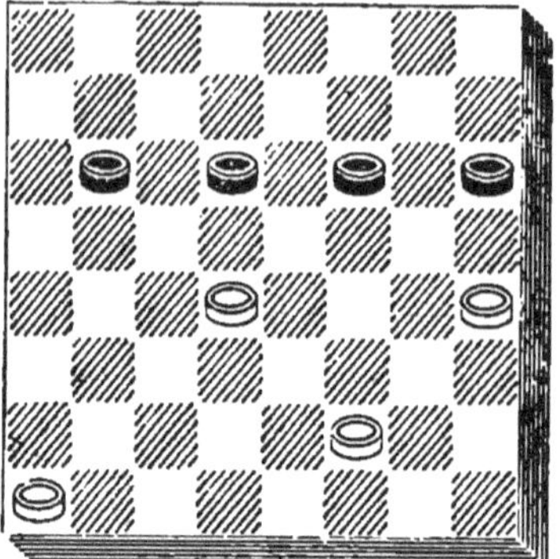

White to move and draw.

540.—G. Whitney.

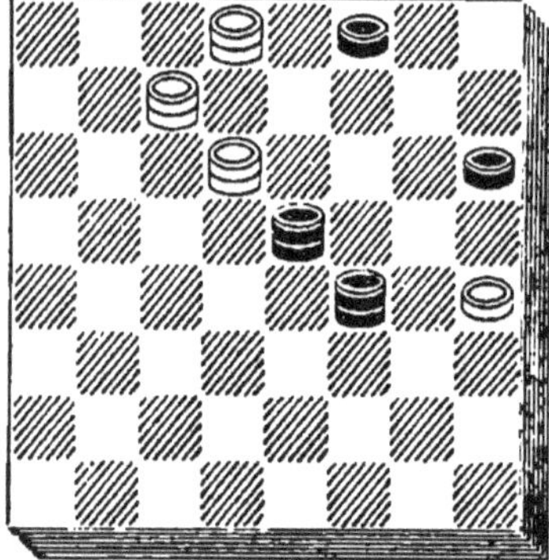

Black to move, W. to win.

541.—G. Whitney.

White to move and win.

542.—G. Whitney.

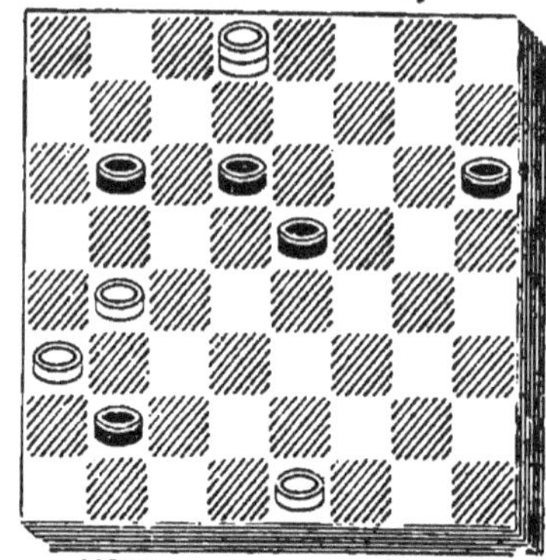

White to move and draw.

543.—G. Whitney.

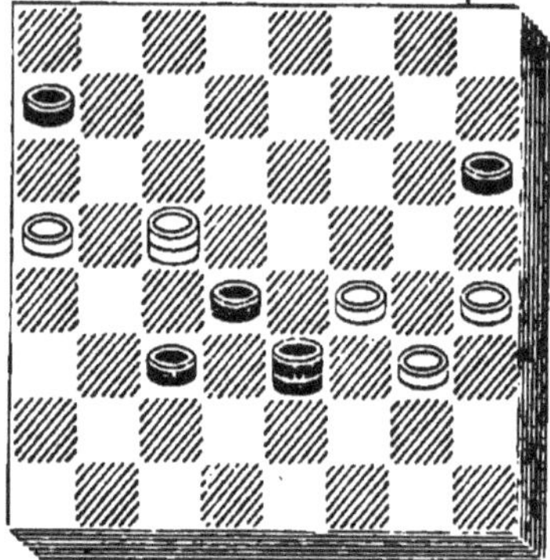

White to move and win.

544.—G. Whitney.

Black to move and draw

545.—G. Whitney.

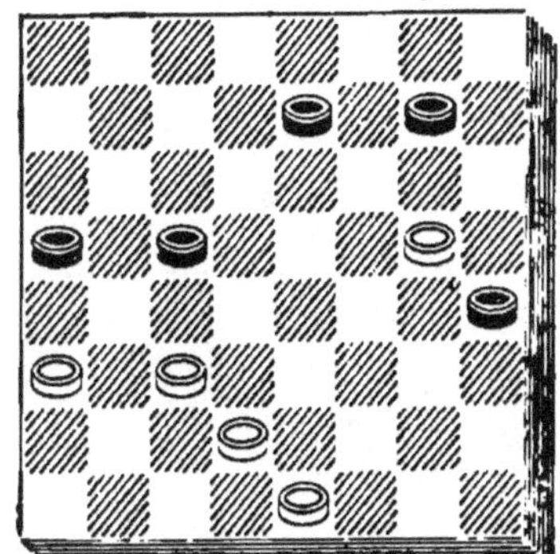

Black to move and draw.

546.—G. Whitney.

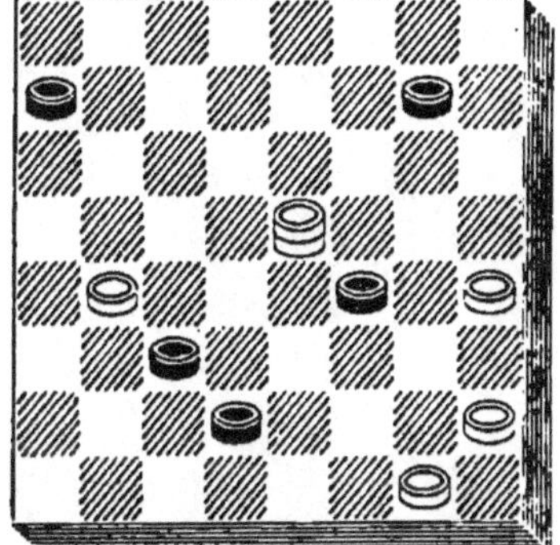

Black to move and draw.

547.—G. Whitney.

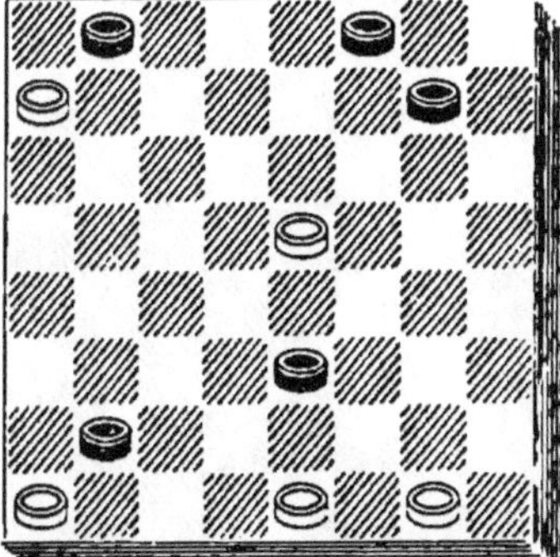

Black to move and win.

548.—G. Whitney.

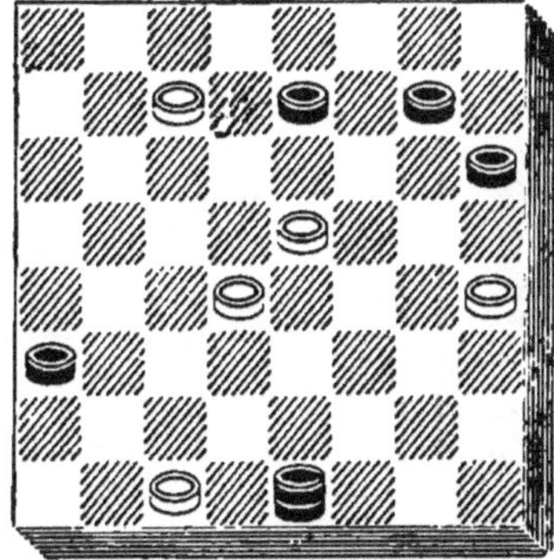

White to move and win.

549.—G. Whitney.

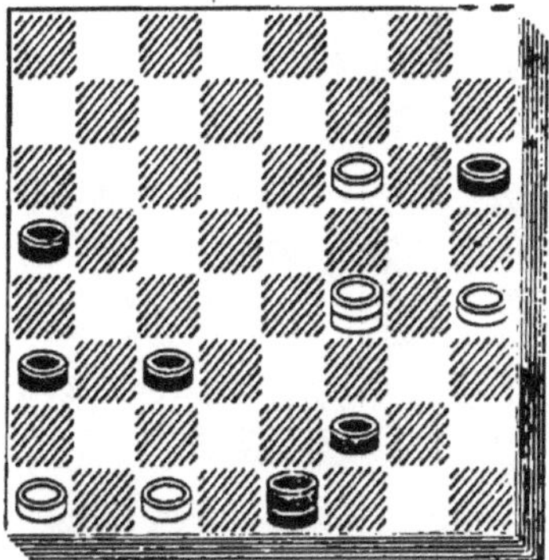

White to move and draw.

550.—G. Whitney.

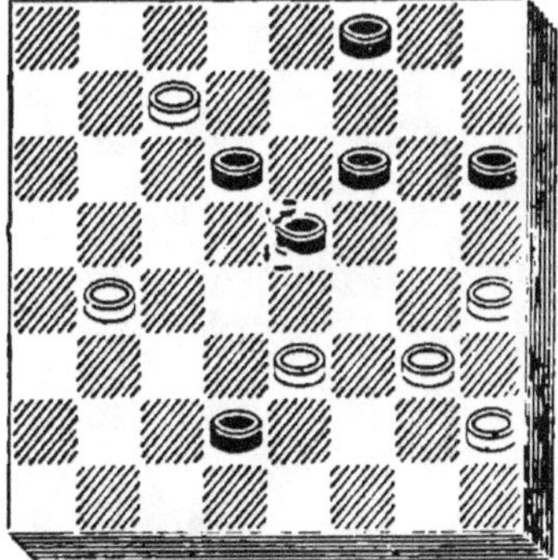

Black to move and draw.

551.—G. Whitney.

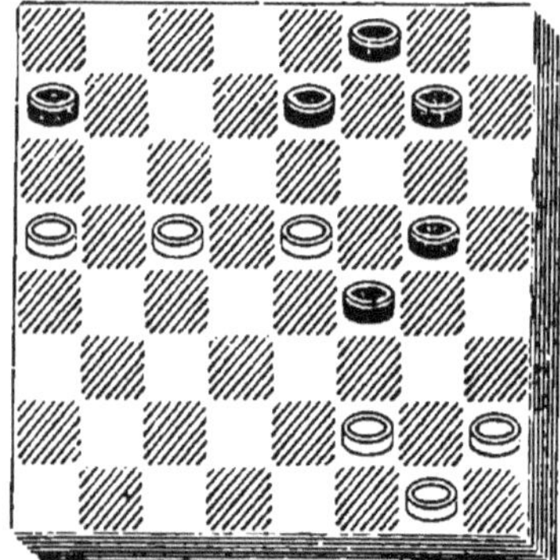

Black to move and draw.

552.—G. Whitney.

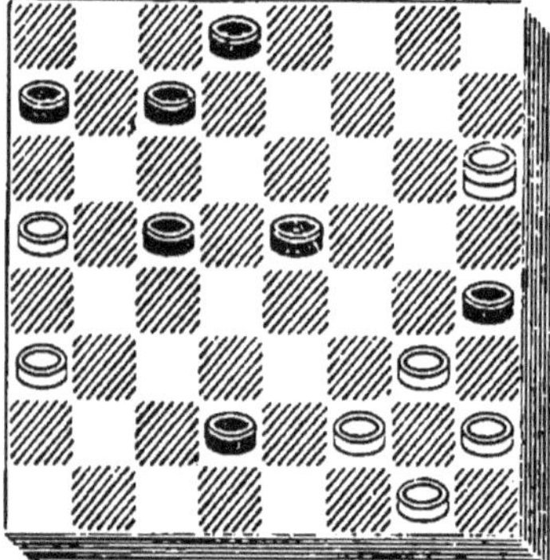

Black to move, W. to draw.

553.—G. Whitney.

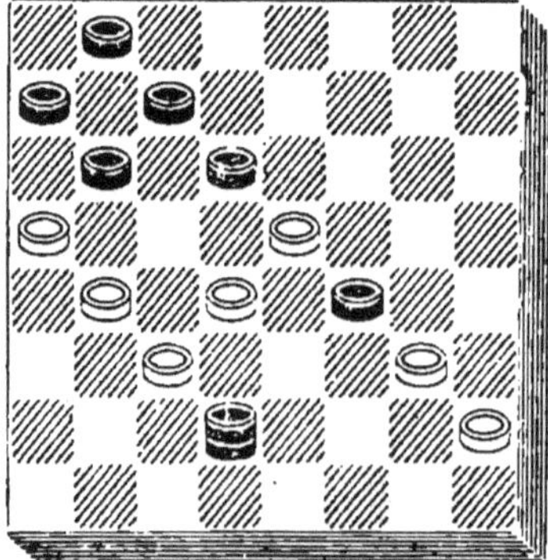

White to move and draw.

554.—G. Whitney.

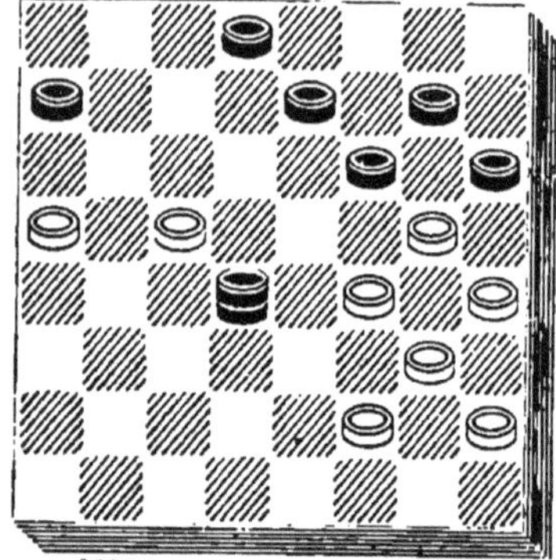

White to move and draw.

555.—G. Whitney.

White to move and win.

556.—G. Whitney.

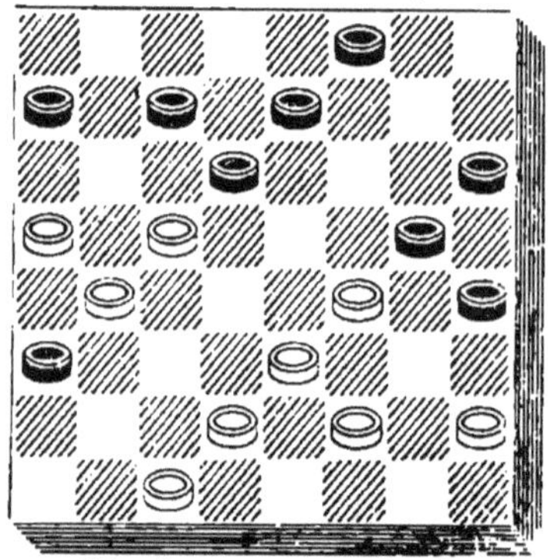

Black to move and win.

SECTION X.

PROBLEMS AND CRITICAL POSITIONS

CONTRIBUTED BY

MR. J. HEDLEY, & MR. J. SMITH,

LEEDS. SPENNYMOOR.

557.—J. Hedley.

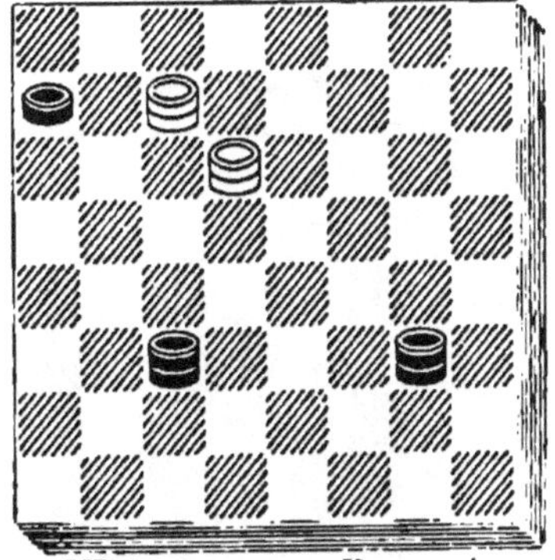

White to move, B. to win.

558.—J. Hedley.

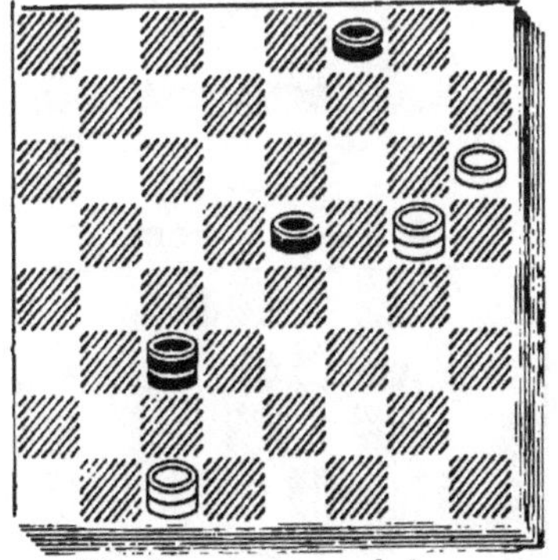

Black to move and draw.

559.—J. Hedley.

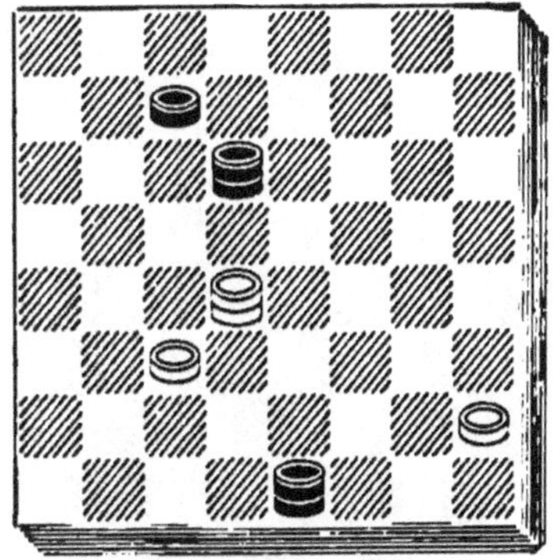

Black to move and win.

560.—J. Hedley.

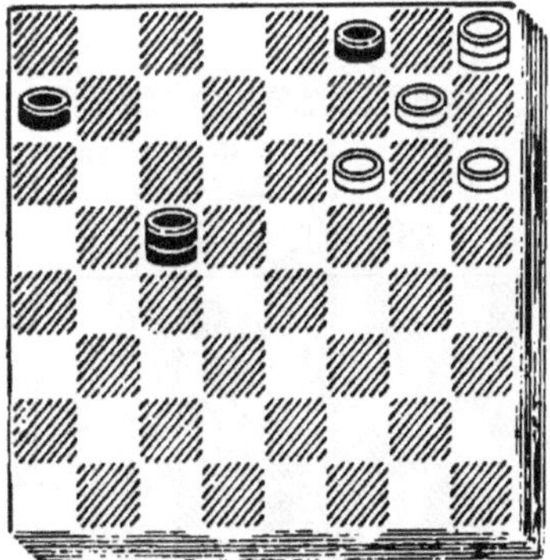

Black to move and win.

561.—J. Hedley.

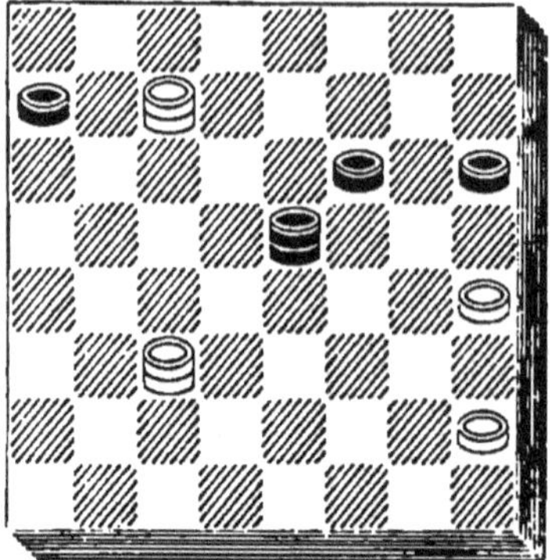

Black to move and draw.

564.—J. Hedley.

Black to move and win.

562.—J. Hedley.

White to move and draw.

565.—J. Hedley.

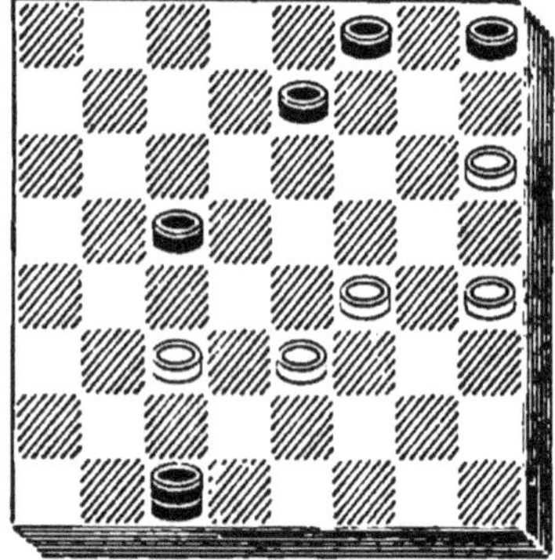

White to move and draw.

563.—J. Hedley.

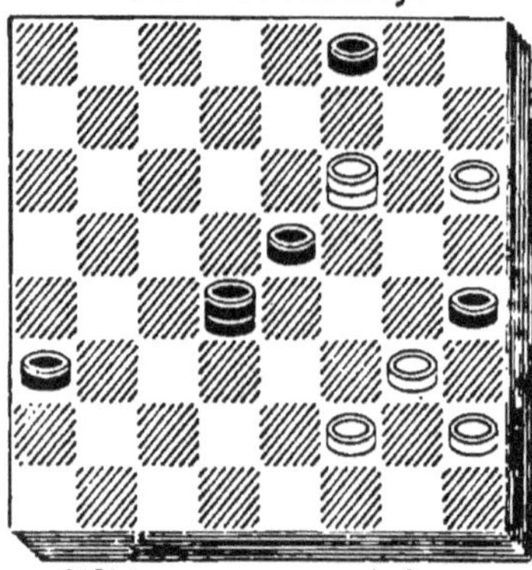

White to move and draw.

566.—J. Moxom.

White to move and win.

567.—J. Moxon.

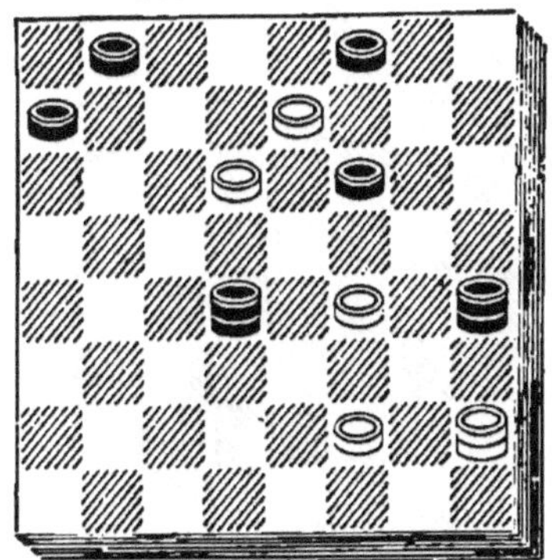

White to move and win.

568.—J. Moxon.

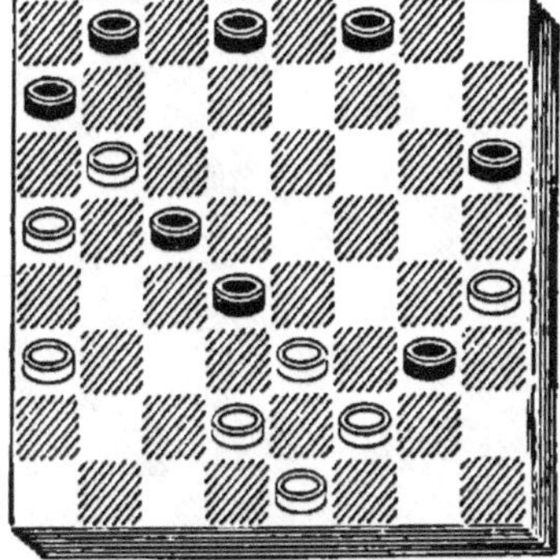

White to move and win.

569.—J. Moxon.

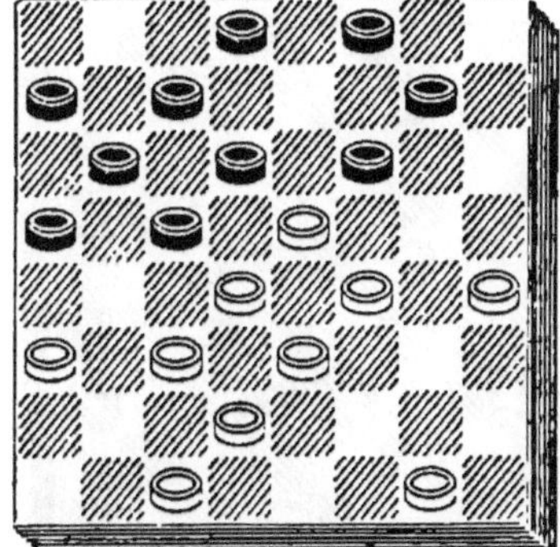

White to move and win.

570.—J. Smith.

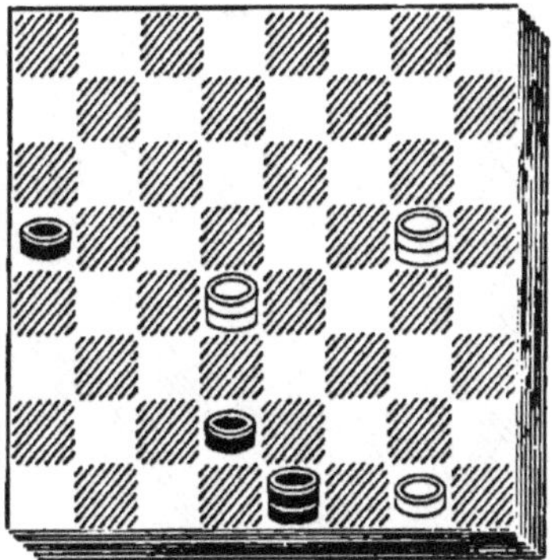

White to move and win.

571.—J. Smith.

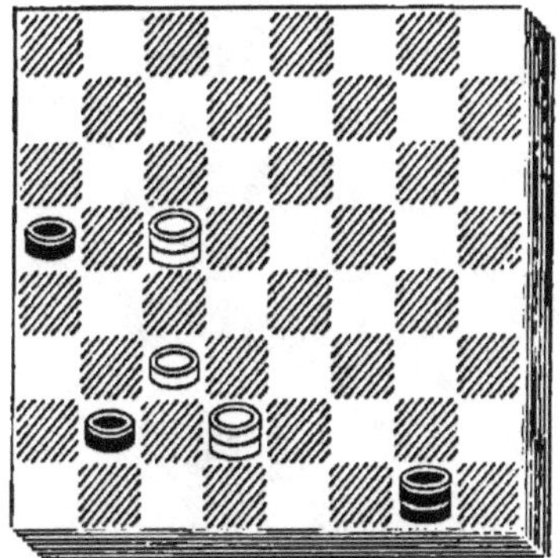

White to move and win.

572.—J. Smith.

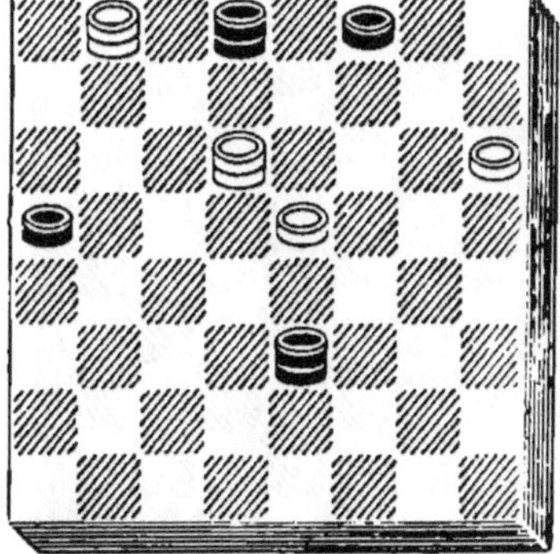

Black to move and win.

573.—J. Smith.

White to move and draw.

574.—J. Smith.

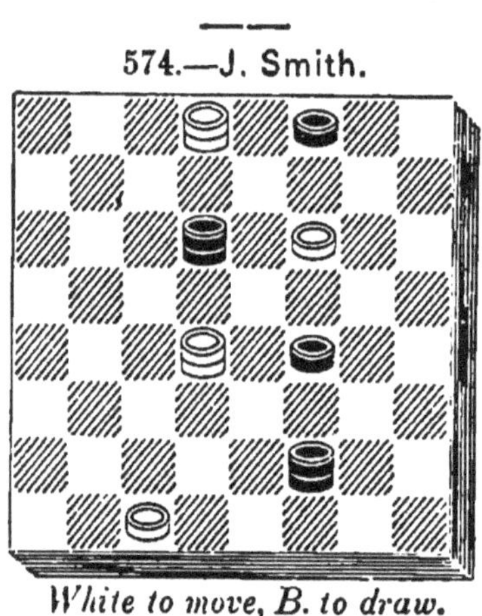

White to move, B. to draw.

575.—J. Smith.

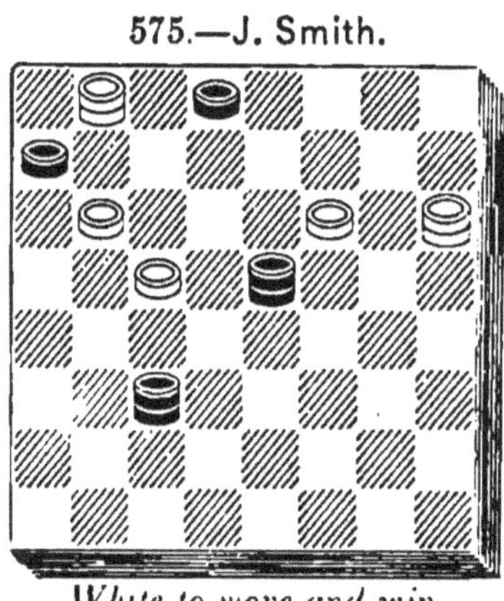

White to move and win.

576.—J. Smith.

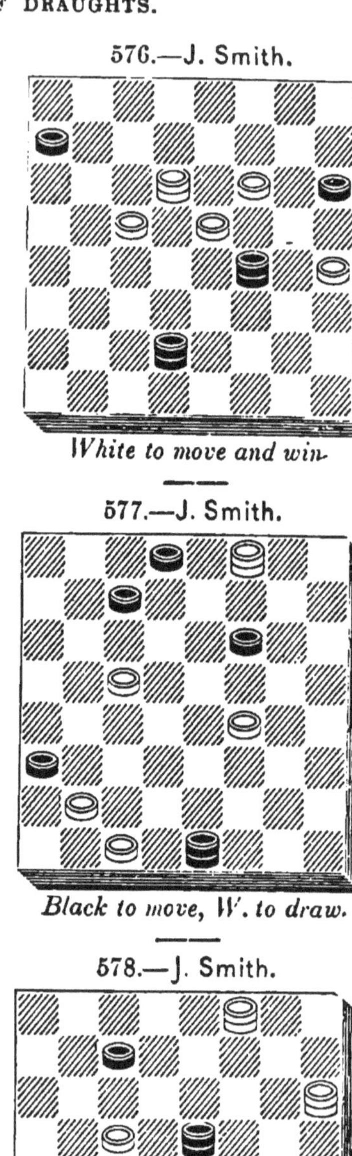

White to move and win.

577.—J. Smith.

Black to move, W. to draw.

578.—J. Smith.

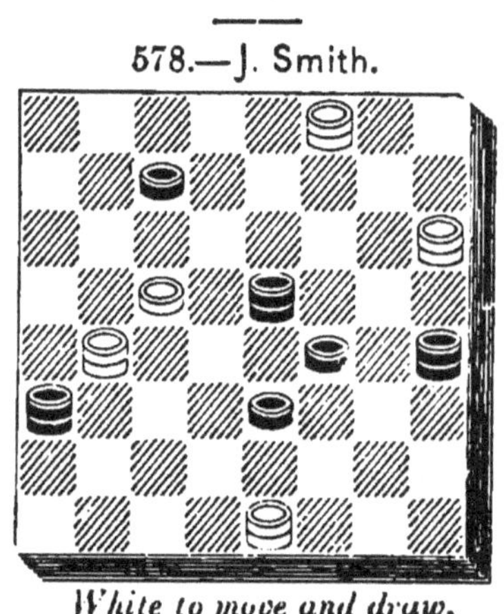

White to move and draw.

579.—J. Smith.

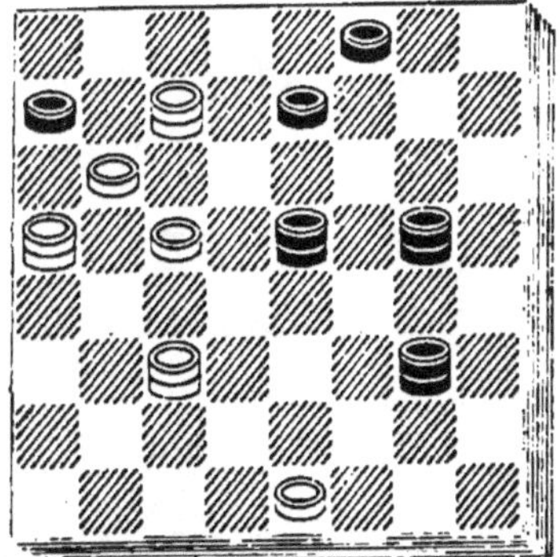

White to move and win.

582.—J. Smith.

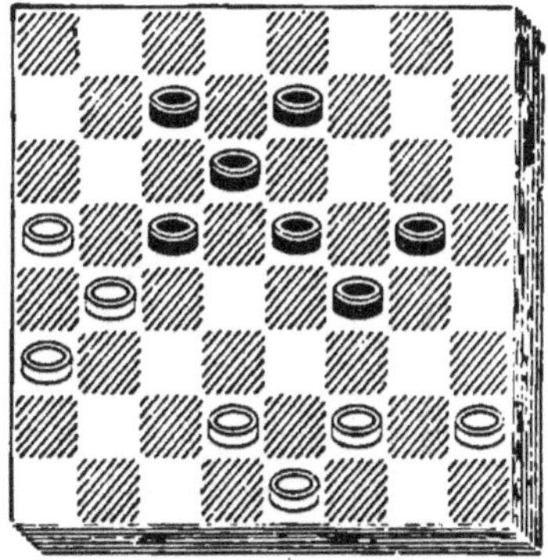

White to move and win.

580.—J. Smith.

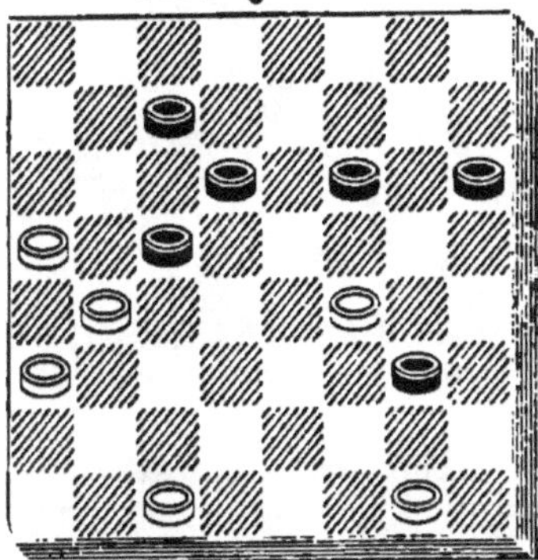

White to move and draw.

583.—J. Smith.

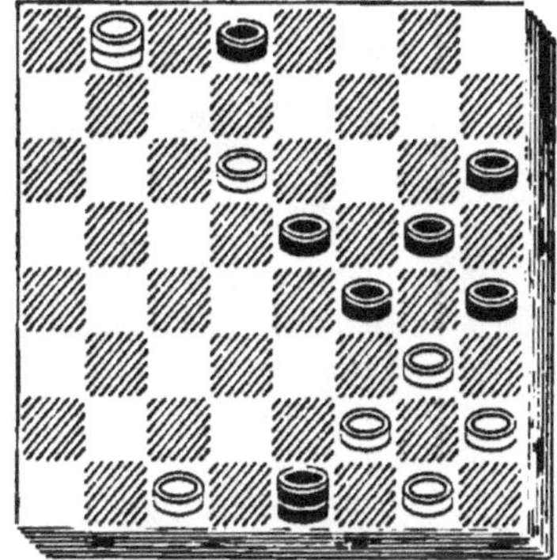

White to move and win.

581.—J. Smith.

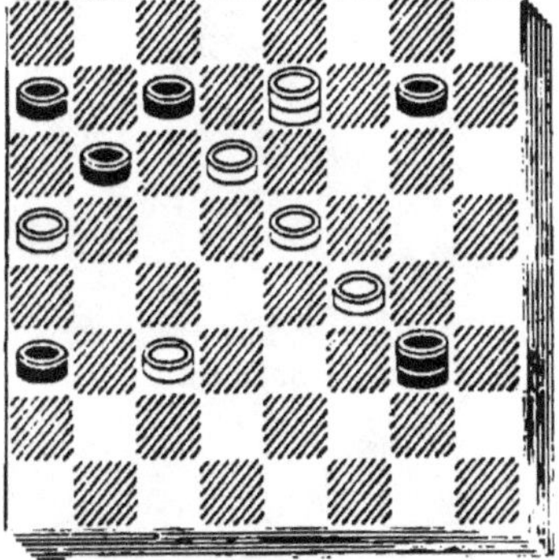

Black to move and draw.

584.—J. Smith.

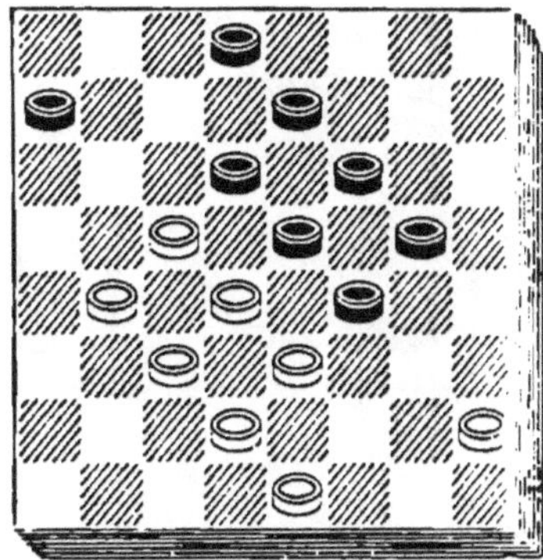

Either to move and win.

SECTION XII.

PROBLEMS AND CRITICAL POSITIONS

CONTRIBUTED BY

MR. W. LEGGETT, & MR. G. GILBERT,

LONDON. STAMFORD.

585.—W. Leggett.

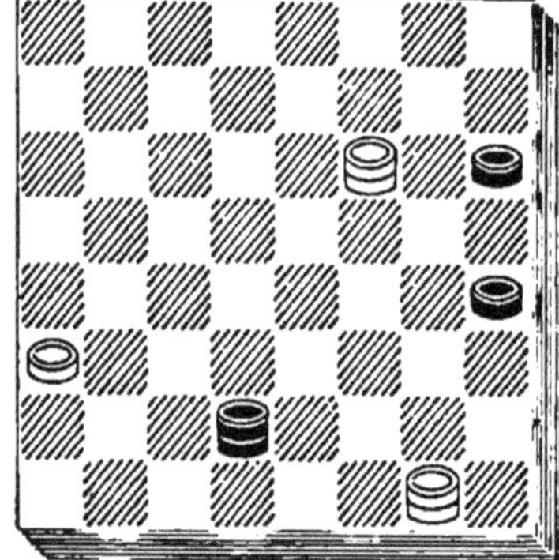

White to move and win.

586.—W. Leggett.

White to move and draw.

587.—W. Leggett.

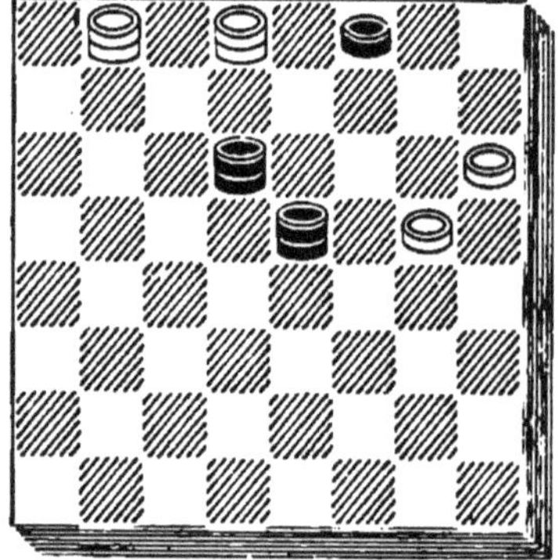

W. to move & win, two ways.

588.—W. Leggett.

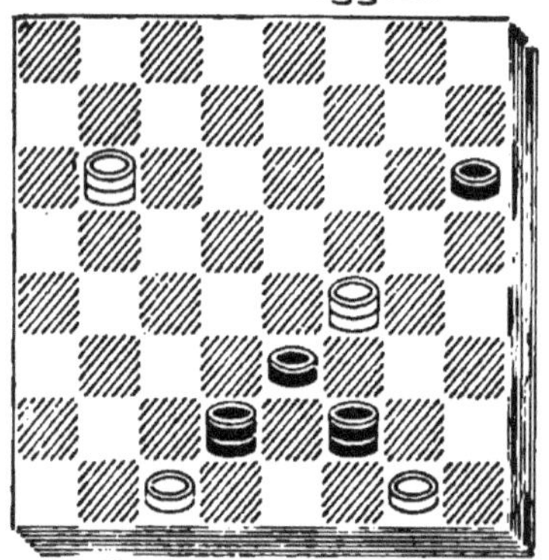

White to move and win,

589.—W. Leggett.

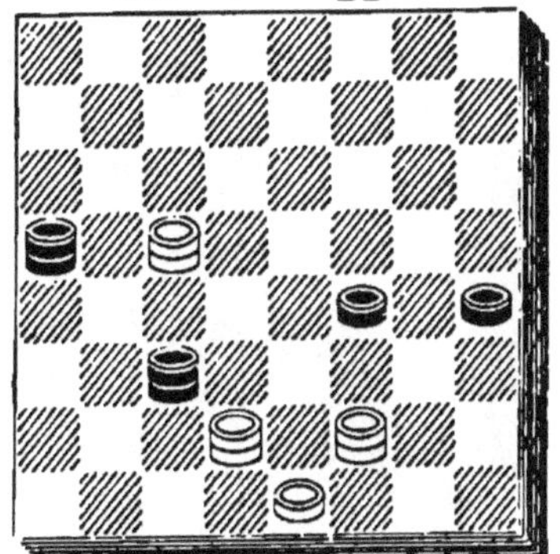

Black to move and draw.

590.—W. Leggett.

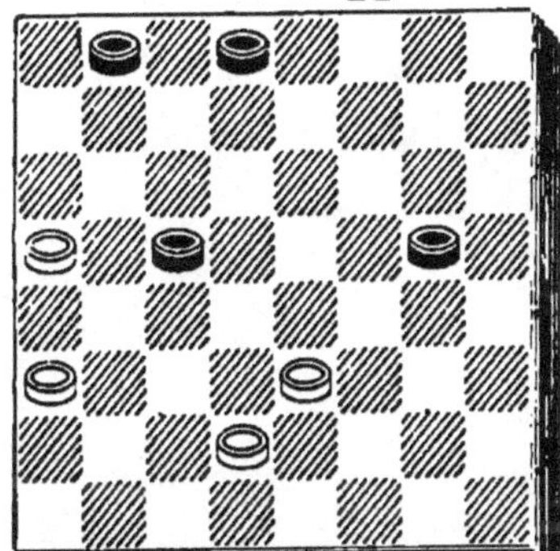

Black to move and win.

591.—W. Leggett.

Black to move and draw.

592.—W. Leggett.

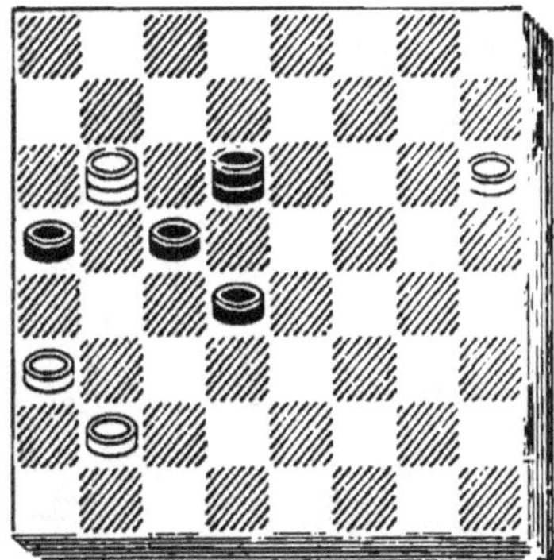

White to move, B. to draw.

593.—Robertson & Leggett.

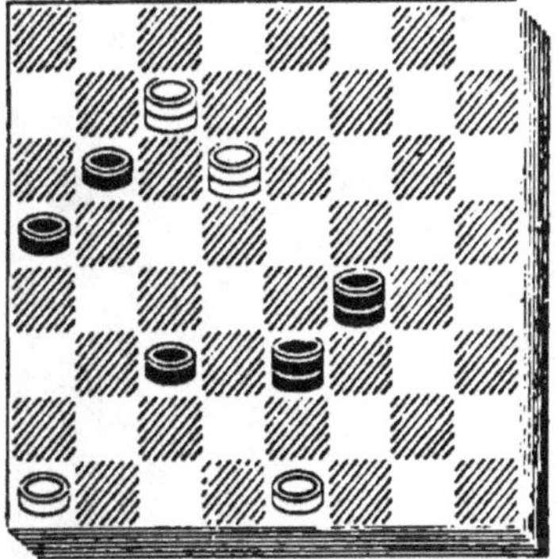

B. to move & win, two ways.

594.—W. Leggett.

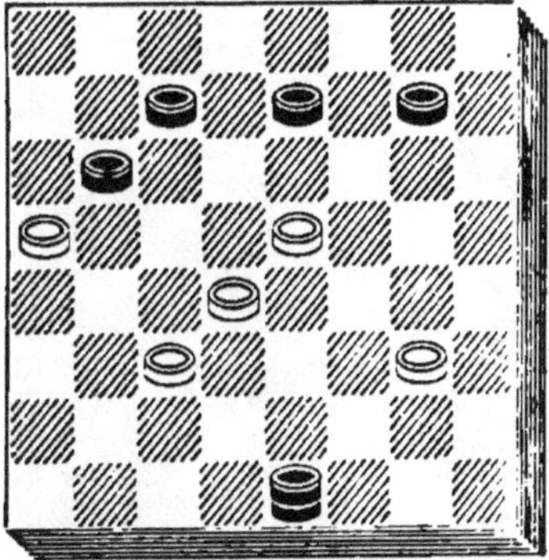

Black to move and win.

595.—W. Leggett.

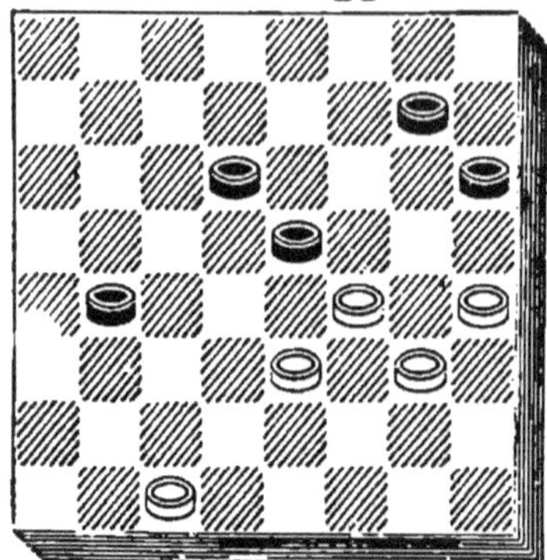

Black to move and win.

598.—W. Leggett.

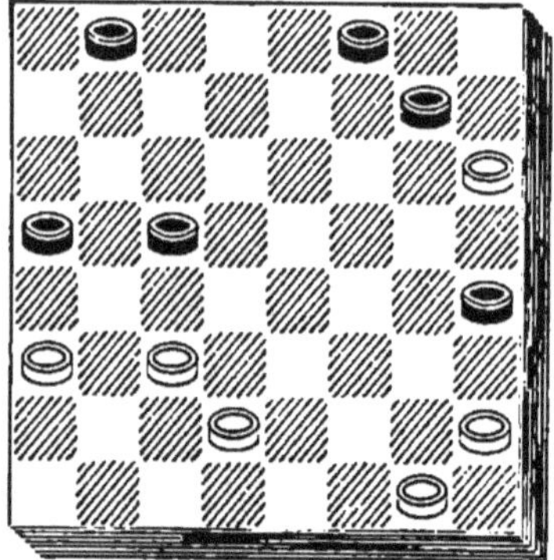

Black to move and win.

596.—Leggett & Drinkwater.

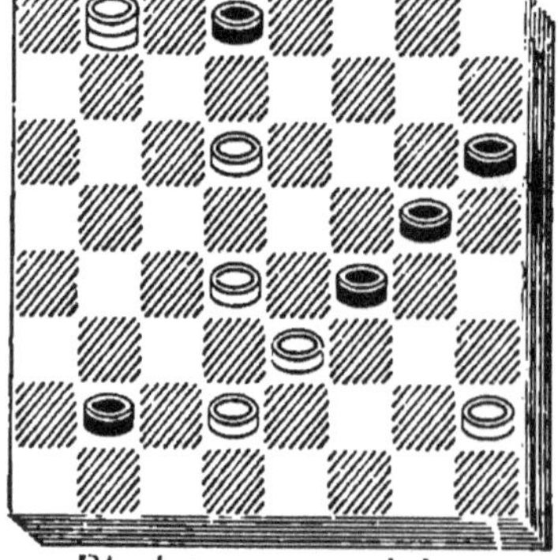

Black to move and draw.

599.—W. Leggett.

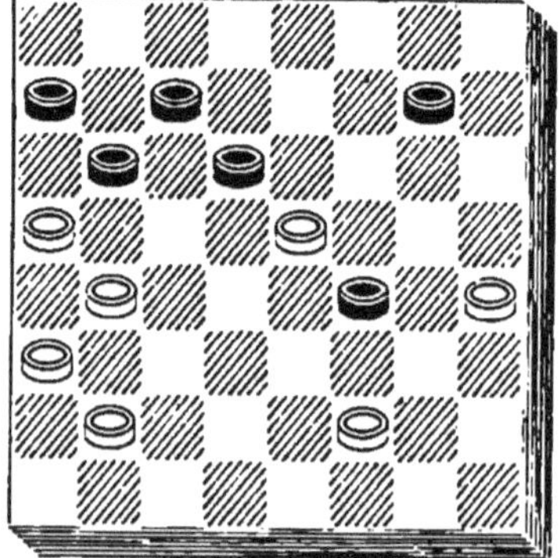

Black to move, W. to win.

597.—W. Leggett.

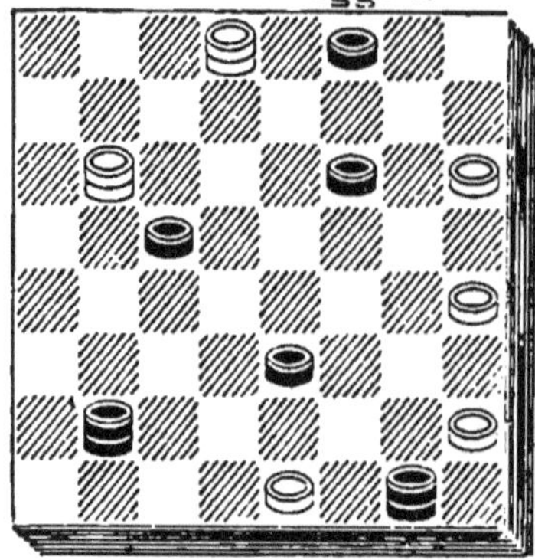

Black to move and draw.

600.—W. Leggett.

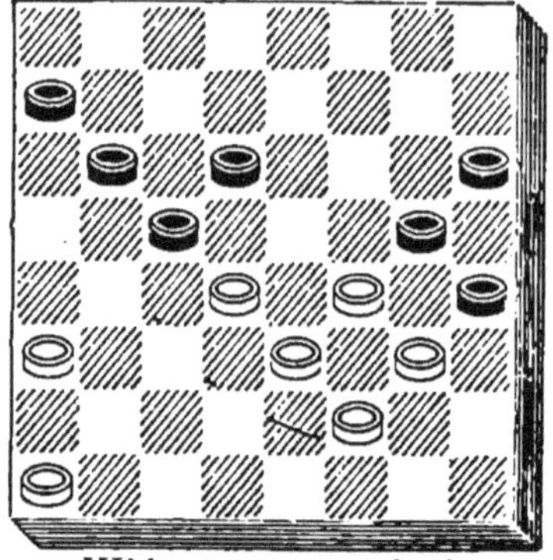

White to move and win.

601.—W. Leggett.

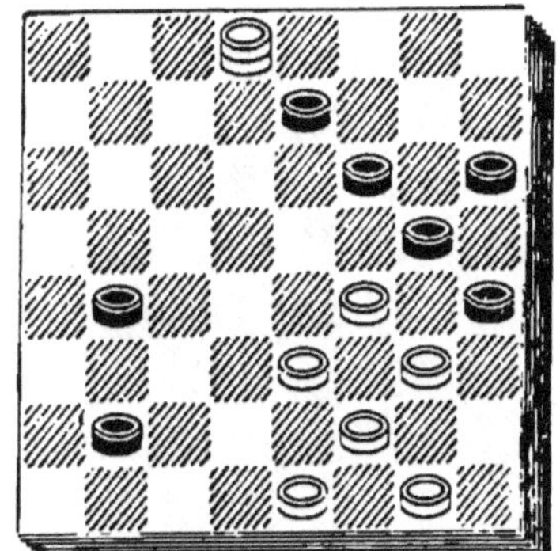

White to move and win.

602.—W. Leggett.

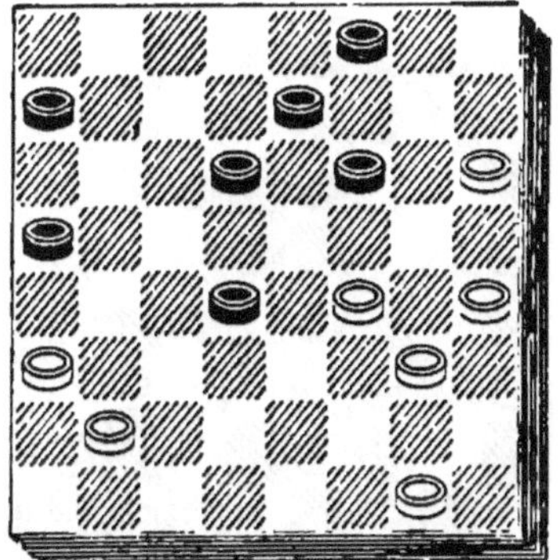

White to move and draw.

603.—W. Leggett.

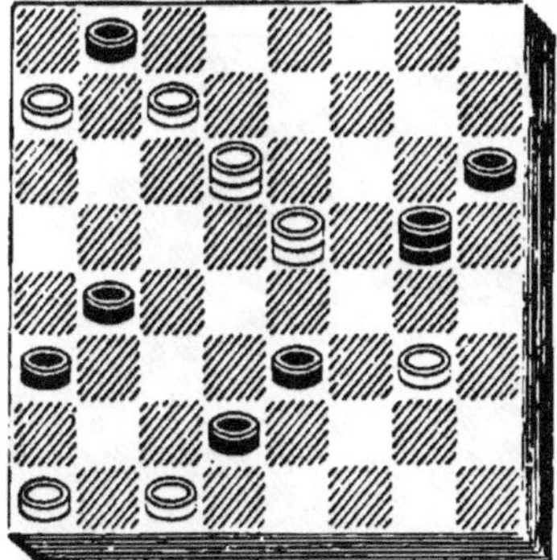

Black to move and draw.

604.—W. Leggett.

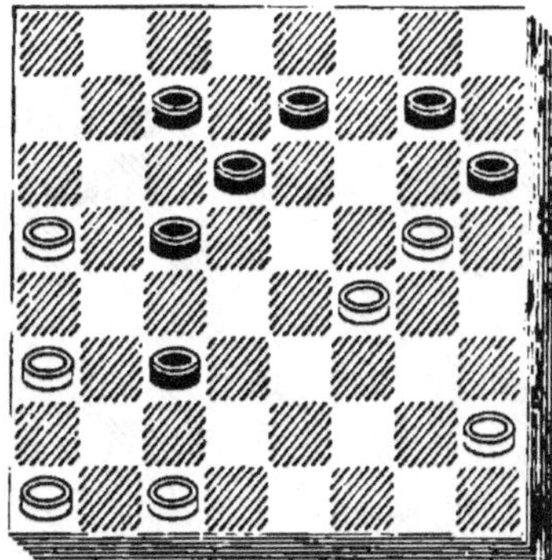

White to move and draw.

605.—W. Leggett.

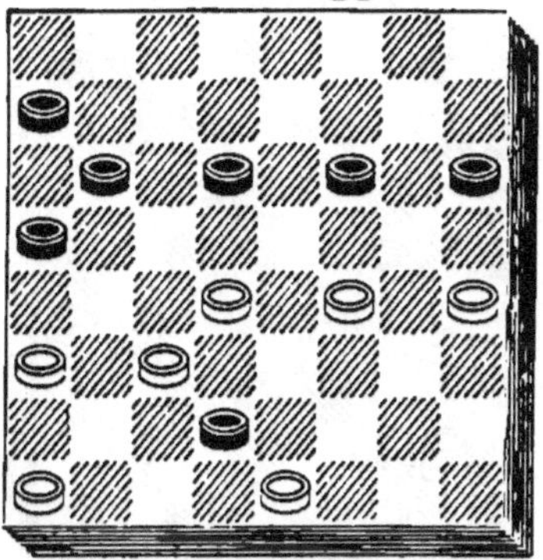

White to move, B. to draw.

606.—W. Leggett.

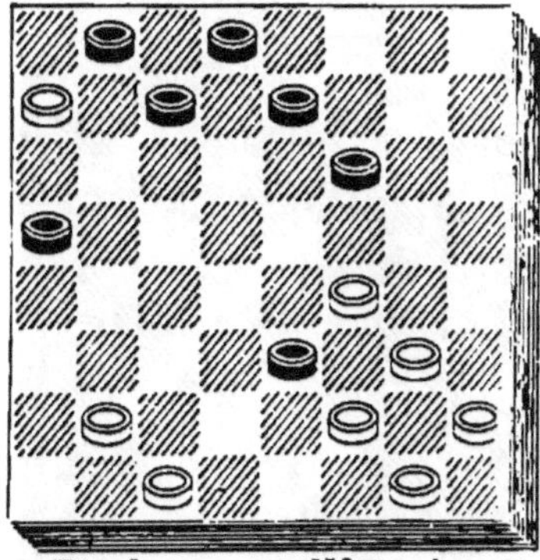

Black to move, W. to draw.

607.—W. Leggett.

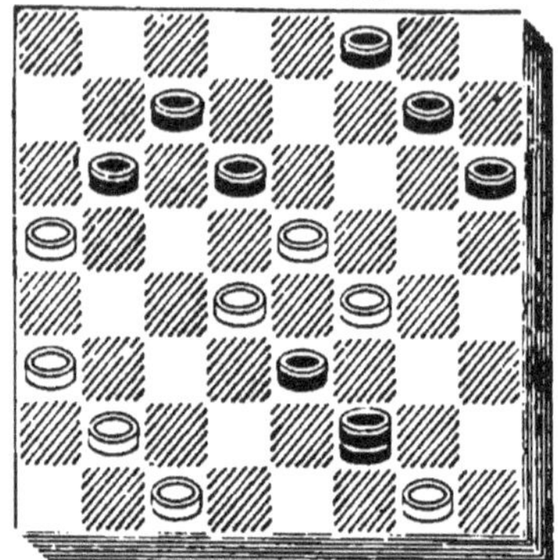

White to move and draw.

610.—W. Leggett.

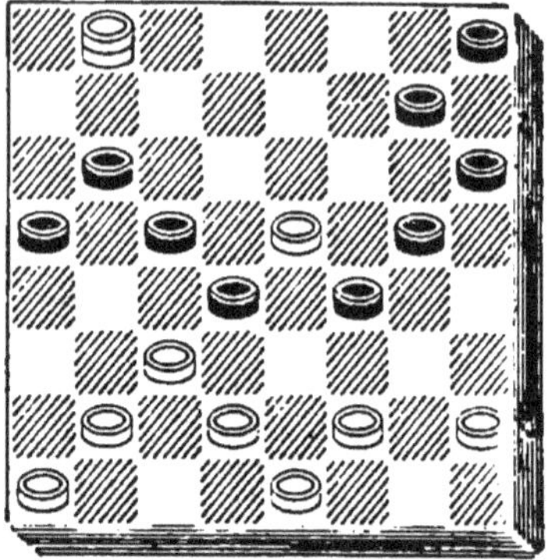

White to move and win.

608.—W. Leggett.

White to move and win.

611.—W. Leggett.

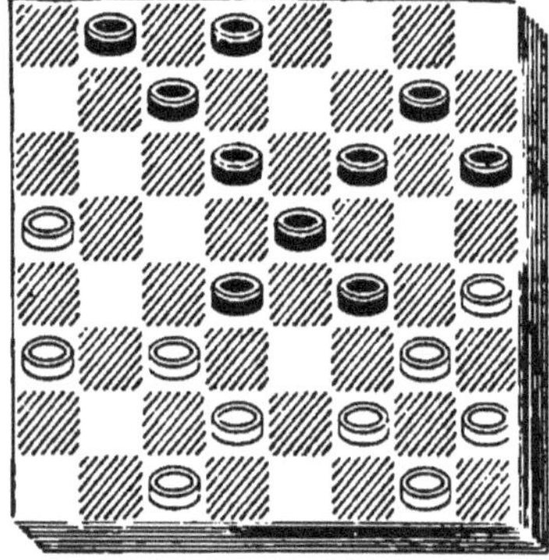

White to move and win.

609.—W. Leggett.

White to move and draw.

612.—Late G. Child & Leggett.

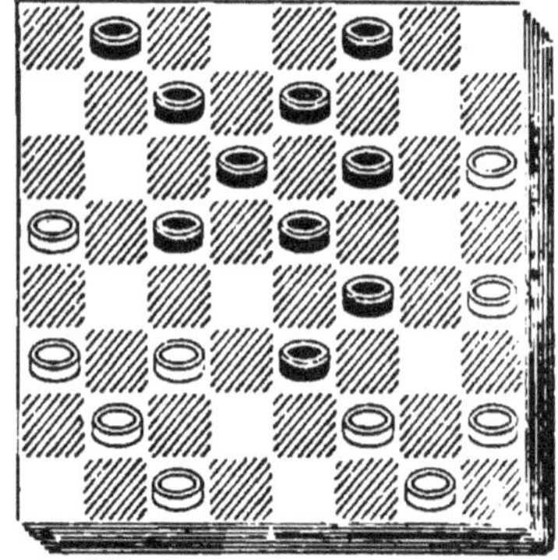

Black to move and win.

613.—G. Gilbert.

White to move and draw.

614.—G. Gilbert.

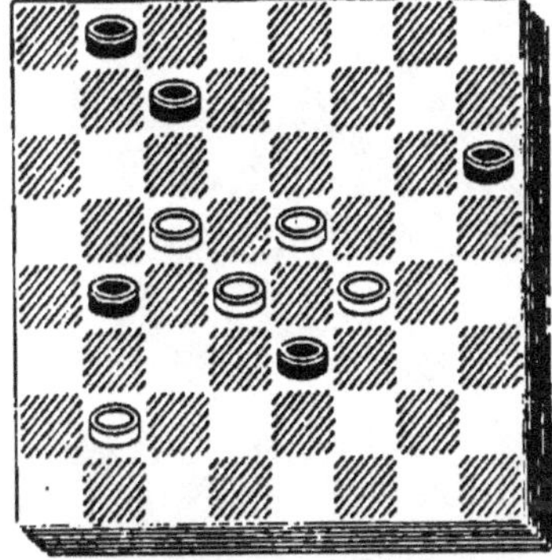

White to move and draw.

615.—G. Gilbert.

Black to move and draw.

616.—G. Gilbert.

Black to move, W. to win.

617.—G. Gilbert.

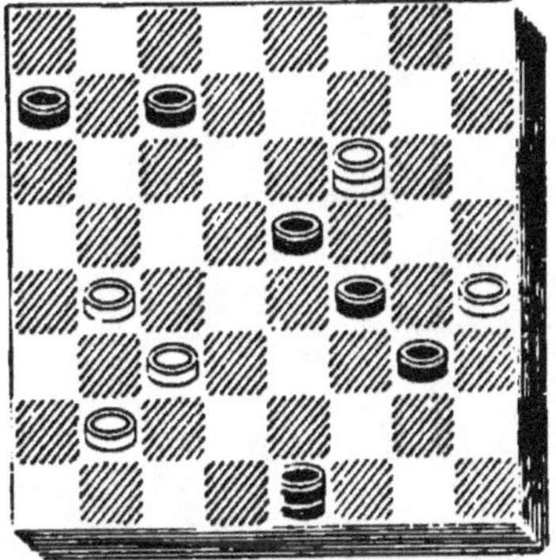

Black to move and win.

618.—G Gilbert.

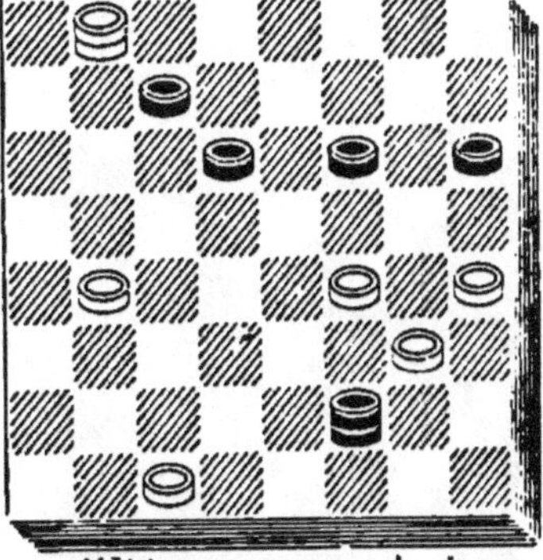

White to move and win.

619.—G. Gilbert.

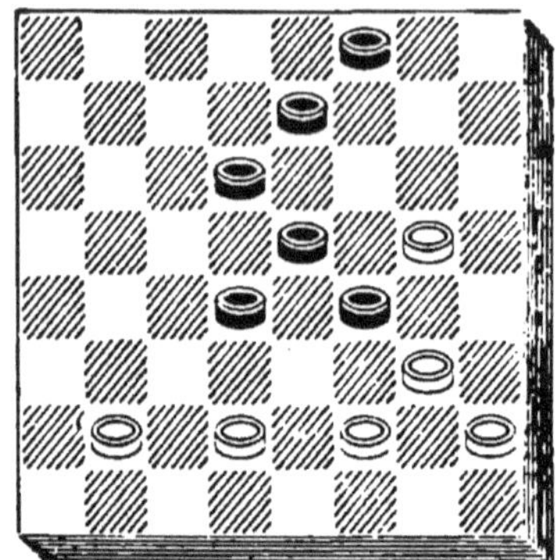

White to move and win.

622.—G. Gilbert.

White to move and win.

620.—G. Gilbert.

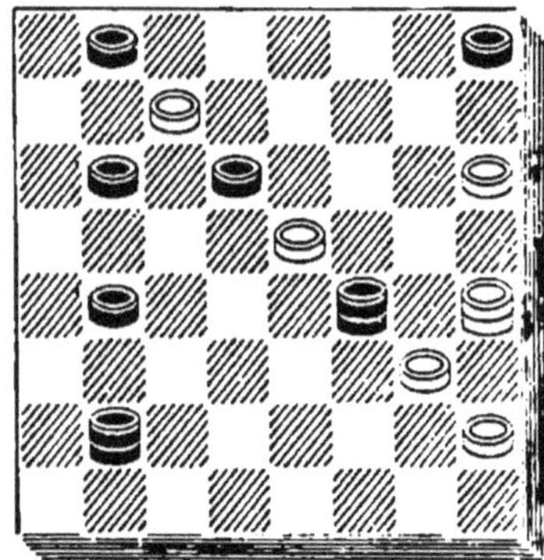

White to move and win.

623.—Lennox & Gilbert.

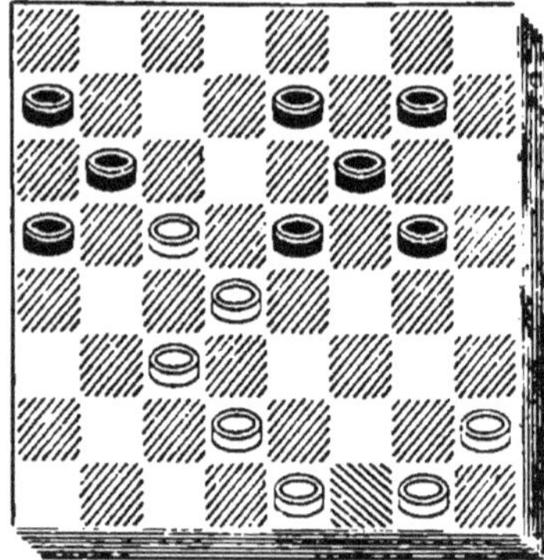

White to move and draw.

621.—G. Gilbert.

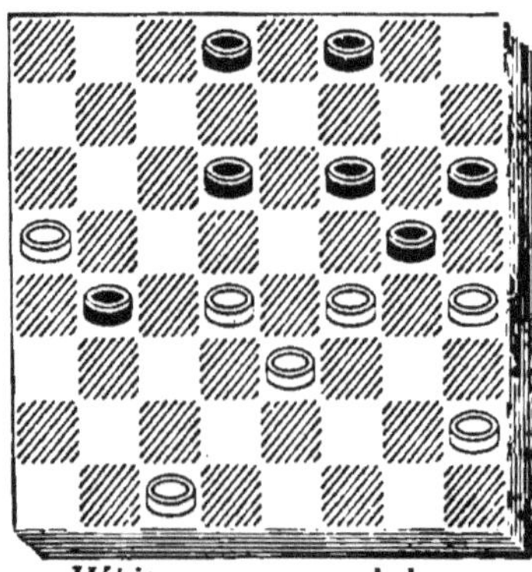

White to move and draw.

624.—G. Gilbert.

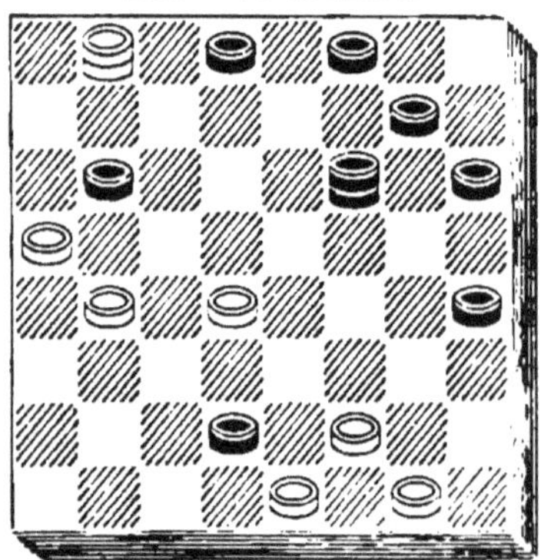

Black to move and win.

625.—G. Gilbert.

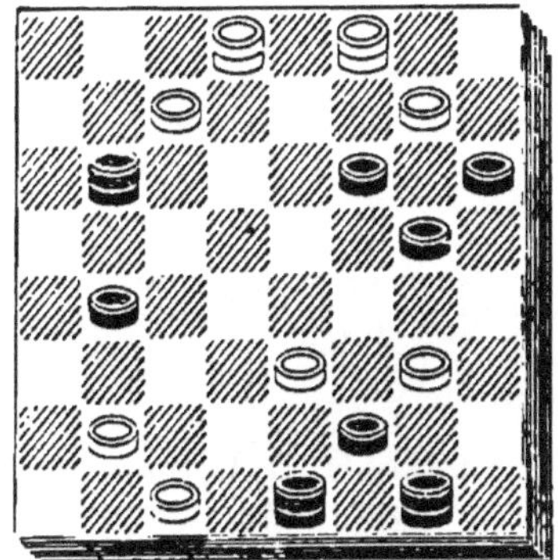

White to move and win.

628.—G. Gilbert.

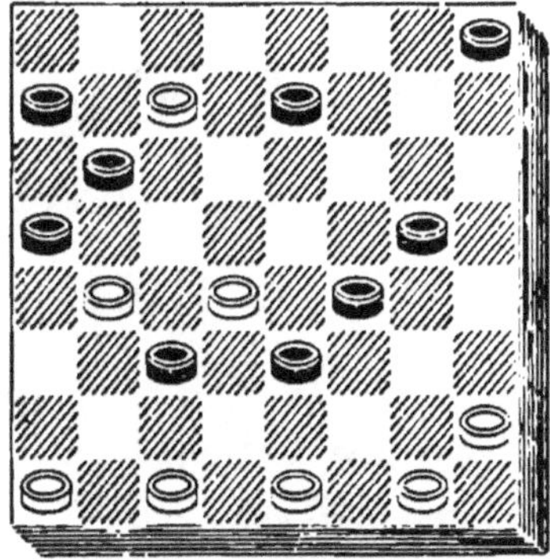

Black to move and draw.

626.—G. Gilbert.

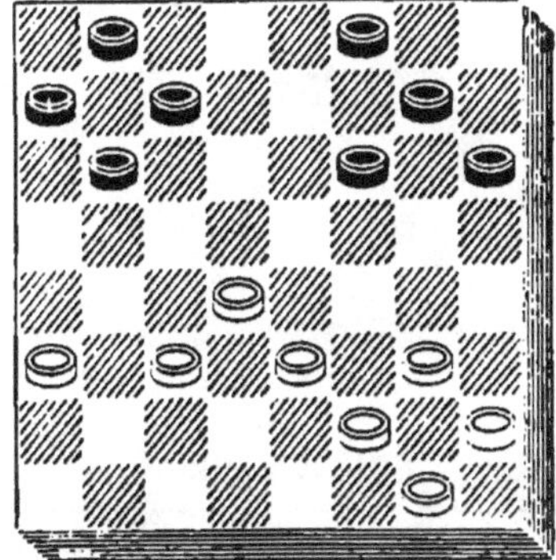

Black to move and draw.

629.—G. Gilbert.

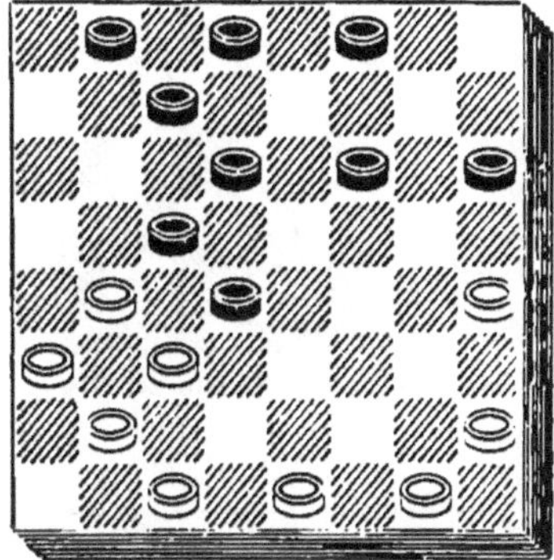

Black to move and win.

627.—G. Gilbert.

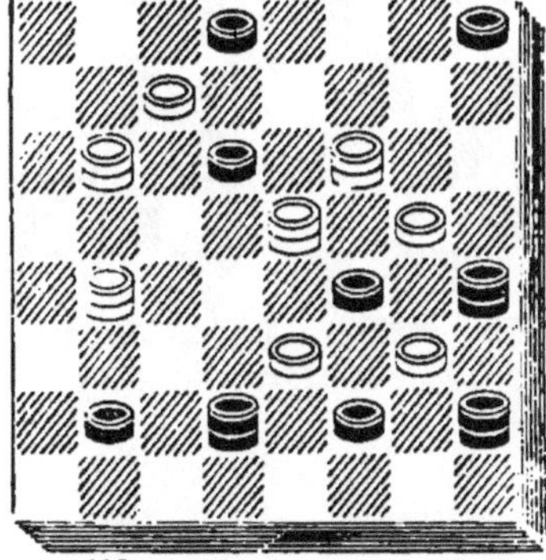

White to move and win.

630.—G. Gilbert.

White to move and win.

SECTION XIII.

PROBLEMS AND CRITICAL POSITIONS

CONTRIBUTED BY

MR. J. RICHARDS, PENZANCE.

631.—R. M'Culloch.

Black to move and draw.

633.—H. D. Lyman.

Black to move and win.

632.—Wyllie.

White to move and draw.

634.—Wyllie.

White to move and draw.

635.—C. G. Roger.

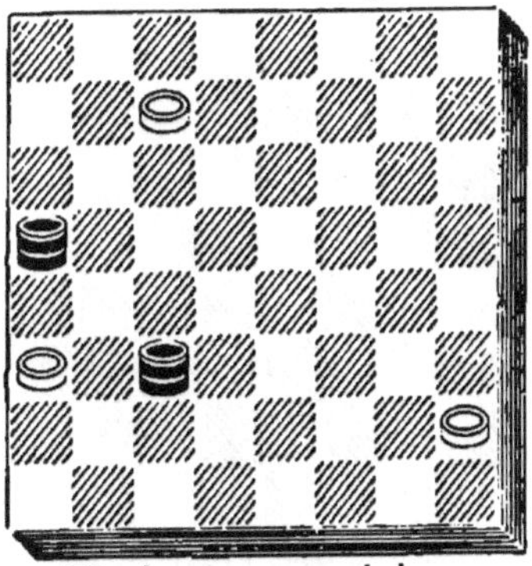

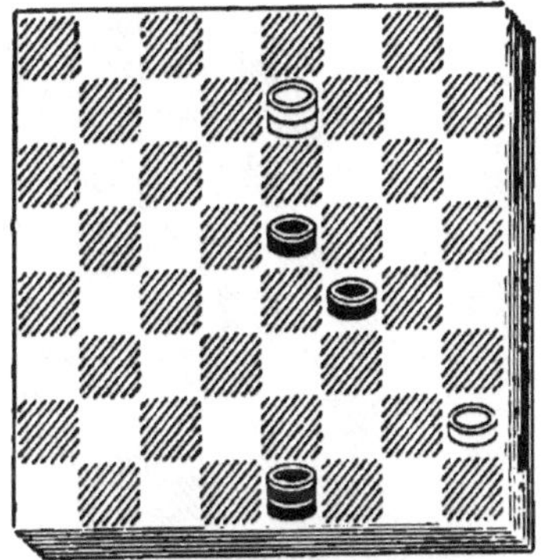

Black to move and draw.

636.—W. Reid.

Black to move and win.

637.—R. Mar.

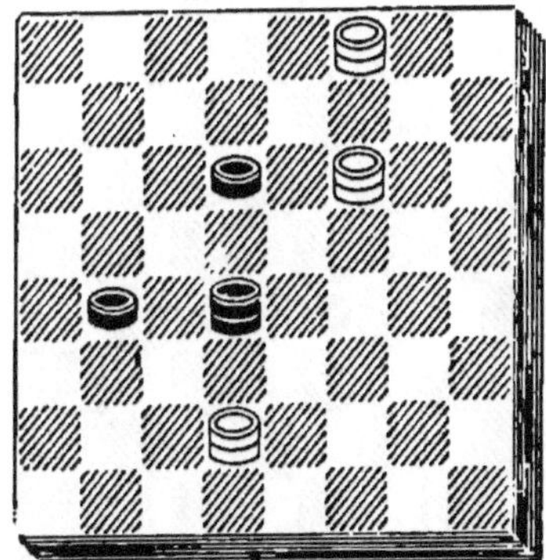

Black to move and draw.

638.—C. M. Potterdon.

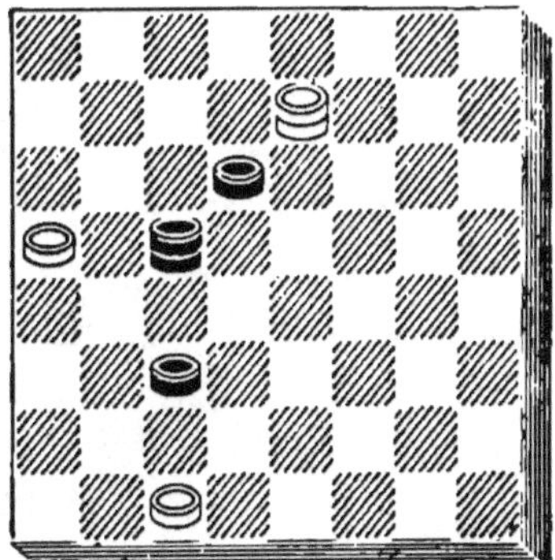

Black to move, W. to draw.

639.—R. Hoffmann.

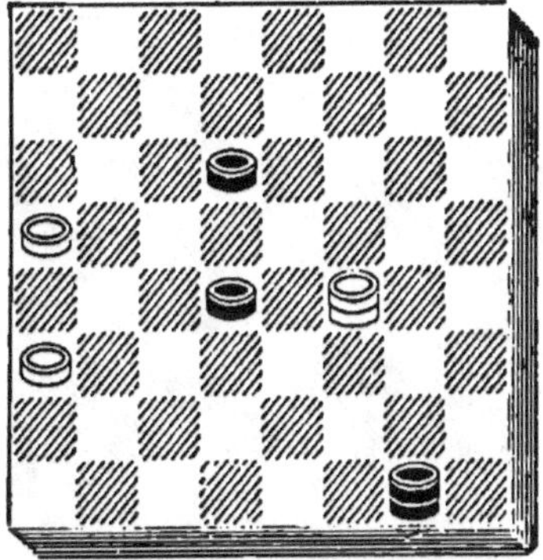

White to move and win.

640.—R. Hoffmann.

Black to move and draw.

641.—H. D. Lyman.

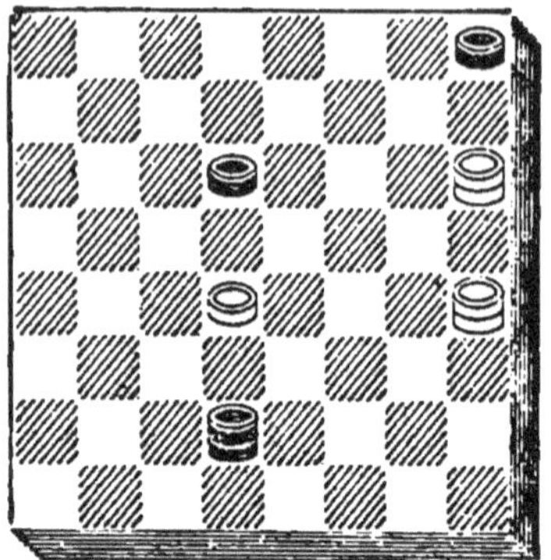

White to move and draw.

644.—D. Robertson.

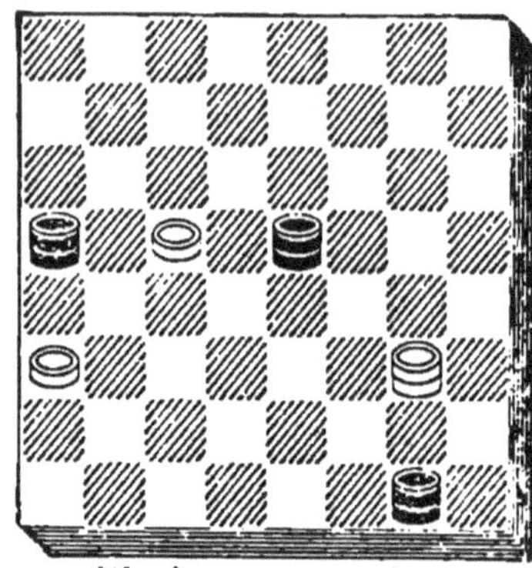

Black to move and win.

642.—James A. Price.

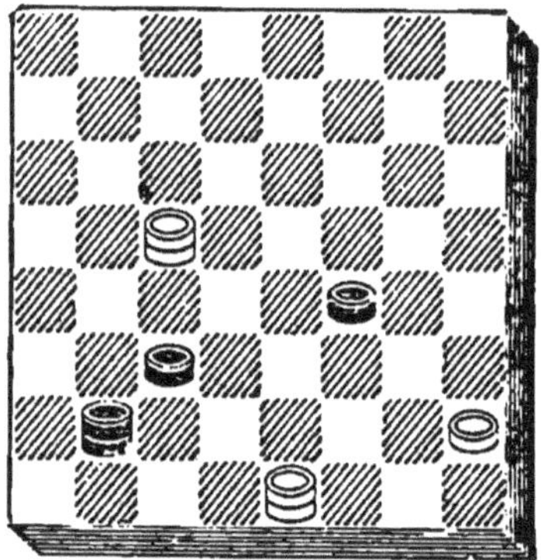

Black to move and draw.

645.—R. E. Bowen.

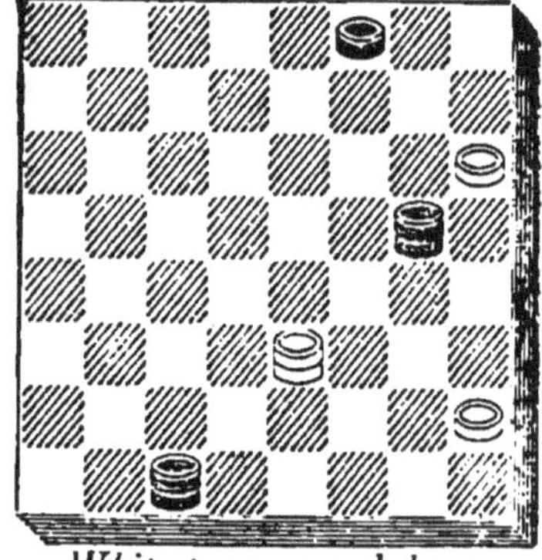

White to move and draw.

643.—Author Unknown.

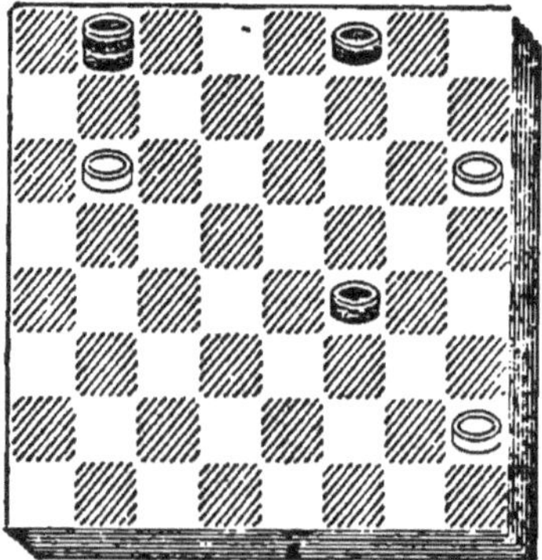

Black to move and win.

646.—J. Tonar.

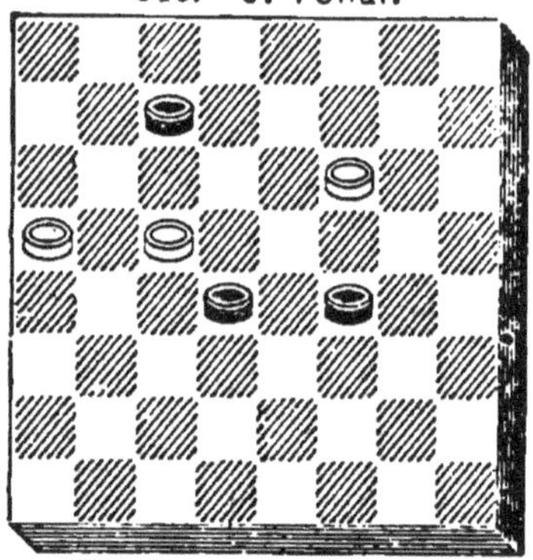

Black to move and draw.

647.—G. Price.

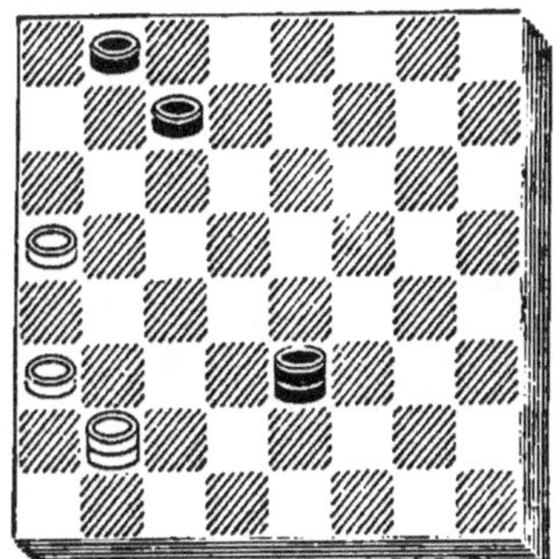

White to move and draw.

650.—G. Price.

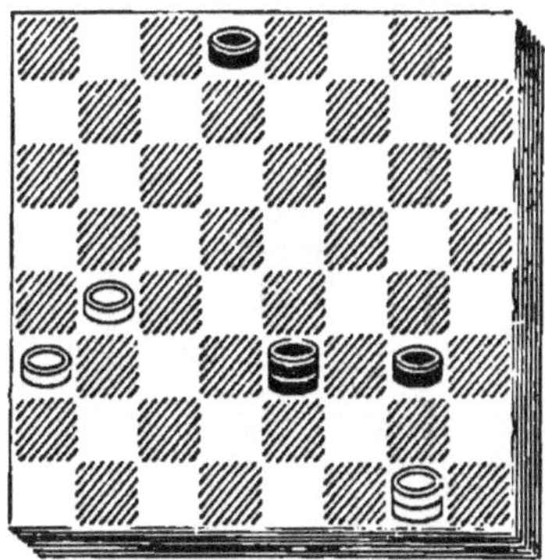

White to move and draw.

648.—J. Deans.

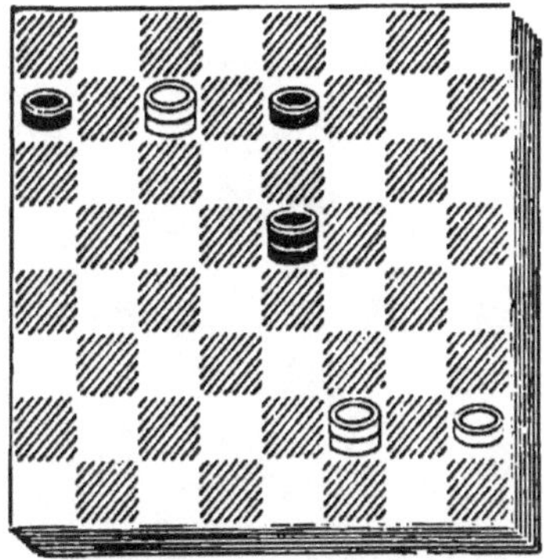

White to move and win.

651.—J. T. Murray.

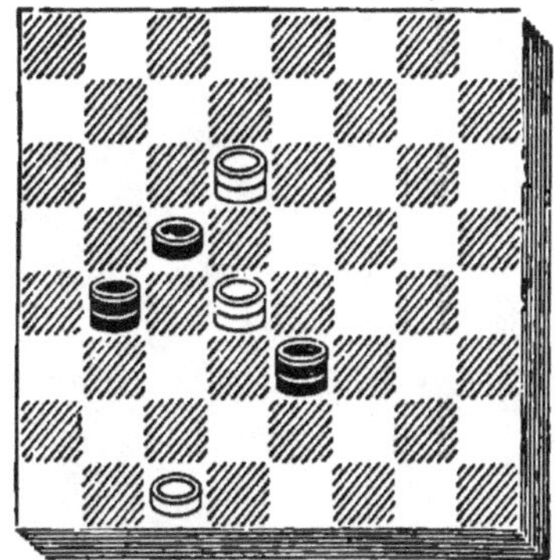

Black to move and win.

649.—C. W. Flower.

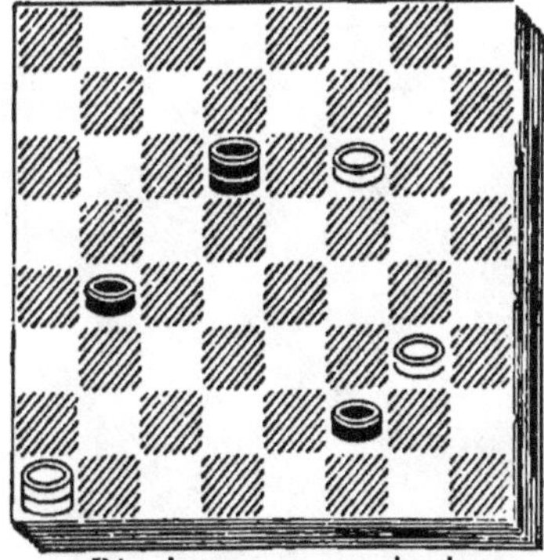

Black to move and win.

652.—J. Tonar.

White to move and draw.

653.—W. Barrenger.

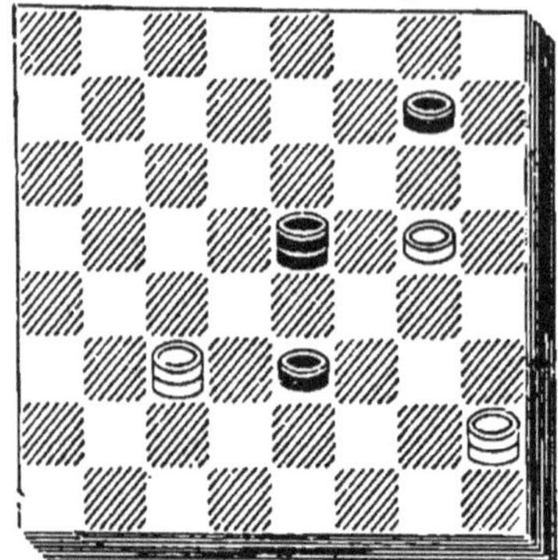

White to move and win.

656.—R. Martins.

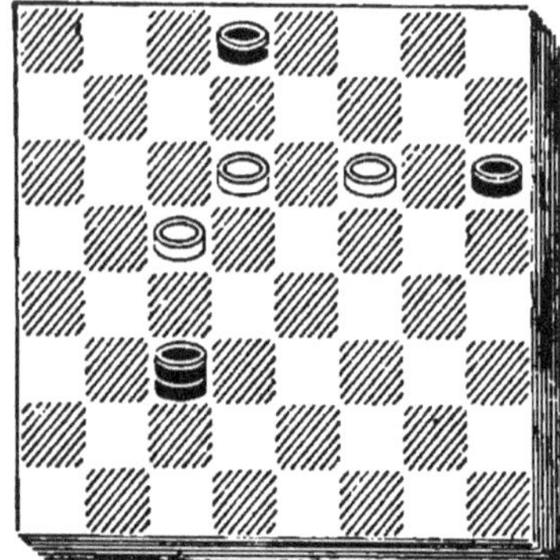

White to move and draw.

654.—Wyllie.

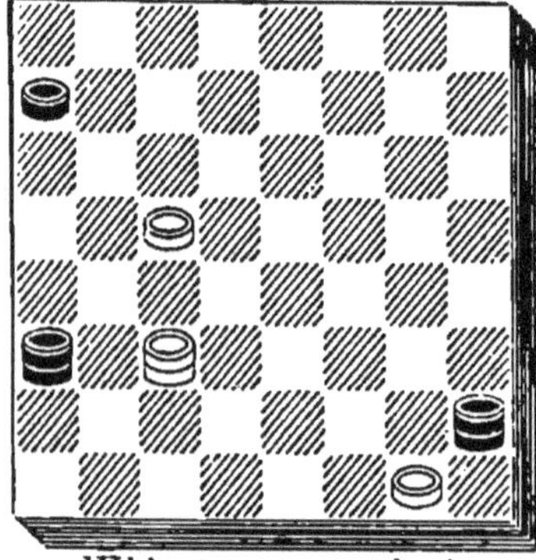

White to move and win.

657.—H. D. Lyman.

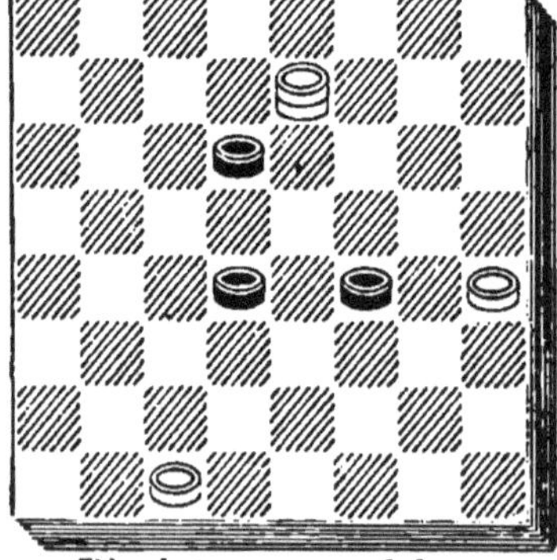

Black to move and draw.

655.—J. Smith.

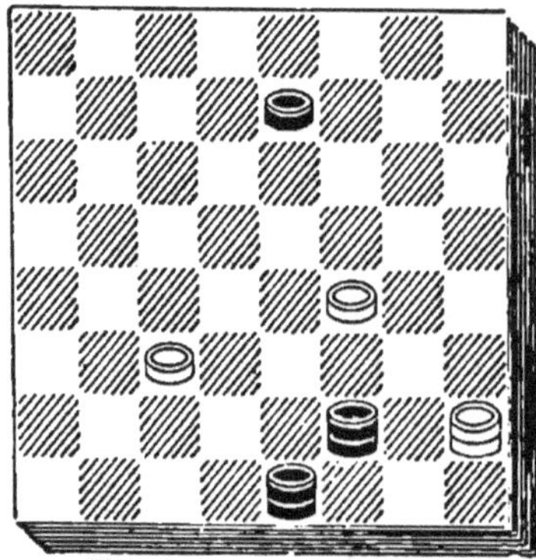

Black to move and win.

658. H. D. Lyman.

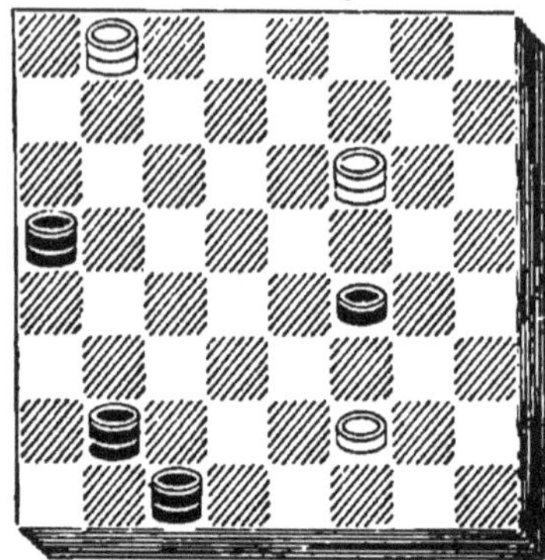

Black to move and win.

659.—R. E. Bowen.

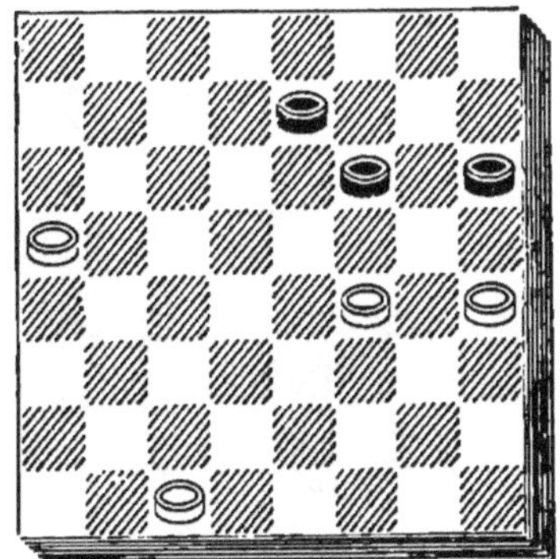

White to move and win.

660.—H. D. Lyman.

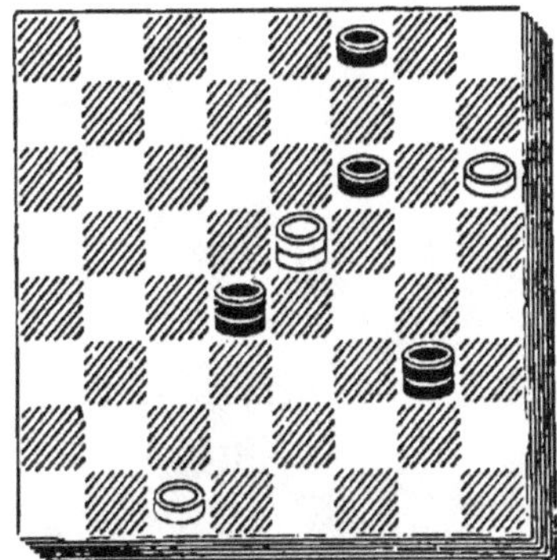

Black to move and win.

661.—F. Dunne & C.G. Roger.

White to move and win.

662.—J. Smith.

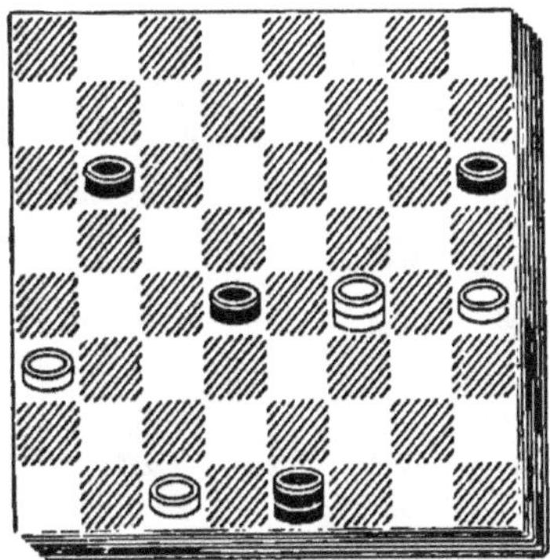

White to move and win.

663.—J. A. Kear.

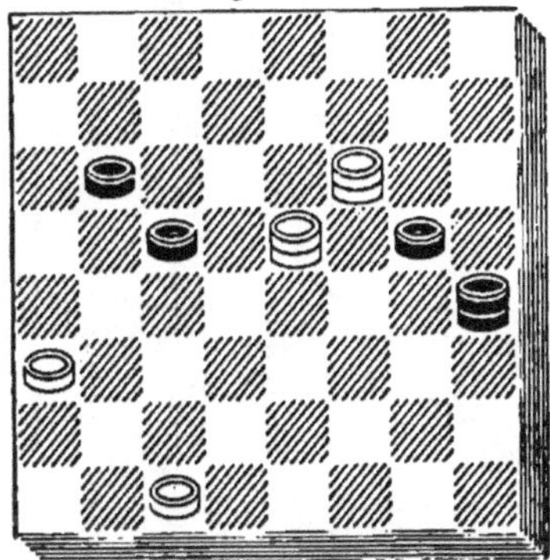

White to move and win.

664.—Robert Raw.

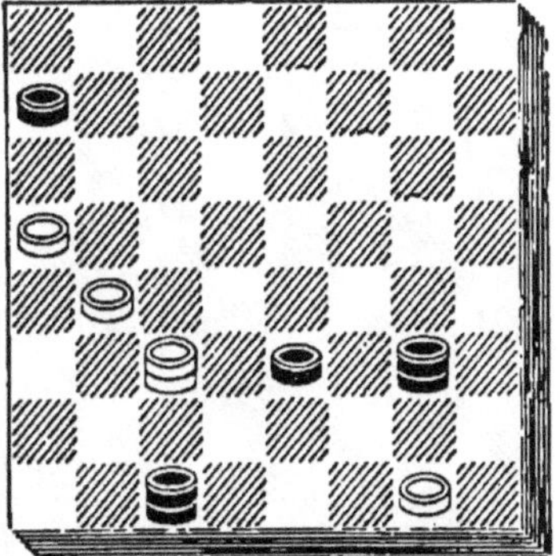

Black to move and draw.

665.—P. M'Lachlan.

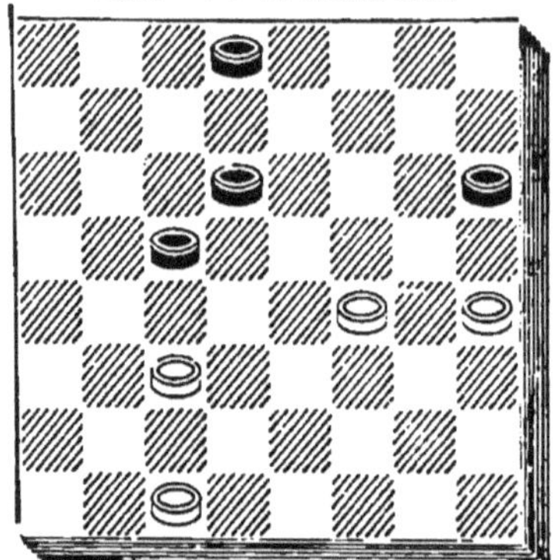

White to move and win.

668.—R. M'Call.

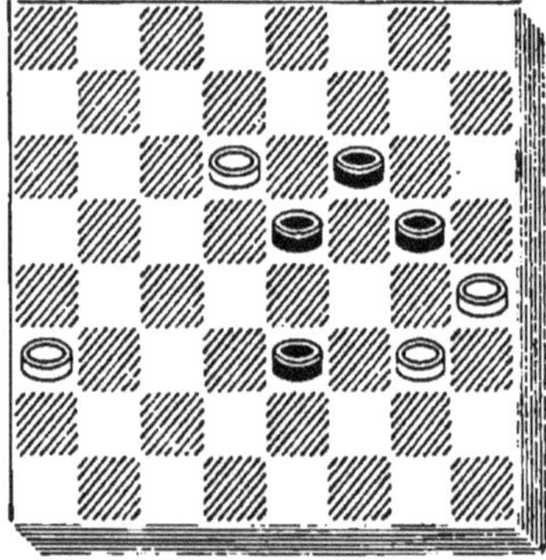

Black to move and win.

666.—W. Taylor.

White to move and win.

669.—H. C. Wardell.

Black to move and draw.

667.—J. F. Bremner.

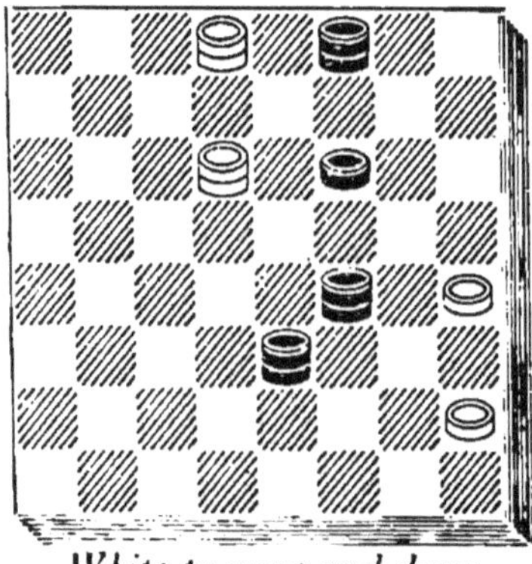

White to move and draw.

670.—C. F. Barker.

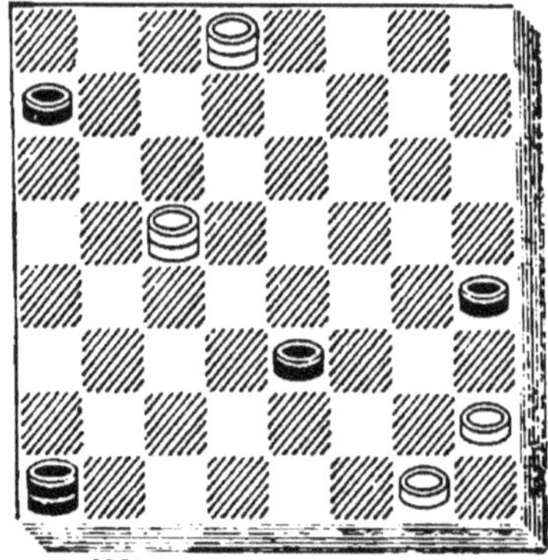

White to move and win.

671.—R. M'Culloch.

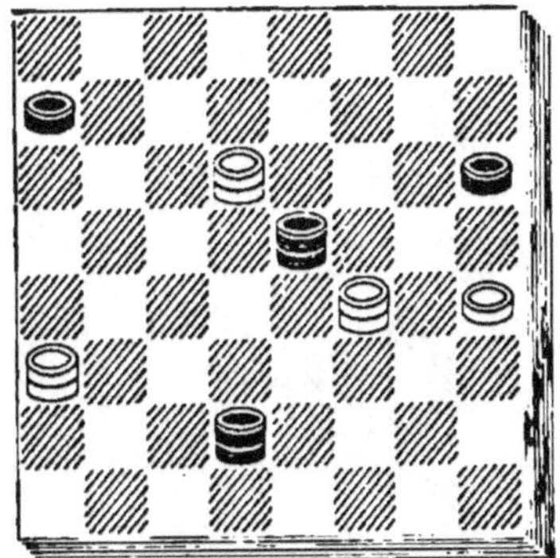

White to move and draw.

674.—R. Raw.

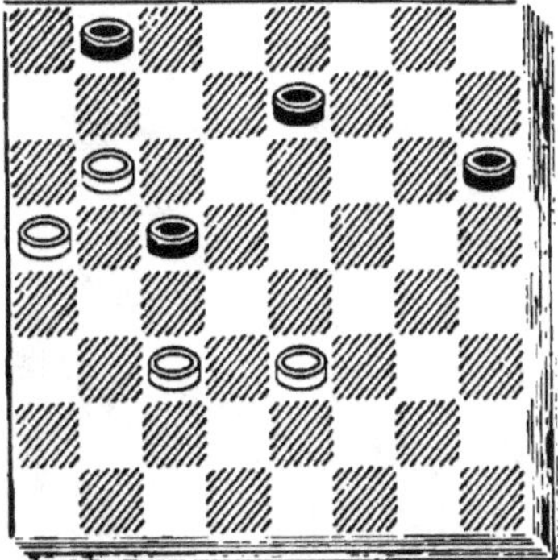

Black to move and win.

672.—J. Tonar.

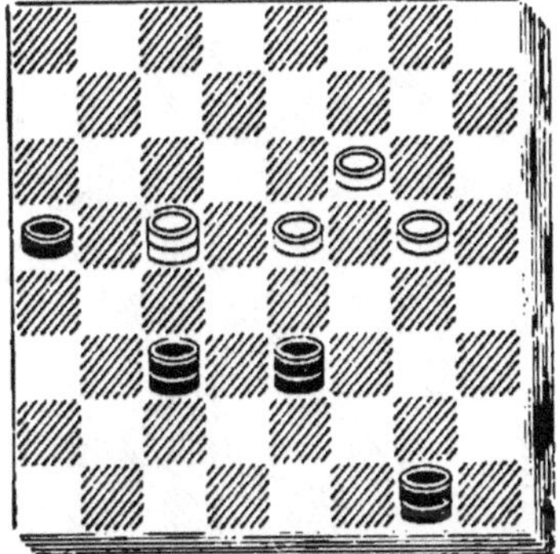

Black to move and win.

675.—H. D. Lyman.

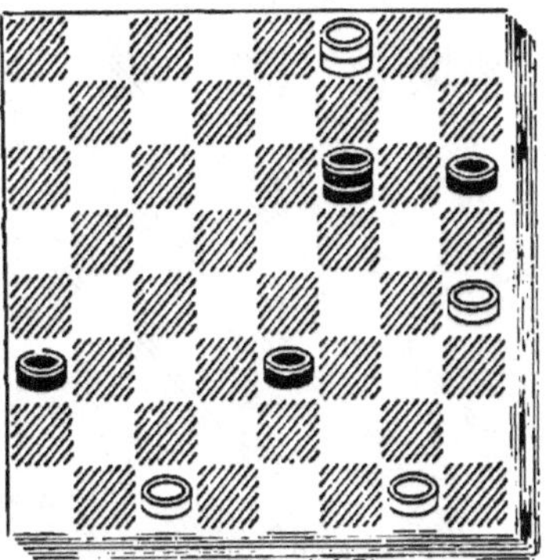

Black to move and draw.

673.—Author unknown.

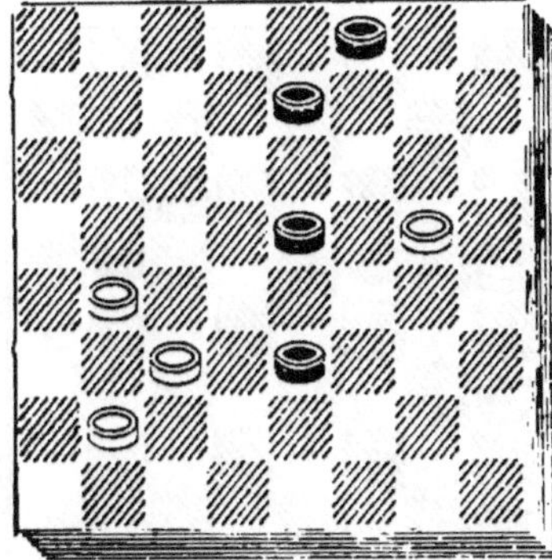

Black to move and win.

676.—H. Tonkin.

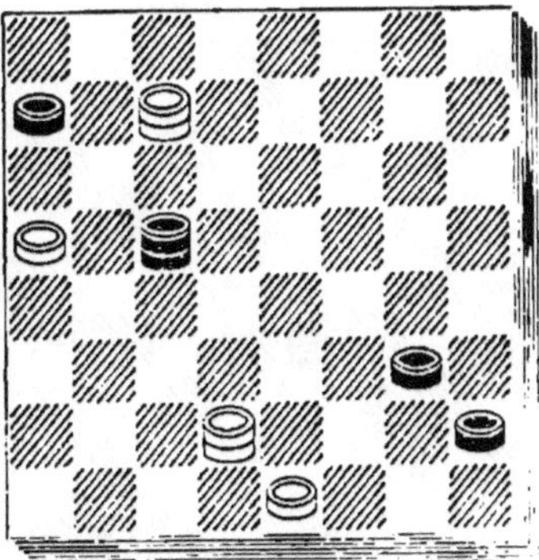

Black to move and draw.

677.—J. Mackintosh.

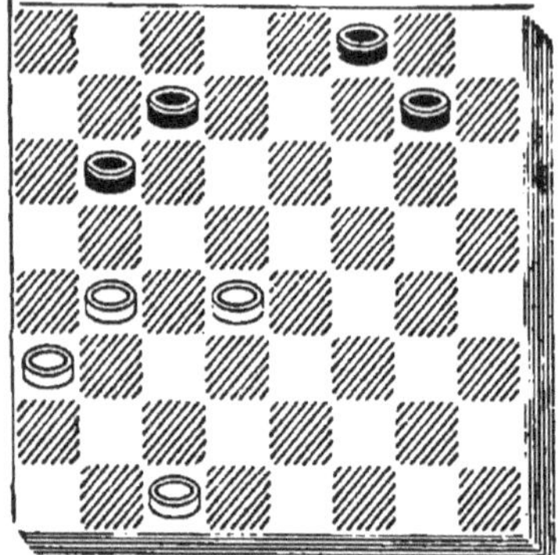

White to move and win.

678.—J. A. Kear.

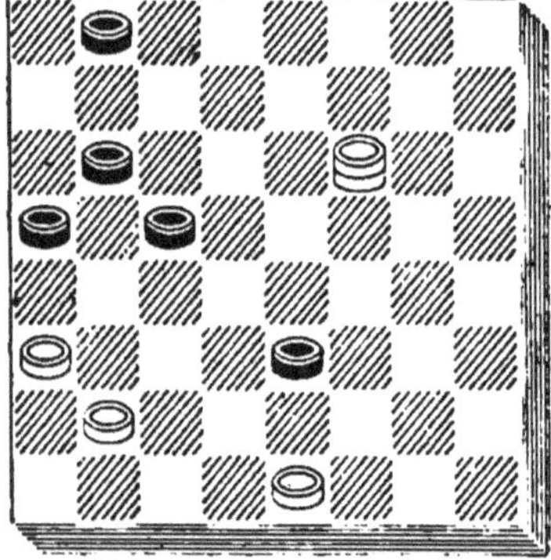

Black to move and win.

679.—T. Walker.

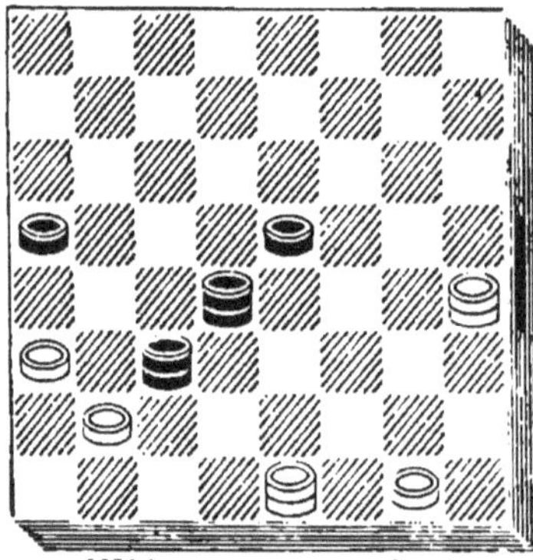

White to move and win.

680.—D. Robertson.

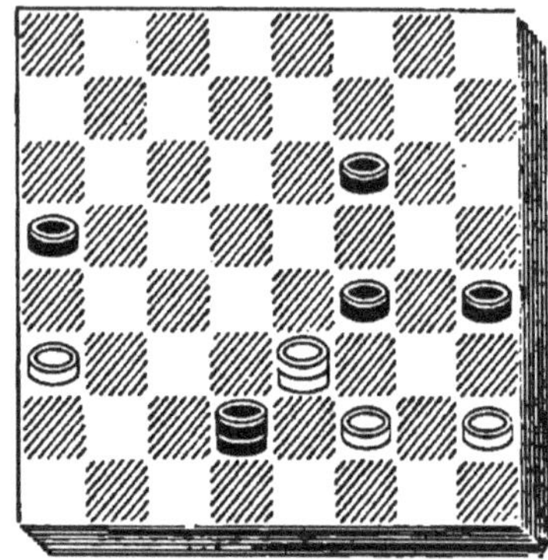

Black to move and win.

681.—D. Robertson.

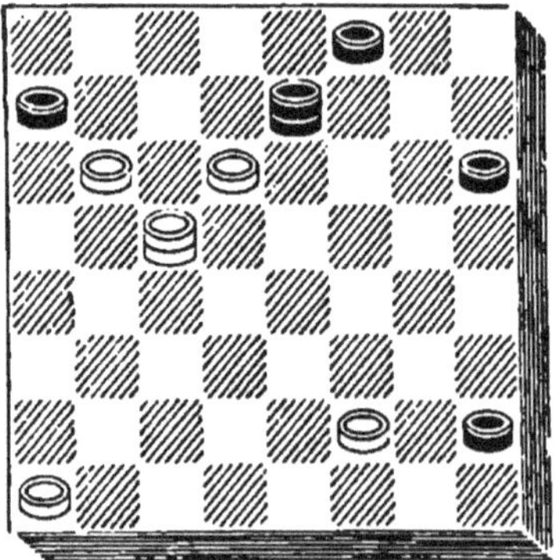

Black to move and win.

682.—Late Frank Greenlee.

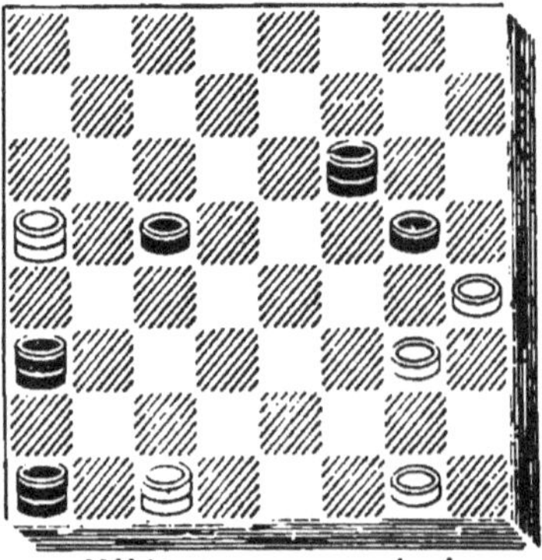

White to move and win.

683.—H. Tonkin.

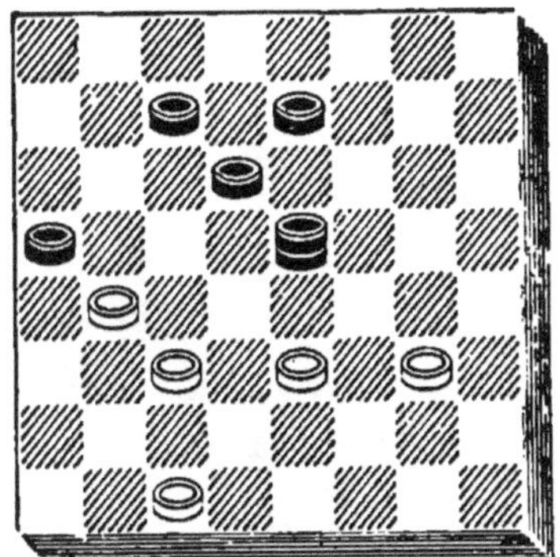

White to move and win.

684.—R. M'Call.

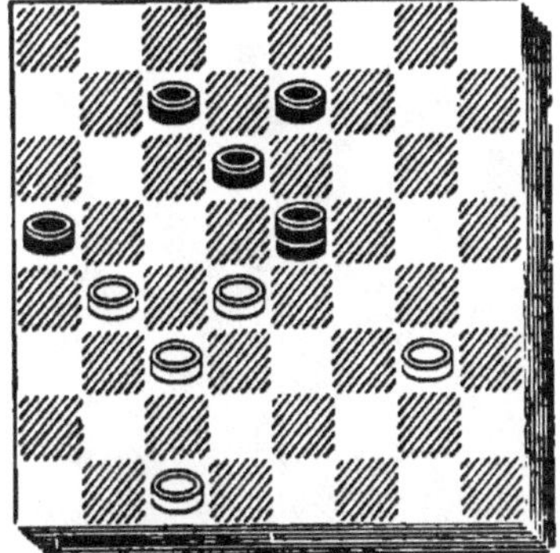

Black to move and draw.

685.—Dr. S. A. Lucas.

White to move, B. to draw.

686.—C. Brown & A. Stewart.

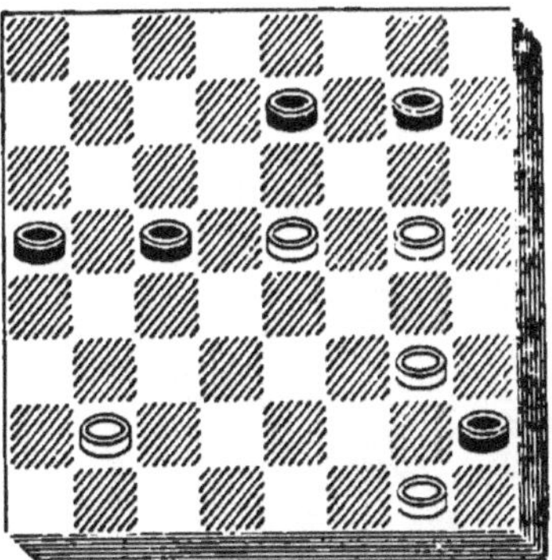

Black to move and draw.

687.—B. Woolhouse.

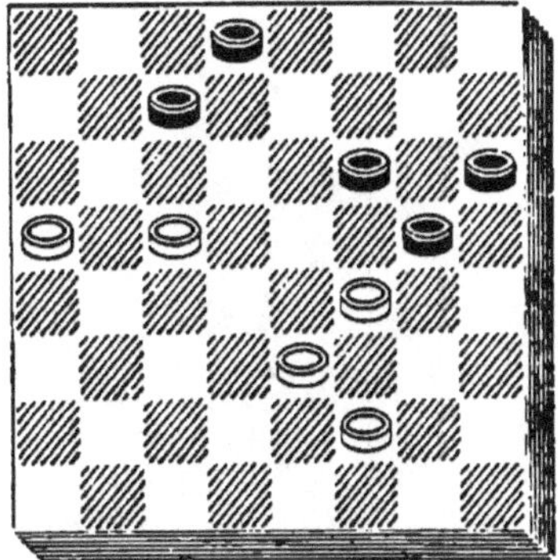

White to move and draw.

688.—W. Campbell & R. Mar.

White to move and draw.

689.—G. Price.

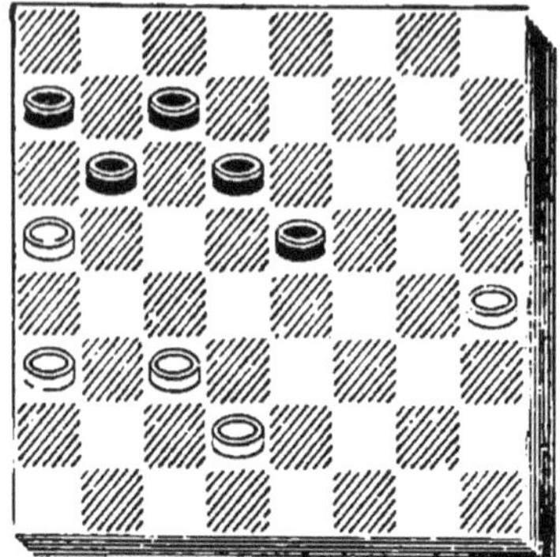

Black to move and win.

692.—A. Sinclair.

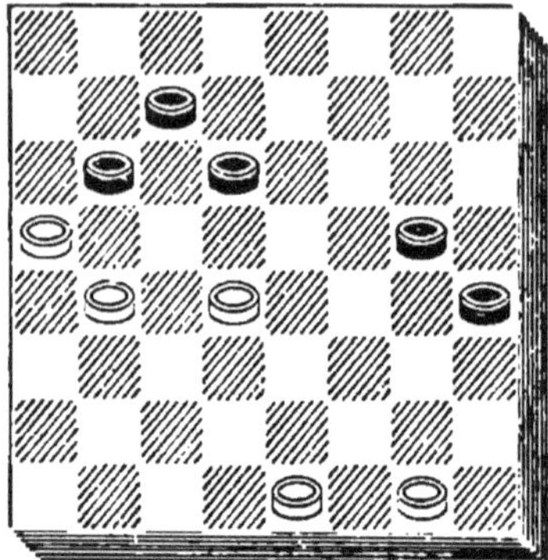

White to move and win.

690.—W. Barrenger.

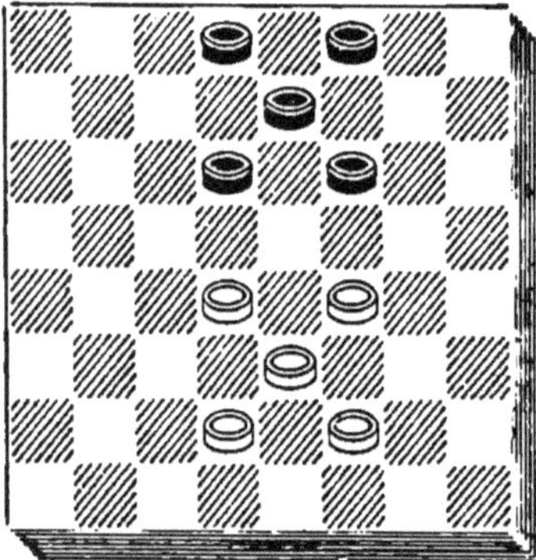

Either to move and win.

693.—A. Sinclair.

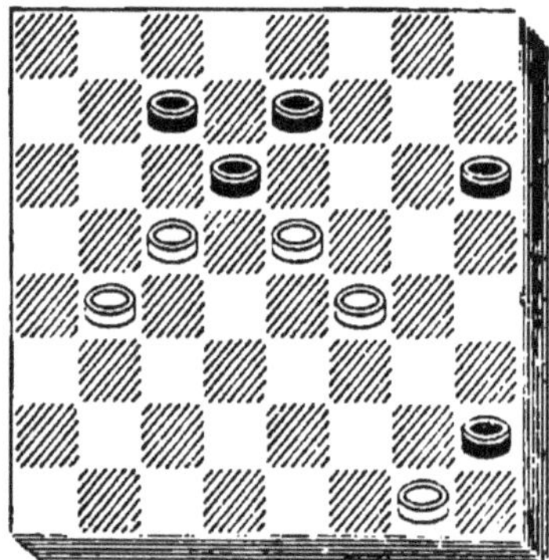

White to move and draw.

691.—R. Home.

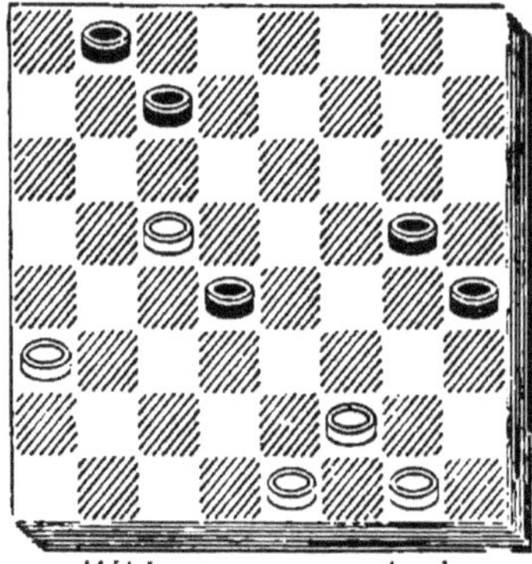

White to move and win.

694.-E. Whelahan & J. A. Wilson

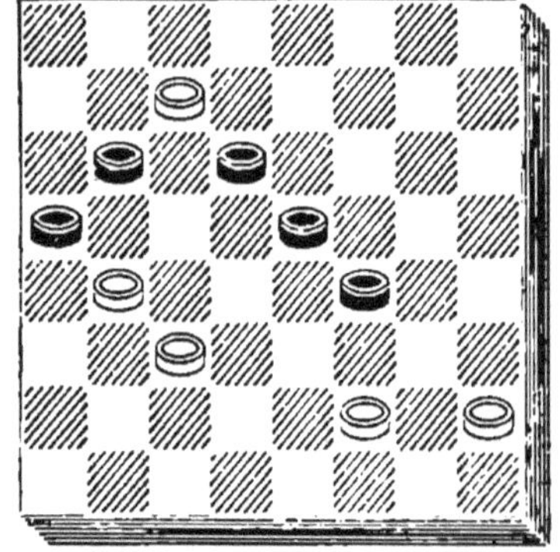

White to move and win.

695.-G. Jewitt & C. Blackburn

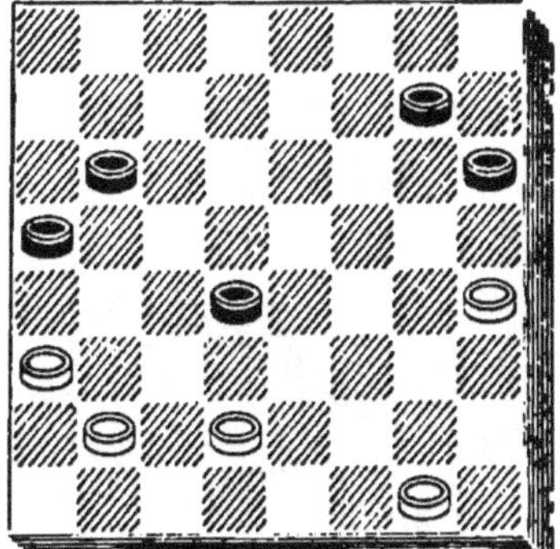

White to move and win.

696.-Z. Nicholas & J. Richards.

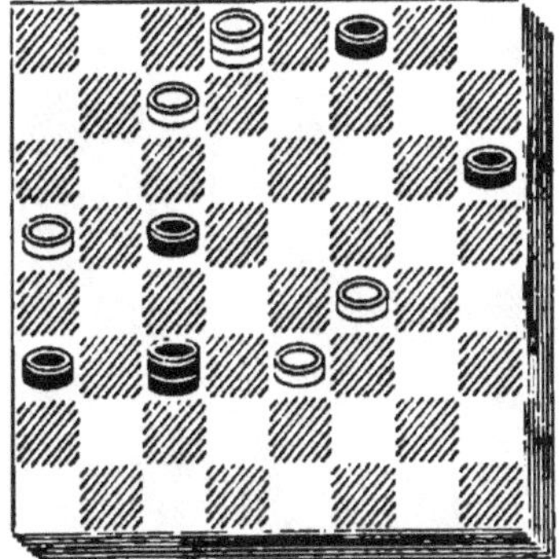

White to move and draw.

697.—J. T. Murray.

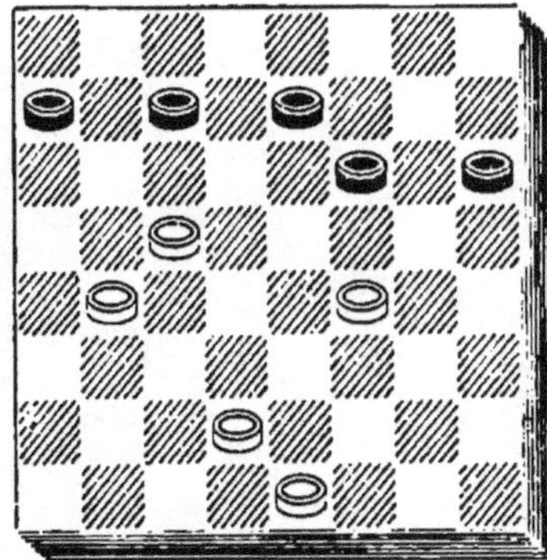

White to move and win.

698.—A. R. Bowdish.

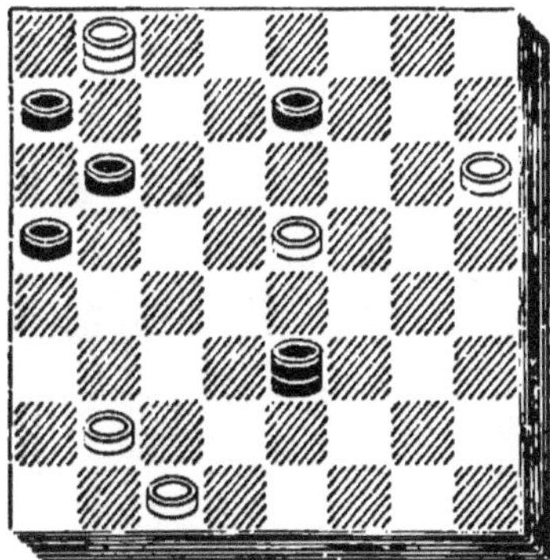

White to move and draw.

699.—Late Mr. Colthard.

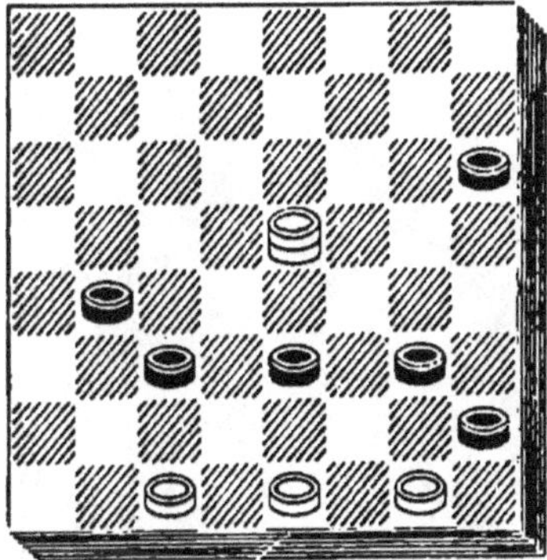

Black to move, W. to draw.

700.—Z. Nicholas.

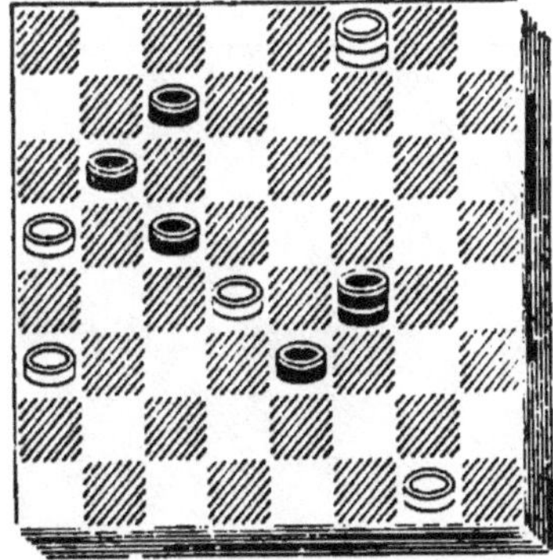

White to move and draw.

701.—J. Young.

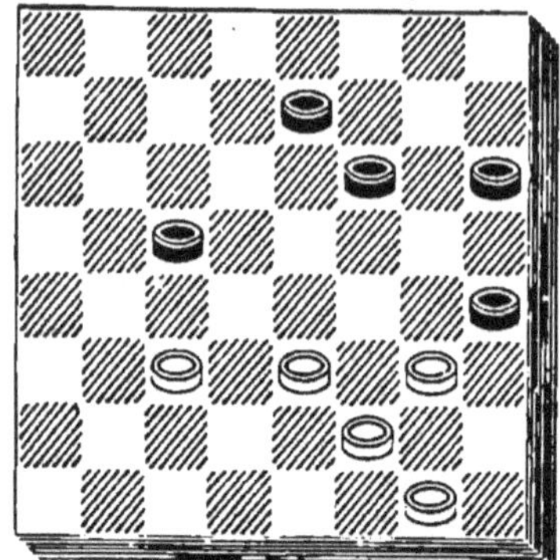

White to move and win.

702.—B. Woolhouse.

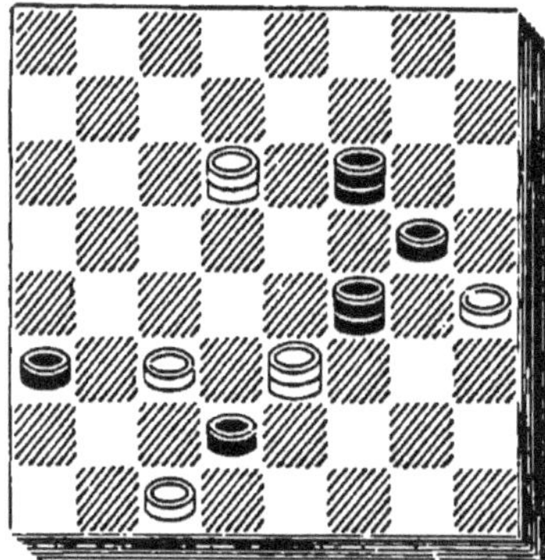

Black to move and win.

703.—C. Browne & J. Robertson

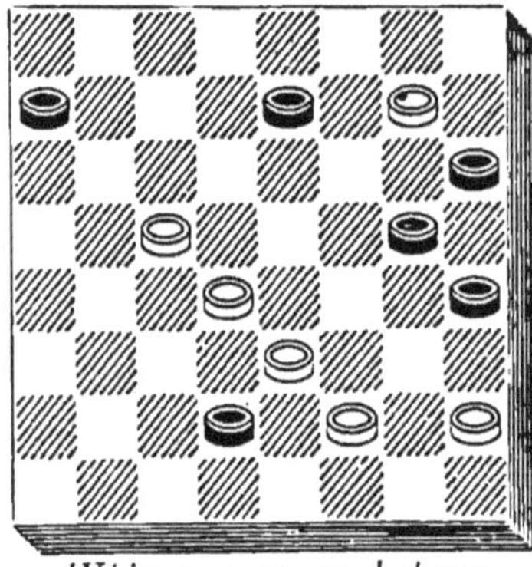

White to move and draw.

704.—J. A. Kear.

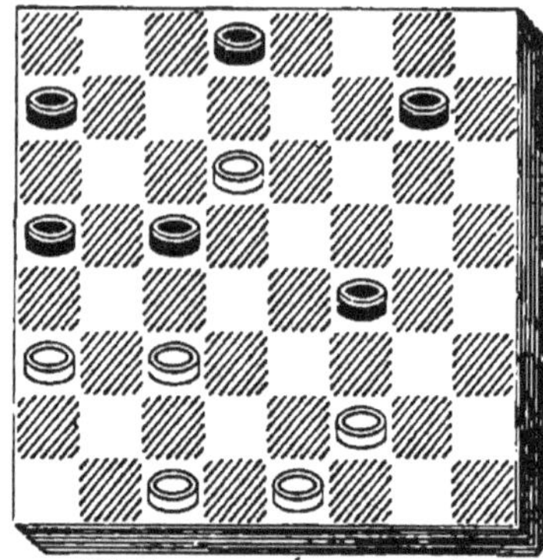

White to move and win.

705.—J. A. Kear.

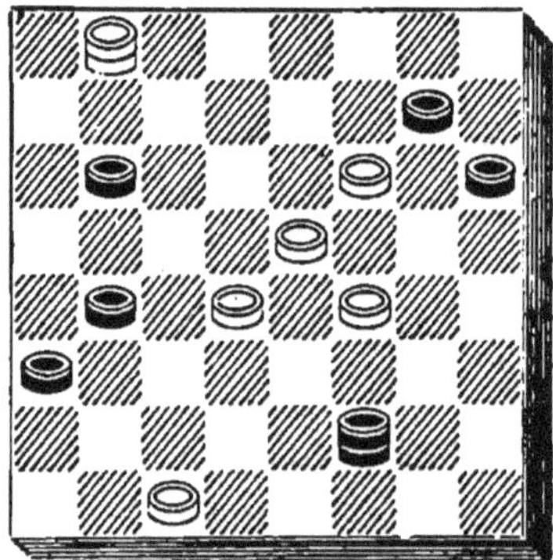

Black to move and draw.

706.—W. Bownas

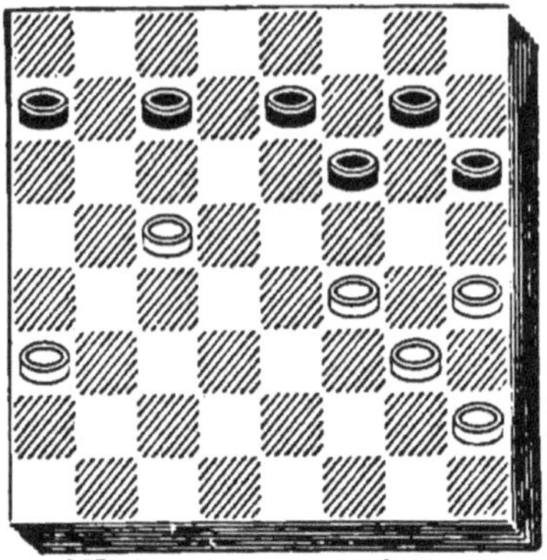

White to move and draw.

707.—Two Wishaw Amateurs.

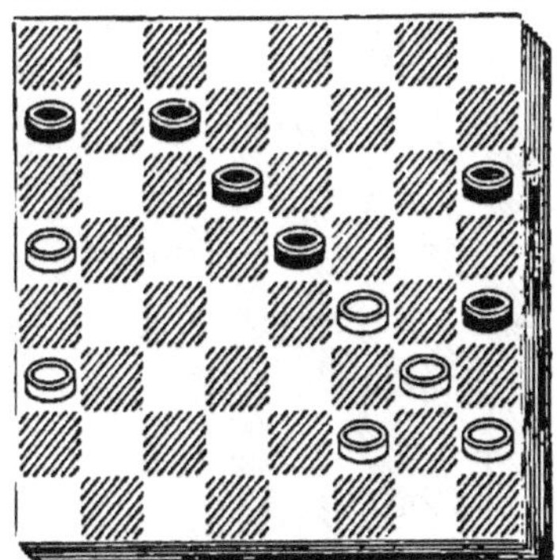

White to move and draw.

710.—H. D. Lyman.

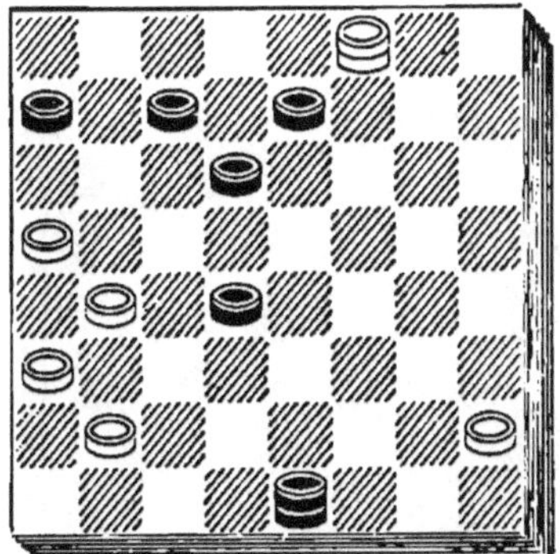

White to move and win.

708.—W. Campbell.

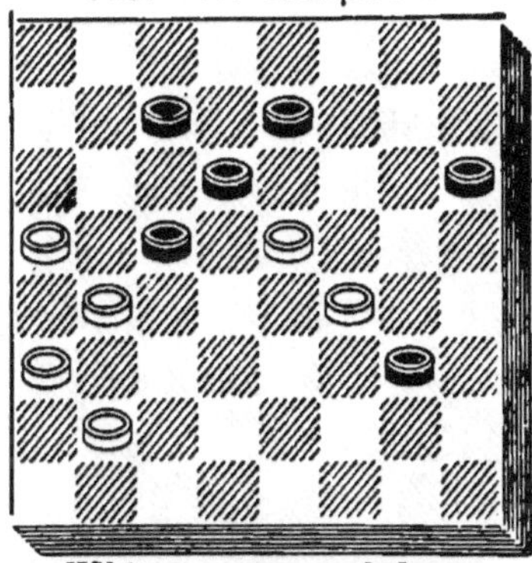

White to move and draw.

711.—J. B. Wilson.

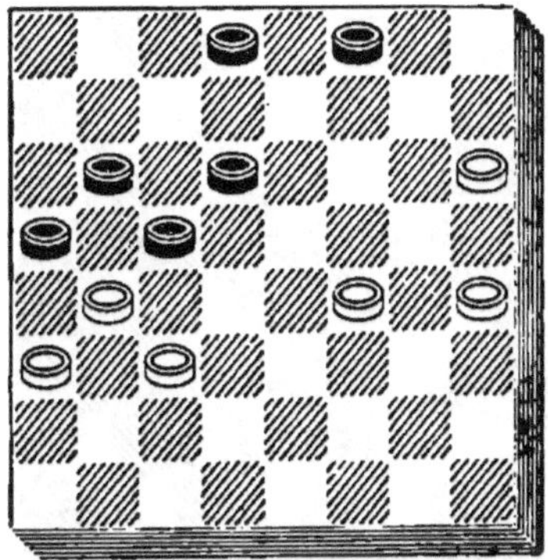

White to move and draw.

709.—J. King & R. Stewart.

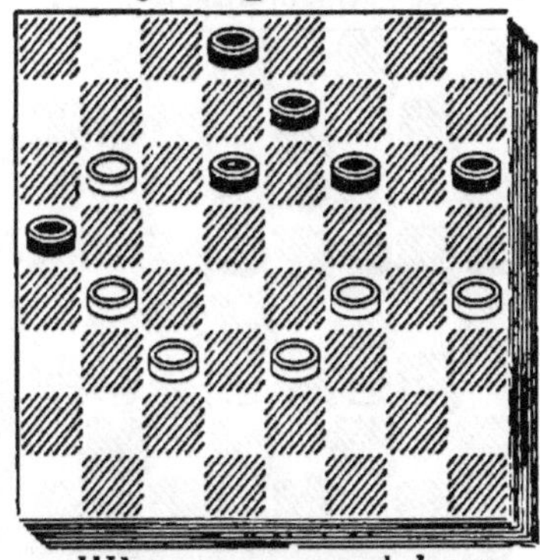

White to move and draw.

712.—G. Price.

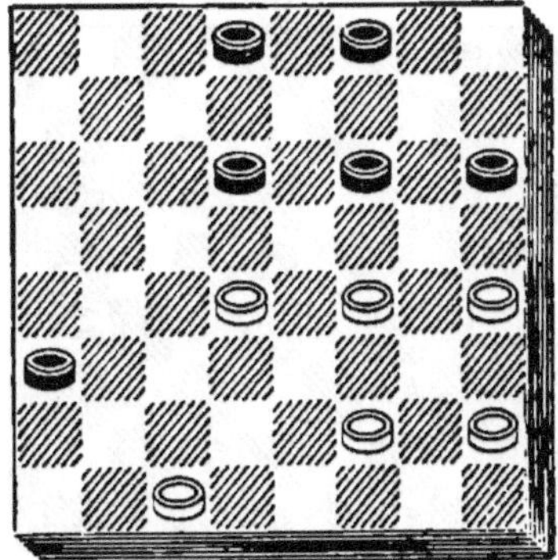

Black to move and win.

713.—J. Parker.

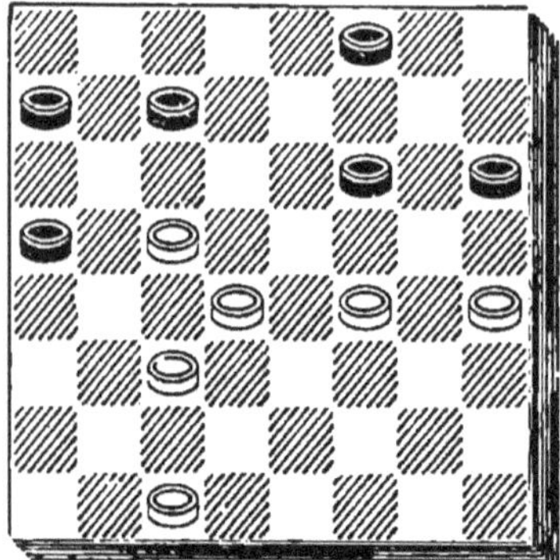

Black to move and draw.

714.—Drs Clute & Schaefer.

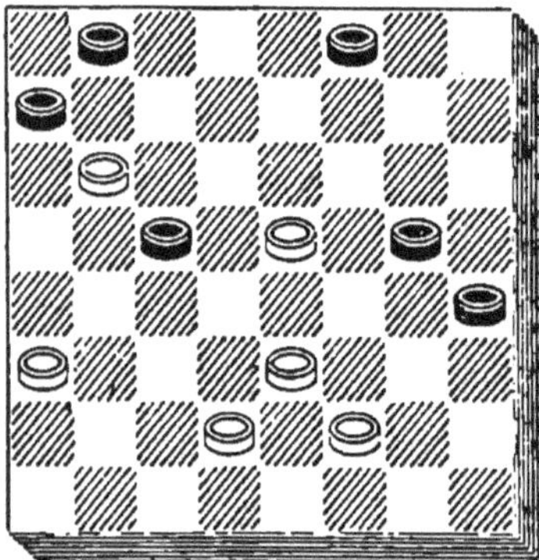

White to move and win.

715.—A. Schaefer, M.D.

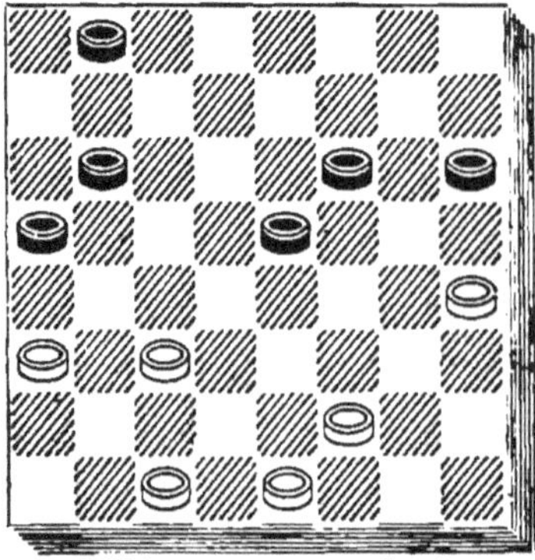

White to move and win.

716.—E. W. Spiller.

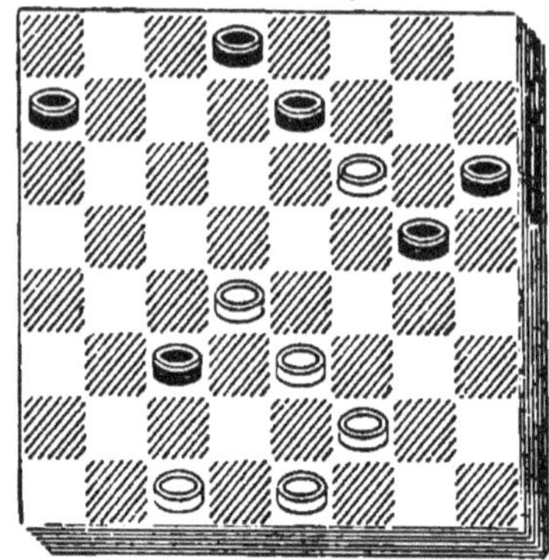

Black to move and draw.

717.—A. Schaefer, M.D.

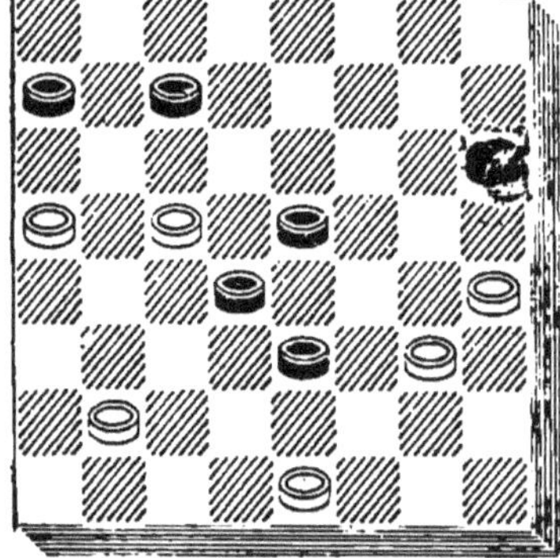

White to move and win.

718.—A. Schaefer, M.D.

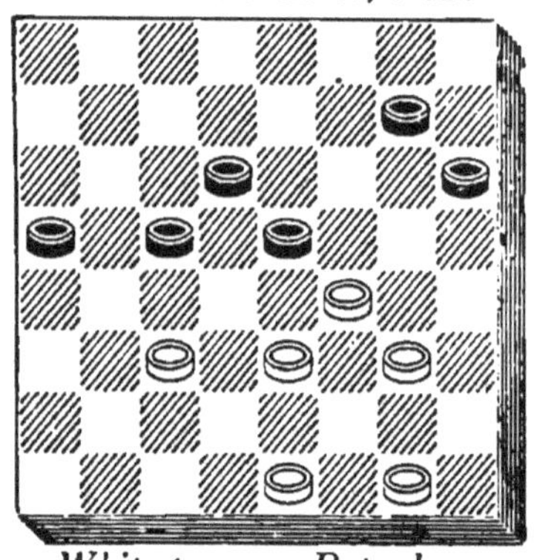

White to move, B. to draw.

719.—J. Richards.

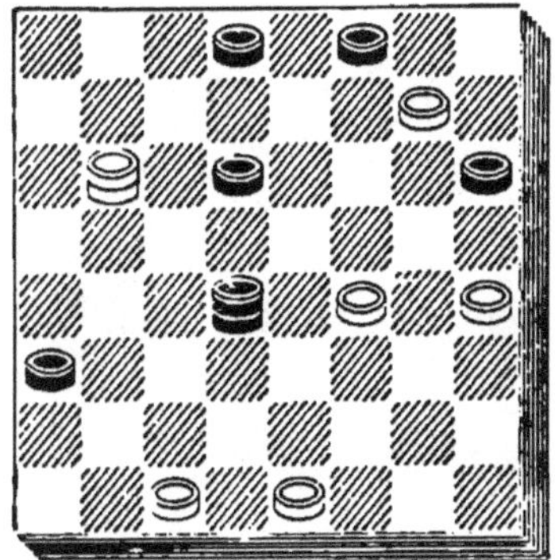

White to move and win.

720.—H. D. Lyman.

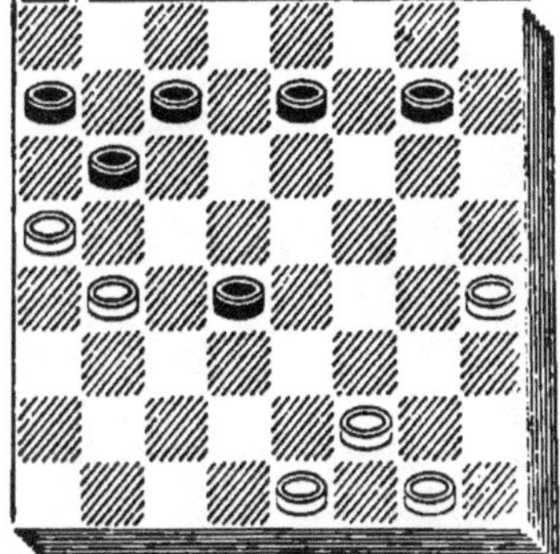

White to move and win.

721.—Late R. Graham.

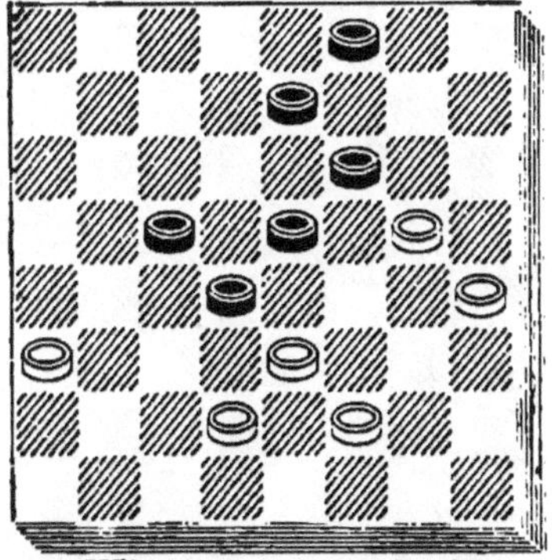

White to move and win.

722.—J. Parker.

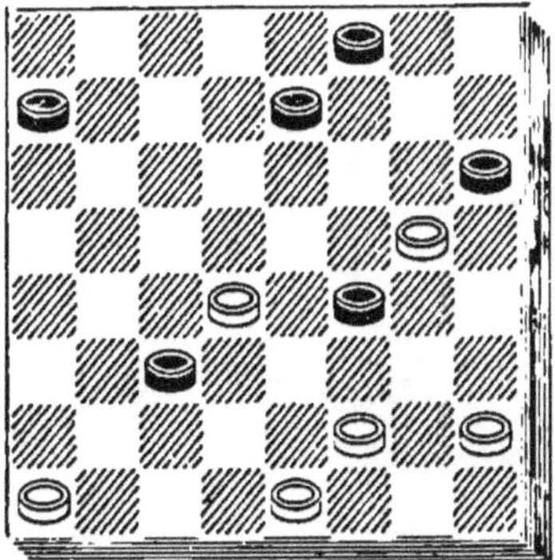

White to move and draw.

723.—W. Hay.

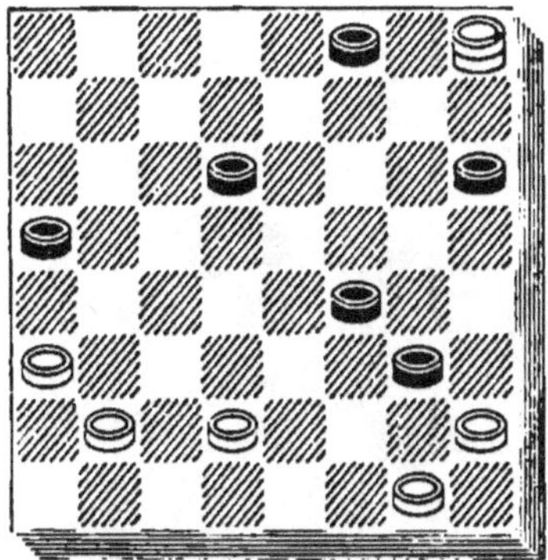

Black to move and win.

724.—James F. Bremner.

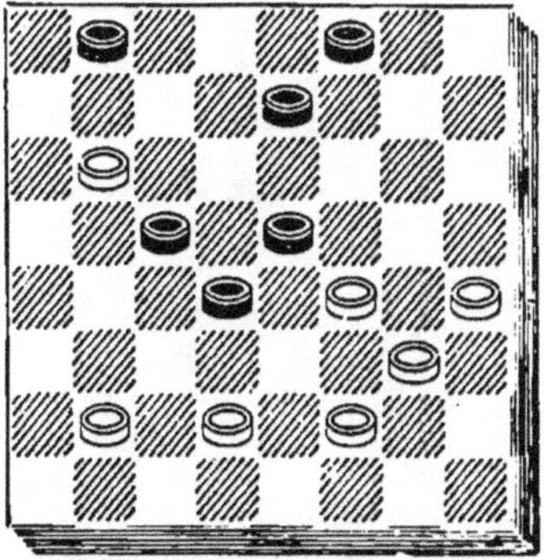

Black to move and draw.

725.—A. J. Heffner.

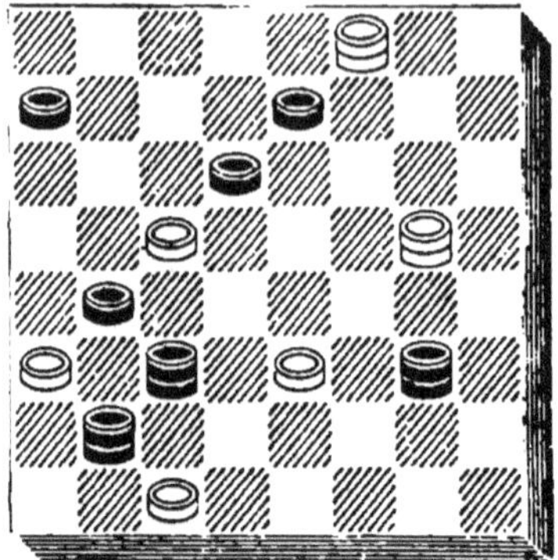

White to move and draw.

726.—W. Bryden & G. Price.

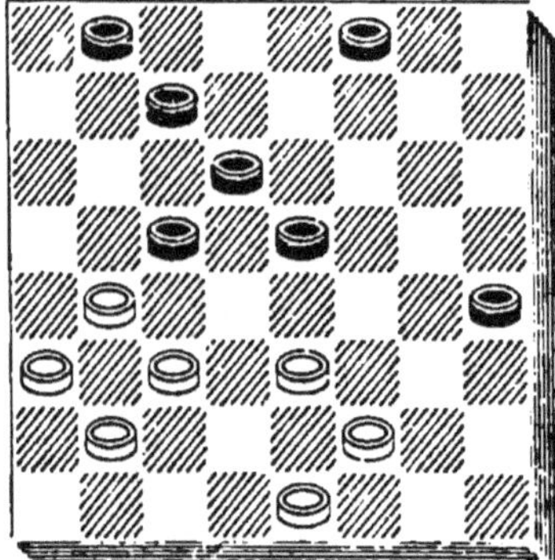

White to move and draw.

727.—G. Jewitt & C. Powell.

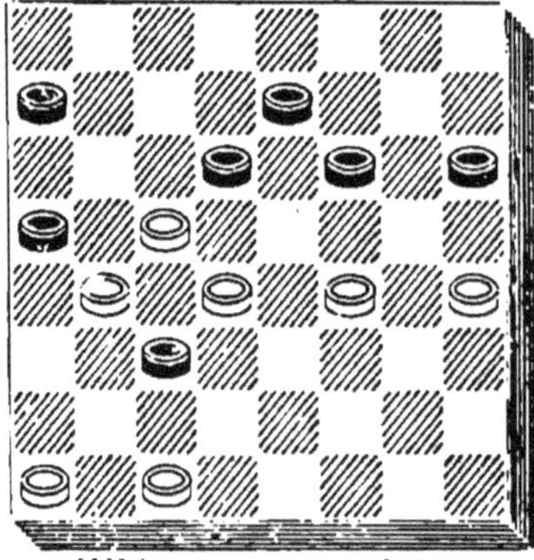

White to move and draw.

728.—Late J. B. Macindoe.

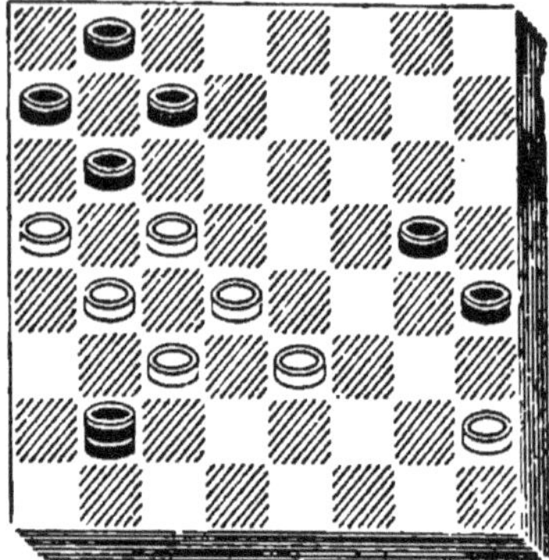

White to move and draw.

729. W. Campbell & D. M'Kelvie

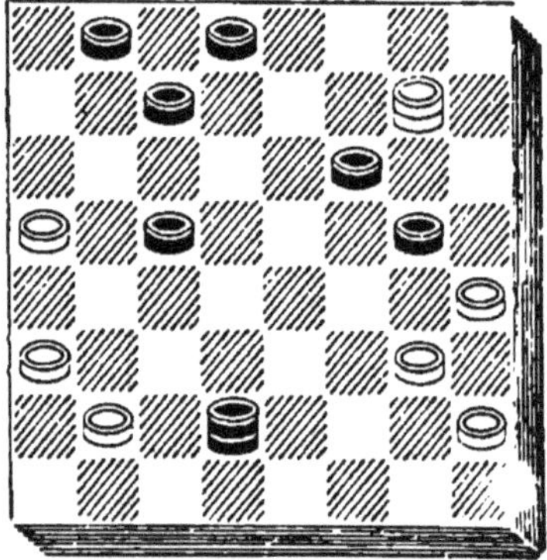

Black to move and draw.

730.—R. Martins.

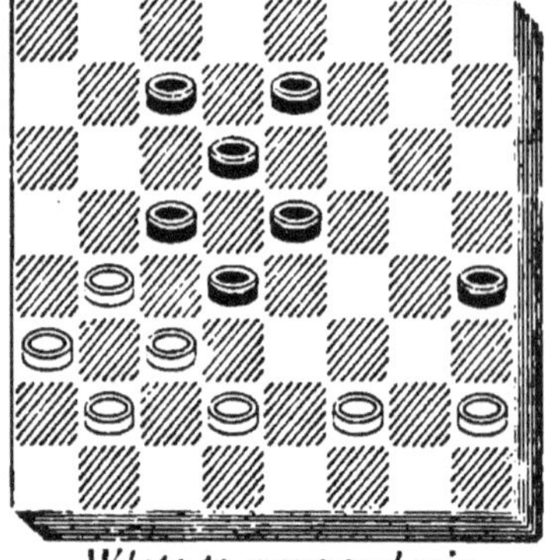

White to move and win.

731.—William Woollett.

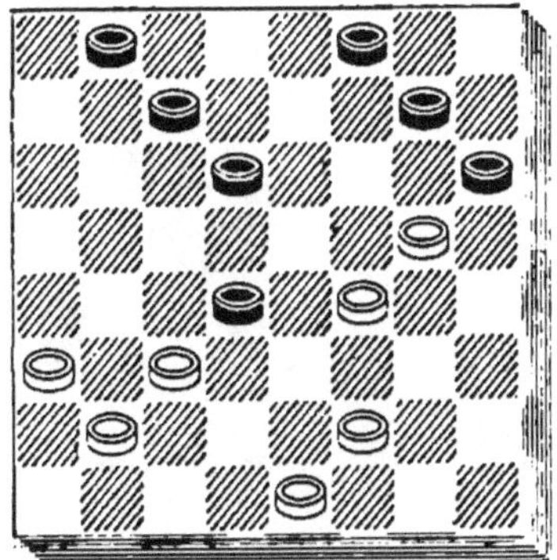

Black to move and win.

732.—Late Harper Coltherd.

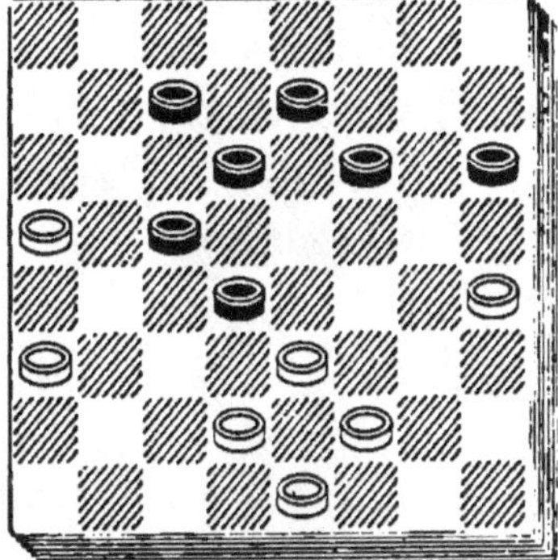

White to move and draw.

733.—R. E. Bowen.

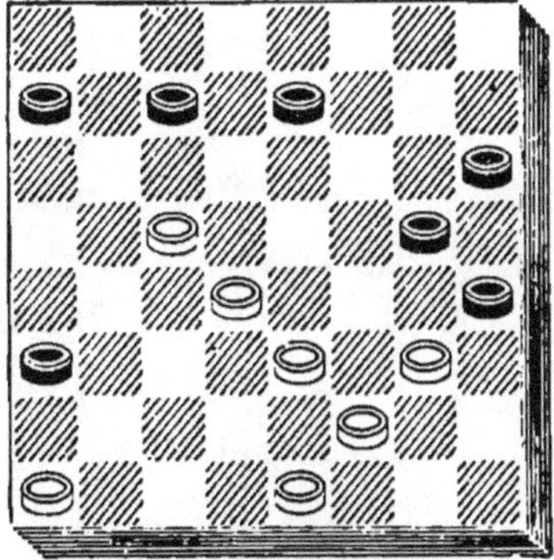

White to move and draw.

734.—J. Campbell & W. Park.

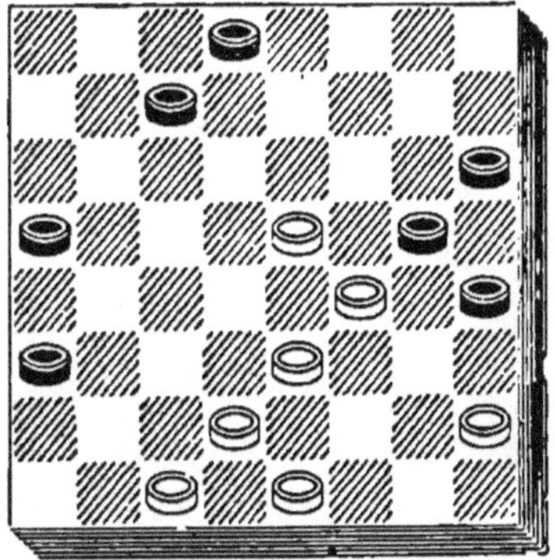

Black to move and win.

735.—A. J. Farr.

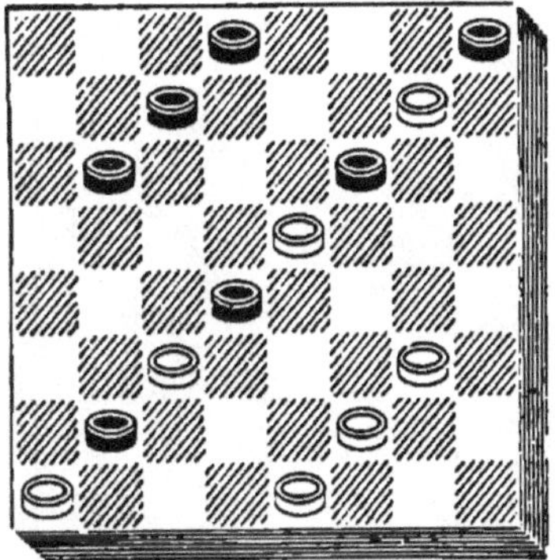

Either to move and win.

736.—A. J. Heffner.

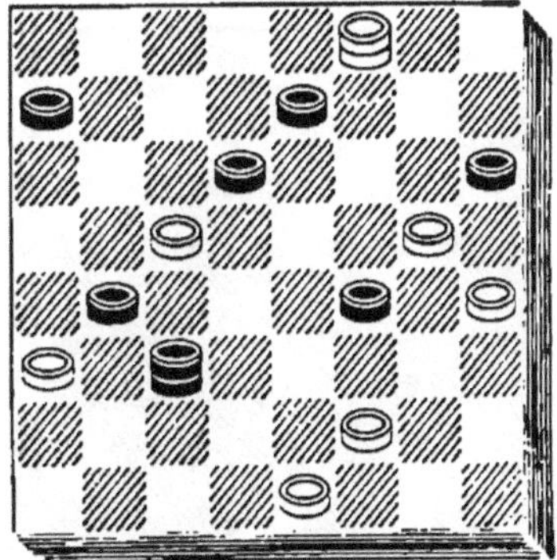

Black to move and win.

737.—E. Eoudon.

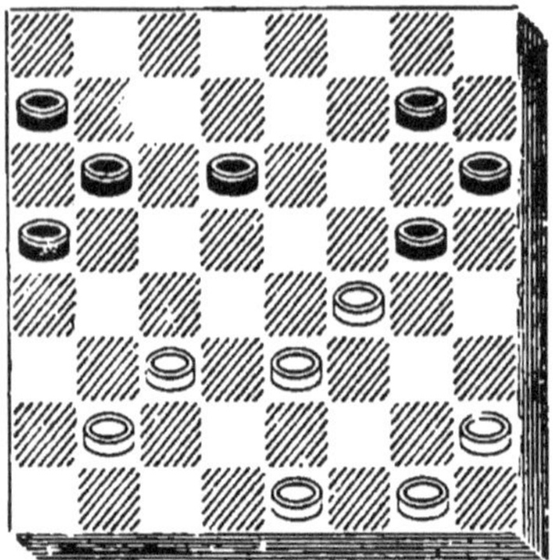

White to move and win

740.—J. Illingworth.

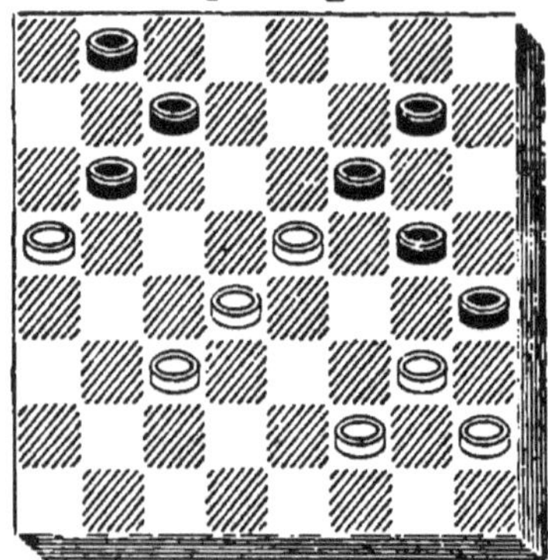

White to move and draw.

738.—Late Dr. Dean.

Black to move and win.

741.—W. Strickland.

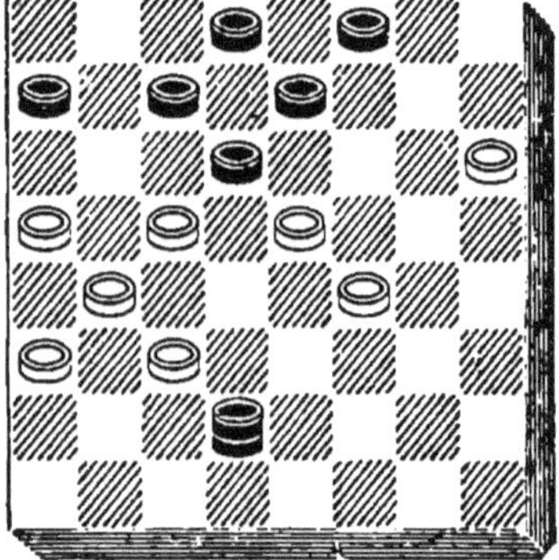

White to move and win.

739.—Martin Pringle.

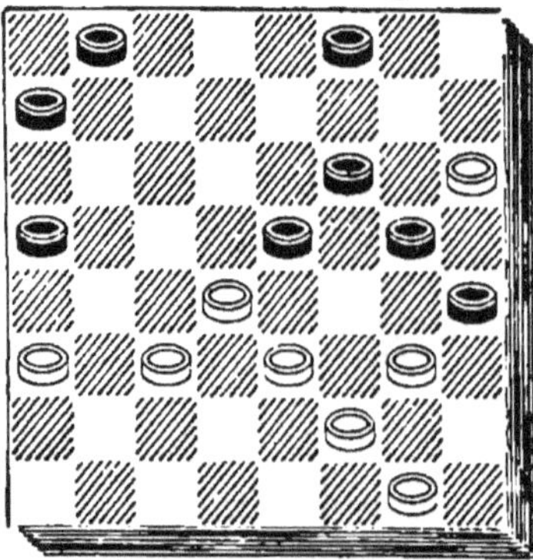

White to move and draw.

742.—W. Reid.

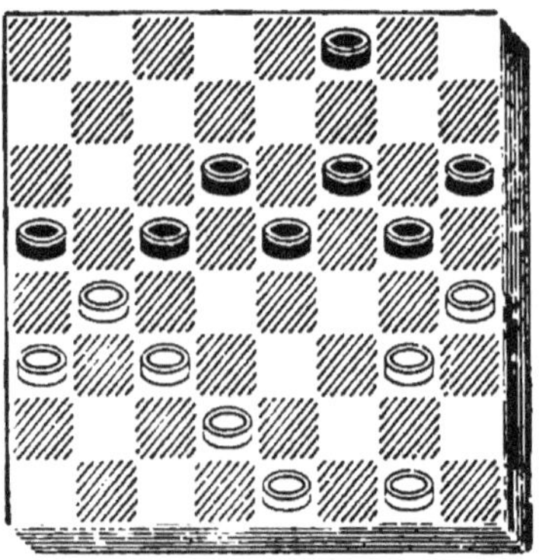

White to move and draw.

743.—J. Birkinshaw.

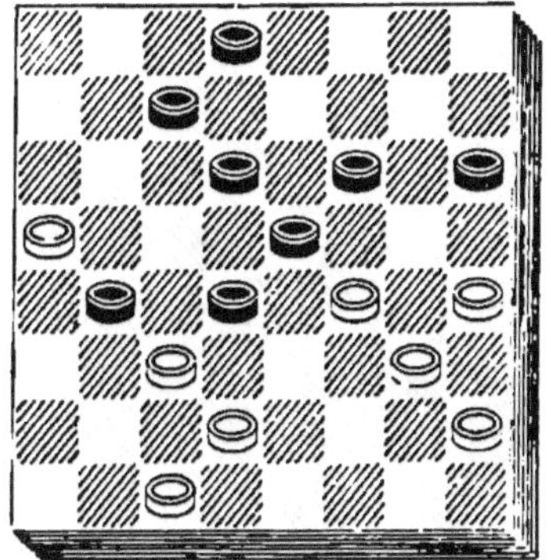

White to move and win.

744.—A. Schaefer, M.D.

Black to move and win.

745.—Mr. Wickham.

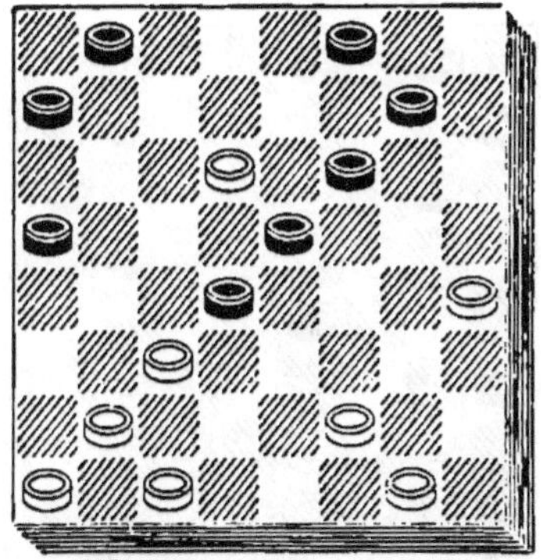

White to move and win.

746.—J. Smith.

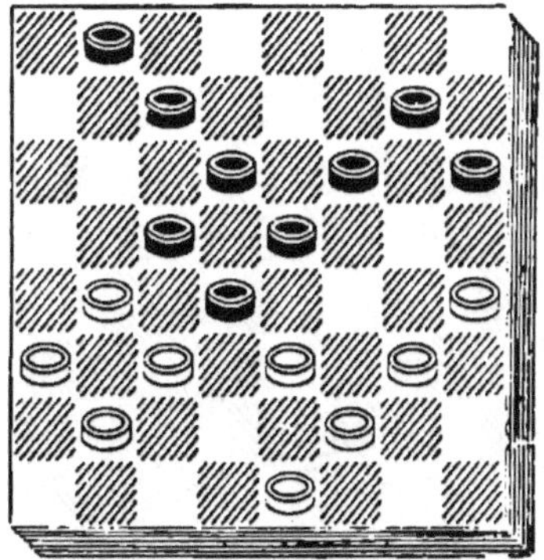

White to move and win.

747.—T. Vanner.

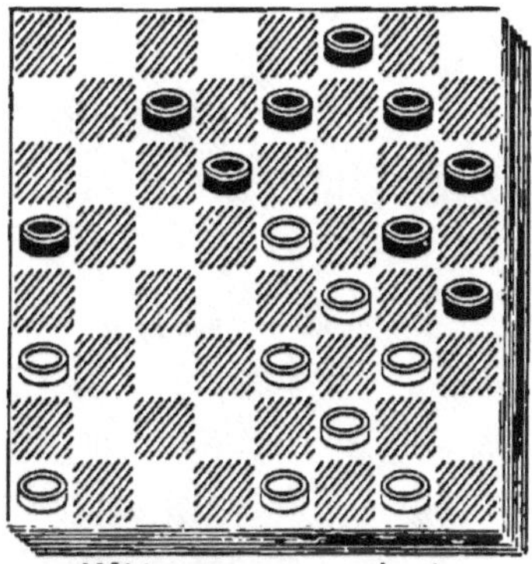

White to move and win.

748.—R. Home.

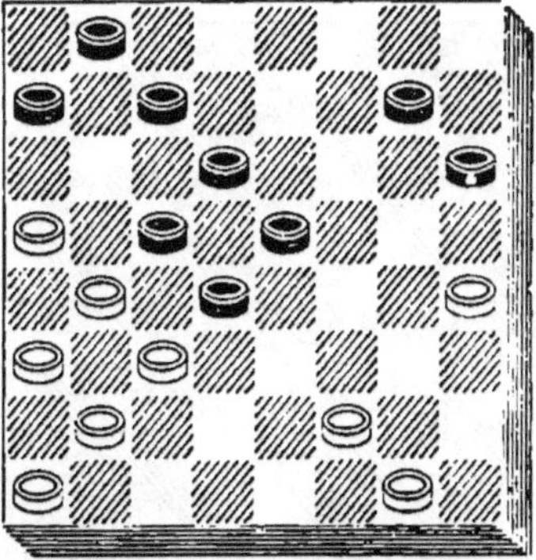

White to move and win.

749.—Z. Nicholas.

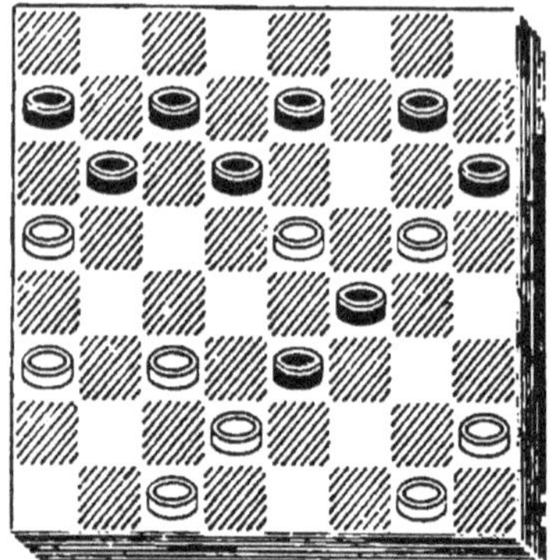

White to move and win.

750.—W. Strickland.

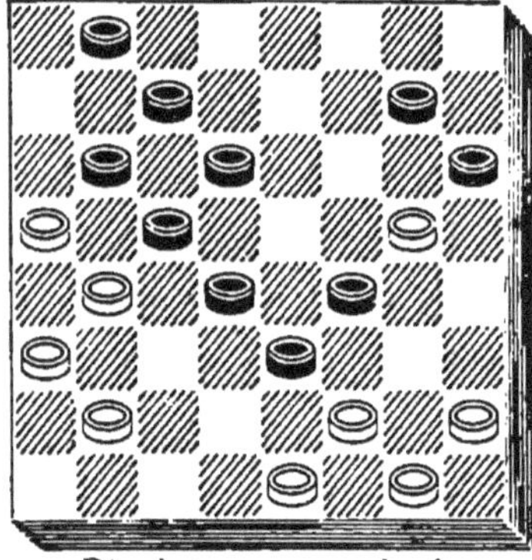

Black to move and win.

751.—J. Black.

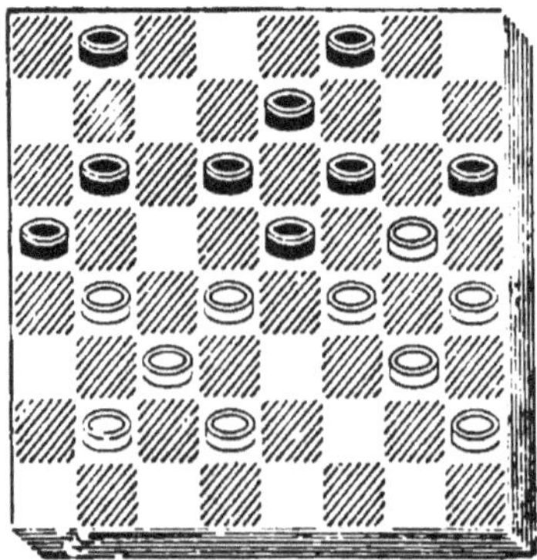

White to move and win.

752.—E. Moriarty.

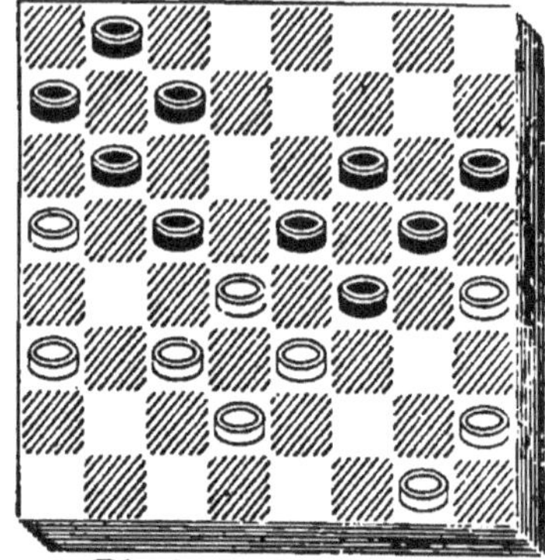

Black to move and win.

753.—S. T. Allen.

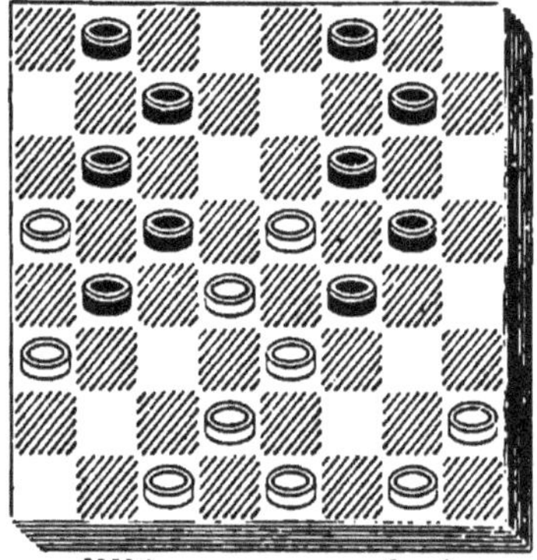

White to move and win.

754.—Mr. Saukell.

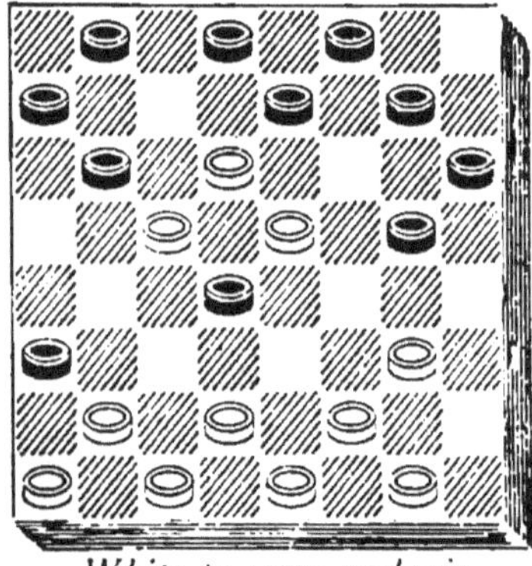

White to move and win.

SECTION XIV.

PROBLEMS AND CRITICAL POSITIONS

BY

VARIOUS AUTHORS.

755.—R. Marr.

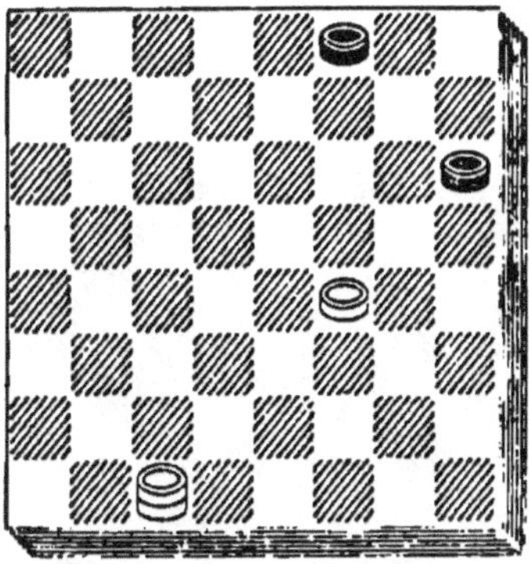

Black to move and draw.

756.—D. Cusin.

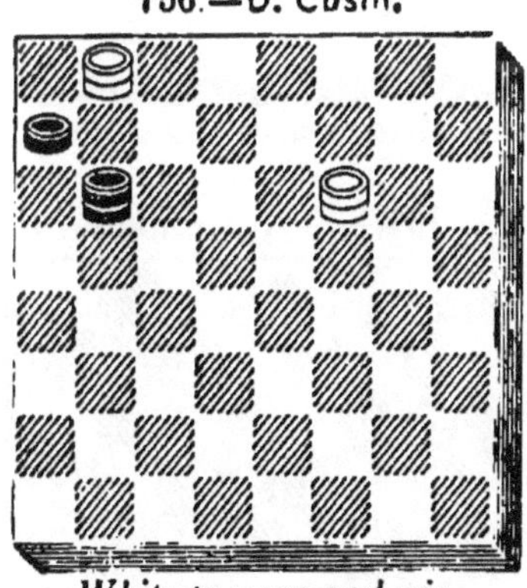

White to move and win.

757.—A. Hannah.

Black to move and win.

758.—J. R. Yeoman.

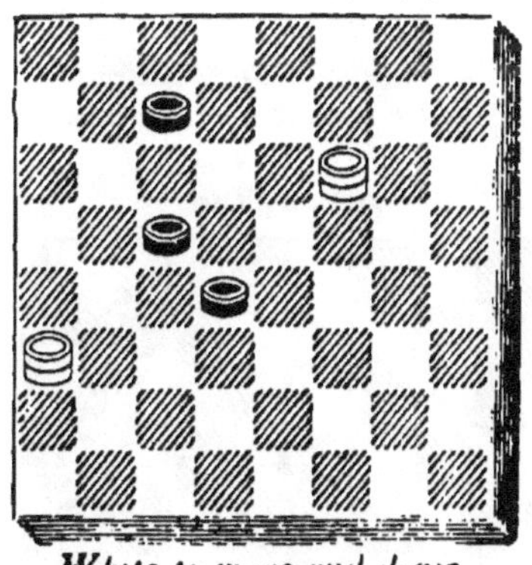

White to move and draw.

759.—J. R. Yeoman.

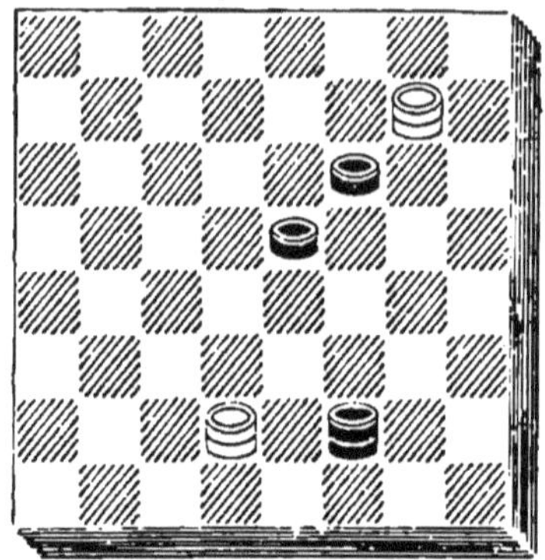

Black to move and win.

762.—J. Stark.

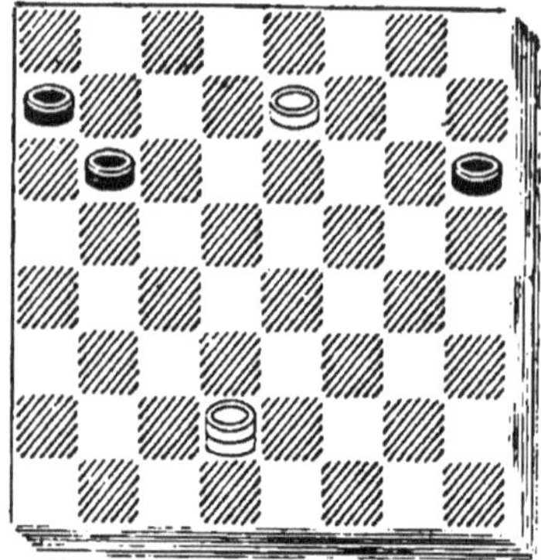

Black to move, W. to draw.

760.—J. R Yeoman.

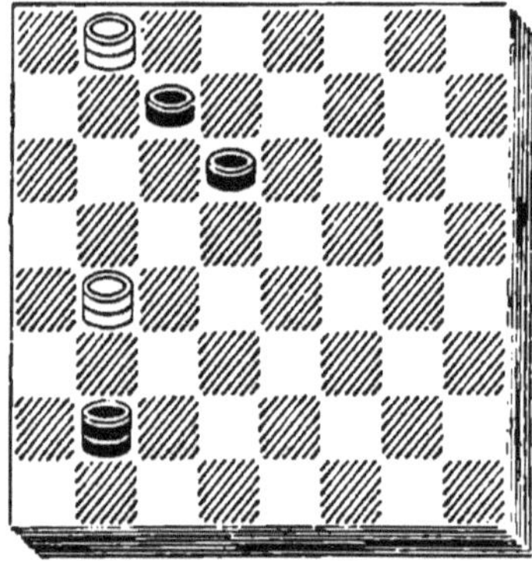

White to move, B. to win.

763.—W. Taylor.

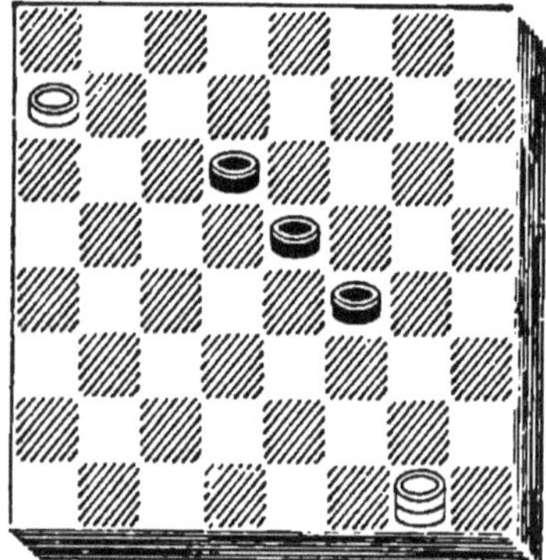

White to move and draw.

761.—"Var."

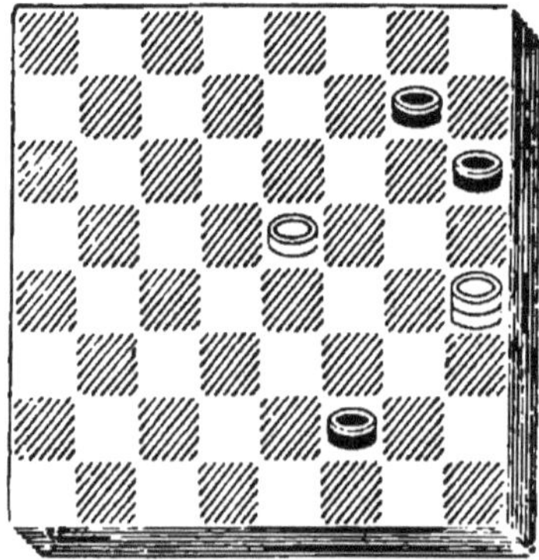

Black to move and win.

764.—J. R. Yeoman.

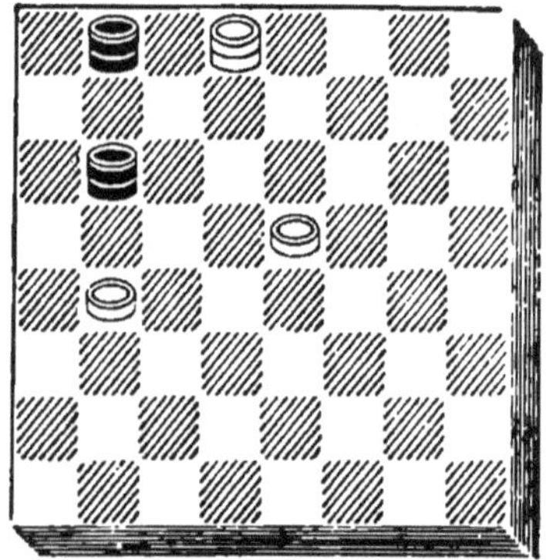

Black to move, W. to win.

765.—W. Grey.

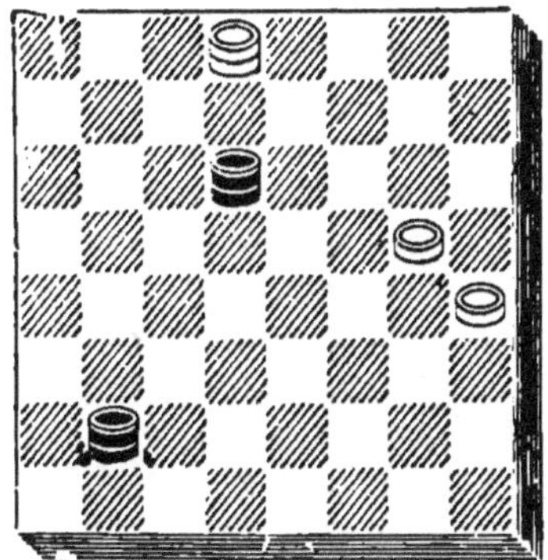

Black to move and draw.

768.—Late R. Graham.

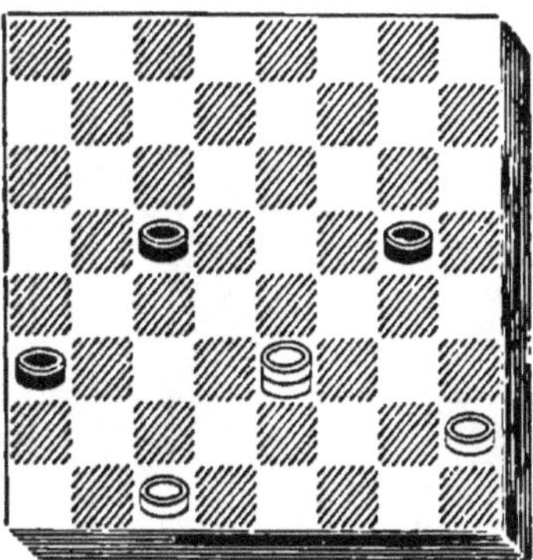

White to move and win.

766.—W. Bownas.

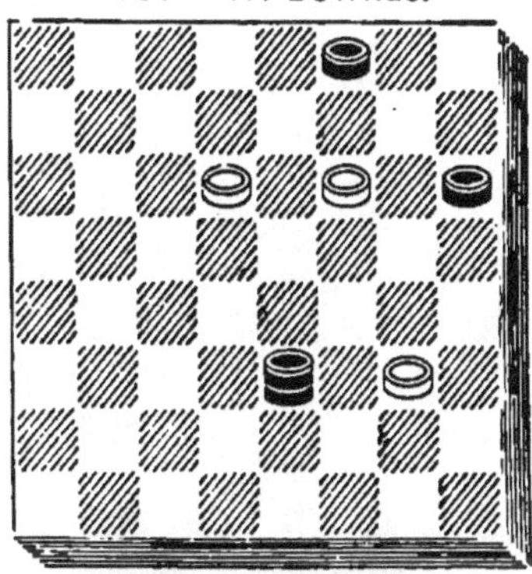

Black to move and win.

769.—G. Price.

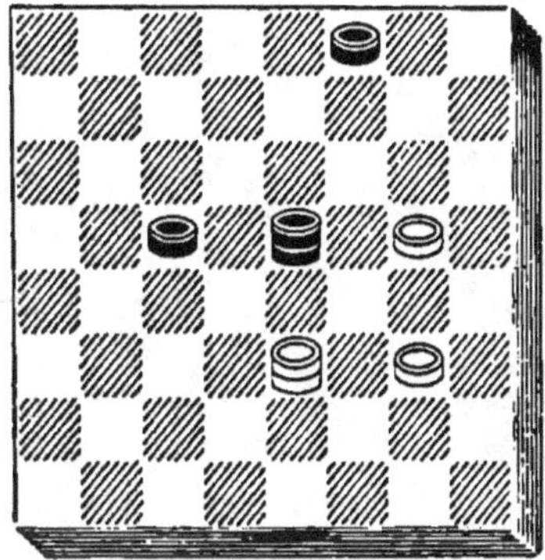

Black to move and win.

767.—W. Strickland,

Black to move and draw.

770.—G. Price.

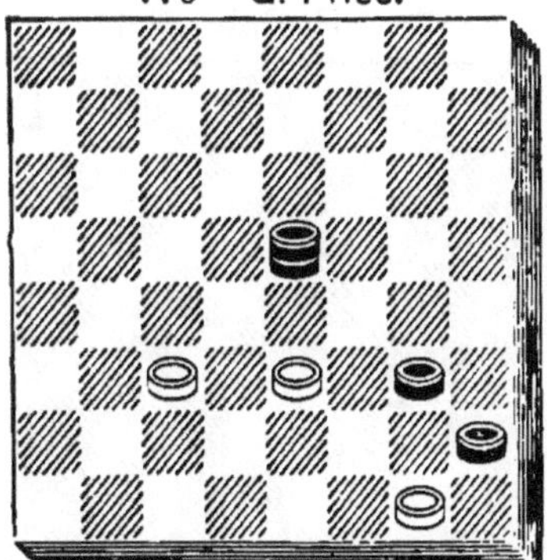

Black to move and draw.

771.—R. McCulloch.

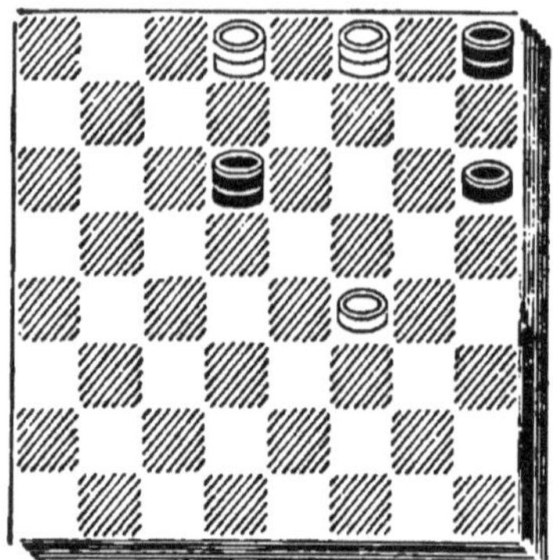

Black to move and draw.

774.—R. McCulloch.

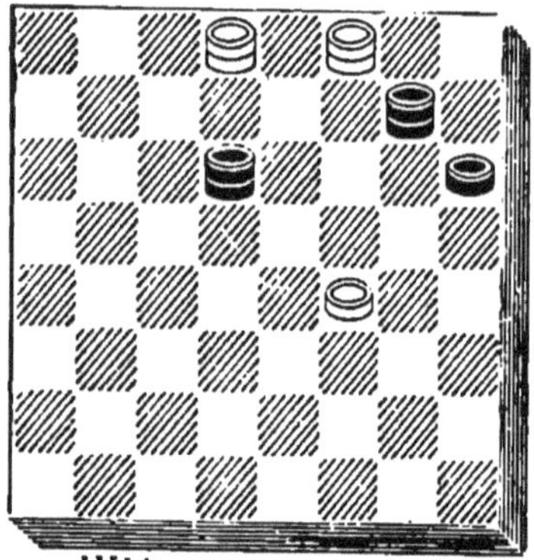

White to move and win.

772.—J. R. Yeoman.

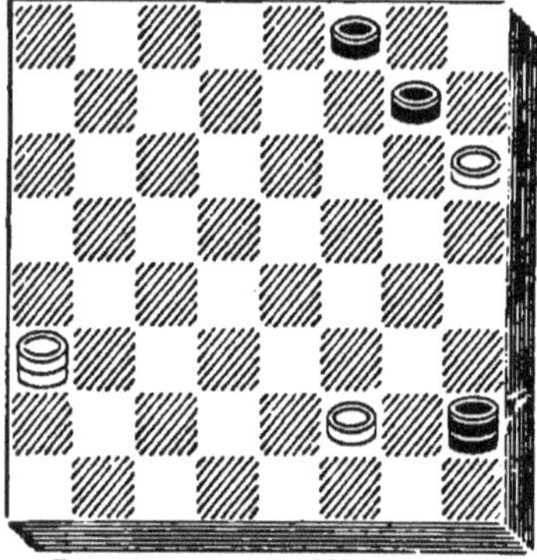

Black to move, W. to draw.

775.—W. Buchanan.

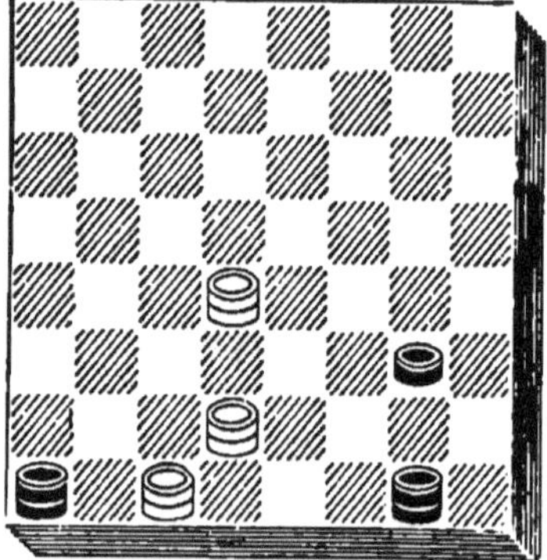

White to move and win.

773.—R. Robinson.

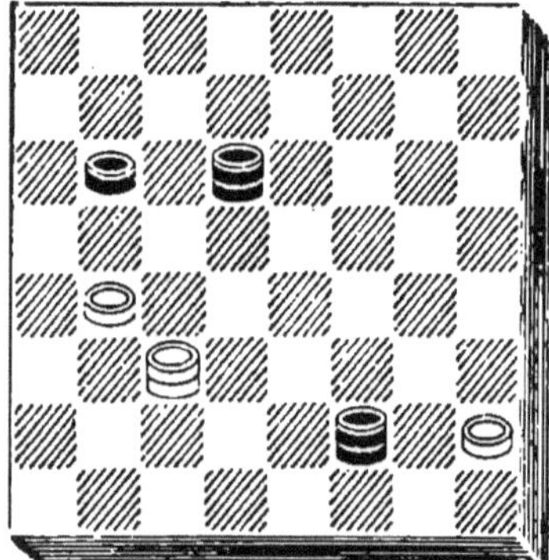

Black to move and win.

776.—B. Woodhouse.

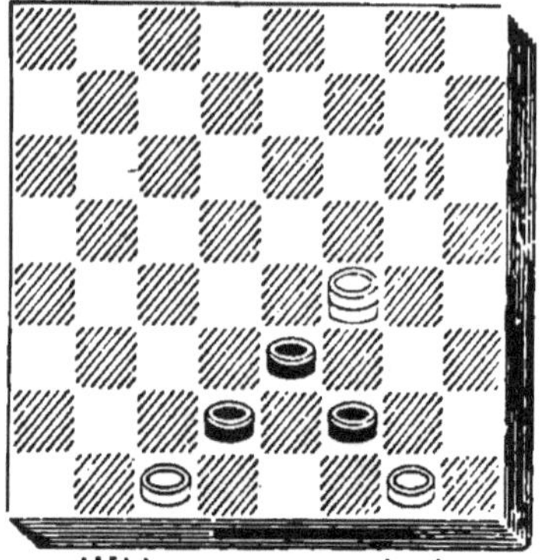

White to move and win.

777.—W. Taylor.

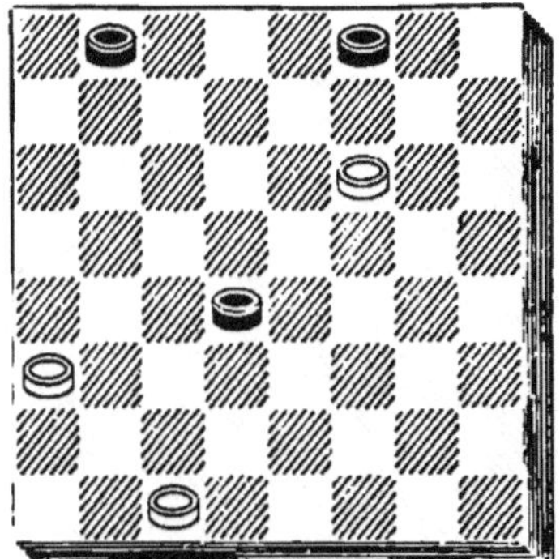

Black to move, W. to draw.

780.—W. Bennett.

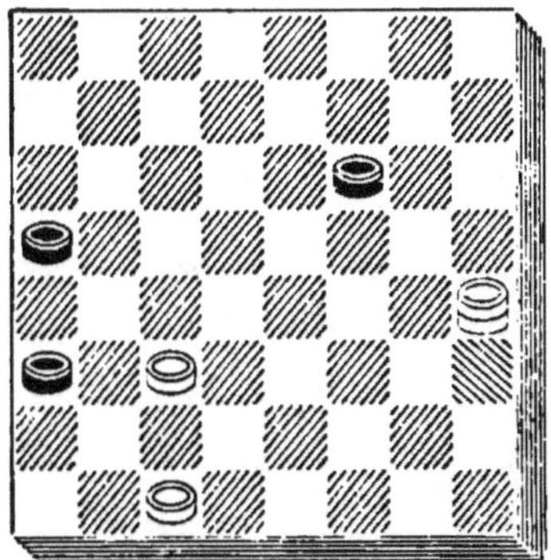

White to move and win.

778.—Author Unknown.

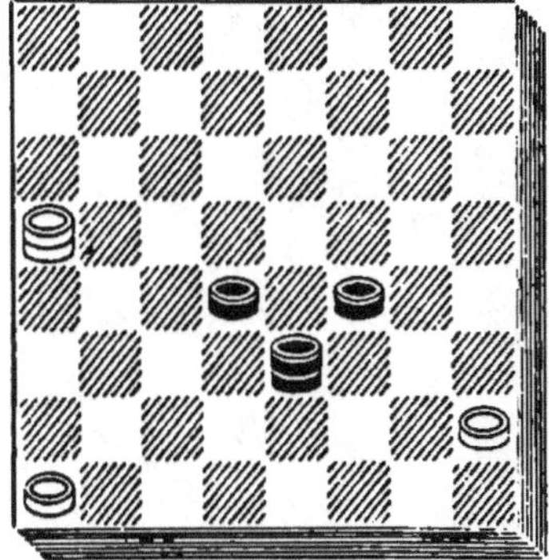

Black to move and win.

781.—H. Reid.

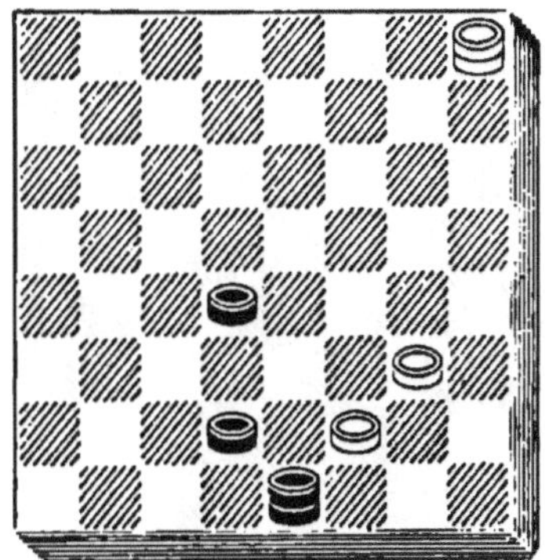

Black to move and win.

779.—W. Leggett.

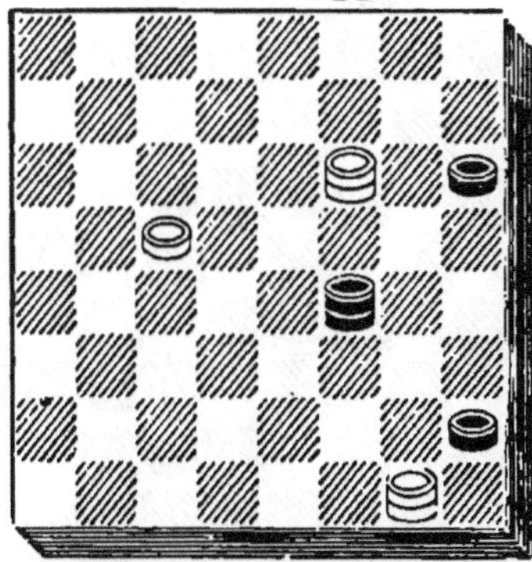

White to move and win.

782.—A. Mackintoch.

Black to move, W. to draw.

783.—A. Pulker.

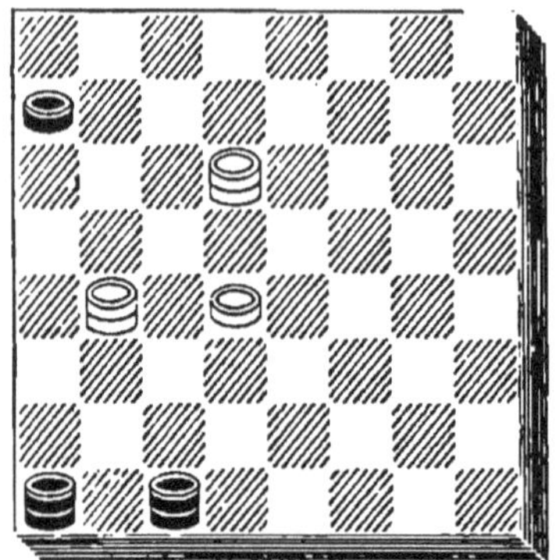

White to move and win.

786.—J. Deans.

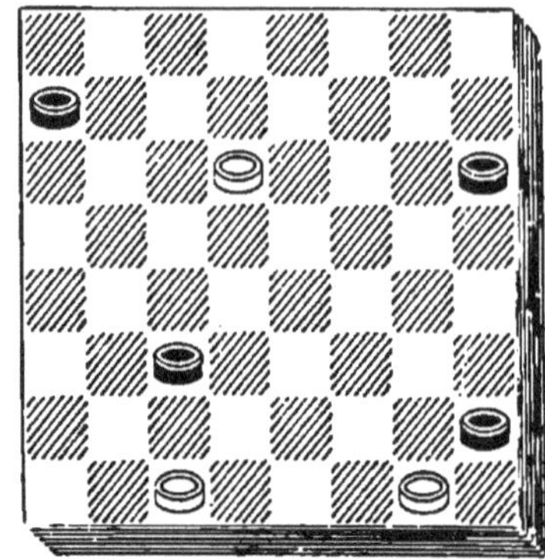

White to move and draw.

784.—J. W. Aspinall.

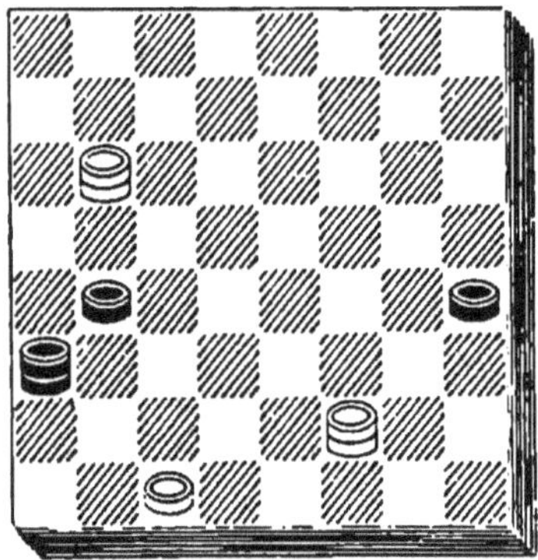

White to move and win.

787.—T. Fife.

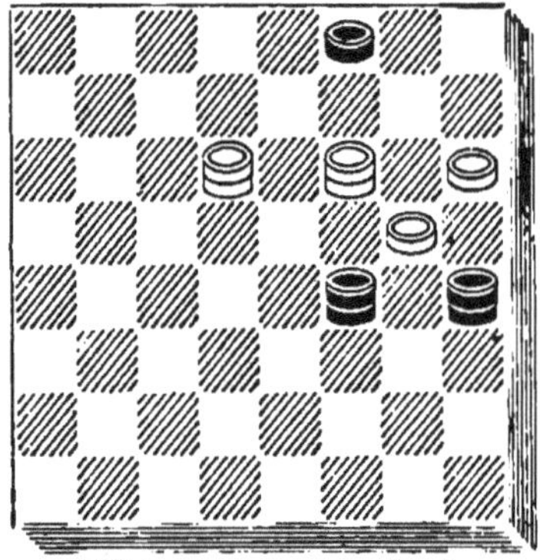

White to move and win.

785.—H. Reid.

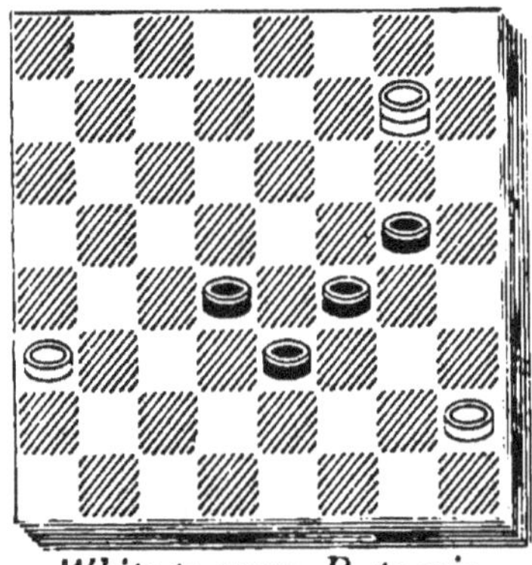

White to move, B. to win.

788.—A. Hannah.

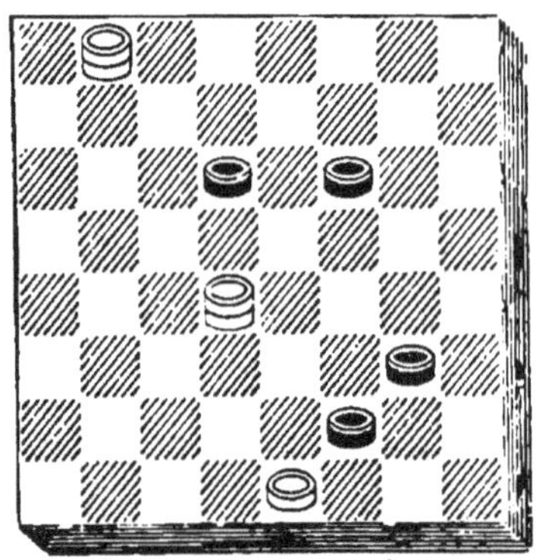

Black to move and win.

789.—H. Reid.

Black to move and win.

790.—E. Bacon.

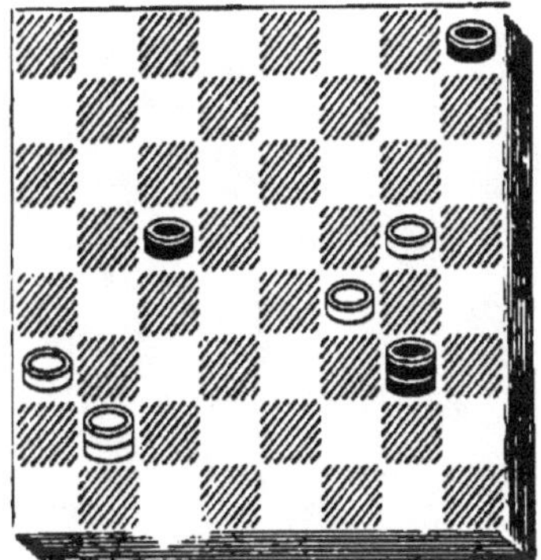

White to move and win.

791.—H. D. Lyman.

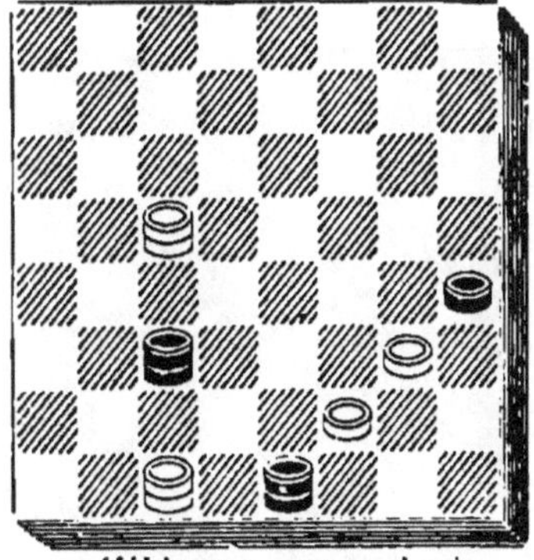

White to move and win.

792.—J. R. Yeoman.

White to move and win.

793.—E. Bacon.

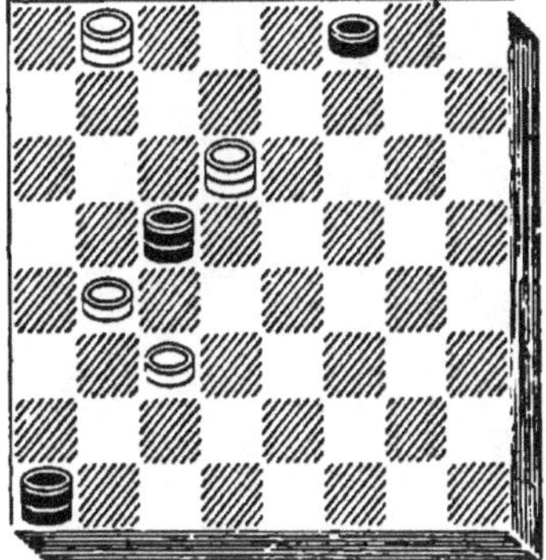

White to move and win.

794.—Z. Nicholas.

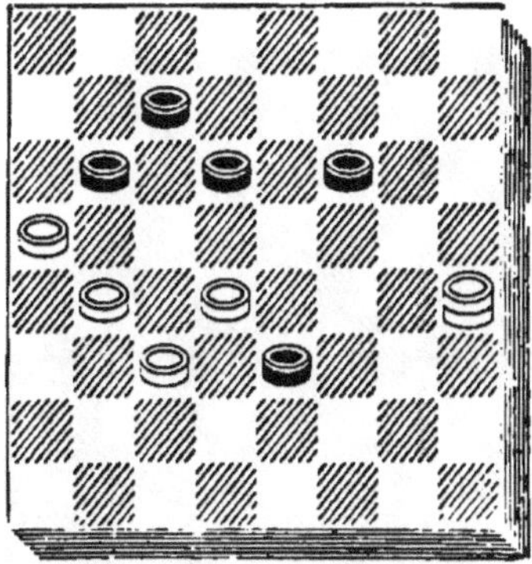

White to move and draw.

795.—R. W. Reid.

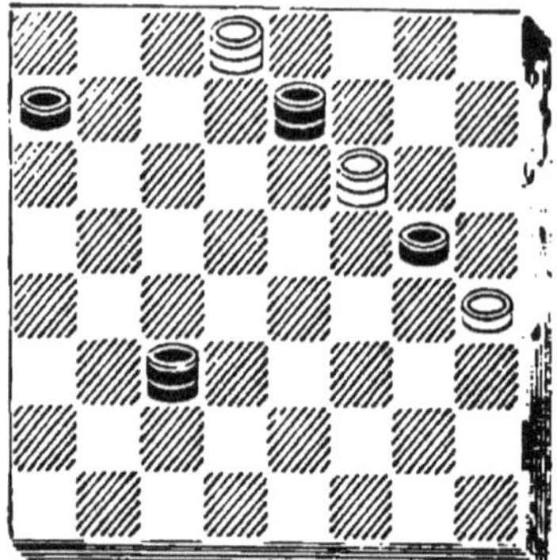

White to move and draw.

798.—J. A. Price.

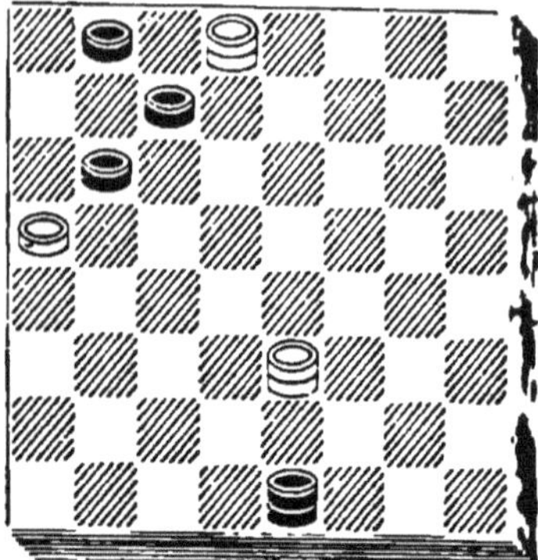

White to move and draw.

796.—P. Quigley.

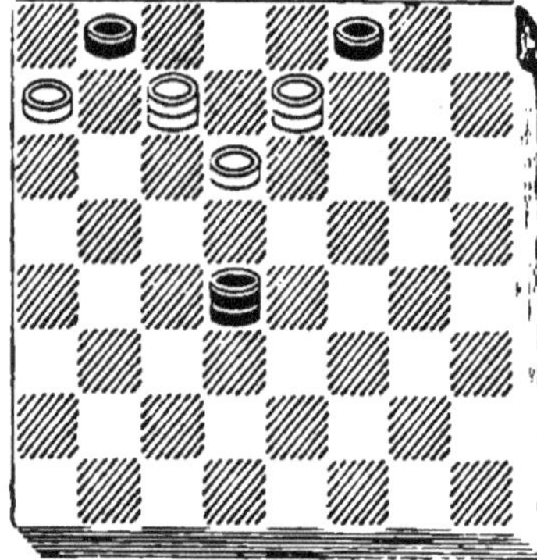

White to move and win.

799.—C. Freer.

White to move and win.

797.—A. Hannah.

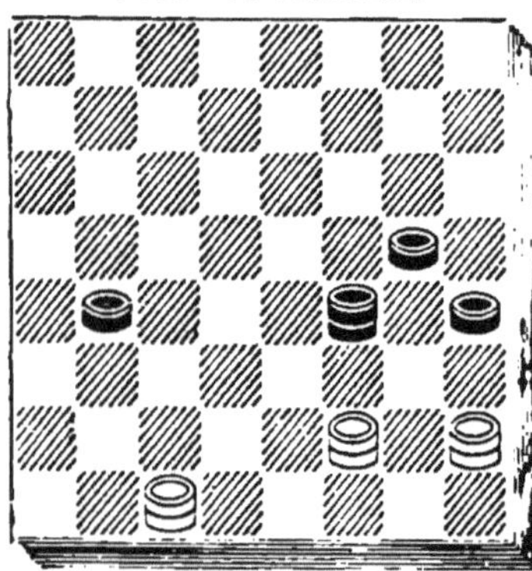

White to move and draw.

800.—A. Tannock.

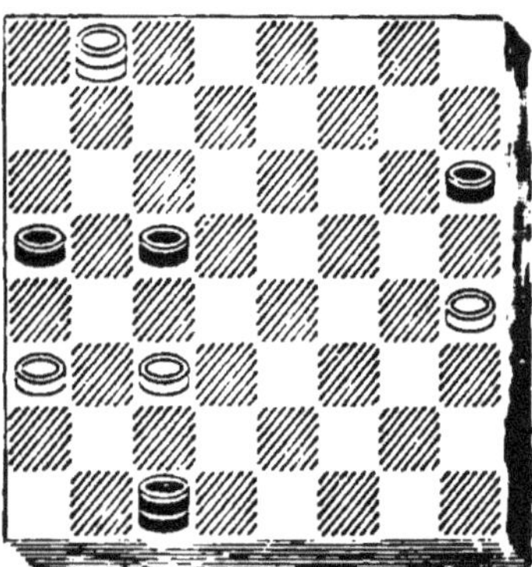

Black to move and win.

801.—J. Parker & Wyllie.

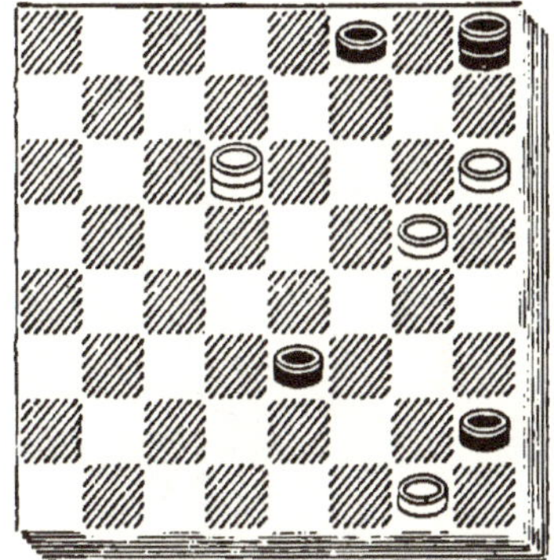

Black to move and draw.

804.—J. Tonar.

Black to move and win.

802.—E. Bacon.

Black to move and win.

805.—H. McGhee Stevenson.

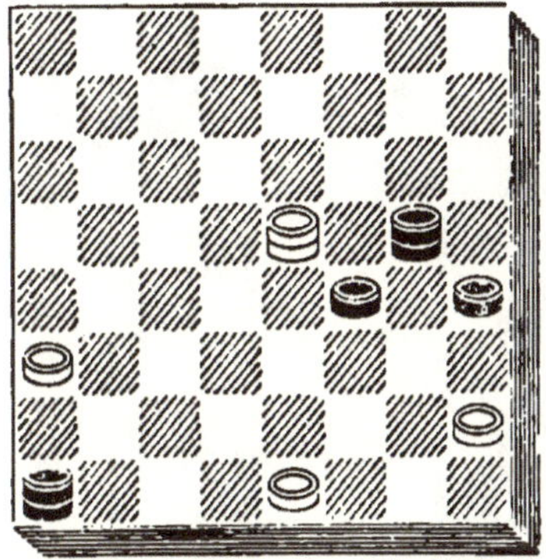

Black to move and win.

803.—R. Mar.

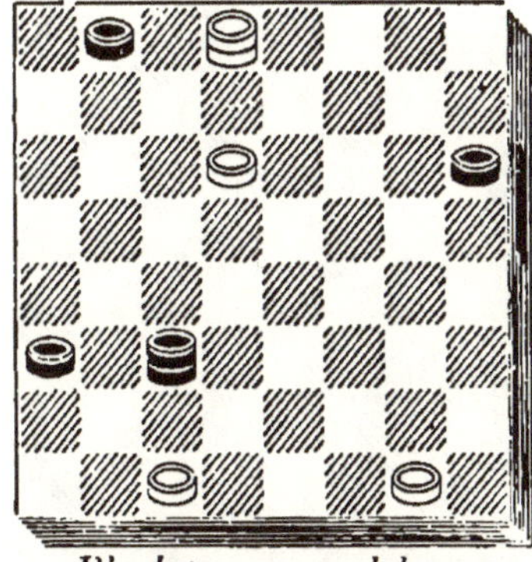

Black to move and draw.

806.—R. Birrell.

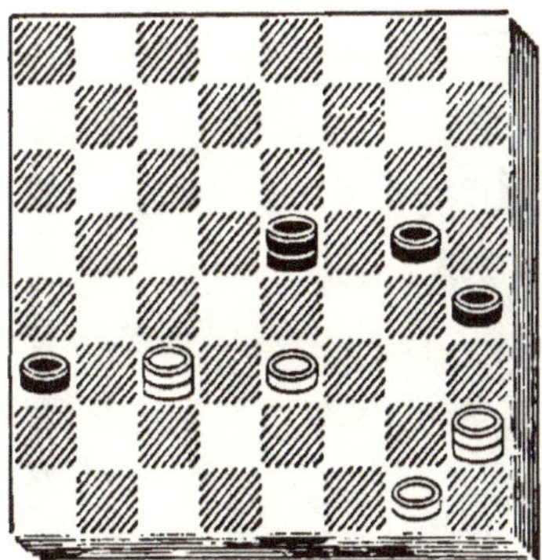

White to move and win.

807.—D. Robertson.

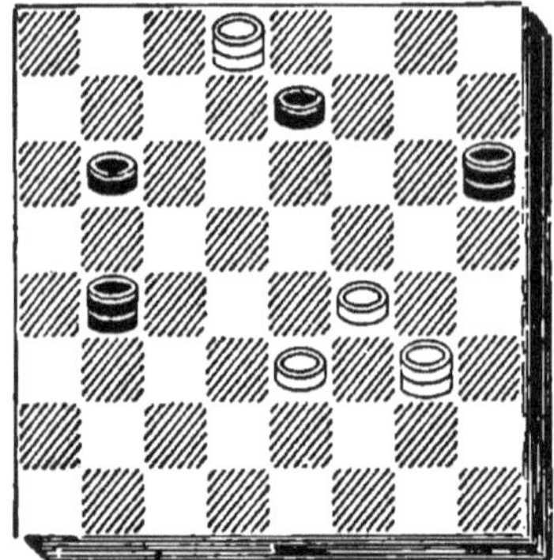

Black to move and draw.

808.—P. Scotland.

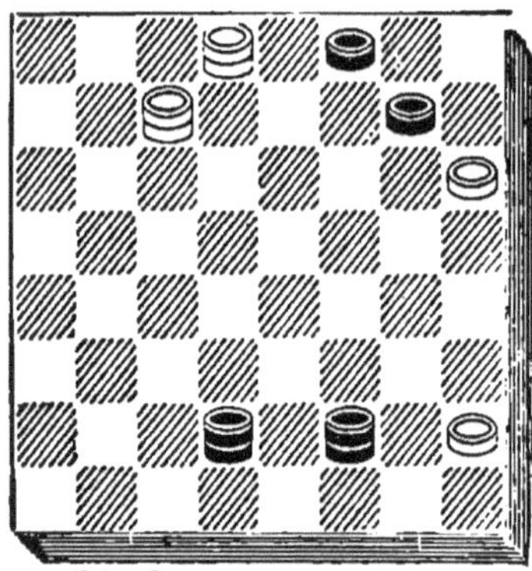

Black to move and draw.

809.—J. Brown.

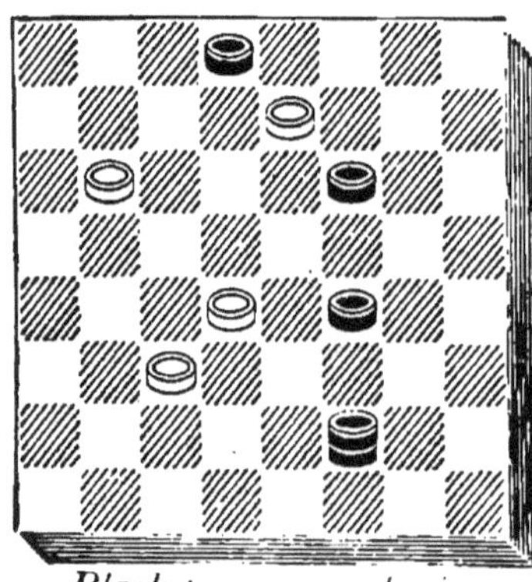

Black to move and win.

810.—G. Price.

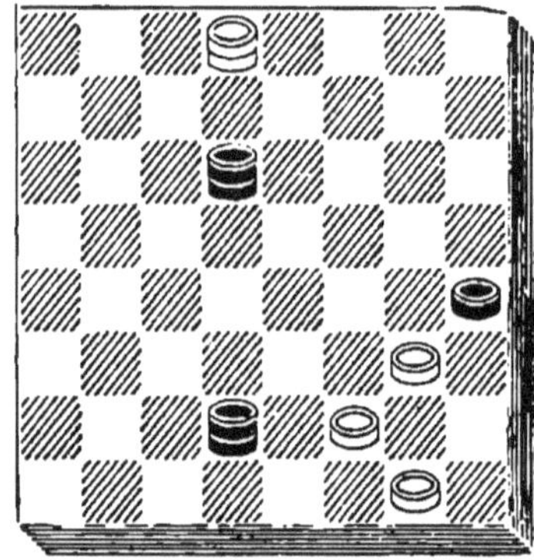

White to move and win.

811.—W. Strickland.

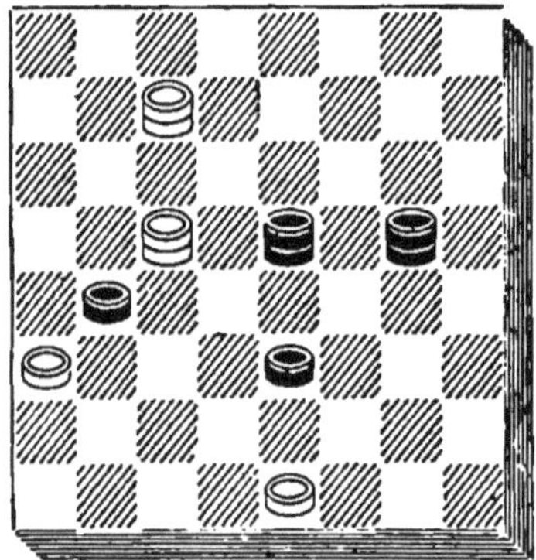

Black to move and win.

812.—Fred Allen.

Black to move and win.

813.—P. Bradley.

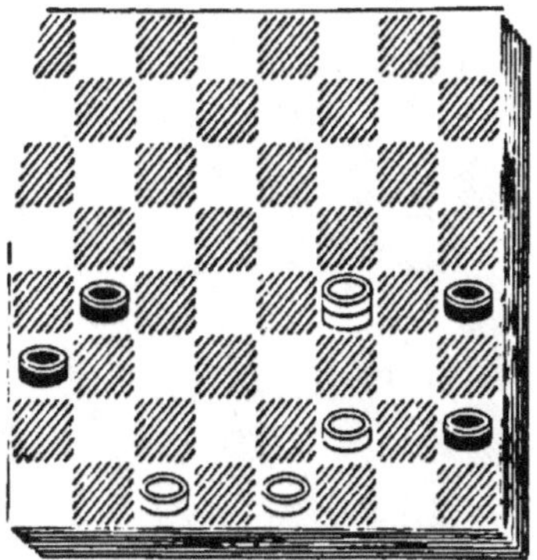

White to move and win.

816.—Harper Coltherd.

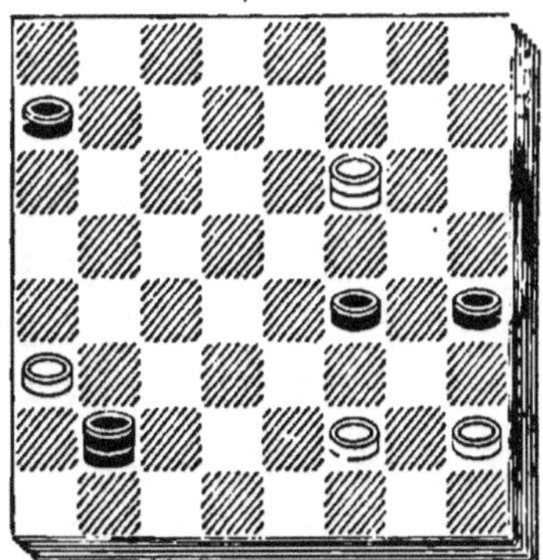

Black to move and draw.

814.—F. Allen.

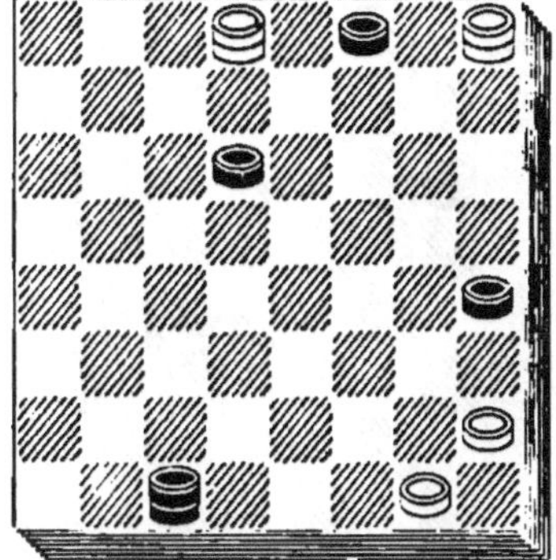

Black to move and win.

817.—R. Home.

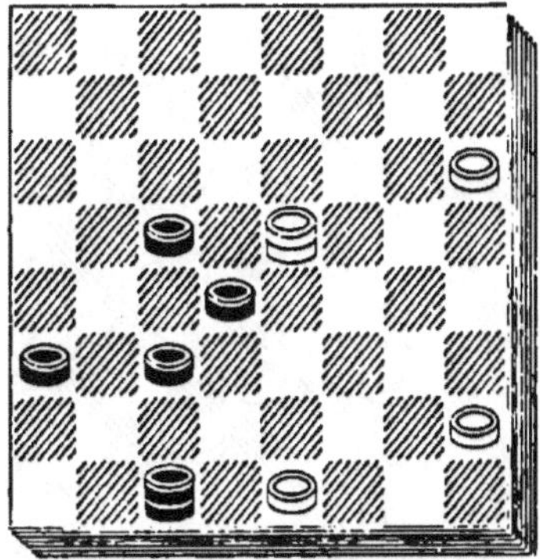

Black to move and win.

815.—F. Allen.

Black to move and draw.

818.—A. Asher.

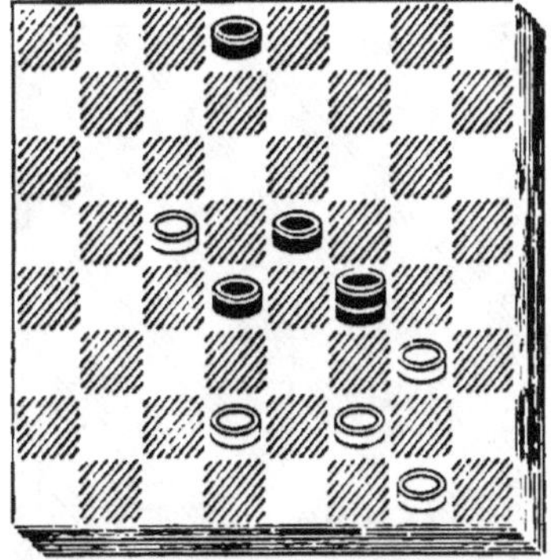

White to move and win.

819.—J. Brashaw.

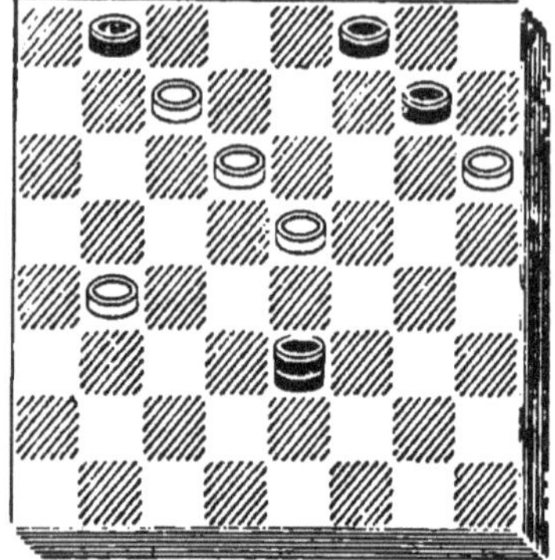

Black to move and draw.

822.—J. Nelson.

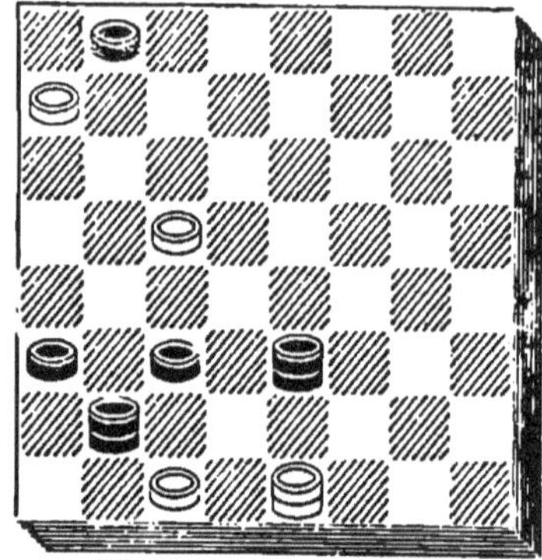

Black to move and win.

820.—E. Kaye.

White to move and win.

823.—C. Brown.

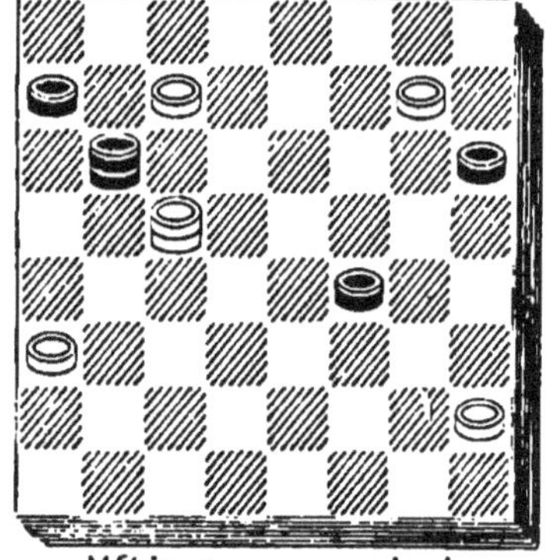

White to move and win.

821.—D. Caldwell.

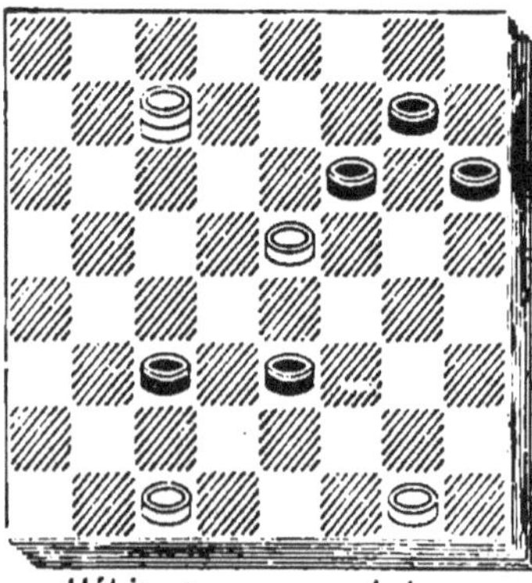

White to move and draw.

824.—J. Tonar.

Black to move and win.

825.—G. R. Menmuir.

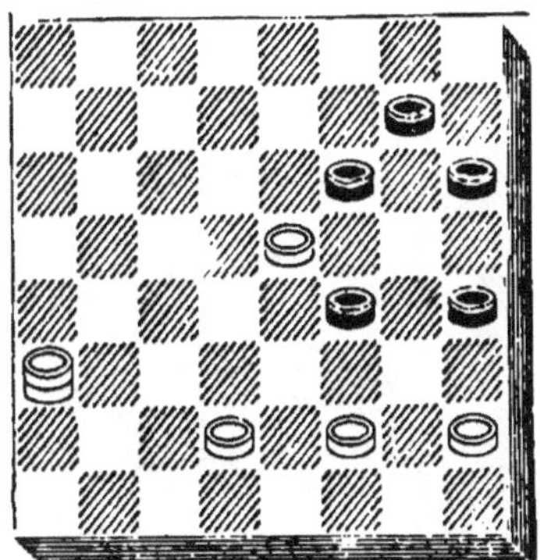

White to move and win.

828.—J. Miller.

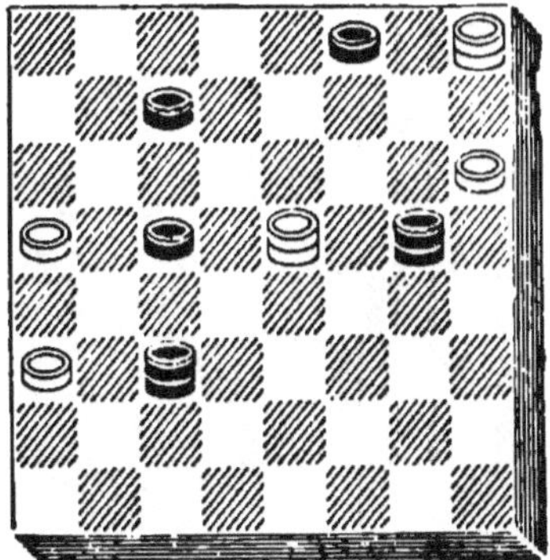

White to move, B. to win.

826.—Johnson and Scott.

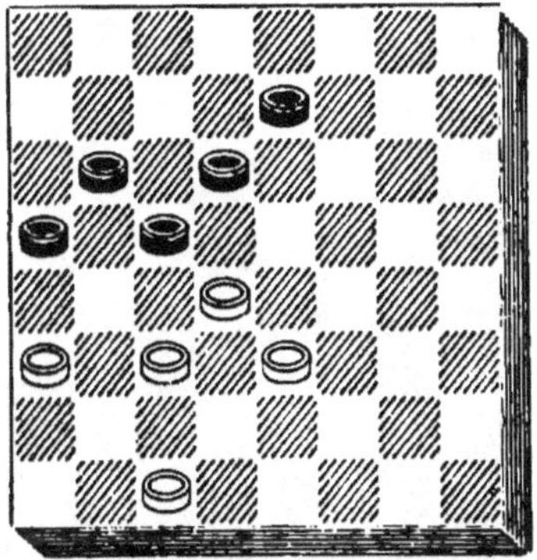

White to move and win.

829.—J. Young.

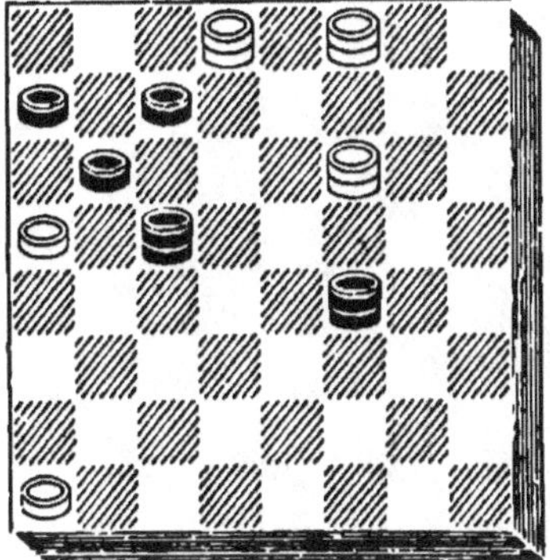

White to move and win.

827.—J. Young.

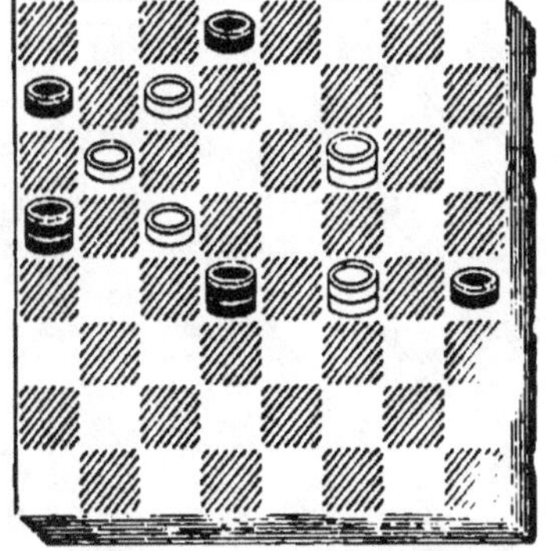

Black to move and draw.

830.—W. Mulholland.

White to move and win.

831.—W. Muir.

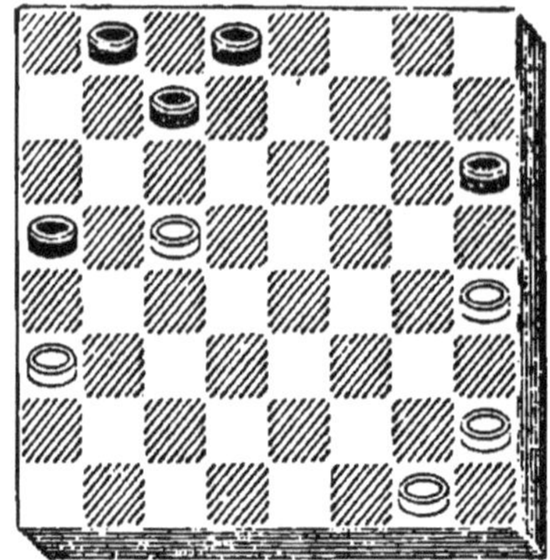

Black to move and win.

834.—W. Allison.

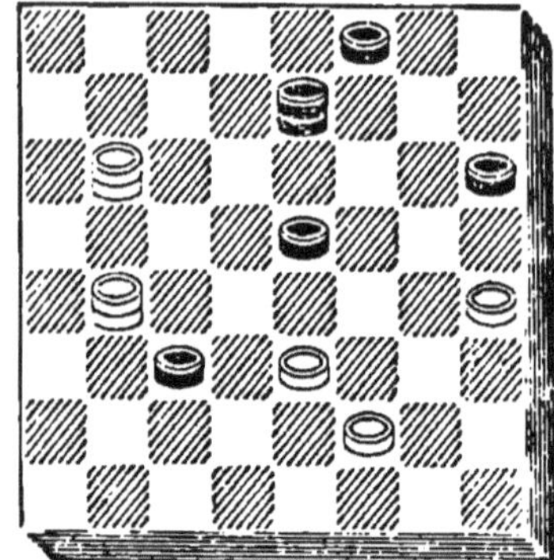

Black to move and win.

832.—W. Grey.

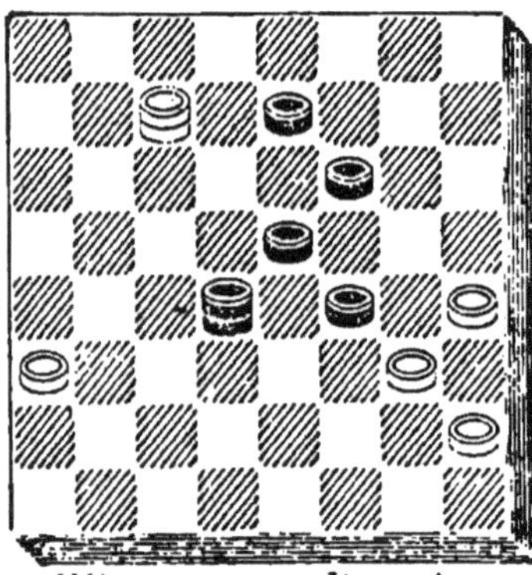

White to move, B. to draw.

835.—C. Wilson.

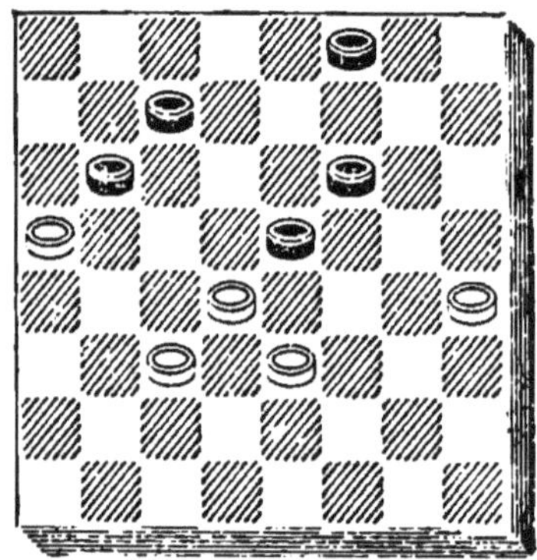

White to move and win.

833.—W. Porte.

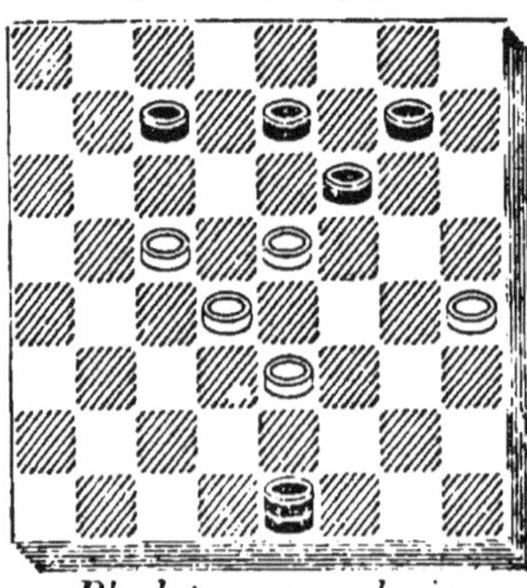

Black to move and win.

836.—R. W. Gibson.

White to move and win.

837.—Whitney *v.* Boyd.

Black to move and win.

838.—F. Allen.

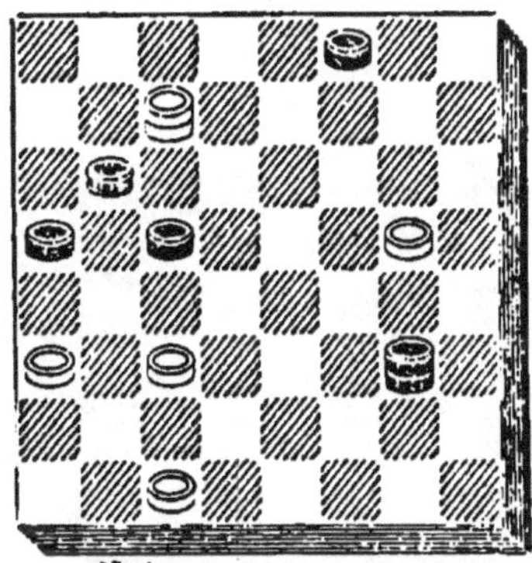

White to move and win.

839.—T. Downie.

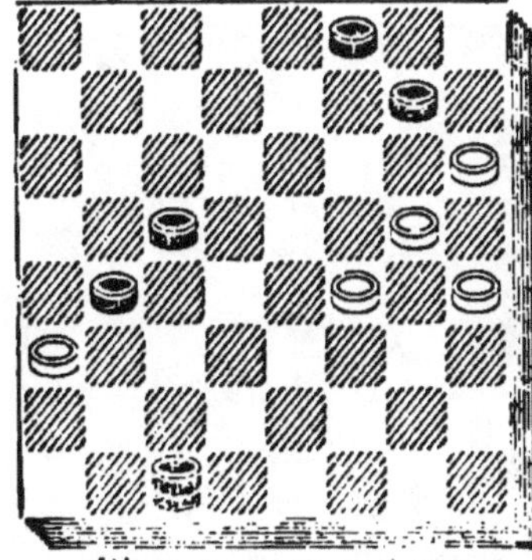

Black to move and win.

840.—J. Parker & Wyllie.

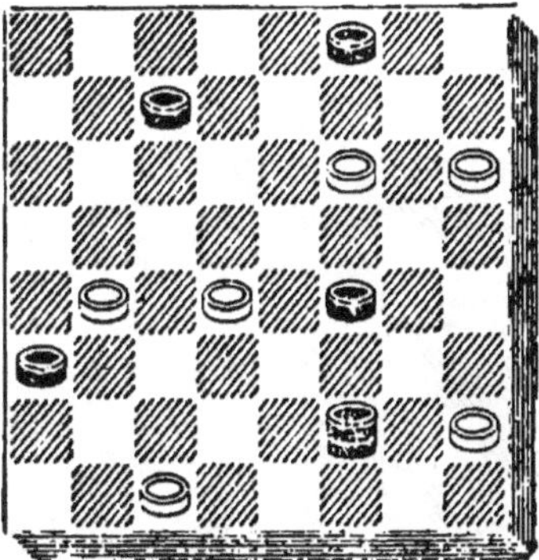

Black to move and draw.

841.—A. Hannah.

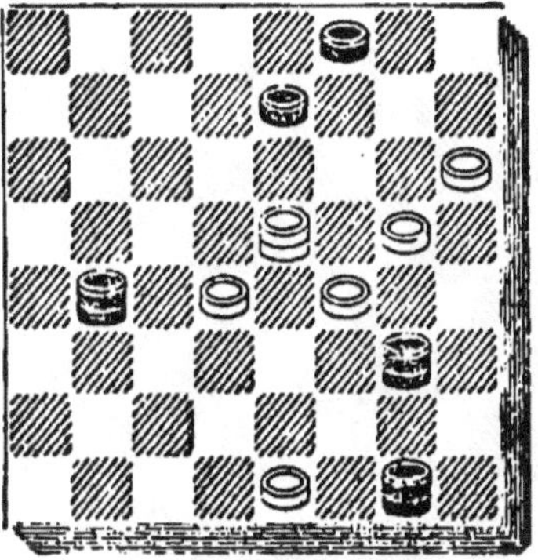

White to move and win.

842.—W. Taylor.

Black to move and draw.

843.—J. Cowden.

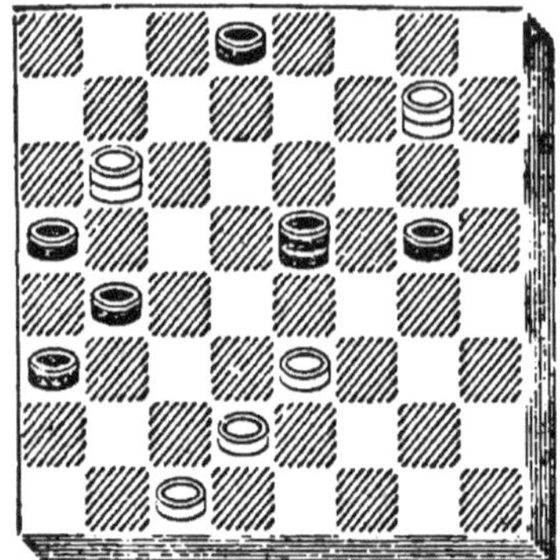

White to move and win.

846.—R. Home.

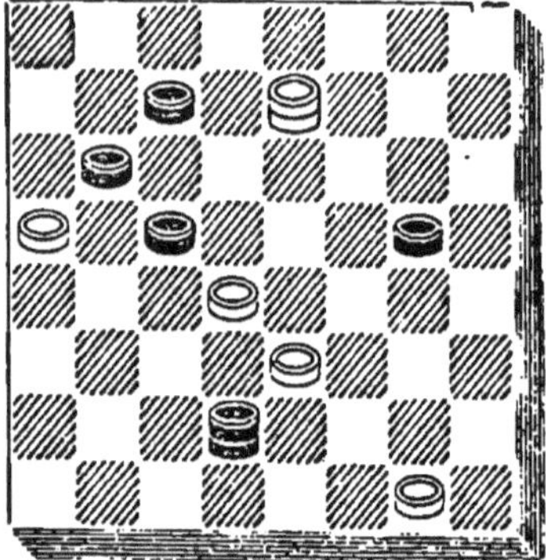

White to move and draw.

844.—J. Rattigan.

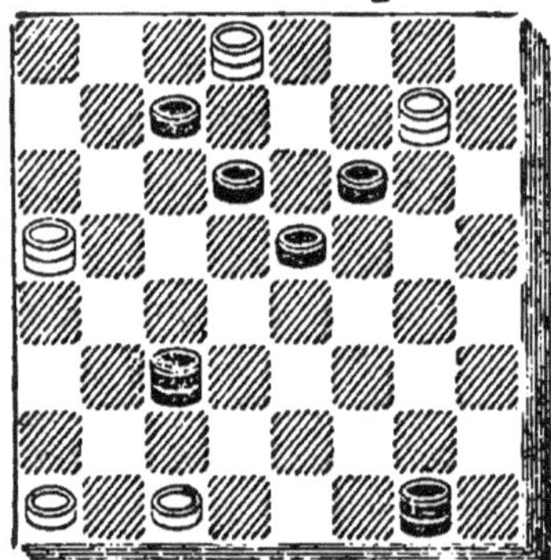

Black to move and win.

847.—G. S. Foord.

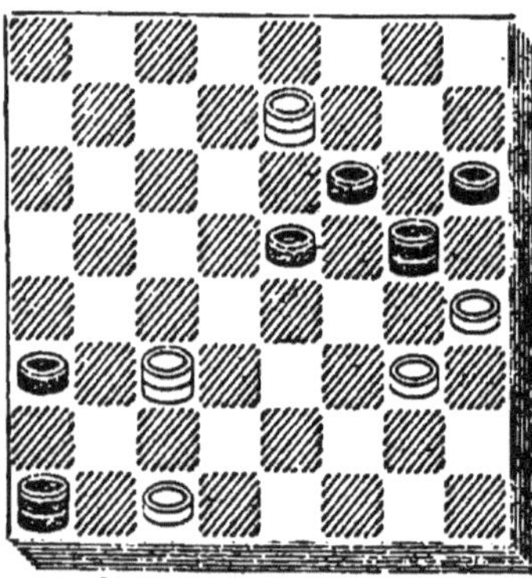

White to move and draw.

845.—J. Rattigan.

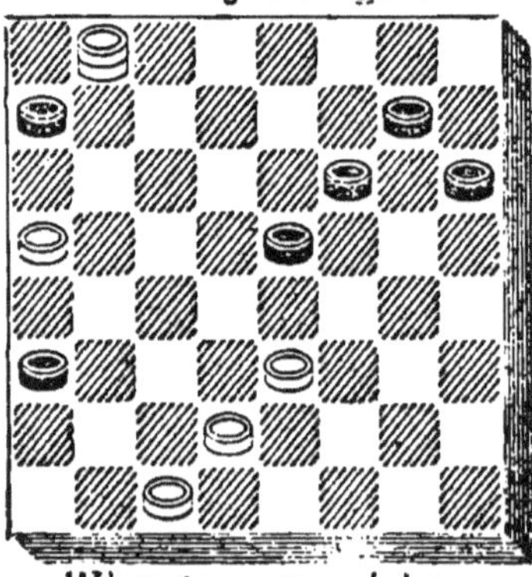

White to move and draw.

848.—G. W. Smith.

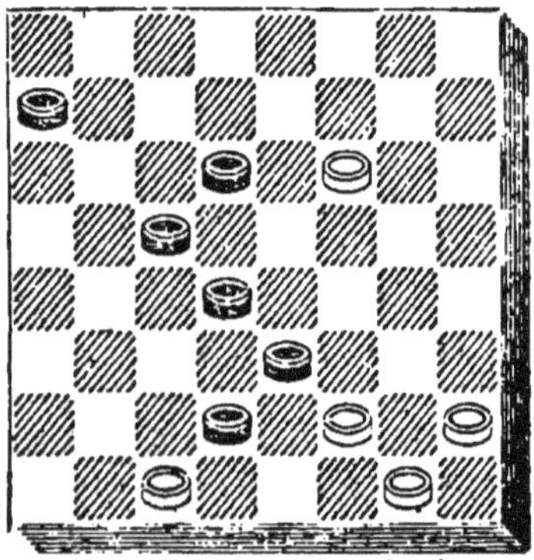

Black to move and win.

849.—A. Hannah & R. Mar.

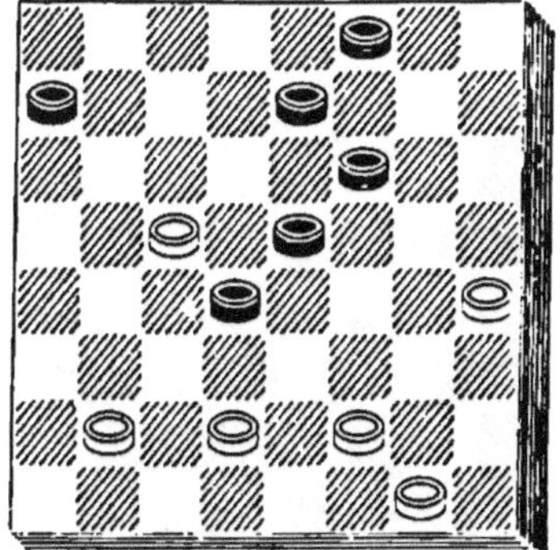

White to move and win.

850.—M. Cowan.

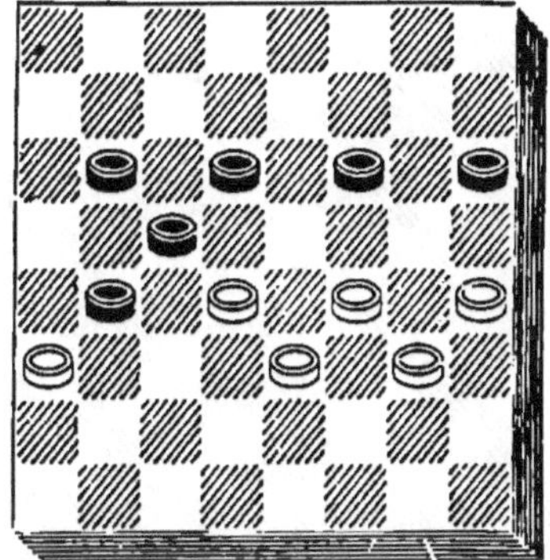

White to move and draw.

851.—W. Muir.

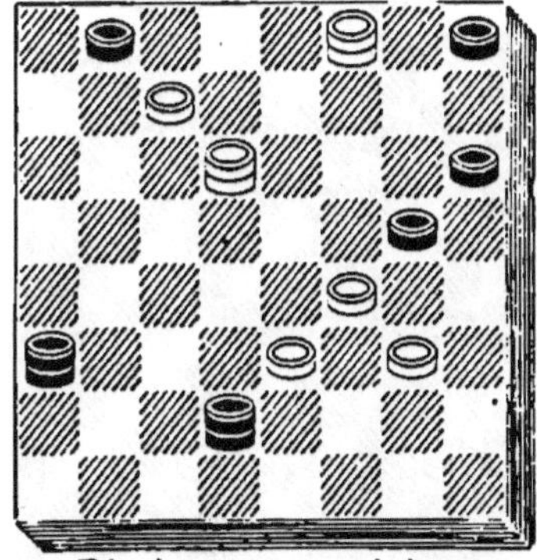

Black to move and draw.

852.—J. Parker.

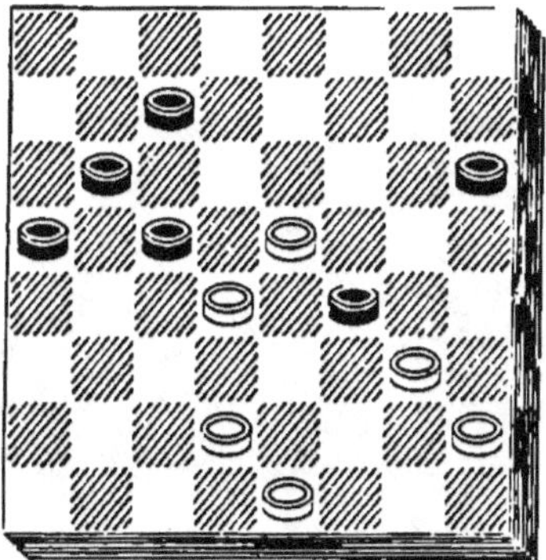

White to move and draw.

853.—W. Leggett.

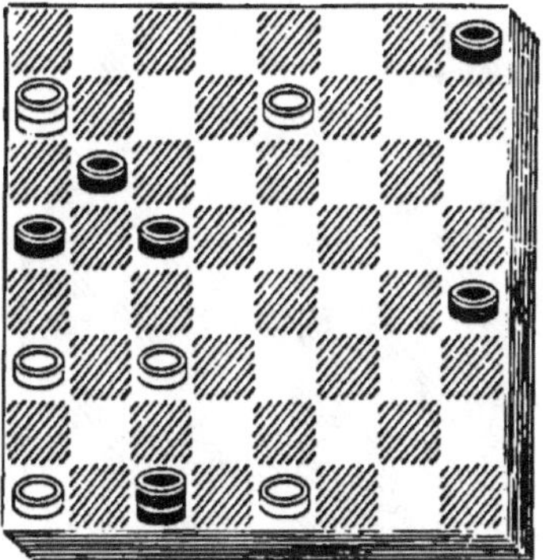

White to move and win.

854.—J. Spence.

White to move and win.

855—Dick and Beatie.

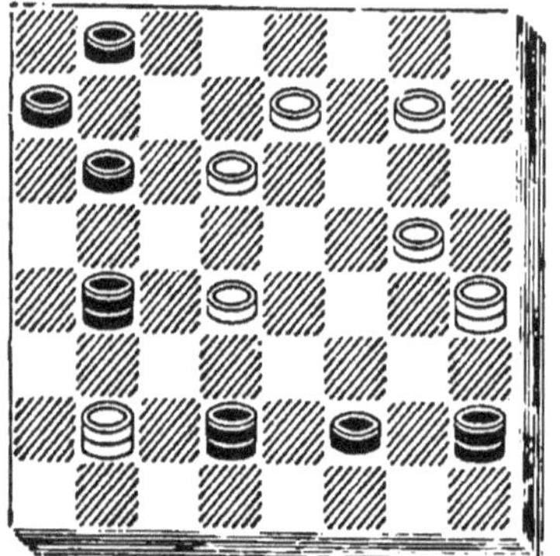

White to move and win.

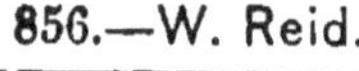

856.—W. Reid.

White to move and win.

857.—H. Price.

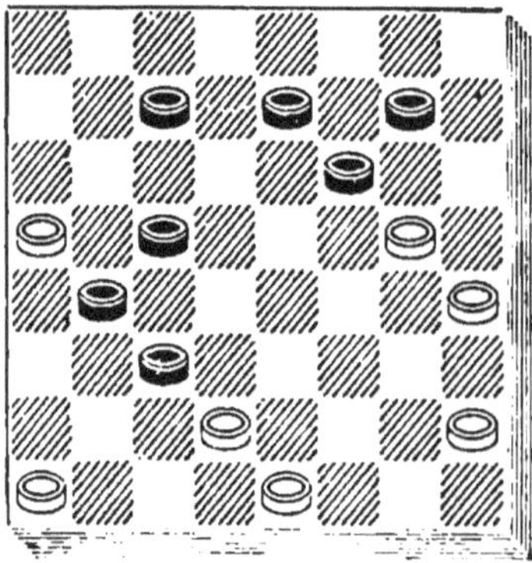

Black to move, W. to win.

858.—F. Fenwick.

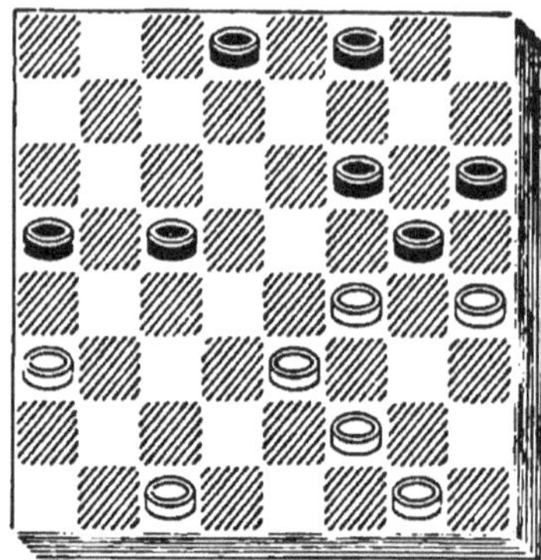

Black to move and win.

859.—J. Richards.

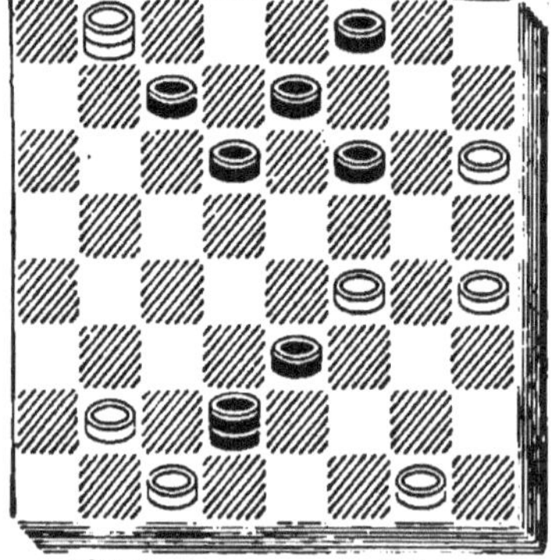

White to move and draw.

860.—J. Parkes.

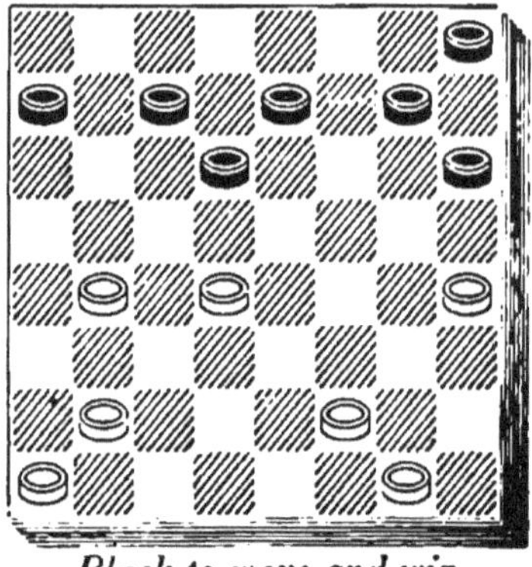

Black to move and win.

861.—J. Evans.

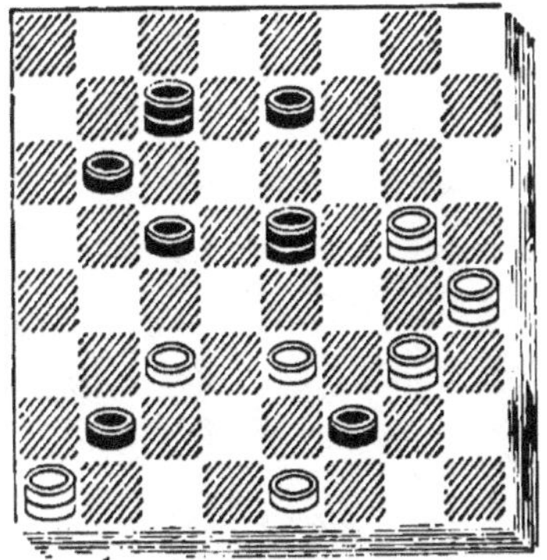

Black to move and win.

862.—J. Hogg.

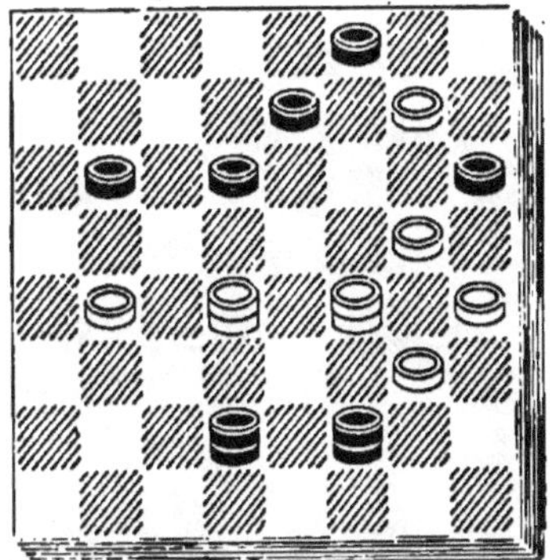

Black to move and win.

863.—J. Tonar.

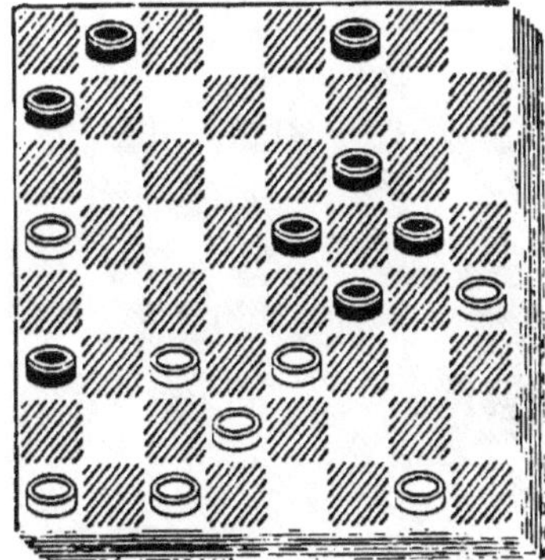

Black to move and win.

864.—F. Bownas & Sands.

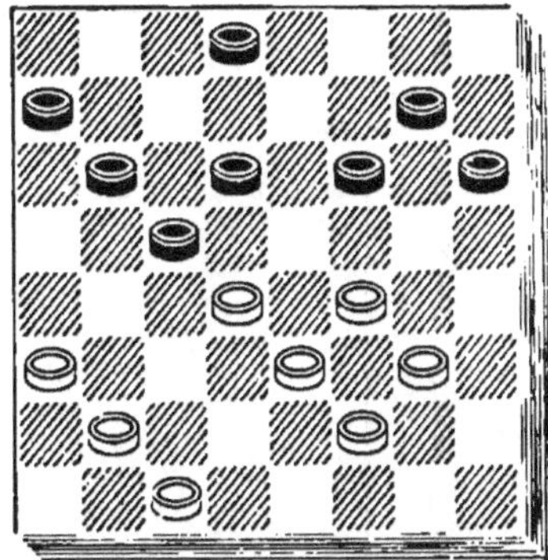

White to move and win.

865.—Harbottle & Richmond.

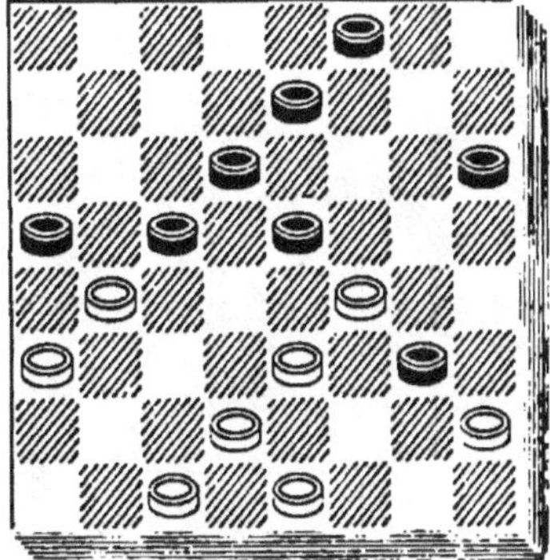

White to move and win.

866.—W. Gardner.

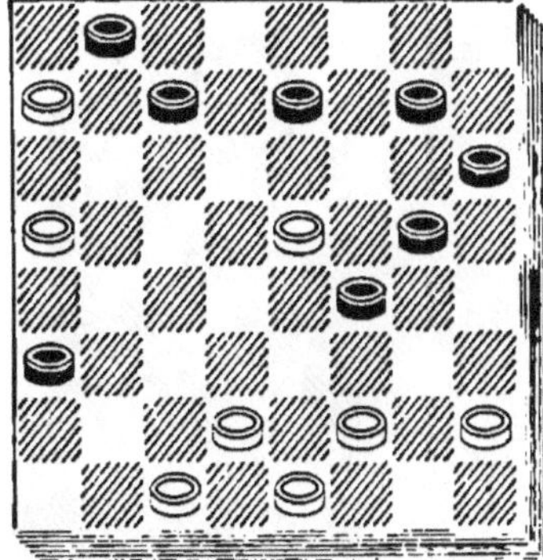

White to move and draw.

867.—R. Lyons.

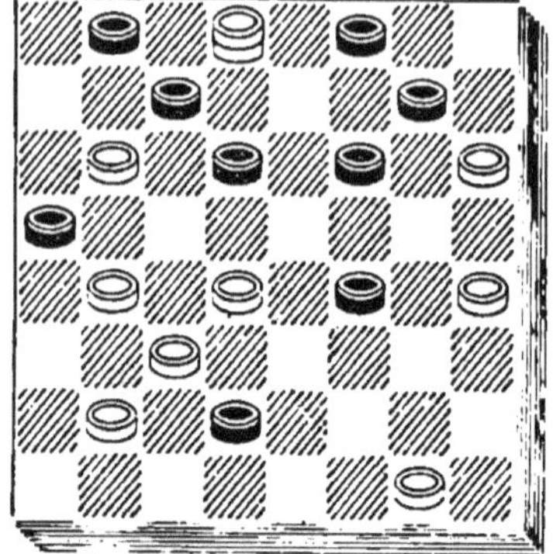

Black to move and win.

868.—W. Strickland.

Black to move and win.

869.—F. Allen.

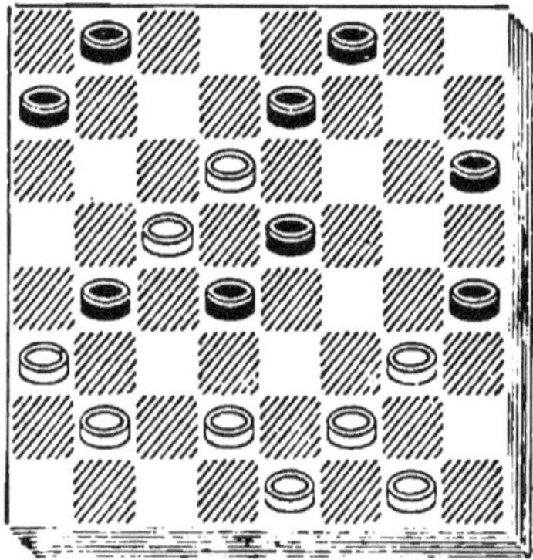

White to move and draw.

870.—Anderson.

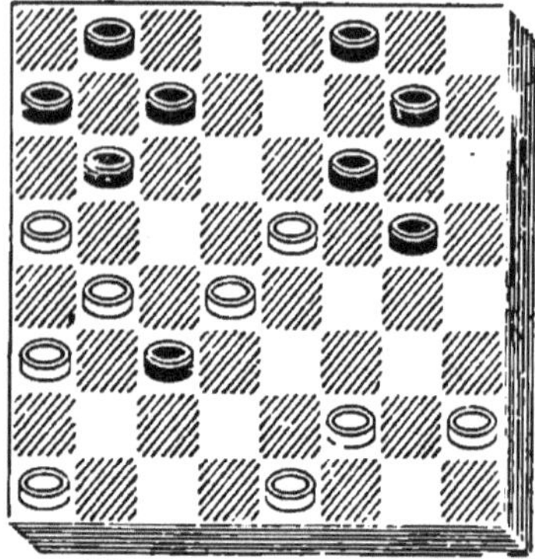

White to move and win.

871.—J. Parker.

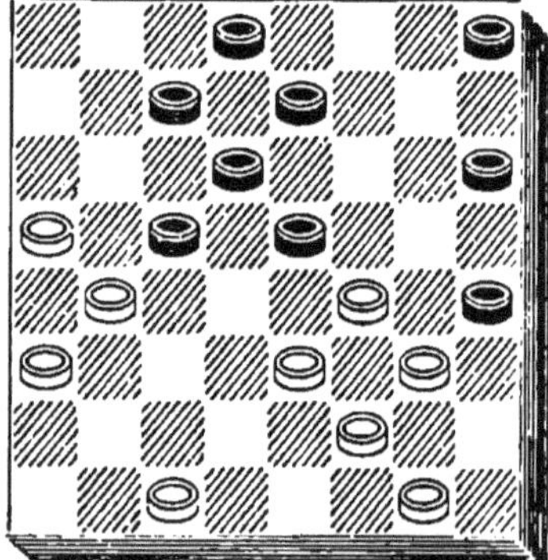

Black to move and win.

872.—R. Lyons.

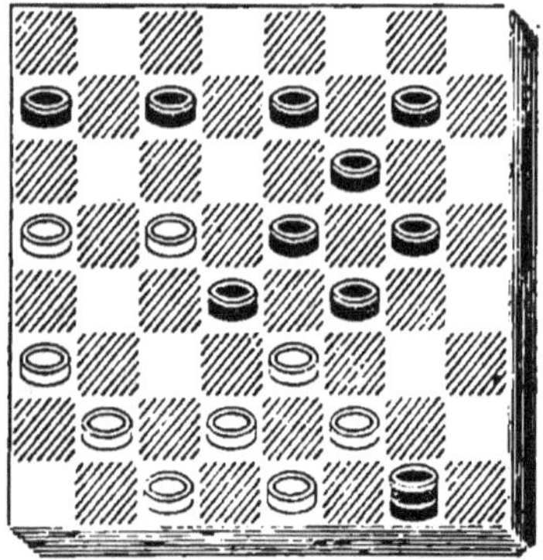

White to move and win.

873.—R. Lyons.

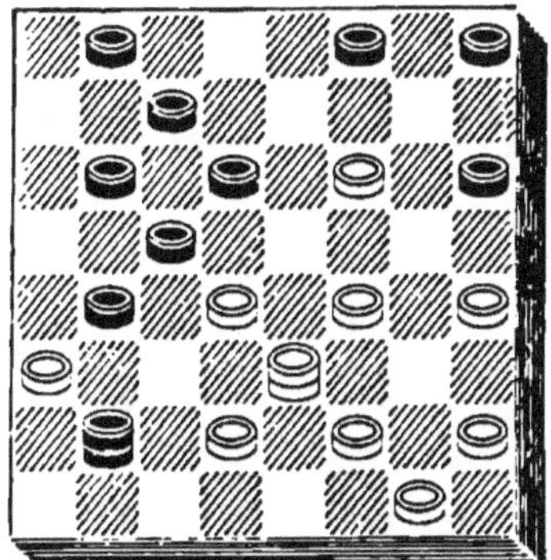

White to move and win.

876.—R. Lyons.

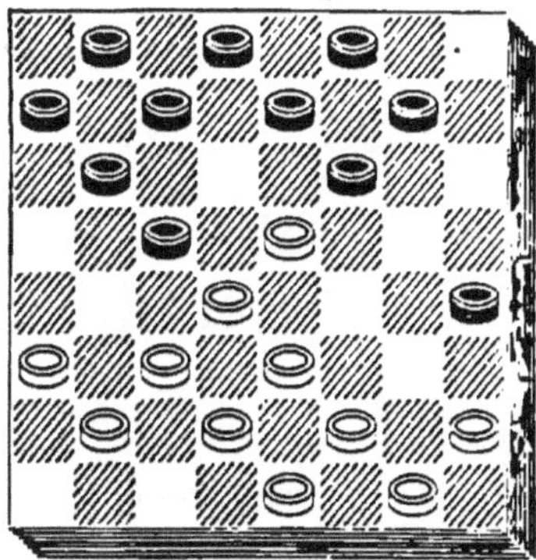

Black to move and win.

874.—W. Reid.

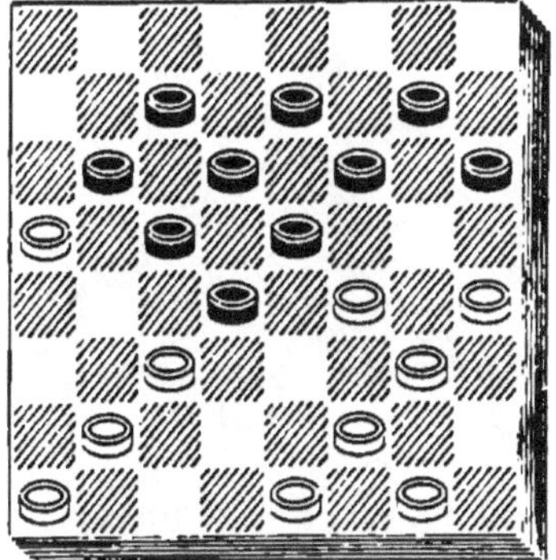

White to move and win.

877.—F. Allen.

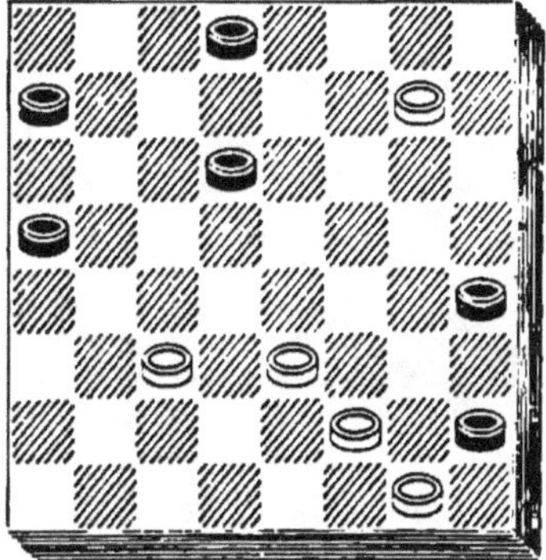

White to move and draw.

875.—S. A. Lucas.

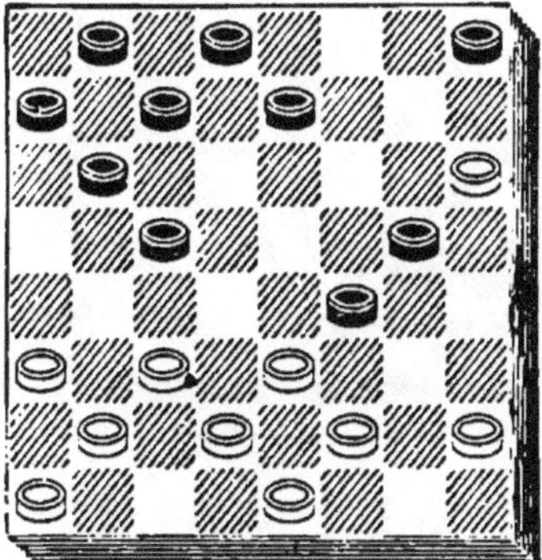

White to move and win.

878.—C. Brown.

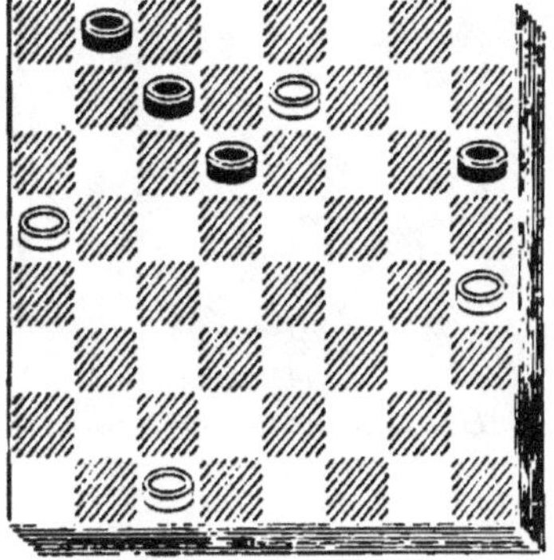

White to move and win.

SECTION XV.

PROBLEMS AND CRITICAL POSITIONS

BY

AMERICAN AUTHORS.

879.—Dr. Purcell.

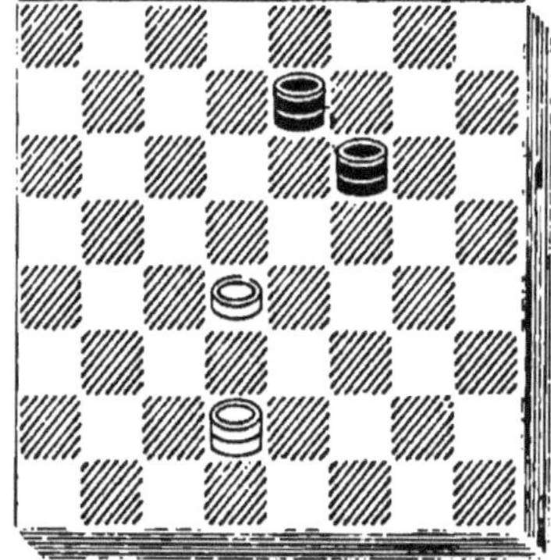

Black to move and win.

880.—Barker Bros.

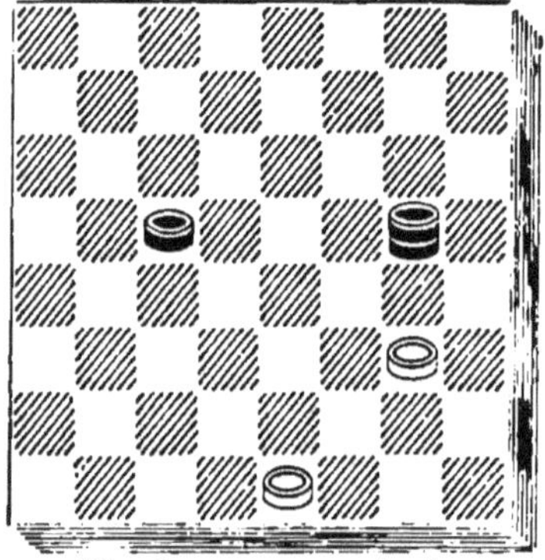

Black to move and win.

881.—J. Labadie.

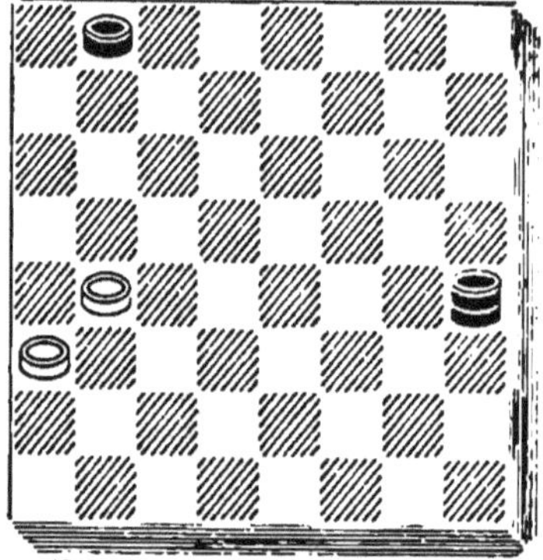

Black to move, W. to draw.

882.—B. E. Sanderson.

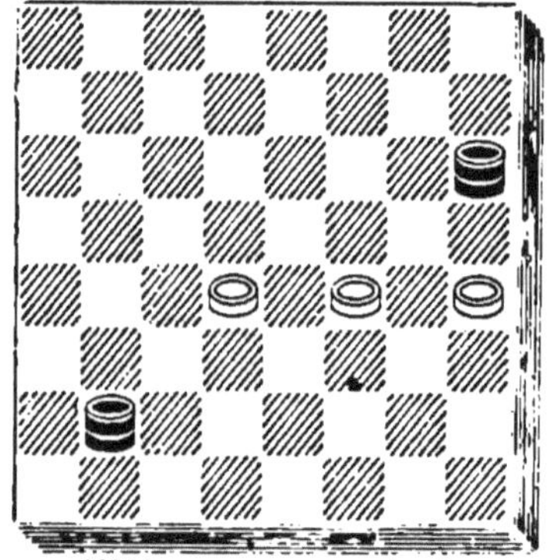

White to move and win.

883.—M. H. C. Wardall.

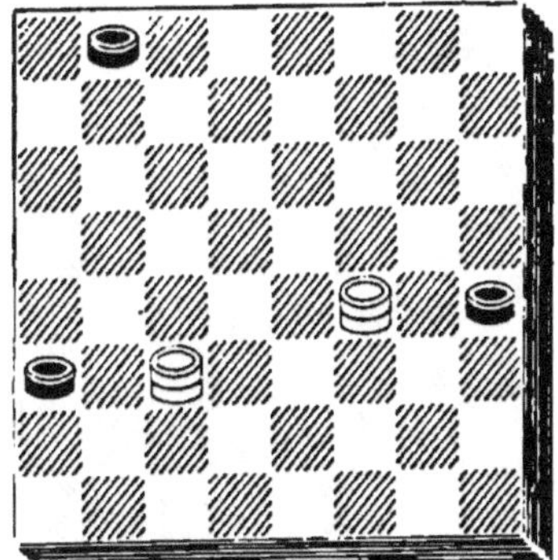

Black to move and win.

884.—M. H. C. Wardall.

White to move and draw.

885.—B E. Sanderson.

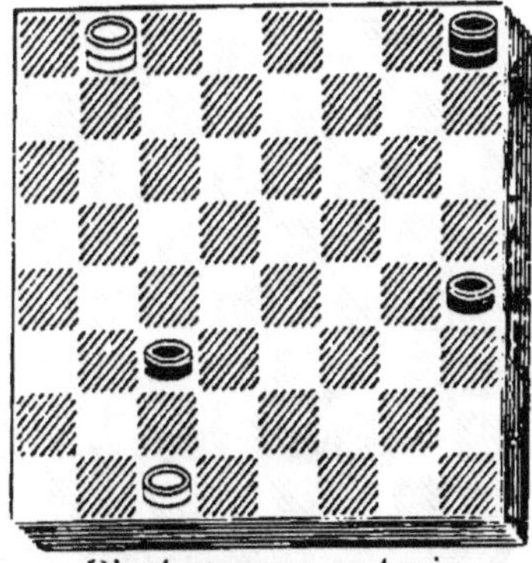

Black to move and win.

886.—M. H. C. Wardall.

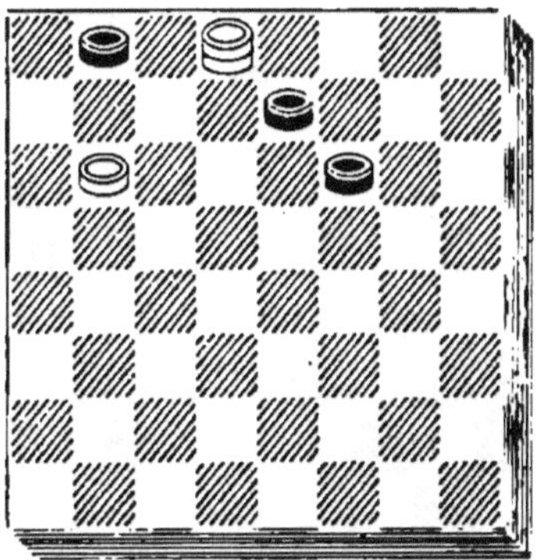

Black to move and win.

887.—M. H. C. Wardall.

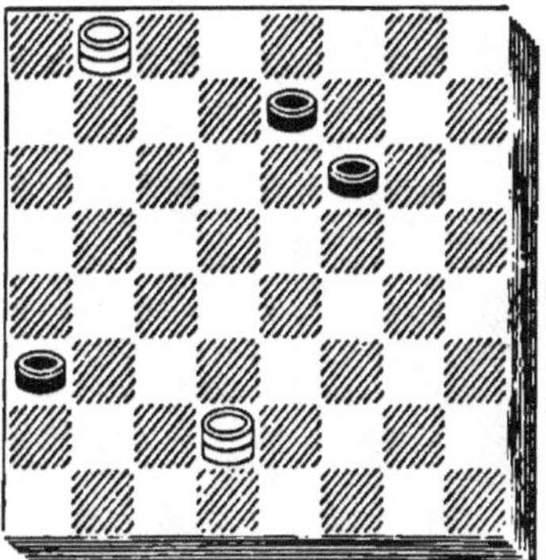

White to move and draw.

883.—A. Sinclair.

Black to move, W to win.

889.—M. H. C. Wardall.

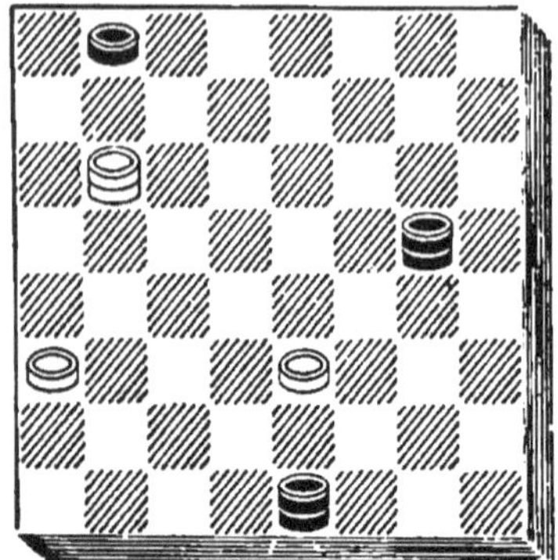

Black to move and win.

890.—M. H. C. Wardall.

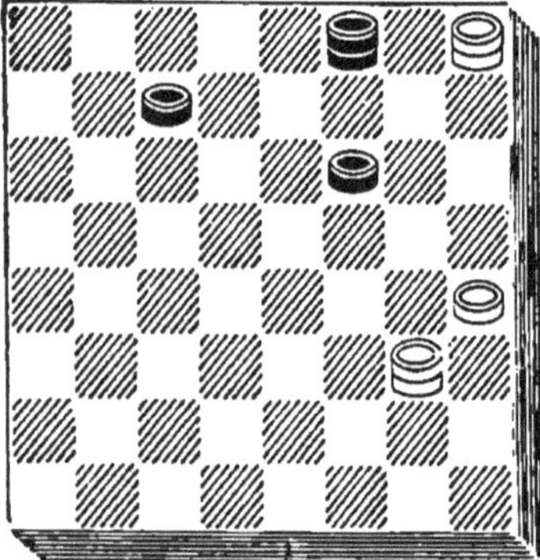

Black to move and win.

891.—M. H. C. Wardall.

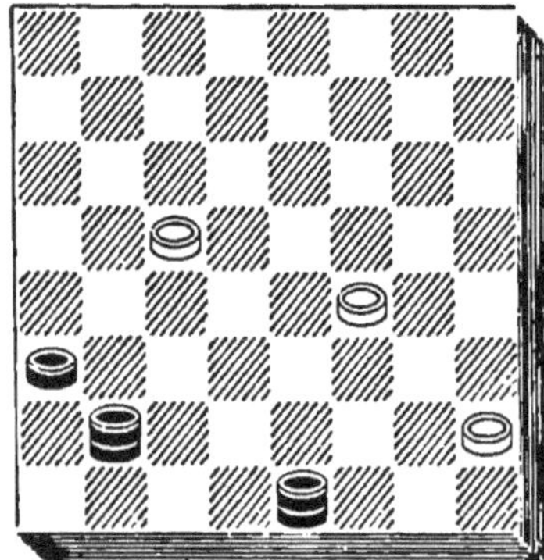

Black to move and win.

892. —M. H. C. Wardall.

Black to move and win.

893.—R. D. Yates.

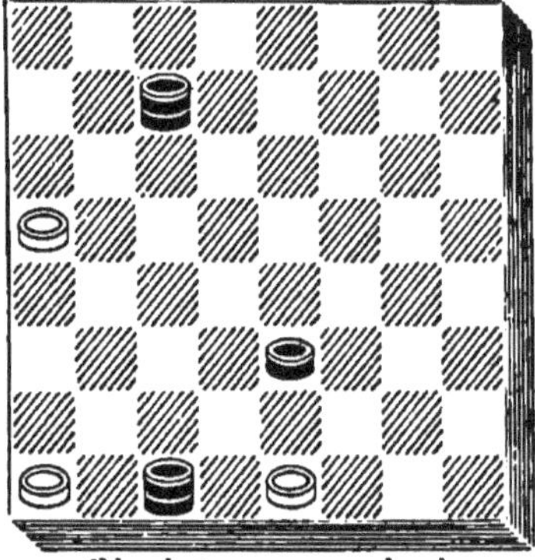

Black to move and win.

894.—C. M. Wilder.

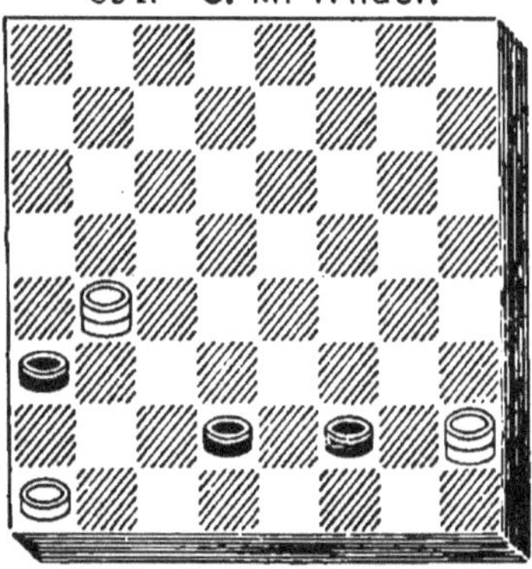

White to move and win.

895.—H. D. Lyman.

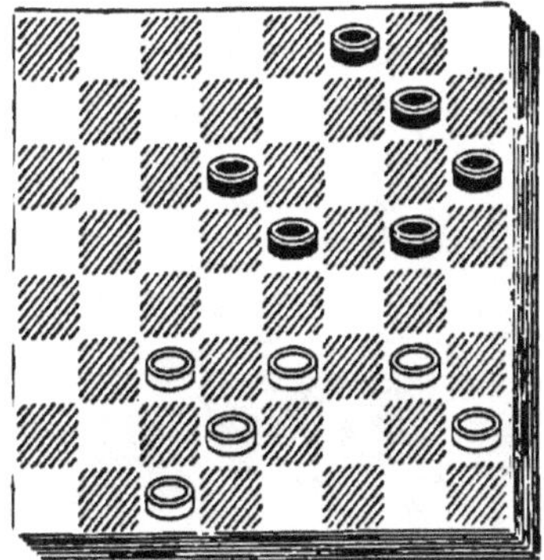

Black to move and draw.

896.—R. E. Bowen.

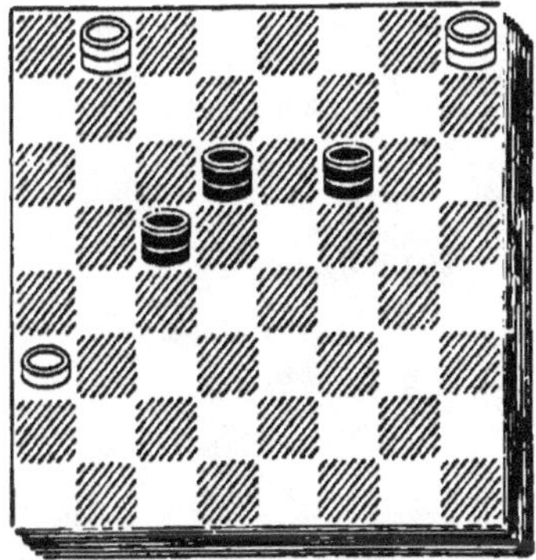

Either to move, B. to win.

897.—R. E. Bowen.

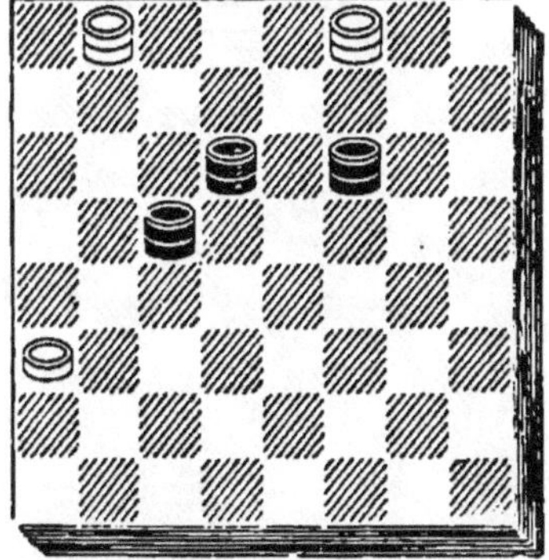

Either to move, B. to win.

898.—W. C. Belden

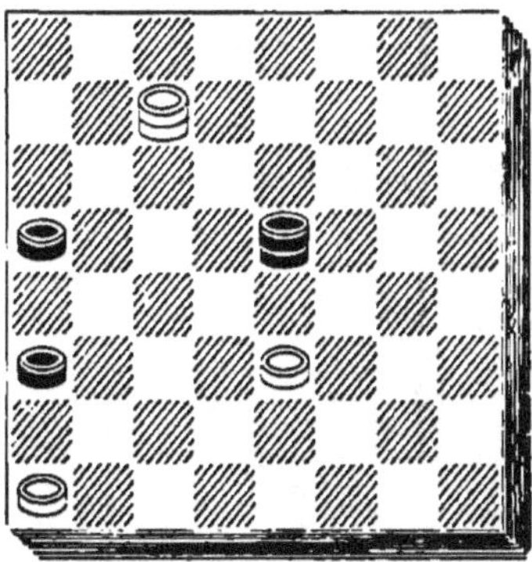

Black to move and win.

899.—F. N. Johnson.

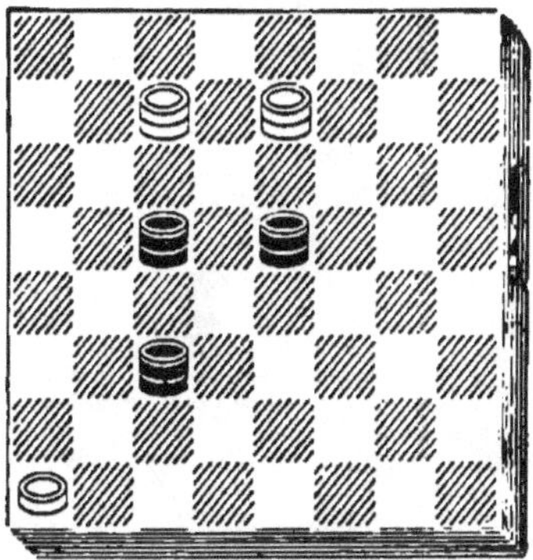

Black to move and win.

900.—D. Kirkwood.

White to move and win.

901.—Henry Spayth.

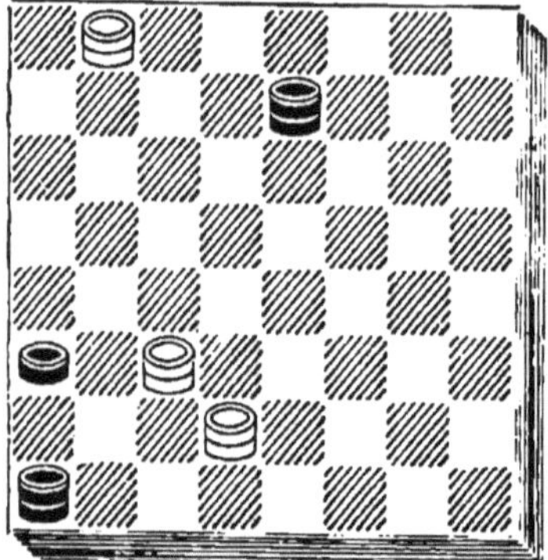

White to move and win.

902.—F. N. Johnson.

Black to move and win.

903.—R. D. Yates.

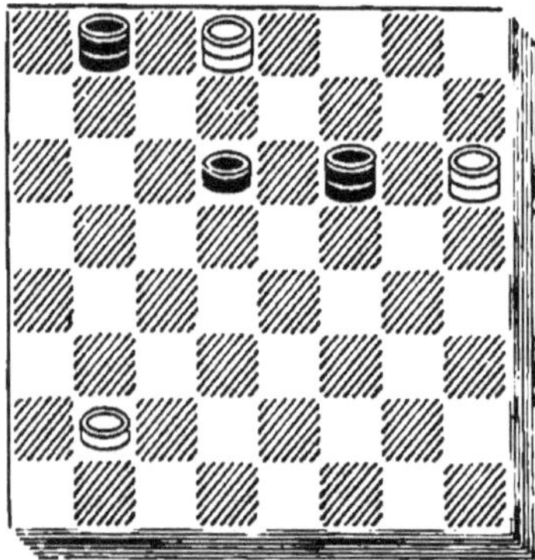

Black to move and win.

904.—A. Schaefer, M.D.

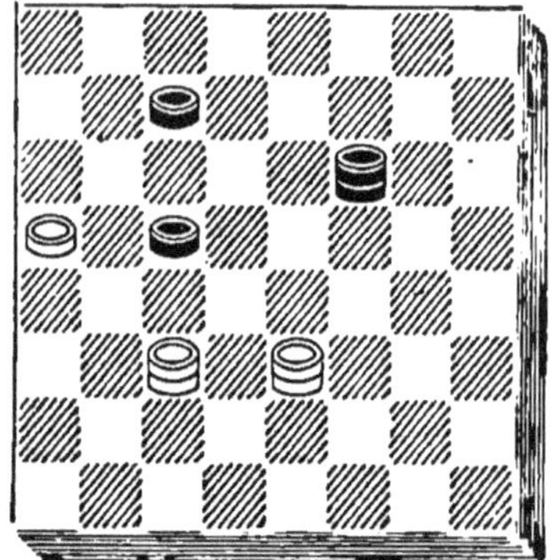

White to move and win.

905.—G. Dick.

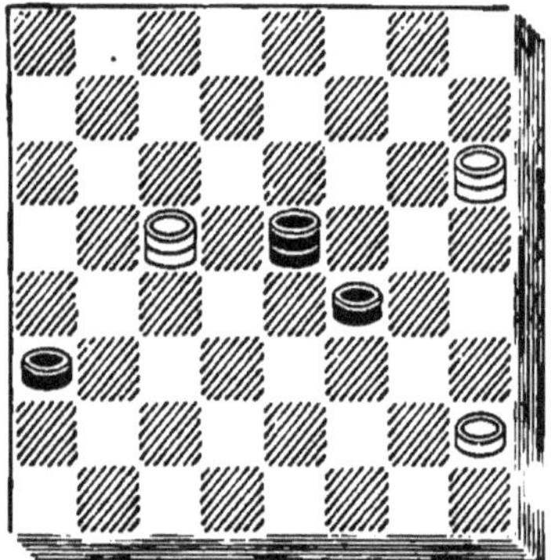

Black to move and win.

906.—J. E. Brickman.

White to move and win.

907.—Isaiah Barker.

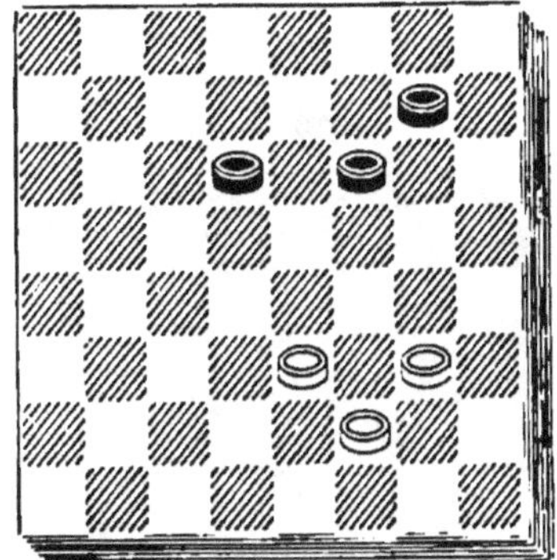

Black to move and win.

908.—Isaiah Barker.

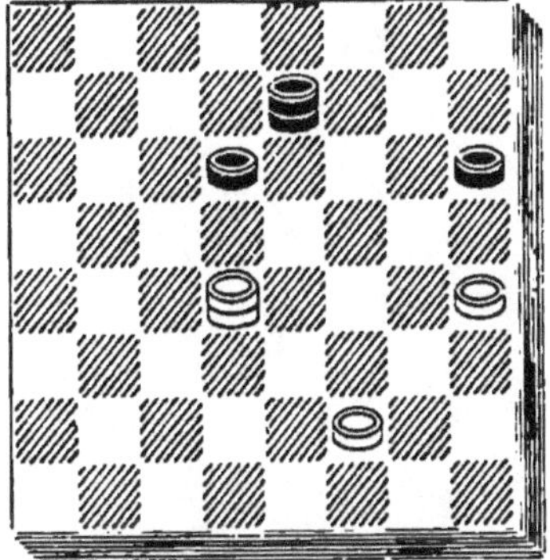

White to move and win.

909.—Isaiah Barker.

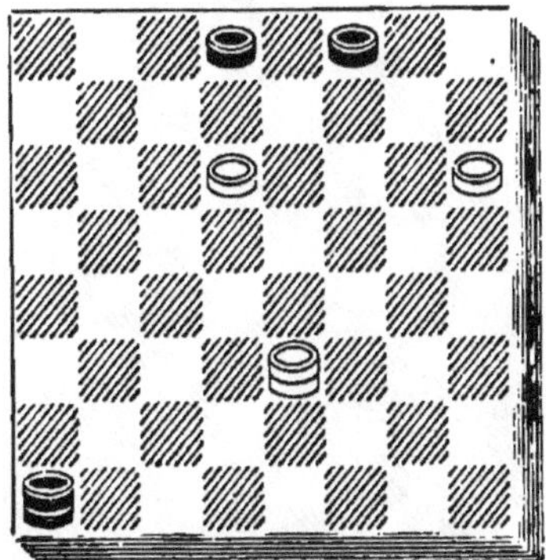

Black to move and draw.

910.—Chas. F. Barker.

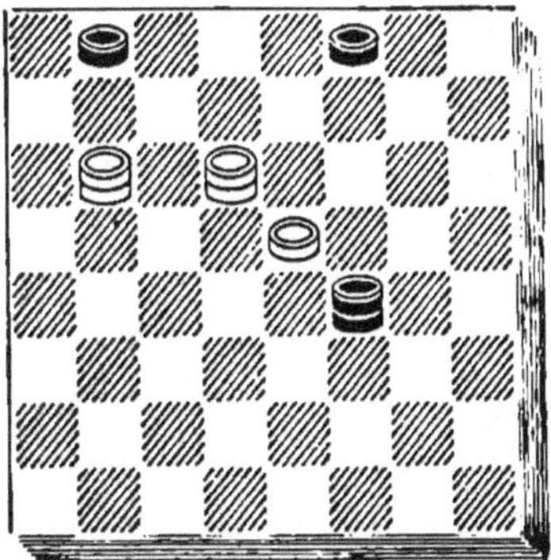

Black to move and win.

911.—C. F. Barker.

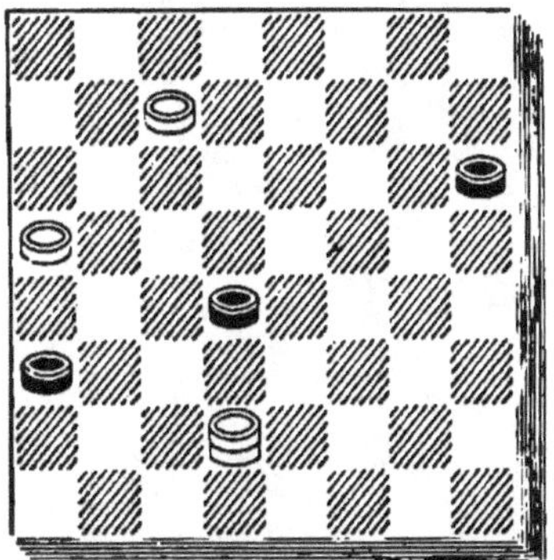

Black to move and draw.

912.—C. F. Barker.

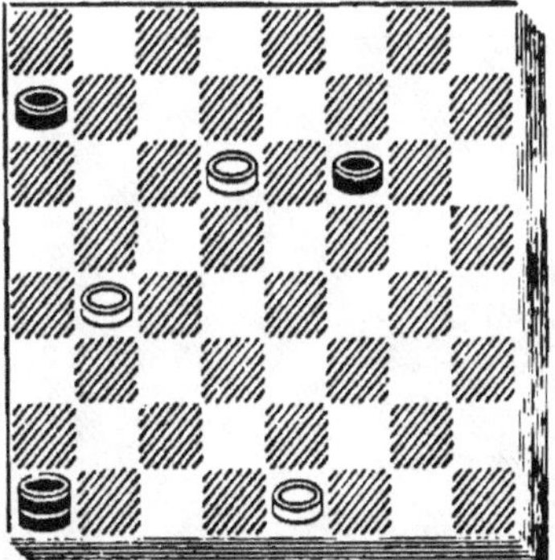

Black to move and win.

913.—C. F. Barker.

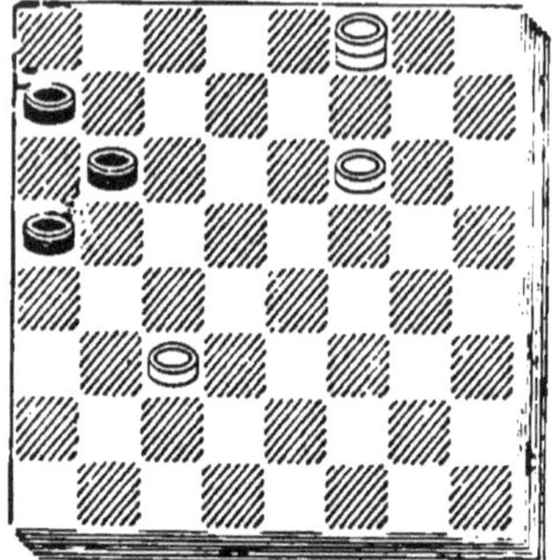

White to move and win.

916.—G. D. Sherow.

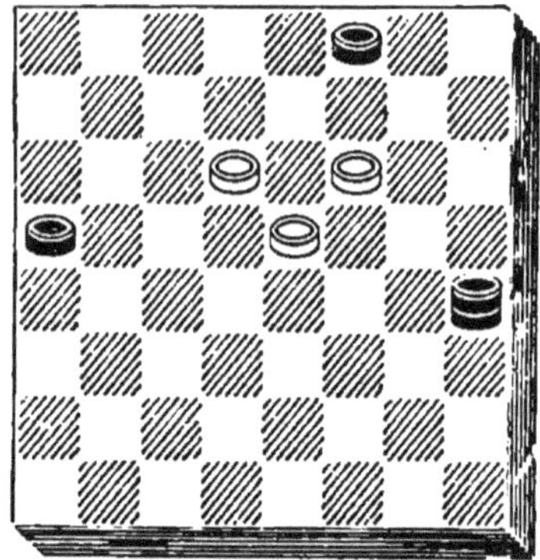

Black to move, W. to draw.

914.—C. F. Barker.

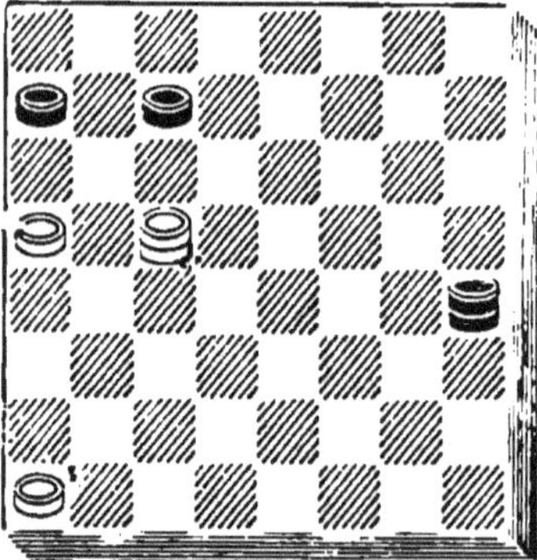

White to move and win.

917.—B. E. Sanderson.

Black to move and draw.

915.—W. W Avery.

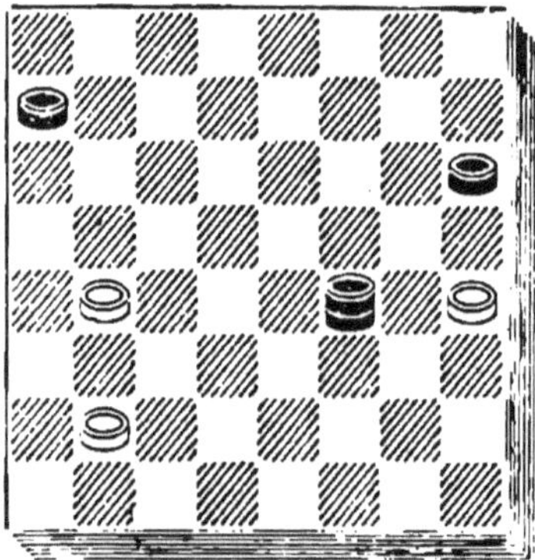

Black to move and win.

918.—Dr. Purcell.

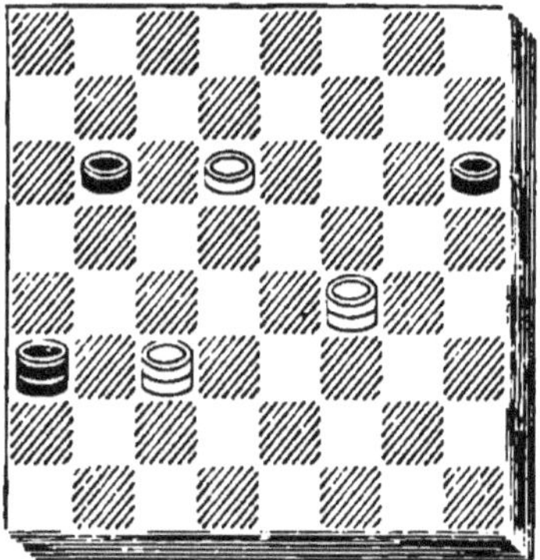

White to move and win.

919.—H. D. Lyman.

Black to move and win.

920.—H. D. Lyman.

White to move and win.

921.—H. D. Lyman.

White to move and win.

922.—H. D. Lyman.

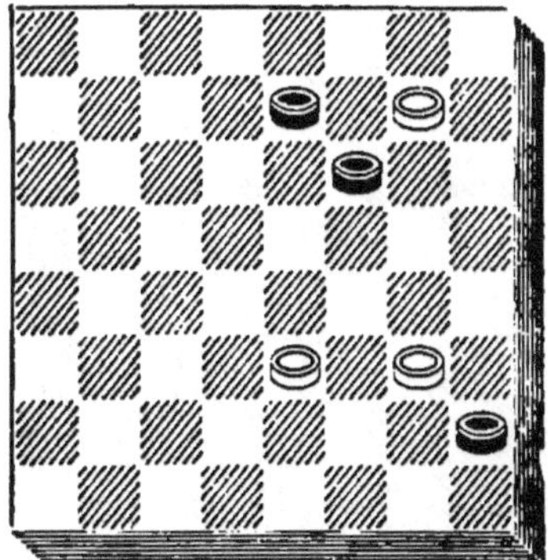

White to move and win.

923.—H. D. Lyman.

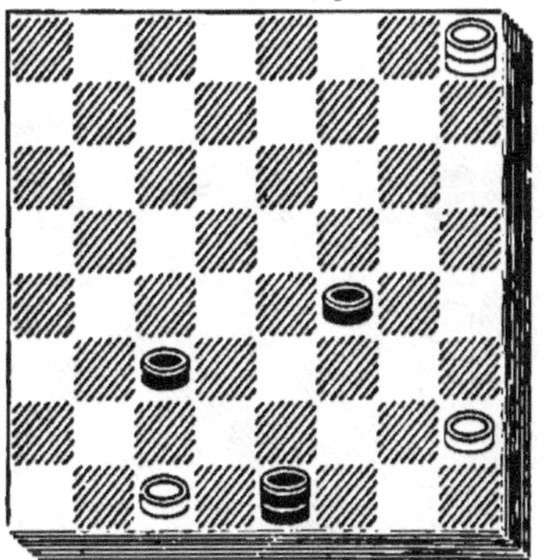

Black to move and win.

924.—H. D. Lyman.

Black to move and draw.

925.—H. D. Lyman.

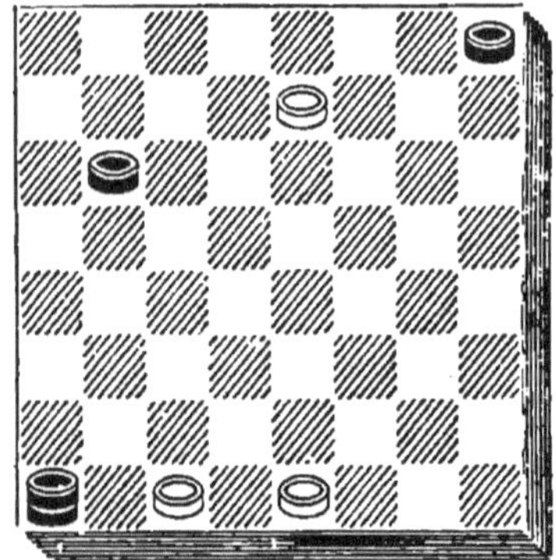

White to move and win

928.—A. J. Heffner.

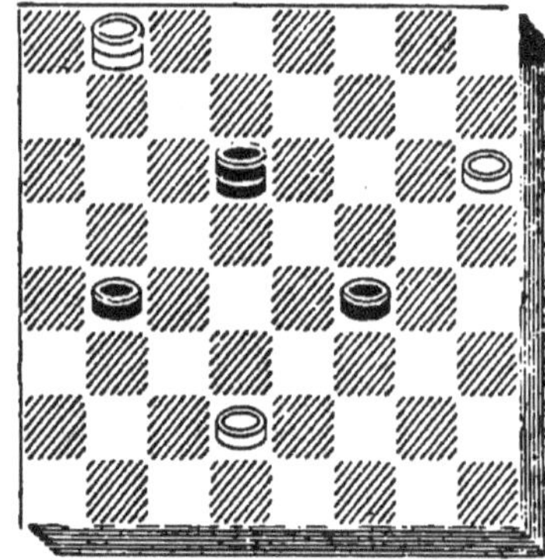

B. to move, W. to draw.

926.—Henry Gaskin.

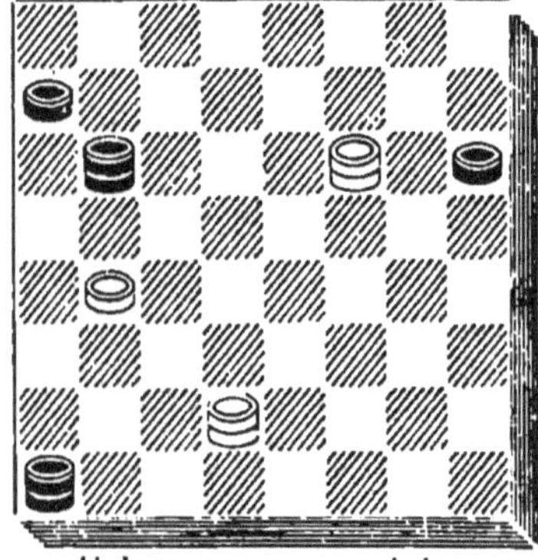

White to move and draw.

929.—M. H. C. Wardall.

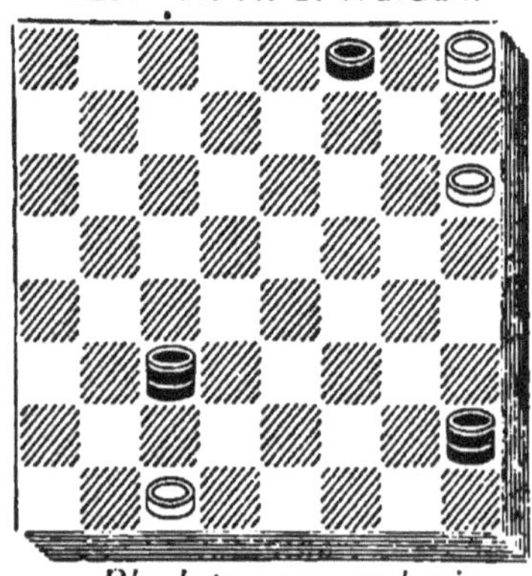

Black to move and win.

927.—H. D. Lyman.

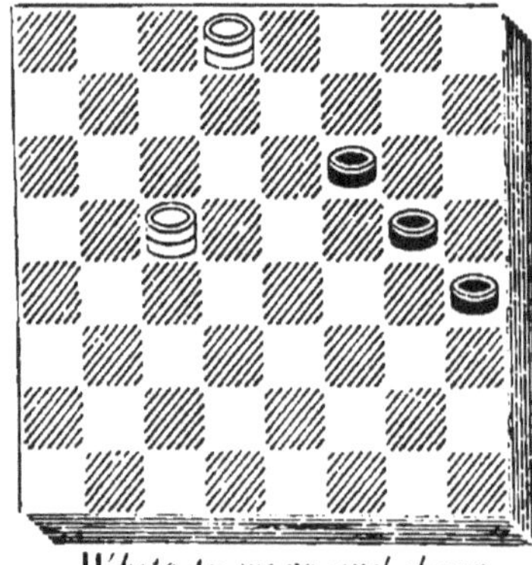

White to move and draw.

930.—M. H. C. Wardall.

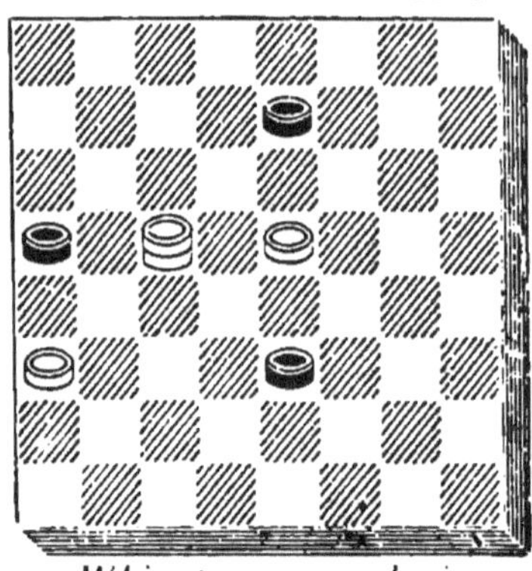

White to move and win.

931.—J. D. Janvier.

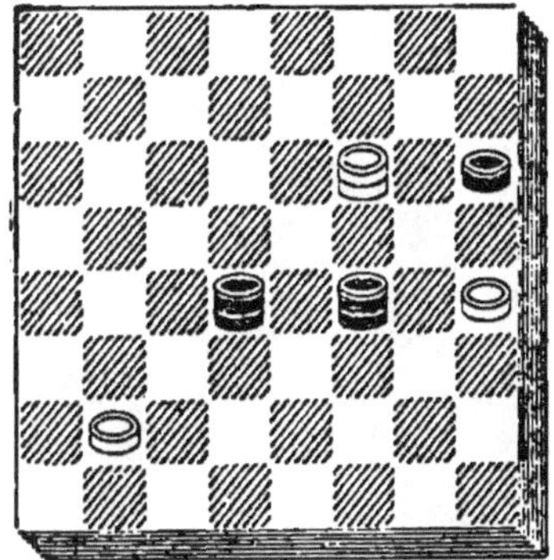

Black to move and win.

932.—L. H. Buttrey.

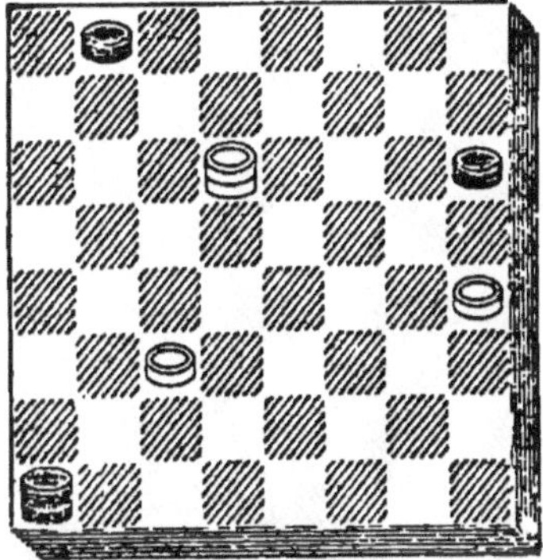

Black to move and draw.

933.—H. D. Lyman.

White to move and win.

934.—H. D. Lyman.

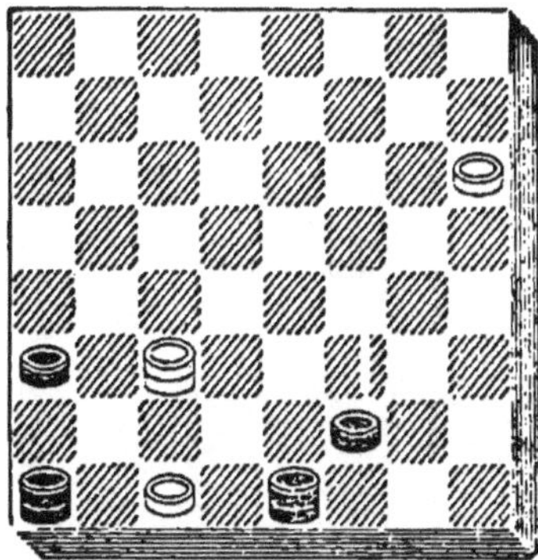

Black to move and win.

935.—J. Labadie.

White to move and draw.

936.—C. F. Barker.

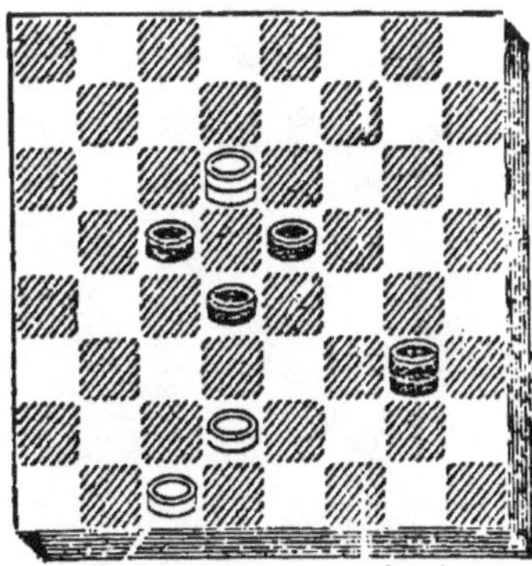

Black to move and win.

937.—B. E. Sanderson.

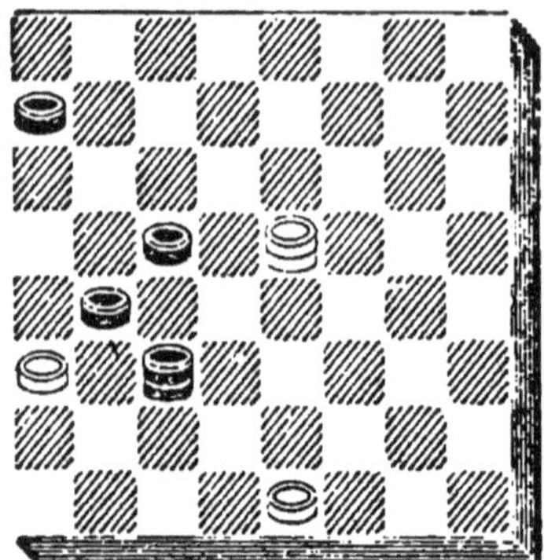

Black to move and win.

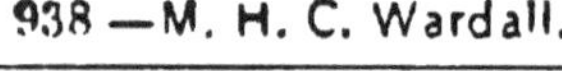

938.—M. H. C. Wardall.

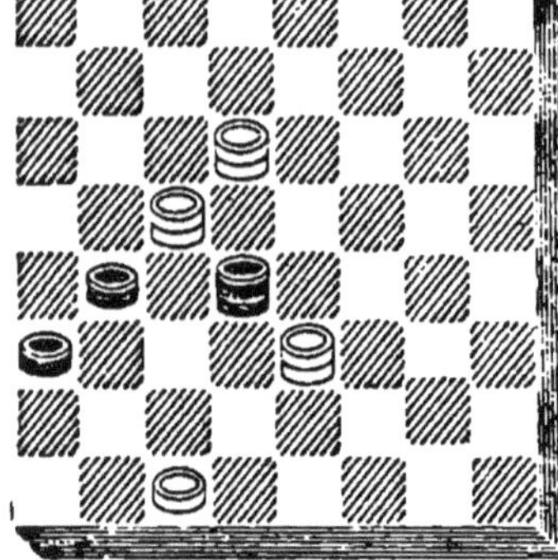

White to move and win.

939.—C. F. & I. Barker.

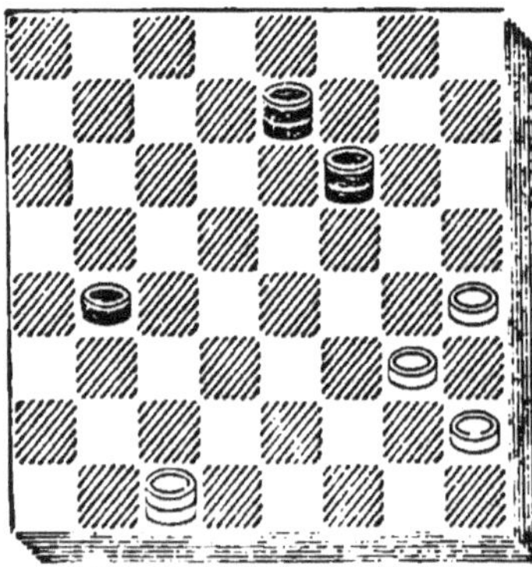

Black to move and win.

940.—D. Kirkwood.

Black to move and win.

941.—From Bowen's Cross.

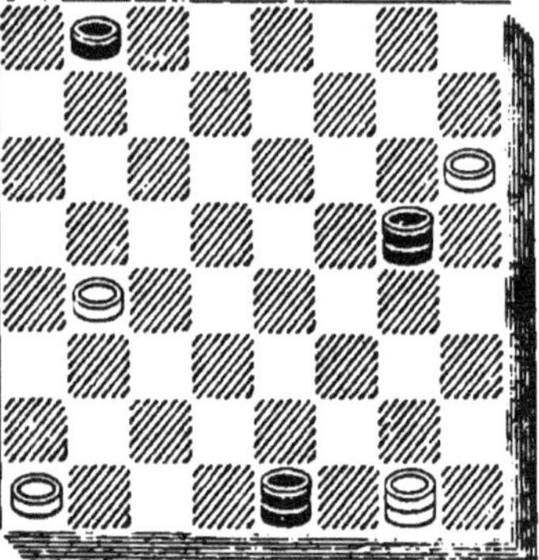

Black to move and draw.

942.—L. H. Buttrey.

Black to move and draw.

943.—H. D. Lyman.

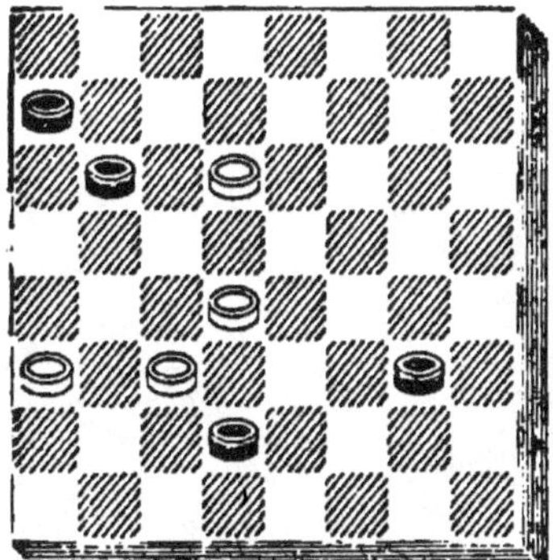

Black to move and win.

946.—H. D. Lyman.

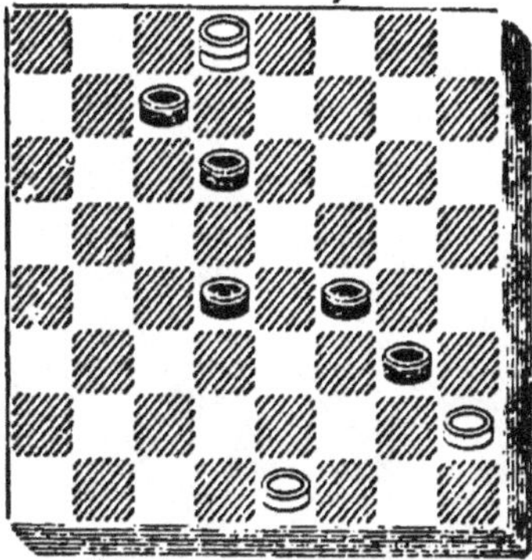

Black to move and win.

944.—Percy M. Bradt.

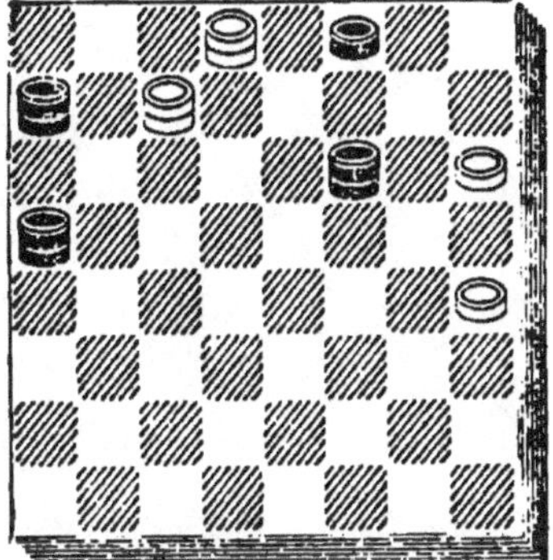

White to move, B. to win.

947.—H. D. Lyman.

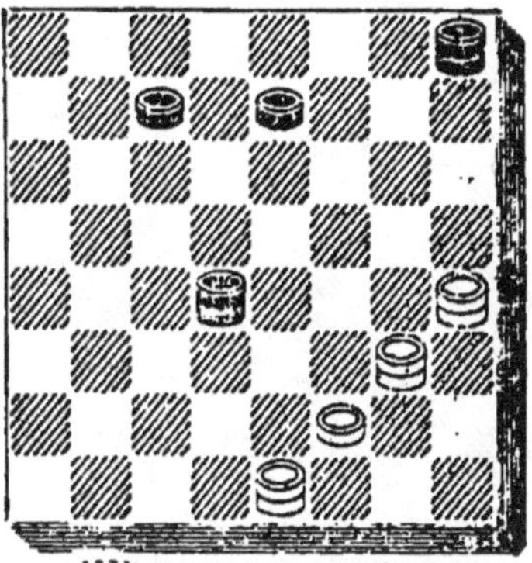

White to move and win.

945.—H. D. Lyman.

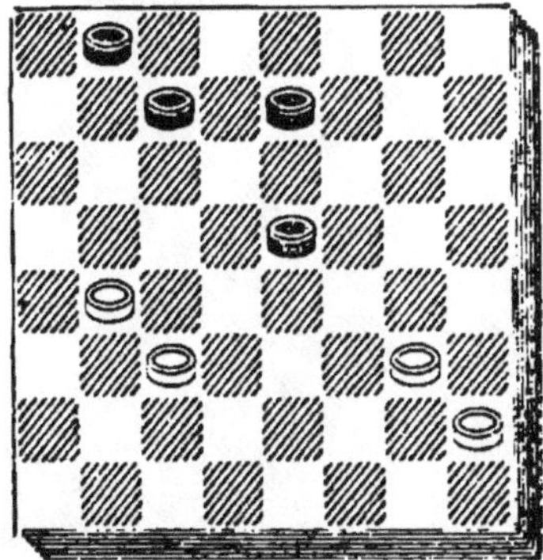

Black to move and win.

948.—H. D. Lyman.

Black to move and win.

949.—P. H. Rouer.

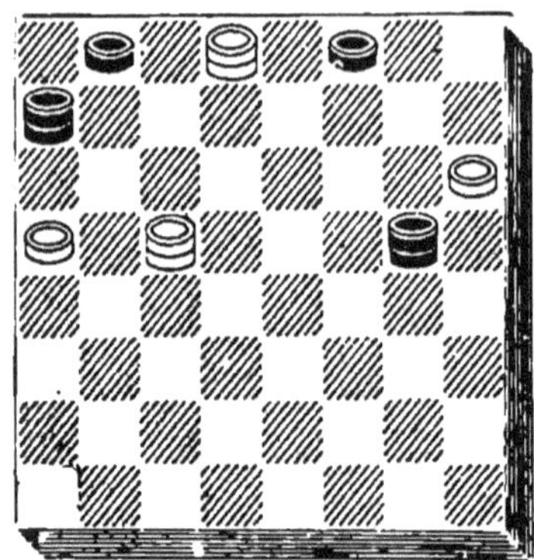

Black to move and win.

950.—W. M. Purcell, M.D.

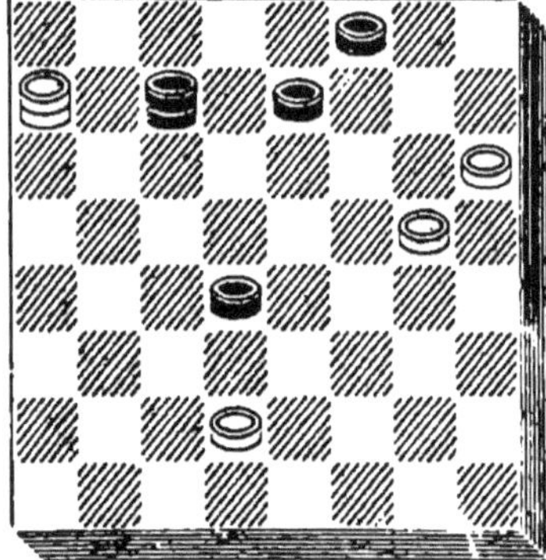

Black to move and win.

951.—T. T. Smith & G. B. Allen.

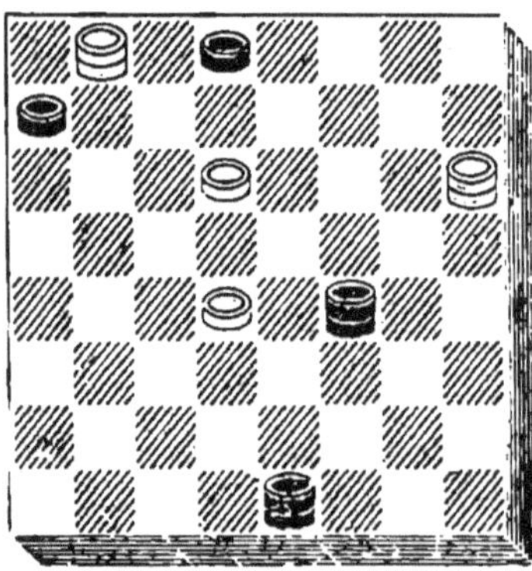

Black to move and win.

952.—Gipsey Brenton.

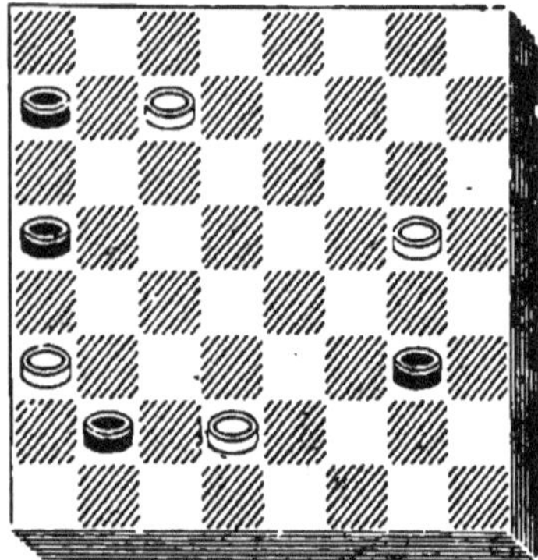

Black to move, White to draw.

953.—E. Kelly.

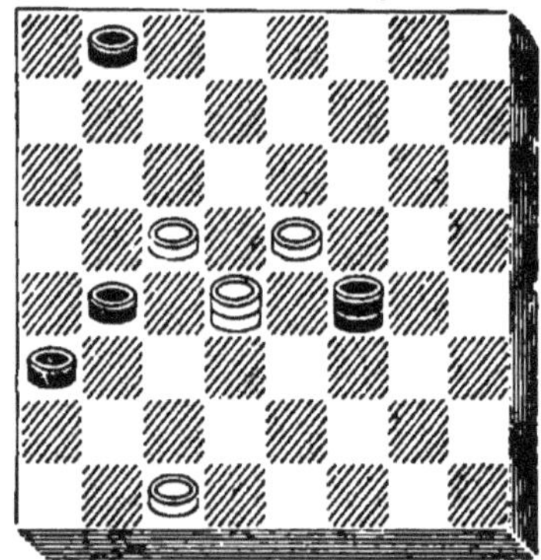

White to move and win.

954.—C. F. Barker.

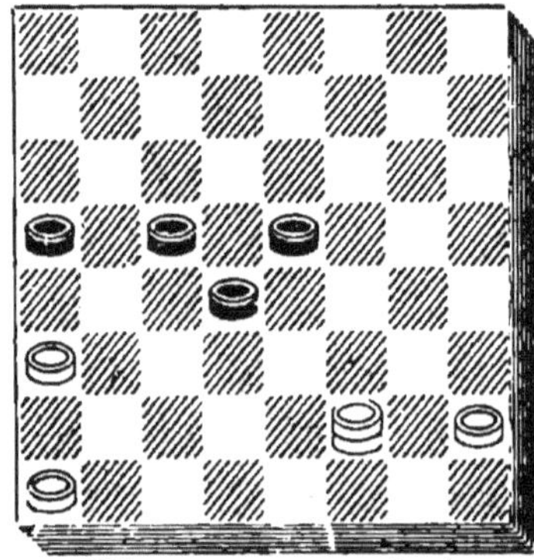

White to move and win.

955.—C. F. Barker.

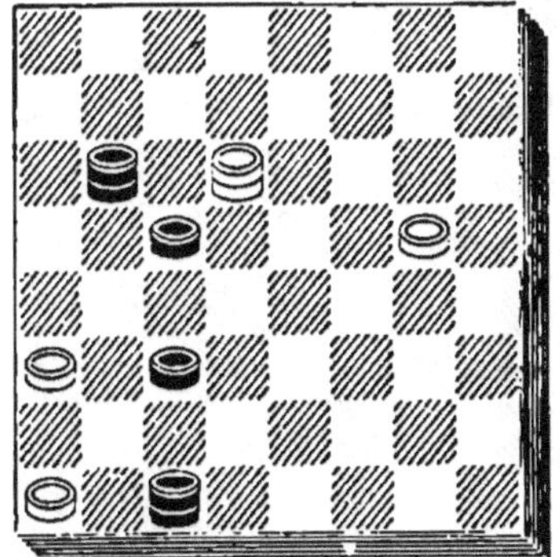

Black to move and win.

956.—C. F. Barker.

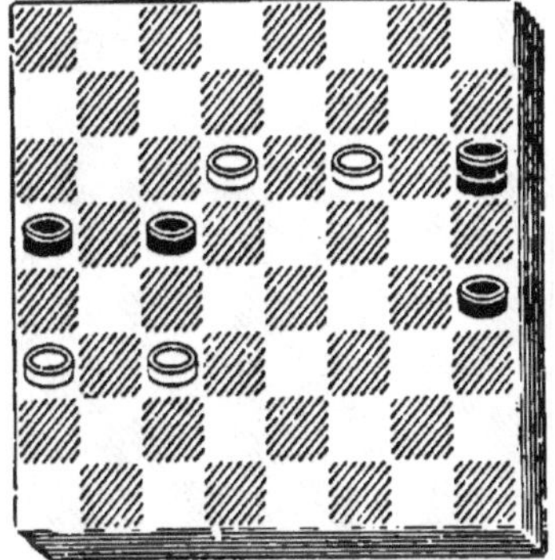

Black to move and win.

957.—C. F. Barker.

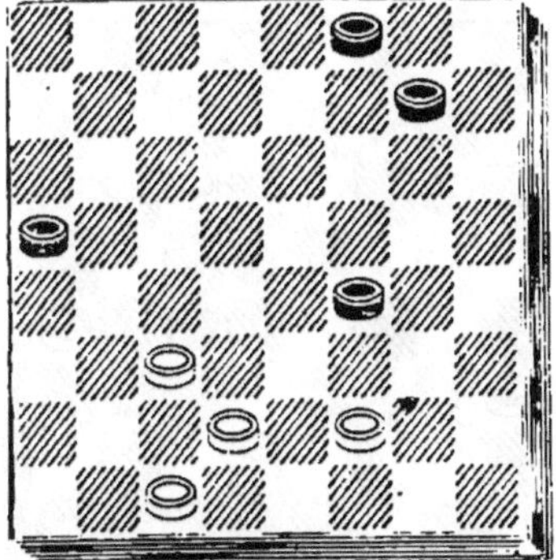

White to move and win.

958.—Isaiah Barker.

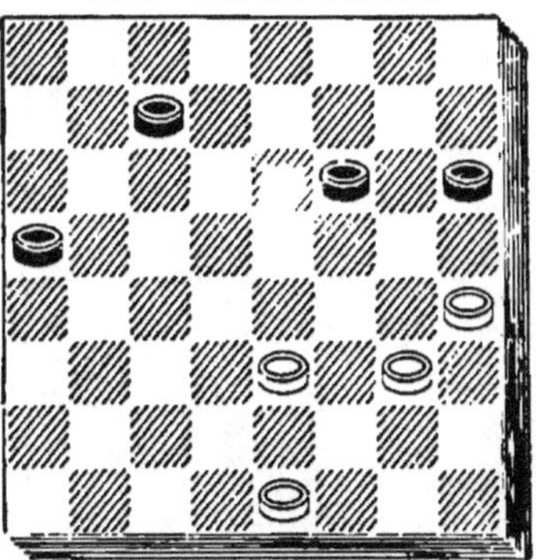

White to move and win.

959.—Wm. R. Barker.

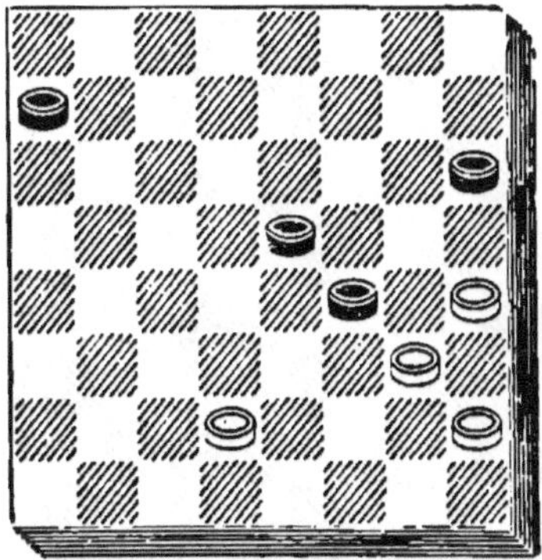

Black to move and win.

960.—Isaiah Barker.

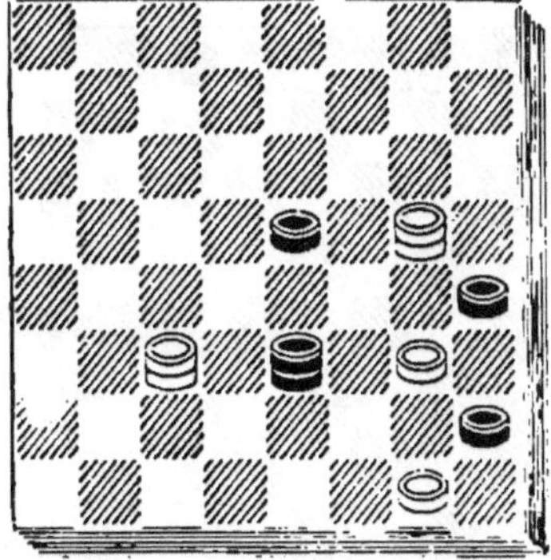

White to move and win.

961.—C. F. Barker.

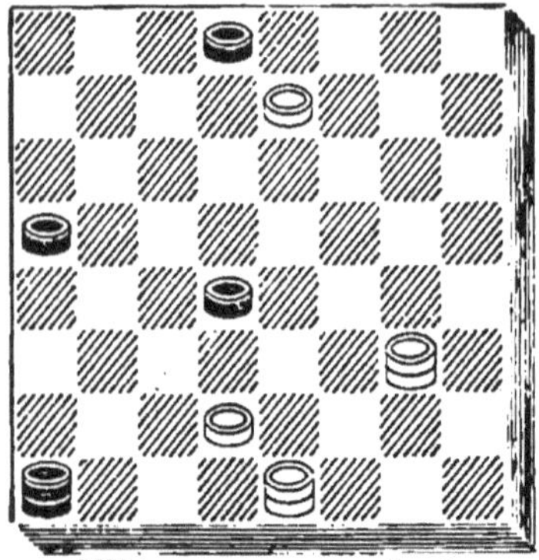

White to move and win.

962.—Bowen.

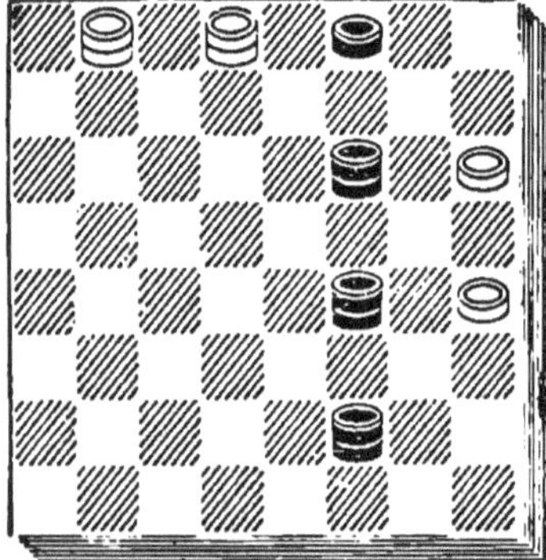

Black to move, W. to draw.

963.—Wyllie.

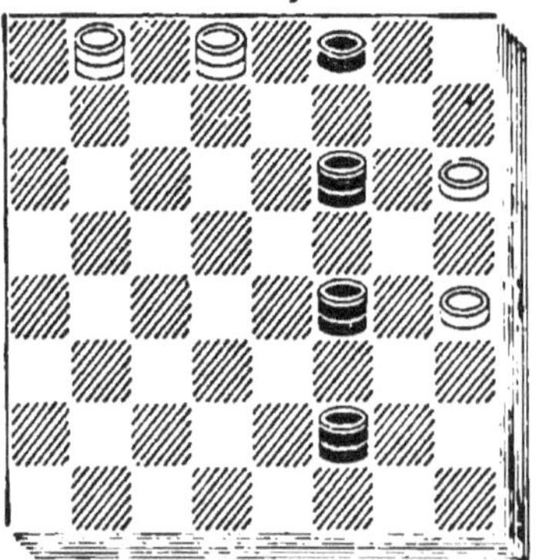

White to move, B. to win.

964.—J. D. Janvier.

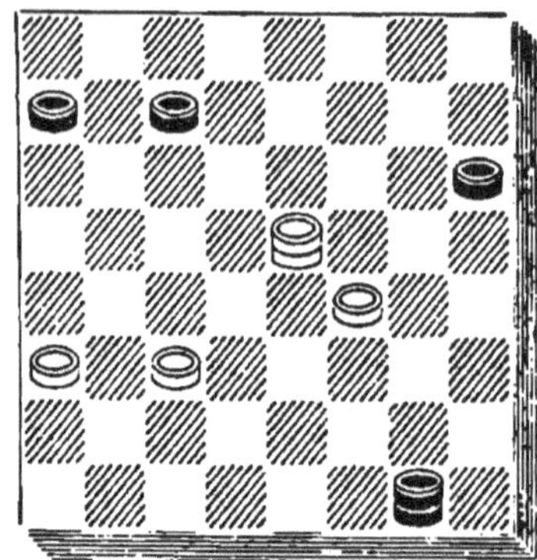

White to move and win.

965.—G. H. Powell.

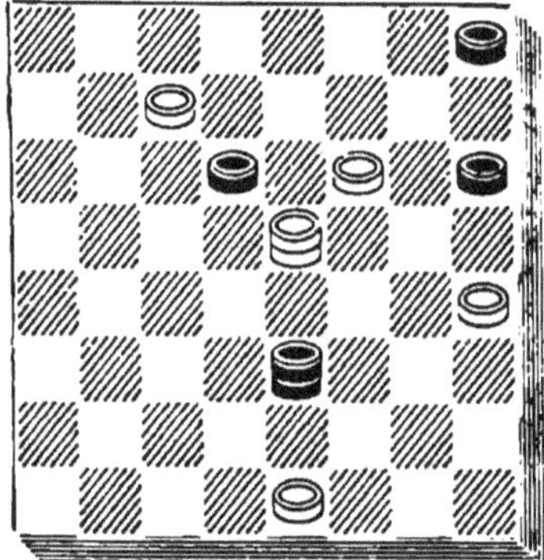

White to move and win.

966.—F. W. Breckenridge.

Black to move and win.

967.—C. F. Barker.

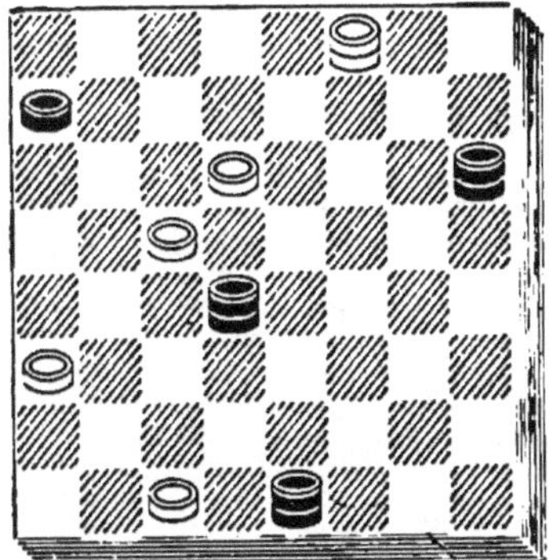

White to move and win.

970.—J. Reed, jun.

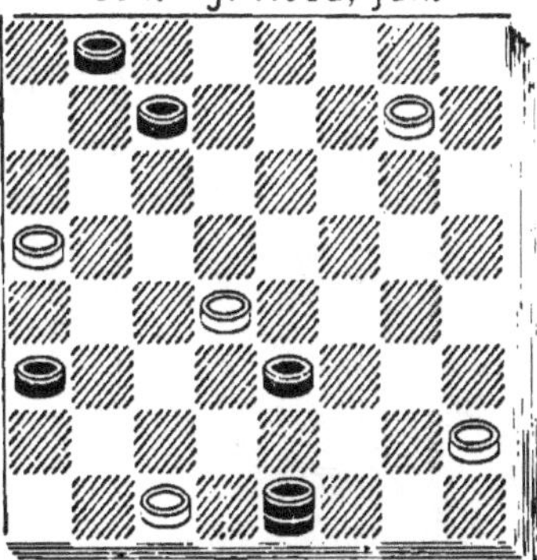

White to move and draw.

968.—Author unknown.

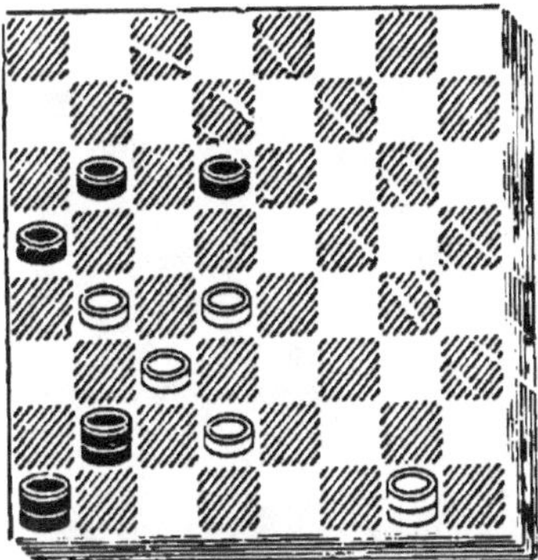

White to move and win.

971.—A. J. De Freest.

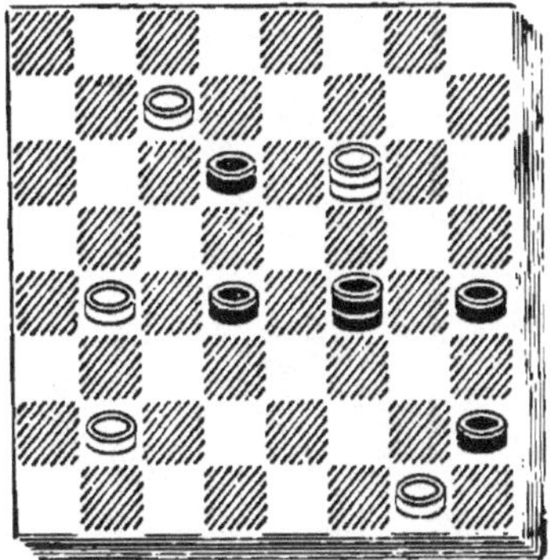

Black to move and draw.

969.—A. J. De Freest.

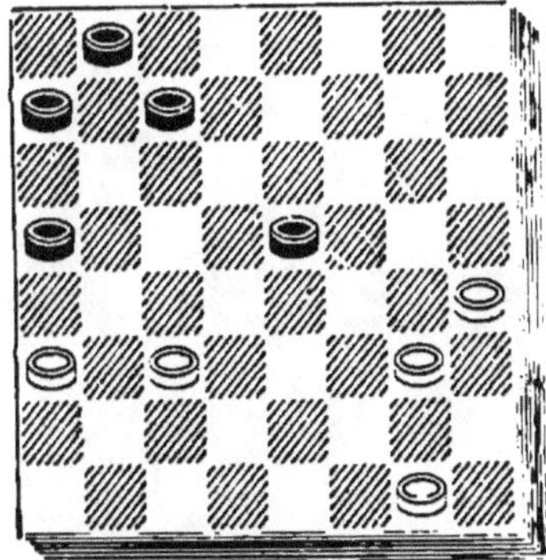

Black to move, W. to draw.

972.—J. Labadie.

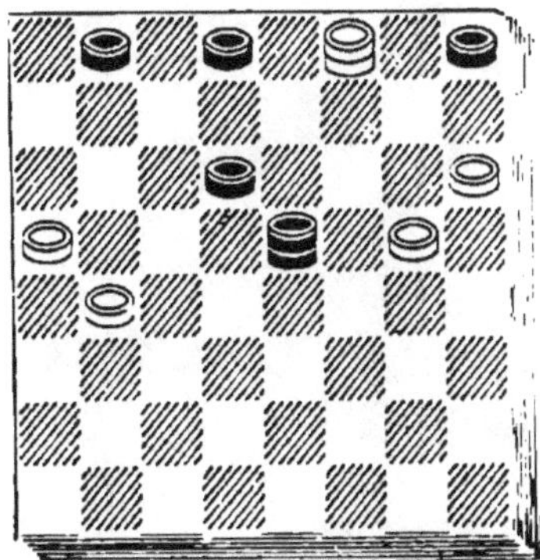

White to move and draw.

973.—Wm. R. Barker.

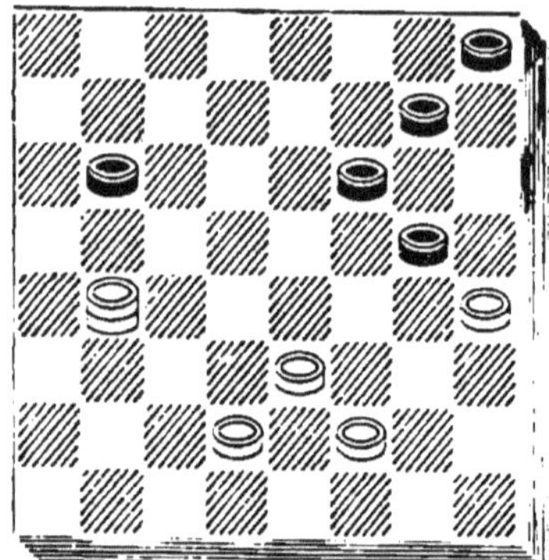

Black to move and win.

976.—C. F. Barker.

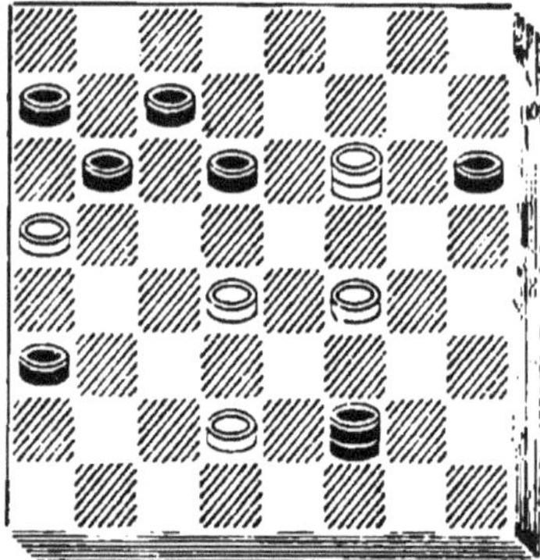

Black to move, W. to draw.

974.—Wm. R. Barker.

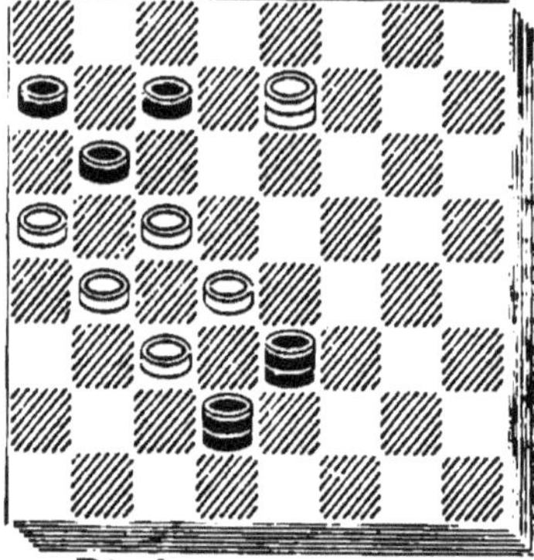

Black to move and win.

977.—M. H. C. Wardall.

White to move and win.

975.—C. E. Sanderson.

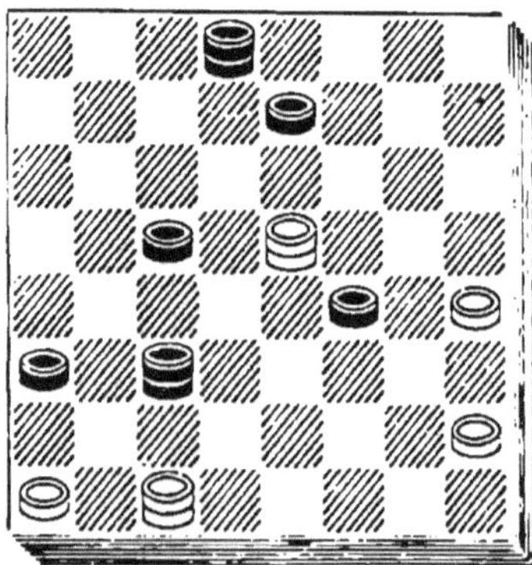

Black to move and win.

978.—A. Schaefer, M.D.

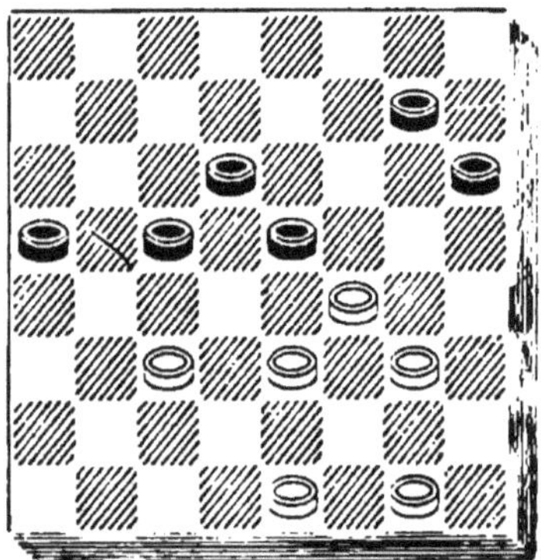

Black to move and draw.

979.—A. Schaefer, M.D.

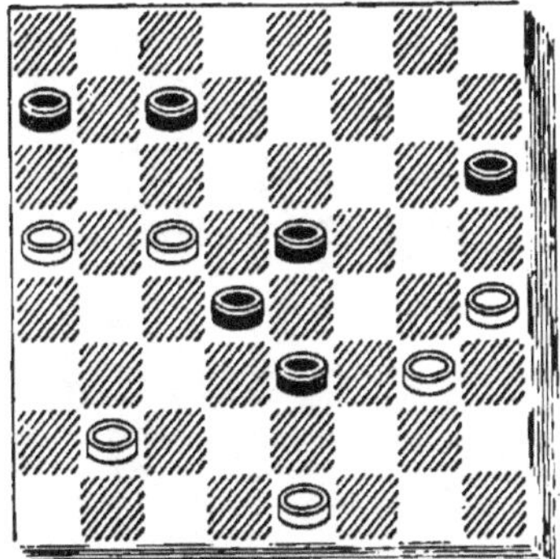

White to move and win.

980.—E. W. Spiller.

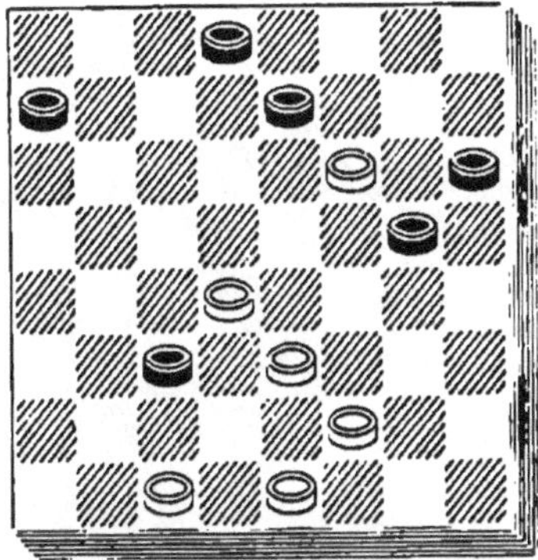

White to move and draw.

981.—H. D. Lyman.

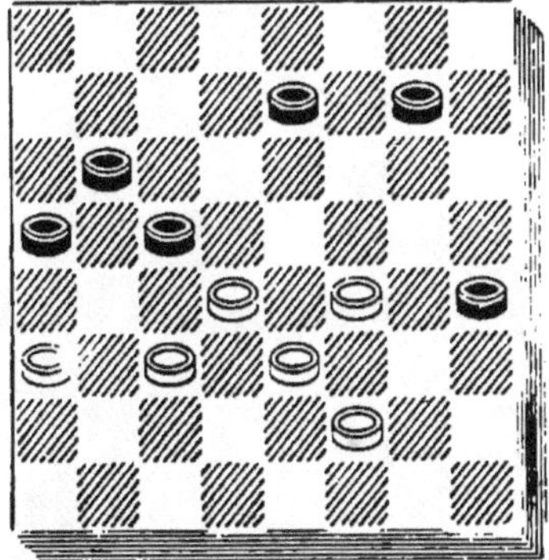

White to move and win.

982.—H. D Lyman.

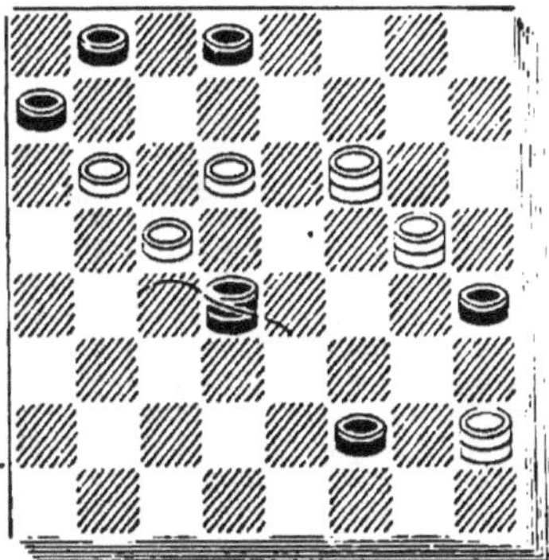

White to move and win.

983.—Schaefer & Davie.

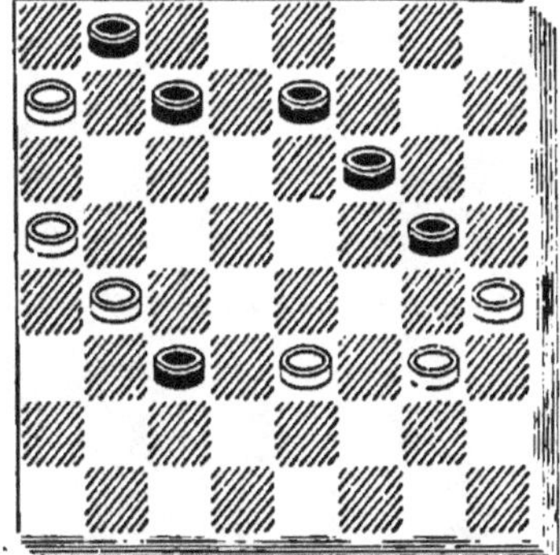

White to move and win.

984.—B. G. Bugbee.

White to move and win.

985.—J. B. Vivian.

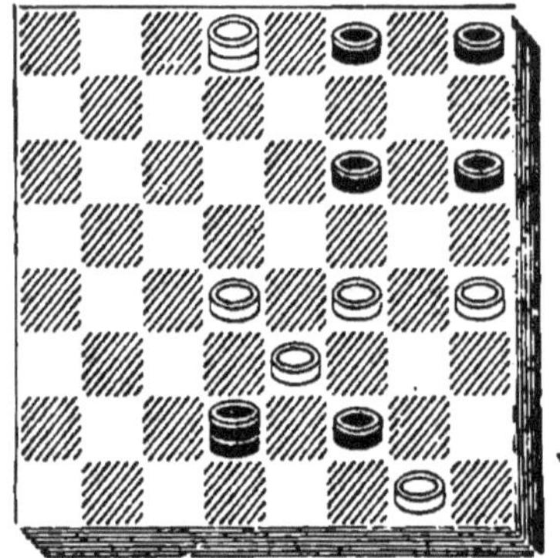

White to move and win.

986.—K. Price.

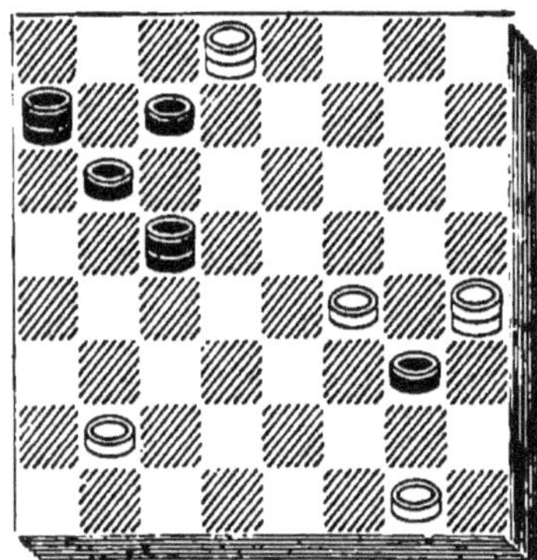

Black to move and win.

987.—G. Dick.

White to move and win.

988.—A. J. Heffner.

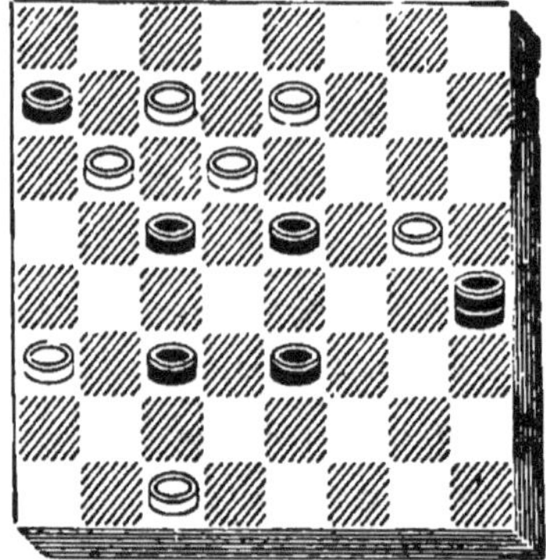

White to move and win.

989.—H. D. Lyman.

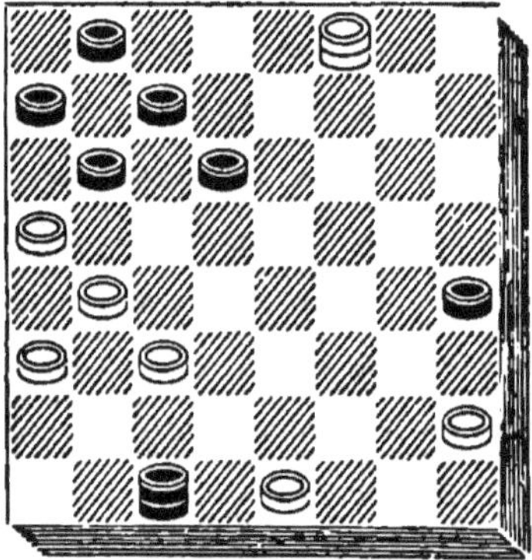

Black to move and win.

990.—E. W. Spiller.

White to move and win.

991.—G. Simonson.

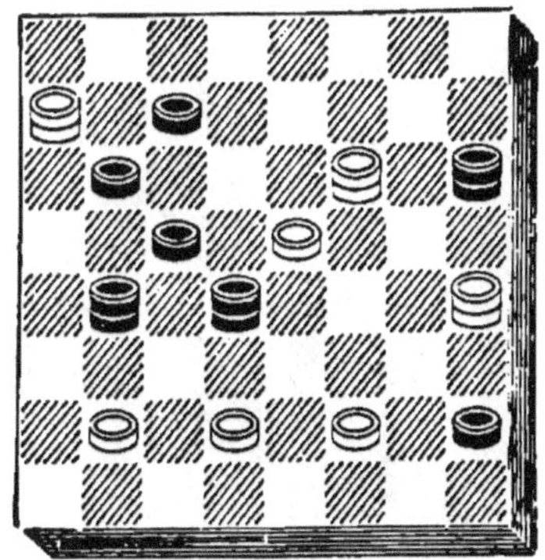

White to move and win.

994.—R. Martins.

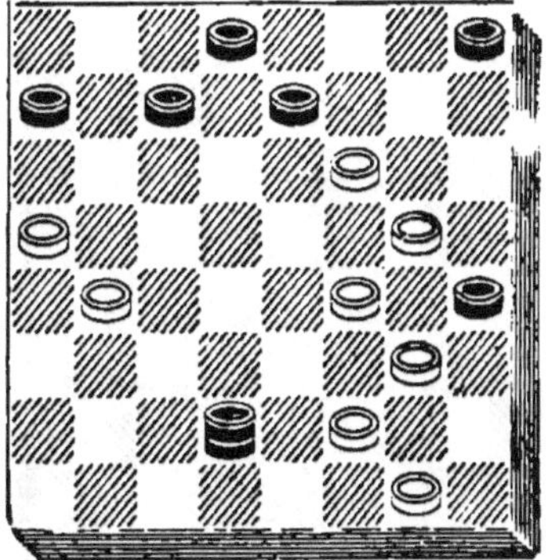

White to move and win.

992.—H. D. Lyman.

White to move and win.

995.—H. D. Lyman.

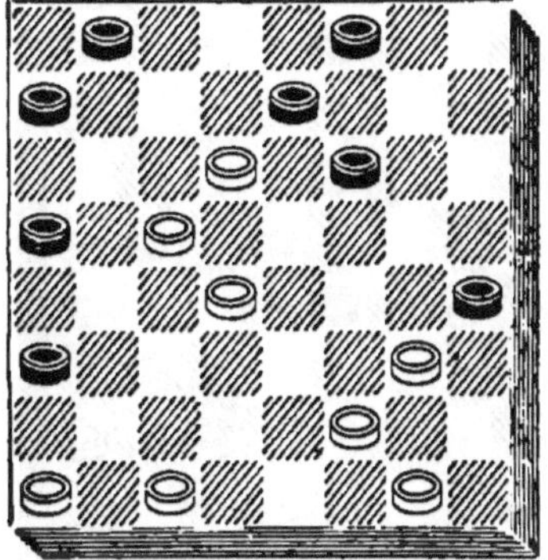

Black to move and win.

993.—H. D. Lyman.

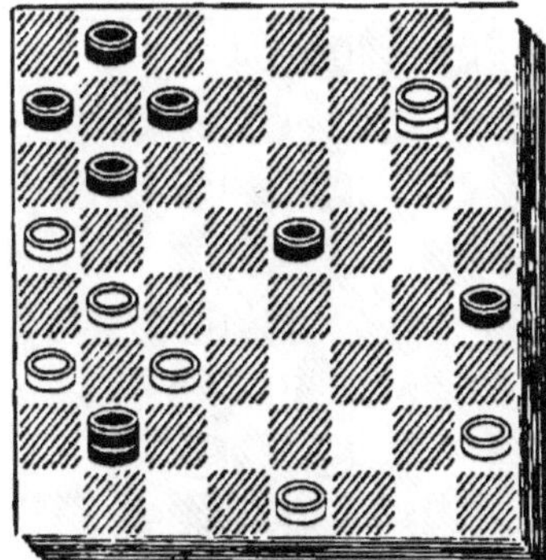

White to move and win.

996.—G. B. Allen.

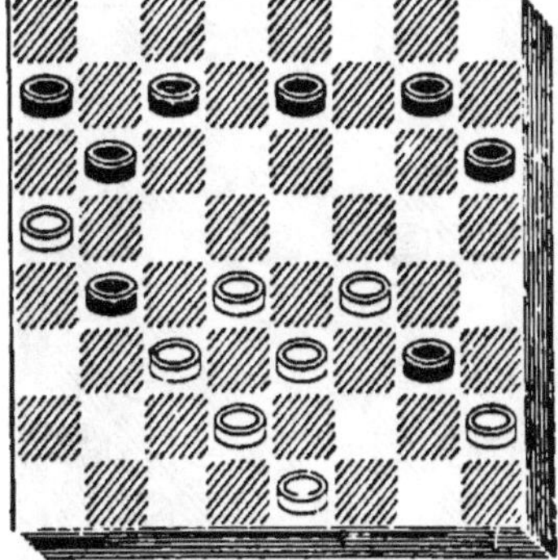

Black to move and win.

997.—J. S. Carmichael.

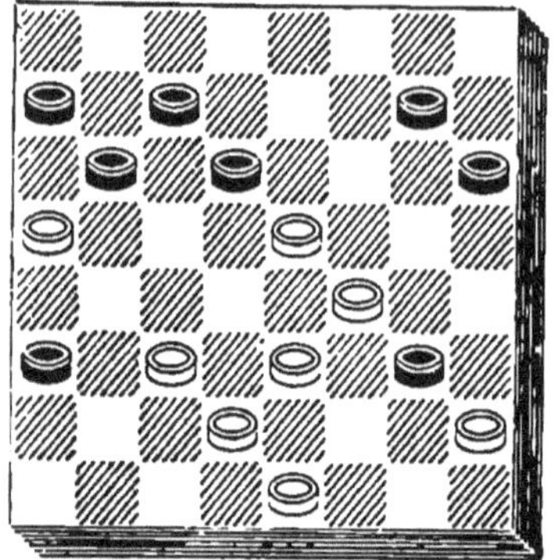

White to move and win.

998.—Bailey & Bugbie.

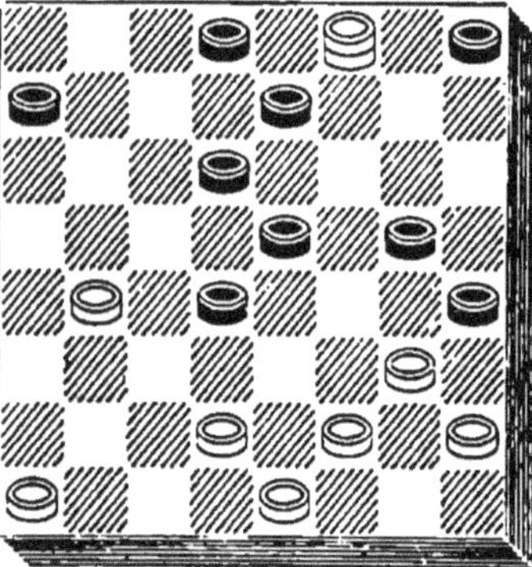

Black to move and win.

999.—F. J. Feidler.

White to move and draw.

1000.—Jacques & Campbell.

White to move and win.

1001.—J. Meade, jun.

White to move and win.

1002.—Chas. Kelly.

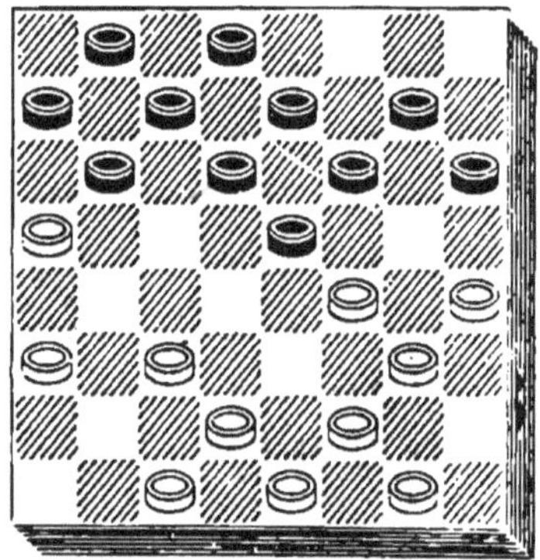

White to move, B. to draw.

SOLUTIONS OF ELEMENTARY AND EASY POSITIONS.

(SECTION I.)

No. 1.
27 32
28 24
23 18
1-24 28
18 15
28 24
32 28
24 27
15 18
12 16
28 32
27 24
18 15
24 28
15 11
16 19
32 27
28 32
27 31
19 23
11 15
32 28
15 19
W wins

Var. 1.
12 16
18 15
16 20
15 18
24 19
32 28
19 16
18 23
16 11
23 19
11 8
28 32
8 11
32 27
11 8
27 23
8 3
23 18
3 8
18 15
W wins

No. 2.
1 5
8 11
5 9
11 15
9 14
15 11
14 18
11 16
18 15
16 20
15 11
20 24
3 7
24 19
7 10
19 23
10 15
23 27
15 19
27 32
19 24
32 28
24 27
28 32
27 31
32 28
31 27
28 32
27 23
32 28
23 18
28 24
18 14
24 19
6 10
19 23
10 15
23 27
15 19
27 32
19 24
32 28
24 27
28 24
27 32
24 28
32 27
28 32
27 24
32 28
24 19
28 32
19 15
32 28
15 10
28 24
10 6
24 19
14 10
19 24
10 15
24 28
15 19
28 32
19 24
32 28
11 16
28 19
16 23
12 8
23 18
8 4
18 14
4 8
6 1
8 11
14 9
13 6
1 10
11 16
10 15
16 20
15 19
B wins

No. 3.
13 9
22 18
9 6
18 22
6 1
1-22 18
21 25
2-18 15
1 6
14 17
6 2
17 14
25 22
15 10
22 26
14 18
5 9
10 6
9 13
6 10
26 31
10 14
31 27
18 22
27 23
3-22 25
2 7
25 22
7 11
4-22 25
11 15
25 22
23 27
22 26
27 24
26 22
24 20
22 26
20 16
26 22
16 12
22 26
12 8
26 22
8 3
14 9
15 10
B wins

Var. 1.
14 18
5 9
18 23
1 6
23 26
6 10
26 30
10 15
30 26
15 19
26 30
19 23
22 26
23 18
26 31
18 22
31 27
21 17
27 31
9 14
B wins

Var. 2.
14 17
5 9
a-17 21
9 14
18 9
1 5
21 30
5 14
30 26
14 18
B wins

(a)
18 15
25 21
17 22
21 17
22 6
1 19
B wins

Var. 3.
14 10
23 19
10 14
19 15
14 9
15 10
B wins

Var. 4.
22 18
23 27
18 22
11 15
22 26
27 24
26 22
24 20
22 26
20 16
26 22
16 12
B wins

No. 4.
28 24
32 28
24 20
28 32
22 18
31 27
23 19
27 31
19 24
32 27
24 28
27 32
18 22
31 27
22 26
30 23
28 24
B wins

31 27
23 19
27 31
19 24
32 27
24 20
27 32
22 18
31 27
28 24
27 31
18 23
31 26
Drawn

No. 5.
13 17
30 26
5 9
12 8
9 13
26 30
17 22
8 4
13 17
4 8
17 21
8 11
22 25
11 15
25 29
15 18

29 25
30 26
W wins

——

No. 6.
32 27
28 32
27 24
19 28
26 23
W wins

——

No. 7.
27 23
25 29
23 18
29 25
26 30
W wins

——

No. 8.
7 10
15 19
21 17
9 14
10 15
W wins

——

No. 9.
18 15
9 14
26 22
14 18
15 11
W wins

——

No. 10.
24 27
15 11
27 23
11 15
23 27
15 19
27 32
Drawn

——

No. 11.
27 23
32 27
23 18
27 23
18 15
23 19
15 10
19 12
10 6
12 16
W wins

——

No. 12.
17 22
18 25
27 23
W wins

——

No. 13.
28 24
5 9
24 19
9 13
*19 15
13 17
*10 14
17 22
15 10
W wins

——

No. 14.
6 10
19 23
W wins

——

No. 15.
30 26
22 18
19 24
28 19
26 23
W wins

——

No. 16.
17 13
9 14
25 22
14 17
22 26
23 30
W wins

——

No. 17.
2 6
10 14
11 15
29 25
6 9
14 17
15 18
1-17 22
18 23
25 21
9 14
22 25
23 26
25 29
26 30
29 25
14 18
W wins

Var. 1.
25 30
18 23
17 22
9 14
22 25
14 17
25 29
17 21
29 25
23 18
W wins

——

No. 18.
21 17
26 23
17 14
23 19
14 10
19 16
2 7
3 8
10 15
8 12
7 10
16 20
15 19
20 16
19 24
16 11
24 20
12 16
20 24
W wins

——

No. 19.
26 22
2 6
22 17
1- 6 9
11 15
9 13
15 18
13 22
18 25
W wins

Var. 1.
6 10
17 22
10 14
11 15
W wins

——

No. 20.
4 8
3 7
8 3
7 11
3 7
1-11 15
7 11
15 18
24 19
W wins

Var. 1.
12 16
7 10
16 20
24 19
11 15
19 16
20 11
10 19
W wins

——

No. 21.
26 22
18 25
29 22
20 11
22 18
B wins

——

No. 22
9 6
26 22
6 1
22 18
1 6
18 15
11 7
3 10
21 17
W wins

——

No. 23.
29 25
1-21 17
9 13
30 21
13 22
4 8
27 23
8 3
23 18
3 7
18 15
W wins

Var. 1.
30 26
27 31
21 30
31 22
W wins

——

No. 24.
15 10
7 14
22 18
26 19
18 2
Drawn

——

No. 25.
22 26
32 28
26 31
28 24
31 26
W wins

——

No. 26.
16 19
6 2
19 24
28 19
3 8
Drawn

——

No. 27.
18 15
1- 6 1
14 9
24 28
23 19
1 5
9 6
28 32
19 24
5 1
24 19
W wins

Var. 1.
24 28
23 27
6 1
14 10
28 32
27 24
1 5
10 6
W wins

——

No. 28.
15 11
3 8
10 15
8 3
15 19
12 8
19 15
Drawn

——

No. 29.
14 17
23 26
15 10
22 18
10 6
26 30
17 21
18 22
6 9
30 26
9 14
26 30
14 17
22 18
17 14
Drawn

——

No. 30.
27 24
18 15
24 20
15 11
20 24
19 23
24 20
Drawn

——

No. 31.
17 14
1- 6 2
13 9
1 6
5 1
6 13
14 9
13 6
1 10
W wins

Var. 1
6 9
13 6
1 17
5 9
W wins

——

No. 32.
31 27
22 18
27 24
18 15
24 20
23 19
20 24
19 16
24 20
15 11
20 24
16 20
24 27
11 15
27 31
20 24
32 27
15 19
27 20
28 32
B wins
23 19
31 27
19 16
27 24
16 20
24 27
22 17
27 31
17 14
31 27
14 10
27 31
10 15
31 27
15 11
27 31
20 24
32 27
11 15
27 20
15 19
20 24
19 23
24 20
B wins

——

No. 33.
23 27
21 25
28 24
25 18
27 32
20 27
32 14

29 25
14 18
W wins

No. 34.
22 17
32 23
31 26
23 30
17 21
W wins

No. 35.
10 15
31 22
29 25
22 29
15 22
W wins

No. 36.
26 22
18 25
13 17
25 22
17 26
29 25
26 31
25 22
30 26
22 25
31 27
25 29
27 23
29 25
23 18
25 29
18 22
21 25
26 30
W wins

No. 37.
9 5
7 2
15 10
20 16
10 6
B wins

No. 38.
1 6
1- 3 7
16 12
7 3
6 10
4 8
10 15
W wins

Var. 1.
4 8
6 10
8 4
16 12
4 8
10 15
W wins

No. 39.
17 21
25 22
18 14
W wins

No. 40.
6 10
15 18
10 15
18 22
15 18
22 25
18 23
25 30
32 28
30 25
28 24
16 20
23 27
25 22
27 32
20 27
32 23
W wins

No. 41.
16 11
27 23
11 4
3 7
4 8
a- 7 2
Drawn

(*a*)
7 11
15 19
11 4
19 26
4 8
26 23
8 11
23 19
W wins

No. 42.
6 1
26 22
17 14
22 29
1 5
13 9
5 14
W wins

No. 43.
6 2
13 9
2 7
14 18
7 11
Drawn

No. 44.
24 19
28 32
19 15
32 28
15 10
28 32
10 14
32 28
23 27
28 32
22 18
32 23
18 27
30 26
14 9
W wins

No. 45.
15 10
14 7
6 2
19 12
2 11
Drawn

No. 46.
28 24
12 8
24 19
8 3
19 15
3 7
14 18
21 17
22 26
17 21
18 22
7 2
15 10
21 17
26 31
W wins

No. 47.
19 15
10 19
23 16
12 19
30 16
W wins

No. 48.
5 1
6 2
14 10
15 6
1 10
19 23
20 24
23 18
24 27
18 22
27 23
B wins

No. 49.
10 7
15 24
32 28
2 11
28 19
W wins

No. 50.
1-18 14
24 20
14 10
19 16
10 6
16 7
6 2
Drawn

Var. 1.
18 23
24 20
23 16
3 8
W wins

No. 51.
*a*27 31
10 7
18 23
Drawn

(*a*)
18 14
19 23
27 18
10 15
B wins

No. 52.
7 11
27 31
11 15
31 22
30 25
22 29
15 22
W wins

NOTES ON THE POSITIONS

Nos. 1, 2, 3, 4 are universally known as 1st, 2nd, 3rd, and 4th Positions. Nos. 1 and 4 are generally credited to Payne, but are well known in connection with Sturges' celebrated collection. First Position is here given in one of its most simple forms, but even at this stage it is not *easily* carried to a successful issue, except by experienced players. In Section II. will be found "First Position in Embryo," by Dr. Brown, to prepare for the study of which the learner is recommended to go through the play given in this section carefully, and endeavour to master its intricacies, for without such study and preparation he will probably not be able to comprehend the purport of the various moves necessary to force the win in the "embryo" position. No. 2 was the production of that celebrated player, the late Mr. Andrew Anderson. No. 3 has a most interesting history; it is so critical that a single weak move on the part of Black enables White to draw, and Wyllie has drawn it on many occasions against strong players. The position was the subject of considerable discussion in the *Glasgow Weekly Herald* during January and February, 1876, in which Messrs. J. Hedley, Sullivan, J. Haxton, C. Adamson, and R. D. Petterson took part. The discussion was concerning its authorship, claims being put in on behalf of Messrs. Adamson (of Leven), F. Allen (of Leeds), and W. W. Avery (of New York); and, after many interesting facts had been elicited, it was ultimately conceded that of the three "A.'s" the American was entitled to the win, both on the points of priority of publication and discovery.

Mr. J. Robertson, Berwick, informs me that No. 7 is given by Payne in his work published in 1756—44 years earlier than Sturges' first edition—and his solution is (black moving first), 25-29, 27-23, 29-25, 23-18, 25-29, 18-22, 21-25, 26-30, white wins. The position, therefore, is Payne's; but, finding it in Sturges's collection, I have credited him with it in mistake. The solution I give is also copied from Sturges's collection.

Dr. Brown's positions inserted in this section are most of them given for the elementary nature of their composition: and they will be found both neat and instructive, although some of them are comparatively easy. No. 21 cropped up in an analysis of another position, and was noted down expressly for this section. No. 22 is an end-game, and is given in Lyman's Book of Problems (No. 92), by Dr Lucas. Dr. Brown, in a note to the *Leeds Mercury* of March 31, 1883, points out that the position given in the *Elmira Telegram* as a "Tough Little Nut" is the same as this, except that a king occupies square 3 instead of a man. Dr. Brown says in the note referred to, "I had the black men, and when we came to the position Dr. Lucas turned the board round and pointed out the win, and then promised to publish it." No. 25 is also the termination of a game, which was played between Dr. Brown and Mr. Walter Patterson, London, Editor of the *Draughts Board*, New Series. Many of the positions bearing other names have likewise been contributed by Dr. Brown.

No. 27, by Payne, is a position which is considered by some (if we may judge from questions frequently put to Draughts Editors) to be a draw.

No. 50, contributed by Mr. Willie Gardiner, occurred in play.

The positions by Sturges, Payne, Hull, Alonzo Brooks, and others, will be new to most learners, but to the real thorough-going draughts votaries they are "as familiar as household words." They are given, however, simply for the instruction and amusement of learners, and no doubt will not only please but astonish many young players.

SOLUTIONS OF

PROBLEMS AND CRITICAL POSITIONS

CONTRIBUTED BY DR. T. J. BROWN.

(SECTION II.)

No. 53
*31 27
1- 1 5
*27 23
5 9
*10 6
9 11
6 2
2-14 17
2 6
3-17 22
6 10
22 26
*23 18
26 31
*18 14
4-31 27
*10 15
5-27 24
*15 11
24 19
14 9
19 23
9 6
23 18
*6 1
18 23
1 6
23 27
6 10
Dr Brown
27 32
10 15
23 27
15 19
27 32
11 15
82 27

15 18
27 32
18 23
32 28
23 27
28 32
19 23
32 28
27 32
28 24
32 28
24 20
*23 19
20 24
19 15
24 27
15 18
3 8
18 15
27 23
28 32
8 12
32 28
23 27
s-15 18
6-12 16
28 32
7-27 24
a-18 15
8-16 20
15 18
9-24 19
32 28
19 16
18 23
16 11
23 19
11 8

28 32
8 11
32 27
11 8
27 23
8 11
23 18
11 8
18 15
8 12
15 11
W wins
Anderson & Sturges

Var. 1.
3 8
*10 7
1 5
7 3
8 12
3 7
5 9
7 11
9 14
27 24
14 18
24 20
18 23
11 15
W wins
Dr Brown

Var. 2.
3 8
2 7
14 17
7 3
8 12

23 19
17 22
3 7
22 26
7 11
26 31
11 15
31 26
15 18
W wins
Drinkwtr

Var. 3.
3 8
*6 10
8 11
10 14
17 22
23 19
22 25
14 17
W wins
Dr Brown

Var. 4.
31 26
14 9
3 8
10 15
26 22
9 6
22 17
6 2
17 13
2 6
W wins
Dr Brown

Var. 5.
27 23
14 10

3 8
10 7
8 12
7 3
23 27
15 19
27 32
Dr Brown
3 8
32 28
8 11
28 32
11 15
32 28
15 18
28 32
18 23
32 28
23 27
28 32
19 23
13 32 28
27 32
14 28 24
15 23 18
16 24 28
17 18 15
25 28 24
82 28
26 24 27
s-15 18
W wins
Same as trunk at 61st mve.
Anderson & Sturges

Var. 6.
27 32

18 23
12 16
28 24
W wins
Drmmnd

Var. 7.
27 31
18 15
31 26
32 27
W wins
Drmmnd

Var. 8.
24 28
15 11
10 16 19
32 27
28 32
27 31
32 23
11 16
19 23
16 19
W wins
Anderson & Sturges

Var. 9.
24 28
18 23
20 24
23 19
W wins
Drmmnd.

Var. 10.
16 20
11 11 15
28 24

15 18
12 24 28
18 23
28 24
32 28
W wins
Drmmnd

Var. 11.
11 16
28 24
32 28
24 27
16 19
W wins
Sturges.

Var. 12.
24 19
32 28
20 24
or
19 16
18 23
W wins
Drmmnd.
Same as trunk at 71st mve.

Var. 13.
12 16
27 24
W wins
Same as Var. 6.

Var. 14.
12 16
82 27

16 20
27 32
28 24
32 28
W wins
Drmmnd.
Same as Var. 10.

Var. 15.
24 20
32 27
20 16
18 15
16 20
15 11
W wins
Drmmnd.

Var. 16.
12 16
18 15
18 24 20
32 27
W wins
Drmmnd.

Var. 17
24 19
32 28
20 12 16
28 32
21 19 24
18 15
22 16 20
15 18
24 19
32 28
20 24

18 23
W wins
Drmmnd
Same as Var 12.

Var.18.
19 24 28
15 11
W wins
As var. 8.

Var.19.
16 20
15 18
W wins
As var.10 at 4th mve

Var.20.
19 16
*28 24
23 16 11
24 20
11 8
18 15
W wins
Drmmnd

Var.21,
16 20
32 28
19 16
18 23
W wins
Anderson and Drmmnd
Same as trunk at 71st mve

Var.22.
24 28
15 11
21 16 20
11 16
28 24
32 28
24 27
16 19
W wins
Sturges.

Var.23.
16 20
24 27
20 16
18 15
W wins
Same as var. 15,16

Var.24.
16 19
32 27
28 32
27 31
19 24
11 16
32 28
16 19
W wins
as var. 8

Var.25.
12 16
15 11
16 19
32 27
28 32
27 31
19 23
11 15
32 28
15 19
W wins
Drmmnd & Sturges
as var. 8

Var.26.
24 20
15 11
12 16
28 32
16 19
11 15
27 19 24
32 28
24 27
28 32
27 31
15 19
W wins
Drmmnd

Var.27.
19 23
15 19
23 26
19 24
W wins
Drmmnd

(a)
32 28
28/29 24 20
18 22
16 19
22 18
20 16
28 32
19 24
32 28
24 27
28 32
27 31
18 15
W wins
Dr.Lucas

Var.28.
24 19
18 14
19 15
28 24
W wins
Dr.Lucas

Var.29.
24 27
30 18 15
27 32
15 18
16 19
28 24
19 28
18 23
W wins
J.A. Kear

Var.30.
28 32
27 24
18 15
W wins
Dr. Lucas
Back to *a*

No. 54.
a 1 5
1-13 17
5 9
17 22
2 7
b 22 18
2 *7 11
3 18 23
4 11 15
23 27
15 19
5-27 23
19 24
23 18
9 6
18 15
24 27
15 18
6 10
26 22
27 24
22 17
10 6
18 14
24 19
17 13
19 23
14 9
6 10
9 5
23 18
5 9
10 14
9 5
18 15
B wins

Var. 1.
26 23
2 7
6-23 18
*7 11
13 17
7 11 16
8 17 13
16 19
13 17
*5 1
17 13
19 23
18 14
23 18
14 9
1 5
9 6
5 1
6 2
18 14
B wins

Var. 2.
18 22
9 14
22 25
*11 16
25 30
16 20
30 25
20 24
25 21
24 27
21 25
27 31
25 22
*14 10
26 23
31 27
23 19
27 23
B wins

Var. 3.
26 22
*11 16
18 15
9 6
15 18
16 19
18 14
19 23
14 17
6 9
17 13
9 14
22 18
14 17
B wins

Var. 4.
26 23
*9 13
18 22
11 15
23 18
15 10
22 25
13 9
25 21
10 14
18 15
9 6
B wins

Var. 5.
27 32
*9 14
32 27
*14 10
27 32
19 24
32 28
24 27
28 32
27 31
26 23
10 7
32 28
31 27
23 19
7 11
28 32
27 23
B wins

Var. 6.
13 17
*5 9
23 18
*9 13
17 14
7 11
14 10
13 17
10 6
11 7
6 1
17 22
18 14
22 17
14 9
17 14
9 6
7 2
B wins

Var. 7.
17 22
*16 19
18 14
*19 15
22 17
5 1
14 9
1 5
17 14
15 10
B wins

Var. 8.
17 14
*16 19
14 10
5 9
10 7
9 6
7 3
19 23
18 15
23 19
15 11
6 10
B wins

(a)
2 6
or
1 6
26 23
6 10
23 18
Drawn

(b)
If 26 23
thn 9 13

No. 55.
30 26
22 25
26 22
31 26
22 17
26 22
17 13
22 18
15 10
18 14
10 6
14 9
6 1
9 5
1 6
25 30
6 10
30 26
10 15
26 31
15 10
31 27
10 14
27 23
*13 9
Drawn

No. 56.
15 19
32 27
7 10
1-30 26
10 14
27 23
19 24
26 22
24 27
22 18
14 17
B wins

Var. 1.
30 25
10 14
25 21
14 18
21 17
18 22
B wins

No. 57.
14 17
1-29 25

17 21
25 22
21 25
22 18
25 30
18 15
2-30 25
3-15 11
25 22
11 8
22 18
8 3
18 15
3 8
4- 2 7
8 12
5- 7 11
31 26
15 18
12 8
11 16
8 11
16 20
11 16
20 24
16 19
24 28
19 24
28 32
24 28
32 27
26 23
Drawn

Var. 1.
31 26
17 21
26 22
21 25
22 17
25 30
17 13
2 6
B wins

Var. 2.
2 7
31 27
30 26
27 24
26 22
24 20
22 18
15 11
Drawn

Var. 3.
31 27
25 22
15 11
22 18
11 8
18 15
8 3
15 19
3 8
2 6
8 11
6 9
11 7
9 14
7 10
14 18
10 14
18 22
14 18
22 25
18 14
25 30
14 10
30 25
10 14
25 22
14 9
22 26
B wins

Var. 4.
2 6
8 12
15 19
12 8
6 10
8 11
10 14
11 7
19 15
7 2
15 10
31 27
14 18
27 24
Drawn

Var. 5
15 11
31 27
7 10
27 24
10 15
24 20
15 18
12 16
11 15
16 12
18 23
20 16
Drawn
Solution by Wardell

No. 58.
14 18
12 8
18 23
8 3
23 26
3 7
19 15
32 28
26 31
28 24
*31 26
24 20
26 22
7 2
15 10
20 16
22 17
16 11
17 13
11 8
10 6
B wins

No. 59.
24 19
1- 3 7
19 15
29 25
32 28
25 22
28 24
22 26
15 18
26 31
18 23
7 10
23 18
31 27
24 19
27 24
19 16
24 19
16 12
19 16
12 8
16 11
8 3
10 15
3 8
W wins

Var. 1
29 25
19 15
a-25 22
32 28
3 8
28 24
W wins

(a)
3 8
32 27
8 12
27 24
25 22
24 20
W wins

No. 60.
11 8
19 16
8 12
16 11
12 16
11 7
16 11
7 2
11 15
2 7
14 18
7 11
W wins

No. 61.
13 9
1- 3 8
9 14
1 6
14 18
6 9
15 10
8 12
10 7
12 16
18 23
16 20
23 27
9 14
7 2
14 18
2 6
18 22
6 10
22 26
10 15
26 30
15 19
30 26
27 32
26 22
19 24
20 27
32 23
W wins

Var. 1.
1 5
9 14
3 7
14 17
5 9
17 13
9 14
13 9
14 18
9 6
7 10
15 11
W wins

No. 62.
2 6
32 27
7 11
27 24
11 15
24 20
15 18
20 16
18 22
16 11
6 10
11 7
10 14
7 2
1-14 17
2 6
17 21
6 10
22 26
10 14
26 31
14 18
31 26
18 15
Drawn

Var. 1.
14 18
2 7
18 23
7 10
23 26
10 15
26 31
15 18
22 26
29 25
26 30
25 21
Drawn

No. 63.
23 19
1- 4 8
19 15
2 7
1 5
7 11
15 19
8 12
5 9
11 16
19 24
16 20
24 28
12 16
9 14
16 19
14 18
20 16
28 32
19 24
32 28
24 27
28 32
27 31
18 15
W wins

Var. 1.
2 7
19 16
7 10
16 11
10 14
1 6
14 18
6 10
W wins

No. 64.
25 22
1-16 11
22 18
2 24 19
18 23
19 16
23 19
16 12
19 15
3-11 7
*17 13
7 2
15 10
12 8
10 6
B wins

Var. 1.
24 19
22 18
16 12
18 23
19 15
17 14
12 8
23 19
15 11
19 15
B wins

Var. 2.
11 8
18 15
20 24
15 11
B wins

Var. 3.
11 8
15 11
8 4
11 7
B wins

No. 65.
17 21
10 14
21 25
14 18
25 30
26 22
30 26
22 17
* 2 7
1-18 15
26 22
17 13
22 17
13 9
17 14
9 5
14 9
5 1
9 5
1 6
5 1

6 9
7 10
Drawn

Var. 1.
17 14
7 11
14 10
11 16
18 15
26 31
Drawn

——

No. 66.
31 26
1 6
26 22
6 9
22 18
9 13
18 15
13 17
11 16
1- 3 8
16 12
8 3
15 11
17 22
12 16
22 26
16 19
W wins

Var 1.
3 7
16 19
17 22
19 23
W wins

——

No. 67.
32 27
4 8
27 23
8 11
23 18
* 5 9
30 26
*11 8
18 23
9 14
26 22
8 11
23 19
11 7
19 15
14 18
Drawn

——

No 68.
9 5
1- 4 8
5 1
2- 8 3
14 9
3 7
1 6
7 3
6 10
3 8
9 14
8 3
14 18
2 7
18 14
7 11
14 18
3 8
18 23
8 12
23 19
11 15
19 24
15 18
10 15
W wins

Var. 1.
2 7
5 1
4 8
1 6
7 11
6 10
8 12
14 18
12 16
18 23
16 20
23 19
11 15
19 16
W wins

Var. 2.
8 11
14 10
11 8
1 5
W wins

——

No. 69.
26 23
6 10
29 25
10 7
23 27
1- 7 11
27 24
2-11 16
*24 20
16 19
25 22
19 23
20 16
23 27
22 26
W wins

Var. 1.
15 18
*25 21
18 22
21 17
W wins

Var. 2.
11 7
25 22
7 10
22 17
15 18
24 27
10 6
27 31
18 28
17 14
W wins

——

No. 70.
18 15
21 17
29 25
17 13
25 22
13 9
22 18
9 6
18 14
6 1
15 19
1 6
19 23
1- 6 1
14 9
1 5
9 6
5 1
6 2
7 10
23 26
1 5
2 6
10 14
26 22
W wins

Var. 1.
6 10
14 9
10 15
9 6
7 11
6 9
11 16
23 27
W wins

——

No. 71.
9 14
1 6
14 18
6 9
31 27
1-30 25
27 23
9 13
23 26
13 17
26 30
25 21
18 22
17 26
30 23
21 17
23 18
W wins

Var. 1.
30 26
27 24
9 13
24 20
26 31
18 23
13 17
23 27
31 24
20 27
W wins

——

No. 72.
27 24
1-22 18
24 19
6 10
5 9
18 22
19 23
22 25
9 6
10 14
6 9
14 17
9 14
W wins

Var. 1.
6 10
5 9
10 15
9 14
22 26
24 27
26 30
14 10
15 18
10 14
18 22
27 23
22 25
14 17
25 29
17 21
29 25
23 18
25 29
18 22
W wins

——

No. 73.
3 7
1- 1 5
9 6
5 9
7 10
29 25
6 1
2-25 21
10 15
9 14
1 6
21 25
6 9
14 17
* 9 14
17 22
15 19
22 26
*19 23
26 30
14 17
25 29
17 21
29 25
23 18
25 29
18 22
W wins

Var. 1.
29 25
7 10
25 22
10 14
22 26
14 18
26 31
18 23
W wins

Var. 2
9 13
10 14
25 21
1 6
13 17
6 10
17 22
*14 18
22 26
10 14
21 25
14 17
25 21
17 22
26 31
18 23
W wins

——

No. 74
21 17
4 8
28 24
8 3
24 19
1- 3 7
17 14
2- 7 2
19 15
2 6
15 18
3- 1 5
18 15
6 9
14 10
9 13
10 6
13 17
15 10
17 21
10 14
21 25
14 17
25 30
17 22
W wins

Var. 1.
1 6
19 15
3 7
17 14
7 3
14 10
6 9
15 11
9 13
10 14
W wins

Var. 2.
7 11
*19 23
11 15
23 27
15 19
14 10
19 16
10 15
1 5
27 23
W wins

Var. 3.
6 2
14 9
1 5
18 14
2 7
9 6
W wins

——

No. 75.
32 28
24 27
28 32
27 31
30 25
31 26
32 27
1- 2 7
27 24
2- 7 10
24 27
3-10 15
25 30
26 22
27 23
22 17
30 25
17 14
25 22

14 9
22 17
9 13
17 14
15 18
23 19
W wins

Var. 1.
2 6
27 24
4- 6 9
24 27
9 13
27 24
26 23
25 22

Var. 2.
26 23
25 22
5- 7 11
24 20
23 19
22 17
19 15
17 14
15 19
14 10
19 23
20 24
23 26
24 27
W wins

Var. 3.
10 14
27 31
26 23
25 22
23 26
22 17
14 21
31 22
W wins

Var. 4.
26 23
25 22
6 9
22 17
23 26
24 19
9 13
17 21
W wins

Var 5.
7 10
*24 20
10 15
20 16
23 27
22 26
27 32
16 11
15 19
11 16
19 24
16 19
W wins

———

No. 76.
32 27
29 25
* 27 24
25 22
10 14
22 25
24 19
25 22
19 15
1-22 25
15 18
25 30
18 22
2 7
22 18
30 26
18 15
26 23
14 9
W wins

Var. 1.
22 26
14 18
26 31
18 23
2 6
15 19
6 9
19 24
9 14
24 28
14 17
23 27
31 24
28 19
W wins

———

No. 77.
*30 26
27 31
26 23
31 27
23 19
27 24
19 15
24 19
1-15 11
5 9
*11 8
9 14
* 8 4
19 23
12 8
Drawn

Var. 1.
15 10
19 15
B wins

———

No. 78.
13 9
21 17
9 6
17 13
12 8
20 16
8 3
1-16 11
6 1
13 9
1 5
9 6
3 7
11 2
5 1
B wins

Var. 1.
16 12
3 7
12 8
7 2
8 3
6 9
B wins

———

No. 79.
16 12
7 3
20 24
8 11
24 27
3 7
12 8
11 15
27 23
7 11
23 18
W wins

———

No. 80.
7 11
1-21 17
1 6
17 13
6 10
13 9
10 14
B wins

Var. 1.
18 14
1 6
21 17
6 10
14 7
11 2
17 13
B wins

———

No. 81.
3 7
27 23
7 11
1) 23 18
2) 11 7
18 15
7 2
15 11
6 9
11 8
2 7
8 3
7 11
21 17
11 15
B wins

Var. 1.
23 19
6 9
21 17
9 13
17 14
13 17
14 9
17 22
9 6
22 26
6 2
26 31
B wins

Var. 2.
21 17
11 7
23 18
6 10
17 13
7 11
B wins

———

No. 82.
30 26
21 25
26 22
25 30
22 18
30 25
28 32
19 24
18 15
25 22
15 19
24 28
19 23
W wins

No. 83
19 23
1-25 22
23 26
22 18
26 30
18 15
* 1 6
15 11
6 10
11 7
10 15
7 2
15 19
2 6
19 24
6 10
24 27
10 14
B wins

Var. 1.
25 21
23 26
29 25
26 30
25 22
30 26
22 18
26 22
18 15
1 6
15 11
6 9
11 7
9 13
B wins

———

No. 84.
30 26
1-20 16
26 23
16 11
*19 15
2-12 8
15 10
8 4
23 19
11 8
19 16
8 3
16 12
B wins

Var. 1.
12 8
26 23
8 12
23 18
20 16
18 14
16 11
14 10
11 8
10 7
8 4
7 3
B wins

Var. 2.
11 7
*23 19
12 8
15 10
7 3
19 16
B wins

———

No. 85.
10 14
1-19 23
28 24
23 26
24 27
26 30
27 23
15 18
23 27
18 22
27 23
22 25
14 17
25 29
17 21
29 25
23 18
W wins

Var. 1.
19 16
28 32
15 22
14 10
15 19
10 15
19 24
32 28
24 27
28 32
27 31
W wins

———

No. 86.
32 27
13 17
30 26
5 9
27 23
9 14
23 19
14 18
19 15
18 22
26 30
17 21
15 10
22 25
30 26
25 29
10 6
29 25
6 1
25 29
1 6
29 25
6 10
25 29
10 15
29 25
15 18
25 29
18 22
21 25
26 30
W wins

———

No. 87.
21 17
23 18
17 14
18 15

31 27
15 18
27 24
18 15
24 20
15 18
20 16
18 15
16 12
15 18
12 8
18 15
8 4
15 18
4 8
18 15
8 12
15 18
12 16
18 15
16 20
15 18
20 24
18 15
24 27
15 18
27 31
18 15
31 26
15 18
26 30
18 15
30 25
15 18
25 21
18 15
21 17
W wins

No. 88.
15 10
23 18
11 8
3 7
10 3
18 15
8 11
15 8
3 7
Drawn

No. 89.
9 5
2 6
5 1
6 2
3 8
2 7
8 12
7 11
13 9
11 7
12 16
10 14
1 5
7 2
16 19
14 10
19 23
10 14
23 26
14 10
26 22
10 14
22 17
14 21
9 6
2 9
5 14
W wins

No. 90.
*23 27
24 28
27 24
1-31 26
24 20
16 19
20 24
19 23
24 27
Drawn

Var. 1.
16 20
24 19
31 26
19 16
26 23
16 12
20 24
12 16
24 27
16 20
27 31
20 24
23 18
24 20
18 15
20 24
31 26
24 20
26 23
20 24
15 11
24 20
Drawn

No. 91.
25 21
26 31
21 17
31 26
17 14
26 31
14 18
31 26
18 15
26 31
15 19
31 26
19 16
26 31
*16 12
31 26
24 19
26 31
27 23
W wins

No. 92.
14 18
23 27
18 23
27 32
15 19
32 28
23 27
20 16
27 23
28 32
19 24
16 11
24 19
11 7
19 15
32 28
15 19
7 10
23 27
10 14
27 23
14 17
23 27
17 22
27 23
28 32
19 24
22 17
Drawn

No. 93.
1-10 6
18 14
2- 6 1
14 9
3- 1 5
9 6
5 9
6 2
9 14
2 6
14 17
6 9
17 22
* 9 13
4-11 7
* 19 15
22 26
23 18
26 22
*13 9
22 17
9 5
17 13
18 14
13 17
15 10
7 2
14 9
17 14
10 6
W wins

Var. 1.
11 8
18 15
10 6
19 16
8 12
16 11
12 16
11 7
6 2
15 11
16 20
7 3
20 24
* 3 8
24 27
23 19
27 24
19 16
24 19
16 12
19 23
8 3
23 19
12 8
19 23
8 4
23 19
* 3 8
2 6
11 7
6 10
7 2
W wins

Var. 2.
6 2
14 9
2 7
9 6
7 10
6 2
11 8
19 16
10 15
16 12
8 11
2 6
11 16
12 8
16 20
8 3
20 24
3 7
24 27
7 10
W wins

Var. 3.
11 7
23 18
7 11
18 14
1 5
9 6
5 1
6 2
1 5
2 6
5 1
6 9
1 5
9 13
W wins

Var. 4.
11 8
* 19 16
8 12
23 19
22 18
13 9
12 8
* 9 5
8 3
16 11
18 23
19 15
23 19
15 10
19 15
11 8
15 6
5 1
W wins

Var. 5.
10 14
19 16
8 12
16 11
14 17
11 7
17 22
7 3
22 26
23 19
*26 22
15 10
W wins

Var. 6.
10 7
23 18
7 2
15 10
8 11
19 15
11 8
18 14
8 12
*14 9
12 16
9 5
16 19
5 1
2 6
10 7
W wins

No. 94.
15 19
32 27
19 15
27 23
15 10
1-23 19
10 6
19 15
6 2
15 11
2 6
11 7
6 2
7 11
2 6
11 15
6 2
15 19
2 6
19 23
6 10
23 26
14 18
26 30
18 22
5 9
22 18
30 26
10 15
26 31
15 10
31 27
10 15
27 24
15 10
24 19
18 22
19 16
22 18
16 11
18 22
11 8
22 18
Drawn

Var. 1.
23 26
14 18
26 30
18 22
5 9
22 18
30 25
10 15
25 21
18 14
9 18
15 22
Drawn

No. 95.
11 7
4 8
7 2
8 11
2 7
11 15

7 10
15 19
10 15
19 24
15 19
24 27
19 23
27 31
22 25
31 26
23 27
Drawn

No. 96.
11 16
8 12
16 19
1- 2 6
19 23
12 16
4 8
16 11
15 10
6 15
23 18
W wins

Var. 1.
2 7
19 24
12 16
* 4 8
W wins

No. 97.
21 17
23 26
11 15
26 23
15 10
23 26
10 6
3 8
6 1
8 11
22 18
26 22
17 14
22 15
14 10
15 6
1 10
W wins

No. 98.
29 25
13 17
25 21
18 14
11 7
14 18
21 14
18 2
14 10
W wins

No. 99.
8 3
7 11
3 7
11 16
7 11
16 20
*11 15
20 24
6 10
24 27
*15 19
27 32
10 14
Drawn

100.
*10 15
1-22 17
29 25
17 21
30 26
23 30
25 22
B wins

Var. 1.
23 27
*30 25
22 26
15 19
27 32
*25 21
32 27
29 25
B wins

101.
10 6
* 3 7
6 13
7 10
13 17
10 6
B wins

102.
10 14
6 13
24 27
26 22
14 17
22 18
27 23
13 22
23 14
B wins

103.
26 31
25 22
31 27
14 10
27 24
10 14
24 20
14 10
23 19
10 14
19 15
22 25
20 16
25 22
16 12
22 25
12 8
25 22
8 3
14 9
15 10
B wins

104
22 26
29 25
26 30
25 21
30 25
24 19
25 22
19 16
22 25
21 17
4 8
12 3
25 21
3 10
21 7
B wins

105.
7 11
24 19
8 12
28 24
11 16
*22 18
14 23
24 20
Drawn

106.
2 6
19 16
6 9
17 13
9 14
16 11
10 15
11 7
15 19
7 2
14 17
2 7
18 22
B wins

107.
13 9
18 23
15 18
1 5
18 25
5 14
25 22
23 27
29 25
27 31
25 30
31 27
30 26
27 24
26 23
24 28
23 19
28 32
19 15
W wins

108.
*25 30
11 16
*30 26
16 19
*26 31
24 28
*31 26
19 15
*26 30
15 19
*30 25
19 24
*25 21
24 19
*13 17
14 18
*21 25
18 23
*25 30
19 24
*17 14
24 27
*14 10
27 24
*10 15
24 27
*30 25
27 31
*15 19
31 26
*19 24
26 31
*25 30
31 26
24 27
W wins

109
9 6
16 19
6 2
19 23
2 7
11 16
* 7 11
23 26
28 24
20 27
11 20
27 31
32 27
31 24
20 27
W wins

110.
22 17
13 22
9 14
22 25
14 23
25 30
27 24
30 25
23 26
W wins

111.
6 9
15 18
27 24
13 17
31 26
17 21
9 13
21 25
26 22
18 23
22 18
W wins

112.
23 19
15 24
32 28
9 14
28 19
14 17
19 16
11 15
27 23
17 22
16 11
22 25
11 7
25 30
7 2
W wins

113.
20 16
12 19
10 7
3 10
15 6
1 10
24 6
8 11
6 2
4 8
2 6
11 15
6 10
15 19
10 15
19 23
28 24
23 27
24 20
27 32
20 16
8 12
15 19
32 28
16 11
W wins

114.
25 21
18 22
11 7
22 25
21 17
25 30
17 13
30 26
6 2
26 22
9 6
22 18
13 9
23 26
5 1
26 30
1 5
Drawn

115.
23 27
32 23
19 26
31 22
* 2 6
1-22 17
15 18
2-24 19
16 23
28 24
23 26
24 19
*11 15
19 10
6 15
14 9
5 14
17 10
26 30
20 16
15 19
16 11
19 24
11 7
24 27
7 2
27 31
2 6
31 27
6 9
27 23
9 14
23 26

14 23	16 19	24 19	15 22	*Var. 3.*	28 24	3 8	27 23
26 19	*3*-17 14	22 26	21 17	22 18	17 14	24 19	19 24
13 9	9 18	B wins	22 26	15 29	B wins	6 10	23 19
19 15	22 17		17 14	24 8	——	15 6	14 18
9 6	19 23		26 31	3 12	*116.*	1 10	19 16
15 18	25 21	*Var. 2.*	14 9	10 7	11 16	30 25	8 12
B wins	18 22	14 10	31 26	29 25	28 24	10 15	16 11
	17 14	6 15	9 6	7 2	16 20	19 10	12 16
	15 18	13 9	26 22	25 21	32 27	11 16	11 7
Var. 1.	10 7	5 14	6 2	17 14	8 11	18 15	16 19
14 10	3 17	17 10	22 18	9 18	15 8	16 19	7 2
5 9	21 14	18 22		2 9	4 11	23 16	18 23
21 17	1 5	25 18	B wins	21 17	19 15	12 19	B wins

NOTES ON THE POSITIONS.

Problem 53 is universally known as "First Position in Embryo." This intricate invention has appeared in nearly every Draughts periodical and Draughts column since it was propounded by Dr. Brown, and is the earliest stage from which the acknowledged "First Position" can be forced. There are many positions, apparently different, in which players can recognise the germ of First Position. Payne, in his work published in 1756, gives an embryo First Position thus—Black Kings 9 and 10, White King on 1 and Man on 30, Black to move and win; and, after thirty-four moves, he in a note says, "Now Black has the Fourth Situation, and must consequently win." What he describes as the "Fourth Situation" is First Position as given in Section I. With the author's permission I give the exhaustive analysis of Dr. Brown's embryo position compiled by Mr. Drinkwater, it being the most complete published.

In May, 1878, No. 54 appeared in the *Newcastle Weekly Chronicle*, and its appearance caused an animated and lengthy discussion, many players positively asserting that it was *only a draw*, but a fine one. After several unsuccessful attempts at a solution by various correspondents, the editor gave the author's solution, and said, "We repeat the position, that it may be fully studied, and if any player can show a flaw in it we will give him every facility for discussion." Dr. Brown's solution, however, seemed to convince all that his win was thoroughly sound.

Concerning the formation of No. 55, Mr. Ward writes, "If Black moves 27-31 (this move forms the position) it apparently gives White a chance to draw, by moving 30-26, and then running up to the crown-head; but Black wins, nevertheless, thus—27-31, 30-26, 22-25, 26-22, 31-26, 22-17, 26-22, 17-13, 22-28, 15-10, 18-14, 10-6, 14-9, 6-1, 9-5, 1-6, 25-30, 6-10, 30-26, 10-15. If Black moves from 26 to 23, White can draw by playing 13-9, 5-14, 15-18. The game is also drawn if Black moves from 26 to 22, or 26 to 30, or 5 to 1, because the White King can then move into the white double-corner: but resume the variation—26-31, 15-19, 31-27, 19-15, 27-24, 15-10, 24-19, 10-14, 19-15, same as root at 29th move of White, and Black wins." It will be seen, however, that Dr. Brown's solution upsets this play and proves the draw.

No. 63 occurred in an end-game with the late Mr. Wm. Lyddon, and was noted down *in memoriam.*

No. 84 is an end-game from a "Will 'o the Wisp," won in a tourney match against Dr. Lucas. The game was played move by move as given in Sturges, down to the last move, where it is left off as drawn, at which point Dr. Brown announced a win.

No. 85 originally appeared in *The Draughtboard* (old series), Feb., 1870, and in 1878 as 523 in the *Glasgow Herald*, copied from the *Boston Globe*, but with no author's name. Mr. J. Richards, of Penzance, called the editor's attention to the omission, and pointed out Mr. Fred Allen as the author. The following week the *Herald* inserted a note as follows—"In giving the Problem the *Globe* remarked, 'This very neat position was shown us at the New Chess and Checker Rooms, Ordway Place. The author's name is unknown.' Our contemporary will be glad to be furnished, through Mr. Richards, with the author's name."

No. 87 occurred in a game played in 1857, between Mr. Lear, of Liverpool, and Mr. Millar.

No. 93 was sent to the *Newcastle Weekly Chronicle*, by Mr. A. M. Burgess, of London, as a Draughts Study, with the question,—"Black to move, what result?" It was inserted with the remark that "it will test the analytical faculties of our readers, to whose particular attention it is recommended." The question drew answers and analysis from a number of correspondents in favour of the win for white.

Positions 100 and 103 occurred in the Wyllie-Martins Match Games, and were given up as drawn. No. 105 was the finish of a game between Messrs. Grant and McGuire, Newcastle.

No. 106 is introduced as "The Christmas Cross" into a diverting Christmas story in the *Magnet*, entitled "The White Doctor," which contains a humorous, and, to draught players, an easily comprehended "cut" at the names of many prominent players.

No. 114.—The *Gentleman's Journal*, on inserting this position, said, "We consider this an entirely original and ingenious idea." The *St. Louis Republican* (U.S.A.) also inserted the problem and the following remarks—"In our judgment, this is one of the most ingenious positions ever published. We acknowledge our failure to solve it after some hours spent in vain attempts to unravel the mystery. It is the third we have come across which have compelled us to look at the solution." Draughplayers need therefore not be ashamed at being caught studying the author's "explanation." The problem was also inserted in the *Paisley and Renfrewshire Gazette*, and attributed to Mr. Burns, Cupar Fife. Upon the real author being pointed out to the editor, he said, "Although inadvertently attributed to Mr. Burns, it is but just to that gentleman to say he lays no claim to it."

No. 116 is the termination of a game played between Dr. Brown and Mr. G Munro London, in 1872.

SOLUTIONS OF

PROBLEMS AND CRITICAL POSITION

CONTRIBUTED BY F. W. DRINKWATER.

(SECTION III.)

117.
18 15
17 22
15 10
22 26
3 8
26 23
* 8 11
23 18
10 15
18 23
15 10
23 19
11 15
19 23
10 14
2 7
15 18
23 26
14 17
7 10
*17 13
26 31
13 17
1-10 15
*18 22
15 19
17 21
19 23
21 25
Drawn

Var. 1.
31 27
18 22
27 23
22 25
23 26
25 30
Drawn

118.
14 17
10 14
17 21
14 17
22 25
17 22
25 29
22 26
29 25
23 18
32 27
26 31
27 24
31 26
24 19
1-26 30
19 16
30 26
16 11
26 30
11 7
30 26
7 10
26 30
10 6
30 26
6 9
26 30
9 13
30 26
13 17
26 30
17 22
18 14
*25 29
14 10
22 17
10 15
*17 14
30 26
29 25
15 19
14 17
19 15
25 22
B wins

Var. 1.
18 14
19 15
26 30
15 11
30 26
11 7
14 18
7 10
B wins

119.
3 7
24 27
7 14
27 24
19 15
24 19
15 11
19 12
11 7*
1) 4 8
2) 7 3
8 11
14 18
11 16
18 15
W wins

Var. 1.
12 8
7 3
8 12
14 18
12 16
18 23
W wins

Var. 2.
12 16
7 3
16 19
14 18
W wins

120.
25 22
23 19
22 18
1-12 16
20 11
19 15
11 7
15 22
7 2
22 26
14 18
5 9
* 2 7
9 13
7 11
26 31
18 23
13 17
11 16
17 21
16 20
21 25
24 27
W wins

Var. 1.
19 23
18 15
23 19
*15 11
19 15
11 8
15 11
* 8 4
11 15
or
11 7
4 8
7 2
14 10
or
8 11
W wins

121.
14 18
11 16
18 15
16 20
a-15 19
20 16
19 24
16 11
23 27
1-11 8
27 32
8 11
32 27
11 8
27 23
8 11
s-24 20
11 15
20 16
15 10
16 11
10 14
2-11 15
14 9
15 10
9 5
10 14
5 1
23 18
1 6
18 15
6 1
15 10
1 5
10 6
5 1
14 10
1 5
6 1
5 9
1 5
9 13
10 15
3-13 17
15 18
31 27
5 1
27 21
1 6
B wins

Var. 1.
31 26
24 19
4-11 16
19 15
16 20
27 31
26 22
31 26
22 17
15 18
17 13
18 14
B wins

Var. 2.
3 7
14 9
7 10
9 6
10 14
6 10
14 17
10 14
17 22
14 10
22 25
10 14
25 29
14 10
29 25
10 6
25 22
6 10
22 17
B wins

Var. 3.
31 27
15 19
13 17
5 9
17 22
9 14
22 26
14 18
26 30
19 23
27 24
18 22
B wins

Var. 4.
26 22
19 23
22 17
23 18
B wins

(a)
15 11
20 24
23 27
24 28
27 32
28 24
11 15
24 20
15 19
20 16
19 23
16 20
32 28
20 16
28 24

16 11
a-24 20
B wins
F. Dunne

122.
23 19
1-14 10
22 18
2-10 6
18 14
6 1
19 15
1 6
15 11
6 1
14 9
1 5
9 6
3-30 25
11 7
5 1
7 10
1 5
10 14
5 1
6 9
1 5
9 13
4 } 5 1
5 } 13 17
25 21
17 22
1 6
22 18
6 1
18 15
1 6
15 11
6- 6 1
14 9
1 5
9 6
21 17
11 7
17 13
7 10
5 9
6 1
9 6

10 14
6 2
14 18
13 9
1 6
B wins

Var. 1.
14 9
19 15
a- 9 6
22 17
6 9
15 18
9 13
17 14
7-30 25
18 15
25 21
15 11
B wins

Var. 2.
30 25
19 23
25 21
23 19
10 6
18 14
B wins

Var. 3.
30 26
11 15
8-26 23
6 10
5 9
15 11
9 5
10 14
5 1
11 15
1 6
14 17
B wins

Var. 4.
25 21
14 10
5 1

13 9
1 5
9 6
21 17
10 7
B wins

Var. 5.
25 22
14 10
9-22 18
13 17
18 14
10 6
B wins

Var. 6.
6 2
14 9
21 17
11 15
B wins

(a)
9 14
15 10
B wins
1st Positn

Var. 7.
30 26
18 15
26 23
15 11
B wins

Var. 8.
26 22
15 10
22 18
6 1
B wins

Var. 9.
5 1
13 9
1 5
9 6
B wins

123.
17 14
1 6
14 18
6 10
15 19
10 6
19 24
6 10
24 28
10 6
28 32
6 10
32 28
10 6
28 24
6 10
24 19
10 6
19 15
1- 6 9
15 11
9 6
18 14
6 1
12 16
1 6
16 19
6 1
19 24
1 6
24 28
6 1
28 32
1 6
32 28
6 1
28 24
1 6
24 19
6 1
2-19 15
1 6
15 18
6 1
14 9
1 5
18 14
5 1
9 5

1 6
5 1
6 2
14 18
31 27
18 14
27 23
3-14 9
23 19
9 14
19 16
14 10
16 7
10 3
20 16
3 8
B wins

Var. 1.
6 2
15 10
31 26
18 15
26 22
4-15 11
22 17
11 15
17 13
15 11
13 9
10 6
B wins

Var. 2.
14 9
1 5
9 6
31 26
11 15
26 22
19 16
20 11
15 8
5 1
6 10
22 17
8 11
17 12
11 7
1 5

10 14
B wins

Var. 3.
11 15
2 7
1 6
20 16
6 2
B wins

Var. 4.
12 16
20 11
15 8
22 17
8 11
17 13
10 14
B wins

124.
32 28
31 27
28 24
27 23
24 27
23 18
27 23
18 15
*22 26
1-30 25
23 18
15 11
26 30
25 21
18 14
11 7
30 26
7 3
26 23
3 7
23 19
2- 7 3
19 15
3 8
a-14 10
21 17
10 7
17 14

7 11
8 3
12 16
14 9
16 19
B wins

(a)
Jancier's improved move to win.

Var. 1.
15 10
26 31
10 7
31 26
7 2
26 22
2 7
22 18
7 10
23 19
30 25
19 23
25 21
23 19
10 6
18 14
B wins

Var. 2.
7 11
12 16
3-11 8
14 10
20 11
19 16
8 12
16 7
12 16
10 15
B wins

Var. 3.
21 17
14 21
11 8
21 17
20 11

17 14
B wins
Jancier.

125.
a-30 26
14 17
26 31
27 23
28 24
17 22
24 20
23 19
31 27
22 25
27 31
25 30
31 27
30 25
27 32
25 22
32 27
22 18
27 32
18 14
32 27
6 10
27 32
10 15
32 27
15 18
27 32
18 23
32 28
23 27
28 32
27 31
32 28
19 15
*28 32
15 18
*32 28
18 15
28 24
15 18
*24 28
31 27
28 32
1-27 23
82 28

18 15
28 24
15 10
*24 28
23 19
28 32
10 6
32 28
14 18
28 32
19 23
*32 28
23 27
28 32
18 23
*32 28
27 32
20 16
32 27
16 11
Drawn

Var. 1.
18 23
20 16
23 19
32 23
19 26
16 11
26 23
11 7
14 10
* 7 3
10 6
3 7
Drawn

(a)
30 25
14 17
25 21
17 22
21 17
27 31
17 26
31 22
28 24
22 18
24 19
B wins

126.
14 9
18 14
9 5
14 10
5 1
21 25
28 24
25 30
24 20
30 26
1 5
26 23
5 9
23 19
16 12
19 15
* 9 5
10 7
5 9
1-15 10
9 5
2-10 6
* 5 1
3- 7 10
* 1 5
6 1
5 9
1 5
9 13
10 7
20 16
5 1
a-13 17
1 6
17 14
6 2
b-14 18
7 3
c-18 15
2 7
15 19
4 8
*19 24
7 10
Drawn

Var. 1.
7 3
9 6

4-15 19
6 10
4 8
20 16
* 3 7
Drawn

Var. 2.
7 2
5 9
2 7
9 5
7 3
5 9
4 8
20 16
10 7
* 9 6
7 2
6 10
3 7
10 3
8 11
Drawn

Var. 3.
6 2
1 5
7 3
5 9
4 8
20 16
Drawn

Var. 4.
4 8
* 6 2
5-15 10
f- 2 7
10 14
20 16
3 10
12 3
10 15
* 3 8
14 10
Drawn

Var. 5.
8 11

2 6
15 19
6 10
Drawn

(a)
13 9
4 8
12 3
1 5
B wins

(b)
14 9
7 10
9 5
2 7
5 9
10 15
9 14
15 19
14 18
19 24
18 15
24 20
15 11
7 3
B wins

(c)
18 14
2 7
d-14 9
7 10
9 5
e-10 15
5 9
15 19
9 6
3 7
6 9
19 24
B wins

(d)
14 18
4 8
18 15
7 10
15 6
B wins

(e)
10 14
5 1
4 8
1 5
14 9
B wins

(f)
20 16
8 11
16 7
10 15
12 8
3 10
B wins

127.
a-12 16
1-28 24
16 20
b) 24 19
c) 26 31
2- 15 18
d-20 24
18 22
e- 3 8
3-19 15
8 12
15 10
12 16
4-10 6
16 19
22 18
24 28
18 22
19 23
6 2
*31 27
2 6
27 31
6 10
31 27
10 15
*27 24
15 11
24 20
11 15
20 24
15 18

24 27
18 14
27 31
14 17
31 27
22 25
27 31
17 22
31 27
-25 30
27 31
22 18
31 27
18 15
27 24
30 25
Drawn

Var. 1.
32 27
5) 16 20
6) 27 23
*26 31
7-15 18
*31 27
23 19
f-27 24
18 15
24 27
19 16
27 23
15 19
23 26
16 11
20 24
Drawn

Var. 2.
19 16
*31 26
15 19
26 22
16 11
*22 26
32 27
26 31
19 24
31 26
24 28

26 22
Drawn

Var. 3.
22 18
8- 8 12
18 22
24 28
22 18
31 26
19 15
*12 16
15 10
*16 20
18 15
*26 23
10 7
*20 24
7 3
24 27
Drawn

Var. 4.
22 18
*16 19
9-32 27
24 28
27 24
19 23
18 27
28 32
27 23
31 27
Drawn

Var. 5.
3 8
27 24
16 20
24 19
*26 31
15 18
31 27
19 16
*20 24
28 19
27 24
18 15
8 12
16 11

24 20
Drawn

Var. 6.
26 30
15 18
g- 3 7
27 24
* 7 11
18 23
16 20
24 19
*20 24
s-23 18
24 27
19 15
11 16
18 23
27 32
15 10
30 25
10 7
25 22
7 2
22 17
2 7
17 14
7 11
16 20
11 15
Drawn

Var. 7.
23 18
31 26
18 14
26 23
15 18
23 19
Drawn

Var. 8.
31 26
32 28
*26 30
18 23
* 8 11
s-23 18
*24 27
28 24

30 26
18 23
11 16
23 30
Drawn

Var. 9.
18 15
*19 23
15 19
24 28
19 26
31 22
10 7
22 18
7 2
18 15
2 7
*15 19
Drawn

(a)
3 7
28 24
26 31
24 20
31 26
32 27
26 31
27 23
31 26
23 18
26 22
18 14
22 17
10.15 10
7 11
14 9
17 22
10 14
22 26
14 18
26 31
9 6
31 27
6 2
27 24
18 23
12 16
2 7
W wins

Var. 10.
14 9
17 14
9 5
14 9
5 1
9 5
15 19
5 9
19 23
9 5
1 6
5 1
6 9
7 10
23 19
1 5
9 6
10 14
19 23
5 1
6 10
14 17
23 18
W wins

(b)
26 30
15 18
30 26
32 28
26 30
19 15
3 8
11.15 10
30 25
10 7
25 21
7 3
8 12
3 7
21 17
7 10
12 16
18 23
W wins

Var. 11.
18 22
8 12
15 10
12 16
10 7
16 19
22 18
20 24
18 15
30 26
7 3
26 23
3 8
23 26
8 12
W wins

(c)
20 24
19 16
26 31
15 19
24 28
19 15
31 26
15 18
26 31
18 22
3 8
22 18
31 26
18 15
8 12
15 19
26 23
19 26
12 19
32 27
W wins

(d)
12.31 26
32 28
20 24
18 23
26 22
*19 16
24 27
23 32
22 18
32 27
8 7
27 24
W wins

Var. 12.
3 8
*19 15
8 12
or
20 24
*18 23
24 28
23 19
31 26
15 10
26 22
19 23
22 17
23 18
17 13
18 14
8 11
10 6
11 15
6 2
15 19
14 9
or
14 18
W wins

(e)
24 28
19 16
3 7
16 12
7 11
*22 18
11 16
18 15
31 26
12 8
26 22
8 3
16 20
3 7
22 26
15 19
26 31
7 10
31 26
10 15
26 22
19 23
20 24
23 19
22 26
15 18
24 27
32 23
28 32
18 14
32 27
23 18
W wins

(f)
20 24
*19 15
3 8
28 19
27 24
18 23
8 12
23 18
24 20
15 10
20 16
19 15
16 19
18 14
12 16
W wins

(g)
h-30 26
27 24
16 20
24 19
20 24
18 23
26 22
*19 16
W wins

(h)
30 25
Forms Position No. 128.

128.
27 24
1-25 21
18 23
16 20
24 19
21 17
23 18
17 13
19 15
13 9
15 10
9 5
10 6
5 1
6 2
1 5
2 6
5 1
6 10
1 5
18 23
5 9
23 27
9 5
28 24
5 9
24 19
9 5
19 15
5 9
15 11
9 5
11 7
5 1
7 2
1 5
10 15
5 9
15 19
9 5
27 23
5 9
23 18
9 5
2 6
W wins

Var. 1.
3 7
24 20
2-16 19
20 16
25 30
16 12
7 11
12 8
11 16
8 3
3-16 20
3 8
20 24
18 15
30 26
8 11
W wins

Var. 2.
7 11
18 23
25 22
28 24
W wins

Var. 3.
30 26
3 8
26 31
8 11
16 20
11 16
W wins

——

129.
28 32
18 27
1 32 23
29 25
2) 3 7
21 17
7 10
3-25 21
10 15
17 13
23 18
22 17
15 10
13 9
18 22
17 13
22 18
9 5
*10 14
5 1
14 10
4- 1 5
10 14
13 9
*14 10
5-21 17
18 14
17 13
14 17
5 1
17 14
6- 9 5
14 18
13 9
18 14
9 6
14 9
6 2
9 14
2 6
10 15
6 9
14 10
9 13
15 18
13 17
18 15
17 22
15 19
Drawn

Var. 1.
21 17
23 26
29 25
26 30
25 21
30 25
22 18
25 22
17 14
22 15
14 9
15 10
21 17
[illegible]

17 13
7 2
9 5
Drawn

Var. 2.
22 17
23 18
17 13
18 14
29 25
3 7
25 22
7 2
22 17
14 9
Drawn

Var. 3.
17 13
10 6
25 21
23 26
7-21 17
26 23
17 14
a- 6 2
8-22 18
2 6
18 15
6 1
9-13 9
23 18
15 11
18 15
11 8
15 18
8 3
* 1 5
3 7
18 15
7 2
15 18
2 6
18 15
6 1
15 18
1 6
18 15
6 2

15 18
2 7
18 15
7 3
15 18
3 8
* 5 1
8 11
1 5
11 16
5 1
16 19
1 5
19 24
5 1
24 27
1 5
27 31
5 1
31 26
1 5
26 30
5 1
30 25
1 5
25 21
5 1
Drawn

Var. 4.
21 17
18 22
1 5
22 25
5 9
25 21
Drawn

Var. 5.
5 1
10 14
9 5
14 9
Drawn

Var. 6.
9 6
14 9
6 2
9 5

2 6
*10 14
Drawn

Var. 7.
22 18
* 6 2
18 15
2 7
21 17
26 22
17 14
22 17
15 10
7 2
10-14 9
17 14
9 6
Drawn

Var. 8.
14 9
23 26
22 17
26 22
9 5
2 6
5 1
6 10
1 5
22 25
Drawn

Var. 9.
14 9
23 18
15 11
18 14
9 5
14 10
11 8
10 7
8 3
* 7 2
13 9
1 6
3 7
6 13
Drawn

Var. 10.
13 9
17 13
9 5
13 9
10 7
Drawn

(a)
23 19
or
6 1
14 10
23 26
22 17
26 22
10 7
1 6
7 3
6 10
3 8
22 18
8 11
10 6
11 7
18 22
7 11
6 10
11 16
22 18
16 19
10 6
Drawn

130.
28 32
18 27
32 23
22 17
23 18
31 27
3 7
27 24
7 11
1-24 20
18 15
17 14
11 8
21 17
15 11

14 10
8 3
10 6
3 7
6 2
7 3
17 14
3 8
14 10
8 3
10 6
3 8
6 1
8 3
1 6
3 8
6 10
8 3
2 6
3 8
6 9
8 3
9 14
3 8
14 18
8 3
10 15
3 8
15 19
Drawn
Sturges.

Var. 1.
17 13
18 14
24 20
14 10
13 9
10 7
9 6
7 2
6 1
2 7
1 6
7 3
21 17
Drawn

131.
a-15 18

1-22 26
18 27
31 24
*28 19
26 31
19 15
2-12 16
15 10
16 19
10 6
19 23
6 1
3-23 27
1 6
27 32
6 9
32 27
30 25
31 26
9 13
Drawn

Var. 1.
23 27
18 25
27 32
25 22
32 27
22 18
Drawn

Var. 2.
31 27
30 26
12 16
Drawn

Var. 3.
31 26
30 25
23 27
1 6
27 31
6 9
31 27
9 13
Drawn

(a)
b-15 19

23 27
19 23
27 32
23 18
*22 26
30 23
31 26
23 19
26 23
B wins

(b)
28 24
23 27
15 18
*22 26
30 23
31 26
24 19
27 32
18 14
32 27
B wins

132.
7 10
19 28
10 14
1-13 17
14 18
28 24
15 10
24 20
10 7
20 16
7 2
16 11
2 6
11 7
*18 14
17 22
6 9
7 10
14 7
5 14
Drawn

Var. 1.
28 24
14 18

or
15 10
24 19
14 18
19 16
10 7
16 11
7 2
5 9
2 6
11 7
18 22
9 14
6 9
14 17
22 18
Drawn

133.
32 27
1- 5 9
27 23
12 16
20 11
10 15
*21 17
2-13 22
11 7
22 26
18 11
W wins

Var. 1.
10 14
18 9
5 14
27 23
13 17
23 18
W wins

Var. 2.
15 22
23 18
22 26
17 14
W wins

134.
15 19

11 15
18 23
2 7
23 27
7 11
27 32
15 18
24 28
18 22
19 24
22 18
32 27
11 15
*28 32
15 19
32 28
21 17
30 25
17 14
25 21
or
27 32
14 10
32 27
*10 7
27 32
*7 2
32 27
2 7
*25 21
18 22
27 32
7 10
32 27
10 14
27 32
14 18
32 27
22 26
*21 17
26 30
a*17 21
18 14
27 32
30 26
32 27
26 22
27 32
22 18
b*32 27

19 23
28 32
14 9
*21 17
23 19
*32 28
9 6
17 21
or
27 32
6 10
32 27
10 15
*17 13
19 23
27 32
15 19
*13 9
18 15
9 14
15 11
*14 10
23 18
32 27
11 16
27 32
18 15
Drawn

(a)
17 13
18 14
27 32
30 26
32 27
14 17
13 22
W wins

(b)
21 25
14 10
25 21
10 15
32 27
19 23
27 32
15 19
21 25
18 15
W wins

135.
17 22
1 11 8
2 22 26
8 4
26 31
5- 4 8
31 27
8 11
18 23
a-11 16
23 26
6-16 20
26 31
8-20 16
31 26
10-16 20
26 22
20 16
22 18
11-16 20
18 15
20 16
27 23
12-16 20
15 11
20 24
1 6
21 17
11 15
24 20
23 18
20 24
18 22
17 13
22 18
24 19
15 24
28 19
6 10
19 16
18 15
13 9
10 14
B wins

Var. 1.
28 24
22 26
24 19

26 31
19 15
31 26
3-15 10
26 22
11 7
18 23
7 2
23 27
2 7
27 31
7 11
31 27
11 7
27 24
7 11
24 20
11 7
20 16
B wins

Var. 2.
21 17
22 26
17 14
26 31
4-14 10
31 27
11 7
18 23
7 2
23 26
2 7
26 31
7 11
31 26
11 7
26 23
7 2
23 19
2 7
19 16
B wins

Var. 3.
21 17
26 23
15 10
23 19
11 7

19 16
17 13
16 11
7 2
18 23
13 9
23 27
9 5
27 31
2 6
31 26
6 9
26 22
9 6
22 18
B wins

Var 4.
14 9
31 27
11 8
27 23
8 4
23 19
4 8
19 15
28 24
18 23
B wins

Var. 5.
28 24
31 27
24 20
27 24
4 8
24 19
8 11
19 15
11 8
18 23
20 16
23 27
8 4
15 19
4 8
27 32
8 11
32 27
B wins

Var. 6.
16 19
26 31
19 15
31 26
15 18
26 23
18 15
7-27 31
15 11
31 26
11 16
26 22
28 24
22 18
24 19
23 27
B wins

Var. 7.
1 6
21 17
23 26
15 18
26 23
18 14
23 19
17 13
19 23
14 9
6 10
9 6
10 15
13 9
23 19
9 5
19 16
1 5
16 11
6 2
15 19
B wins

Var. 8.
28 24
1 6
21 17
9-31 26
24 19
26 22

17 13
22 18
B wins

Var. 9.
6 10
17 13
10 15
13 9
31 26
B wins

Var. 10.
16 19
26 22
19 15
27 23
15 11
1 5
28 24
22 18
11 16
23 27
16 20
5 9
24 19
9 14
B wins

Var. 11.
16 19
18 14
19 16
1 6
16 20
6 9
28 24
9 13
24 19
14 18
19 16
18 15
B wins

Var. 12.
21 17
1 5
13.16 20
15 11
20 24

23 18
24 27
18 22
17 13
22 26
28 24
11 16
27 32
26 23
24 20
16 11
32 28
23 19
B wins

Var. 13.
28 24
23 26
16 19
15 11
24 20
26 22
17 14
11 7
19 15
22 17
B wins

(a)
11 15
23 26
14.15 10
26 31
16.10 14
31 26
21 17
26 23
17 13
24.23 19
14 18
19 16
18 15
16 20
19.15 18
20 16
18 15
27 23
20.15 19
23 18
19 24

23.18 15
21 24 20
16 19
20 16
19 23
22.16 20
15 11
13 9
23 27
9 5
27 23
20 24
3 7
24 20
7 10
20 24
10 14
24 20
23 27
28 24
27 23
B wins

Var.14.
15 18
26 31
18 22
27 23
15.28 24
31 27
24 20
27 24
20 16
24 19
16 11
19 15
11 8
1 6
21 17
23 18
22 25
15 11
8 4
6 10
25 21
18 14
17 13
10 15
B wins

Var.15.
22 17
23 18
28 24
31 27
24 20
27 23
17 13
1 6
20 16
23 19
13 17
19 15
B wins

Var.16.
21 17
31 26
17 14
26 23
14 9
23 18
17/18) 10 14
18 15
9 5
27 23
28 24
23 27
24 20
27 24
14 9
24 19
9 14
15 11
14 18
3 7
18 14
19 23
14 9
7 10
9 6
10 15
6 10
15 19
10 14
19 24
14 10
24 27
10 14
27 31

14 10
31 26
10 14
26 22
14 9
23 18
9 13
18 15
13 9
22 18
9 13
15 10
B wins

Var.17.
9 6
18 14
10 17
1 10
17 13
10 15
13 9
15 19
9 14
27 23
14 10
23 18
B wins

Var.18.
9 5
27 23
28 24
23 27
24 20
27 24
20 16
24 19
16 11
18 15
B wins

Var.19.
15 10
27 23
10 14
20 16
14 10
16 11
10 14

23 19
14 18
1 5
18 14
11 7
13 9
7 2
B wins

Var.20.
13 9
16 20
15 10
23 18
9 6
18 14
10 17
1 10
17 22
10 15
22 26
15 19
26 22
20 16
22 17
16 11
17 14
11 15
14 9
19 23
9 14
23 26
14 9
26 31
9 14
31 27
14 9
15 11
B wins

Var.21.
24 27
16 20
27 31
15 19
13 9
20 24
9 5
19 16
28 19

16 23
B wins

Var.22.
13 9
23 18
28 24
18 23
9 5
1 6
5 1
6 9
16 20
23 27
1 5
9 14
5 9
14 18
9 14
18 23
14 17
23 26
17 22
26 31
B wins

Var.23.
1 6
24 27
16 20
28 24
20 16
27 32
18 23
32 28
23 27
24 20
16 11
28 32
27 23
32 28
23 19
28 32
3 7
B wins

Var.24.
1 6
14 9
6 10

9 6
10 15
13 9
23 19
9 5
19 16
5 1
16 11
6 2
15 19
B wins

136.
8 11
15 18
24 19
1-10 14
11 15
18 22
20 16
2-32 27
16 11
27 32
11 7
32 28
7 2
3-14 18
15 11
4-28 32
11 7
32 28
2 6
18 14
7 2
5-14 18
6 9
28 32
2 6
32 28
6 1
28 32
1 5
W wins

Var. 1.
32 27
30 25
10 14
19 15
W wins

Var. 2.
14 18
16 11
32 28
30 25
W wins

Var. 3.
28 32
15 10
14 7
2 11
32 27
11 7
27 32
7 10
32 27
10 6
27 32
6 9
W wins

Var. 4.
18 14
11 7
14 9
7 10
28 32
19 15
W wins

Var. 5.
14 17
6 10
17 21
10 15
22 25
15 18
25 29
18 22
28 32
2 7
W wins

137.
19 23
1-16 11
14 18
21 17
18 22

17 14
23 26
14 10
26 30
3-9 6
30 26
11 7
26 23
5-6 2
23 18
2 6
18 14
11-7 2
14 7
2 11
1 10
11 7
*10 14
7 10
14 17
10 14
17 21
14 17
22 25
17 22
*25 30
31 27
3 8
27 23
8 11
23 19
21 25
22 29
30 26
B wins

Var. 1.
16 12
14 18
21 17
18 22
17 14
22 25
14 10
25 29
9 6
29 25
6 2
23 26
31 [illegible]

25 18
2- 2 7
18 22
7 11
22 17
12 8
3 12
10 7
1 6
7 3
17 14
3 7
6 9
7 3
9 13
B wins

Var. 2.
2 6
18 23
6 9
23 19
12 8
3 12
10 7
19 15
7 2
15 10
B wins

Var. 3.
9 5
30 26
31 27
22 25
11 7
25 30
7 2
30 25
2 7
25 22
27 24
26 23
7 2
22 18
24 20
23 19
2 7
18 14
7 2

14 7
2 11
1 6
20 16
19 12
5 1
6 10
1 6
10 14
4-11 15
12 16
6 10
14 17
15 18
16 19
10 14
17 21
18 22
19 23
14 10
3 8
10 7
8 12
7 11
19 24
11 15
12 16
15 18
16 19
18 15
or
18 14
then
19 23
14 17
27 31
17 13
23 26
13 17
26 30
17 13
30 26
13 17
21 25
22 29
26 22
B wins

Var. 4.
6 10

14 18
10 14
18 23
14 18
23 27
18 23
27 32
23 19
32 27
11 15
12 8
B wins

Var. 5.
7 2
23 18
2 7
18 15
6 2
15 6
2 9
3 10
9 6
*10 14
6 10
14 17
10 14
17 21
7-14 17
22 25
17 22
*25 29
22 26
1 6
31 27
6 9
27 23
9 13
6-23 19
13 17
26 30
29 25
19 15
25 22
15 10
22 18
10 6
17 22
6 1
18 23

1 6
22 26
6 10
26 31
10 14
31 27
B wins

Var. 6.
26 22
21 25
22 26
25 30
26 22
30 25
23 18
25 30
B wins

Var. 7.
31 27
21 25
27 23
25 30
23 18
30 26
18 15
8-26 23
15 10
22 26
10 7
26 30
7 2
30 26
2 7
26 22
7 10
23 19
9 10 7
19 15
7 2
15 11
14 10
22 26
10 14
26 23
14 10
23 19
10 7
11 8

7 3
19 15
3 12
15 11
B wins

Var. 8.
22 25
15 10
25 30
10 7
26 22
7 2
30 25
2 7
25 21
7 10
22 17
14 9
17 13
9 14
21 25
10 15
1 5
15 10
13 9
14 18
25 21
10 14
9 13
18 22
B wins
by Third
Posuion.

Var. 9.
14 9
10 22 18
10 14
18 15
9 13
19 16
13 17
16 11
17 21
11 7
21 17
7 2
14 9
15 10

17 21
1 5
9 13
2 6
13 17
10 15
B wins

Var. 10.
1 5
9 6
19 24
B wins
Prize Pos.
by Mr.
Hedley.

Var. 11.
31 27
22 26
27 24
26 31
24 19
31 26
19 16
26 23
16 12
23 18
6 2
14 9
12 8
3 12
7 3
18 15
B wins

——

138.
1-11 7
3 10
6 2
2-10 15
2 7
15 19
7 10
14 17
10 15
19 23
15 18
3-23 27
18 23
27 32

23 30
see notes
4- 1 5
6-30 25
32 27
25 21
17 22
21 17
27 31
17 26
31 22
28 24
22 18
24 19
18 14
19 15
14 18
*15 10
18 15
10 6
15 10
6 1
Drawn

Var. 1.
6 2
14 17
11 7
3 10
2 6
Drawn
same.

Var. 2.
a-14 18
2 7
10 15
7 10
18 23
10 19
26 30
19 26
30 23
*13 9
23 18
9 5
Drawn

Var. 3.
26 31

18 27
31 24
28 19
1 5
19 15
17 22
15 10
22 26
10 6
26 30
6 2
Drawn

Var. 4.
5. 1 6
7- 28 24
8- 32 27
24 19
27 23
19 15
23 18
15 11
17 22
*11 7
18 14
7 2
14 9
2 7
9 5
7 11
Drawn

Var. 5.
17 22
or
32 27
then
*13 9
only
draw
move.

Var. 6.
‡30 26
32 27
26 31
27 23
28 24
17 22
B wins

(‡)
28 24
17 22
B wins

Var. 7.
30 26
32 27
26 31
27 23
28 24
17 22
Drawn
See No. 125 Position.

Var. 8.
30 25
32 27
25 21
17 22
21 17
27 31
17 22
31 22
28 24
22 18
24 19
B wins

(a)
14 17
2 6
10 14
6 9
Drawn

139.
c-20 16
1- 6 2
*16 11
26 30
d-11 8
6-30 25
8 4
2 7
or
25 22
same
* 4 8
2 7
* 8 4
7- 7 11
21 17
9\10/ 11 7
*17 14
12-7 11
14 10
22 18
10 6
18 14
* 6 1
14 10
13 17
Drawn

Var. 1.
26 30
16 11
30 25
11 8
25 22
8 4
22 18
2- 4 8
18 15
*13 17
5 9
17 22
3- 9 14
22 17
6 10
*17 13
4-14 18
13 17
10 7
17 14
18 23
21 17
7 2
14 9
Drawn

Var. 2.
13 17
6 2
4 8
2 7
8 4
Drawn

Var. 3.
9 13
21 17
6 10
8 4
Drawn

Var. 4.
10 7
*13 9
5-14 18
9 14
18 23
21 17
15 10
14 9
Drawn

Var. 5.
15 18
9 13
18 22
13 9
Drawn

Var. 6.
30 26
8 4
2 7
4 8
or
13 17
26 23
17 22
7 11
21 17
11 15
4 8
23 19
a-22 26
19 16
Drawn

Var. 7.
22 18
b-13 17
8-18 15
17 22
7 11
22 26
15 18
26 31
18 23
21 17
5 9
Drawn

Var. 8.
7 11
17 13
18 15
*13 17
5 9
17 13
9 14
*13 9
15 18
9 13
18 15
13 9
Drawn

Var. 9.
11 15
*17 14
22 26
13 17
26 23
*17 13
23 19
13 9
19 16
9 6
16 11
*6 2
15 18
14 10
18 14
Drawn

Var 10.
22 26
17 14
11 7
*13 17
26 23
17 22
23 19
*22 18
11-19 16
18 15
7 2
15 10
16 11
14 9
Drawn

Var. 11.
7 11
*14 10
19 15
* 4 8
Drawn

Var 12.
7 2
*14 10
5 9
13 6
2 9
4 8
13-22 18
8 11
9 5
10 6
3 7
11 2
Drawn

Var. 13.
9 14
10 6
14 10
6 2
10 15
2 6
Drawn

(a)
17 13
19 16
22 17
16 11
8 4
15 10
17 21
10 6
21 17
5 9
17 21
9 14
21 25
14 17
25 21
17 22
21 17
22 26
17 14
26 30
14 9
6 1
9 14
30 26
13 9
1 5
9 6
5 1
6 2
26 22
B wins
J. Smith

(b)
4 8
18 15
13 17
5 9
17 22
9 14
22 17
15 10
17 22
10 6
8 4
7 11
22 17
14 18
17 14
18 23
21 17
23 26
B wins

(c)
13 17
Position No. 140.

(d)
13 17
Position No. 141.

140.
6 2
1-17 22
26 31
22 18
31 27
2-18 15
27 24
21 17
2 6
3-15 11
6 9
17 13
9 6
11 15
5 9
15 18
24 19
5-18 22
9 14
22 25
19 15
25 22
15 11
22 25
3 7
25 22
7 10
22 25
10 15
6-25 21
14 18
21 17
18 22
17 26
15 18
B wins

Var. 1.
17 14
26 31
21 17
31 27
17 13
27 24
14 10
24 19
10 6
2 9
13 6
5 9
6 2
19 15
2 6
B wins

Var. 2.
20 16
2 7
18 15
27 24
15 11
7 2
B wins

Var. 3.
15 18
24 19
1-17 14
a- 6 9
14 10
9 14
18 9
5 14
B wins

Var. 4.
17 13
5 9
20 16
3 7
18 22
9 14
22 25
6 2
B wins

Var. 5.
20 16
3 7
18 22
6 1
13 6
1 10
22 18
19 24
18 23
24 20
B wins

Var. 6.
25 22
14 17
22 25
17 22
25 18
B wins

(a)
3 7
18 22
19 15
12 8
6 2
8 3
7 10
14 7
2 11
B wins

141.
30 25
11 8
*5 9
1-17 13
25 22
13 6
2 9
8 4
22 18
4 8
18 15
2-21 17
9 13
17 14
3 7
8 3
15 10
B wins

Var. 1.
8 4
9 13
17 14
25 22
4 8
2 7
5- 8 4
7 11
14 10
22 26
10 14
26 23
14 10
23 19
10 14
19 15
14 9
15 18
B wins

Var. 2.
8 4
15 11
21 17
3- 9 6
17 13
4- 6 1
13 9
11 7
4 8
7 2
9 5
B wins

Var. 3.
9 13
17 14
3 7
12 8
11 15
8 3
15 10
4 8
B wins

Var. 4.
3 7
12 8
11 15
8 3
15 10
4 8
7 11
8 15
10 19
3 7
19 16
7 2
6 1
2 7
1 5
7 10
16 11
B wins

Var. 5.
14 9
22 18
9 5
18 15
5 9
7 11
8 4
15 18
B wins

142.
16 11
22 26
12 8
26 31
8 3
31 27
3 7
27 23
28 24
14 17
a- 7 10
1-17 22
24 20
2-23 19
10 7
22 26
*29 25
26 30
25 21
30 25
21 17
3-25 21
17 13
21 17
13 9
19 23
7 10
17 13
9 5
13 9
5 1
9 5
10 7
23 18
7 10
Drawn

Var. 1.
23 18
11 8
4 11
10 15
Drawn

Var. 2.
23 18
b-20 16
22 26
16 12
26 30
11 8
Drawn

Var. 3.
25 22
17 13
22 18
13 9
4 8
11 4
2 11
4 8
Drawn

(a)
29 25
17 21
25 22
23 19
B wins

(b)
11 8
4 11
10 15
11 16
20 11
2 7
11 2
18 11
2 6
11 15
B wins

143.
*22 17
14 18
17 14
32 28
14 10
18 23
10 7
15 18
7 2
1-18 22
2 7
22 25
2- 7 10
25 30
a-21 17
30 25
17 13
25 22
13 9
22 18
s- 9 6
28 24
6 2
23 27
2 7
27 32
7 11
32 27
11 8
27 23
8 11
3-18 22
11 15
22 17
15 11
23 18
10 15
or
11 8
4-18 14
10 15
17 13
8 3
6-14 9
3 7
9 6
15 18
or
7 11
7-13 17
15 18
or
11 8
17 14
8 3
8-14 9
15 18
or
3 8
9 5
8 11
5 1
11 7
6 2
7 10
2 6
15 19
6 15
19 10
1 5
10 15
5 9
15 10
9 13
10 15
13 17
15 18
Drawn

Var. 1.
28 24
2 7
24 19
7 10
18 22
20 16
Drawn

Var. 2.
21 17
25 29
17 14
29 25
14 10
25 22
10 6
22 18
s- 7 10
Drawn

Var. 3.
24 19
20 16
18 22
11 8
22 18
16 11
Drawn

Var. 4.
17 13
8 11
5-18 23
11 15
13 9
15 11
24 19
11 16
Drawn

Var. 5.
18 14
10 17
13 22
11 15
24 28
15 19
Drawn

Var. 6.
13 9
15 10
14 7
3 10
9 13
10 14
24 19
14 10
13 17
20 16
Drawn

Var. 7.
13 9
20 16
12 19
11 16
Drawn

Var. 8.
14 10
9 15 18
6 2
3 8
2 7
31 26
24 27
26 22
27 31
8 11
7 16
20 11
Drawn

Var. 9.
15 11
6 2
3 8
24 19
8 3
19 23
3 8
23 18
or
11 7
8 3
Drawn

(a)
10 14
30 25
14 17
28 24
17 13
25 22
21 17
23 27
17 14
27 32
14 10
22 18
13 9
24 19
9 6
19 15
10 7
15 11
7 2
18 14

6 1
32 28
2 6
28 24
1 5
24 19
5 1
19 15
1 5
14 17
5 1
11 7
6 2
7 10
2 6
17 14
6 2
14 9
1 5
10 14
5 1
15 10
B wins

144.
2 6
9 13
6 10
20 24
11 15
23 27
10 14
27 31
14 18
1-24 27
30 25
2-27 32
18 23
31 27
15 18
27 24
25 21
24 20
21 17
3-20 24
17 14
*24 27
23 26
27 31
26 30
31 27
30 25
4-27 24
18 23
24 27
23 19
27 31
25 21
32 27
14 10
5-27 32
10 6
31 27
6 2
32 28
2 7
28 32
7 10
27 31
10 14
32 27
14 18
27 32
21 17
32 27
19 23
27 32
17 14
31 27
23 19
27 31
18 23
31 27
22 18
27 31
18 15
31 27
23 18
27 31
18 22
32 27
15 10
W wins

Var. 1.
5 9
30 25
24 27
25 21
27 23
18 27
31 24
22 18
24 27
15 19
27 32
19 23
32 28
18 15
or
22 26
W wins

Var. 2
31 26
25 21
26 17
21 14
13 17
15 19
W wins

Var. 3
20 16
17 14
16 11
23 27
32 23
18 27
11 7
27 23
7 2
14 10
W wins

Var. 4.
27 23
18 27
32 23
25 30
23 19
30 26
19 24
26 23
24 28
14 10
28 24
10 6
24 20
6 2
W wins

Var. 5
5 9
10 6
9 14
6 2
31 26
2 6
26 17
*6 9
W wins

145.
*21 17
28 32
17 13
31 27
22 18
1-27 24
10 15
a-24 27
15 19
27 31
18 14
31 27
23 18
32 28
13 9
2-27 31
18 22
31 27
9 6
27 24
19 23
28 32
6 2
24 28
*23 19
32 27
2 6
27 24
19 23
28 32
14 10
24 27
23 19
27 31
10 7
32 28
7 2
31 27
2 7
27 32
7 10
32 27
10 14
27 31
6 10
31 27
10 15
27 31
15 18
28 32
14 17
32 27
17 21
27 32
18 23
3- 5 9
21 17
31 27
22 18
9 13
17 22
27 31
22 25
32 28
18 22
28 32
25 29
32 28
22 25
28 32
23 26
31 22
25 18
13 17
29 25
17 21
25 30
32 28
18 23
28 32
23 26
32 28
26 31
28 32
19 23
32 28
31 27
28 24
27 32
24 27
23 19
W wins

Var. 1.
20 24
10 15
24 28
15 19
27 24
18 15
24 27
23 18
27 24
19 23
24 20
15 10
20 16
10 7
16 20
7 2
20 24
2 6
24 27
6 10
27 24
10 14
24 27
13 9
27 24
18 15
4-24 20
9 6
20 24
6 2
24 27
15 18
27 24
2 7
24 20
7 11
20 24
18 22
24 27
14 18
5 9
22 17
9 13
17 22
27 24
11 15
24 27
15 10
27 31
10 14
31 27
14 9
27 24
22 26
13 17
9 14
17 21
26 31
24 20
18 22
20 24
14 18
24 20
31 27
W wins

Var. 2.
20 24
18 22
b-27 32
22 26
32 27
26 31
W wins

Var. 3.
32 28
21 25
28 32
25 29
32 28
22 25
28 32
23 26
31 22
25 18
32 28
29 25
28 32
18 23
32 28
25 22
28 32
22 26
32 28
26 31
5 9
31 27
28 32
19 15
9 13
15 18
13 17
18 14
17 21
23 18
W wins

Var. 4.
24 27
15 19
27 18
14 23
5 14
19 15
W wins

(a)
24 28
15 19
20 24
23 26
32 27
26 31
27 32
18 14
32 27
14 10
or
13 9
W wins

(b)
27 31
19 23
28 32
9 6
31 27
22 18
24 28
6 2
W wins

146.
28 32
-15 19
31 27
22 18
27 31
18 15
31 27
23 18
32 28
15 10
20 24
18 22
*27 31
19 23
28 32
10 6
24 28
6 2
31 27
22 18
27 24
2 6
24 27
6 10
27 31
10 15
31 27
23 26
27 31
26 23
31 27
15 19
27 24
18 15
24 27
23 18
27 31
Drawn

Var. 1.
15 18
31 27
21 17
27 24
17 14
24 28
23 26
20 24
18 28
24 27
26 31
28 24
Drawn

——

147.
32 27
23 19
22 18
21 17
27 23
19 16
23 19
16 12
18 22
17 14
19 15
2 6
22 17
14 10
15 11
6 2
17 14
10 6
14 9
6 1
11 15
13 6
15 11
B wins

148.
14 18
7 11
6 10
1-13 9
*10 14
2- 9 6
1 10
5 1
14 17
1 6
10 14
6 10
*12 16
3-10 15
17 22
15 10
14 17
10 15
17 21
15 10
16 19
B wins

Var. 1.
11 7
*10 14
a- 7 10
14 17
13 9
18 14
10 7
17 21
7 11
21 25
11 15
25 30
15 11
30 26
11 15
26 23
15 11
23 18
11 7
18 15
9 6
1 10
5 1
15 11
or
15 19
1 6
10 15
6 10
14 17
B wins

Var. 2.
11 7
18 15
9 6
1 10
5 1
*15 11
7 16
12 19
1 6
10 15
6 10
4-14 18
20 16
18 22
10 14
22 26
14 10
26 31
16 11
31 27
11 7
27 24
7 2
15 18
B wins

Var. 3.
11 7
16 19
20 16
19 23
7 11
23 26
16 12
26 30
12 8
30 25
8 3
25 21
3 7
18 22
11 15
14 18
B wins

Var. 4.
14 17
10 14
17 21
14 10
21 25
20 16
25 30
16 11
30 26
11 8
26 23
8 3
23 27
3 8
27 24
8 11
15 18
10 15
18 23
15 18
23 27
11 16
19 23
B wins

(a)
13 9
18 15
9 6
1 10
5 1
15 11
B wins

——

149.
10 7
15 24
7 3
1-24 28
20 16
12 19
3 12
28 32
12 16
32 28
16 20
13 17
*14 10
28 32
*20 16
32 28
16 20
17 22
*20 24
Drawn

Var. 1.
8 11
3 8
11 15
8 11
15 19
11 16
24 28
14 10
or
31 27
23 32
16 23
Drawn

——

150.
30 26
3 8
1) 16 19
2) 18 15
*26 22
15 6
2 9
3- 8 11
19 23
11 15
9 13
15 10
13 17
10 15
17 21
15 10
21 25
10 15
25 30
15 10
30 26
10 6
23 27
32 23
26 19
6 10
4 19 23
10 6
20 24
28 19
23 16
B wins

Var. 1.
32 27
*26 22
18 15
22 18
15 6
2 9
8 11
9 13
29 25
13 17
25 21
17 22
B wins

Var. 2.
8 11
19 23
29 25
23 27
32 23
26 19
5) 11 15
6) 19 23
15 6
2 9
18 15
9 14
15 10
23 18
10 6
14 17
25 21
18 14
6 1
17 22
1 6
22 26
7- 6 1
26 31
1 6
31 26
6 1
26 23
1 6
20 24
28 19
23 16
B wins

Var. 3.
32 27
9 14
8 11
14 18
11 15
19 23
27 24
20 27
15 19
22 26
B wins

Var. 4.
20 24
10 15
19 10
28 19
10 7
19 16
7 3
16 12
22 18
29 25
18 14
25 21
14 10
21 17
10 6
17 13
3 7
12 8
7 2
8 3
6 9
B wins
Whitney.

Var. 5.
18 15
2 6
*11 7
20 24
7 14
19 17
28 19
6 9
19 15
9 14
25 21
17 13
15 10
13 9
B wins
Whitney.

Var. 6.
25 21
19 23
18 15
10 19

11 16
2 6
21 17
6 9
17 13
9 14
B wins

Var. 7.
6 2
14 10
21 17
26 31
17 13
31 26
13 9
10 6
9 5
6 1
2 7
26 23
7 3
23 19
3 8
20 24
8 3
24 27
3 7
*19 15
28 24
27 31
B wins

——

151.
15 19
23 16
12 19
1-30 25
19 23
25 22
23 26
22 17
14 18
2-17 14
26 30
14 10
30 26
3-21 17
26 22
17 13

18 23
1- 9 6
22 18
6 2
23 26
2 7
26 30
7 2
30 26
2 7
26 23
5-20 16
23 19
16 12
18 14
7 2
14 7
2 11
1 6
B wins

Var. 1.
20 16
19 23
16 11
23 27
30 26
27 31
6-26 22
31 26
22 17
14 18
17 14
26 22
14 10
18 23
11 7
22 18
7 2
23 26
7- 9 5
26 30
21 17
30 26
17 13
26 23
2 6
18 15
6 2
15 6

2 9
23 18
B wins

Var. 2.
20 16
26 30
16 11
30 25
17 14
25 22
B wins
Same as Var. 1.

Var. 3.
9 6
26 22
6 2
18 23
20 16
23 26
16 12
26 30
2 7
30 26
B wins

Var. 4.
20 16
22 18
9 6
8} 23 26
9} 6 2
26 30
10-2 7
30 26
7 2
26 23
2 7
23 19
16 12
18 14
7 2
B wins

Var. 5.
7 2
23 19
2 7

18 14
B wins

Var. 6.
26 23
31 26
23 19
26 23
19 16
23 19
16 12
19 15
11 8
14 18
B wins

Var. 7
2 7
18 14
9 6
26 30
6 2
30 26
2 6
26 22
6 2
22 18
B wins

Var. 8.
16 12
26 30
6 2
30 26
13 9
26 23
2 7
18 15
B wins

Var. 9.
16 11
18 14
11 7
14 9
6 2
26 30
B wins

Var. 10.
13 9
30 26
9 5
26 23
2 7
23 19
16 12
19 23
B wins

——

152.
27 31
25 21
31 27
21 17
27 23
11 7
3 10
14 7
23 18
30 25
*a-1 5
1- 7 3
20 24
3 7
24 27
7 11
27 31
11 7
31 26
7 11
26 23
25 21
23 19
17 14
18 9
21 17
19 23
11 15
6 10
B wins

Var. 1.
17 14
18 9
7 2
20 24
25 22
24 27

22 18
27 31
18 15
31 26
15 11
26 22
11 7
22 18
7 3
9 14
B wins

(a)
18 15
Forms Position 172.

——

153.
a- 4 8
29 25
8 11
25 22
11 7
22 18
7 10
30 25
1-13 9
5 14
10 17
25 30
17 13
1 6
2-13 17
18 22
17 26
30 23
21 17
23 18
31 27
18 22
B wins

(a)
21 17
29 25
4 8
25 21
17 14
1 6

8 11
21 17
14 10
6 15
11 18
17 22
18 25
B wins

Var. 1.
10 7
18 15
31 26
25 30
26 22
30 25
B wins

Var. 2.
31 27
30 26
27 24
26 22
B wins

——

154.
16 19
30 26
21 25
26 22
19 23
22 15
23 32
10 6
32 27
6 2
27 23
1-15 10
23 19
2- 2 6
*20 24
6 2
25 30
3- 2 6
30 26
6 2
26 22
2 6
22 17
6 2

17 14
1 10 6
14 10
6 1
10 15
1 6
15 11
6 9
24 27
9 6
27 31
6 1
31 27
B wins

Var. 1.
2 6
23 19
6 10
19 16
10 6
25 30
15 10
16 11
6 9
30 26
B wins

Var. 2.
10 6
25 30
6 1
19 16
1 6
16 11
6 10
30 26
10 14
26 23
2 6
23 19
6 10
20 24
B wins

Var. 3.
10 6
24 27
6 1
19 15

1 6
15 11
28 24
30 26
24 20
26 23
B wins

Var. 4.
2 7
14 9
7 2
19 15
28 19
15 6
B wins

——

155.
14 18
6 10
a-18 22
10 14
22 26
1-14 10
26 31
10 14
31 27
2-14 10
27 23
3-10 6
23 18
6 10
5 9
16 11
8 15
10 14
19 23
14 5
18 14
20 16
23 19
16 11
19 16
11 8
16 11
8 4
15 18
5 1
18 23
1 5

23 26
5 1
26 30
1 5
30 26
5 1
26 22
1 6
22 17
6 1
17 13
1 5
14 10
5 1
13 9
1 5
9 6
21 17
10 7
17 13
7 10
5 9
6 1
9 6
10 14
B wins

Var. 1.
14 17
26 31
17 22
5 9
22 17
9 13
17 14
31 27
14 18
27 24
18 14
19 23
14 10
24 19
10 6
23 18
6 9
19 23
9 5
18 14

B wins

Var. 2.
14 17
27 23
17 22
5 9
22 17
9 13
17 22
19 15
16 11
23 18
B wins

Var. 3.
21 17
23 18
17 13
18 23
10 6
19 24
6 10
23 19
10 6
8 11
16 7
3 10
6 15
19 10
12 8
24 19
8 3
5 9
13 6
10 1
B wins

(*a*)
18 23
10 7
3 10
12 3
19 12
3 7
10 15
7 10
Drawn

——

156.
30 25
3 7

25 22
18 25
29 22
7 10
27 23
10 15
23 18
15 19
21 17
19 23
17 14
23 26
14 5
26 30
18 14
30 26
22 18
26 22
5 1
22 15
14 10
15 6
1 10
13 17
10 15
17 22
20 16
12 19
15 24
W wins

——

157.
13 17
14 5
18 4
5 9
14 5
21 14
23 18
14 10
5 9
1 5
18 14
B wins

——

158.
30 25
3 8
25 22
8 12

22 18
14 17
21 14
13 17
1-10 6
2 9
14 5
17 21
18 15
21 25
15 10
25 30
*10 7
30 25
7 2
25 30
2 7
16 20
23 16
W wins

Var. 1.
14 9
17 21
9 5
21 25
5 1

Drawn

——

159.

25 30
a-26 22
30 26
1-22 18
14 17
21 14
12 16
19 12
26 19
14 9
19 15
18 14
15 18
32 27
11 16
28 24
3 7

12 8
19 16
Drawn

Var. 1.
22 17
26 31
17 10
11 15
10 6
15 24
23 19
31 27
23 18
27 23
19 15
23 14
6 2
Drawn

(*a*)
19 16
12 19
23 7
30 23
7 2
3 7
2 11
B wins

——

160.
19 16
11 15
16 12
8 11
32 28
1-25 22
28 24
20 27
31 24
4-22 26
23 19
15 18
a-12 8
18 22
8 15
26 23
15 10
W wins

Var 1.
2- 5 9
13 6
1 10
*12 8
11 16
8 11
15 19
11 7
W wins

Var. 2.
1 6
28 24
20 27
31 24
3- 6 10
*12 8
11 16
8 11
16 20
11 18
20 27
18 22
W wins

Var. 3
25 22
32 19
6 10
12 8
W wins

Var. 4.
5- 5 9
13 6
1 10
*23 18
22 26
12 8
W wins

Var. 5.
1 6
23 19
15 18
19 15
W wins

(*a*)
19 15
11 16
12 19
26 23
19 26
5 9
Drawn

——

161.
24 19
7 10
or
1- 6 10
22 18
26 22
*19 15
10 19
18 14
Drawn

Var. 1.
26 30
22 18
30 26
*19 15
26 22
15 8
22 15
a-17 14
15 11
* 8 3
2- 6 10
b-14 9
5 14
13 9
3-11 8
9 6
7 11
6 2
4-11 15
20 16
12 19
3 12
19 24
12 16
24 27
2 6
27 31
16 11

14 18
11 7
10 14
Drawn

Var. 2.
7 10
14 7
11 2
3 8
6 10
21 17
2 6
8 11
6 2
*11 8
10 15
Drawn

Var. 3.
5-11 15
9 6
7 11
6 2
6-15 19
2 6
7-11 15
3 7
19 23
6 9
Drawn

Var. 4
10 15
2 7
15 18
Drawn

Var. 5.
14 18
* 9 6
18 23
or
11 15
6 2
Drawn

Var. 6.
14 18
21 17

18 22
3 7
Drawn

Var. 7.
10 15
6 10
14 18
3 8
18 23
10 14
19 24
14 10
24 19
10 14
19 16
Drawn

(a)
8 3
* 7 11
17 14
11 16
20 11
15 8
3 7
8 11
B wins

(b)
13 9
10 17
3 10
5 14
10 6
11 15
6 9
15 18
9 13
18 22
13 9
14 18
B wins

162.
30 25
l-24 19
25-18
19 15
* 5 9

15 8
18 15
8 3
15 10
3 8
7 11
B wins

Var. 1.
22 18
25 22
18 14
6 10
24 19
11 15
19 16
12 19
20 16
19 23
16 12
23 26
12 8
26 31
8 3
31 27
3 8
27 23
13 9
22 6
8 3
10 17
3 26
6 9
B wins

163.
a-22 26
19 15
26 30
15 11
30 26
16 19
26 22
l-19 23
21 25
11 7
25 30
7 2
30 25
23 19

25 21
2-19 23
21 17
23 19
22 18
19 23
17 14
3- 2 7
1 5
4-23 19
5- 5 9
7 11
9 13
19 23
13 17
11 16
17 21
23 19
21 25
19 23
25 30
16 11
30 25
11 16
25 21
23 19
21 17
16 11
17 13
19 23
13 9
11 7
9 6
7 11
6 2
23 19
14 9
19 23
18 14
11 15
9 6
15 11
6 10
23 19
10 7
11 16
7 11
16 7
2 11
19 16

11 15
16 19
7-14 10
19 23
10 7
23 19
15 11
19 23
11 16
23 18
4 8
18 15
16 11
15 19
7 3
19 23
11 16
23 18
8 11
18 14
3 7
14 9
7 10
9 5
31 26
5 9
11 15
9 5
15 18
5 9
26 22
9 5
10 6
5 1
16 11
1 10
18 23
27 18
20 27
32 23
B wins

Var. 1.
19 15
21 25
24 19
31 24
19 16
24 19

15 24
20 27
32 23
22 26
23 19
26 23
11 7
25 30
7 3
30 26
3 7
26 31
7 10
31 27
19 15
23 19
16 12
1 6
10 1
19 10
1 5
27 23
B wins

Var. 2.
19 15
21 17
24 19
31 24
19 16
24 19
15 24
20 27
32 23
22 26
23 19
26 23
2 7
17 22
7 10
22 18
or 26
B wins

Var. 3.
23 19
1 6
2 9
14 5
19 23

18 15
23 19
15 11
19 16
11 7
16 19
5 9
27 23
20 27
23 18
7 11
32 23
31 26
19 24
26 19
24 8
4 11
28 24
9 6
18 14
11 16
24 20
16 19
20 16
19 23
B wins

Var. 4.
7 11
14 9
23 14
9 18
11 16
5 9
16 19
9 14
19 23
b-18 15
23 19
15 11
19 16
11 7
16 19
14 17
19 16
17 22
B wins

Var. 5.
7 10

14 7
23 14
4 8
14 18
5 9
18 15
9 13
15 18
13 17
18 23
17 22
23 19
22 26
19 16
26 30
6-16 19
30 25
19 15
25 21
15 19
21 17
19 15
17 13
15 18
13 9
18 15
9 6
15 19
6 2
19 23
7 11
23 19
2 7
19 23
11 16
23 18
7 11
18 23
8 12
23 18
11 15
B wins

Var. 6.
16 12
7 11
12 3
30 26
27 23
20 27

23 18
26 22
32 23
22 15
28 24
31 26
23 19
15 10
24 20
10 6
B wins

Var. 7.
15 18
19 16
4 8
16 12
8 11
12 16
11 15
16 19
14 10
19 23
18 14
23 19
*14 9
19 16
31 26
16 19
9 13
19 16
10 14
16 12
14 18
12 16
26 23
16 11
13 9
11 7
9 14
7 11
14 10
11 16
10 7
16 12
7 11
12 16
23 26
16 7
15 19

24 15
18 2
B wins

(*a*)
21 25
19 15
25 30
15 11
22 25
16 19
25 29
B wins
Same way as trunk or Var. 1.

(*b*)
18 22
23 19
14 17
19 15
17 21
24 19
31 24
19 16
24 19
15 24
20 27
32 23
22 26
23 18
26 23
18 14
*23 19
B wins
23 18
only draws. See Positions 126 & 171

164.
27 23
20 27
22 17
27 31
17 10
1-31 27
23 19
15 24

32 23
24 27
23 18
27 31
25 22
31 27
22 17
11 16
18 14
16 19
10 6
1 10
14 7
19 23
7 3
23 26
30 23
27 18
17 14
Drawn

Var. 1.
31 26
23 19
15 24
30 23
21 30
28 19
2-11 15
32 28
15 24
28 19
30 26
10 7
4-26 31
23 18
31 27
18 14
27 23
19 15
3-23 19
15 11
1 6
7 2
19 15
Drawn
Whitney.

Var. 2.
30 26

10 7
5-26 31
7 3
5 9
13 6
1 10
3 7
11 16
19 12
31 27
7 14
27 9
32 27
Drawn

Var. 3.
4 8
15 10
23 19
7 2
8 12
2 7
19 15
14 9
Drawn
Whitney.

Var. 4.
26 22
19 16
22 26
23 19
26 23
7 3
a-23 27
16 11
Drawn

Var. 5.
4 8
7 3
8 12
3 7
11 16
7 10
6-16 20
10 14
26 22
14 17
22 26

17 14
20 24
23 18
7-26 23
19 15
5 9
14 5
23 14
15 11
14 10
11 8
12 16
8 3
16 19
3 8
19 23
32 28
24 27
28 24
Drawn

Var. 6.
26 31
19 15
31 26
23 18
26 22
10 14
16 19
14 17
22 26
18 14
19 23
15 10
Drawn

Var. 7.
24 27
32 23
26 22
18 15
22 18
15 10
18 27
10 7
27 23
19 15
23 19
15 10
19 15

7 2
or
14 9
5 14
7 2
Drawn

(*a*)
5 9
13 6
1 10
W. Wins Position No. 119

165.
16 11
1-23 19
11 8
19 16
2 7
20 24
8 4
24 27
4 8
27 31
8 11
16 20
7 2
31 27
2 7
27 23
7 2
23 19
11 8
20 24
8 11
19 23
2 7
24 27
11 16
27 31
16 11
31 26
11 16
26 22
16 11
22 18
11 16
13 17
21 14

18 9
7 2
23 18
16 11
18 22
11 7
9 14
2 6
22 17
6 2
17 13
2 6
13 17
6 2
17 22
2 6
2-22 18
6 2
18 23
2 6
23 19
6 2
†19 23
2 6
14 18
6 2
18 15
2 6
†23 19
7 2
†15 11
6 9
11 16
9 14
16 20
14 9
19 23
9 14
20 24
14 9
23 18
2 7
18 22
9 13
Drawn

Var. 1.
23 18
11 8
20 24

8 4
24 27
4 8
27 31
8 11
31 26
2 7
26 23
Drawn
as in trunk.

Var. 2.
14 18
6 9
18 23
7 11
23 27
9 13
22 18
13 9
Drawn
† Corrects trunk of Position 545 in Lyman's Book.

166.
a-15 11
26 19
11 20
1 6
*30 26
1-21 25
b-18 14
2-25 29
20 24
3-19 15
14 10
6 9
10 6
15 18
24 27
29 25
26 23
18 15
27 24
25 22
6 1
9 13

1 6
22 26
23 19
15 11
24 27
4 13 17
28 24
5-11 7
24 20
7 11
27 23
26 22
19 16
11 8
6 10
17 21
10 15
21 25
16 11
8 3
23 19
25 30
11 7
Drawn

Var. 1.
6 9
20 24
19 16
26 22
16 11
24 19
4 8
22 17
9 13
17 14
21 25
14 9
25 30
18 14
30 26
14 10
13 17
10 6
Drawn

Var. 2.
19 15
*26 23
15 11
23 19
6- 6 10
14 7
11 2
19 15
2 6
28 24
25 30
24 19
30 26
19 16
26 23
15 11
23 19
16 12
6 10
20 16
19 23
16 20
23 18
12 8
Drawn

Var. 3.
19 16
26 22
16 11
24 19
29 25
22 17
6 10
14 7
11 2
17 14
2 6
28 24
6 2
14 10
25 22
19 15
4 8
24 20
8 12
15 11
22 18
10 7
18 14
7 3
14 10
3 8
12 16
11 15
Drawn

Var. 4.
4 8
28 24
8 12
27 23
26 30
24 20
13 17
6 9
17 22
23 18
30 25
18 14
11 8
19 15
Drawn

Var. 5.
26 22
27 23
22 25
23 18
25 30
19 15
11 16
24 20
16 19
6 1
19 10
18 14
Drawn

Var. 6.
25 30
28 24
30 26
14 10
6 15
19 10
26 23
10 6
4 8
6 1
8 12
1 6
23 27
6 10
27 32
10 14
11 15
14 9
15 10
24 19
32 27
9 5
27 32
20 24
10 14
19 15
Drawn

(a)
15 19
1 6
19 12
26 19
30 26
* 6 10
18 15
10 14
15 10
21 25
B wins

(b)
26 22
19 23
18 14
25 30
*28 24
30 25
22 18
25 22
18 15
22 18
14 10
18 11
10 1
4 8
1 6
8 12
6 10
23 27
10 14
11 15
14 9
27 32
9 14
15 11
24 19
32 27
14 18
Drawn
Whitney.

167.
2 6
27 20
6 10
14 7
30 26
31 15
19 12
29 25
5 9
25 22
9 14
21 17
14 21
22 18
21 25
18 15
25 30
15 10
30 26
10 7
26 22
7 3
22 18
3 7
13 17
7 10
17 22
10 7
22 26
7 10
26 31
10 7
31 27
7 10
27 23
10 7
18 15
7 11
15 8
4 11
23 19
B wins

168.
16 19
1-18 22
11 15
2-17 21
15 11
3-22 26
11 15
4-26 31
15 18
5-21 17
6- 9 6
2 9
18 15
Drawn

Var. 1.
2 7
11 2
18 15
9 6
15 24
6 1
24 19
1 6
19 23
6 9
23 26
9 13
26 22
2 6
20 24
14 9
5 14
6 9
Drawn

Var 2.
17 13
19 23
13 6
10 1
22 17
14 9
5 14
15 18
17 13
Drawn

Var. 3.
22 18
10 7
18 22
7 3
21 17
11 7
2 11
19 16
Drawn

Var. 4.
21 25
15 11
25 22
11 15
26 31
15 11
31 27
11 16
22 18
10 7
Drawn

Var. 5.
31 27
18 22
27 32
10 6
32 28
6 1
20 24
19 23
23 32
14 10
5 14
1 5
24 27
5 9
Drawn

Var. 6.
18 15
17 22
15 11
7-22 18
19 15
18 22
15 19
31 27
10 7
22 17
14 10
5 14
19 23
27 18
11 8
Drawn

Var. 7.
31 27
11 15
27 32
19 23
20 24
23 18
22 26
15 11
or
10 7
Drawn

169.
26 23
1- 7 10
15 6
1 10
9 6
10 15
6 2
21 25
2 7
12 16
7 3
8 12
3 8
25 30
18 14
30 26
14 10
26 17
10 6
a-17 14
6 2
Drawn

Var. 1.
2-12 16
18 14
or
15 10

7 14
22 17
8 12
17 10
21 17
9 6
1 5
6 2
5 9
10 7
17 22
7 3
22 15
3 8
9 14
2 7
14 17
23 18
Drawn

Var. 2.
3- 1 5
*22 17
21 14
15 10
14 17
10 3
5 14
18 9
Drawn

Var. 3.
21 25
23 19
4- 1 5
9 6
7 10
6 2
10 14
18 9
5 14
2 7
11 18
22 15
25 22
15 10
22 18
10 6
14 17
6 2

17 22
7 3
Drawn

Var. 4.
25 30
9 6
1 10
15 6
7 10
22 17
30 25
18 14
11 15
Drawn

(a)
17 22
6 2
22 17
Drawn
22 26
2 7
26 19
7 10
W wins
Two men down.

170.
3 8
20 16
11 20
18 4
9 14
4 8
14 21
22 18
21 25
8 3
25 30
1- 3 7
30 25
7 14
25 22
Drawn

Var. 1.
31 26
20 24
3 7

24 27
7 14
27 31
18 15
31 22
23 19
Drawn

171.
23 19
16 12
21 25
14 10
25 30
10 6
30 26
6 2
26 23
2 7
19 16
7 10
23 19
10 6
19 15
6 9
15 10
9 5
16 19
5 9
10 7
9 14
7 3
1-14 18
4 8
2-18 22
19 23
28 24
8 11
24 20
11 15
20 16
15 19
16 11
19 24
11 8
24 28
8 4
28 32
4 8
3 7

8 4
32 28
4 8
28 24
B wins

Var. 1.
14 10
4 8
10 7
3 10
12 3
19 16
3 8
10 15
8 12
16 11
28 24
15 10
24 20
10 7
12 16
7 2
B wins

Var. 2.
18 14
8 11
14 18
11 16
18 14
19 15
14 9
16 19
9 14
19 23
14 9
23 27
9 14
27 32
14 9
15 11
9 14
3 7
14 9
32 27
9 14
27 23
14 9
7 10
B wins

172.
25 21
1- 1 5
17 14
15 18
*14 9
5 14
7 2
6 10
2 6
18 15
6 9
14 18
21 17
18 22
9 14
22 25
14 7
25 30
13 9
Drawn

Var. 1.
20 24
17 14
2- 6 10
7 2
10 17
21 14
1 5
2 6
Drawn

Var. 2.
15 11
7 2
24 27
2 9
11 7
9 5
27 31
13 9
31 26
9 6
Drawn

173.
13 17
1} 18 15
2} 21 25

30 7
2 27
26 23
27 31
23 18
31 26
18 15
26 23
15 10
23 18
10 7
18 14
7 3
14 10
B wins

Var. 1.
18 14
2 7
23 18
8 11
26 23
17 22
14 9
5 14
18 9
11 15
B wins

Var. 2.
19 15
10 19
18 15
17 22
B wins

174.
14 17
21 14
10 26
31 22
7 10
22 18
2 6
1-18 15
11 18
20 11
18 22
25 18
10 15

19 10
6 22
23 18
22 26
2-27 23
26 31
13 9
5 14
18 9
31 26
23 18
26 22
18 14
22 17
B wins

Var. 1.
18 14
10 17
25 21
17 22
19 15
11 18
20 11
22 26
23 14
26 31
27 24
31 27
24 20
27 23
3 21 17
23 19
11 7
19 15
7 2
15 11
2 9
11 7
B wins

Var. 2.
18 14
26 31
4-27 23
31 26
23 18
26 22
18 15
22 17

15 10
1 6
B wins

Var. 3.
11 7
6 9
13 6
1 17
21 14
23 18
B wins

Var. 4.
27 24
31 27
24 20
27 23
14 10
23 18
11 8
18 15
10 7
15 11
B wins

175.
*26 31
7 11
*31 27
1} 11 15
a} 27 24
15 11
24 20
b-25 22
19 23
11 15
c-23 27
15 19
27 32
19 23
20 16
5} 22 18
6} 14 17
7} 28 24
8} 32 28
24 19
16 20
9} 23 26
10} 28 24
19 15

*20 16
15 10
24 19
10 6
16 11
6 2
19 15
B wins

Var. 1.
11 16
19 23
16 20
23 26
2-25 21
26 31
20 16
31 26
3-16 19
26 22
4-19 16
22 18
16 20
27 23
28 24
23 27
B wins

Var. 2.
28 24
26 31
25 21
14 18
21 17
18 15
17 13
31 26
13 9
26 23
9 6
23 19
B wins

Var. 3.
16 20
26 23
28 24
23 18
24 19
18 15

19 10
B wins

Var. 4.
19 15
27 23
15 11
23 19
11 7
22 18
7 11
14 17
21 14
18 9
B wins

Var. 5.
23 26
32 27
26 30
16 19
30 25
14 18
22 15
19 10
B wins

Var. 6.
28 24
16 20
24 19
32 28
19 15
20 16
22 18
14 17
15 10
16 11
23 26
28 24
26 23
17 22
10 6
22 15
23 19
15 10
B wins

Var. 7.
18 15

17 14
28 24
16 20
24 19
20 24
B wins

Var. 8.
23 26
16 19
26 31
17 13
31 26
32 27
26 22
27 23
18 14
19 15
28 24
23 18
24 19
18 25
19 10
13 17
B wins

Var. 9.
19 15
17 22
23 19
28 32
19 23
20 16
B wins

Var. 10.
18 15
20 24
23 18
28 32
19 16
24 19
16 12
19 10
18 14
10 15
14 21
32 27
21 17
15 18

12 8
27 23
8 3
23 19
B wins

(a)
25 22
Forms Position No 176

(b)
25 21
Forms Position No. 177.

(c)
23 26
15 19
Forms Position No. 178.

176.
19 23
22 18
14 10
11 16
23 26
16 19
26 30
1-18 15
10 7
19 16
8-30 26
15 11
7 3
2-16 12
26 23
11 8
23 19
8 4
27 23
4 8
*19 15
28 24
23 18
24 20
18 14
8 4

15 19
4 8
14 10
8 11
10 6
11 8
19 15
20 16
6 2
16 11
15 19
8 4
3 7
B wins

Var. 1.
19 23
27 31
3-23 19
31 26
or
30 26
4-18 15
10 7
19 16
9-31 27
16 12
26 22
5-12 16
22 18
15 11
7 3
16 19
27 24
19 16
24 20
6-16 19
18 22
19 16
3 8
B wins

Var. 2.
16 19
27 24
19 16
24 20
16 12
26 23
11 8

23 19
8 4
*20 24
4 8
*3 7
8 4
24 27
12 8
7 3
8 12
27 23
4 8
*19 15
B wins
as in trunk

Var. 3.
28 24
31 26
24 19
26 22
18 15
10 14
15 11
22 18
23 27
18 15
19 10
14 16
B wins

Var. 4.
19 24
10 6
18 15
26 23
24 20
23 19
15 11
6 10
20 24
*19 23
24 20
31 26
7-20 16
10 15
11 8
*15 19
16 20

23 27
8 3
26 31
3 7
19 24
28 19
27 24
20 27
31 15
B wins

Var. 5.
15 11
7 16
12 19
22 17
19 16
17 14
16 19
14 10
19 16
10 7
B wins

Var. 6.
16 12
18 15
11 8
15 19
8 4
20 24
B wins
Same as Var. 2

Var. 7.
11 8
10 15
8 3
15 11
20 24
26 31
24 20
B wins

Var. 8.
27 23
28 24
23 18
15 11

7 3
24 19
18 23
19 15
23 18
16 12
30 26
12 16
26 23
B wins
Hefter

Var. 9.
26 23
28 24
23 18
15 11
7 3
B wins
Hefter

177.
19 23
11 15
23 27
1-15 19
27 32
3 19 23
20 16
4 28 24
16 20
24 19
32 28
19 15
20 16
23 27
16 19
15 11
28 32
27 31
6-19 23
31 27
14 18
5-11 7
23 19
27 31
18 22
7 2
19 24
2 6

32 28
6 9
24 27
31 24
28 19
9 13
19 15
13 9
15 18
9 5
B wins

Var. 1.
28 24
27 32
24 19
32 28
15 11
28 24
19 16
24 19
16 12
19 16
11 8
20 24
8 4
16 11
12 8
24 19
8 3
19 15
3 8
14 9
8 3
9 6
21 17
6 9
2- 3 8
9 13
17 14
11 7
8 3
15 10
4 8
10 17
3 10
17 14
10 17
B wins

Var. 2.
17 13
9 6
3 8
15 10
8 15
10 19
B wins

Var. 3.
19 15
20 16
28 24
*16 20
24 19
32 28
B wins
Same as Var. 1.

Var. 4.
23 26
14 18
28 24
32 28
24 20
16 19
26 31
19 23
21 17
23 27
31 24
B wins

Var. 5.
27 24
32 28
24 20
28 24
20 27
23 32
21 17
32 27
11 7
27 23
7 2
23 19
2 6
19 15
6 9
15 10
9 5

18 14
17 13
10 6
B wins

Var. 6.
14 18
31 26
32 27
26 31
27 23
11 7
18 14
7 2
19 24
2 6
28 24
B wins
Hefter

178.
26 30
19 23
30 25
22 18
14 10
1-23 19
25 22
18 15
10 14
15 11
14 10
4-11 8
10 7
5-19 23
7 3
8 4
20 16
6-23 27
d-16 11
7-27 23
3 7
8-28 24
7 10
23 19
22 18
24 20
18 15
9-19 16
10 7

16 12
7 3
12 16
15 18
16 7
3 10
20 16
18 23
16 11
23 19
11 8
19 16
8 3
16 12
4 8
10 15
B wins

Var. 1.
23 26
25 21
2-26 22
20 16
28 24
16 20
24 19
20 24
19 16
24 20
16 12
20 16
12 8
16 19
22 26
21 17
8 3
17 13
3 8
f-10 14
18 9
13 6
8 11
6 9
11 7
9 14
B wins

(f)
13 9
18 15

10 7
B wins
Hefter

Var. 2.
26 23
21 17
23 26
20 16
28 24
16 11
24 19
17 13
3-26 23
13 9
23 27
10 14
27 23
9 5
18 9
5 14
23 27
14 18
B wins

Var. 3.
26 22
10 14
18 9
13 6
22 26
6 10
26 31
11 15
19 16
15 19
16 11
B wins

Var. 4.
19 23
10 15
23 18
15 8
18 25
8 11
25 22
11 15
22 26
15 19

26 31
20 24
B wins
C Hefter

Var. 5.
8 4
7 3
19 15
20 16
15 10
22 18
10 6
18 14
6 1
14 10
1 5
16 11
5 9
3 7
9 5
10 6
5 1
7 10
28 24
6 9
1 5
9 14
5 1
10 15
1 6
11 16
24 20
16 11
6 1
15 10
1 5
10 6
5 1
14 10
1 5
B wins

Var. 6.
28 24
16 11
24 19
3 7
23 27
7 10
27 24

22 18
24 20
18 23
19 16
23 19
16 7
10 3
B wins

Var. 7.
28 24
22 18
24 19
3 7
19 15
11 16
15 11
7 3
B wins

Var. 8.
23 27
22 18
27 32
18 23
28 24
7 10
32 28
23 27
24 20
27 32
28 24
10 15
B wins

Var. 9.
19 24
10 14
24 28
14 18
28 24
18 23
24 28
15 19
28 32
19 24
B wins

(d)
e-16 19
10-27 24
19 23

24 20
22 18
11-20 24
18 15
24 20
23 27
28 24
15 11
24 19
3 7
19 16
7 2
B wins

(e)
22 18
28 24
16 11
24 19
3 7
27 24
18 22
24 27
22 26
B wins
Hefter

Var. 10.
27 32
22 18
32 27
18 15
27 32
19 23
28 24
15 11
32 28
23 27
24 30
27 23
28 24
23 19
B wins

Var. 11.
20 16
18 15
16 12
15 11
28 24

23 27
24 20
27 24
12 16
12 11 7
16 12
24 19
20 16
7 2
4 8
19 15
16 11
15 19
8 4
B wins

Var. 12.
24 28
16 7
3 10
20 16
28 24
16 11
24 19
11 8
19 16
8 3
16 12
B wins.

179.
25 30
1-27 23
30 26
23 19
26 23
19 15
23 18
15 11
14 10
11 8
2) 18 15
8 3
3) 15 11
21 17
10 6
28 24
11 15
3 8

15 18
8 11
18 22
17 13
22 18
4-24 19
18 14
19 16
14 10
16 12
6 2
11 16
2 6
12 8
6 2
8 3
2 6
16 19
6 2
3 8
2 6
8 11
6 1
11 15
10 14
15 11
14 10
19 23
1 6
23 26
6 2
26 22
10 14
11 16
2 6
16 19
6 10
19 23
10 15
23 26
15 10
26 30
10 6
30 25
6 10
25 21
10 6
22 17
6 10
Drawn

Var. 1.
28 24
30 26
24 19
26 22
27 24
22 18
24 20
14 9
19 16
18 15
21 17
9 6
17 13
6 1
5-16 12
15 11
13 9
1 5
9 6
5 1
6 2
1 5
2 6
5 1
6 9
1 5
9 14
5 1
14 18
1 6
18 23
6 10
23 19
10 6
Drawn

Var. 2.
28 24
15 11
8 3
10 14
24 19
14 9
21 17
9 13
17 14
13 17
14 9
17 22
Drawn

Var. 3.
21 17
15 11
8 3
10 6
17 13
11 15
28 24
15 10
Drawn

Var. 4.
11 7
18 14
7 2
6 10
24 20
14 18
20 16
18 15
16 12
15 11
13 9
10 6
9 5
6 1
Drawn

Var. 5.
13 9
15 18
16 11
18 14
9 5
14 10
Drawn

180.
10 6
1 10
5 1
10 14
1 6
1-17 13
11 15
3 8
6 2
8 12
15 19
13 9
2 7

9 6
7 11
6 10
11 16
14 18
16 20
18 22
20 24
22 25
24 27
25 29
27 24
29 25
24 27
25 22
27 24
22 18
24 27
18 15
27 24
15 11
24 27
11 16
27 23
16 20
23 27
10 7
27 23
Drawn

Var. 1.
17 22
11 15
14 18
15 19
22 17
6 10
18 22
19 15
22 25
15 18
25 29
18 15
17 13
10 6
29 25
15 18
13 17
6 10
3 8

10 7
25 29
7 3
8 11
3 8
11 16
18 23
17 22
8 12
16 20
23 27
22 18
12 16
18 15
27 31
29 25
31 26
15 10
16 19
10 14
26 31
14 18
31 27
25 22
19 24
18 15
24 28
15 19
28 32
19 24
27 31
22 18
32 27
18 22
27 32
24 28
31 27
Drawn

181.
15 18
27 24
11 15
13 17
23 19
17 21
18 22
24 20
15 11
20 24

19 15
24 20
22 26
21 25
15 10
25 30
26 23
20 24
11 15
a-24 28
15 19
28 32
10 6
32 28
6 1
28 32
1 6
32 28
6 10
28 32
10 14
30 25
14 17
25 21
17 22
32 28
23 27
28 32
19 23
32 28
27 32
28 24
23 18
24 19
1-32 28
12 16
28 32
16 20
22 26
2) 21 25
3) 32 27
4) 25 30
18 23
19 15
26 22
15 10
Drawn

(a)
12 16
loses.

Var. 1.
18 14
19 23
14 10
12 16
10 7
16 20
5- 7 11
20 24
11 16
24 28
16 20
23 19
22 18
21 17
20 24
19 16
24 27
16 11
27 31
11 7
Drawn

Var. 2.
32 28
25 21
26 22
20 24
22 26
24 27
28 32
27 31
26 22
19 23
Drawn

Var. 3.
26 30
25 21
32 28
19 16
18 14
16 19
14 10
20 24
30 26
24 27
28 32
27 31
26 22

19 23
Drawn

Var. 4.
26 31
25 21
32 28
19 16
31 27
16 19
28 32
21 17
27 31
17 21
31 26
21 25
Drawn

Var. 5.
32 28
23 19
7 11
19 16
11 8
16 12
8 3
12 16
3 7
16 19
7 10
20 24
28 32
24 28
Drawn

182.
15 10
1-14 17
21 14
2-22 17
9 6
17 13
10 15
13 9
14 10
9 2
15 18
5 9
18 23
9 14
28 24
20 27
23 32
14 18
32 27
W wins

Var. 1.
3-14 18
10 14
22 17
or
22 25
14 23
5 14
23 26
W wins

Var. 2.
22 18
10 7
18 15
7 3
15 18
3 8
18 15
9 6
W wins

Var. 3.
22 17
10 6
17 22
21 17
4-22 13
6 1
13 6
1 17
5 9
17 22
9 14
22 26
14 18
26 31
18 23
28 24
W wins

Var. 4.
14 21
6 10
5 14
10 26
21 25
26 31
25 30
28 24
20 27
W wins

183.
22 26
11 15
26 31
15 18
31 27
18 15
27 24
15 18
24 19
18 22
19 15
22 26
5 9
26 23
2 7
23 27
7 11
27 24
11 16
24 27
16 19
27 32
19 24
32 28
15 19
28 32
24 28
32 27
28 32
27 31
19 15
31 26
32 27
17 14
9 18
26 23
18 22
28 32
22 26
32 27
26 30
27 23
30 25
23 26
15 10
26 23
25 22
B wins

184.
27 24
20 27
31 24
1-11 15
9 5
2- 2 7
5 1
15 18
23 14
10 17
19 15
17 22
24 20
22 26
1 5
26 31
5 9
31 27
15 10
W wins

Var. 1.
2 7
9 6
11 16
6 2
7 11
2 6
10 14
24 20
14 18
23 14
16 23
6 10
23 27
14 9
27 32
9 6
32 27
6 2
27 24
2 6
24 19
6 9
19 23
9 14
23 19
14 18
12 16
10 7
19 15
18 22
15 19
W wins

Var. 2.
2 6
5 1
6 9
1 6
9 14
24 20
15 24
6 15
24 28
15 18
14 17
23 19
28 32
19 15
32 28
15 10
28 24
10 7
24 19
7 3
17 21
18 22
19 15
3 8
W wins

185.
12 8
13 17
19 23
17 22
8 3
1-22 25
23 26
25 30
26 22
14 10
21 17
2- 2 6
11 7
3- 6 9
7 2
9 13
2 7
10 6
7 11
6 10
11 16
30 25
22 29
13 22
16 19
10 14
19 23
14 17
3 7
17 14
7 11
14 10
11 16
10 14
16 19
14 17
23 18
17 21
18 25
21 30
19 23
4 8
23 19
4-30 26
29 25
8 11
25 30
26 22
19 23
5-11 16
23 27
22 18
30 26
18 15
26 23
15 10
23 18
10 6
18 15
W wins
R. Home

Var. 1.
2 6
3 7
6 9
7 3
9 13
11 7
13 17
7 2
22 25
2 6
17 22
6 10
14 7
3 10
25 30
10 15
22 25
15 18
25 29
18 22
30 25
22 26
4 8
23 27
8 11
27 23
11 15
23 27
15 19
26 30
25 22
27 24
19 23
24 19
22 26
32 27
W wins
R. Walker

Var. 2.
10 6
3 7
6 9
7 10
9 14
10 15
14 21
15 10
W wins
Sinclair

Var. 3.
4 8
3 12
10 3
12 16
6- 3 7
17 14
7- 6 10
14 9
10 14
9 5
7 10
16 19
10 6
5 1
6 9
1 5
9 13
19 23
14 17
23 27
17 26
27 31
W wins
R. Home

Var. 4.
8 11
19 23
8-11 15
*32 27
28 32
23 26
W wins
R. McCall

Var. 5.
22 26
23 18
26 31
18 14
11 15
14 10
15 19
10 15
19 23
15 19
31 26
32 27
W wins
R. Home

Var. 6.
3 8
17 13
8 3
9 13 9
6 13
16 11
13 17
22 13
30 26
13 17
26 23
17 22
23 19
22 26
19 24
26 31
24 20
31 27
W wins
R. Home

Var. 7.
7 3
14 9
6 13
16 11
W wins
R McCall

Var. 8.
11 16
23 27
30 26
29 25
W wins
R. McCall

Var. 9.
16 11
6 10
13 9
W wins
R McCall

186.
16 11
13 9
11 18
9 2
1-18 15
2 6
14 18
6 9
18 23
9 14
18 15
14 9
23 26

8 11
26 30
11 16
30 25
9 5
18 14
16 19
22 18
19 16
25 30
16 20
30 26
5 1
26 23
20 24
18 15
24 28
s-23 27
1 5
15 18
5 1
14 9
21 17
9 5
28 32
27 23
32 28
23 26
28 24

26 22
17 13
18 15
24 20
15 11
20 24
22 18
24 19
18 14
19 23
14 10
23 19
11 7
19 23
10 6
1 10
7 14
23 27
5 1
27 23
1 6
23 19
6 10
B wins
Pool & Lear.

Var. 1.
22 17

2- 8 11
17 13
11 16
18 15
2 6
14 18
6 1
18 23
1 6
23 26
6 1
26 30
1 5
30 26
16 20
26 23
20 24
15 18
5 1
13 9
1 5
9 14
5 1
15 18
24 28
s-23 27
B wins
Same as trunk. Br'ghton, Vanner, Janvier, & others.

Var. 2.
2 6
17 13
6 1
18 15
1 6
14 18
6 1
18 23
1 6
23 27
6 1
27 31
1 6
31 27
6 1
27 23
1 6
23 18
6 1
18 14
3- 1 5
14 10

5 1
13 9
1 5
9 14
5 1
10 7
1 6
7 11
8 4
4-14 10
6 1
15 18
1 5
18 14
5 1
14 9
1 5
9 6
21 17
10 7
17 13
7 10
5 9
6 1
B wins

Var. 3.
1 6

14 9
6 1
9 5
1 6
5 1
6 2
1 6
2 9
13 6
21 17
6 9
17 13
9 6
B wins

Var. 4.
15 18
6 1
14 9
1 5
9 6
21 17
18 22
17 13
6 1
or
22 18
B wins

NOTES ON THE POSITIONS.

The whole of the foregoing problems by Mr. Drinkwater have been formed by various games, some of the positions having occurred in play against friendly antagonists.

117 is an end-game from "Defiance," with Mr. McKenzie.

118, from "Souter" game 41 in *E. D. P.* vol. 2. 119, "Whilter."

120, from "Old Fourteenth," game 380, in *Sunderland Echo.*

122, from "Switcher" game 9 in *E. D. P.*, vol. 1.

123 and 124, from Single Corner in *Fife News.* 124 was originally published as a draw, and was not discovered to be a win until after its appearance in Mr. Lyman's Problem Book.

125, from "Souter." 126, "Whilter" game 80 in *E. D. P.*, vol 1.

127, from "Laird and Lady" games 535 and 550 in *N. E. C. P.* This problem was highly praised for its beauty and strategy in the *Leeds Mercury*, October 16th, 1880, and will well repay examination; and 128 is from the same source.

129. This problem won the first prize in the *Chelsea Public Problem Tourney* of 1875, which was inaugurated by the late Mr. Wilder. It is not in Mr. Lyman's Problem Book, but is

incorporated with other good positions in Mr. Janvier's edition of "Sturges," as position 171, the author's name being withheld.

131 and 132 are end-games, the latter with Mr. Edward.

133, an end-game with Mr. Webley, is a unique and masterly stratagem. 134, from "Single Corner," *Fife News*, Nov. 28, 1874.

135 originally appeared as 120 in the *Hamilton Spectator*, June, 1878. It provoked a strong discussion relative to the proper terms and solution of the position, in which Messrs. Curtis, Labadie, McNab, and others took a leading part. The various points evolved in the analysis by Mr. Drinkwater frequently occur in play, and tend to make the position a useful study.

136, from "Souter," with Mr. Campbell. 137, from "Souter."

138. After the 15th move (23-30) it is noteworthy, that if 1-5 is played then 30-25 is the only draw move, whilst 28-24 and 30-26 both lose; but if 1-6 is played, then, *vice versa*, 30-25 loses; and 28-24 or 30-26 both draw by almost identical lines of play.

144, a "Whilter," with Mr. McKenzie. 145 and 146 are companion problems. 147, end-game with Mr. Ray. 148, from "Old Fourteenth." 149 improves Prob. 223, in *Fife News*. 150, from "Whilter." 151, "Souter" with Mr. Bell. 153 and 154 from "Single Corner." 155, "Ayrshire Lassie." 156, end-game. 157 and 158, "Bowen's Bristol," Part 2, Var. 213. 159, end-game. 160, from "Glasgow" with Mr. Steele.

161 is an end-game with Mr. J. Smith, Spennymoor, played during Mr. Drinkwater's visit to the North in 1882.

163, 164, and 166, from "Whilter." 165, from "Single Corner."

171 was given as Problem 400 in *Sunderland Echo*, and is a correction of position 126 by Mr. Drinkwater.

175, with the white king on 2 instead of 7, white to move, black to win, by C. Hefter, was first published in *Wild Oats*, as a competition problem, and was awarded the prize by Mr. Janvier, who acted as judge; but as the editor of *Wild Oats* refused to abide by Mr. Janvier's decision, the prize was withheld. As some fine players considered this position a draw, Mr. Janvier republished it in his "Sturges," and offered a prize to anyone who could show a sound draw, which could not be upset by himself or Mr. Hefter. Mr. Wardell published a very extended solution in the *New England Checker Player* for June and July, 1880; from which Mr. Drinkwater compiled his excellent analysis of the position, including a few additional variations by Mr. Hefter; and from which spring positions 176, 177, and 178. The position is derived from the "Whilter," of which the following is the unabridged play:—

11 15	16 23	2 11	4 8	12 16	16 19	1 10	31 26	22 18	18 9	9 14
23 19	18 11	32 27	22 17	27 24	22 17	25 22	13 9	29 25	7 16	11 7
7 11	8 15	11 15	9 14	15 19	19 23	23 26	26 22	8 12	12 19	18 23
26 23	27 11	30 26	17 13	24 15	17 10	22 17	9 6	2 7	20 16	7 2
11 16	3 8	8 11	5 9	10 26	6 15	26 31	10 14	14 17	15 18	23 26
23 18	11 7	26 23	24 20	31 22	13 6	17 13	6 2	21 14	16 11	*a* 2 7

a. The Problem by Mr. Hefter. (See 175)

185 was a Prize Problem (99) in *Glasgow Herald*, 1874, won by Mr. Home. Solution arranged by Mr. Janvier,

186 is a notable American Prize Problem,

SOLUTIONS OF

PROBLEMS AND CRITICAL POSITIONS

CONTRIBUTED BY MR. FRED. ALLEN, LEEDS.

(SECTION IV.)

187.
10 15
20 16
*15 19
16 11
9 6
8 3
* 6 10
11 8
19 16
8 4
16 12
4 8
10 15
8 4
15 11
B wins

188.
15 11
22 18
*11 8
18 14
8 3
14 9
1- 3 8
2 7
* 8 12
7 11
21 17
9 6
17 13
6 1
13 9
11 15
12 16
Drawn

Var. 1.
21 17
* 9 13
17 14
2 6
14 9
6 1
9 5
13 9
B wins

189.
32 27
10 15
11 8
3 12
* 2 6
12 16
* 6 9
15 18
27 24
W wins

190.
11 7
12 8
19 16
14 18
16 11
1- 8 12
15 10
18 15
11 8
12 3
7 2
W wins

Var. 1.
8 3
7 2
18 14
11 8
3 12
15 10
W wins

191.
*15 18
1-25 30
18 22
5 9
22 18
2-30 26
10 6
26 31
6 10
31 27
10 6
27 24
6 10
24 19
18 22
Drawn

Var. 1.
13 17
18 14
17 21
14 9
5 14
Drawn

Var. 2.
30 25
10 15
25 21
18 14
9 18
Drawn

192.
*27 32
28 24
32 28
24 15
23 19
W wins

193.
8 11
1- 7 3
1 5
a- 3 8
11 16
8 3
16 19
3 7
19 23
7 11
23 26
11 7
26 30
7 11
30 26
11 7
26 22
7 10
22 17
B wins

Var. 1.
14 10
1 5
9 6
5 9
7 2
18 14
2 7
9 2
B wins

(a)
3 7
18 22
7 16
22 17
B wins

194.
31 26
23 27
26 31
27 32
30 26
11 16
26 23
16 20
31 27
20 24
27 20
32 27
23 19
28 32
B wins

195.
1 5
9 6
17 14
2 7
5 9
7 16
9 2
B wins

196.
*14 17
1- 9 13
2-17 21
13 17
24 19
Drawn

Var. 1.
1 6
*24 19
26 30
*17 21
9 14
*19 23
30 26
23 30
14 23
*21 25
6 9
25 29
9 14
*30 25
Drawn

Var. 2.
18 22
26 30
24 27
1 6
27 23
6 10
17 21
10 15
22 25
13 17
W wins

197.
6 10
5 1
24 28
1-13 9
*28 32
9 6
2-32 28
1 5
28 24
6 2
24 20
2 6
3-10 14
5 9
14 17
9 13
17 21
Drawn

Var. 1.
1 6
28 32
13 9
4 32 28
9 5
28 24
5 1
15 19
23 16
Drawn

Var. 2.
10 14
1 5
15 18
23 26
32 28
5 9
28 24
*30 26
W wins

Var. 3.
20 24
23 26
24 19
5 9
19 16
26 30
16 11
9 13
11 16
30 25
16 19
13 9
19 23
25 21
W wins

Var. 4.
10 14
9 5
15 18
23 26
32 27
6 9
27 24
26 30
24 19
5 1
19 23

1 6
14 17
6 10
5 17 22
6 10 15
23 27
15 19
W wins

Var. 5
17 21
10 15
18 22
9 14
22 26
15 19
23 16
30 23
W wins

Var. 6.
18 22
9 14
17 21
10 15
22 25
15 18
23 27
18 22
25 29
14 18
27 32
18 23
32 28
23 27
28 32
22 26
W wins

198.
*26 31
15 18
*31 27
19 16
20 24
28 19
8 12
16 11
27 24
18 15
24 20
Drawn

199.
24 20
32 27
*23 18
27 23
18 14
23 19
*14 10
19 15
10 7
15 10
20 16
10 3
16 11
W wins

200.
*17 13
1- 8 4
13 9
8 4
9 6
18 14
7 11
4 8
11 15
8 11
15 18
11 15
18 22
15 18
22 25
18 22
25 30
22 17
30 26
17 13
6 1
14 10
26 23
13 9
23 19
9 6
19 16
B wins

201.
19 15
28 24
*15 11
24 20
*11 15
27 24
*15 10
24 27
10 15
20 24
15 11
27 31
18 14
31 27
23 18
27 23
*11 7
24 19
* 7 2
12 16
14 10
Drawn

202.
9 13
17 14
3 7
8 3
15 10
12 8
10 17
3 10
17 14
10 17
13 22
8 3
22 18
3 7
18 15
B wins

203.
4 8
3 12
*30 26
12 16
*26 23
16 20
*23 19
W wins

204.
*11 8
5 9
*8 3
10 15
* 7 10
16 19
10 17
19 28
3 7
15 19
17 13
9 14
7 10
Drawn

205.
31 27
23 26
27 23
11 15
23 30
19 23
*30 25
23 26
25 22
26 31
20 16
15 19
*6 11
19 23
22 25
31 26
25 30
26 31
11 7
31 27
7 3
27 24
3 7
24 27
7 11
27 24
11 15
24 27
30 25
27 31
15 19
31 26
19 24
W wins

206.
*11 8
1- 6 2
8 3
2 7
*19 24
10 19
3 10
19 23
10 7
28 19
7 11
B wins

Var. 1.
10 7
15 18
7 10
18 22
10 15
19 23
15 18
22 26
B wins

207.
11 7
3 10
2 7
10 14
18 9
17 22
* 7 11
22 18
9 6
18 14
6 2
14 18
2 7
18 22
7 3
22 18
3 8
W wins

208.
1-16 11
10 6
2-11 16
3- 6 2
16 19
2 7
19 23
7 11
23 18
1 6
*18 14
11 16
14 18
16 11
18 14
11 7
14 18
4 6 10
18 22
5 10 15
6-17 14
7- 7 2
8-22 17
3 7
17 21
15 19
21 17
19 23
*17 22
23 27
22 18
27 32
18 23
32 28
23 19
28 32
9-19 23
32 28
23 19
7 10
14 7
Drawn

Var. 1.
16 19
1 6
a-19 23
10 15
23 27
15 18
27 24
6 10
24 19
18 22
19 23
22 25
23 18
25 21
18 14
21 25
B wins

(*a*)
19 16
10 7
16 19
6 10
19 24
10 15
17 14
7 2
14 10
5 9
B wins

Var. 2.
11 8
6 2
8 11
3 7
11 8
1 6
8 3
B wins

Var. 3.
5 9
16 20
10- 1 5
11-20 24
6 1
13 6
1 10
24 19
5 9
17 13
10 6
19 23
9 14
23 19
14 17
19 15
17 21
15 18
6 10
18 22
10 6
22 17
21 25
17 14
25 30
14 9
6 1
9 14
30 26
13 9
26 22
Drawn

Var. 4.
7 2
18 15
5 9
15 18
or
15 11
Drawn

Var. 5.
7 2
12 22 18
2 6
18 22
10 15
*17 14
6 2
22 17
Drawn

Var. 6.
22 25
7 2
b-25 21
5 9
13 6
B wins

(*b*)
17 14

15 18
25 21
18 23
21 17
2 6
or
2 7
B wins

Var. 7.
15 19
22 18
7 2
18 15
19 24
15 10
24 27
14 9
5 14
10 17
2 6
17 14
27 31
14 9
6 1
9 14
31 26
13 9
1 5
9 6
5 1
6 2
26 22
14 10
22 18
Drawn

Var. 8.
14 10
5 9
13 6
2 9
22 25
15 18
25 21
18 23
21 25
B wins

Var. 9.
19 24
7 10
14 7
3 11
24 28
32 27
28 32
27 23
32 28
23 19
28 32
19 15
32 27
15 10
27 23
10 7
23 18
7 2
B wins

Var. 10.
6 2
13 6
2 9
*20 16
13- 1 6
16 11
9 13
17 14
Drawn

Var. 11.
20 16
3 7
12 8
7 11
16 7
6 1
B wins

Var. 12.
22 25
5 9
13 6
2 9
25 21
9 14
B wins

Var. 13.
9 6
*16 19
6 10
19 24
10 15
17 14
Drawn

———

209.
27 23
19 15
23 19
1-17 13
12 16
13 9
16 20
9 5
2 6
B wins

Var. 1.
15 11
2 6
10 1
19 16
B wins

———

210.
7 3
23 19
3 8
1-19 15
* 8 12
15 19
12 8
20 24
* 8 3
24 27
3 7
2-27 32
7 11
32 27
17 14
27 32
14 10
Drawn

Var. 1.
19 16
17 14
16 19
8 11
19 16
*11 8
Drawn

Var. 2.
19 23
7 11
23 18
28 24
18 23
24 20
23 19
11 7
27 31
7 11
31 26
*11 7
26 22
7 11
22 25
*11 7
19 23
20 16
23 18
16 12
18 22
12 8
5 9
7 2
Drawn

———

211.
23 18
14 23
24 19
23 18
19 12
18 15
7 2
15 11
30 25
20 24
25 22
24 27
22 17
27 31
17 14
31 26
14 10
26 23
2 6
23 18
6 9
Drawn

———

212.
6 2
1-10 14
* 2 6
15 19
6 9
14 17
25 21
19 23
26 19
17 26
9 14
26 31
19 15
W wins

Var. 1.
11 16
2 7
10 14
7 11
14 17
11 20
17 21
20 16
21 30
16 11
W wins

———

213.
31 26
11 8
26 22
18 25
30 21
32 27
21 17
8 11
17 22
Drawn

———

214.
1-10 6
* 7 11
27 23
11 15
23 16
20 11
6 2
*15 19
3 7
19 15
7 16
8 3
16 20
15 19
Drawn

Var. 1.
10 14
2- 7 2
14 18
* 2 6
27 24
20 16
24 15
16 11
18 14
Drawn

Var. 2.
7 11
27 23
11 15
23 16
20 11
12 16
8 4
16 20
15 19
B wins

———

215.
* 2 6
22 18
6 9
17 22
16 11
22 25
19 15
18 23
9 13
25 29
13 17
29 25
11 7
23 27
15 19
27 32
7 2
32 27
2 7
27 32
7 11
32 27
11 15
27 32
15 18
32 27
17 22
25 29
18 15
27 32
19 24
32 28
24 20
28 32
15 19
32 28
19 23
28 32
20 24
32 28
24 27
12 16
23 26
16 20
26 23
28 24
27 32
24 27
23 19
27 31
19 24
W wins

———

216.
*28 24
1-16 11
24 20
11 8
10 15
2- 8 12
6 10
12 8
20 16
W wins

Var. 1.
16 20
24 19
20 24
6 1
24 6
1 10
9 14
10 17
5 9
W wins

Var. 2.
9 14
15 19
3- 8 11
6 10
4-11 15
10 17
15 24
17 14
24 19
22 18
19 23
18 15
23 26
15 10
W wins

Var. 3.
14 17
22 18
17 22
19 23
13 17
6 10
22 25
10 14
17 21
23 26
8 11
14 17
5- 5 9
17 22
25 29
26 30

11 8
18 15
9 14
20 16
8 12
16 11
14 18
15 10
18 25
10 7
W wins

Var. 4.
14 17
22 18
17 21
19 23
21 25
23 26
13 17
26 30
25 29
10 14
17 21
14 17
29 25
18 14
11 8
20 16
8 12
16 11
12 16
30 26
W wins

Var. 5.
25 29
18 14
29 25
26 30
11 8
20 16
8 12
16 11
12 16
30 26
16 7
14 9
5 14
W wins

217.
*25 22
6 9
*22 18
9 13
*17 22
13 17
32 27
17 26
27 31
Drawn

———

218.
1*12 16
10 14
25 30
2 7
8 12
2) 7 11
3) 30 25
11 20
25 22
20 24
27 20
B wins

Var. 1.
25 22
2 6
22 15
10 19
27 18
6 2
18 22
2 7
22 26
19 15
26 23
7 10
23 27
10 7
27 24
7 10
24 20
15 11
8 15
Drawn

Var 2.
14 10
*30 25
7 3
16 20
3 8
20 24
10 15
24 28
15 11
12 16
11 20
25 22
20 24
27 20
18 15
B wins

Var. 3.
14 17
*16 20
7 11
*20 24
4-11 15
24 28
15 19
28 32
17 22
*32 28
22 17
27 24
18 15
24 27
B wins

Var. 4.
17 22
*27 31
22 17
30 26
11 16
12 19
23 16
B wins

219.
*18 23
7 2
*22 18
30 25
*23 27
24 20
*27 23
2 7
23 19
25 30
19 15
30 26
15 11
7 16
12 19
20 16
19 24
1-16 11
24 28
11 7
28 32
7 2
32 28
26 30
28 24
2 7
18 15
30 26
24 19
7 2
15 10
B wins

Var. 1.
26 31
18 23
16 11
24 28
11 7
28 32
7 2
23 18
31 26
32 28
26 31
28 24
31 26
24 19
B wins

———

220.
*13 17
23 18
32 27
19 23
27 32
9 5
31 26
23 19
32 27
30 23
17 22
18 25
21 30
Drawn

———

221.
14 18
23 26
30 23
19 26
2 7
26 31
18 22
16 19
7 11
19 23
11 16
23 26
16 20
26 30
32 27
31 24
20 27
W wins

———

222.
*27 24
25 22
*23 26
11 15
26 30
15 10
24 19
10 17
30 25
22 18
13 22
18 14
19 15
32 28
22 26
14 9
25 22
9 5
15 10
28 24
10 14
24 19
22 18
19 16
18 15
16 12
15 11
5 1
26 31
1 6
31 26
6 1
26 22
1 6
22 17
6 9
14 5
21 14
11 15
12 8
5 1
B wins

———

223.
*10 14
15 11
6 10
11 7
31 27
7 2
27 24
2 6
24 15
6 9
14 18
21 17
15 11
9 14
12 16
14 23
11 15
23 27
*16 19
27 31
19 23
13 9
10 14
B wins

224.
14 18
1-24 20
8 11
21 17
9 13
17 14
16 19
14 10
11 15
10 7
18 23
26 22
23 26
7 3
26 30
3 7
30 25
7 11
25 18
11 16
19 23
28 24
23 27
16 19
27 32
19 10
32 28
B wins

Var. 1.
21 17
16 20
24 19
9 13
17 14
13 17
19 15
8 12
B wins

———

225.
1-15 11
31 27
19 15
17 22
15 10
22 26
10 6
26 30
6 1
30 25
* 1 5
Drawn

Var. 1.
15 10
31 27
19 15
17 22
15 11
22 26
11 7
26 30
7 2
30 25
B wins

———

226.
White's first move.
11 16
18 11
16 7
24 15
7 10
15 6
1 10
5 9
10 15
9 14
20 16
W wins

Black's first move.
†18 22
1 6
22 18
6 2
18 22
11 7
1- 5 9
7 10
22 17
2 6
2- 9 13
6 9
3-17 22

*10 14
22 26
14 18
26 31
18 22
31 27
15 10
24 6
W wins

Var. 1.
22 18
7 10
18 11
6 2
24 15
10 19
11 7
20 16
7 2
6 10
5 9
16 11
9 13
11 8
W wins

Var. 2.
17 22
6 13
22 18
13 9
18 11
9 6
24 15
W wins

Var. 3.
17 21
9 14
4-21 25
10 6
5-25 30
15 10
24 15
6 1
15 6
1 10
6-30 26
14 18
26 31
10 15
13 17
*20 16
12 19
15 24
W wins

Var. 4.
13 17
10 6
17 22
14 17
21 14
15 10
24 15
W wins

Var 5.
25 21
6 2
21 25
2 7
25 30
14 18
13 17
7 11
30 25
19 16
12 19
18 14
17 22
11 16
19 23
W wins

Var. 6.
30 25
10 15
25 21
20 16
12 19
15 24
13 17
24 27
17 22
27 23
22 25
W wins

227.
1-21 25
14 18
*25 30
10 14
*30 26
14 17
26 31
17 14
31 27
18 15
11 18
14 32
16 11
24 19
11 7
32 27
8 11
27 23
* 7 3
23 18
3 8
18 14
8 3
14 9
* 3 7
9 6
Drawn

Var. 1.
16 19
24 15
11 18
14 23
8 11
23 18
21 17
18 14
17 13
10 6
11 15
6 1
15 19
14 9
W wins

———

228.
13 17
*15 10
1-17 22
18 25
27 18
10 15
or
10 14
W wins

Var. 1.
21 25
*19 15
17 22
*23 19
2-25 29
18 25
29 22
*10 14
27 24
*14 18
22 17
20 16
24 20
*16 11
20 16
18 23
16 7
23 18
W wins

Var. 2.
27 24
10 6
25 29
18 25
29 22
6 1
22 18
15 10
24 6
W wins

———

229.
* 2 7
20 16
31 27
16 12
27 24
12 8
24 19
8 4
19 16
4 8
16 12
8 4
7 11
4 8
10 15
8 4
*15 18
22 8
14 18
3 7
12 10
B wins

———

230.
1-25 21
26 17
21 14
2 6
10 7
6 10
14 9
5 14
7 2
2-12 16
3/*4* } 11 8
5-14 17
6- 2 7
10 14
7 10
16 20
24 19
20 24
8 3
24 27
3 7
27 31
7 11
31 26
19 16
26 22
11 15
22 25
*15 19
25 22
19 15
22 25
15 19
25 21
19 23
1 5
16 11
5 9
*10 6
Drawn

Var. 1.
22 17
26 23
7-10 7
23 18
7 3
5 9
17 14
9 13
14 9
18 15
B wins

Var. 2.
10 15
2 7
12 16
11 8
14 18
7 10
16 19
10 14
19 28
14 23
1 6
8 4
Drawn

Var. 3.
24 20
10 15
2 7
16 19
7 10
14 18
11 8
18 22
10 14
22 26
14 10
26 31
8 3
31 27
B wins

Var. 4.
2 7
* 1 6
24 20
6 9
7 2
10 15
B wins

Var. 5.
14 18
2 7
10 14
24 20
16 19
7 10
Drawn

Var. 6.
24 20
16 19
2 7
10 14
7 10
19 23
8 3
23 26
3 7
26 30
20 16
30 25
7 11
25 21
11 15
1 5
B wins

Var. 7.
25 22
23 26
10 7
26 30
22 18
30 25
17 14
25 22
18 15
22 18
B wins

231.
1- 6 2
2/*3* } 3 8
4-32 27
a-17 22
* 2 6
22 26
19 16
26 19
16 7
14 18
6 10
Drawn

Var 1.
6 1
14 18
23 14
17 10
b-32 28
3 8
28 24
10 14
1 6
11 15
19 10
14 7
6 9
7 10
9 5
8 11
B wins

Var. 2.
17 22
2 6
14 17
32 27
17 21
19 15
11 18
23 14
22 18
14 10
3 8
10 7
5-21 25
7 3
18 15

20 16
12 19
Drawn

Var. 3
14 18
23 14
17 10
6\ 19 16
7/ 12 19
2 7
19 23
7 14
23 26
Drawn

Var. 4.
e-32 28
14 18
23 14
17 10
28 24
10 14
2 6
11 15
19 10
14 7
24 19
B wins

Var. 5.
18 15
27 23
21 25
7 2
8 11
6 10
15 6
2 9
11 15
9 6
25 30
Drawn

Var. 6.
32 28
3 8
28 24
10 14
2 6
11 15
19 10
14 7
6 9
7 10
B wins

Var. 7.
2 7
10 14
7 16
3 8
32 28
14 18
Drawn

(*a*)
14 18
23 14
W wi s

(*b*)
1 5
11 15
32 28
15 24
28 19
3 8
B wins

(*c*)
2 7
14 18
7 16
18 27
32 23
B wins

232.
11 16
22 17
10 15
19 10
6 15
13 9
1 5
9 6
5 9
6 2
9 13
B wins

233.
1\ 26 22
2/ 27 31
*15 11
6 10
22 18
31 27
11 8
27 24
18 15
10 14
*15 11
24 15
8 4
15 8
4 11
14 18
5 1
18 23
1 6
2 9
Drawn

Var. 1.
26 23
27 31
23 18
31 27
15 11
27 24
19 15
24 19
B wins

Var. 2.
15 11
6 10
26 23
10 14
19 15
12 16
B wins

234.
18 23
7 10
15 19
10 15
19 24
15 19
23 26
19 28
26 30
22 18
31 27
18 15
27 23
15 11
23 18
28 24
*18 15
11 8
15 18
8 3
30 26
24 19
26 31
3 7
18 23
19 26
31 29
7 10
29 25
10 15
*25 22
Drawn

235.
1-13 9
31 26
23 18
*26 30
18 11
30 25
22 18
25 22
B wins

Var. 1.
23 18
15 19
2-18 14
31 26
14 10
19 23
13 9
26 30
17 13
30 25
22 17
25 22
9 6
23 26
6 2
26 30
3\ 17 14
4/ 22 17
14 9
17 22
5- 2 7
22 18
9 5
30 26
7 11
26 23
13 9
23 19
9 6
18 14
B wins

Var. 2.
17 14
31 26
14 10
26 17
21 14
19 23
14 9
23 26
9 6
26 30
6 2
30 26
18 14
26 23
13 9
23 18
2 7
12 16
B wins

Var. 3.
2 7
12 16
17 14
22 17
6-14 9
17 14
7- 7 11
14 7
11 2
16 20
21 17
30 26
17 14
26 22
14 10
22 18
9 5
18 15
2 6
15 11
6 9
20 24
B wins

Var. 4.
2 6
30 26
6 9
26 23
9 14
23 19
14 9
12 16
9 14
16 20
10 7
3 10
14 7
.19 15
7 2
15 11
17 14
22 17
B wins

Var. 5.
9 5
22 18
2 6
30 26
6 9
18 15
8- 9 6
15 11
6 9
11 7
9 14
7 2
B wins

Var. 6.
13 9
30 26
9 6
26 23
6 2
17 13
2 6
or
7 11
23 18
B wins

Var. 7.
9 5
14 18
7 2
30 26
2 6
26 23
6 9
B wins

Var. 8.
21 17
15 6
9 2
26 23
17 14
12 16
14 10
23 18
2 7
16 19
7 11
19 23
13 9
23 26
9 6
18 14
11 7
26 30
6 2
14 9
7 11
30 25
B wins

236.
a*7 10
23 18
2 6
16 11
6 9
18 15
1 6
11 7
10 14
15 11
3 10
11 7
14 17
22 18
10 14
18 15
14 18
7 2
18 23
19 16
23 26
16 11
26 31
11 7
31 26
7 3
26 23
3 7
17 21
15 11
23 18
11 8
21 25
8 3
25 30
3 8
30 25
8 11
25 22
11 16
22 17
16 19
17 14
7 11
13 17
19 15
17 22
11 16
18 11

16 7
22 26
7 11
14 18
20 16
26 30
16 12
30 25
12 8
25 21
8 3
21 17
3 7
17 13
B wins

(a) Corrects single corner in A.D.P.

237.
22 18
1-20 24
18 14
24 27
23 18
27 31
10 6
31 26
6 2
26 22
19 15
17 21
14 10
21 25
2 6
25 30
10 7
12 16
7 3
16 20
3 7
30 26
6 2
5 9
7 10
20 24
32 28
26 23
28 19
23 16
10 7
16 19
7 3
19 10
Drawn

Var. 1.
17 22
18 14
22 25
10 7
25 30
* 7 2
30 26
2) 14 10
3) 5 9
*10 7
26 31
23 18
31 26
18 15
26 23
15 11
23 16
7 3
16 7
2 11
13 17
11 15
17 22
15 18
22 26
3 7
26 31
*18 23
Drawn

Var. 2.
20 24
* 2 7
4-26 31
*23 18
31 26
*10 6
26 23
6 2
23 14
7 10
14 7
2 11
13 17
*11 16
17 22
16 20
Drawn

Var. 3.
13 17
*10 7
17 22
* 2 6
22 25
7 3
25 30
3 7
30 25
32 28
Drawn

Var. 4.
13 17
*10 6
5-24 27
7 10
27 31
23 18
26 22
*10 15
Drawn

Var. 5.
17 22
7 10
22 25
6 2
25 30
2 7
30 25
23 18
Drawn

238.
3 8
16 20
8 11
14 18
17 14
10 17
21 14
12 16
11 15
18 22
14 10
6 9
13 6
2 9
15 18
Drawn

239.
*32 27
15 18
*26 23
19 26
31 15
16 19
29 25
12 16
15 11
8 15
25 22
W wins

240.
24 27
18 9
*10 15
19 10
6 15
17 14
* 2 7
9 5
1-27 32
14 9
* 7 11
2- 9 6
1 10
3- 5 1
32 27
1 6
27 18
4- 6 2
18 14
2 7
11 16
7 11
15 19
11 20
*19 23
20 16
23 26
B wins

Var. 1.
27 31
5) 14 9
6) 7 11
9 6
1 10
5 1
*31 27
1 6
27 18
B wins

Var. 2.
21 17
32 27
17 14
27 18
14 10
18 14
10 7
11 16
7 3
16 20
B wins

Var. 3.
13 9
*11 16
7- 9 6
10 14
6 2
15 19
B wins

Var. 4.
13 9
18 14
9 5
11 16
5 1
16 20
6 2
*20 24
1 6
24 28
6 1
28 32
1 6
32 28
6 1
15 10
1 6
28 24
6 15
24 28
15 24
28 19
B wins

Var. 5.
31 26
9 6
1 10
5 1
26 19
1 6
19 16
6 2
16 11
2 6
Drawn

Var. 6.
31 27
9 6
1 10
*13 9
27 18
9 6
7 11
6 2
Drawn

Var. 7.
5 1
32 27
9 6
27 18
6 2
*15 19
1 6
10 15
B wins

241.
b-20 16
10 15
17 10
15 24
*16 11
1) 24 27
23 18
27 31
10 6
31 27
18 15
27 23
15 10
23 26
22 18
Drawn

(b) Corrects Old Fourteenth in A.D.P.

Var. 1.
12 16
10 6
24 27
6 2
27 31
2 6
31 27
23 18
27 23
22 17
or
18 15
Drawn

Var. 2.
9 14
23 19
24 27
10 6
27 31
6 2
31 27
3) 2 7
4) 27 23
22 17
23 16
Drawn

Var. 3.
27 24
19 16
12 19
7 10
19 23
10 17
5 9
11 7
23 26
7 2
24 19
2 6
19 15
6 1
26 30
1 6
30 26
6 1
15 10
1 5
9 14
5 1
Drawn

Var. 4
5 9
11 8
27 24
8 4
24 15
7 11
15 8
4 11
14 18
22 15
9 14
15 10
14 18
11 15
18 23
15 19
*23 26
Drawn

242.
19 24
1-16 11
24 27
7 2

27 31
11 8
12 16
8 3
16 19
3 7
·19 24
7 11
24 28
2 7
28 32
11 15
32 27
Drawn

(a)
31 27
30 25
W wins

Var 1.
22 18
12 19
26 22
17 26
30 16
24 27
7 2
27 31
18 15
31 27
16 11
27 23
11 8
23 18
15 11
18 14
8 3
14 10
11 8
21 25
8 4
25 30
4 8
30 25
8 11
25 21
3 8
21 17
8 12
17 14

12 16
14 18
16 19
18 14
11 15
14 17
15 18
17 14
19 23
14 17
23 26
17 14
18 22
14 17
26 31
17 26
31 22
10 15
22 17
15 10
17 21
10 15
2 7
15 19
7 11
9 14
11 7
6 10
13 9
10 15
9 6
14 18
7 10
18 23
Drawn

——

243.
23 26
10 14
26 30
9 13
30 26
16 11
22 25
13 29
21 25
Drawn

——

241.
8 11

1-22 17
12 16
17 10
6 15
28 24
1 5
21 17
*15 18
23 14
2 6
B wins

Var. 1.
23 19
11 15
19 10
6 15
13 9
14 18
22 17
18 23
17 13
23 26
21 17
26 30
17 14
1 5
B wins

——

245.
6 10
1 6
10 15
30 25
21 30
6 9
30 23
9 27
* 3 7
27 24
19 23
16 11
7 16
24 20
*15 19
20 11
23 26
11 15
19 23
15 18

26 30
18 27
30 26
Drawn

——

246.
*26 23
15 18
23 19
11 15
19 16
15 19
16 11
19 23
11 7
23 32
7 2
6 9
13 6
18 22
2 7
32 27
6 1
27 23
1 5
22 25
5 9
23 18
17 13
W wins

——

247.
*a**14 10
2 7
10 6
7 10
15 11
10 15
6 1
15 22
1 6
9 13
11 7
3 10
6 15
22 26
15 18
26 30
28 24
30 26

32 28
26 31
24 20
16 19
29 25
31 26
25 22
26 17
21 14
13 17
14 10
5 9
10 6
9 13
6 2
17 21
18 22
W wins

(a)
Corrects Old Fourteenth in A.D.P.

——

248.
31 26
1-17 21
*18 14
11 18
19 15
2- 5 9
14 5
6 9
13 6
7 10
6 2
10 19
2 7
18 23
7 10
23 27
26 23
19 26
30 23
B wins

Var. 1.
7 10
19 16
10 19
16 7

19 24
*26 23
24 28
7 2
5 9
*30 25
W wins

Var. 2.
7 11
14 10
18 22
26 17
11 18
10 1
8 11
1 6
18 23
6 10
23 27
17 14
27 32
13 9
32 27
9 6
27 23
6 2
23 19
2 6
11 15
6 9
15 18
9 13
18 [illegible]
1[illegible]
1[illegible] [illegible]4
10 15
24 28
17 22
28 24
22 26
23 27
14 9
5 14
15 18
14 23
26 28
27 31
28 32
W wins

249.
1 *29 25
2 1 5
3 19 15
11 18
22 15
14 18
2 7
5 9
24 19
4-18 23
*25 22
23 27
*22 18
27 32
15 10
5-32 27
10 6
13 17
*7 10
6 8 11
7 6 2
27 24
*18 15
11 18
2 6
24 15
6 22
W wins

Var. 1.
14 17
22 18
17 22
19 15
22 29
24 19
29 25
2 7
25 22
7 16
8-22 17
*16 11
1 6
11 4
6 9
*15 10
17 22
*18 15
22 18

10 6
15 11
6 2
9 14
2 6
11 7
* 4 8
14 18
6 2
7 3
8 11
18 23
11 15
W wins

Var 2.
11 15
19 10
14 17
22 18
17 22
24 19
22 29
19 15
29 25
2 7
25 22
W wins

Var. 3.
14 18
22 15
11 18
2 7
13 17
7 10
9-18 23
10 15
23 26
30 23
21 30
20 16
30 26
24 20
26 31
23 18
31 27
18 14
27 23
*14 10

17 22
10 7
23 18
7 2
18 11
16 7
22 25
W wins

Var. 4.
13 17
7 10
10-9 14
20 16
18 23
25 22
17 26
10 17
26 31
17 22
31 27
16 11
27 24
11 4
23 27
* 4 8
27 32
15 11
24 15
8 4
15 8
4 11
W wins

Var. 5.
13 17
10 6
17 22
6 2
32 27
7 10
25 22
or
13 17
10 15
W wins

Var. 6.
27 24
*19 15

24 19
6 1
19 24
18 14
9 18
15 11
8 15
10 28
18 23
28 32
17 22
W wins

Var. 7.
9 13
6 2
8 11
19 15
27 23
15 8
23 7
2 11
W wins

Var. 8.
1 6
18 14
13 17
14 10
8 11
10 1
11 18
16 11
18 23
11 15
22 26
19 16
12 19
15 24
26 31
24 28
31 27
28 32
27 24
1 6
W wins

Var. 9.
17 22
*10 15

22 29
15 22
8 11
*30 26
W wins

Var. 10.
18 23
20 16
23 26
30 23
21 30
16 11
30 26
11 4
17 21
W wins

250.
a-10 7
3 10
17 14
10 17
21 14
15 18
14 9
6 10
9 6
10 14
6 2
11 15
2 7
22 26
7 10
14 17
10 19
26 31
19 26
31 22
13 9
18 23
24 19
22 18
20 16
23 27
16 12
Drawn

(a)
Corrects Dr Brown Prob 115 Var 2

251.
25 22
14 18
*24 19
18 25
19 16
3 7
12 8
15 19
8 3
11 15
17 14
Drawn

252.
8 11
1) 10 7
a) 3 10
19 15
10 19
23 7
2 11
1 6
29 25
6 10
25 30
27 23
5 9
26 22
9 14
10 17
Drawn

Var. 1.
21 17
13 22
26 17
11 15
27 24
2 6
b-10 7
3 10
17 14
10 17
1 10

29 25
31 27
25 30
Drawn

(a)
27 24
4 8
Drawn

(b)
17 13
29 25
13 9
Drawn

253.
24 19
15 24
28 19
18 23
32 28
14 18
17 14
10 17
21 14
11 16
19 15
16 20
25 22
18 25
29 22
23 26
22 17
W wins

254.
15 19
1-16 12
11 15
23 16
7 10
16 11
2) 10 14
3) 11 8
4) 14 18
8 4
18 25
4 8
5) 25 29
6) 8 11

15 18
11 15
18 22
26 23
22 26
23 18
26 31
18 14
31 27
20 16
7-29 25
16 11
8-27 23
9-14 10
23 19
15 24
6 15
11 8
25 22
8 4
22 18
4 8
18 23
8 11
15 18
11 16
18 22
24 19
22 26
16 20
23 16
20 11
26 31
11 15
17 22
10.30 26
22 25
15 10
31 22
13 9
5 14
10 26
25 29
Drawn

Var. 1.
23 18
19 23
26 19
17 26

30 23
21 25
16 12
25 30
12 8
3 12
19 15
Drawn

Var. 2.
28 24
14 18
24 19
15 24
22 15
24 27
26 23
27 31
23 18
5 9
Drawn

Var. 3.
12 8
3 12
11 7
14 18
7 3
18 25
3 7
15 18
26 22
17 26
30 14
Drawn

Var. 4.
11 7
3 10
12 8
14 18
8 3
18 25
3 7
10 14
7 10
15 18
10 1
25 29
1 6

29 25
6 9
*25 29
Drawn

Var. 5.
26 22
17 26
30 23
29 25
11.28 24
15 18
23 14
25 22
8 11
22 18
Drawn

Var. 6.
26 23
29 25
8 11
17 22
11 18
25 29
18 25
29 22
23 19
5 9
19 15
9 14
15 11
14 18
12.11 7
3 10
12 8
18 23
8 3
10 14
3 7
6 10
Drawn

Var. 7.
27 23
14 9
5 14
5 18
B wins

Var. 8.	22 25	23 19	11 16	11 18	25 21	10 14	23 7
25 22	18 22	30 26	27 23	22 15	15 19	19 10	16 23
Forms	25 29	19 15	16 19	9 13	26 22	14 17	27 18
773 in	28 24	26 23	23 16	*15 11	27 31	22 18	20 27
Lyman's	31 27	15 11	20 11	10 15	7 10	17 22	32 23
W wins	24 19	23 19	22 18	19 10	5 9	10 7	Drawn
Var. 9.	27 23	11 8	11 8	6 15	Drawn	2 22 25	
14 9	19 16	5 9	18 15	*11 7		24 19	*Var 2.*
5 14	23 19	8 4	8 4	5 9	——	25 29	22 26
15 18	16 11	9 14	15 11	* 7 3		19 15	7 3
23 19	19 15	Drawn	30 26	1 5	*256.*	29 25	26 31
18 2	11 8		11 15	3 7		15 8	3 7
19 15	15 10	*Var.12.*	26 22	12 16	17 13	25 22	13 17
11 8	Drawn	11 8	21 25	* 7 3	7 11	18 15	18 14
15 11		18 23	28 24	16 20	13 6	22 26	17 22
8 4		8 4	25 30	3 7	2 9	23 19	23 19
25 22	*Var.11.*	23 27	24 20	20 24	*1* 21 17	W wins	16 23
Drawn	8 11	4 8	Drawn	27 20	14 21		27 18
	25 22	27 32	——	14 17	29 25	*Var 1.*	20 27
Var.10.	11 25	8 11	*255.*	21 14	9 13	29 25	7 16
15 18	21 30	32 27	**18 15**	9 27	25 22	14 18	W wins

NOTES ON THE POSITIONS.

192. This ending occurred in a game with Mr. Merrow, of Leeds, and was won by Mr. F. Allen.

193 springs from a "Bristol" game, and was awarded Second Prize in a Problem competition in the *Sunderland Echo.*

194 was the termination of a game won from Mr. T. Farrow, of Leeds.

200. This position occurred in an 18-14 "cross," and was won over the board.

208. When this position was first published it caused considerable sensation, especially amongst Leeds players; and many of the best players in Lancashire and the North of England believed there was no draw in it. Indeed, so confident were some players in Leeds of their ability to win the position that Mr. F. Allen was called upon to defend his draw for a wager against Lockwood, of Leeds; but the match fell through, Mr. Allen receiving forfeit. It was republished in America by Mr. W. H. Broughton, of Portland, Maine, with the remark, "I defy Mr. Allen or any other man to show a draw;" and Mr. Broughton gave play to prove a win; but the play he gave was not sound. So intricate is the draw that during the discussion on the soundness of the problem, Mr. Allen undertook to either win or draw the position against any player for a stake; but no one accepted the challenge. The position was originally published in *The Draught Board*, old series.

209, an end-game from "Single Corner," was won in play against Mr. T. Lockwood, of Leeds.

210 corrects "Dyke" game in Anderson's First and Second Editions.

220. This position was left off as a win for White at the end of the Solution of Position No. 1 in *The Draught Board*, old series. Mr. Fred. Allen, however, proved the position to be a draw, and published play supporting his opinion in the *Paisley Gazette*, June 5th, 1869.

226 corrects a "Bristol" game in Bond's *Hand Book on Draughts*.

229 corrects play in Bowen's "Cross" Book.

232 is a correction of the Sixteenth Game played between Mr. J. Wyllie and Mr. R. Martins in their match at Leeds in 1872. Mr. F. Allen was acting as umpire for Mr. Wyllie on the occasion, and at the end of the game he told Mr. Wyllie that he ought to have won it. A friend of Mr. Martins having overheard the remark informed that gentleman of what Mr. Allen had said, and Mr. Martins requested Mr. Allen to show him at what stage he considered the game ought to have been won. The above position being placed on the board was carefully examined by Mr. Martins, who expressed his willingness to prove for a small stake that the position could not be won. Mr. Allen being quite as willing to uphold his opinion over the board accepted the challenge and proved the win.

239 was published some fifteen years ago in the *Leeds Express*.

243 was given in the *Turf, Field, and Farm*, by the late Mr. McIndoe, as a win for White. Mr. Allen, however, proves it to be a draw.

254 is a correction of "Old Forty-ninth," in Drummond's *Scottish Draught Player*.

SOLUTIONS OF
PROBLEMS AND CRITICAL POSITIONS
CONTRIBUTED BY MR. FRANK DUNNE, WARRINGTON.
(SECTION V.)

257.
15 10
17 22
21 25
22 29
14 18
29 25
10 15
25 21
15 19
21 25
19 24
26 22
24 19
B wins

258.
2 7
20 27
7 11
1) 2) 27 32
11 16
32 27
16 20
27 31
20 24
31 26
24 27
26 22
19 23
22 17
23 18
17 13
18 14
28 24
27 32
B wins

Var. 1.
27 31
19 23
28 24
11 15
24 20
15 18
20 16
23 19
16 11
18 23
B wins

Var. 2.
27 24
19 23
24 20
23 27
28 24
11 15
B wins

259.
1) 2) 4 8
20 16
a-*8 3
19 15
26 22
3-15 11
22 18
24 19
18 23
19 15
b*23 18
16 12
*18 14
11 8
14 18
*15 10
18 15
10 6
15 11
8 4
3 7
Drawn

Var. 1.
26 23
19 16
4 8
16 12
8 11
24 19
W wins

Var. 2.
26 22
*20 16
22 18
16 11
18 14
19 16
14 10
24 20
W wins

Var. 3.
15 10
4*22 18
10 6
5*18 15
6 1
3 8
16 12
8 11
1 6
11 16
Drawn

Var. 4.
3 8
*24 19
22 18
*10 6
18 14
s-*6 1
14 10
* 1 5
10 14
*19 15
8 12
16 11
14 18
*15 10
18 15
*11 8
15 6
1 5
W wins

Var. 5.
3 7
* 6 2
7 3
24 19
3 8
2 6
18 14
s- 6 1
W wins

(a)
8 12
16 11
26 23
11 8
W wins

(b)
23 19
*15 10
19 12
*10 6
W wins
Sturges

260.
26 23
19 16
4 8
16 12
8 11
12 8
11 15
Drawn

261.
* 3 7
11 8
2 6
8 3
* 6 10
3 8
*10 15
8 4
*15 11
12 8
*11 15
8 3
* 23 19
W wins

262.
*16 12
11 16
*19 23
1- 7 11
* 6 10
2-16 20
*23 27
20 16
12 8
16 19
8 3
3-11 16
3 7
16 20
7 11
19 24
27 23
4-24 28
11 15
28 24
10 14
24 28
15 19
28 32
14 18
5 9
18 22
9 13
22 18
a-32 28
23 27
28 32
19 23
13 17
18 14
17 22
23 18
32 23
18 27
22 26
14 18
W wins

(a)
13 17
18 22
W wins

Var. 1.
5-16 11
* 6 2
7 10
* 2 6
11 15
23 26
10 14
6 9
15 18
26 30
14 17
9 13
17 21
13 17
18 15
17 14
15 11
14 10
5 9
30 26
21 25
26 22
25 30
10 6
9 13
6 10
11 16
12 8
W wins

Var. 2.
5 9
*12 8
b- 9 13
* 8 3
16 12
*23 18
13 17
10 15
11 16
3 7
17 21
7 11
16 20
15 19
21 25
18 23
25 30
23 27
30 26
27 32
26 22
19 24
W wins

(b)
16 20
23 27
W wins

Var. 3.
11 15
3 7
15 18

10 14
19 23
27 31
18 22
7 10
22 25
10 15
25 30
*15 18
5 9
18 27
9 18
27 23
18 27
31 24
W wins

Var. 4.
5 9
11 15
9 13
10 14
24 28
15 19
28 32
14 18
W wins

Var. 5.
16 20
* 23 27
20 16
12 8
7 10
6 15
16 11
15 10
11 4
27 23
4 8
10 7
W wins

263.
12 16
1-28 24
16 20
24 19
20 24
26 23
14 17
23 26
17 21
26 30
24 27
19 15
27 31
15 10
31 27
10 6
27 23
6 2
23 19
2 6
19 23
6 9
23 19
9 14
19 23
Drawn

Var. 1.
26 30
14 17
28 24
17 26
30 23
16 20
23 27
13 17
24 19
17 22
19 15
22 26
15 11
26 31
27 32
31 26
32 28
26 23
11 7
23 19
7 2
Drawn

264.
25 22
17 13
22 25
14 18
* 6 10
1-18 23
25 22
23 19
22 18
19 24
18 15
24 27
15 11
27 23
10 15
2 21 17
11 7
17 14
7 2
3-23 27
15 19
27 32
19 23
32 28
23 26
28 24
26 31
24 19
31 26
19 15
26 22
15 11
2 6
11 15
22 17
14 10
5 1
B wins

Var. 1.
21 17
25 21
18 14
5 1
14 7
21 14
7 11
14 9
B wins

Var. 2.
23 27
15 19
27 32
11 7
32 27
7 10
27 32
10 14
32 27
5 1
27 32
1 6
B wins

Var. 3
14 10
5 1
23 27
15 19
27 32
2 6
B wins

265.
*27 32
19 26
31 22
20 24
*22 17
24 19
*32 27
19 15
*17 14
15 19
*14 10
19 16
*10 7
B wins

266.
19 23
32 28
10 15
28 32
15 19
32 28
23 18
28 32
19 24
1-32 27
24 28
31 26
28 32
2-27 31
18 14
26 23
14 10
31 27
10 15
27 24
32 28
24 27
11 16
12 8
16 20
8 3
28 32
B wins

Var. 1.
31 26
18 14
26 22
24 19
32 27
14 9
22 17
9 13
17 14
19 15
B wins

Var. 2.
27 24
11 16
12 8
16 20
24 28
18 14
8 3
32 27
B wins

267.
* 2 7
1- 9 14
*22 25
2- 5 9
* 7 11
3-15 18
*25 30
4-18 22
*11 15
5-14 18
*15 19
22 25
*19 15
6-18 23
*15 18
23 27
*21 17
Drawn

Var. 1.
15 19
21 17
19 23
22 18
13 22
18 25
Drawn

Var. 2.
13 17
7 10
15 18
10 15
18 23
25 30
23 27
30 26
27 32
26 23
32 28
23 19
28 32
19 23
Drawn

Var. 3.
15 19
25 22
19 23
11 16
Drawn

Var. 4.
18 22
11 15
23 27
30 26
27 32
26 23
32 28
23 19
Drawn

Var. 5.
22 25
30 26
25 30
26 23
30 25
15 18
Drawn

Var. 6.
18 22
15 10
25 29
30 25
22 26
25 22
7-26 30
22 18
30 25
10 15
25 22
18 25
29 22
21 17
Drawn

Var. 7.
26 31
10 6
31 27
6 1
Drawn

268.
30 26
23 30
32 23
21 25
15 18
25 29
18 22
6 9
23 18
Drawn

269.
11 15
12 16
7 11
16 20
15 19
14 10
11 15
10 7
15 18
7 11
19 16
11 8
16 19
8 12
18 23
4 8
23 27
8 11
27 32
12 8
32 27
8 3
27 23
3 7
23 27
7 10
27 32
11 15
19 23
10 14
23 27
15 18
27 31
18 22
31 27
22 25
27 31
25 29
31 27
29 25
27 31
25 22
31 27
22 18
27 31
18 15
31 27
15 19
32 38

14 18
28 32
19 24
27 31
18 23
31 26
Drawn

270.

22 18
27 23
18 14
23 18
14 10
6 9
10 6
9 13
6 1
13 17
21 14
18 9
* 1 6
9 2
15 10
W wins

271.

a*20 16
1-10 14
17 10
7 14
16 19
14 10
23 18
10 6
18 14
6 1
19 15
1 6
15 11
6 1
14 9
1 5
9 6
31 26
11 15
26 22
15 10
22 17

10 7
B wins

Var. 1.

7 2
16 11
10 6
17 14
6 1
23 19
1 6
19 15
6 1
14 18
2 6
3 7
6 2
7 10
12 8
11 4
2 7
*10 14
7 10
15 6
1 17
4 8
B wins

(a)

17 14
10 17
3 10
12 8
20 16
8 3
16 11
17 13
10 14
13 9
23 18
9 6
18 15
6 9
Drawn

272.

*19 15
11 16
15 10
13 17

10 7
17 22
7 2
22 29
2 7
18 22
* 7 10
14 18
*28 24
1-29 25
*10 14
18 23
*14 18
23 26
24 20
2-16 19
18 23
Drawn

Var. 1.

18 23
*10 15
16 20
15 19
Drawn

Var. 2.

26 30
20 11
25 29
18 25
29 22
11 7
Drawn

273.

12 16
27 23
5 9
25 22
9 13
22 18
13 17
18 14
17 22
14 10
22 26
10 6
26 31
23 18

31 26
6 2
26 23
18 14
16 19
1-14 9
23 18
9 6
18 14
6 1
20 24
2 6
24 27
1 5
27 31
6 9
14 10
5 1
31 26
9 6
10 14
1 5
26 22
6 9
22 18
a- 9 6
19 23
6 9
23 26
9 6
26 30
6 1
30 25
1 6
25 21
6 1
21 17
1 6
17 13
5 1
14 9
6 2
18 15
1 6
9 5
6 1
13 17
2 6
17 14
2- 6 9

14 10
3- 9 6
10 7
6 2
7 3
4- 2 6
11 7
6 2
15 11
28 24
7 10
2 6
10 15
6 2
11 16
24 20
16 11
2 6
15 18
6 2
18 14
2 6
14 17
6 2
17 13
2 6
3 7
6 2
7 10
2 6
10 14
c- 6 9
13 6
1 17
5 9
B wins

Var. 1.

2 6
20 24
14 9
24 27
9 5
27 31
5 1
31 26
5- 1 5
26 22
5 9
22 17

6 2
23 18
2 6
17 14
9 5
B wins
same as trunk at a

Var. 2.

6 2
14 10
28 24
10 14
1 6
14 17
6 1
11 16
24 20
16 11
2 6
17 13
6 2
15 10
2 6
10 14
6 9
13 6
1 17
5 9
B wins

Var. 3.

9 13
10 7
13 17
15 10
17 13
7 2
13 17
5 9
1 5
9 13
17 22
10 14
5 1
14 17
22 18
2 6
1 10
17 14
B wins

Var. 4.

1 6
5 1
6 9
15 10
28 24
10 15
9 14
11 16
24 20
16 11
14 9
15 18
B wins

Var. 5.

6 9
23 18
1 6
26 23
6 2
18 15
9 14
23 27
2 6
27 24
14 10
24 20
10 14
19 23
14 10
15 19
6 2
23 26
2 6
20 24
10 14
24 27
14 18
26 31
18 14
27 23
6 10
31 26
10 6
26 22
6 2
22 18
14 9
19 15

9 6
23 26
6 1
26 22
1 6
22 17
6 1
18 14
1 6
15 18
6 1
17 13
2 6
B wins
same as trunk at b

(c)

6 2
14 9
1 6
5 1
B wins

274.

12 16
11 20
27 24
20 27
32 23
18 15
23 18
14 9
18 11
B wins

275.

1 6
21 17
* 4 8
1-28 24
6 10
2-23 19
5 9
17 13
9 14
13 9
* 8 12
9 5
14 18

22 17
18 23
5 1
23 27
1 6
27 31
Drawn

Var. 1.
17 14
8 12
23 19
15 24
28 19
6 9
22 18
9 13
18 15
13 17
15 11
17 22
11 7
22 26
7 2
26 31
2 7
31 27
7 11
27 23
19 15
23 18
14 10
5 9
Drawn

Var. 2.
23 18
8 11
18 14
11 16
Drawn

276.
12 16
11 20
23 27
*29 25
5 9
*25 22
9 14
24 19
27 24
20 27
31 15
28 24
15 10
*24 19
10 6
*19 15
Drawn

277.
10 6
17 13
11 15
20 16
6 2
16 20
2 6
20 24
15 11
24 20
11 15
20 16
6 2
13 9
15 11
16 7
2 11
9 6
11 16
6 2
1*16 20
2 7
20 16
23 18
16 20
7 11
*31 26
3 7
20 24
7 10
24 27
10 15
27 31
18 14
26 22
15 19
31 27
11 15
12 8
15 10
8 3
10 6
3 7
6 9
27 32
9 13
32 27
Drawn

Var. 1.
16 11
3 7
11 8
2 6
8 3
6 10
12 8
23 19
B wins

278.
24 19
a-11 16
19 15
16 20
15 11
20 24
23 27
24 28
27 32
28 24
11 15
24 20
32 28
20 16
9 14
2 6
14 18
6 9
18 23
1- 9 13
* 3 7
13 9
15 11
16 20
7 10
9 6
10 14
6 10
14 17
10 14
17 21
14 17
21 25
17 14
25 29
14 9
29 25
9 5
25 22
5 9
22 18
9 6
18 14
6 1
23 18
1 6
18 15
6 1
15 10
1 5
10 6
5 1
14 10
31 26
6 9
1 5
9 14
26 23
14 17
5 1
17 22
1 5
10 7
5 9
22 26
23 19
7 3
9 5
26 23
19 16
3 7
5 9
28 32
B wins

Var. 1.
9 6
15 11
16 7
3 10
6 15
23 27
B wins

(a)
2 7
3 10
11 15
9 6
15 24
23 19
B wins

279.
21 25
30 21
10 14
26 23
13 17
18 15
17 22
15 18
*22 26
23 30
14 23
21 17
*23 18
17 13
9 14
30 25
*18 23
25 21
23 27
21 25
14 17
25 21
17 22
21 17
27 31
B wins

280.
23 19
32 28
1*19 15
28 24
15 10
24 19
10 14
27 31
14 10
19 23
a*10 7
2-23 19
7 10
31 27
10 14
19 15
14 9
3-15 10
*22 26
27 24
26 23
24 20
23 26
20 16
26 22
16 11
22 26
11 15
26 22
10 7
* 9 14
1 6
5 1
6 10
14 18
15 11
1 6
10 15
18 23
11 16
23 18
15 19
18 14
19 24
6 10
7 3
10 15
24 28
14 18
28 32
18 14
32 27
14 18
27 24
18 23
3 8
23 18
4-16 11
15 10
24 19
22 26
8 3
26 22
11 7
18 14
7 2
14 9
19 16
10 6
2 7
9 14
16 11
6 10
7 2
14 9
11 7
9 14
7 11
14 9
2 7
9 14
11 16
14 17
7 14
17 10
16 11
10 14
11 15
14 18
15 10
18 23
10 14
23 19
3 7
19 23
7 10
8-23 19
10 6
19 23
6 9
23 19
9 5
19 23
14 17
23 26
5 9
22 18
17 14
18 22
Drawn

Var. 1.
22 18
13 17
19 23
28 32
23 19
27 31
19 23
31 26
23 19
32 27
30 23
17 22
B wins

(a)
10 14
B wins
Forms Problem 281.

Var. 2.
1 6
7 11
5- 6 10
5 1
6-10 14
22 18
14 17
18 27
31 24
11 15
17 22
15 18
22 25
18 22
25 29
1 6
24 19
6 10
Drawn

Var. 3.
27 23

9 14
1 6
b- 5 1
23 19
1 10
15 6
22 26
19 16
26 22
16 11
14 18
6 9
18 23
11 15
23 18
15 10
18 23
9 14
Drawn
same as trunk s.

Var. 4.
16 19
7-15 10
Drawn

Var. 5.
6 9
5 1
8-23 19
1 6
9 14
6 10
14 17
22 18
19 23
18 27
31 24
11 15
17 22
15 18
22 25
18 22
25 29
10 15
Drawn

Var. 6.
31 27
22 26
23 19
30 25
21 30
1 6
Drawn

(b)
14 10
B wins
Forms Problem 280.

Var. 7.
15 11
8 15
18 11
24 20
B wins

Var. 8.
31 27
1 5
9 14
5 9
14 17
22 26
Drawn

281.
23 19
10 1
15 10
30 26
19 15
26 23
*15 11
23 19
*11 7
22 18
7 2
18 15
* 2 6
15 11
* 6 9
19 16
13 17
16 12
17 22
12 8
22 26
8 3
* 9 14
3 8
26 31
8 12
31 26
12 16
26 22
16 19
22 18
B wins

282.
1) * 1 6
2) 5 1
*23 26
3- 1 10
26 17
14 18
31 27
10 6
27 24
6 10
24 20
10 15
20 16
15 10
16 11
10 6
11 7
6 1
7 2
1 5
2 6
5 1
6 9
1 5
17 14
B wins

Var. 1.
22 18
* 6 9
18 27
9 18
27 32
18 22
5 1
22 25
1 6
25 29
6 10
29 25
10 15
25 22
B wins

Var. 2.
14 17
31 27
5 1
6 10
1 6
10 15
22 18
13 22
B wins

Var. 3.
30 23
31 27
1 10
27 25
10 15
25 22
B wins

283.
*12 8
3 12
* 2 6
10 14
* 7 2
1-11 16
20 11
15 8
6 10
14 17
10 15
17 22
24 19
22 26
2 7
26 31
19 16
W wins

Var. 1.
14 17
6 10
15 6
2 9
11 15
9 14
17 21
14 17
21 25
17 22
25 30
24 27
15 19
27 23
W wins

284.
* 5 9
24 19
* 9 13
19 16
11 15
16 11
7 16
20 11
*15 18
31 27
17 21
11 7
22 25
7 2
25 29
2 7
29 25
7 10
25 22
10 15
13 17
B wins

285.
1*19 15
5 9
15 11
12 16
11 7
9 14
*30 26
14 17
26 23
Drawn

Var. 1
30 26
22 25
26 22
18 23
27 18
25 30
22 17
30 25
17 13
25 22
18 14
*20 24
14 10
*22 18
10 7
24 28
7 3
28 32
3 7
32 28
7 11
18 23
B wins

286.
*16 19
23 16
12 19
18 15
*13 17
21 14
9 18
15 11
* 5 9
11 7
9 13
7 2
13 17
2 7
18 22
B wins

287.
*23 18
10 15
*26 22
27 31
18 14
31 26
14 9
26 23
17 14
23 18
22 17
1-15 19
5 1
2-19 23
1 6
16 20
6 10
11 16
* 9 5
18 9
13 6
2 9
17 13
Drawn

Var. 1.
16 20
5 1
11 16
* 9 5
18 9
13 6
2 9
* 1 6
Drawn

Var. 2.
16 20
* 9 6
3- 2 9
14 5
Drawn

Var. 3.
18 9
17 14
9 18
1 5
W wins

288.
*18 14
15 18
*14 10
11 15
*10 7
3 10
12 3
15 19
3 7
10 15
* 7 10
18 23
20 16
23 27
16 12
1-27 32
*29 25
32 28
25 22
28 24
12 8
24 27
8 3
27 23
* 3 8
23 18
* 8 12
18 25
*12 16
W wins

Var. 1.
27 31
12 8
31 27
*29 25
27 31
25 22
W wins

289.
*10 7
3 10
12 8
10 15
8 3
16 19
* 3 8
1-22 25
8 12
1 6
12 16
Drawn

Var 1.
1 6
8 11
Drawn

290.
20 16
15 24
28 19
1-10 15
19 10
12 19
10 6
19 23
6 2
23 27
2 6
9 13
6 10
27 31
10 15
31 27
15 19
27 32
19 23
32 28
22 18
2-28 24
18 15
24 28
15 10
28 32
10 7
32 28
7 2
28 32
2 6
32 28
6 10
28 32
10 15
32 28
15 18
28 32
18 22
32 28
23 18
28 32
30 26
W wins

Var. 1.
10 14
16 11
9 13
11 7
14 17
22 18
17 22
7 2
22 25
2 6
25 29
6 10
29 25
18 15
25 22
10 14
W wins

Var. 2.
13 17
30 26
W wins

291.
* 6 10
14 18
23 14
16 23
10 15
23 27
28 24
22 26
24 20
26 31
14 10
27 32
10 6
32 27
6 1
1-27 23
21 17
31 26
17 14
26 22
1 5
22 17
14 10
17 22
10 6
23 18
15 19
22 26
6 2
26 30
2 6
30 26
6 9
18 23
19 15
26 22
10 14
22 26
5 9
26 31
9 13
23 27
13 17
27 24
17 22
31 27
14 18
W wins

Var. 1.
27 24
1 6
31 26
21 17
26 23
6 10
24 28
17 13
23 19
15 24
28 19
13 9
4 8
20 16
W wins

292.
*22 18
1-17 21
*28 24
13 17
*24 19
5 9
*a**16 12
2- 7 10
*26 23
3- 9 13
*19 16
4-10 15
16 7
15 22
*23 18
3 10
12 8
5-22 25
8 3
25 29
3 7
29 25
7 14
25 22
18 15
22 25
15 11
25 22
11 7
22 25
7 3
25 22
3 7
22 25
7 11
25 22
11 15
22 25
15 18
25 29
18 23
29 25
23 26
25 22
26 31
22 25
14 18
17 22
18 14
13 17
14 9
25 29
9 13
29 25
31 27
25 29
27 23
29 25
30 26
W wins
Jas Smith

Var. 1.
17 22
26 17
13 22
28 24
5 9
24 19
9 13
16 12
6-13 17
19 15
17 21
s-15 8
7 10
20 16
22 25
16 11
25 29
11 7
29 25
7 2
W wins

Var. 2.
9 13
19 15
17 22
26 17
13 22
15 8
Same as 1 at s.

Var. 3.
17 22
19 16
7-10 14
16 7
3 10
12 8
8-14 17
8 3
10 14
3 7
22 26
7 2
26 31
2 6
W wins

Var. 4.
3 7
23 19
17 22
12 8
22 25
8 3
25 29
18 14
W wins

Var. 5.
22 26
30 23
21 25
8 3
25 30
3 7
W wins

Var. 6.
7 10
19 16
3 7
12 8
13 17
8 3
17 21
18 14
W wins

Var. 7.
22 26
16 7
26 31
7 2
31 27
18 14
27 18
14 7
3 10
2 6
18 15
6 13
15 11
13 17
10 15
17 22
15 19
30 26
19 24
26 23
24 27
23 19
27 31
19 16
W wins

Var. 8.
22 26
8 3
26 31
3 7
31 27
23 19
14 23
7 5
23 26
30 23
27 18
5 9
21 25
9 6
25 30
6 2
30 26
2 7
W wins

(a)
26 23
*17 22
16 12
*22 26
19 15
26 31
15 8
*31 26
23 19
26 22
19 15
* 7 11
30 26
22 31
8 4
31 27
15 8
27 23
18 15
23 19
*15 11
19 15
*11 7
3 10
20 16
Drawn

293.
*27 31
22 17
*31 26
17 13
*26 31
2 6
*3 7
6 15
7 10
15 6
1 10
13 9
31 27
B wins

294.
16 19
24 15
11 18
1- 2 6
18 23
6 10
23 26
10 15
26 30
14 10
30 25
10 7
22 26
7 3
25 22
3 7
26 31
7 10
5 9
10 7
9 14
7 3
14 17

3 7
17 21
7 10
21 25
10 14
25 29
14 10
29 25
10 14
25 21
14 10
21 17
10 7
17 14
7 2
14 18
B wins

Var. 1.
28 24
18 23
24 19
23 26
19 15
26 31
2 7
31 27
7 11
27 23
B wins

———

295.
* 2 7
1-27 23
22 26
18 15
10 14
15 10
7 11
10 7
26 31
7 3
4 8
24 20
31 27
2-23 18
14 23
19 16
12 19
3 12

27 24
12 16
11 15
16 11
24 27
B wins

Var. 1.
24 20
7 11
27 23
4 8
13 9
5 14
18 9
11 15
9 6
15 24
23 18
8 11
6 2
10 15
2 6
22 25
30 21
15 22
6 10
22 26
21 17
26 31
17 14
31 27
14 9
24 28
9 6
27 24
B wins

Var. 2.
13 9
27 18
9 6
18 23
6 2
23 16
3 7
14 18
2 6
18 23
6 10

5 9
10 6
16 19
B wins

———

296.
31 27
10 14
18 15
14 17
22 18
17 22
18 14
9 18
23 14
13 17
15 11
17 21
11 8
22 25
8 4
25 29
4 8
29 25
8 11
25 22
11 15
22 17
14 9
6 13
15 18
1-17 14
18 9
13 17
9 14
17 22
14 18
22 25
18 15
25 29
27 24
20 27
19 16
W wins

Var. 1.
17 22
18 25
13 17
19 15

12 16
15 10
16 19
25 22
W wins

———

297.
26 22
1-15 10
22 15
6 1
15 6
1 10
25 30
10 7
30 26
7 16
12 19
24 15
26 23
15 10
23 19
10 6
5 9
6 2
9 14
2 7
14 18
7 10
18 23
10 7
23 27
7 10
27 32
10 7
32 27
7 10
27 23
B wins

Var. 1.
6 2
5 9
2- 2 6
9 13
6 10
25 30
3-10 14
30 26
14 10

13 17
10 6
17 21
6 10
21 25
10 6
25 30
6 10
30 25
10 6
25 21
6 10
21 17
24 19
17 13
10 6
22 17
4/5} 6 10
13 9
19 16
12 19
10 7
19 23
7 16
8 12
16 11
17 14
B wins

Var. 2
24 19
25 30
2 7
22 17
7 16
17 14
28 24
14 23
15 10
23 18
16 11
8 15
10 7
30 26
19 10
18 15
B wins

Var. 3.
10 7

30 26
7 16
12 19
6-20 16
8 12
7-24 20
19 23
16 11
23 27
18 14
22 18
14 10
26 23
10 6
18 14
W wins

Var. 4.
6 2
13 9
15 10
26 22
10 7
22 24
28 19
17 13
7 3
9 6
2 9
13 6
19 16
12 19
3 12
19 24
B wins

Var. 5.
15 10
17 22
10 7
22 24
28 19
26 23
7 3
23 16
3 7
13 17
6 9
17 22
9 14

16 19
7 23
22 18
B wins

Var. 6.
15 11
22 15
11 4
26 22
B wins

Var. 7.
16 11
26 23
18 14
23 27
24 20
27 23
B wins

———

298.
11 16
2 6
16 23
6 15
17 13
15 19
23 26
1-32 27
26 30
27 24
13 9
2-19 16
14 17
21 14
9 18
25 21
5 9
3-16 20
30 26
24 19
26 23
19 16
23 27
16 11
18 15
11 8
15 11
8 4

9 13
B wins

Var. 1.
19 23
26 30
25 22
30 25
22 18
25 22
18 9
13 6
32 27
5 9
23 19
6 10
27 24
9 14
24 20
22 18
B wins

Var 2.
25 22
9 13
19 23
30 25
22 18
25 22
18 9
13 6
24 19
6 10
19 16
3 7
23 19
22 18
19 24
18 15
24 20
15 11
B wins

Var. 3.
16 11
30 26
24 19
26 23
11 16
23 27
B wins

299.
26 23
19 26
24 19
15 24
28 19
14 18
17 14
10 17
21 14
26 31
19 15
Drawn

—

300.

14 18
17 14
10 17
21 14
1) *31 26
2) 14 10
*9 14
10 1
*26 23
3- 1 6
23 16
4-25 21
*18 23
Drawn

Var. 1.
25 21
26 23
19 16
18 22
Drawn

Var. 2.
19 16
26 22
25 21
18 23
Drawn

Var. 3.
19 16
14 17
Drawn

Var. 4.
6 10
16 19
Drawn

—

301.
*20 16
15 24
23 18
12 19
30 16
24 28
16 12
7 11
12 8
10 15
18 14
15 19
8 3
W wins

—

302.
9 13
17 14
2 18
20 16
12 19
11 8
4 11
7 14
W wins

—

303.
1*30 25
15 24
22 18
24 27
18 9
27 31
9 6
2-31 26
23 18
Drawn

Var. 1.
30 26
15 24
22 18
24 27
18 9
27 31
26 22
31 27
22 18
4 8
9 6
8 11
23 19
27 24
19 16
12 19
6 2
19 23
B wins

Var. 2.
10 15
25 22
4 8
23 18
8 11
*20 16
12 19
6 2
Drawn

—

304.
17 21
11 25
21 30
24 15
30 26
29 25
26 23
15 10
23 18
1-10 7
5 9
2- 7 3
18 15
3-28 24
9 14
25 22
15 10
24 19
8 11
3 8
11 15
19 16
12 19
8 11
14 18
B wins

Var. 1.
10 6
18 15
6 1
15 10
4-28 24
8 11
24 19
11 15
1 6
10 1
B wins

Var. 2.
7 2
9 13
25 21
8 11
2 7
18 15
7 16
12 19
20 16
19 23
B wins

Var. 3.
3 7
8 11
7 16
12 19
20 16
9 14
25 22
19 23
16 12
23 27
B wins

Var. 4.
25 22
8 11
22 18
12 16
28 24
10 15
18 14
16 19
B wins

—

305.
31 27
1- 6 9
24 20
2- 9 13
20 16
12 19
23 7
2 11
27 23
14 17
32 28
11 16
23 18
15 19
18 14
W wins

Var. 1.
2 7
23 18
14 23
26 19
6 9
27 23
9 14
32 28
W wins

Var. 2.
2 7
27 24
9 13
23 18
14 23
26 19
W wins

—

306.
15 19
24 15
10 19
16 11
18 22
25 18
14 23
11 8
9 14
8 4
23 26
4 8
26 31
8 11
31 27
1-11 15
27 24
15 11
24 20
11 15
19 24
28 19
20 16
15 18
14 23
19 15
23 26
21 17
16 19
B wins

Var. 1.
11 16
19 23
16 11
23 26
11 15
26 30
15 11
30 26
11 15
26 22
15 19
27 24
19 16
24 20
16 11
22 18
B wins

—

307.
10 14
12 3
14 17
21 5
2 6
3 10
6 31
27 24
20 27
23 19
27 32
19 15
32 27
30 25
31 26
15 11
27 23
25 21
26 22
11 8
23 18
8 3
22 17
B wins

—

308.
17 13
10 14
28 24
23 27
15 10
6 15
19 3
12 28
3 12
27 32
12 16
14 17
16 19
17 21
19 23
W wins

—

309.
5 9
1-32 28
2 6
2-22 18
14 17
3-19 15
10 19
24 15
9 13
4-18 14
17 22
26 17
13 22
23 18
22 26
15 11
26 30
27 23
30 25
11 8
25 21
18 15
21 17
14 10
6 9
8 3
9 14
3 7
17 22
B wins

Var. 1.
22 18
14 17
18 15
10 14
15 11
9 13
B wins

Var. 2.
19 15
10 19
24 15
9 13
15 11
14 17
B wins

Var. 3.
18 15
9 13
15 11
10 14
19 15
17 21
11 7
21 25
7 2
6 9
15 11
25 30

2 6
14 18
B wins

Var. 4.
15 11
17 21
5-11 7
6 9
6- 7 2
13 17
2 6
9 13
6 10
21 25
10 14
17 21
14 10
25 30
10 15
21 25
B wins

Var. 5.
18 14
21 25
11 8
25 30
28 24
13 17
8 3
30 25
3 7
25 22
B wins

Var. 6.
18 14
9 18
23 14
21 25
26 23
25 30
23 18
30 26
18 15
26 22
15 10
22 18
B wins

310.
6 9
21 14
9 18
31 27
1 6
26 22
3 8
22 15
7 11
20 16
*11 20
25 21
6 9
29 25
9 14
27 23
20 24
15 11
Drawn

311.
27 23
18 27
*20 16
27 31
26 23
31 27
23 18
14 23
21 7
3 10
12 3
27 24
3 7
24 15
7 14
23 26
*25 22
Drawn

312.
18 14
11 25
19 15
6 9
14 10
9 14
10 7
14 18
7 2
18 23
1} 2 7
2} 1 6
5 1
6 9
1 6
9 13
6 10
23 27
Dunne.
Continue:
7 11
12 16
11 4
16 19
10 14
19 23
4 8
27 31
8 11
31 27
14 18
13 17
11 16
17 22
16 19
23 26
30 23
25 30
18 25
27 11
Drawn
Robertson

Var. 1.
23 27
7 11
3-12 16
11 4
16 19
15 10
19 23
4 8
27 31
8 11
31 27
11 7
27 31
7 2
23 27
10 7
27 32
7 3
32 27
3 7
27 23
20 16
Drawn

Var. 2.
23 26
30 23
25 30
23 19
30 26
7 11
Drawn

Var. 3.
1 6
11 4
6 9
5 1
9 14
1 6
14 18
6 10
27 31
15 11
18 23
10 15
23 27
11 7
27 32
7 3
32 27
Drawn

313.
* 6 1
3 7
*18 14
11 15
1 6
15 19
*22 18
17 22
26 17
13 22
6 10
1-22 25
10 3
25 29
3 7
29 25
7 10
25 22
10 15
22 25
15 24
25 22
18 15
22 18
15 10
18 9
10 7
9 14
7 3
5 9
3 7
9 13
7 11
13 17
11 15
17 22
24 27
14 18
15 19
22 25
19 23
18 22
27 31
22 17
23 26
17 13
26 22
25 29
31 27
13 9
27 24
9 6
24 19
6 10
20 16
10 6
16 11
6 2
19 23
2 6
11 7
W wins

Var. 1.
7 11
10 15
2-19 24
15 8
22 25
8 11
a-25 29
11 15
29 25
15 19
3-24 27
32 23
4-28 32
14 9
5 14
18 9
25 22
19 24
32 28
24 27
W wins

Var. 2.
5-19 23
15 8
22 26
8 11
26 31
11 15
31 26
20 16
W wins

Var. 3.
25 22
14 9
W wins

Var. 4.
25 22
19 24
22 15
23 19
15 18
14 9
5 14
19 16
W wins

Var. 5.
22 25
15 24
25 29
18 15
11 18
20 16
W wins

(a)
12 16
11 15
16 19
20 16
25 29
16 12
29 25
12 8
19 23
15 19
24 27
19 26
27 31
26 22
W wins

314.
25 21
1-17 22
23 18
16 23
18 14
10 17
27 18
20 27
32 23
22 26
21 14
2-26 31
3-23 19
31 26
19 15
5} 6 9
6} 13 6
2 9
8 3
26 22
3 7
22 17
7 10
12 16
15 11
16 20
11 8
20 24
8 3
17 22
18 15
9 18
10 14
Drawn

Var. 1.
10 14
23 18
14 23
21 14
23 26
8 3
16 23
27 18
20 27
32 23
26 31
Drawn

Var. 2.
12 16
14 9
5 14
18 9
26 31
23 18
6 10
9 6
2 9
13 6
31 25
6 2
Drawn

Var. 3.
4-14 9
5 14
18 9
31 26
23 18
6 10
9 6
2 9
13 6

26 22
B wins

Var. 4.
8 3
31 26
23 19
26 22
19 15
22 17
14 10
6 9
13 6
2 9
15 11
17 14
B wins

Var. 5.
26 23
8 3
23 19
15 11
19 23
3 8
6 9
13 6
2 9
8 3
Drawn

Var. 6.
26 22
14 10
6 9
13 6
2 9
10 6
22 17
6 1
Drawn

315.
23 27
31 24
20 27
8 11
16 20
11 18
27 31
18 15
31 26
15 24
20 27
28 24
27 31
22 18
26 22
18 15
22 18
B wins

316.
21 17
1-14 21
23 14
10 17
13 9
17 22
9 5
4 8
5 1
8 11
24 20
22 25
1 5
25 29
5 9
29 25
19 15
11 18
9 14
12 19
14 16
7 11
16 7
2 11
28 24
25 22
24 19
22 17
19 16
11 15
16 11
Drawn

Var. 1.
18 27
19 15
14 21
15 6
12 19
24 15
2 9
13 6
7 11
15 8
4 11
Drawn

317.
20 27
32 23
10 17
25 21
2 6
21 14
11 16
31 27
6 10
27 24
10 17
24 20
7 11
19 15
16 19
15 8
19 24
18 14
24 27
1-23 19
27 31
26 23
31 27
23 18
17 21
14 10
27 24
18 15
5 9
10 6
9 13
6 1
21 25
1 6
13 17
6 10
17 22
10 14
25 30
8 4
30 26
4 8
22 25
8 11
25 30
14 10
26 22
10 14
30 25
11 8
25 21
8 11
22 17
14 9
21 25
B wins

Var. 1.
23 18
27 31
26 23
31 26
23 19
26 22
19 15
17 21
2-14 10
22 26
15 11
26 23
18 15
23 18
8 4
18 14
11 7
14 18
B wins

Var. 2.
8 4
22 17
14 10
5 9
10 6
17 14
B wins
G Dick

318.
27 24
2 7
31 26
11 16
24 20
7 11
30 25
10 15
19 10
16 19
23 7
14 30
W wins

319.
28 24
3 7
23 19
7 10
27 23
22 25
1} 32 28
2} 5 9
*21 17
14 21
31 26
3-10 14
19 10
11 15
24 19
15 24
28 19
25 29
10 6
29 25
6 2
14 17
2 6
9 13
19 16
12 19
23 16
8 12
16 11
25 22
26 23
22 26
23 19
26 31
6 10
31 27
10 15
27 32
15 18
W wins

Var. 1.
15 18
19 16
18 27
16 7
10 15
7 2
W wins

Var. 2.
25 29
30 26
15 18
31 27
W wins

Var. 3.
25 29
19 16
12 19
23 7
9 13
7 [illegible]
8 12
3 7
W wins

320.
*10 6
1 10
15 6
20 27
*23 18
27 31
*19 16
12 19
6 2
31 15
2 18
1- 3 7
18 22
17 26
30 16
13 17
32 27
W wins
Same as No. 286

Var. 1.
2- 3 8
14 10
8 12
10 7
5 9
7 2
9 14
18 9
17 22
9 14
12 16
2 7
22 26
30 23
19 26
14 18
26 31
7 11
16 19
18 22
19 23
11 16
23 26
16 20
W wins

Var. 2.
17 21
14 10
5 9
10 6
13 17
6 2
W wins

321.
1*16 11
7 30
22 17
13 22
25 2
30 26
2*29 25
26 23
15 10
23 18
2 6
8 11
6 9
Drawn

Var. 1.
26 23
*14 18
23 14
* 6 10
15 6
1 26
3-19 15
12 19
15 11
* 7 16
20 4
26 30
25 22
30 25
22 18
25 22
18 14
22 18
14 9
19 23
9 5
23 26
B wins

Var. 2.
15 10
26 22
2 6
3 7
10 3
1 10
3 7
10 14
7 10
14 18
10 15
18 23
29 25
22 29
21 17
29 25
17 14

25 22
14 10
23 26
10 7
26 30
7 3
30 25
3 7
25 21
7 10
21 17
B wins

Var. 3.
25 22
26 30
22 18
30 26
18 14
7 11
16 7
3 17
21 14
8 11
B wins

322.
15 18
30 25
*10 15
17 10
8 12
23 14
19 24
28 19
15 31
26 22
6 15
14 10
16 19
10 7
31 26
7 3
26 17
21 14
15 18
3 8
11 15
8 11
19 24
Drawn

323.
23 19
1- 6 10
2 26 23
3 { 1 6
25 22
18 25
29 22
6 9
13 6
2 9
23 18
14 23
27 18
9 14
18 9
5 14
22 17
15 18
19 15
10 28
17 3
18 22
3 8
11 16
8 11
16 20
11 15
W wins

Var. 1.
7 10
4 { 26 23
5 { 5 9
25 22
18 25
29 22
1 5
32 28
2 7
22 17
W wins

Var. 2.
5 9
13 6
2 9
25 22
18 25
29 22
9 13
23 18
14 23
27 18
1 5
31 27
W wins

Var. 3.
2 6
25 22
18 25
29 22
5 9
23 18
14 23
27 18
1 5
21 17
W wins

Var. 4.
11 16
24 20
15 24
20 11
24 28
11 8
10 15
8 3
W wins

Var. 5.
6 9
13 6
2 9
21 17
14 30
23 7
15 18
24 20
18 22
7 3
W wins

324.
14 10
7 14
22 17
13 22
30 26
20 27
26 1
W wins

325.
18 15
24 28
23 19
1- 6 1
14 10
2-28 32
10 6
1 10
15 6
32 27
6 10
3-31 26
10 14
27 23
a-19 15
4-23 27
14 17
27 23
15 10
23 18
17 13
5-18 23
10 14
6-23 27
13 17
27 31
17 21
31 27
21 25
27 31
25 30
26 23
30 25
7-31 26
14 17
26 31
25 22
31 27
22 26
23 19
17 14
B wins

(*a*)
19 24
allows a draw.

Var. 1.
28 32
14 10
6 9
10 14
9 18
15 22
32 27
b-19 15
27 23
15 10
8-23 26
22 18
9-31 27
10 14
26 23
18 15
23 26
14 17
26 23
17 21
23 26
21 25
26 23
25 30
27 24
30 25
23 19
15 10
10 23
25 22
23 27
22 18
27 32
18 23
B wins

(*b*)
22 25
allows a draw.

Var. 2
1 5
19 24
28 19
15 24
5 9
24 19
31 26
11 15
26 22
19 23
22 17
23 18
17 13
15 11
B wins

Var. 3.
27 32
19 23
32 28
10 15
28 32
15 19
32 28
23 18
28 32
19 24
c-32 27
24 28
31 26
28 32
d-27 31
18 14
26 23
14 10
31 27
10 15
27 24
32 28
24 27
11 16
12 8
16 20
8 3
28 32
B wins

(*c*)
31 26
18 14
26 22
24 19
32 27
14 9
&c.
B wins

(*d*)
27 24
11 16
12 8
16 20
24 28
18 14
8 3
32 27
&c.
B wins

Var. 4.
26 22
11 16
23 27
16 19
12 8
15 10
8 3
10 6
3 8
6 9
27 31
19 23
8 11
14 10
11 16
9 13
16 20
23 26
B wins

Var. 5.
18 22
10 14
22 25
14 18
26 22
11 15
12 8
15 11
B wins

Var. 6.
26 22
14 17
23 26
17 21
e-26 23
f-11 15
12 8
21 25
23 18
15 10
8 3
10 14
18 9
13 6
B wins

(*e*)
26 30
11 15
12 8
15 19
B wins

(*f*)
21 25
23 19
Drawn

Var. 7.
31 27
25 22
27 31
14 10
31 27
22 26
23 19
26 31
B wins

Var. 8.
23 27
22 18
31 26
10 15
27 31
18 14
31 27
Same as trunk

Var 9.
26 30

18 23	*326.*	18 23	22 25	17 14	19 15	14 18	30 26
30 25		9 13	16 19	2 7	27 24	Drawn	18 15
10 15	22 17	23 18	25 22	23 19	17 13		13 17
25 22	*1*-2 6	21 17	19 24	31 26	9 14		Drawn
15 19	23 19	22 26	22 25	19 15	15 11	*Var. 3.*	
22 25	*2*-31 26	6 9	24 27	26 22	14 18	17 21	*Var. 4.*
19 24	19 15	18 22	25 21	14 9	11 15	25 30	
25 21	26 23	*4*-17 14	27 31	22 17	18 23	21 17	9 14
24 20	17 13	26 23	22 25	9 6	13 17	6 10	26 31
21 17	23 26	14 10	31 26	17 14	23 27	17 22	17 26
23 18	13 17	23 18	25 30	6 2	17 14	9 13	31 22
17 13	26 30	10 7	26 31	Drawn	27 32	18 23	14 17
18 14	15 18	22 25	Drawn		15 11	10 15	22 18
B wins	30 25	7 11			24 19	23 27	17 22
	3-17 22	25 22	*Var. 1.*	*Var. 2.*	11 7	15 19	18 25
——	25 21	11 16	9 13	31 27	6 10	22 18	Drawn

NOTES ON THE POSITIONS.

257. This is an end-game from the "Single Corner" Mr. Dunne won "across the board" in 1873, from a Leeds Amateur to whom he was conceding the "draws." Mr. Dunne considers this and 267 are the "gems" of his section.

259, 260. Note the similarity of these two positions, and the fact that 260, although apparently weaker for Black than 259, can be drawn with greater ease and in fewer moves.

261, 266, 271, 277, 278, 325. All originate from a game—"Old Fourteenth"—contested in a tourney at Liverpool between Messrs. Dunne and Beattie. Mr. Dunne won with the Blacks. No. 277 shows how Mr. Beattie could have drawn

264. This was originally published by a noted player as a drawn position.

267. From Variation 20 of the "Will-o'-the-Wisp," left as a Black win in *Anderson's 2nd Edition*, was contributed to the *National Independent* in 1878 by Mr. Dunne, with the following remarks:—"I send you a complete analysis of the 'Will-o'-the-Wisp' position, in hopes that it may set at rest any lingering doubts which 'Orient' may entertain as to it really being a draw. There can be no question, however, that 3-8, as intimated in the note which accompanied the correction of the game, is the proper move to draw at the point you indicated. See Game No. 107, *Independent*, August 30th, and 'Orient's' analysis in *Independent*, of September 13th."

268. A Variation from the "famous 47th" Wyllie-Yates match game, given by the late Mr. R. E. Bowen as a Black win.

273, from the "Maid of the Mill," was published in the *Leeds Mercury Weekly Supplement*, and solutions invited. In giving the author's solution some weeks after the appearance of the problem, the editor appended the following remarks:—"A considerable number of the solvers of Mr. Dunne's problem have, as we expected, discovered its affinity to 'Bowen's twins,' and are almost unanimous in pronouncing it of equal merit, and equally capable of benefiting students who covet initiation into the mysteries of draughts science. It is only fair, however, to acknowledge that the solutions which accompany favourable comments are, in most cases, insufficiently elaborated to display the merits of the problem. Some of our correspondents dispute the applicability of the terms given with the problem; and, as a fair specimen of their criticisms, we quote the following from one who has favoured us with play to support his opinion :—'I have come to the conclusion not to alter my opinion of the problem, even though I dare hardly hope I have upset such a master of the game as Mr. Dunne. If I have failed, it will not be for want of diligent study, for I have never taken such an interest in any problem before; and should my play prove unsound, it will rudely dispel the illusion I cherish of my powers as an analyst.' One of the best solutions we have received, or, at all events, the one approaching nearest to Mr. Dunne's, is that of Mr. W. Beattie, of Liverpool."

279, 280, 281, 282, 312. All from a Variation of the "Switcher," given as a Black win by a noted player and analyst, and corrected by 312.

283. A variation from Position 45 in the *A. D. P.*

284. From a variation of the "famous 47th" Wyllie-Yates match game. Was published in America by Mr. R. E. Bowen, and in England by Mr. F. Dunne, almost simultaneously.

285. Correction of the "Defiance" in *Janvier's Anderson.*

286. An end-game with Mr. B. Woolhouse, of London, won by Mr. Dunne, in 1873, at Leeds.

288. Published by a noted player and analyst as a draw.

292. From the "Ayrshire Lassie." For the best and most exhaustive solution, Mr. Dunne offered a copy of the *Scottish Draught Player, 2nd Edition*, which was won by Mr. J. Smith, Spennymoor. It is worthy of remark, that the position has since come up in the "Single Corner."

293. From the "Cross." Given by Drummond as a draw.

297. From the "Bristol." Offered by Mr. Macfarlane as a draw and correction of play by Mr. Dunne.

300. From the "Whilter." Given as a White win by Mr. C. Hefter, Chicago, U.S.

304. From the "Maid of the Mill" Given as a draw by Mr. J. Hedley.

309, 311, 318, 319. Corrections of published play.

320. From the "Laird and Lady." Given as a draw in *Janvier's Anderson.*

323. From the "Centre." Occurred in the match between Messrs. Bletcher and Birkinshaw. Mr. Bletcher lost with Whites.

324. From the "Single Corner." Won off Mr. G. Jewitt in 1873.

325, 325. Divided the honours in the *New York World* Problem Competition in 1883. Both were awarded a "First Prize."

SOLUTIONS OF

PROBLEMS AND CRITICAL POSITIONS

CONTRIBUTED BY MR. J. A. KEAR, BRISTOL.

(SECTION VI.)

327.
31 26
24 19
*26 20
19 23
29 25
23 18
25 22
18 25
30 26
Drawn

——

328.
19 24
29 25
24 28
30 26
21 30
31 27
30 32
See conditions to problem

——

329.
*18 14
6 10
14 7
11 2
*30 26
5 9
26 23
9 14
23 19
14 18
19 15
18 23
15 11
23 27
3 7
Drawn

——

330.
7 11
6 2
*11 16
2 6
14 18
6 10
18 23
10 15
23 26
15 18
26 31
18 15
31 26
32 27
16 20
15 19
26 31
19 24
31 26
Drawn

——

331.
23 19
27 31
22 18
31 26
* 9 6
11 16
19 15
a-26 22
6 2
16 20
2 6
20 24
6 9
b-24 27
18 14
Drawn

(*a*)
26 23
would lose for Black.

(*b*)
22 17
9 13
17 22
18 14
Drawn

——

332.
17 22
6 2
10 15
2 7
23 27
31 24
19 28
7 10
15 19
10 15
19 23
15 18
22 25
18 27
28 32
30 21
32 23
B wins

333.
19 15
24 19
15 10
19 15
10 7
15 8
9 14
3 10
14 7
27 31
17 22
31 27
22 18
27 24
18 15
24 20
7 11
8 12
15 19
Drawn

——

334.
*27 31
20 24
31 26
30 23
21 25
18 15
25 30
22 18
30 26
24 19
26 22
19 16
22 26
16 19
26 22
Drawn

——

335.
*23 19
a-30 26
19 16
12 19
15 24
22 15
31 22
9 14
*24 27
15 19
27 31
19 24
31 26
24 27
26 31
Drawn

(*a*)
b- 9 13
18 14
30 26
31 27
26 31
27 24
31 27
24 20
27 24
15 18
Drawn

(*b*)
30 25
31 26
22 31
18 14
Drawn

——

336.
7 3
8 12
3 8
11 15
8 11
14 18
21 17
19 23
17 14
23 26
14 10
26 30
10 7
30 26
7 3
26 23
3 7
23 19
20 16
19 23
7 10
12 19
28 24
19 28
W wins

——

337.
*17 13
9 14
24 19
8 11
13 9
23 27
9 6
27 31
6 2
31 27
2 6
27 24
20 16
or
19 16
Drawn

——

338.
*18 15
21 14
15 10
14 7
3 10
9 14
10 17
5 9
17 21
9 14
21 25
14 17
25 30
17 26
30 23
W wins

——

339.
3 7
12 3
4 8
3 12
11 16
12 19
15 31
6 15
31 6
B wins

——

340.
*10 14
a-17 22
*30 26
22 25
14 17
31 22
17 26
25 29
13 9
W wins

(*a*)
31 27
14 18
27 24
13 9
W wins

——

341.
*10 6
1 10
5 1
16 19
3 7
9 14
* 1 6
a-19 23
7 3
b-14 18
3 7
Drawn

(*a*)
19 24

6 1
15 19
1 6
19 15
6 1
24 27
2 6
27 32
1 5
c-32 28
6 9
15 18
5 1
Drawn

(b)
d-14 17
3 7
Drawn

(c)
32 27
6 9
15 11
7 16
14 18
Drawn

(d)
23 27
2 7
27 31
3 8
Drawn

342.
1 5
19 16
13 17
a-15 11
6 2
11 8
7 11
16 7
2 4
B wins

(a)
16 12
7 10
14 7
6 9
21 14
9 2
B wins

343.
* 9 14
6 2
30 26
2 6
14 18
6 10
26 23
a-10 6
* 3 7
6 2
23 19
2 11
19 10
B wins

(a)
10 14
13 17
14 10
b-17 22
B wins

(b)
23 19
will also
win by
1st posi-
tion.

344.
3 8
11 15
18 23
26 19
8 11
15 8
4 11
29 25
24 27
25 22
27 31
22 18
31 26
19 15
26 23
15 8
23 14
8 3
5 9
B wins

345.
1 5
a- 6 2
14 17
7 14
22 26
30 23
27 9
21 14
9 18
B wins

(a)
7 11
14 18
b-11 7
18 23
7 14
23 26
B wins

(b)
6 2
18 23
c-21 17
23 26
30 23
27 18
2 7
18 14
B wins

(c)
2 6
10 14
6 9
14 18
9 14
22 26
11 15
26 31
15 22
23 26
30 23
27 9
B wins

346.
25 22
30 25
22 18
25 22
4 8
22 26
15 11
26 22
*10 7
22 15
7 3
2 6
8 4
15 8
4 11
6 9
11 15
a-12 16
3 7
16 20
7 11
20 24
11 7
24 27
7 11
27 31
11 7
9 14
7 2
13 17
15 10
31 26
2 6
17 22
10 17
26 31
17 26
31 22
6 10
22 18
10 6
18 15
21 17
15 18
6 2
Drawn

(a)
9 14
3 7
12 16
7 11
16 20
11 16
20 24
16 19
24 27
19 23
27 32
15 11
32 28
11 7
28 24
7 2
24 20
2 6
5 9
6 2
20 16
2 7
16 20
7 11
20 24
11 15
24 28
15 19
Drawn

347.
20 24
27 20
15 19
12 8
18 23
26 22
23 26
8 3
26 31
3 7
31 26
7 10
26 17
10 15
19 23
Drawn

348.
19 16
11 20
10 7
2 11
18 15
11 18
27 24
20 27
32 21
W wins

349.
† 23 18
16 23
18 14
9 18
10 6
3 10
6 31
12 16
31 27
23 26
32 28
26 30
*27 23
30 25
28 24
16 20
23 27
25 22
27 32
20 27
32 23
W wins

†
10 15
only
draws.

350.
* 7 3
14 18
3 8
18 25
8 12
15 18
24 15
25 30
12 16
30 26
16 19
13 17
15 11
17 22
11 7
22 25
19 15
26 22
15 19
22 26
19 15
26 22
15 19
22 26
19 15
18 22
15 19
25 30
27 23
22 25
7 3
25 29
3 8
29 25
8 12
Drawn

351.
* 7 10
17 13
1 6
30 26
10 14
18 15
14 17
15 10
6 15
13 6
Drawn

352.
14 10
12 16
10 7
8 12
15 19
5 9
31 26
9 13
26 22
28 32
7 3
32 28
3 7
28 32
7 10
32 28
10 14
28 32
14 17
32 28
17 21
28 32
21 25
32 28
25 30
28 32
30 26
32 28
26 31
28 32
27 24
20 27
31 24
16 20
24 27
32 28
23 18
28 32
27 23
32 28
18 14
28 32
14 10
32 28
10 7
28 32
7 3
32 28
3 7
28 32
7 10
32 28
10 15
28 32
15 18
32 28
23 27

28 32
18 23
32 28
27 24
20 27
23 32
W wins

353.
23 18
9 2
18 11
17 14
24 27
14 10
27 32
a-10 7
32 27
7 3
27 24
13 9
*24 20
12 16
11 8
3 12
20 11
B wins

(a)
2 6
32 27
6 9
27 23
9 14
22 26
b-13 9
26 31
14 17
23 18
17 14
11 15
or
18 15
B wins

(b)
14 17
26 31
17 14
31 26
14 17
23 18
17 14
18 9
13 6
26 22
6 2
22 17
10 7
17 13
7 3
1 6
B wins

354.
10 6
1 10
2 6
10 15
21 17
22 13
6 1
13 6
1 12
27 31
12 16
31 27
16 19
Drawn

355.
15 18
17 14
10 17
21 14
1 6
20 16
19 24
16 11
24 28
11 8
28 32
8 3
a-32 28
b- 3 8
28 24
8 3
24 19
3 8
19 16
B wins

(a)
32 27
3 7
27 31
26 22
18 25
7 2
31 26
2 9
26 22
9 6
Drawn

(b)
3 7
6 10
14 9
5 14
13 9
10 15
7 10
15 19
10 17
18 22
B wins

356.
*13 17
a-25 21
9 14
27 23
12 16
19 12
11 15
20 16
15 18
23 19
18 23
Drawn

(a)
25 22
17 21
27 23
21 25
19 16
12 19
23 7
25 30
Drawn

357.
14 18
9 14
18 23
14 21
23 27
32 23
4 8
11 4
30 26
21 30
26 12
B wins

358.
*21 17
15 6
22 18
13 22
14 10
a- 6 15
18 2

(a)
23 14
10 26
Drawn

359.
* 9 14
28 24
* 6 10
15 6
8 11
6 2
11 16
19 15
16 19
2 6
19 28
27 23
17 21
B wins

360.
31 27
14 21
3 7
2 11
19 23
28 19
27 31
18 27
31 8
21 17
5 9
17 22
9 14
22 26
14 18
26 30
18 22
*16 11
8 15
20 16
Drawn

361.
3 7
32 23
17 14
9 18
26 22
18 25
30 26
23 30
12 8
4 11
7 23
W wins

362.
20 16
11 20
18 15
1- 3 8
15 10
7 11
10 7
11 15
14 10
15 18
21 14
8 12
7 3
18 23
26 22
12 16
Drawn

Var. 1.
19 23
26 19
17 22
15 10
22 26
19 16
26 31
16 12
Drawn

363.
*21 25
18 27
30 26
29 22
26 10
31 26
11 15
27 24
15 18
26 23
18 27
24 31
Drawn

364.
15 11
7 10
15 18
10 19
24 15
a-16 19
*21 17
b- 9 13
17 14
13 17
11 7
3 10
15 6
17 22
6 1
22 26
27 23
19 24
28 19
26 31
23 18
31 27
19 15
27 23
15 11
W wins

(a)
9 14
27 23
5 9
15 10
9 13
10 6
13 17
6 1
17 22
1 6
22 26
6 9
W wins

(b)
9 14
17 10
5 9
10 6
9 14
6 1
14 18
1 6
19 23
15 10
23 32
10 7
W wins

365.
23 18
a-11 16
18 15
16 23
26 19
b-13 17
15 6
2 9
19 15
12 16
15 10
16 19
10 7
9 14
7 2
19 24
27 23
24 27
2 6
17 22
6 9
14 17
9 14
17 21
14 18
W wins

(a)
13 17
19 15
10 19
26 22
17 26
30 7
2 11
32 28
11 16
28 24
W wins

(b)
12 16
19 12
10 19
32 28
2 7
12 8
7 10
8 3
10 15
3 7
15 18
7 10
19 23
10 14
23 32
14 23
13 17
30 26
W wins

366.
First way.
10 15
19 10

7 11
23 18
16 19
10 7
3 10
14 7
19 23
Drawn

Second way.
3 8
a-17 13
10 17
21 14
* 7 11
14 9
11 15
19 10
8 11
23 18
16 19
18 14
11 15
10 7
15 18
7 3
19 24
Drawn

(a)
14 19
* 7 11
17 14
10 17
21 14
11 15
19 10
8 11
10 7
11 15
7 3
15 19
23 18
19 23
Drawn

——

367.
19 24
12 19
24 31
19 23
31 26
23 27
26 23
27 25
29 13
Drawn

——

368.
12 16
13 9
6 13
14 10
16 19
10 7
11 15
7 3
23 27
31 24
19 23
3 7
15 18
7 10
23 27
10 14
18 23
14 18
22 26
Drawn

——

369.
19 15
7 14
23 19
32 16
15 11
16 7
3 26
25 21
13 19
5 14
26 22
W wins

——

370.
1 5
9 13
5 9
13 6
16 19
23 7
15 18
6 15
3 28
27 24
18 23
24 19
28 32
31 27
23 26
27 24
32 27
24 20
27 23
19 16
23 19
a-16 11
26 30
11 7
22 26
b- 7 2
26 31
2 6
31 26
6 9
26 22
9 14
30 26
14 9
22 17
c- 9 6
26 22
6 9
22 18
9 6
17 22
6 10
18 15
10 14
19 16
20 11
15 8
14 10
8 11
10 14
11 7
14 9
7 10
B wins by 1st

Position, See Mr. F. W. Drink-water's arrangement

(a)
16 12
26 30
20 16
19 15
12 8
15 19
16 12
19 15
8 4
15 11
12 8
31 26
8 3
26 23
3 8
23 18
8 15
18 11
B wins

(b)
7 3
26 31
3 8
31 26
8 12
30 25
29 22
26 17
20 16
17 14
16 11
14 10
8 11
10 7
8 4
7 3
4 8
19 15
B wins

(c)
9 13
17 14
29 25
26 23
25 21
23 18
13 17
18 15
17 10
15 6
B wins

——

371.
19 16
12 28
11 7
2 11
26 23
17 26
20 24
28 19
23 14
9 18
30 14
B wins

——

372.
11 7
2 11
3 8
12 3
20 24
28 19
10 6
1 10
14 7
3 10
17 22
26 17
21 32
B wins

——

373.
27 24
28 19
20 16
19 12
17 14
10 17
9 6
1 10
3 7
12 3
7 14
29 25
14 17
B wins

——

374.
30 26
23 30
29 25
30 21
22 17
21 14
32 27
31 24
6 10
15 6
1 28
B wins

——

375.
24 19
23 16
21 17
32 23
30 25
29 22
13 9
22 13
6 1
13 6
1 26
11 15
20 24
15 10
24 19
18 23
26 31
B wins

——

376.
13 9
6 13
14 10
5 9
*10 7
2 6
7 3
6 10
26 22
10 14
27 24
Drawn

——

377.
19 15
10 19
23 16
9 13
26 23
17 22
23 19
22 25
19 15
25 29
15 8
7 10
8 4
29 25
*16 11
25 22
*20 16
22 8
4 11
13 17
11 7
10 15
7 10
15 19
10 15
19 23
15 18
23 27
16 11
27 31
11 8
31 27
8 4
27 24
W wins

——

378.
22 18
9 14
18 9
5 14
32 28
8 12
31 27
6 9
13 6
2 9
*19 15
11 18
17 13
18 23
27 18
14 23
13 6
Drawn

——

379.
17 14
10 17
21 14
20 24
19 15
24 27
*15 11
7 16
18 15
9 18
23 14
27 31
14 10
Drawn

——

380.
* 9 14
18 9
11 15
a-32 28
15 24
28 19
7 11
9 6
11 15
6 2
15 24
25 21
10 15
17 14
24 27
Drawn

(a)
9 6
15 24
6 2

7 11
2 6
11 15
6 9
15 18
22 6
13 29
6 2
29 25
9 14
25 22
2 7
22 26
14 18
1 5
7 10
5 9
Drawn
———
381.
* 6 10
*18 15
10 17
21 14
* 5 9
*13 6
7 10
14 7
3 10
15 11
10 14

19 15
16 19
23 16
12 19
6 2
14 18
2 6
19 23
Drawn
———
382.
19 16
12 19
25 22
17 26
30 16
6 10
15 6
1 17
16 12
8 11
12 8
1-11 16
8 3
7 10
3 7
2-10 14
7 10
16 19
10 15
19 24

27 23
17 22
15 19
Drawn
Var. 1.
7 10
8 3
11 15
3 7
10 14
7 10
15 18
10 15
18 22
27 24
20 27
32 23
Drawn
Var. 2.
10 15
7 11
15 19
11 15
19 24
27 23
Drawn
———
383.
*20 24
27 20

18 23
26 19
16 23
14 10
6 15
13 6
1 10
11 7
10 14
7 2
11 15
14 17
B wins
———
384.
22 17
1 5
17 13
21 25
30 21
10 14
26 22
14 17
21 14
16 19
23 7
32 6
24 19
15 24
28 19
Drawn

385.
19 24
20 27
10 6
1 10
11 15
10 26
9 6
2 9
18 14
9 18
17 22
18 25
21 17
W wins
———
386.
32 28
15 19
26 23
19 26
28 19
7 10
14 7
2 11
30 23
5 14
31 26
12 16
19 12
11 15

20 16
15 19
16 11
19 24
22 18
14 17
23 19
24 27
26 23
27 31
19 16
31 26
23 19
W wins
———
387.
22 26
23 30
24 27
32 23
4 8
11 4
16 19
23 16
20 11
15 8
9 6
2 9
13 22
B wins

388.
*11 16
20 11
7 16
24 20
14 18
20 11
18 25
21 17
6 9
30 21
19 23
27 18
15 31
13 6
2 9
17 13
9 14
13 9
10 15
9 6
15 19
6 2
19 23
2 6
Drawn
———
389.
10 6
1 10

27 24
12 16
30 25
16 19
23 16
14 18
24 19
15 24
22 6
24 27
6 2
27 31
26 22
W wins
———
390.
10 6
1 17
19 10
7 14
25 22
18 25
29 6
2 9
24 20
16 19
23 16
12 19
*27 24
Drawn

NOTES ON THE POSITIONS.

331. Mr. Reid gave this in *Gentleman's Journal* as a win for B.

337. In the 11th game between Martins and McKerrow, Mr. Martins played 24-19 and lost.

338. In the *Leeds Express*, Mr. Wyllie played 17-14 and B. won.

339 In solution to position No. 892, *New York Turf*, between Messrs. Wyllie and McGregor, a win was made for White.

340. Mr. Drummond in correcting Mr. Avery's play in *P. & R. Gazette*, May 18, 1872, played 10 15 and only drew.

341, left as a win by Mr. Strickland, in *Glasgow Herald*, July 5, 1873.

350. At this point Mr. Martins in his 61st game with Wyllie in the match of 1864, played 7-2 and lost.

351. In the 19th game between Martins and McKerrow the latter played 9-13 and lost.

361. Mr. Kear's first published position. Given in *Weekly Express.*

363 was given by Mr. Drummond as a Black win.

380. In game 1138, *New York Turf*, Mr. C. G. Roger, of Leeds, played 1-5 at this point and lost.

SOLUTIONS OF
PROBLEMS AND CRITICAL POSITIONS
CONTRIBUTED BY MR. J. ROBERTSON, BERWICK-ON-TWEED.
(SECTION VII.)

391.
31 27
17 21
18 14
21 25
14 9
25 30
19 15
11 18
23 14
30 26
20 11
26 31
14 10
12 16
10 6
16 20
6 1
13 17
1 6
17 22
9 5
22 25
5 1
25 30
11 7
3 10
6 15
30 25
1 6
1-25 22
24 19
31 24
15 10
24 15
10 19
22 26
6 10
26 31
10 14
31 27
14 18
W wins

Var. 1.
31 26
6 10
2-25 22
24 19
26 31
10 6
31 24
15 10
24 15
10 19
W wins

Var. 2.
26 31
10 6
31 26
24 19
26 31
27 23
31 27
15 18
25 30
19 16
27 24
18 15
30 26
23 19
W wins

——

392.
21 17
3 8
31 26
15 19
22 6
13 31
6 2
31 24
2 7
Drawn

——

393.
15 18
1-28 24
10 15
24 20
15 19
20 16
19 23
16 12
23 26
4 8
26 30
8 11
30 26
11 16
26 22
16 11
22 17
11 16
17 14
9 5
18 15
16 20
15 11
20 24
3 7
24 28
7 10
28 32
10 15
32 28
15 19
28 32
19 24
32 28
11 16
28 19
16 23
12 8
23 19
8 3
14 10
13 9
10 14
3 7
19 16
7 3
16 11
B wins

Var. 1.
9 6
18 14
6 15
14 9
B wins

——

394.
21 17
31 26
17 14
26 23
1 6
23 16
6 10
28 19
10 3
19 24
2 7
24 19
3 8
19 15
14 9
W wins

——

395.
25 22
6 10
30 25
1- 2 6
28 24
14 17
21 14
10 17
25 21
6 10
21 14
10 17
23 18
17 21
32 27
21 25
18 15
11 18
22 15
25 30
27 23
13 17
16 11
W wins

Var. 1.
11 15
16 11
15 24
11 4
24 27
20 16
12 19
23 16
27 31
16 11
7 16
32 27
W wins

——

396.
12 8
3 12
25 21
7 10
22 18
15 22
24 8
10 15
8 3
Drawn

——

397.
14 10
7 14
27 24
20 27
31 24
11 16
32 27
2 7
18 15
14 18
21 14
18 25
24 20
9 18
20 2
25 30
23 14
30 32
15 10
Drawn

——

398.
13 17
20 11
17 26
30 23
25 22
B wins

——

399.
25 21
6 9
19 15
9 13
15 10
13 17
10 6
17 22
6 2
1-23 26
14 10
26 30
28 24
2-30 26
24 19
3- 5 9
10 6
4-26 23
18 15
11 18
6 1
23 16
20 4
18 23
1 6
9 13
2 7
W wins

Var. 1.
22 25
2 6
25 29
14 10
W wins

Var. 2.
22 25
24 19
25 29
2 7
W wins

Var. 3.
26 23
18 15
11 18
2 6
23 16
20 4
12 16
10 7
3 10
6 15
16 20
31 27
W wins

Var. 4.
12 16

19 12
26 23
18 15
11 18
6 1
8 11
1 6
W wins

400.
2 7
19 15
28 24
15 22
24 20
22 18
14 10
18 15
10 6
15 19
6 2
19 23
2 6
23 19
32 27
19 24
27 23
24 19
23 18
19 15
18 14
15 18
14 9
18 15
9 5
15 19
5 1
19 23
1 5
23 18
5 9
18 23
9 14
23 19
14 18
19 15
18 22
15 19
6 9
19 23
9 13
23 19
13 17
19 15
17 21
15 19
21 25
19 15
25 30
15 19
22 18
19 24
18 23
24 28
7 10
28 24
10 14
24 28
14 18
28 24
18 22
24 28
22 26
28 24
26 31
24 28
31 27
1-28 24
27 32
24 27
23 18
2-27 31
18 15
11 18
20 4
18 23
4 8
12 16
8 11
16 20
11 15
31 27
32 28
27 32
15 19
23 27
19 24
27 31
30 25
W wins

Var. 1.
28 32
30 25
16 19
23 7
32 23
7 10
8 11
25 22
12 16
W wins

Var 2.
27 24
32 28
24 27
28 24
27 32
18 15
11 18
20 4
12 16
4 8
16 20
24 19
18 22
19 15
W wins

401.
26 17
19 26
*15 18
16 19
18 15
19 24
28 19
26 31
1) 27 23
2) 31 27
3) 15 18
4) 20 24
19 15
5-24 28
17 13
12 16
15 10
28 32
13 9
27 24
18 14
24 19
23 18
W wins

Var. 1.
31 26
15 11
20 24
11 16
24 27
17 13
27 32
23 18
32 27
16 20
26 22
18 14
22 18
14 9
W wins

Var. 2.
20 24
17 13
24 28
23 18
31 27
18 16
27 24
14 9
28 32
9 6
24 20
15 11
W wins

Var. 3.
27 31
17 13
31 26
13 9
20 24
18 14
26 22
23 18
W wins

Var. 4.
27 24
19 15
12 16
15 10
W wins

Var. 5.
12 16
15 10
26 31
18 22
W wins

402.
28 24
8 11
24 19
7 10
*20 16
11 20
22 17
14 18
17 14
Drawn

403.
19 15
7 10
15 11
10 15
11 7
15 19
7 2
19 24
2 7
1-24 27
7 11
2-27 32
11 15
9 14
15 19
32 27
3) 20 16
4) 27 24
19 28
12 19
28 32
19 24
30 25
21 30
32 28
30 23
28 26
5-17 21
6) 26 23
7) 6 10
22 18
14 17
13 9
21 25
9 6
25 30
6 2
30 25
2 6
W wins

Var. 1.
9 14
7 2
6 10
13 9
W wins

Var. 2.
27 31
11 15
9 14
15 19
31 27
20 16
W wins
Same as trunk.

Var. 3.
27 31
16 11
14 18
22 15
31 22
19 23
12 16
11 7
16 20
23 18
6 10
18 25
10 19
25 22
W wins

Var. 4.
6 10
16 11
27 32
11 7
32 27
7 2
27 32
19 23
32 28
13 9
W wins

Var. 5.
6 10
26 30
17 26
30 23
10 15
13 9
15 18
23 26
14 17
9 6
18 22
26 30
17 21
6 2
22 25
2 6
25 29
30 26
W wins

Var. 6.
21 25
22 18
14 17
18 14
25 30
23 19
30 25
19 15
25 22
W wins

Var. 7.
14 17
23 26
6 10
13 9
W wins

White Doctor Game.

10 14
22 18
11 16
25 22
8 11
24 20
16 19
23 16
14 23
26 19
6 10
31 26
11 15
27 23
15 24
28 19
4 8
29 25
8 11
23 18
9 14
18 19
5 14
22 17
4-11 15
Forms Prob. 404

404.
25 22
15 24
16 11
7 16
20 11
1-24 28
22 18
14 23
26 19
3 7
11 8
7 11
17 14
10 17
21 14

1 6
30 26
11 16
26 23
16 20
8 4
20 24
14 10
6 15
19 10
24 27
4 8
2-27 31
8 11
3-31 27
11 8
27 18
10 7
2 11
8 22
12 16
22 26
16 19
32 27
28 32
27 24
19 28
26 23
W wins

Var. 1.
1 6
22 18
14 23
26 19
6 9
11 8
9 14
8 4
14 18
4 8
18 23
8 11
24 27
11 16
27 31
16 20
W wins

Var. 2.
12 16
8 11
16 20
23 19
27 31
19 16
31 26
11 15
W wins

Var. 3.
31 26
11 15
W wins

405.
18 23
20 11
3 7
11 2
1 6
2 9
5 14
28 24
19 28
26 19
15 24
30 26
24 27
32 23
10 15
23 19
15 24
26 23
28 32
22 18
32 27
B wins

406.
7 11
1-12 8
3 12
19 15
16 19
15 8
12 16
18 15
14 18
2-21 14
18 25
3- 8 3
9 18
23 14
25 30
27 23
19 24
3 7
16 20
7 11
24 27
11 16
27 31
B wins

Var. 1.
19 15
3 7
15 8
16 19
23 16
14 32
21 14
B wins.

Var. 2.
23 14
9 25
21 14
25 30
27 23
19 24
B wins

Var. 3.
23 18
25 30
27 23
30 25
8 3
25 22
26 17
B wins

407.
19 23
1-31 26
23 27
14 10
6 15
13 6
1 10
18 14
27 31
14 7
16 19
17 13
19 24
7 3
15 19
3 7
11 15
7 11
15 18
22 15
31 22
11 16
22 26
30 23
Drawn

Var. 1.
14 10
6 15
13 6
1 10
18 14
15 19
14 7
23 26
30 23
19 26
7 3
26 30
17 13
16 19
2- 3 7
11 15
22 17
32 27
Drawn

Var. 2.
22 18
32 28
3 7
19 23
7 16
Drawn

408.
32 28
31 26
8 3
1- 7 10
27 23
18 27
25 22
Drawn

Var. 1.
7 11
25 22
18 25
27 23
20 27
3 8
Drawn

409.
1-20 24
27 11
18 23
15 24
23 27
32 23
22 26
31 22
25 20
Drawn

Var. 1.
19 24
12 19
25 30
19 16
30 26
16 19
26 30
19 16
30 26
16 19
Drawn

410.
12 16
7 3
8 12
1-24 19
31 27
3 8
27 31
8 15
31 27
20 11
23 7
15 18
7 2
14 10
12 16
18 15
27 32
15 18
32 27
18 15
27 32
Drawn

Var. 1.
3 8
31 27
18 15
23 19
20 11
19 17
24 20
17 14
11 7
14 10
7 2
27 32
28 24
32 28
24 19
28 24
B wins

411
23 27
32 23
31 26
15 19
26 22
19 28
22 8
28 24
8*11
23 18
5 9
24 27
13 17
27 31
17 22
31 27
9 13
18 14
11 15
14 9
15 18
9 5
13 17
5 1
17 21
1 5
22 25
5 9
25 29
9 13
18 22
Drawn

412.
14 18
2 6
18 25
24 19
15 24
6 8
7 10
28 19
27 24
19 16
10 14
8 11
24 19
Drawn

413.
1-23 26
30 23
31 26
23 19
13 17
11 15
17 21
Drawn

Var. 1.
13 17
28 24
20 27
25 22
17 26
11 15
5 9
15 18
9 13
18 14
W wins

BRISTOL GAME.

11 16
24 20
16 19
23 16
12 19
22 18
9 14
18 9
5 14
25 22
8 11
22 17
4 8
27 24
11 15
32 27
8 11
17 13
14 18
26 23
19 26
30 14
10 17
21 14
1 5
29 25
3 8
Forms Prob. 414

414.
*31 26
1- 8 12
26 23
a-15 18
14 10
6 15
23 14
15 18
14 10

7 14
24 19
14 17
25 21
W wins

(a)
12 16
25 21
6 10
13 9
W wins

Var. 1.
b- 6 9
13 6
2 18
26 23
18 22
25 18
15 22
24 19
22 25
27 24
5 9
19 16
W wins

(b)
6 10
25 21
10 17
21 14
8 12
26 22
W wins

415.
19 23
18 2
12 19
2 9
23 30
1a22 17
21 25
9 14
10 15
14 10
8 12
10 7
25 29
b-17 14
15 18
7 11
19 23
Drawn

Var. 1.
31 27
8 12
27 24
10 15
9 14
12 16
22 18
Drawn

(a)
Better than
9 6
19 24
6 15
30 25

(b)
Better than
7 11
29 25
11 18
25 22

IRREGULAR GAME.

11 15
21 17
9 14
25 21
8 11
29 25
11 16
24 20
16 19
23 16
12 19
17 13
4 8
27 23
19 24
28 19
15 24
32 28
8 11
28 19
11 15
19 16
7 11
16 7
2 11
22 17
3 8
31 27
Forms Prob. 416

416
5 9
27 24
15 18
23 19
8 12
*20 16
11 27
19 15
10 19
17 10
6 15
13 6
1 10
26 23
19 26
30 7
Drawn

417.
21 17
14 21
18 14
9 18
23 14
32 23
26 1
3 7
1 6
2 18
11 2
18 23
22 18
23 26
30 23
W wins

"CROSS" GAME.

11 15
23 18
8 11
27 23
4 8
23 19
10 14
19 10
14 23
26 19
7 14
24 20
6 10
22 17
14 18
32 27
9 14
30 26
5 9
26 22
18 23
27 18
14 23
a22 18
9 13
18 14
13 22
14 7
3 10
25 18
2 6
Forms Prob. 418

(a)
Forms Prob. 419

418.
18 14
10 17
21 14
1 5
29 25
6 9
14 10
11 15
10 7
15 24
28 19
9 14
7 2
14 17
* 2 7
17 21
25 22
21 25
22 18
25 29
7 10
29 25
10 15
25 22
20 16
5 9
16 11
23 26
11 4
26 30
4 8
30 26
19 16
W wins

419.
1 5
1-17 14
10 17
21 14
2 7
2-19 15
9 13
15 10
23 27
31 24
5 9
14 5
7 23
25 22
11 15
24 19
Drawn

Var. 1.
17 13
10 14
13 6
2 9
19 15
23 27
31 24
14 23
15 10
12 16
24 19
8 12
Drawn

Var. 2.
25 22
9 13
14 9
5 14
18 9
11 15
Drawn

SWITCHER GAME.

11 15
21 17
9 13
25 21
8 11
1-17 14
10 17
21 14
6 10
22 17
13 22
26 17
15 18
29 25
18 22
25 18
10 15
2-24 20
15 22
23 19
11 15
19 10
5 9
14 5
7 21
27 23
22 25
32 27
25 29
31 26
29 25
26 22
25 18
23 14
2 6
28 24
Forms Prob. 420

Var. 1.
23 18
6 9
27 23
* 1 6
32 27
3 8
24 19
15 14
28 19
11 15
18 11
8 24
27 20
4 8
23 18
9 14
18 9
5 14
26 23
8 11
22 18
13 22
18 9
6 13
23 18
Forms Prob. 421

Var. 2.
24 19
15 22
27 24
11 15
19 10
5 9
14 5
7 21
32 27
4 8
24 20
8 11
28 24
3 7
24 19
7 10
23 18
2 6
Forms Prob. 422

420.
3 7
27 23
6 10
14 9
10 15
1, 2) 9 6
1 10
23 19
15 18
5 1
3, 4) 7 11
1 6
18 22
B wins

Var. 1.
23 19
15 18
19 15
7 11
B wins

Var. 2.
30 26
7 11
5-26 22
12 16
22 17
21 25
17 14
25 30
14 10
30 26

23 19
16 23
10 7
26 31
7 3
31 27
B wins

Var. 3.
30 26
4 8
1 5
10 14
5 9
14 17
B wins

Var. 4.
1 5
18 23
5 9
4 8
9 13
23 27
B wins

Var 5.
23 19
15 18
19 15
12 16
B wins

421.
13 17
21 14
10 17
18 14
2 6
30 26
12 16
26 23
17 21
31 27
22 26
27 24
6 10
24 19
10 17
19 12

11 15
12 8
7 10
8 3
26 31
3 8
31 27
B wins

422.
27 23
22 25
18 14
10 17
23 18
1-25 29
19 15
29 25
15 8
25 22
18 15
22 18
15 11
18 14
Drawn

Var. 1.
1- 6 10
31 26
10 15
19 10
25 29
10 7
29 25
18 15
11 18
26 22
Drawn

BRISTOL GAME.
11 16
22 18
8 11
18 14
9 18
23 14
10 17
21 14
16 20

25 22
11 15
24 19
15 24
28 19
4 8
29 25
8 11
25 21
11 16
26 23
6 9
22 18
1 6
s-31 26
6 10
Forms Prob. 423

(*s*)
Forms Prob. 424

423.
(*1*, *2*) 21 17
9 13
26 22
3- 2 6
30 25
4- 6 9
18 15
9 18
15 6
7 11
23 14
16 23
27 18
12 16
6 2
16 19
25 21
5-19 23
14 9
5 14
17 10
23 26
10 7
3 10
2 7
W wins

Var. 1.
2 6
(*6*, *7*) 30 25
3 8
17 13
10 17
25 21
6 10
13 6
8- 8 11
21 14
10 17
19 15
16 19
23 16
12 19
15 8
19 24
6 2
24 31
2 11
31 15
11 18
W wins

Var. 2.
3 8
18 15
9 18
23 14
16 23
26 19
7 11
14 7
11 18
7 3
18 22
19 15
5 9
17 14
9 18
27 24
20 27
32 14
2 6
3 7
W wins

Var. 3.
7 11
14 7
3 10
30 25
2 7
32 28
5 9
28 24
9 14
18 9
11 15
25 21
W wins

Var. 4.
3 8
18 15
7 11
14 7
11 18
23 14
16 23
27 18
8 11
25 21
W wins

Var. 5.
20 24
14 10
9-11 16
10 7
3 10
2 6
10 15
18 11
24 27
32 23
19 26
17 14
26 30
22 18
W wins

Var. 6.
7 11
14 7
3 10
17 13
W wins

Var. 7.
9 13
26 22
10-6 9
18 15
9 18
15 6
W wins

Var. 8.
10 14
18 9
5 14
6 2
W wins

Var. 9.
3 8
2 7
11 16
18 15
W wins

Var. 10.
3 8
18 15
7 11
14 7
11 18
23 14
16 23
27 18
8 11
25 21
6 9
14 10
W wins

424.
7 11
19 15
16 19
23 7
3 19
26 23
19 26
30 23
6 10
14 7
2 11
18 15
11 18
23 14
9 18
27 24
Drawn

IRREGULAR GAME.
11 15
22 17
8 11
a-17 13
9 14
25 22
11 16
29 25
16 20
24 19
15 24
28 19
4 8
1-22 17
8 11
19 16
12 19
23 16
11 15
26 23
15 19
30 26
10 15
17 10
7 14
16 11
19 24
b-13 9
6 13
32 28
Forms Prob. 425

(*a*)
25 22
9 14
29 25
11 16
23 18
14 23
27 11
16 19
24 15
10 19
22 18
7 16
18 15
4 8
25 22
3 7
22 18
19 23
26 19
16 23
28 24
7 10
24 19
2 7
32 28
12 16
Forms Prob. 426

(*b*)
23 19
24 28
19 10
6 15
26 23
1 6
31 26
6 10
Drawn
same as Solution to Prb. 428 at 1st move.

Var. 1.
22 18
8 11
18 9
5 14
19 16
12 19
23 16
11 15
25 22
15 19
22 17
10 15

17 10
7 14
16 11
19 24
2-30 25
Forms Prob. 427

Var. 2.

*26 23
24 28
30 25
1 5
31 26
Forms Prob. 428

425.

†15 18
28 19
14 17
23 14
5 9
14 5
3 7
21 14
7 30
25 21
30 25
14 10
25 22
27 23
20 24
23 19
22 18
19 16
B wins

† The best move.

426.

19 3
10 19
3 10
6 22
17 14
1 6
21 17
6 9
14 10
9 14
17 13
14 17
13 9
5 14
10 6
W wins

427.

1 5
1) 2) 26 22
6 10
13 9
15 19
11 7
2 11
9 6
5 9
32 28
19 23
27 18
14 23
28 19
11 15
19 16
15 18
Drawn

Var. 1.

13 9
6 13
32 28
15 19
25 22
5 9
22 17
13 22
26 10
9 13
26 23
19 26
31 22
24 27
22 18
27 31
18 14
31 26
B wins

Var. 2.

26 23
24 28
31 26
6 10
Drawn
Same as Solution Prob. 428 at 1st move.

428.

6 10
1-25 22
3 7
11 8
7 11
8 4
11 16
4 8
15 19
8 12
19 24
12 19
24 31
19 15
10 19
23 16
14 18
Drawn

Var. 1.

26 22
3 7
23 18
14 23
27 18
7 16
18 11
20 24
11 8
10 15
8 4
15 19
Drawn

A GAME OF PROBLEMS. "*Laird & Lady.*"

11 15
23 19
8 11
22 17
9 13
17 14
10 17
21 14
15 18
26 23
13 17
19 15
4 8
24 19
6 9
28 24
9 13
24 20
2 6
32 28
6 9
15 10
17 22
27 24
18 27
25 18
27 32
29 25
12 16
19 12
13 17
24 19
17 22
25 21
22 25
21 17
9 13
30 21
13 22
19 16
22 25
21 17
25 30
17 13
30 25
13 9
25 21
9 6
21 17
6 2
17 21
18 15
11 18
2 4
18 22
2-16 11
21 25
11 7
22 26
31 22
25 9
7 2
32 27
4 8
27 23
8 11
23 18
1-28 24
Forms Prob. 429

Var. 1.

20 16
Forms Prob. 430

Var. 2. (Off trunk)

4 8
21 25
14 9
5 14
5-16 11
4-14 17
11 7
25 21
7 2
22 25
8 11
25 30
11 15
17 22
15 19
21 17
3-20 16
17 13
31 27
32 23
19 17
13 22
16 11
Forms Prob. 431

Var. 3. (Off Var 2.)

2 7
17 13
7 11
13 9
11 15
9 6
20 16
22 25
16 11
25 29
11 8
29 25
19 23
6 2
8 4
Forms Prob. 432

Var. 4. (Off Var. 2.) Another way to draw

22 26
31 22
25 18
11 7
14 17
7 2
32 27
8 11
17 22
11 16
8-22 26
7-16 19
18 23
6-19 16
26 31
16 19
23 16
20 11
Forms Prob. 434

Var. 5. (Off Var. 2.)

8 11
Forms Prob. 433

Var. 6. (Off Var. 4)

2 7
23 16
20 11
26 31
11 8
31 26
a- 8 4
26 23
4 8
23 18
8 11
Forms Prob. 435

(*a*) (Off Var. 6)

7 11
26 22
11 15
27 23
15 11
23 27
8 4
22 18
11 7
27 23
4 8
23 27
8 11
same as Prob. 435

Var 7 (Off Var. 4.)

2 7
27 23
7 11
18 22
11 15
Forms Prob. 436

Var. 8. (Off Var 4)

18 23
16 19
23 16
20 11
22 26
11 8
26 30
8 4
30 26
4 8
26 23
2 7
23 18
8 11
18 14
11 16
14 9
7 2
Forms Prob. 437

429.

9 13
1-20 16
13 17
24 20
17 22
2-11 15
18 11
16 7
22 18
12 8
3 12
7 3
18 15
2 6
15 11
6 2
11 15
Drawn

Var. 1.

10 6
1 10
2 6
18 23
6 15
23 19
Drawn

Var. 2.

11 7
18 15

2 6
15 11
7 2
11 15
Drawn

430.
9 14
1-11 7
5 9
2-16 11
9 13
3 28 24
13 17
24 20
17 21
11 8
14 9
7 11
21 25
Drawn

Var. 1.
11 8
14 7
2 11
5 9
28 24
9 13
Drawn

Var. 2.
7 11
14 7
11 8
9 13
Drawn

Var. 3.
11 8
14 9
7 11
13 17
Drawn

431.
22 17
11 8
17 13
8 4
30 26
4 8
26 22
8 11
22 18
28 24
13 9
24 20
1- 9 13
s-10 6
1 10
2 6
18 14
6 15
13 9
11 16
9 6
16 19
6 2
19 23
14 9
23 18
9 5
20 16
5 1
16 11
1 5
11 8
5 1
8 4
1 5
4 8
5 1
8 11
1 5
15 10
5 1
18 14
* 1 5
14 17
5 1
17 13
2 6
10 14
6 2
14 9
1 6
9 5
6 1
11 15
2 6
Drawn

Var. 1.
18 22
11 7
Forms Prob. 438

432.
25 22
15 11
30 25
31 27
2 6
11 15
6 2
15 11
Drawn

433.
25 21
11 15
21 17
16 11
17 13
15 19
14 17
11 7
17 21
7 2
21 25
20 16
25 30
31 27
32 23
19 17
13 22
16 11
Drawn
Same as Solution Prob. 431 at 1st move.

434.
31 26
11 8
26 23
8 4
23 19
4 8
27 23
2 7
19 16
s- 8 11
16 20
Drawn
(*s*) same Solution as 443, at *s*.

435.
18 14
11 16
14 9
7 11
27 23
1-11 15
9 6
28 24
2} 23 27
3} 24 19
27 31
16 20
31 26
20 24
26 22
19 16
6 2
24 19
2 6
19 23
22 17
23 18
6 9
4-18 23
9 6
Drawn

Var. 1.
28 24
23 18
16 19
9 13
24 20
13 9
19 16
18 14
Drawn

Var. 2.
24 20
27 31
16 19
31 26
19 24
6 9
15 11
26 22
24 19
22 18
19 16
18 14
Drawn

Var. 3.
16 20
6 2
24 19
27 23
5-20 16
23 27
15 18
27 24
19 15
24 20
6-16 11
2 6
18 14
20 24
Drawn

Var. 4.
15 11
17 13
Drawn

Var. 5.
7-19 16
23 26
15 18
2 6
Drawn

Var. 6.
15 11
2 6
10 7
3 10
12 8
10 15
8-18 23
6 10
8 3
1 5
16 12
5 9
Drawn

Var. 7.
20 24
23 16
24 20
16 19
15 24
2 7
Drawn

Var. 8.
18 14
20 24
8 3
24 27
11 8
27 24
8 4
24 20
Drawn

436.
22 17
1-28 24
26 31
24 19
31 27
10 6
1 10
15 6
17 14
6 2
14 10
2 7
27 24
Drawn

Var. 1.
15 19
17 13
2-28 24
26 31
19 26
31 22
16 11
13 9
Drawn

Var. 2.
19 24
13 9
16 11
26 31
11 15
31 26
20 16
26 31
3-16 11
9 6
11 8
6 2
8 4
23 27
24 19
27 23
Drawn

Var. 3.
24 19
9 6
19 26
31 22
28 24
6 9
24 19
9 6
Drawn

437.
27 23
16 11
23 18
28 24
9 13
1- 2 6
18 14
Drawn

Var. 1.
24 19
13 9
19 15
18 22
11 8
22 18
15 11
18 14
10 7
Drawn

438.
9 5
20 16
22 17
16 11
17 13
11 8
13 9
Drawn

"AYRSHIRE LASSIE" GAME.

11 15
24 20
1- 8 11
2} 28 24
3} 3 8
23 19
9 14
22 17
11 16
20 11
7 23
26 19
5 9
17 13
14 18
30 26
8 11
25 22
18 25
29 22
9 14
26 23
1 5
Forms Prob. 439

Var. 1.
10 14
22 18
15 22
25 18
6 10

26 22
8 11
27 24
10 15
24 19
15 24
28 19
7 10
22 17
3 8
32 28
11 16
20 11
8 22
17 13
1 6
30 26
2 7
26 17
14 18
23 14
9 18
29 25
4 8
17 14
10 17
21 14
18 23
19 15
12 16
28 24
16 20
Forms Prob. 440

Var. 2.
4 8
23 19
15 18
22 15
11 18
26 22
7 11
22 15
11 18
30 26
9 14
25 22
18 25
29 22
5 9
27 23
9 13
22 18
1 5
18 9
5 14
26 22
8 11
Forms Prob. 441

Var. 3.
10 14
22 18
15 22
25 18
3 8
24 19
6 10
32 28
11 16
20 11
8 22
26 17
9 13
30 25
13 22
25 9
5 14
29 25
14 17
21 14
10 17
Forms Prob. 442

439.
a22 17
4 8
32 28
5 9
31 26
11 16
24 20
15 31
20 4
31 22
23 19
22 18
4 8
18 23
19 15
Drawn

(*a*)
23 18
14 23
27 18
11 16
B wins

440.
13 9
6 13
15 10
20 27
10 3
27 32
Drawn

441.
a-32 28
11 15
20 16
15 18
22 15
14 17
21 7
2 27
24 20
27 32
16 11
13 17
11 8
17 22
8 4
22 25
4 8
25 30
8 11
30 25
11 15
25 22
20 16
3 7
15 11
7 10
Drawn

(*a*)
22 18
6 9
31 27
13 17
32 28
12 16
19 12
10 15
24 19
15 31
23 18
14 23
21 5
23 27
19 16
27 32
16 7
2 11
B wins

442.
†19 16
12 26
31 13
l- 4 8
27 23
8 12
28 24
7 10
23 18
12 16
24 20
16 19
25 21
19 23
18 14
10 17
21 14
23 26
14 10
26 31
20 16
31 27
16 11
27 23
10 7
23 18
7 3
18 15
3 8
15 10
8 12
Drawn

†25 22 loses.

Var. 1.
7 10
27 23
10 14
25 21
4 8
28 24
8 12
13 9
12 16
24 20
1 6
Drawn

443.
27 31
1- 8 4
31 27
4 8
a-19 16
b- 2 7
27 23
s- 8 11
16 20
11 8
20 16
Drawn

(*a*)
27 23
2 7
19 16
8 11
Drawn
same as Solution to Prob 431 at *s*.

(*b*)
2 6
27 23
6 9
23 18 is not better.

Var. 1.
2 7
19 16
8 4
31 27
4 8
27 23
*s**- 8 11
16 20
Drawn

444.
27 31
7 16
31 27
23 18
27 23
18 15
21 25
14 10
25 30
15 11
23 18
10 6
30 26
11 7
26 23
7 2
13 17
2 7
17 21
7 11
18 22
11 7
22 18
6 2
21 25
2 6
25 30
7 11
18 22
6 10
30 26
11 7
22 18
Drawn

BRISTOL GAME.
11 16
23 18
16 20
24 19
8 11
Forms Prob. 445

445.
19 15
10 19
18 14
9 18
22 8
4 11
27 24
20 27
31 8
12 16
8 4
16 19
32 27
7 11
25 22
5 9
22 18
W wins

'AYRSHIRE LASSIE.'
11 15
24 20
15 18
22 15
10 19
23 16
12 19
25 22
8 11
22 17
4 8
17 13
9 14
29 25
11 15
27 24
6 10
32 27
14 18
21 17
8 11
26 23
19 26
30 14
1 6
24 19
15 24
28 19
3 8
31 26
8 12
Forms Prob. 446

446.
20 16
11 20
26 22
7 11
14 7
11 16
27 23
2 11
17 14
20 24
22 18
W wins

447.
19 23
31 27
23 26
27 31
30 25
32 27
a-14 17
2-27 24
26 23
24 28
17 14
28 32
25 21
s-31 27
14 18
27 31
21 17
31 27
17 14

27 31
14 10
32 28
10 7
28 32
7 2
32 28
2 7
28 32
7 11
31 27
11 16
27 31
16 20
31 27
23 19
32 28
18 15
27 31
20 24
28 32
24 28
31 27
19 16
27 23
15 19
23 27
16 20
5-27 24
W wins

(*a*)
26 30
Forms Prob. 448

Var. 2.
27 32
25 21
3) 32 28
4) 26 23
28 32
17 14
31 27
W wins same as at *s*.

Var. 3.
32 27
26 30
6-27 24
17 14
24 19
14 10
19 23
21 17
31 26
22 31
13 22
10 14
W wins

Var. 4.
31 27
17 14
27 31
26 23
31 27
W wins same as at *s*.

Var. 5.
27 31
19 24
32 27
28 32
27 23
24 27
W wins

Var. 6.
27 23
22 26
13 22
26 19
31 27
21 17
27 32
19 24
W wins

448.
13 17
14 21
27 23
21 17
23 18
Drawn

AYRSHIRE LASSIE GAME.
11 15
24 20
8 11
28 24
4 8
23 19
12 16
19 12
15 18
22 15
10 28
21 17
11 15
17 13
1-15 18
25 21
7 11
29 25
9 14
26 23
11 15
30 26
6 10
20 16
2 7
16 11
7 16
21 17
14 30
23 7
30 23
27 4
3 10
4 8
10 14
8 11
16 20
11 7
14 17
7 10
17 21
12 8
21 25
8 3
25 30
3 7
30 25
10 14
25 21
7 10
21 25
13 9
25 22
9 6
22 25
14 17
25 30
17 21
W wins

Var. 1.
9 14
25 22
14 17
29 25
5 9
27 23
17 21
22 17
7 10
25 22
8 11
31 27
1 5
23 18
15 19
2-27 24
10 15
17 14
2 7
20 16
11 27
18 2
9 25
2 9
5 14
32 16
25 29
26 22
29 25
22 17
14 18
16 11
25 22
17 14
18 23
14 10
28 32
11 7
32 27
7 2
Drawn

Var. 2.
27 23
19 24
23 19
Forms Prob. 449

449.
2 7
19 16
1-24 27
32 23
28 32
12 8
3 19
23 16
10 15
16 12
15 19
a-12 8
7 10
8 3
b-32 27
17 14
10 17
30 25
21 30
3 8
Drawn

Var. 1.
32 28
3 8
19 24
8 15
10 19
17 14
24 27
14 10
Drawn

(*a*)
10 15
12 8
3 19
20 16
W wins

(*b*)
17 14
11 15
Drawn

450.
12 16
22 17
16 19
17 14
19 23
28 24
23 27
24 19
25 22
14 9
6 13
19 16
27 32
16 7
8 12
7 3
32 27
3 7
27 23
18 14
22 18
B wins

BRISTOL GAME.
11 16
24 20
16 19
23 16
12 19
22 18
8 12
25 22
9 14
18 9
5 14
22 17
7 11
27 24
4 8
24 15
11 18
29 25
8 11
28 24
11 15
32 27
6 9
17 13
3 7
13 6
2 9
26 23
9 13
30 26
1 6
Forms Prob. 451

451.
23 19
1-13 17
20 16
6 9
24 20
15 24
26 22
17 26
31 6
12 19
6 2
24 31
2 11
31 26
11 15
19 24
25 22
26 17
15 18
Drawn

Var. 1.
7 11
26 22
6 9
20 16
11 20
31 26
18 23
27 11
20 27
11 7
27 32
7 2
32 28
2 6
28 24
6 15
14 18
21 17
18 23
25 21
23 30
15 18
24 15
18 11
Drawn

WHITE DOCTOR GAME.
10 14
22 18
11 16
25 22
8 11
24 20
16 19
23 16
14 23
26 19
9 14
31 26
5 9
27 23
6 10
32 27
2 6
27 24
4 8
29 25
Forms Prob. 452.

452.
10 15
19 10
12 19
23 16
6 15
1-24 19
15 24
28 19
14 18
22 15
11 18
26 22

18 23	30 25	18 22	22 17	31 26	12 8	*Var. 2.*	17 13
22 17	27 23	25 18	14 18	17 10	10 15		4 8
23 27	19 16	23 16	17 13	7 14	8 3	9 5	13 9
16 12	11 15	Drawn	9 14	24 19	15 18	26 22	8 11
27 31	16 11	*Var. 1.*	13 9	8 11	3 7	19 16	14 17
17 13	7 16	16 12	23 26	2-19 16	18 22	11 15	21 14
31 27	20 11	15 18	30 23	11 15	7 10	16 11	9 18
13 6	10 14	22 15	18 27	16 11	14 18	15 19	20 16
1 10	22 17	11 18	25 22	15 19	10 14	11 8	19 23
25 22	15 18	26 22	27 31	11 7	19 23	22 17	
8 11	17 10	18 23	22 17	3 10	Drawn	8 4	Drawn

NOTES ON THE POSITIONS.

Problems 391, 392, 393, 394, 395, 396, 397, 398, 399, all occurred in play, or in analysis, in which noted analysts took part.

392. Mr. Robertson drew this position in play against Mr. Wyllie at the Workman's Club, Edinburgh.

400. This problem was noted down during the famous controversy on the 14-18 var. of the "Old Fourteenth."

403. This position, from the "Old Fourteenth," was the outcome of a controversy in which several eminent analysts took part.

405, 416, 417, 427, 428, 439 and 440 are end-games between Messrs. Robertson and Wyllie.

414. This is one game out of six played by Mr. Martins and Mr. Robertson at one sitting in Edinburgh. and was won by Mr. Robertson. Each party won two, and two were drawn.

420. This position occurred in the third Wyllie-Martins match games, played in April, 1880. Mr. Robertson's play had been previously published in the *Glasgow Herald*, of June 28, 1879. The first game of the match should have been won by a modification of the same position.

422. "This position (Mr. Robertson writes) was first sent as a Black win to two papers; but some days before publication, I requested it to be withdrawn from both, as I had found an error in it. One of the papers withdrew it, and it was correctly published by me next week as a draw. By some inadvertence, play which was in all essentials the same as my own on position 422, was published in the other paper by a distinguished analyst *1 week after* my own correct play on the same position had appeared. The result was that that critic corrected one Var. of my play, and I corrected one Var. of his criticism. as stated in note to Prob. 450."

441, 445, and 446 are end-games between Messrs. Martins and Robertson.

423. I played White (Mr. Robertson says,) against Mr. Wyllie and also against Mr. Martins, and won the position against the latter, and had an opportunity of winning it against the former, but I made an oversight. I made an oversight also at first against

Mr. Martins; but when I remarked that I ought to have won, he offered a small stake that he could draw. We played, and he lost.

425. Mr. Wyllie played the White against Mr. Robertson, and lost. On his way to America he published the game in the *Recreationist.* It is noteworthy from the fact that Mr. Martins, after the publication of the position, in playing with Mr. Robertson, got into exactly the same position, and lost.

426. Mr. Robertson remarks, that Mr. Martins won this position against him; that 19-23 at the 18th move of Var. *a* is the losing move, but 5-9 draws. No other wins save those made by Mr. Robertson himself are given in this section, except one by Mr. Wyllie, as referred to in notes to "Laird and Lady."

443. This problem is the same position as Prob. 79, in the *Leeds Mercury* Supplement, by Mr. Wyllie, with the colours reversed. Mr. Wyllie's solution consists of 78 moves; but his play is extremely good and interesting. It appears, however, he omitted to notice that the problem could be solved in a few moves, as given. A similar position occurred in Mr. Robertson's play in the "Laird and Lady" (Game 393, *Sunderland Echo,*) which was published about the same time.

The "Laird and Lady," from which spring 429, 430, 431, 432, 433, 434, 435, 436, 437, and 438. This is a game of problems. The controversy on it has been the occasion of more errors by the controversialists than perhaps any other game. The prevailing opinion was that Black could not draw. At the 49th move, the old play (Donaldson's) was 5-9. Among those who tried for a win was Mr. Yates, but his play was shown by Mr. Robertson to be drawable. Mr. Wyllie demonstrated a forced win for White on Donaldson's line, while Robertson proposed to draw by 21-17 (instead of 5-9) allowing Black to be two men short after a few moves.

"In Mr. Wyllie's first criticism of my play," (writes Mr. Robertson,) "the following position occurred: Black men on 1, 3; Kings on 17, 18. White men on 10, 12, 20; Kings on 2, 11. Both Mr. Wyllie and myself at the time omitted to notice that 11 7, 18 15, 20 16, 15 6, 2 9, 3 10, 9 14 wins, or 11 7, 18 14, 12 8. 3 12, 7 3 wins for White. Mr. Wyllie's play was:

10 6	2 6	6 10	10 6
1 10	10 15	*15 19	White wins.

*"But 17 13, 10 19, 13 9, 19 15, 18 14, 11 16, 9 6, draws, as in my solution to Prob. 431, at the 21st move, which obviates the win by 11 7.

"Again, Mr. Wyllie sent further criticism, in which after some moves, the following position was formed: Black men on 1, 3; Kings on 13, 18. White men on 10, 12, 16; Kings on 6, 24. His first solution was

24 27, 13 17, *2*-27 31, *1*-17 13, &c. White wins.

"I played in reply 18 23, instead of 17 13, as follows:—

Var. 1. 18 23, 6 9, 23 18, 31 27, 17 13, 9 6, 13 17. **This makes the position the same as before.**

"Mr. Wyllie then sent a second solution, which showed beautiful and successful play. Instead of 27 31, he moved

Var. 2. 16 11, *3*-18 15, 6 2, 15 8, 10 7, &c. White wins.

Var. 3. 18 14, 11 7, 17 13, 12 8, 3 12, 7 3, &c. White wins.

"I altered that play to avoid the winning position. Then Mr. Wyllie wrote me:—'In regard to your 'Laird and Lady' game, you have proved the draw so far, but I have been puzzled to make a draw, when 16 11, instead of 4 8, is played (see the 56th move of the trunk): Black men on 1, 3, 5, 22; Kings 21, 32. White men on 10, 12, 14. 16, 20, 28, 31; King on 4.' There were two variations besides the trunk, but the trunk will suffice. Mr. Wyllie left off his play as a White win in a position similar to that which occurs after the first three moves of Var. 1 in my solution to Prob. 429. I showed that the continuation of the play by 18 23, 6 15, 23 19, &c. draws. At the 6th move of Var. 2, I have given 14 17 as an alternative play."

450. Incorrect play for a win was originally given by Mr. Robertson on this position, and incorrect play for a draw on the same position was afterwards published by a noted player.

451. "Bristol" game This game was played between Mr. Wyllie and Mr. Yates. At the 25th move the latter played 3-7 with Blacks, forming position 451; and at one time this position was keenly discussed, some players contending that after 3-7 there was no draw for Whites. Mr. Robertson showed a draw, as in the two variations of the solution to this problem. This play is published in *Bowen's Bristol*, Part 1, Vars. 310 and 569.

452. The play which forms this problem was first published by Mr. Robertson (who played White against Mr. Wyllie), and was the first correct play for a draw, Mr. Robertson considers, that was ever published on the "White Doctor." It is given in Bowen's "Bristol," as well as a variation by Mr. Wyllie, which, after several moves of divergence, forms a similar position. But both were without the finish in the present solution. With the exception of these (as Mr. Janvier in one of his letters to Mr. Robertson states,) all the play for a draw in the books, including Payne, Sturges, the A. D. P., and Janvier's Anderson, and all the other variations for a draw by eminent modern analysts in Bowen's "Bristol," are superseded by a win for White, shown by Mr. King, of Glasgow. Other play for a draw on a branch that was not previously put forward, has been published in the *Leeds Mercury* Supplement. Mr. Robertson has not sufficiently examined that play to form an opinion of it; if it should be found to stand the test, the proof would be much more elaborate and lengthy than on the position in Prob. 452. In any case Prob. 404, being a reply to published play, is sound as a problem.

SOLUTIONS OF

PROBLEMS AND CRITICAL POSITIONS

BY MR. J. WYLLIE.

THE CHAMPION DRAUGHT PLAYER.

(SECTION VIII.)

455.
12 16
4 8
16 19
8 11
1-19 23
11 16
23 27
16 20
27 32
20 24
30 26
29 25
26 31
24 28
31 26
W wins

Var. 1.
19 24
11 16
30 26
29 25
26 23
16 20
23 27
25 22
27 32
20 27
32 23
W wins

456.
21 17
22 18
17 21
18 14
21 25
13 17
1 6
14 18
1-25 21
17 22
2- 6 9
18 23
9 13
23 26
21 17
26 31
17 26
31 22
W wins

Var. 1.
25 30
17 22
6 10
18 23
10 15
23 27
15 19
27 23
19 26
22 31
W wins

Var. 2.
6 10
22 26
21 25
26 23
25 30
23 19
30 26
19 16
26 30
18 15
10 19
16 23
W wins

457.
23 18
2 6
10 14
6 9
14 10
9 13
18 14
13 9
14 18
9 6
10 14
6 2
14 10
5 9
10 14
1 5
14 10
9 13
1-10 14
2 6
18 22
6 9
14 17
5 1
17 21
1 6
21 17
6 10
17 21
Drawn

Var. 1.
18 22
5 9
10 15
9 14
15 19
14 17
22 18
2 6
19 23
6 9
23 26
17 14
18 22
Drawn

458.
19 16
4 8
16 19
8 12
19 24
12 16
24 20
16 19
14 18
13 9
18 15
19 23
20 24
9 13
15 18
W wins

459.
11 16
1- 8 3
16 12
3 7
19 16
7 2
16 11
2 6
12 8
6 10
8 3
10 6
3 7
6 1
11 15
1 6
7 2
6 1
15 10
1 5
2 6
5 1
6 9
1 5
10 14
5 1
9 5
1 6
5 1
6 2
14 10
2 6
10 15
6 9
15 18
9 5
18 14
W wins

Var. 1.
8 12
19 24
12 19
24 15
4 8
15 19
8 11
32 27
28 32
27 23
32 27
23 18
W wins

460.
2 6
14 18
6 10
18 23
11 15
b-20 16
3 7
23 27
15 18
a-27 24
*10 15
B wins

(*a*)
27 32
18 23
32 28
*23 26
†-28 32
26 31
32 28
31 27
28 32
27 24
B wins

(†)
If 28 24
B wins
by 10 15

(*b*)
23 27
15 19
27 32
19 23
32 28
23 26
28 24
26 31
24 19
31 26
19 24
10 15
24 27
15 11
27 24
26 23
24 28
3 7
B wins

461.
22 18
13 22
19 16
25 30
16 11
30 26
11 7
26 23
7 14
Drawn

462.
12 16
4 8
16 12
8 11
22 18
1-21 17
12 8
17 10
8 6
W wins

Var. 1.
21 25
14 10
25 21
10 6
21 17
6 2
5 9
2 7
17 14
7 16
14 23
16 19
23 16
12 19
9 14
19 23
W wins

463.
18 22
19 15
11 8

15 11
8 3
11 15
3 8
15 19
8 11
19 23
11 16
23 27
16 19
27 32
19 24
32 28
24 27
28 32
22 18
32 23
18 27
21 25
14 18
5 9
27 23
9 13
23 26
13 17
26 30
17 21
30 26
25 29
18 22
21 25
26 30
W wins

464.
11 16
28 19
16 23
12 8
7 3
8 4
23 18
5 1
18 15
1 6
15 11
6 1
14 9
1 5
9 6
21 17
11 7
17 13
6 1
5 9
7 10
9 6
10 14
6 2
14 18
13 9
18 14
B wins

465.
28 32
5 9
32 27
9 13
29 25
21 30
26 22
17 26
27 31
13 17
31 13
30 26
13 17
26 23
17 22
23 27
22 18
B wins

466.
13 9
6 13
31 26
7 2
15 10
21 25
26 31
17 26
31 29
W wins

467.
30 26
23 30
28 24
20 27
31 24
21 25
22 29
30 26
29 25
16 20
25 30
W wins

468.
30 26
25 30
26 22
21 25
1 5
a-10 14
9 18
30 26
22 17
26 22
b-18 23
22 13
23 26
13 17
26 30
W wins

(a)
25 29
5 1
c-10 14
9 18
30 26
22 17
26 22
18 25
29 13
1 5
W wins

(b)
11 15
22 13
18 22
25 29
15 11
W wins

(c)
30 26
9 13
26 17
13 22
10 14
1 6
W wins

469.
20 16
8 12
16 11
14 18
21 17
18 25
17 14
13 17
11 7
25 30
7 2
Drawn

470.
9 6
20 24
6 2
24 20
10 7
20 24
32 28
24 20
11 16
20 11
7 16
19 15
2 6
23 18
28 24
18 14
24 19
14 10
6 2
B wins

471.
28 24
3 8
24 19
8 12
19 24
12 16
24 20
16 19
22 18
1-21 17
18 15
17 10
15 6
19 23
20 24
W wins

Var. 1.
29 25
14 10
5 9
10 7
9 13
7 3
13 17
18 15
19 23
20 24
25 22
3 7
22 26
15 18
W wins

472.
18 14
4 8
15 19
8 12
19 24
12 16
24 20
16 19
14 10
13 9
10 7
9 6
7 3
6 10
22 18
10 6
18 15
19 23
20 24
W wins

473.
14 10
5 9
10 6
9 13
6 2
21 17
22 18
17 21
2 6
13 17
6 10
21 25
10 14
17 22
18 23
25 30
23 27
22 25
27 32
25 29
14 17
30 25
17 21
25 22
19 24
20 27
32 23
W wins

474.
23 26
32 23
20 27
22 18
27 32
18 15
32 28
15 19
28 32
19 24
32 28
23 18
W wins

475.
23 18
25 21
32 28
30 25
28 24
25 30
24 20
21 25
19 15
25 21
15 10
30 25
10 7
25 30
7 2
30 25
2 7
25 30
7 10
30 25
10 15
25 30
15 19
30 25
20 16
25 30
16 11
30 25
11 7
25 30
7 2
30 25
2 7
25 30
7 11
30 25
18 15
25 18
15 22
21 25
19 15
25 18
15 22
W wins

476.
6 2
1-25 29
2 6
29 25
6 10
31 26
10 15
25 29
15 10
29 25
10 15
26 31
15 10
31 27
14 17
27 24
10 15
24 27
15 10
27 31
17 14
Drawn

Var. 1.
31 26
2 6
26 22
6 10
2-22 18
14 17
25 29
10 6
Drawn

Var. 2.
23 27
32 23
22 18
14 17
18 27
17 22
25 29
10 14
27 23
22 26
23 19

26 22
19 15
22 17
15 11
17 22
11 7
22 17
7 2
14 10
29 25
17 14
25 29
14 17
5 9
17 22
9 13
10 14
2 7
14 18
7 10
18 23
10 14
23 27
a-14 17
27 31
W wins

(a)
29 25
22 29
13 17
Drawn

———

477.
19 15
18 23
15 10
24 27
32 28
27 31
28 24
31 26
24 19
26 22
19 16
22 18
16 11
18 14
11 7
14 9
7 2
9 5
2 7
5 1
7 11
23 26
11 16
26 30
16 12
30 26
4 8
26 23
8 11
23 18
12 16
18 14
11 7
14 9
7 11
9 6
11 15
2 6
15 11
Drawn

———

478.
19 24
28 19
27 24
15 11
24 8
16 19
23 16
20 4
W wins

———

479.
13 9
14 7
20 16
5 14
30 25
29 22
16 11
7 16
12 10
W wins

———

480.
12 16
10 7
18 15
24 20
15 10
20 11
10 3
B wins

———

481.
8 11
16 19
11 7
19 28
2 6
W wins

———

482.
21 25
30 21
22 17
11 18
20 24
21 14
19 23
28 19
27 31
18 27
31 13
B wins

———

483.
31 26
19 12
20 16
12 19
26 23
19 26
10 7
2 11
18 15
11 18
14 21
W wins

———

484.
10 14
18 9
27 18
9 5
18 14
5 1
14 18
1 5
18 14
5 1
Drawn

———

485.
17 14
10 17
12 8
3 12
26 22
17 26
30 16
12 19
11 16
2 7
16 23
7 11
28 19
1 6
23 27
6 10
27 24
10 14
24 20
14 17
19 16
11 15
16 19
15 24
20 27
W wins

———

486.
32 27
24 31
13 9
5 14
22 13
31 22
10 26
16 19
13 9
19 24
26 23
24 28
23 18
28 32
18 14
32 27
14 10
W wins

———

487.
8 3
7 11
30 26
22 25
9 6
2 9
26 23
18 27
31 24
28 19
3 7
9 18
7 14
25 30
12 8
30 26
14 18
26 31
18 23
5 9
8 3
9 14
3 7
14 17
7 10
17 22
10 14
22 25
14 18
25 30
18 22
W wins

———

488.
5 1
8 11
24 20
11 15
1 6
15 24
6 15
12 19
20 16
25 29
15 11
7 10
11 15
10 14
26 22
14 18
16 11
18 25
11 7
19 23
15 19
23 26
19 28
26 31
28 24
31 26
30 23
Drawn

———

489.
27 23
18 14
23 18
15 10
18 9
10 3
9 13
17 14
13 9
14 10
9 6
10 7
6 2
B wins

———

490.
18 15
11 18
26 22
18 25
9 18
8 11
19 15
12 16
15 8
16 19
8 3
7 11
3 7
W wins

SWITCHER GAME:
11 15
21 17
9 13
25 21
8 11
17 14
10 17
21 14
6 10
22 17
13 22
26 17
15 18
29 25
18 22
25 18
10 15
24 19
15 22
27 24
11 15
19 10
5 9
14 5
7 21
24 19
22 25
32 27
25 29
31 26
4 8
28 24
2 6
24 20
29 25
23 18
8 11
27 23
6 9
19 15
9 14
Forms Prob. 491

491.
15 8
14 17
26 22
17 26
20 16
12 19
23 16
3 19
30 16
25 22
18 15
22 18
15 11
Drawn

———

492.
19 16
12 19
15 10
14 23
10 1
23 26
22 18
24 27
1 5
27 23
5 14
8 11
18 15
11 18
14 10
18 22
10 15
26 31
15 24
23 27
24 19
22 26
28 24
27 23
19 16
31 27
16 12
23 18
24 19
27 24
19 16
Drawn

———

493.
23 18
32 27

18 15
11 18
13 9
6 13
19 16
12 19
24 6
2 9
5 32
W wins

———

494.

17 14
13 17
22 6
1 17
15 10
17 22
10 6
22 25
6 1
25 30
19 15
30 25
15 10
25 21
10 6
21 17
6 2
1-17 22
2 6
22 15
6 10
15 6
1 10
11 15
10 19
8 11
31 26
W wins

Var. 1.

17 21
2 6
21 25
6 10
25 21
10 14
21 25
14 17
25 30
17 21
W wins

———

495.

17 14
16 19
23 16
12 19
21 17
19 24
26 23
24 28
31 27
28 32
27 24
1-32 27
23 19
7 10
14 7
27 23
19 10
23 21
22 18
21 17
24 19
17 22
18 14
Drawn

Var. 1.

11 16
18 2
9 25
20 11
13 22
Drawn

———

496.

25 22
14 18
15 11
8 15
17 14
10 17
21 14
18 25
19 10
6 15
28 10
25 30
26 22
30 25
22 17
25 22
14 9
1 5
Drawn

———

497.

25 22
18 25
19 15
11 18
31 26
30 23
21 17
13 22
14 9
5 14
10 28
3 10
6 29
12 16
28 24
4 8
29 25
8 11
25 22
11 15
24 27
1-16 20
27 23
W wins

Var. 1.

16 19
27 23
19 26
22 31
W wins

———

498.

24 19
15 24
27 20
18 27
31 24
11 15
20 16
15 18
25 22
18 25
24 19
Drawn

———

499.

11 16
19 12
15 18
22 15
10 26
31 22
14 17
21 14
6 9
13 6
1 26
12 8
26 31
8 3
5 9
3 8
9 14
8 11
14 18
11 15
18 22
15 18
22 25
18 22
25 30
22 18
30 25
32 28
2 6
18 15
6 9
15 19
9 14
19 23
14 17
23 19
17 22
19 23
25 30
23 19
22 25
19 23
25 29
23 19
29 25
19 23
25 22
23 19
22 18
19 23
18 14
23 19
31 26
19 15
26 22
15 19
30 26
19 15
14 18
15 19
18 15
19 10
26 23
27 18
22 6
24 19
6 10
B wins

———

500.

24 19
15 24
20 16
12 19
27 20
18 27
31 6
9 18
26 22
1 10
22 6
W wins

———

501.

13 6
2 9
29 25
12 19
21 17
14 30
22 17
30 23
27 2
20 27
31 6
1 10
17 13
9 14
2 6
10 15
6 10
W wins

———

502.

8 11
24 20
9 13
26 22
3 8
22 15
11 18
31 26
8 11
28 24
13 17
25 22
18 25
29 13
1-14 17
21 14
10 17
23 18
6 10
27 23
5 9
13 6
2 9
B wins

Var. 1.

6 9
13 6
2 9
26 22
9 13
22 18
13 17
B wins

———

503.

19 15
10 19
14 10
7 14
27 23
18 27
25 9
5 14
31 8
1 5
29 25
5 9
26 23
9 13
23 19
2 6
32 27
6 10
8 4
3 7
27 23
W wins

———

504.

19 16
12 28
20 16
11 20
21 17
14 30
23 5
30 23
27 2
6 9
13 6
3 8
31 26
8 11
26 22
11 15
22 17
15 19
2 7
10 15
7 11
1 10
11 18
W wins

———

505.

16 19
23 16
14 17
21 14
6 9
13 6
1 26
31 22
8 12
32 28
12 19
25 21
18 25
29 22
3 8
21 17
5 9
17 13
9 14
13 9
14 18
22 17
19 23
9 6
23 32
6 2
32 27
17 14
18 22
2 6
15 19
24 15
11 18
6 10
7 11
14 9
27 23
9 6
23 19
6 2
18 23
B wins

———

506.

22 26
31 22
16 19
23 16
18 23
27 18
5 9
14 5
7 23
16 7
8 28
B wins

465. This position was published with the "Wyllie-Martins Match Games," 1864, and by mistake I have credited it to Mr. Martins. It was also given as Notable Problem No. 4, in the *Independent.* The editor considered that Anderson wrongly attributed it to Payne; and after reviewing the claims of various authors, believes the rightful author is lost in obscurity.

480, 486, 488, 489, 490, 500 are endings from various Switcher Games—mostly, if not all, springing from some of the many variations after the famous 29-25 move. The game leading to 491 illustrates the now renowned move. The late Mr. Bowen, of Milbury, Mass., U.S.A., offered five dollars to any player who could prove a White draw after 29-25 is played, and the fact of a prize being offered drew the attention of all our greatest analysts to the play after that move. Many, at first, were inclined to believe, with Mr. Bowen, that after 29-25 there was no draw for Whites; and the matter was not considered settled till the two great masters—Messrs. Wyllie and Martins, who held different opinions on the subject—agreed to settle the point over the board. A meeting took place, and Wyllie won. Mr. Bowen, after examining the play, considered Mr. Wyllie had proved that Whites could draw and was therefore entitled to the five dollars.

459. When the solution to this position was published in the *Glasgow Herald,* the editor said, "We have to mention a rather unusual coincidence in connection with the above problem. On Friday last we received a position precisely similar from Mr. D. Gourlay, who mentioned that it had occurred a night or two previously in a 'Bristol' game he played with Mr. J. King."

460 is an end-game with a Dundee player, in which Mr. Wyllie played Black.

464. Mr. R. W. Mulholland writing to the *Glasgow Herald* concerning this problem said, "The only difference between the above and a variation of the American Prize Problem that created so much discussion some years ago, is that Black has the move. The latter, I discovered, arises from what is known as the '31-26' move in the 'Souter,' a game that was extensively analysed in your journal some time ago." And Mr. G. S. Foord remarks, at the same time, "Mr. Wyllie's problem, as it wins without the move, is a very good one; and is about as useful a bit of information as has been published for some time."

468 is an end-game from the "Souter."

473. This position occurred in the 17th game of the 29-25 Switcher match mentioned above. Mr. Wyllie played Whites. Martins lost in a previous game by playing 10-15 instead of 19-15 at the 50th move.

475. End-game between Messrs. Wyllie and Yates, played at New York in 1873, Wyllie played White.

The "Switcher" game leading to 491 was between Messrs. Wyllie and Downie. 501, end-game from "Glasgow."

SOLUTIONS OF
PROBLEMS AND CRITICAL POSITIONS
CONTRIBUTED BY MR. D. GOURLAY, GLASGOW.
(SECTION IX.)

507.
*28 32
16 19
* 8 11
19 23
32 28
Drawn

508.
16 19
32 28
19 23
28 32
23 19
24 28
19 23
1 6
31 27
6 10
27 24
10 14
24 20
14 17
20 16
17 21
13 14
21 25
11 7
25 30
7 2
30 25
2 6
25 21
6 9
21 17
9 5
Drawn

509.
*16 11
31 27
*23 26
32 28
11 15
27 32
15 19
32 27
a-19 15
28 32
15 18
24 28
18 15
27 24
26 23
24 20
15 19
Drawn

(*a*)
26 31
would lose by
27 23
19 26
24 27
&c

510.
25 29
17 14
a-22 17
14 9
17 21
31 26
29 25
26 23
25 22
9 5
21 17
Drawn

(*a*)
If
13 17
W wins by
30 25
&c.

511.
5 9
17 13
9 14
20 16
14 18
16 11
18 23
11 8
23 27
8 3
27 31
3 8
31 27
8 11
27 24
11 15
10 14
B wins

512.
*18 23
21 25
*22 18
25 30
26 22
24 28
18 15
W wins

513.
*13 9
20 24
* 9 6
24 27
28 32
27 31
6 10
19 23
10 15
31 26
15 19
23 16
30 23
21 25
32 27
W wins

514.
†- 9 6
15 18
6 2
30 26
24 19
26 31
19 16
31 26
16 11
26 23
2 7
23 19
7 3
19 23
3 8
23 19
8 12
19 23
12 16
23 26
16 19
26 31
19 15
18 23
11 7
31 27
7 10
27 31
10 6
31 27
6 9
27 31
15 10
23 18
10 14
18 23
25 22
W wins

(†)
If 24 27
or
9 5
is played, Black can draw as follows:
a-24 27
15 18
b- 9 5
30 26
5 1
26 31
27 24
31 26
24 19
26 31
19 16
31 26
16 11
26 23
11 7
23 26
1 5
c-26 23
7 2
23 26
Drawn

(*a*)
9 5
leads to same position at finish.

(*b*)
If
27 31
Black secures the draw by
13 17
&c.

(*c*)
If
26 22
W wins by
21 17
22 29
17 14
&c.

515.
17 14
4 8
24 19
18 22
*a**14 9
6 10
19 16
11 15
16 12
8 11
12 8
15 19
8 3
10 14
3 7
11 15
7 10
14 18
10 14
19 23
14 10
15 19
10 15
19 24
15 19
W wins

(*a*)
19 16
6 10
14 7
8 12
&c.

516.
6 2
1-26 23
19 16
12 19
2 7
11 15
1 6
23 27
6 10
14 18
20 16
18 22
10 14
Drawn

Var. 1.
14 10
2 6
10 7
6 2
7 3
1 6
26 31
6 9
31 27
9 14
27 23
14 10
2 7
Drawn

'LAIRD & LADY' GAME.

11 15
23 19
8 11
22 17
9 13

17 14
10 17
21 14
4 8
19 10
6 15
24 19
15 24
28 19
[illegible]
27 [illegible]
1 6
25 22
13 17
22 13
6 9
13 6
2 27
32 23
8 11
29 25
7 10
23 18
16 23
26 19
10 14
18 9
5 14
25 22
3 7
31 27
7 10
Forms Prob. 517

517.

30 25
11 16
27 23
16 20
25 21
20 24
22 18
24 27
18 9
a-10 14
9 6
27 31
6 2
31 27
2 6
27 18
6 9
W wins

(a)

27 31
9 6
31 27
[illegible] 18
[illegible] 3
6 2
W wins

518.

6 2
15 10
14 17
10 15
17 22
15 10
22 26
10 14
26 31
14 18
3 7
19 16
7 10
18 22
10 15
22 17
31 26
17 14
26 23
14 10
23 19
10 7
15 18
7 10
18 23
10 14
23 27
14 18
27 32
18 22
32 27
22 18
27 24
18 14
2 6
14 18
6 10
18 15
10 7
11 2
19 10
B wins

519.

18 15
11 18
19 23
18 22
23 32
22 25
32 27
25 29
27 23
29 25
23 18
25 29
18 22
10 15
17 14
15 19
14 10
19 24
10 7
24 28
7 3
28 32
3 8
32 27
8 12
27 23
12 16
23 27
16 19
27 32
19 24
32 28
24 27
28 32
22 26
32 23
26 19
29 25
30 26
W wins

520.

6 9
27 20
11 15
18 22
9 25
20 16
25 30
16 23
30 25
W wins

521.

1-26 22
b-19 23
31 26
23 30
11 15
a-24 28
15 19
20 24
*19 15
21 25
22 29
30 26
15 19
26 30
Drawn

(a)

24 27
32 23
20 24
23 19
24 27
15 18
W wins

(b)

c-19 16
11 15
16 19
15 18
19 16
18 23
24 27
31 24
20 27
23 18
27 31
18 15
W wins

(c)

24 28
31 27
19 24
27 23
24 27
23 19
27 23
11 16
W wins

Var. 1.

2-11 7
21 25
7 10
25 30
s-26 22
19 23
10 14
23 27
32 23
30 26
22 18
26 19
14 17
24 28
17 22
28 32
22 26
19 24
Drawn

Var. 2.

3-26 30
21 17
d-11 7
17 22
30 26
22 25
7 10
25 30
26 22
Drawn
Same as Var. 1 at *s*.

(d)

31 26
17 14
32 23
14 18
11 7
18 23
7 10
24 27
Drawn

Var. 3.

4-26 23
19 26
31 22
21 25
22 18
25 22
11 15
22 26
15 19
26 22
Drawn

Var. 4.

32 28
21 25
26 30
25 22
30 26
22 18
Drawn

522.

25 22
27 32
22 17
32 28
17 14
28 19
14 10
19 23
10 14
Drawn

523.

6 2
14 17
22 18
17 14
18 23
13 17
23 26
1-17 13
2 6
14 18
7 2
18 14
26 22
14 17
30 26
17 14
6 10
14 7
2 11
9 14
11 7
13 9
7 2
W wins

Var. 1.

9 13
7 10
14 7
2 11
17 14
11 15
14 9
26 22
9 14
15 19
14 9
19 23
9 14
30 26
14 9
23 18
W wins

524.

31 27
18 15
10 19
1 10
7 2
3 8
27 23
8 11
19 24
13 17
23 19
17 22
24 28
22 18
28 24
18 23
24 28
23 16
28 24
Drawn

525.

13 9
25 21
1-11 16
19 24
32 28
W wins
Adams

Var. 1.

2-32 28
19 23
27 18
20 24
28 19
26 23
Drawn
Wool-house

Var. 2.

1 15
9 23
7 18
21 17
9 13
26 2[illegible]
Drawn

526.

28 24
27 20
15 19
29 25
6 10
25 18
10 17
13 22
5 23
W wins

527.
8 11
20 24
11 15
24 27
15 11
27 31
1-11 15
31 26
15 11
26 22
11 15
22 25
15 11
23 19
11 15
19 10
14 7
25 21
18 15
21 14
a*15 11
14 18
7 2
Drawn

Var. 1.
11 16
31 26
18 15
9 18
17 14
18 22
16 11
23 19
15 10
6 15
11 25
19 15
25 21
26 23
21 17
23 19
17 22
19 16
22 17
16 11
17 22
11 7
22 17
7 2
17 22
2 6
14 10
6 1
10 7
5 9
B wins

(a)
If 7 2
B wins
by 6 10
&c.

528.
a-13 17
b- 7 10
12 8
25 21
c- 8 3
21 14
3 7
W wins

(a)
12 8
7 11
† 8 3
25 21
3 7
19 23
Drawn

(†)
13 17
25 21
17 22
19 23
Drawn

(b)
7 11
27 23
19 26
17 21
20 27
21 32
W wins

(c)
17 22
10 14
8 3
14 18
22 26
21 25
26 30
19 23
Drawn

529.
*27 24
20 27
31 24
25 21
24 20
16 19
10 15
Drawn

* Only move to draw.

530.
32 27
8 11
27 23
6 10
14 9
11 15
9 6
15 24
23 19
2 9
13 6
24 27
6 2
7 11
2 7
11 15
7 14
15 24
14 18
Drawn

531.
a-27 24
5 9
22 18
13 17
19 16
12 28
23 19
14 23
21 7
28 32
7 3
Drawn

(a)
22 18
loses, by
13 17
&c.

532.
24 19
27 23
18 15
23 16
15 11
16 7
2 11
10 14
28 24
14 17
21 14
9 18
24 19
6 10
11 7
Drawn

533.
29 25
10 14
18 15
11 18
22 15
14 18
23 14
9 18
16 12
5 9
12 8
7 11
15 10
11 16
10 6
16 19
6 1
9 14
1 6
19 24
27 23
18 27
25 22
27 31
6 9
Drawn

534.
30 26
21 30
14 9
5 14
12 8
3 19
23 16
30 23
27 2
20 27
32 23
11 20
2 18
W wins

NOTES ON THE POSITIONS.

507. A useful study, as it avoids "First Position."

508. This position is an end-game.

510 Ending of a game played at Glasgow between **Messrs.** Gourlay and J. Macintosh—Macintosh played Black.

516. End-game between Messrs. Gourlay and Bryden.

517. Position from "Laird and Lady" game, played between Messrs. D. Gourlay and J. King – King's move.

520 & 525. On inserting these problems in the *Glasgow Herald*, the editor said:—"Both the problems are the production of our talented contributor, Mr. D. Gourlay, Glasgow, who, in placing them at our disposal offers a prize—*Anderson's Third*, or any draughts work of similar value (6s. 6d.)—for the best solutions received. Mr. Gourlay wishes it to be distinctly understood that

he does not desire an analysis of either position ; one line of play—the *best* for a draw or win—will therefore suffice." And at the end of a fortnight the editor remarked :—"We received in all 218 solutions to the prize problems by Mr. Gourlay, published a fortnight ago and of these no less than 139 were wrong, whilst 79 were correct in making out wins for White in both positions. The principal cause of failure was undoubtedly the subtlety of the first move in the solution 525 ; any other than 13-9 leading only to a draw. Another rock, upon which many even of the correct solvers of 525 foundered, was the 10th move in 520 ; competitors did not look carefully enough for the shortest mode of working out the 'First Position,' and by moving 15-11 (instead of 22-17) permitted the play to be lengthened considerably by Black. . . . . . After careful investigation, the adjudicators found the solutions by Mr. James Adams, Edinburgh, entitled to the prize, not only from their intrinsic merit, but also because of the early date at which they were received, viz., on the evening of Friday, March 25th, the day upon which the problems were published." 520 was No. 747 and 525 No. 748 in the *Herald.*

521. Prize Problem 708 in *Glasgow Herald.* The prize was to be awarded for the best analysis. In giving his decision the editor says :—"As intimated last week, we received in all 211 solutions of this problem—109 for a win. and 102 for a draw. From the latter, after careful consideration, analysis by Messrs. W. Reid, J. Kirkland, J. Tonar, R. Walker, and J. Robertson were placed on the 'short leet' for the prize. The adjudicators, upon mature deliberation, found that Mr. William Reid, of Kilmarnock (late of Mauchline), had best complied with the requirements of the competition in demonstrating the 'most neat, complete, and scientific draw for Black,' and to him, therefore, the prize is awarded." Mr. Cameron, Kelso, writing to the editor after the decision was given, remarks, "I am sure none of the unsuccessful competitors, after going over Mr. Reid's careful and exhaustive analysis, will feel disposed to grumble at your award. I can find no flaw in the play." Correspondents' notes, play, &c., on this problem were so lengthy that they occupied over two columns of the *Herald.* Mr. Reid's solution is given in full.

527. The editor of the *Herald* says that a considerable number of the solutions to this problem "were correct as far as the 21st move, when 7-2 (instead of 15-11) gave Black the opportunity of a neat win." Mr. J. Paterson says, "I consider it neat, and not an easy problem to solve." Many other opinions concerning this position were sent by correspondents, but were all appended to wrong solutions.

532. End-game between Messrs. Bryden and Gourlay.

534. This position was the first that Mr. Gourlay published.

SOLUTIONS OF

PROBLEMS AND CRITICAL POSITIONS

CONTRIBUTED BY MR. G. WHITNEY, NORTHAMPTON.

(SECTION X.)

535.
1-11 15
20 24
15 18
24 27
18 22
*27 31
14 10
*23 26
2 32 27
31 24
22 31
24 20
31 27
5 9
10 6
9 14
6 2
14 18
2 7
19 23
27 32
18 22
7 11
22 26
11 15
*26 31
15 18
*31 27
Drawn

Var. 1.
14 10
23 26
11 15
20 24
15 18
26 31
18 22
24 20
10 6
19 23
Drawn

Var. 2.
22 18
26 30
10 6
* 5 9
6 2
9 13
2 7
13 17
7 11
*17 22
18 25
30 21
11 15
19 23
15 18
*31 27
Drawn

———

536.
7 11
10 17
23 18
1-17 14
18 9
13 17
9 14
17 22
14 18
22 25
*18 15
25 29
*30 26
21 25
*15 19
25 30
11 16
30 23
19 26
W wins

Var. 1.
17 22
18 25
13 17
25 29
17 22
11 15
W wins

———

537.
16 12
7 11
12 8
11 18
3 7
6 10
14 9
10 15
* 7 11
27 23
9 6
23 26
6 2
26 22
*28 24
22 26
2 6
26 23
*24 20
W wins

———

538.
8 3
15 24
28 19
10 14
3 7
14 18
7 10
18 23
10 14
23 27
14 18
27 31
19 15
31 27
15 10
27 24
10 6
24 19
6 1
19 24
1 6
24 19
6 10
19 24
10 15
24 27
15 19
27 32
19 24
32 28
24 20
28 32
18 22
32 27
30 26
27 31
26 23
31 27
23 19
27 23
20 16
23 27
19 15
27 23
15 10
W wins

———

539.
29 25
1-10 15
25 22
15 19
22 17
9 13
17 14
13 17
14 10
17 22
10 7
19 24
27 2[illegible]
12 16
7 3
22 26
18 14
26 30
23 18
30 26
3 8
26 23
8 15
23 19
Drawn

Var. 1.
10 14
27 23
14 17
25 21
17 22
21 17
9 13
23 19
22 26
17 14
26 31
19 15
31 26
15 8
26 22
18 15
22 18
Drawn

———

540.
3 8
* 2 7
15 18
* 6 1
1-18 23
* 1 5
2-23 27
5 9
27 23
9 14
a-23 27
14 18
27 24
18 15
24 28
15 24
28 19
s- 7 3
19 24
10 15
24 28
15 19
28 32
3 7
32 28
7 10
28 32
10 15
32 28
20 16
W wins

Var. 1.
18 15
7 3
15 6
1 10
W wins
same as Trunk at s

Var. 2.
23 18
10 14
18 9
5 14
3-19 15
7 3
c- 8 11
3 8
12 16
14 18
W wins

Var. 3.
19 23
7 3
8 11
14 10
W wins

(*a*)
23 26
14 18
b-26 31
18 15
W wins

(*b*)
19 24
18 15
24 28
7 11
W wins

(*c*)
15 19
14 10
W wins
same as Trunk at s

———

541.
23 19
26 22
17 13
22 18
29 25
18 15

10 6
1 10
25 22
15 24
20 27
a-10 15
27 24
3 7
13 9
7 10
22 17
12 16
24 20
16 19
20 16
b-19 23
16 11
15 18
11 7
10 15
7 10
15 19
10 15
W wins

(a)
Best

(b)
19 24
16 19
24 27
19 23
27 32
9 6
W wins

———

542.

17 13
9 14
* 2 7
15 19
13 9
a-10 15
9 6
14 18
7 11
1-19 24
6 1
2-15 19

16 11
18 23
16 20
23 27
20 16
19 23
16 19
24 28
31 24
25 30
19 26
30 23
Drawn

(a)
19 23
9 6
25 29
6 2
29 25
7 11
Drawn

Var. 1.
25 30
11 16
19 23
16 11
30 25
6 2
25 22
2 6
b c } 15 19
11 15
19 24
15 19
Drawn

(b)
22 25
6 10
25 30
10 26
30 23
Drawn

(c)
23 26
6 10
15 19

21 17
22 13
31 15
Drawn

Var. 2.
3-24 28
1 6
d-28 32
6 10
25 30
10 19
18 23
19 26
30 23
*21 17
23 18
*11 7
Drawn

(d)
18 22
11 18
25 29
18 25
29 22
6 9
Drawn

Var. 3.
18 22
11 18
25 29
18 25
29 22
1 5
12 16
5 9
16 20
9 13
Drawn

———

543.

*13 9
23 16
*20 11
22 25
14 23
5 14
*23 26

1-14 17
26 30
25 29
24 19
17 21
11 7
29 25
30 26
25 29
7 2
W wins

Var. 1.
12 16
24 20
16 19
26 22
25 30
11 7
19 24
7 2
24 27
2 6
27 31
6 10
W wins

———

544.

*15 18
7 3
*19 23
1- 3 7
23 26
7 10
*18 22
2-27 24
* 8 11
10 14
*26 30
32 27
30 25
24 20
22 26
14 18
25 21
17 13
26 30
18 23
11 15
Drawn

Var. 1.
27 24
*18 22
24 19
22 26
19 16
12 19
3 12
*26 30
12 16
30 25
17 14
25 22
14 10
* 5 9
10 6
* 9 14
6 2
22 18
2 6
18 15
6 9
*15 18
Drawn

Var. 2.
10 15
*12 16
27 24
16 20
24 19
26 30
19 16
8 12
Drawn

———

545.

*13 17
22 13
8 12
1-31 27
12 19
27 23
19 24
26 22
24 27
2a22 18
7 10
18 9
10 15

9 6
27 31
6 2
31 27
2 7
27 18
7 10
15 19
10 14
Drawn

(a)
22 17
7 11
17 10
11 15
Drawn

Var. 1.
16 11
7 16
26 22
16 19
3-31 27
12 16
13 9
19 23
27 18
14 23
Drawn

Var. 2.
4-23 19
7 10
13 9
27 31
9 6
31 26
6 2
26 17
2 6
17 22
6 15
14 18
Drawn

Var. 3.
5-13 9
19 23
9 6

23 27
31 24
20 27
6 2
27 31
2 6
31 26
6 9
26 17
9 18
17 13
Drawn

Var. 4.
13 9
27 31
9 6
7 10
6 2
10 15
2 7
31 27
7 11
27 25
11 9
Drawn

Var. 5.
31 26
20 24
13 9
24 27
9 6
27 31
6 2
14 18
22 15
31 22
Drawn

———

546.

19 23
20 16
8 12
15 18
12 19
18 25
26 31
1-25 30

5 9
17 13
9 14
13 9
14 18
9 6
18 22
6 2
31 27
2 7
27 24
2- 7 11
24 20
11 15
22 26
15 24
20 27
30 25
26 30
25 22
27 31
22 18
23 27
32 23
30 26
23 19
26 23
Drawn

Var. 1.
25 22
23 26
22 18
26 30
a-17 14
30 25
14 10
25 21
10 7
21 17
Drawn

(a)
18 15
19 23
15 18
31 27
18 22
27 31
Drawn

Var. 2.
7 10
24 20
14 10
22 26
1-14 18
26 31
18 27
31 24
30 26
19 23
Drawn

(b)
32 27
23 32
30 16
20 11
Drawn

547.
25 30
1-31 26
23 27
32 23
8 11
15 8
3 12
26 22
30 26
23 19
26 17
9 15
17 14
29 25
12 16
25 21
16 19
15 11
14 10
21 17
19 23
11 8
10 7
B wins

Var. 1.
15 10
8 11
2-31 26
11 15
26 19
15 24
32 28
24 27
28 24
27 31
24 19
s-31 26
19 15
26 22
15 11
22 17
11 7
17 13
B wins

Var. 2.
3-31 27
23 26
27 23
11 15
32 28
26 31
23 19
15 24
28 19
s-31 26
B wins

Var. 3.
4-32 28
11 15
28 24
23 27
24 20
27 32
20 16
15 19
16 11
19 24
11 7
32 28
7 2
24 27
31 24
28 19
2 6
19 23
6 9
23 18
9 6
18 22
6 9
30 25
9 13
25 21
13 9
22 17
B wins

Var. 4.
10 6
1 10
5 1
11 15
1 6
10 14
5-31 27
15 18
6 10
30 26
10 17
18 22
27 18
26 31
17 26
31 15
6-29 25
15 18
25 21
18 22
32 27
3 7
27 24
7 10
24 20
10 14
20 16
22 18
B wins

Var. 5.
7-31 26
23 27
32 23
15 18
26 22
18 27
B wins

Var. 6.
32 28
* 3 7
28 24
7 10
24 20
10 14
20 16
14 17
16 12
15 11
29 25
11 15
B wins

Var. 7.
6 10
14 18
10 26
30 23
31 27
3 7
29 25
7 10
B wins

548.
6 2
7 11
15 10
31 27
*10 7
27 23
18 14
23 18
14 9
11 15
* 2 6
15 19
* 6 10
19 23
9 6
23 27
* 6 1
27 31
* 1 5
a-18 23
10 15
23 27
*15 19
27 23
19 26
31 22
5 9
22 18
* 9 6
1-18 14
7 3
14 18
6 10
18 22
10 15
22 17
*20 16
12 19
*15 24
8 12
24 19
17 14
3 7
14 18
7 11
18 14
*19 23
14 10
23 26
10 14
26 22
14 10
30 26
W wins
by 2nd position

Var. 1.
18 15
7 3
15 11
6 9
11 15
9 14
15 19
14 10
19 24
10 15
24 28
3 7
28 24
7 10
24 28
15 19
28 32
10 15
32 28
20 16
28 32
16 11
W wins

(a)
If 31 27
10 14
18 9
5 14
&c.
W wins

549.
19 23
27 32
11 7
1-31 27
23 18
27 23
18 25
13 17
7 2
32 27
2 6
17 22
25 18
23 14
29 25
2-14 18
6 9
3-18 23
9 13
23 26
30 23
27 18
25 22
18 25
13 17
25 29
17 22
Drawn

Var. 1.
22 25
29 22
31 26
23 18
26 17
7 2
32 27
2 6
27 24
6 10
24 19
10 7
12 16
20 11
19 15
18 23
15 8
23 18
Drawn

Var. 2.
27 23
25 22
23 19
22 17
14 18
6 9
19 15
17 14
18 22
9 6
15 18
*14 9
Drawn

Var. 3.
27 23
9 13
18 14
25 22
14 10
22 17
10 6
17 14
23 18
14 9
1 6
13 17
Drawn

550.
*26 31
1- 6 2
*11 16
20 11
31 27
2-24 20
27 18
2 7
18 22
7 14
22 13
28 24
12 16
11 8
3 12
20 11
12 16
24 20
16 19
14 10
13 17
11 8
17 22
10 14
22 26
14 10
26 31
8 3
31 27
3 7
27 24
7 11
15 18
11 16
18 23
10 14
24 28
Drawn

Var. 1.
23 19
31 27
6 2
11 16
20 11
27 20
2 6
15 24
28 19
20 16
6 15
16 7
Drawn

Var. 2.
2 7
27 20
7 14
15 18
23 19
20 24
14 23
24 8
23 19
.8 11
Drawn

——

551.
*a 8 11
15 8
3 12
1-13 9
*19 23
27 18
7 10
14 7
5 23
7 3
16 19
3 7
*23 26
7 11
*26 31
11 15
19 23
15 19
*31 26
19 24
*26 31
Drawn

(a)
If 16 20
15 10
wins for
White

Var. 1.
27 24
19 23
2-24 20
16 19
13 9
7 10
14 7
5 14
7 3
23 26
3 7
26 31
10 7
14 17
10 15
19 23
15 18
31 27
Drawn

Var. 2.
13 9
16 20
24 19
7 11
9 6
23 26
6 2
11 16
19 15
26 31
2 7
20 24
28 19
16 23
7 11
31 26
32 28
26 22
Drawn

——

552.
*26 31
12 16
15 18
16 19
18 22
27 23
20 27
23 18
14 23
19 17
31 26
32 23
26 19
17 22
1-19 23
28 24
2 7
*24 20
7 11
22 25
4-23 18
21 17
18 15
17 14
5-15 18
25 21
18 9
21 17
11 15
20 16
15 19
16 11
19 23
11 8
23 26
8 4
26 30
4 8
30 25
17 21
25 22
21 17
22 18
8 11
18 23
*11 16
23 26
16 19
26 30
19 23
30 25
23 18
25 21
17 14
Drawn

Var. 1.
2 7
22 26
7 11
26 22
11 16
*22 18
16 20
21 17
2-20 24
17 14
24 27
28 24
19 28
18 15
28 24
14 10
Drawn

Var. 2.
19 16
*18 15
3-16 19
15 24
20 27
17 14
27 31
28 24
31 27
24 19
27 23
19 15
23 18
14 10
18 11
10 1
Drawn

Var 3.
16 12
17 14
12 16
14 10
16 19
15 24
* 6 15
24 27
15 19
27 31
*24 20
Drawn

Var. 4
a-23 19
25 22
19 15
22 25
15 10
25 22
6-10 14
22 25
5 9
25 22
14 10
22 18
10 7
18 22
7 2
22 18
6 10
13 6
2 9
21 17
Drawn

Var. 5.
15 19
25 22
7-19 16
22 18
16 12
18 23
12 8
23 19
8 3
19 16
3 7
16 12
11 15
12 16
7 2
14 10
Drawn

Var. 6.
10 7
22 18
7 3
18 22
3 8
22 18
8 12
18 14
12 16
14 18
16 19
21 17
19 15
18 14
11 16
20 11
15 8
14 18
6 10
18 22
Drawn

Var. 7.
19 24
22 18
24 27
18 22
27 31
22 17
31 26
17 21
26 22
21 17
22 18
17 21
18 9
21 17
Drawn

(a)
5 9
25 22
23 19
22 18
19 24
21 17
Drawn

——

553.
17 14
1-26 17
14 7
17 14
7 2
14 23
15 11
23 18
24 15
18 14
A*11 8
14 10
15 11
10 7
8 3
7 16
3 8
2-16 19
8 11
19 23
11 15
3-23 26
15 18
26 30
18 22
6 10
13 6
†10 14
28 24
1 10
24 19
5 9
2 6
9 13
6 15
14 18
22 25
30 21
15 22
Drawn

(†)
5 9
28 24
9 13
2 7
10 14
7 10
Drawn

Var. 1.
10 17
15 10
6 15
13 6
1 10
a-22 13
15 22
24 6
26 23
6 2
23 19
2 6
19 15
28 24
22 26
24 20
Drawn

(a)
18 11
also
Draws

Var. 2.
6 10
13 6
16 19
8 11
4- 5 9
11 15
19 23
15 11
9 13
28 24
13 17
24 20
17 21
20 16
23 18
16 12
21 25
12 8
25 30
8 3
30 26
11 16
5-18 15
16 11
15 8
3 12
26 22
12 16
22 17
16 19
10 14
2 7
1 10
7 11
Drawn

Var. 3.
23 27
15 19
6 10
13 6
27 24
19 16
24 27

16 11
27 23
s-28 24
Drawn

Var. 4.
19 23
s-28 24
23 18
24 19
18 23
B*11 16
23 18
16 11
18 14
11 15
14 9
15 18
9 13
19 15
10 19
2 7
1 10
7 14
Drawn

Var. 5.
26 23
16 12
23 19
12 8
10 14
8 11
1 10
2 6
10 15
6 10
14 17
3 8
17 21
8 12
21 25
11 16
18 23
16 11
Drawn

(A)
11 7
14 10
15 11
10 3
28 24
* 6 10
13 6
* 5 9
24 20
* 3 7
C-20 16
9 13
11 8
7 3
8 4
*10 14
16 12
1 10
2 6
10 15
6 9
14 17
B wins

(B)
19 16
23 18
16 12
18 14
12 8
14 9
8 3
10 14
3 7
1 10
11 16
10 15
7 10
15 18
10 17
9 6
2 9
5 21
B wins

(C)
11 8
7 11
8 3
9 13
&c.
B wins

554.
13 9
1-18 22
14 10
7 14
16 7
2 11
9 6
2-14 18
†19 16
12 19
24 15
22 26
6 2
26 23
2 7
23 32
7 16
8 12
16 19
5 9
15 10
9 13
20 16
18 22
Drawn

(†)
If 2 6
B wins
by
11 15
19 10
18 23
&c.

Var. 1.
2 6
9 2
18 9
19 15
12 19
20 16
11 18
2 4
19 23
24 19
23 32
19 15
Drawn

Var. 2.
22 17
6 2
14 18
2 7
17 14
7 16
a- 5 9
19 15
12 19
20 16
8 12
24 20
19 23
27 24
12 19
15 11
18 22
24 15
14 18
20 16
23 27
16 12
27 32
15 10
Drawn

(*a*)
If 14 10
19 15
&c.
Draws

555.
*26 22
10 26
30 14
7 10
14 7
3 10
32 27
a-10 14
*b**27 23
14 17
23 18
17 22
18 14
22 26
14 10
1-26 31
10 7
31 26
7 2
26 22
2 6
2, 3-22 18
6 10
11 15
10 14
18 9
13 6
15 24
W wins

(*a*)
If 11 15
27 23
&c.
W wins

(*b*)
13 9
only
Draws

Var. 1.
11 15
10 7
15 24
28 19
8 11
7 3
26 31
* 3 8
31 27
8 15
27 24
20 16
24 20
15 11
20 24
19 15
12 19
11 16
W wins

Var. 2.
22 17
6 10
4-17 21
10 14
21 25
13 9
25 30
9 6
30 25
6 2
25 30
2 6
30 25
14 17
W wins

Var. 3.
22 26
6 10
11 15
10 7
15 24
28 19
26 22
19 15
22 18
7 11
12 16
11 4
18 11
4 8
W wins

Var. 4.
11 15
20 16
15 24
28 19
17 21
10 15
W wins

556.
7 11
14 7
3 10
17 14
10 17
19 15
11 18
23 14
16 19
2-27 23
17 22
26 17
19 26
30 23
21 25
23 18
25 30
18 15
30 25
1-14 10
25 21
10 1
21 14
15 11
14 10
11 8
12 16
8 3
16 19
3 8
19 23
8 11
23 26
11 16
26 30
16 19
30 26
19 16
26 23
16 12
23 19
12 8
20 24
8 12
24 27
12 8
19 16
a- 8 12
16 20
12 8
27 31
8 11
31 27
B wins

(*a*)
If 28 24
10 15
24 20
16 12
&c.
B wins

Var. 1.
15 11
25 22
11 7
22 18
7 3
18 9
3 7
12 16
7 11
16 19
11 15
19 23
15 18
23 26
18 22
26 30
22 18
30 25
B wins

Var. 2
26 23
19 26
30 23
21 25
23 18
25 30
18 15
30 26
14 10
* 6 9
13 6
26 22
6 1
22 18
15 11
17 22
11 8
22 26
1 6
26 30
10 7
30 26
6 10
26 22
10 6
12 16
7 3
16 19
3 7
22 17
B wins

SOLUTIONS OF
PROBLEMS AND CRITICAL POSITIONS
CONTRIBUTED BY MR. J. HEDLEY, LEEDS, AND MR. J. SMITH, SPENNYMOOR.
(SECTION XI.)

557.	7 11	2 6	14 18	15 18	19 15	10 14	14 9
10 14	17 22	23 19	16 20	17 13	14 9	3 7	B wins
24 27	10 15	6 2	18 14	18 23	15 10	15 18	
6 10	18 23	15 11	20 24	13 17	9 5	7 10	*Var. 1.*
27 31	9 14	2 6	14 18	14 18	10 14	22 17	17 13
10 15	22 26	11 7	24 27	21 25	5 1	*10 15	10 6
22 26	11 16	6 2	18 14	10 15	2 7	18 22	18 22
15 10	*3*-26 22	7 3	19 23	25 21	1 6	15 10	9 14
26 23	15 19	2 6	14 17	15 19	7 11	14 18	22 26
10 15	23 26	19 16	27 31	21 25	6 1	10 15	14 17
31 27	16 20	14 10	17 13	23 26	11 15	17 13	26 31
15 10	26 30	16 11	23 26	25 30	B wins	16 19	27 23
23 19	20 24	10 14	13 17	19 23	——	W wins	28 24
1-14 17	22 25	11 7	21 25	30 25	*558.*	——	23 26
27 23	14 18	14 18	22 29	26 30	*1**22 17		31 22
10 14	30 26	7 2	26 22	25 21	30 26	*559.*	17 26
19 15	24 27	6 10	B wins	23 26	17 14	31 27	24 19
17 22	26 30	* 3 8		17 14	26 23	22 17	26 31
23 19	19 23	18 15	*Var. 2.*	18 23	15 18	6 9	19 15
14 18	25 21	8 12	17 21	B wins	23 26	*1*-18 22	31 26
15 11	18 22	15 19	15 10		14 17	9 14	15 11
18 14	21 17	5 9	14 17	*Var. 3.*	16 19	17 13	26 22
19 15	22 26	19 15	5 9	23 27	17 13	10 6	11 7
22 17	30 25	12 16	17 13	16 20	26 30	22 25	22 18
11 7	26 30	15 18	10 6	27 32	13 9	14 18	7 2
2-17 22	25 22	16 19	13 17	14 18	30 25	25 21	6 10
15 10	27 31	*4*-10 6	7 10	32 27	9 13	18 22	13 9
14 17	17 14	9 13	17 13	15 19	25 21	21 17	10 6
5 9	23 26	6 10	9 14	26 31	13 9	27 31	9 5
17 13	14 17	13 17	13 17	19 24	21 17	17 26	6 1
10 6	30 25	10 14	6 2	27 32	9 5	31 22	B wins
13 17	B wins	17 21	17 22	18 22	Drawn	28 24	——
7 10		18 22	2 7	B wins		22 18	*560.*
22 18	*Var. 1.*	2 7	22 17		*Var. 1.*	24 19	14 10
6 2	10 6	14 18	7 11	*Var. 4.*	3 7	18 14	11 7
17 22	19 15	7 11	17 22	18 22	12 8	19 15	10 6
2 7	6 2	18 14	11 15	9 13	7 10	6 1	7 2
22 17	27 23	11 16	22 17	10 14	8 3	15 11	5 9

2 7
3 10
8 3
6 2
3 8
2 7
8 3
9 14
3 8
14 18
8 3
18 23
3 8
23 27
8 3
27 32
3 8
32 27
8 3
27 23
3 8
23 18
8 3
18 15
4 8
7 11
8 4
10 14
3 8
14 17
8 3
15 10
3 8
11 7
8 3
10 14
B wins

561
11 16
20 11
15 8
28 24
8 11
1-22 18
*11 16
18 23
16 20
23 27
*20 16
27 31
*16 11
Drawn

Var. 1.
6 10
5 9
24 20
12 16
22 18
16 19
Drawn

562.
2 6
9 13
16 11
14 17
6 9
17 22
9 14
22 25
14 18
13 17
18 14
1-25 29
11 7
3 10
14 7
29 25
7 10
Drawn

Var. 1.
17 22
14 10
22 26
30 23
25 30
11 7
30 26
23 18
4 8
10 6
3 10
12 3
26 23
Drawn

563.
27 23
18 27
11 18
21 25
24 19
27 24
*19 15
24 19
15 10
20 24
18 22
25 30
10 6
24 27
6 2
27 31
22 18
1-31 27
18 22
19 15
2 6
15 11
6 10
27 23
28 24
11 16
10 6
23 27
24 20
16 11
22 18
30 26
18 14
26 23
6 2
23 19
14 10
11 15
10 6
15 11
6 1
Drawn

Var. 1.
31 26
18 23
19 16
23 27
26 22
27 23
30 25
28 24
25 21
2 6
16 11
6 10
21 17
24 20
17 13
10 6
22 17
23 18
11 7
6 2
7 11
2 6
17 21
18 14
11 7
14 9
2- 7 11
9 5
21 17
5 1
17 14
1 5
Drawn

Var. 2.
7 2
9 5
2 9
5 14
Drawn

564.
26 22
14 10
22 17
10 7
17 13
7 3
1 6
2 9
13 6
3 7
* 6 9
7 16
9 14
B wins

565.
22 18
14 17
18 14
1-30 26
14 9
2-26 22
9 6
17 21
6 2
3- 7 11
19 16
11 15
23 18
15 19
18 15
19 24
2 6
Drawn

Var. 1.
4 8
14 9
8 11
9 6
30 26
6 2
17 21
20 16
11 20
2 11
21 25
11 16
25 30
23 18
26 23
18 14
23 18
14 9
Drawn

Var. 2.
7 11
9 6
4-17 21
6 1
5-26 31
1 6
31 27
23 18
27 31
19 16
Drawn

Var. 3.
7 10
2 6
10 14
19 16
21 25
23 19
25 30
19 15
30 26
15 11
26 23
11 8
Drawn

Var. 4.
26 31
23 18
31 26
19 16
17 21
16 7
3 10
6 2
Drawn

Var. 5.
21 25
1 6
26 22
6 2
22 17
23 18
25 30
2 6
30 26
19 16
3 7
12 8
Drawn

566.
8 11
12 16
19 12
6 10
13 9
7 11
14 7
5 21
4 8
W wins

567.
27 24
20 27
10 6
1 10
19 15
10 19
28 32
3 10
32 23
W wins

568.
9 6
1 10
20 16
12 19
27 20
18 27
31 6
2 9
13 6
W wins

569.
20 16
11 20
19 16
10 19
16 11
8 15
23 16
14 23
26 1
9 14
16 11
20 24
30 26
24 28
26 23
3 7
11 8
7 11
8 3
11 16
3 8
16 20
8 11
20 24
23 19
24 27
32 23
28 32
19 16
32 27
22 18
13 17
W wins

570.
16 20
26 30
32 27
31 24
20 27
13 17
*18 22
17 26
27 31
W wins

571.
26 30
25 29
30 25
32 27
25 21
27 23
14 10
23 19
22 18
19 23
18 15
23 18
10 6
18 11
6 10
W wins

572.
*23 19
15 11

* 2 6
10 14
*13 17
1 10
19 16
B wins

———

573.

*18 15
12 16
15 11
16 19
* 8 3
19 24
* 3 7
24 27
*11 8
27 31
* 7 11
31 27
* 8 3
27 23
* 3 7
26 30
17 14
30 26
22 18
23 19
*11 8
26 23
8 3
18 17
7 2
17 22
3 7
22 26
2 6
26 30
7 10
30 26
* 6 9
1-26 22
*10 6
22 15
14 10
5 14
6 2
Drawn

Var. 1.

19 16
18 15
26 22
*10 7
22 17
*15 10
17 13
*10 6
13 17
7 10
23 18
6 1
17 13
10 6
13 17
6 2
17 10
2 6
Drawn

574.

18 15
19 23
15 6
* 3 7
11 8
* 7 10
6 15
23 26
Drawn

———

575.

*12 16
15 8
*14 10
5 14
*16 11
W wins

———

576.

*11 8
26 23
*15 11
23 18
14 9
5 14
10 17
19 16
*17 22
16 7
22 15
7 11
15 19
11 4
20 16
4 8
19 15
W wins

———

577.

31 27
3 7
27 23
7 16
6 10
14 7
2 20
19 15
20 24
15 10
23 18
10 6
24 27
6 1
27 31
1 6
31 27
6 9
18 23
9 13
23 26
30 23
27 18
25 22
18 25
13 17
Drawn

578.

17 13
1-15 18
14 9
6 10
12 16
20 11
3 7
11 2
9 6
2 9
13 22
23 26
22 18
26 30
18 23
Drawn

Var. 1.

15 11
14 9
6 10
3 7
11 2
9 6
Drawn

———

579.

*14 10
1- 7 14
13 17
14 21
*31 26
5 14
22 25
21 30
6 9
W wins

Var. 1.

5 14
* 6 9
W wins

———

580.

*30 26
24 28
*32 27
28 32
*19 16
12 19
*26 22
32 23
22 18
Drawn

———

581.

* 8 11
1-15 8
24 15
10 1
*15 10
Drawn

Var. 1.

7 16
24 20
10 1
20 25
13 6
Drawn

———

582.

*27 23
15 18
*13 9
6 22
26 17
W wins

———

583.

*30 25
1-31 26
27 23
20 27
10 6
2 9
25 22
26 17
1 6
19 26
6 24
16 20
24 27
15 19
27 31
19 23
31 27
23 26
28 24
26 31
32 28
12 16
27 32
20 27
32 23
16 20
28 24
W wins

Var. 1.

15 18
24 15
31 24
28 19
16 23
1 5
20 24
15 11
24 27
11 8
27 31
8 4
31 26
32 27
23 32
10 6
W wins

———

584.

17 13
10 17
13 9
5 14
22 13
15 22
26 3
W wins

NOTES ON THE POSITIONS.

Whitney's Problems.—Several of these positions are end-games, and have been honoured by insertion in the *Leeds Mercury*, *Fife News*, "Lyman's Problem Book," and amongst other draught literature; and are held in high estimation by all lovers of the game for the originality and beauty of the play evolved.

559. This position was formerly published in the *Independent*, and about a year after its appearance in that paper it was given in

the *Turf*. In the interval, Mr. Millar, Salcoats, published the same position in the *Herald;* and Dr. Purcel called attention to what he considered Mr. Hedley's plagiarism. Mr. Hedley having forgotten he had previously published the position in the *Independent*, candidly apologised; but as Mr. Hedley had really been first in the field, it will be seen that if any apology had been required it should have come from Mr. Millar.

560. This position was published in the *Sunderland Weekly Times* by Mr. Hedley. Mr. Wyllie, during a visit to Leeds sometime afterwards, was analysing a "Souter" game, and he played into this position, but cut off on the wrong diagonal. He however saw his error instantly, and with an impatient ejaculation he replaced the pieces and won by the correct cut. Mr. Hedley intended to have asked the Veteran to run up the "Souter" moves to the position before he left Leeds, but the matter slipped his memory. Although the "Souter" game alluded to played up to the position, Mr. Hedley took it from an "Ayrshire Lassie" end-game.

562 is an end-game from the "Defiance."

563. End-game from the "Switcher." While busy compiling this Problem Book, I wrote to Mr. Hedley concerning this position, which I believed could not be drawn as left by the solution. Mr. Hedley's answer was, "No. 563 cannot be won; consult 5 and 6 in 'Bowen's Cross,' [Mr. H. refers to 'Bowen's Twins,' which will be found in the American Section of this work] Game 374, and Prob. 272 in *New England Checker Player*, and you will satisfy yourself that my play is O. K. If you can win No. 563 I will gladly award you a prize of a white hat, a sou'wester, or 'owt' ye like best, hinny! My Prob. (563) is born of the 'Switcher,' and originated in an attempt to draw Hutzler's 23-18 line. Although I did not succeed, I struck upon some very pretty play, and placed it at Mr. Bowen's disposal. . . . . . Poor Bowen overhauled my play and pronounced it all right."

265. This position is taken from the famous 47th game, played between Messrs. Wyllie and Yates. It was published in the *Magnet* and afterwards in the *Turf*. Although it confirmed an opinion of Mr. Dunlap's, that the game was a "bundle of blunders," he never alluded to the problem, nor did any of the American players, and it was not given a place in "Lyman's Problem Book."

569. End-game from "Will-o'-the-Wisp."

SOLUTIONS OF
PROBLEMS AND CRITICAL POSITIONS
CONTRIBUTED BY MR. W. LEGGETT, LONDON, AND MR. GEO. GILBERT, STAMFORD.
(SECTION XII.)

595.

32 27
1-26 31
27 23
20 24
23 27
24 28
27 32
31 26
21 17
26 23
a-17 14
23 19
14 10
19 24
10 7
24 20
7 3
2-20 24
3 7
24 20
7 10
20 24
10 15
24 20
15 19
20 24
11 15
24 20
19 24
20 27
32 23
28 32
15 19
32 28
23 27
28 32
19 23
W wins by 1st position.

Var. 1.

3-26 30
11 15
12 16
15 11
30 26
11 8
26 30
8 12
16 19
12 16
19 24
27 32
30 25
16 19
24 28
19 23
25 22
23 27
22 25
21 17
W wins

Var. 2.

12 16
11 15
20 24
3 8
16 19
15 18
24 20
8 11
20 24
11 16
W wins

Var. 3.

26 22
11 15
12 16
27 23
20 24
23 18
22 26
15 19
W wins

(a)

11 15 also Wins

The win in text though long is shorter than 11 15

586.

17 13
1-25 21
15 10
21 17
10 6
2 9
13 6
2- 8 11
6 2
Drawn

Var. 1.

25 22
15 11
Drawn

Var. 2.

17 22
18 14
22 18
14 10
Drawn

587.

1- 2 7
10 14
1 6
3 10
16 11
15 8
3 12
W wins

Var. 1.

16 11
15 8
2 7
10 14
1 6
3 10
12 3
W wins

588.

1- 9 6
27 31
6 10
31 27
10 15
27 31
32 28
W wins

Var. 1.

9 14
26 31
19 26
31 22
32 23
22 18
Drawn

589.

19 24
26 17
13 22
27 32
24 27
Drawn

590.

2 6
26 22
1 5
22 17
6 10
13 9
10 15
17 10
5 14
10 7
15 19
B wins

591.

29 25
22 29
30 26
14 10
26 22
18 15
22 18
15 11
18 15
7 2
15 6
Drawn

592.

25 22
18 25
9 18
*10 7
12 8
7 11
8 3
25 30
18 22
11 15
3 7
15 19
7 10
19 23
10 14
23 27
14 18
27 32
21 17
B draws by a well known position.

The draw in question.

32 27
17 14
*27 32
14 10
32 27
10 7
27 24
7 3
24 19
3 7
19 24
7 10
24 27
10 15
*27 32
18 23
32 28
15 19
28 32
19 24
32 28
23 19
28 32
24 28
31 27
28 32
27 23
Drawn

593.

(1st way)

23 26
6 1
19 24
1 5
9 14
10 17
26 30
17 26
30 23
5 9
24 19
9 14
19 15
25 29
15 18
31 27
18 9
27 18
* 9 6
18 15
13 17
25 21
17 22
21 17
6 9
15 11
22 26
11 7
26 30
7 2
30 26
17 13
9 14
2 6
26 23
6 1
23 18
B wins
Robertson

(2d way)

19 24
1- 6 1
13 17
1 5
9 13

10 14
17 21
2-14 17
23 26
17 14
24 27
31 24
22 25
B wins
Leggett

Var. 1.
10 15
22 25
29 22
23 18
6 10
18 11
22 18
13 17
10 15
9 14
B wins
Leggett

Var. 2.
5 9
23 26
14 18
24 19
18 25
21 30
31 22
30 25
22 18
19 23
B wins
Leggett

594.
7 10
1-15 11
8 15
18 11
10 14
11 7
31 26
7 2
26 17
24 19
14 18
19 15
17 14
2 7
18 23
2- 7 3
14 10
15 11
9 14
11 7
6 9
B wins

Var. 1.
24 20
10 19
22 17
8 11
17 14
11 15
B wins

Var. 2.
15 11
6 10
13 6
14 18
B wins

595.
17 21
30 26
21 25
26 22
8 11
22 17
25 30
1-17 14
10 17
19 10
30 26
23 19
26 23
10 7
23 16
7 3
17 21
2- 3 7
21 25
7 10
25 30
10 14
30 26
14 18
*11 15
B wins

Var. 1.
17 13
30 26
13 9
10 14
B wins

Var. 2.
3 8
21 25
8 15
16 19
B wins

596.
25 30
18 14
16 20
23 16
12 19
26 22
2 6
10 7
30 25
Drawn

597.
25 21
9 27
32 23
2 6
21 17
6 10
17 22
10 14
23 19
1-31 27
22 26
27 23
19 15
23 19
15 24
28 19
26 23
14 10
23 16
10 15
Drawn

Var. 1.
14 9
22 17
31 26
11 15
20 16
15 18
16 11
17 14
2- 9 5
18 23
28 24
23 30
24 15
30 26
11 8
26 23
8 4
23 19
Drawn

Var. 2.
9 6
18 23
11 7
23 30
7 2
19 23
Drawn

598.
8 11
26 23
11 15
23 19
15 24
28 19
20 24
19 16
1 6
16 11
24 28
11 8
6 10
32 27
10 15
27 24
28 32
8 4
32 28
24 20
14 18
B wins

599.
19 24
20 16
24 31
16 12
10 19
12 3
30 26
25 22
26 30
22 18
30 25
18 15
25 22
3 7
22 18
7 10
18 11
10 1
11 7
13 6
7 2
17 13
W wins

600.
*29 25
9 13
18 9
5 14
25 22
W wins
* Only move to win or draw.

601.
19 15
11 18
2 11
18 22
24 19
25 30
27 24
W wins

602.
20 16
11 27
32 14
10 17
21 14
1- 7 11
25 22
11 16
19 15
16 19
15 11
19 23
22 18
23 26
18 15
26 31
10 14
31 26
11 8
26 23
10 6
23 18
15 10
Drawn

Var. 1.
13 17
19 15
17 21
25 22
21 25
15 10
7 11
22 17
25 30
10 7
Drawn

603.
23 27
30 23
16 19
23 16
12 28
15 19
*17 22
19 23
28 32
10 7
1 10
7 14
21 25
14 17
27 31
17 26
31 22
23 26
Drawn

604.
19 15
10 19
28 24
19 28
30 25
12 19
25 2
Drawn

605.
22 17
13 22
18 14
*10 17
21 14
9 18
29 25
Drawn

606.
7 10
27 18
10 15
19 10
6 29
24 19
13 17
28 24
17 21
24 20
29 25
30 26
25 30
26 23
30 26
23 18
26 22
19 15
21 25
15 8
22 15
20 16
15 19
16 11
25 30
8 3
30 26
11 8
19 16
8 4
16 12
4 8
2 7
3 10
12 3
32 27
26 31
27 23
31 27
23 19
27 23
19 15
1 6
10 1
3 7
1 6
7 10
5 1
Drawn

607.
18 14
9 18
30 26
23 30
32 7
3 10
13 9
6 13
15 6
13 17
21 14
30 21
6 2

21 17
14 10
8 11
10 6
17 14
2 7
11 16
19 15
14 18
7 11
16 20
6 2
18 14
11 7
Drawn

608.

25 22
18 25
2 7
13 22
14 9
5 14
3 7
14 16
3 17
4 8
20 16
8 12
16 19
1 5
17 14
W wins

609.

20 16
11 20
12 8
3 12
19 16
12 19
27 24
20 27
31 6
1-14 18
22 15
13 22
6 2
Drawn

Var. 1.

7 10
6 2
28 32
2 6
2-14 18
6 15
18 25
29 22
32 27
15 18
Drawn

Var. 2.

32 27
6 15
14 18
15 19
18 25
29 22
Drawn

610.

a-15 11
8 15
1 5
1- 4 8
25 21
18 25
29 22
8 11
22 17
13 22
26 10
2- 9 13
5 9
16 20
10 7
19 23
27 18
15 22
9 14
11 16
14 17
22 25
17 22
25 30
31 27
W wins

Var. 1.

18 23
27 11
19 24
28 19
16 30
25 21
12 16
11 7
3-16 20
7 3
20 24
3 7
24 28
7 10
14 17
5 14
17 26
31 22
W wins

Var. 2.

9 14
27 24
4-14 18
5 9
5-18 22
24 20
19 24
28 19
6-16 23
9 14
22 15
10 7
25 29
14 10
15 19
10 14
11 15
14 10
29 25
7 3
23 26
31 22
25 13
3 7
18 22
7 11
15 18
11 15
19 24
15 19
24 28
10 14
W wins

Var. 3.

16 19
22 18
14 23
5 14
19 24
14 18
23 27
18 23
27 32
23 19
W wins

Var. 4.

19 23
24 20
14 18
10 7
23 26
31 22
18 25
7 3
25 30
3 8
30 26
5 9
26 23
9 14
23 27
14 10
W wins

Var. 5.

7-19 23
24 20
23 26
31 22
18 25
9 14
25 30
10 7
15 19
14 18
30 26
7 3
26 30
3 8
W wins

Var. 6.

15 24
9 14
24 28
14 18
22 15
10 7
28 32
7 3
16 19
3 8
19 24
8 15
32 28
15 19
W wins

Var. 7.

18 23
10 7
8-16 20
9 14
20 27
31 24
W wins

Var. 8.

23 27
24 20
27 32
9 14
19 23
14 10
15 19
7 3
W wins

(a)
Mr. Mar
plays
25 21
and
allows
B to win.

611.

26 23
1-18 25
23 7
2 11
21 17
25 29
27 23
1 5
24 19
15 24
28 19
11 15
17 14
15 24
14 7
24 27
23 18
27 31
18 15
29 25
30 21
31 26
3 7
26 23
20 16
W wins

Var. 1.

19 26
30 7
15 19
24 15
11 25
7 3
8 11
3 7
11 15
7 10
15 18
10 14
18 22
14 17
22 26
17 22
W wins

612.

14 17
1-27 18
17 26
30 16
15 29
28 24
29 25
32 28
2 11 15
16 11
7 16
20 11
15 19
24 15
10 19
11 8
25 22
8 4
22 18
4 8
18 23
21 17
19 24
28 19
23 16
17 14
1 5
8 4
16 11
B wins
Child.

Var. 1.

21 14
10 26
27 18
15 29
30 16
29 25
28 24
25 22
32 28
11 15
16 11
7 16
20 11
15 19
24 15
6 9
13 6
1 19
11 8
22 18
8 4
18 23
4 8
19 24
B wins
Leggett & Child.

Var. 2.

10 15
21 17
25 22
17 14
1 5
14 10
7 14
16 7
3 10
12 8
22 18
24 19
15 24
28 19
18 15
19 16
14 17
16 11
15 19
11 7
19 15
7 3
15 11
8 4
17 21
3 8
21 25
8 15
10 19
B wins
Leggett.

613.

30 26
22 31
19 23
1-31 26
23 30
32 27
30 26
28 32

14 18
32 28
18 15
27 32
15 19
32 27
26 22
27 31
19 23
28 32
23 19
24 28
19 23
31 27
22 18
Drawn

Var. 1.
24 27
14 18
31 26
23 30
27 31
18 23
2-31 26
23 19
26 22
19 24
Drawn

Var. 2.
31 27
23 19
27 24
19 23
24 20
30 26
Drawn

SINGLE CORNER GAME.
New Play.
11 15
22 18
15 22
25 18
12 16
29 25
8 11
25 22
4 8
24 19
16 20
19 15
10 19
23 16
8 12
30 25
12 19
27 24
20 27
31 8
3 12
18 15
* 9 14
28 24
7 10
*32 28
10 19
24 15
* 2 7
28 24
7 10
24 19
14 18
22 17
18 23
26 22
* 5 9
22 18
9 13
1-25 22
23 26
18 14
26 30
14 7
30 25
22 18
13 22
*18 14
6 10
15 6
1 17
21 14
22 26
19 15
25 22
15 10
Drawn

Var. 1.
17 14
10 17
21 14
†13 17
14 10
23 27
10 7
17 21
25 22
27 31
22 17
31 26
18 14
26 22
B wins

(†)
Forms Prob. 614

614.
25 21
23 27
15 11
27 31
11 7
31 26
19 15
26 23
14 10
23 14
7 2
14 7
2 11
17 22
15 10
Drawn

615.
*29 25
6 2
25 22
10 7
*22 17
7 10
1-17 13
2- 2 7
18 15
7 11
15 6
11 4
6 10
4 8
10 7
20 16
13 9
8 11
7 10
11 15
9 6
3-15 18
10 7
18 15
6 2
15 18
7 3
16 11
3 7
11 8
7 11
8 4
2 6
19 15
11 7
18 14
6 1
15 10
7 11
14 9
12 16
9 6
Drawn

Var. 1.
18 15
W wins

Var. 2.
2 6
B wins

Var. 3.
15 11
or
16 11
B wins

616.
3 8
a-20 24
7 11
22 17
1-11 7
17 14
2- 7 11
24 20
18 22
25 18
23 27
15 10
27 31
10 6
3-31 26
6 2
26 31
14 10
31 26
10 7
4-26 22
7 16
22 24
20 27
12 19
2 7
8 12
7 11
W wins

Var. 1.
*18 22
25 18
23 26
5-24 27
26 31
27 23
11 16
6-18 14
16 11
23 18
11 16
Drawn

Var. 2.
18 22
25 18
23 26
15 10
7 2
18 15
26 31
14 18
31 26
24 20
W wins

Var. 3.
11 7
6 2
7 3
18 15
31 27
14 18
27 32
3 7
W wins

Var. 4.
26 23
7 16
23 14
19 15
12 19
15 10
W wins

Var. 5.
*24 20
26 31
15 10
31 26
7-19 15
26 23
17 14
23 19
14 9
19 23
9 14
Drawn

Var. 6.
17 14
16 20
15 10
20 24
19 15
12 16
23 27
24 19
27 32
31 26
14 9
'26 22
Drawn

Var. 7.
*17 14
26 22
19 15
22 26
10 6
26 22
14 10
8-22 17
6 2
17 22
10 7
W wins

Var. 8.
22 26
6 2
26 22
10 7
W wins

(*a*)
20 16
23 27
15 10
7 14
22 15
27 32
16 20
32 28
25 21
28 32
20 24
32 28
24 27
28 32
27 23
Drawn

617.
31 26
11 18
19 23
18 27
24 31
25 21
31 27
20 16
27 24
16 11
24 19
11 7
19 15
7 3
15 11
17 13
26 17
21 14
6 10
B wins

618.
1-17 14
10 17
1 10
17 22
10 7
22 26
7 16
27 23
30 25
26 30
25 22
30 26
22 17
26 22
17 14
22 18
14 10
18 15
10 7
15 11
7 3
11 8
16 11
8 15
19 10
W wins

Var. 1.
2-17 13
27 23
1 5
23 16
5 1

10 15
1 19
16 23
13 9
11 15
only
Draws.

Var. 2.
1 5
27 23
17 13
23 16
5 9
10 15
9 2
16 19
2 7
only
Draws

619.
*25 21
19 23
26 19
22 18
21 17
22 26
17 13
26 30
13 9
30 26
9 6
26 22
*16 12
7 11
6 2
11 16
27 23
16 20
*23 18
20 27
18 11
22 18
*19 16
18 15
* 2 6
15 8
6 15
27 31
16 11
8 4
15 10
31 27
11 7
4 8
10 6
W wins

620.
12 8
4 18
24 15
10 19
20 24
1 10
24 29
W wins

SINGLE CORNER GAME.

11 15
22 18
15 22
25 18
12 16
29 25
8 11
25 22
4 8
24 20
10 15
21 17
8 12
17 13
7 10
27 24
9 14
18 9
5 14
24 19
15 24
28 19
14 17
32 28
10 14
22 18
1 5
18 9
5 14
26 22
17 26
31 22
14 17
22 18
6 10
Forms
Prob. 621

621.
30 26
1-17 21
13 9
21 25
9 5
25 30
5 1
2-30 25
1 5
a-25 30
b-28 24
2 6
26 22
11 15
20 11
3 8
11 4
30 25
18 11
25 20
11 7
Drawn
Gilbert

Var. 1.
2 6
18 14
17 21
14 7
3 10
26 22
21 25
22 17
25 30
23 18
16 23
18 14
10 15
14 10
Drawn
Leggett

(a)
25 21
W wins
Gilbert

(b)
5 9
10 15
B wins
Gilbert

Var. 2.
10 15
19 10
2 6
10 7
1 10
30 25
23 18
25 30
26 23
30 26
10 14
26 19
14 21
19 15
18 14
16 19
Drawn
Leggett

622
7 3
18 22
3 8
25 29
11 7
2 11
8 15
14 17
15 18
5 14
18 9
W wins

623.
28 24
1-16 20
26 23
20 27
31 24
11 16
18 4
9 25
24 20
7 11
*23 18
Drawn

Var. 1.
16 19
32 28
2- 8 12
24 20
12 16
31 27
13 17
22 6
15 31
27 24
19 23
3- 6 2
23 26
2 6
31 27
6 10
5 9
10 3
9 18
3 8
11 15
B wins

Var. 2.
11 16
18 4
9 25
24 15
16 19
4 8
a-25 30
15 11
4-30 23
11 2
23 18
8 11
18 22
Drawn

Var. 3.
24 19
31 26
19 12
26 22
6 2
5-22 18
14 10
7 14
2 7
Drawn

Var. 4.
7 16
8 11
30 23
11 20
23 18
*20 16
Drawn

Var. 5.
22 17
12 8
17 10
8 3
W wins

(a)
7 11
W wins

624.
* 2 6
1 10
11 16
13 6
8 11
31 22
*11 15
10 19
16 21
22 18
*12 16
27 23
*20 24
18 15
*21 17
15 10
*17 22
6 1
24 27
1 6
27 31
10 7
3 10
6 15
31 26
W wins

625.
25 22
17 26
2 7
9 2
23 19
16 23
7 18
12 28
W wins

GAME.

10 15
23 19
6 10
26 23
2 6
23 18
10 14
19 10
14 23
27 18
7 23
31 27
23 26
30 23
11 15
22 18
15 22
25 18
8 11
29 25
4 8
25 22
Forms
Prob 626

626.
* 6 10
*24 20
* 9 14
18 9
5 14
22 18
1 5
18 9
5 14
23 18
14 23
27 18
12 16
18 14
10 17
21 14
16 19
32 27
11 15
27 24
8 11
14 10
19 23
24 19
15 24
28 19
11 15
19 16
Drawn

627.
17 22
26 17
15 18
19 26
16 12
28 19
11 16
20 11
18 15
11 18
12 8
4 11.
9 5
2 9
5 32
W wins

628.
18 14
9 18
29 25
22 29
6 2

13 22	23 18	2-22 18	25 22	25 22	22 15	*23 27	22 15
2 20	Drawn	10 15	9 13	11 15	7 14	15 19	9 14
22 25	——	25 22	18 14	B wins	31 22	*27 32	10 17
30 21	629.	3 7	3 8	——	11 18	19 23	13 22
18 22	18 23	21 17	14 9		20 4	5 9	25 18
31 27	31 27	7 10	15 18	630.	18 23	23 19	23 14
23 26	6 9	B wins	B wins		4 8	32 27	29 25
27 23	27 18			18 15	*12 16	19 15	3 8
19 24	14 23	*Var. 1.*	*Var. 2.*	19 26	8 11	27 23	25 22
28 19	1-17 13	22 18	22 17	15 10	16 20	15 10	14 18
26 31	2 6	10 15	9 14	9 18	*11 15	14 18	Drawn

NOTES ON THE POSITIONS.

585 was published in the *Leeds Mercury* as position 248, and is considered a fine conception.

587. Left as a Draw in *New York Clipper*, vol. 26, position 5, var. 1.

592. Originally given in the *Leeds Mercury* as a White win; but Mr. Leggett afterwards altered his opinion.

598. Corrects a position of Mr. Haddon's, Chester-le-Street, Durham.

608 was given in the *Leeds Mercury* as enigma No. 3.

609 a new position from the "Bristol."

610 is a correction of 949 in "Lyman's Problem Book," which the Draughts editor of the *Leeds Mercury* designates "a masterly performance.

611. An end-game from the "Bristol," published as position 59 in the *Leeds Mercury*.

614 Springs from some new play on the "Single Corner" game, and shows a neat finish.

615, 617, 618, 619, 630 are end-games.

616 was inserted in the *Leeds Mercury* as a Prize Problem.

620, 622, and 625 are some of Mr. Gilbert's curiosities representing the letters N, S, and G.

621. Position springing from "Single Corner" game, the solution being by Messrs. Gilbert and Leggett.

623. This position occurred in a game in which Mr. Gilbert was playing eleven men against twelve.

626. End-game from what is described in "Barker's American Checker Player" as the "New Fifteenth."

627. A peculiar finish: first line 3 men, second line 3 kings, third line 3 men—the 9 taken at one stroke.

628 occurred in an end-game in which Mr. Gilbert was playing eleven against twelve men.

629. From "Bristol," No. 21, in *Yorkshire Draught Player*.

SOLUTIONS OF
PROBLEMS AND CRITICAL POSITIONS
CONTRIBUTED BY MR. J. RICHARDS, PENZANCE.
(SECTION XIII.)

631.
10 14
11 15
14 17
15 18
17 21
18 22
2 7
1-22 18
a-21 25
18 15
25 30
31 27
30 26
27 24
26 22
24 20
22 17
20 16
17 13
16 12
13 9
12 8
7 11
15 19
9 14
8 3
14 10
Drawn

(*a*)
7 11
loses
here

Var. 1.
31 27
7 11
22 18
21 25
27 24
25 30
24 19
30 26
Drawn

632.
21 25
7 11
25 30
11 15
30 26
15 19
26 30
19 24
30 26
24 27
26 23
27 32
22 18
14 10
23 19
32 27
18 15
11 7
19 16
27 23
16 20
7 2
20 16
23 18
15 11
Drawn

633.
6 10
8 11
*27 32
11 7
10 15
7 11
*15 19
11 15
18 22
17 26
32 28
B wins

634.
11 7
10 14
7 2
6 9
2 6
9 13
19 15
4 8
6 9
14 17
15 18
8 11
9 14
17 21
18 22
11 15
14 10
15 19
10 15
19 24
15 19
24 27
19 24
27 32
24 28
32 27
28 32
27 23
32 28
23 19
28 32
19 15
32 27
15 10
27 23
Drawn

635.
22 18
1- 6 1
13 9
28 24
18 14
24 19
14 10
19 16
* 9 14
16 11
14 9
11 8
9 14
8 3
14 9
3 8
9 14
8 11
14 9
11 16
9 14
16 19
14 9
19 23
*10 14
1 5
9 13
23 26
14 18
5 1
13 9
26 31
9 14
Drawn

Var. 1.
6 2
13 9
2 2 7
18 15
28 24
9 14
7 3
15 11
a-24 20
14 9
21 17
9 6
17 13
11 15
20 16
15 18
16 11
18 14
11 8
14 10
8 4
10 14
4 8
14 10
8 11
6 2
13 9
10 6
9 5
6 1
3 7
2 6
Drawn

(*a*)
24 19
14 9
21 17
9 13
17 14
13 17
14 9
17 22
Drawn

Var. 2.
28 24
18 15
24 20
15 11
21 17
11 15
17 13
9 14
b- 2 7
15 10
7 11
10 6
20 16
14 10
16 12
6 2
12 8
2 6
8 3
6 2
11 16
2 6
3 8
6 2
16 19
2 6
8 11
10 14
11 16
6 10
19 23
10 6
23 26
6 10
16 19
10 6
19 23
6 10
26 22
10 15
Drawn

(*b*)
2 6
15 11
6 1
14 10
13 9
11 7
Drawn

636.
15 18
7 11
18 22
11 15
19 23
15 18
23 27
18 25
31 26
28 24
26 23
25 22
27 31
22 17
23 18
24 19
31 26
17 13
18 14
19 15
26 23
B wins

637.
17 21
3 7
10 14
7 10
14 17
10 15
18 14
11 16
*21 25
1-26 30
25 29
16 19
*14 9
19 23
*- 9 13
23 27
*13 9
27 31
9 13

15 19
*13 9
19 23
9 13
23 27
*13 9
27 23
9 13
23 19
13 9
19 15
9 13
15 10
13 9
31 27
* 9 14
10 15
14 9
15 10
9 14
10 6
*17 21
27 31
29 25
31 26
14 17
6 10
25 22
26 23
17 13
10 15
22 17
Drawn

Var. 1.
16 19
26 30
19 23
30 25
15 18
25 21
18 9
17 22
Drawn

——

638.
10 15
1- 7 11
15 19
11 15
19 24
*13 9
14 5
15 18
22 25
30 21
24 27
21 17
5 9
17 14
Drawn

Var. 1.
7 2
15 18
2 6
18 23
6 1
23 27
1 5
27 32
5 1
32 27
1 5
27 23
5 1
23 18
1 5
18 15
5 1
15 10
B wins

——

639.
21 17
18 22
19 23
22 25
13 9
25 30
9 6
30 25
23 18
32 27
6 2
27 31
2 7
31 26
7 14
26 22
18 15
22 13
W wins

——

640.
10 14
1- 9 6
32 27
2-19 15
18 22
15 19
22 26
6 2
26 31
19 15
31 26
2 6
26 22
6 9
14 18
Drawn

Var. 1.
19 15
18 22
15 10
14 18
10 14
18 23
Drawn

Var. 2.
6 2
27 31
19 15
18 22
2 6
14 18
6 9
Drawn

——

641.
20 16
26 23
16 11
23 14
*12 8
Drawn

——

642.
*19 23
14 17
*1**23 27
17 26
25 30
31 24
30 23
Drawn

* Only moves to draw

Var. 1.
23 26
17 21
26 30
28 24
W wins

——

643.
19 23
28 24
23 27
24 19
27 31
19 15
1- 3 7
12 8
31 27
9 5
27 23
8 3
23 19
3 10
1 6
10 1
19 10
B wins

Var. 1.
31 27
15 10
27 24
9 6
24 19
6 2
19 16
2 6
16 11
6 9
11 7
9 14
7 2
14 9
1 5
9 14
Drawn

——

644.
*32 28
24 27
15 11
14 10
13 9
27 23
28 24
23 18
24 19
21 17
a- 9 13
18 22
bc 19 15
10 6
15 10
6 1
11 7
1 5
7 2
5 1
2 6
1 5
6 1
B wins

* Only move to win

(a)
If
19 15
W draws by
17 14
&c.

(b)
19 23
only draws, *e.g.*
19 23
17 14
11 15
14 9
&c.

(c)
11 15
10 6
19 23
17 14
*23 18
14 9
18 25
6 1
W wins

* This loses

——

645.
28 24
16 11
23 18
3 7
18 23
30 25
23 18
25 21
18 14
21 25
14 18
25 30
18 23
7 10
23 19
30 26
24 20
26 22
19 16
11 15
16 11
15 8
12 3
Drawn

——

646.
18 22
11 8
22 25
8 3
25 30
3 8
30 26
8 11
19 24
11 15
26 23
Drawn

——

647.
25 22
1 5
*22 17
1-23 18
17 14
18 9
21 17
Drawn

Var. 1.
23 19
17 14
19 16
14 18
16 11
21 17
11 7
*18 14
Drawn

* Only moves to draw

——

648.
27 23
1- 7 10
28 24
10 14
6 9
15 18
23 26
14 17
9 13
17 21
26 30
18 15
13 17
5 9
24 20
15 10
17 22
10 15
30 26
15 19
22 18
21 25
26 22
25 30
22 17
9 13
17 22
19 24
20 16
24 28
W wins

Var. 1.
15 11
6 2
2- 7 10
2 6
a-10 14
6 10
14 17
23 18
17 21
18 22
11 16
10 15
16 20
15 11
5 9
11 15
20 16
22 17
W wins

(a)
11 15
same as trunk at 2nd move

Var. 2.
5 9
28 24
b- 9 14
24 19
7 10
2 6
11 15
6 9

15 24
9 18
24 28
23 19
28 32
19 16
32 28
16 11
W wins

(b)
9 13
24 19
13 17
23 18
17 21
19 15
W wins

——

649.

*10 15
11 7
*17 21
24 20
27 31
7 2
15 10
20 16
*31 26
16 11
26 22
11 8
22 17
8 3
17 13
1- 2 7
13 17
7 14
17 10
3 8
10 7
8 12
7 11
B wins

Var. 1.

3 8
10 6
2 9
13 6
8 11
6 10
11 16
10 15
B wins

——

650.

17 14
2 6
32 28
24 27
21 17
23 18
28 32
18 9
32 23
9 13
17 14
13 17
14 9
6 13
23 18
Drawn

——

651.

23 26
18 9
17 13
30 23
13 15
B wins

——

652.

*21 17
5 9
*17 13
9 14
*13 9
1 5
*11 8
10 15
* 9 6
5 9
6 2
Drawn

* Only moves to draw.

653.

28 24
15 10
16 12
8 11
22 18
23 26
12 8
10 15
18 23
26 31
24 28
15 10
8 3
11 15
3 7
10 3
23 27
31 24
28 10
W wins

——

654.

32 27
28 32
27 23
32 27
23 19
27 23
19 16
23 19
16 11
19 15
11 8
15 11
8 3
11 15
3 8
15 19
8 11
19 23
11 7
23 19
7 10
19 23
10 6
23 19
14 10
19 16
10 7
16 11
7 2
11 15
2 7
15 19
7 10
19 23
10 14
23 19
6 10
19 23
10 7
23 19
7 11
19 23
11 16
23 27
16 19
27 32
19 24
32 28
24 27
28 32
22 18
32 23
18 27
21 25
14 18
5 9
27 23
9 13
23 26
1 25 21
18 22
21 17
26 31
W wins

Var. 1.

13 17
26 30
17 21
30 26
25 29
18 22
W wins

——

655.

7 11
22 18
31 26
19 15
27 24
B wins

——

656.

14 9
22 18
* 9 5
18 15
*11 7
2 11
5 1
15 6
1 10
11 16
10 15
Drawn

——

657.

10 15
1- 7 10
18 23
20 16
23 27
16 12
27 32
30 25
*32 27
12 8
27 31
8 3
2-31 26
3-25 21
26 22
3 8
15 18
8 11
19 24
10 15
24 27
15 19
22 26
11 15
18 23
Drawn

Var. 1.

7 11
19 24
11 16
24 28
16 11
28 32
20 16
32 28
16 12
15 19
Drawn

Var. 2.

19 23
10 26
31 29
W wins

Var. 3.

3 8
19 23
10 19
26 31
Drawn

——

658.

*25 22
11 15
19 23
27 18
13 9
1 5
30 26
5 14
26 23
B wins

——

659.

13 9
7 10
9 6
11 15
6 2
15 24
2 7
10 14
7 10
14 17
10 15
24 28
15 19
28 32
20 16
32 28
16 11
28 32
11 7
32 27
7 2
27 32
2 6
32 27
6 9
27 32
9 14
17 21
14 18
32 27
18 22
27 32
19 24
32 28
24 27
12 16
22 26
28 32
27 24
32 28
24 20
W wins

——

660.

18 22
15 8
3 7
8 3
7 11
12 8
24 20
8 4
20 24
B wins

——

661.

29 25
17 21
25 22
9 13
22 18
13 17
18 14
17 22
14 10
22 25
10 6
25 29
6 2
29 25
31 26
5 9
2 6
9 13
6 9
13 17
9 13
W wins

——

662.

19 15
1-18 23
21 17
23 27
15 18
9 13
18 23
W wins

Var. 1.

18 22
15 18
22 25
21 17
W wins

——

663.

*30 26
16 19
15 24
20 27
26 22
1-27 31
*11 7
31 26
22 17
14 18
17 13
9 14
7 10
W wins

* Only moves to win.

Var. 1.
2-27 23
22 17
14 18
17 13
9 14
11 15
W wins

Var. 2.
9 13
11 7
27 23
7 10
or
22 18
W wins

664.
24 19
17 14
19 15
13 9
30 25
22 29
15 18
29 25
23 26
25 21
26 30
32 27
30 26
21 17
18 22
17 13
22 18
27 24
26 23
13 17
18 15
17 22
23 18
22 26
15 11
24 20
18 15
26 22
11 7
22 25
7 3
Drawn

665.
30 26
2 6
20 16
6 9
16 11
9 13
11 7
14 17
7 2
17 21
2 7
10 15
19 10
21 25
* 7 11
25 30
26 23
30 26
22 17
13 22
11 15
26 19
15 24
12 16
10 7
22 26
7 2
26 31
2 7
16 20
24 19
31 27
7 11
W wins

* Only move to win, as 22 18 draws, as follows,
22 18
25 30
26 23
30 26
23 19
13 17
Drawn

666.
1-23 18
6 10
30 26
12 16
19 12
10 15
2-26 23
15 22
23 19
22 26
12 8
26 31
8 3
31 27
3 8
W wins

Var. 1.
30 26
12 16
19 12
11 15
12 8
6 10
8 3
10 14
3 7
15 18
23 19
18 23
Drawn

Var. 2.
18 14
15 18
12 8
11 15
8 3
15 19
3 7
18 22
7 11
22 31
Drawn

667.
28 24
19 28
2 7
1, 2} 28 24
7 16
24 19
16 12
23 18
10 6
18 15
6 1
15 11
1 6
3 7
6 9
7 10
9 5
10 6
5 1
11 15
1 10
15 6
20 16
19 15
12 8
Drawn

Var. 1.
11 15
10 26
3 10
26 23
3-28 24
23 18
24 27
20 16
27 24
16 12
24 27
12 8
Drawn

Var. 2.
11 16
20 11
23 18
7 2
28 24
2 6
24 19
6 1
18 15
11 7
Drawn

Var. 3.
10 15
23 27
28 32
27 23
15 10
23 18
32 27
20 16
Drawn

668.
16 19
10 7
19 28
7 3
15 19
3 7
11 15
7 11
28 32
11 27
32 23
21 17
23 18
B wins

669.
*27 31
13 22
23 26
30 23
31 27
Drawn

670.
14 18
23 26
18 22
26 30
2 6
30 25
6 10
25 18
28 24
20 27
32 14
29 25
14 9
5 14
10 17
W wins

671.
10 6
15 24
21 17
24 19
6 10
26 23
17 14
1-19 24
10 15
23 19
15 10
24 27
14 17
27 23
17 14
Drawn

Var. 1.
23 26
14 17
19 23
17 14
26 30
10 15
30 25
15 10
25 21
10 15
23 26
15 10
Drawn

672.
22 18
14 10
23 19
16 12
*13 17
12 8
18 14
11 7
17 21
10 17
19 12
B wins

* Only move to win.

673.
* 3 8
16 12
23 26
12 3
15 18
22 15
26 30
3 10
30 7
B wins

* Only move to win.

674.
12 16
9 5
7 11
22 18
14 17
18 14
11 15
14 10
17 21
1-13 9
21 25
9 6
25 30
6 2
30 26
2 7
26 19
7 11
15 18
11 20
18 23
10 7
23 27
7 3
27 32
3 7
19 24
20 27
32 23
B wins

Var. 1.
10 7
21 25
7 3
25 30
3 7
30 26
7 11
26 19
11 18
B wins

675.
1-11 15
3 8
15 18
8 11
2-18 22
11 15
22 26
15 10
26 22
3-10 6
*22 18
6 9
*18 15
4- 9 13
*12 16
20 11
15 8
13 17
8 11
17 22
11 15
22 26
15 19
26 31
19 15
31 27
15 18
Drawn

Var. 1.
11 8
20 16
12 19
3 12
19 24
12 16
24 27
16 20
27 31

20 24
W wins

Var. 2.
12 16
11 8
16 19
8 11
19 24
11 16
W wins

Var. 3.
10 14
*23 27
32 23
22 18
Drawn

Var. 4
9 14
*23 27
32 23
15 18
Drawn

676.
28 32
26 23
*24 27
31 24
14 9
Drawn

* Only move to draw.

677.
17 14
9 13
21 17
13 22
14 10
6 15
8 4
W wins

678.
1-13 17
11 15
9 13
15 18
17 22
18 9
22 29
9 14
29 25
14 18
23 26
31 22
* 1 6
21 17
6 10
B wins

Var. 1.
1 6
11 15
13 17
15 19
9 13
19 26
6 10
25 22
10 15
26 23
17 26
31 22
W wins

679.
*31 27
22 29
*27 23
18 27
32 23
29 25
†-20 24
25 30
*24 28
30 26
23 19
15 24
28 19
26 22
‡-19 15
W wins

* Only moves to win.

(†)
23 19
only draws.

(‡)
If
19 23
Black draws by
13 17
21 14
&c

680.
*19 24
28 19
*11 16
19 12
26 19
12 8
19 15
8 3
*20 24
27 20
15 11
B wins
By First Position

681.
28 32
27 24
32 27
24 20
*27 31
10 6
7 10
14 7
3 10
6 2
5 14
2 6
10 15
6 10
14 18
10 19
18 23
B wins

* Only move to win.

682.
13 17
14 18
17 22
18 25
32 27
11 15
20 11
15 8
24 19
8 12
27 23
12 8
19 16
8 12
16 11
12 16
23 18
W wins

683.
24 19
15 24
22 18
13 22
23 19
24 15
18 2
W wins

684.
15 19
24 15
10 19
18 14
6 10
14 9
10 15
9 6
7 11
6 2
11 16
17 14
a-19 23
2 7
15 19
7 11
16 20
11 15
20 24
15 18
b-24 27
18 15
27 31
15 24
23 26
30 23
31 26
Drawn

(*a*)
19 24
loses, *e g*
19 24
2 7
15 19
7 11
16 20
11 16
&c.

(*b*)
If
23 27
then
30 26
W wins

685.
16 11
13 17
11 7
17 22
7 2
22 26
2 6
26 31
6 13
31 27
18 9
5 14
13 17
27 18
17 10
18 15
Drawn

686.
* 8 12
15 10
12 19
24 15
13 17
10 3
17 21
25 22
21 25
3 7
25 30
7 10
30 25
Drawn

* Only move to draw.

687.
27 24
16 20
23 18
20 27
19 15
11 16
14 9
27 31
18 14
Drawn

688.
26 22
3 7
18 14
11 15
19 16
12 19
20 16
19 23
14 9
23 26
9 6
26 30
6 2
7 11
16 7
15 19
7 3
10 15
3 7
30 25
7 11
25 18
11 16
Drawn

689.
9 14
20 16
14 18
22 17
*15 19
16 11
18 22
1-11 7
22 31
7 3
10 15
3 7
15 18
7 11
*31 26
11 15
18 22
15 24
26 23
B wins

Var. 1.
26 23
19 26
11 7
26 31
7 3
10 15
3 7
*15 19
7 11
31 26
17 14
22 25
11 15
26 23
15 24
B wins

* Only moves to win.

690.
Black to move
2 6
26 22
6 9
27 24
3 8
24 20
10 14
19 16
8 12
B wins

White to move
26 22
2 6
22 17
3 8
27 24
8 12
18 14
11 16
24 20
W wins

691.
31 26
1 5
21 17
18 22
17 13
22 31
32 28
31 24
28 12
20 24
12 8
24 27
8 3
27 31
3 8
31 26
8 11
W wins

692.
32 27
16 19
27 23
19 26
31 22
20 24

18 15
10 19
22 18
24 27
17 14
W wins

693.

32 27
28 32
15 11
7 23
27 18
32 27
14 7
27 23
18 15
6 9
15 10
9 13
17 14
23 18
14 9
18 15
9 6
Drawn

694.

6 2
9 14
2 7
14 21
7 14
21 25
a-14 17
15 18
22 15
13 22
15 10
25 30
10 7
30 25
7 2
25 21
2 7
21 17
7 10
W wins

(a)

27 24
19 23
14 10
25 30
Drawn

695

26 23
18 27
32 23
8 11
25 22
11 15
23 18
15 19
21 17
19 23
17 14
23 26
14 5
26 30
18 14
30 26
22 18
26 22
5 1
22 15
14 10
15 6
1 10
W wins

696.

6 1
1-22 17
* 2 7
3 10
1 6
17 22
6 15
21 25
15 10
14 17
10 14
17 21
14 17
22 26
23 18
Drawn

Var. 1

2-21 25
1 6
25 30
19 15
22 26
15 11
26 19
11 7
Drawn

Var. 2.

3-22 18
1 6
18 27
19 16
12 19
2 7
3 10
6 31
Drawn

Var. 3

3 8
1 6
4-14 17
19 15
22 26
23 18
26 23
15 10
Drawn

Var. 4.

8 11
2 7
11 16
6 9
a-14 17
19 15
Drawn

(a)

22 18
7 11
Drawn

* Only move to draw.

697.

31 27
1- 6 10
26 22
11 16
27 23
16 20
22 18
20 24
18 15
24 27
15 6
W wins

Var. 1.

2- 6 9
26 23
9 18
23 14
11 16
19 15
16 19
17 13
12 16
15 11
W wins

Var. 2.

11 16
19 15
16 19
17 13
12 16
27 23
19 24
23 18
24 27
26 22
W wins

698.

1 6
23 18
*25 22
18 11
22 17
13 22
6 13
7 10
13 17
Drawn

1 699.

2 23 26
3 30 23
12 16
15 19
16 20
23 18
22 25
18 15
25 30
15 11
17 22
11 8
22 25
8 4
25 29
4 8
29 25
* 8 12
25 22
12 16
30 26
*16 12
24 27
31 24
20 27
32 23
26 31
19 15
Drawn

Var. 1.

24 27
31 24
22 26
15 18
26 31
18 27
17 21
27 23
31 27
23 26
27 20
26 31
Drawn

Var. 2.

12 16
15 19
16 20
19 26
24 27
32 23
28 32
23 18
32 27
31 24
22 31
24 19
Drawn

Var. 3.

17 21
15 18
24 27
31 24
23 26
30 23
12 16
18 25
21 30
23 18
Drawn

700.

32 28
23 26
28 24
19 28
18 15
28 24
3 7
24 19
7 10
Drawn

701.

24 19
11 16
19 15
16 19
23 16
12 19
15 11
7 16
32 28
W wins

702.

11 15
20 11
15 8
23 16
8 12
B wins

703.

18 15
7 11
14 10
11 18
23 14
26 31
28 24
31 26
10 6
26 22
* 6 2
22 18
2 7
18 9
7 10
Drawn

704.

30 26
1- 8 12
10 6
2 9
22 17
13 22
26 10
12 16
10 6
16 20
27 23
19 26
31 22
20 24
6 2
24 27
2 6
9 13
6 10
27 31
10 15
31 27
15 19
27 32
19 23
32 28
22 18
W wins

Var. 1.

8 11
10 7
11 15
27 23
2 11
W wins

705.

9 14
18 9
17 22
11 4
22 26
30 23
27 11
Drawn

706.

21 17
6 9
19 15
9 18
17 14
5 9
14 5
18 23
15 10
7 14
5 1
14 18
1 6
Drawn

707.

21 17
5 9
27 23
20 27
17 14
15 24
14 5
27 31
28 19
31 27
23 16

27 23
19 15
10 19
5 1
Drawn

—

708.
25 22
14 18
19 16
12 19
15 11
7 16
22 15
19 23
15 11
10 15
17 14
15 18
11 8
23 26
8 3
26 31
3 7
6 10
7 11
10 17
11 27
Drawn

—

709.
9 6
2 9
23 18
9 14
18 9
11 15
*19 16
12 19
9 6
15 18
22 15
13 22
6 2
10 14
Drawn

—

710.
17 14
10 17
21 14
1- 7 11
3 8
11 16
8 11
31 26
11 20
26 22
*28 24
22 29
24 19
29 25
19 15
W wins

Var. 1.
6 10
25 21
10 17
3 10
17 22
10 14
W wins

—

711.
20 16
2 7
12 8
3 12
19 15
12 19
15 6
7 10
6 2
19 24
2 6
14 18
6 15
18 25
17 14
9 18
15 29
Drawn

—

712.
3 7
27 23
2 6
30 26
21 25
26 22
25 30
22 17
30 26
28 24
26 22
18 14
22 13
14 9
10 14
9 2
13 17
B wins

—

713.
6 10
14 7
3 10
30 25
12 16
19 12
10 14
18 9
5 14
12 8
11 15
25 21
14 18
Drawn

—

714.
15 11
16 19
23 16
14 18
* 9 6
1 10
11 7
5 9
7 2
10 15
2 6
9 13
16 11
18 22
26 17
13 22
27 23
W wins

715.
27 23
12 16
21 17
1-15 19
a-23 18
19 24
17 14
1 5
14 10
16 19
10 7
9 14
18 9
5 14
7 3
11 15
3 7
14 18
7 11
18 25
11 18
25 29
18 15
W wins

(*a*)
31 27
only
draws.

Var. 1.
1 6
23 18
6 10
31 26
b 15 19
17 14
10 17
18 15
11 25
30 5
W wins

(*b*)
16 19
26 23
W wins

—

716.
22 25
30 21
2 6
11 2
16 19
23 16
12 19
2 9
5 32
Drawn

—

717.
14 10
23 27
10 1
27 32
1 6
32 28
6 10
28 19
10 14
1-18 23
14 10
15 18
10 14
19 15
13 9
2-15 10
14 7
5 14
7 10
14 17
31 26
23 30
10 15
30 21
15 13
W wins

Var. 1.
19 23
13 9
15 19
9 6
19 24
6 2
24 28
31 27
23 32
14 23
W wins

Var. 2.
15 11
9 6
11 7
6 2
7 11
2 6
11 15
25 21
15 19
6 10
W wins

—

718.
24 20
15 24
22 18
14 17
32 28
*17 22
28 19
*22 26
31 22
8 11
18 14
10 26
19 16
12 19
23 7
Drawn

—

719.
19 16
12 19
30 26
3 12
26 23
18 27
31 6
1-21 25
6 1
25 30
9 14
30 26
14 18
2 7
18 15
26 22
1 5
22 26
5 9
25 31
9 14
31 26
14 18
W wins

Var. 1.
2 7
9 14
7 11
14 18
21 25
6 2
25 30
2 6
30 26
6 10
26 31
18 23
12 16
10 7
W wins

—

720.
27 23
18 27
32 23
7 10
23 18
a- 8 11
*20 16
11 20
31 27
W wins

(*a*)
If
8 12
W wins
by
31 26

—

721.
16 12
7 10
21 17
14 21
23 7
3 10
26 23
21 25
27 24
25 30
23 19
1-30 26
19 16
W wins

Var. 1.
15 18
12 8
30 26
8 3
W wins

—

722.
18 15
3 8
27 24
19 23
16 11
7 16
24 20
16 19
20 16
23 26
16 11
12 16
11 4
16 20
4 8
19 23
15 10
23 27
Drawn

—

723.
24 27
32 16
12 19
25 22
10 14
28 24
19 28
26 23
28 32
22 18
32 27
18 9

27 18
B wins

724.
1 5
19 10
18 22
26 17
14 30
10 6
5 14
6 2
7 11
Drawn

725.
14 9
5 14
16 19
24 15
23 18
14 23
21 14
10 17
3 26
22 31
30 14
Drawn

726.
*17 13
3 8
*22 17
8 12
*23 19
15 24
27 23
24 27
31 24
20 27
25 22
27 31
22 18
6 9
13 6
31 27
18 9
27 18
6 2
18 15
17 14
10 17
21 14
1 6
9 5
6 9
14 10
15 6
5 1
Drawn

727.
20 16
11 20
18 15
12 16
15 6
16 23
6 2
7 11
2 7
11 16
29 25
22 29
7 10
13 22
14 9
5 14
10 12
Drawn

728.
28 24
20 27
14 10
6 15
13 6
1 10
18 11
25 18
23 7
Drawn

GLASGOW GAME.
11 15
23 19
8 11
22 17
11 16
24 20
16 23
27 11
7 16
20 11
3 7
28 24
7 16
24 20
16 19
25 22
9 14
29 25
4 8
26 23
19 26
30 23
5 9
17 13
8 11
31 27
12 16
22 17
10 15
17 10
15 19
10 7
19 26
27 24
26 30
32 28
9 14
7 3
30 26
3 8
Forms Prob. 729

729.
2 7
8 15
7 10
20 11
10 19
24 15
6 9
13 6
1 19
11 7
14 18
7 2
26 22
2 7
22 29
7 10
19 23
21 17
Drawn

730.
28 24
7 11
17 13
11 16
*13 9
6 13
26 23
W wins

731.
10 15
19 10
12 19
22 15
19 23
27 18
8 11
15 8
6 29
8 4
29 25
31 26
1 6
26 23
25 22
23 19
6 9
19 15
9 13
15 10
22 18
B wins

732.
23 19
11 15
20 16
15 24
27 20
12 19
13 9
Drawn

733.
14 9
6 13
18 14
13 17
31 26
7 10
14 7
5 9
7 2
9 13
2 7
17 22
26 17
13 22
7 11
22 26
23 18
Drawn

734.
21 25
30 21
13 17
21 14
6 10
15 6
2 27
31 24
16 30
B wins

735.
White to play
15 10
6 15
24 19
15 24
22 15
11 18
27 20
4 11
29 8
W wins
Black to play
18 23
27 18
9 14
18 9
11 18
22 15
6 13
29 22
4 25
B wins

736.
1-19 23
27 18
2-12 19
18 15
19 23
15 6
7 10
14 7
23 26
21 14
22 25
31 22
25 11
B wins

Var. 1.
5 9
14 5
19 23
27 18
12 19
21 14
10 17
3 10
22 6
5 1
6 10
20 16
10 15
1 6
17 22
6 9
19 23
9 14
22 25
16 11
15 8
14 18
Drawn

Var. 2.
22 15
16 11
15 8
20 16
12 19
3 12
19 24
12 8
24 28
31 26
10 15
8 3
7 11
3 7
28 32
7 16
32 27
14 10
Drawn

737.
28 24
1-16 20
31 26
20 27
19 15
10 19
23 16
12 19
32 16
8 12
16 11
12 16
11 7
16 19
7 2
19 24
2 7
24 27
7 10
27 31
25 21
31 27
10 15
27 24
21 17
24 27
15 18
27 32
18 23
32 28
23 19
28 32
26 23
32 27
23 18
W wins

Var. 1.
8 11
24 20
11 15
20 11
15 24
32 28
24 27
31 24
10 14
22 18
13 17
25 21
17 22
11 7
22 26
7 2
26 31
2 6
W wins

738.
4 8
12 3
10 15
3 10
17 21
10 17
23 27
19 10
27 31
B wins

739
12 8
3 12
18 14
1 6

14 9
5 14
23 19
16 23
27 2
20 27
32 23
11 16
2 7
16 20
7 11
15 19
23 16
12 19
Drawn

740.
22 17
16 19
15 10
6 22
13 6
1 10
24 6
Drawn

741.
12 8
3 12
14 9
5 14
13 9
6 13
15 6
2 9
17 3
26 17
21 5
W wins

742.
26 23
3 7
31 27
16 19
23 16
12 28
27 23
15 19
23 16
11 15
16 12
14 18
20 16
18 25
17 14
10 17
21 14
25 30
12 8
Drawn

743.
20 16
11 27
28 24
18 25
30 7
W wins

744.
6 9
17 13
14 18
13 6
2 9
1-22 17
9 14
2-17 13
11 16
30 25
16 23
25 22
18 25
27 11
20 27
32 23
10 15
11 7
12 16
7 3
15 19
B wins

Var. 1.
21 17
18 25
30 21
9 14
17 13
15 18
a-32 28
11 16
19 15
10 19
24 15
B wins

(*a*)
13 9
18 23
B wins

Var. 2.
30 26
18 22
26 23
22 26
17 13
26 31
13 9
31 26
32 28
11 16
9 6
26 22
6 2
14 18
23 7
16 32
24 19
15 24
28 19
22 18
B wins

LAIRD & LADY GAME.
11 15
23 19
8 11
22 17
9 13
17 14
10 17
21 14
15 18
24 20
11 15
19 10
6 15
28 24
7 11
26 22
12 16
24 19
16 23
31 26
2 6
26 10
6 15
14 10
4 8
Forms Prob. 745

745.
22 17
13 22
10 6
1 10
20 16
11 20
27 24
W wins

746.
23 19
6 9
17 13
1 6
20 16
11 20
31 26
8 11
26 23
11 16
22 17
W wins

BRISTOL GAME.
11 16
24 19
8 11
22 18
10 14
25 22
6 10
28 24
16 20
30 25
11 16
22 17
9 13
18 9
5 14
26 22
4 8
22 18
13 22
18 9
1 6
25 18
6 13
18 15
2 6
Forms Prob. 747

747.
21 17
13 22
15 11
8 15
23 18
16 23
18 2
23 26
2 9
26 30
24 19
30 25
32 28
25 21
19 16
12 19
27 24
20 27
31 6
W wins

748.
27 24
5 9
32 28
18 23
20 16
12 19
22 18
15 22
24 15
10 19
17 10
6 15
13 6
1 10
25 4
W wins

749.
28 24
19 28
26 19
10 14
21 17
14 21
22 17
7 10
16 11
9 14
11 4
14 18
4 8
18 22
8 11
12 16
19 12
10 19
17 14
W wins

750.
23 26
31 15
19 23
27 18
10 19
17 10
6 29
B wins

751.
18 14
9 18
17 14
10 17
19 10
7 14
16 7
3 10
22 6
1 10
20 16
W wins

BRISTOL GAME.
11 16
22 18
8 11
25 22
10 14
24 19
16 20
29 25
4 8
19 15
12 16
22 17
7 10
25 22
10 19
17 10
6 15
21 17
2 6
17 13
3 7
27 24
20 27
31 24
8 12
30 25
7 10
25 21
10 14
24 20
Forms Prob. 752

752.
14 17
21 14
19 24
28 10
6 15
13 6
1 17
22 13
15 31
B wins

753.
15 10
6 22
13 6
1 10
28 24
19 28
23 18
14 23
21 7
3 10
26 3
W wins

LAIRD & LADY GAME.
11 15
23 19
8 11
22 17
9 13
17 14
10 17
21 14
15 18
19 15
4 8
24 19
13 17
28 24
6 9
15 10
17 21
19 15
11 16
Forms Prob. 754

754.
15 11
8 15
10 6
1 17
25 22
18 25
29 6
2 9
24 19
W wins

NOTES ON THE POSITIONS.

631 is worthy of careful study. Being a very critical position, it requires much skilful generalship.

635 is regarded by competent critics as a problem containing many fine points; and the draw was doubted until Mr. Roger proved it to be sound. The Draughts Editor, *Leeds Mercury*, regarded this position being omitted from Lyman's celebrated Problem Book as a very great oversight.

636 is a fine win, and leads to a beautiful ending.

639 and 640 are companion problems and interesting positions.

646. The Draughts Editor, *Leeds Mercury*, drew attention to this as "a beautiful illustration of draughts strategy."

648 gained the Second Prize in a competition in connection with the *Leeds Mercury*. Motto: "Three Threads and a Thrum."

650 appeared in the *Leeds Mercury*, and the editor invited solutions. Seven only were correct; and one of the successful solvers wrote—"A problem as novel in its idea as it is unique in its character. It evinces throughout the skill of one theoretically and practically acquainted with draughts."

656. This familiar position will be found in many publications; but on account of its sterling worth it will bear reproducing.

659. This very neat win will prove interesting; for should white at fifth move play 19-16, 12-19, 7-2, 15-18, 2-7, Black could draw. See Prob. 657, by Mr. Lyman.

661 is a "Laird and Lady" end-game. Mr. Dunne played white.

668. The Draughts Editor of the *Turf* notes this as a beautiful illustration of First Position.

681 was given in the *Glasgow Herald* as a position that would test the skill of its corps of solvers.

682. When Mr. Carstairs contributed this fine position to the New York *Turf, Field and Farm*, he paid the following tribute to the author, who was one of the most promising of the American players: "Just prior to the death of young Frank, he called at my house, and gave me several memoranda of checkers, accompanying the parting gift with the sad admission that he felt he would soon have no more use for them. Poor young fellow, the premonition was not a deceptive one. He soon after was laid in his everlasting resting-place. In looking over the collection I find this, and I send it as a *souvenir* of that fine and manly spirit."

683 and 684 are companion problems.

690 is given in "The New England Checker Player" as "The Double Five."

708. This position was drawn by Mr. Campbell; and it attracted considerable attention on its publication in the *Glasgow Herald*.

720 is an end-game from the "Single Corner."

735 will command attention through its peculiar construction. It was sent to the *Glasgow Herald* in 1876, by Mr. J. McGregor, of Glasgow, who asked for the author's name. He supposed it was by

some "ingenious Yankee." His surmise was correct, as information was elicited which proved the author to be Mr. Farr, Geneva, New York.

737. It may interest the reader to learn that when this position was composed the author was only 12 years of age.

738. This position belongs to the class of problems known as "strokes," and as a representative of its class, has few superiors. It was originally contributed by the author to one of Cassell's periodicals, and it subsequently appeared in almost every British and American newspaper draughts column and magazine. It finally appeared in the *Leeds Mercury* as "Notable Problem, No. 1," where the editor sketches its history, and pays a tribute to the memory of its lamented author. At the beginning of the year 1857 I became personally acquainted with the doctor. At the close of the Crimean war, during which I had been employed at headquarters as printer to the army, I found business dull on my return to London, and therefore came north, ultimately finding employment as journeyman printer at Hartlepool. As was then my custom, I sought for draughts-players; and ascertaining that players met at a certain hotel, I went, expecting to "roll them all over." But here I found Dr. Dean, who turned the tables on me. He was the most accomplished player I had met; and he was also a scholar and a gentleman. He showed me First and Second Positions and other draughts "mysteries" that I had never heard of, although at that time I was an enthusiastic player of 10 or 12 years standing. As there were no "draughts columns" then, and I had never seen a draughts work, my ignorance was not very unnatural. Seeing "Notable Problems, No. 1," in the *Leeds Mercury*, was the first intimation I received that I had lost a valued friend.

740 and 749 were composed by personal friends and friendly antagonists of Mr. Richards, and are fine productions.

752. This position was won in play, and reflects credit on its author.

754 is an end-game from the "Laird and Lady," between Messrs. Saukell and Strickland, and was credited to the latter in the *Leeds Mercury*. In answer to inquiries concerning the authorship—the same position being given as Mr. Yates's in Lyman's Book of Problems—Mr. Strickland wrote, "Mr. Saukell was the player who made the 'grand shot.'" The position was published in the *Magnet*, April 30, 1876.

There are many other positions in this section which are worthy of special notice, being neat, pretty, and original; and 179, in Mr. Drinkwater's section (being by a personal friend of Mr. Richards'), is entitled to special notice here, it having taken the place of honour in a problem contest in the *Recreationist* a few years ago.

SOLUTIONS OF
PROBLEMS AND CRITICAL POSITIONS
BY
VARIOUS AUTHORS.
(SECTION XIV.)

755.
a 3 7
1-19 15
12 16
15 11
7 10
30 26
16 19
11 7
10 15
7 2
15 18
2 7
18 23
26 31
19 24
7 11
23 27
11 15
27 32
15 19
32 28
19 23
28 32
31 26
32 28
Drawn

(a)
If 3 8
W wins
by
30 26
8 11
26 23
11 16
23 18
&c.

Var. 1.
30 26
7 10
26 23
10 14
19 15
14 17
15 11
17 22
11 7
22 25
7 2
25 30
2 7
30 25
7 11
25 22
11 15
22 17
15 18
17 13
18 14
12 16
Drawn

——

756.
11 16
1-9 14
1 6
14 18
16 19
18 22
19.23
22 17
23 26
17 13
26 22
W wins

Var 1.
9 13
16 19
5 9
1 6
9 14
19 23
14 17
23 18
17 21
18 22
W wins

——

757.
23 18
28 24
2 7
24 19
7 11
19 15
*18 22
B wins

——

758.
1-11 7
6 9
7 2
9 13
2 6
18 23
6 9
14 18
9 14
13 17
21 25
17 22
25 30
22 26
14 10
26 31
10 15
18 22
15 18
Drawn

Var. 1.
2-11 15
18 22
15 19
6 9
19 23
9 13
23 19
22 26
21 25
26 30
25 21
14 18
19 15
18 23
15 18
23 26
18 22
26 31
B wins

Var. 2.
21 25
6 9
25 30
18 23
11 15
23 27
30 26
27 31
26 22
9 13
15 10
14 17
22 18
17 21
18 22
31 27
10 14
27 23
14 10
23 19
10 14
19 15
14 18
13 17
B wins

——

759.
11 16
1-26 31
27 32
8 11
15 19
11 20
19 24
20 27
32 23
B wins

Var. 1.
8 12
15 18
12 19
27 31
26 30
18 23
19 26
31 22
B wins

760
1-17 13
25 21
1 5
10 15
5 9
6 10
9 6
10 14
13 17
14 18
17 14
18 22
6 10
15 19
10 15
19 23
15 19
23 26
19 23
26 31
23 26
21 17
14 21
22 25
21 30
31 22
B wins

Var. 1.
17 21
25 22
1 5
10 14
5 1
22 17
1 10
17 13
10 17
13 22
B wins

——

761.
27 31
20 24
31 26
24 19
26 22
15 10
8 11
10 7
11 16
19 24
22 18
7 3
18 15
3 8
16 19
24 27
12 16
8 12
16 20
12 16
19 24
27 32
24 27
32 23
15 19
B wins

——

762.
Stark's Solution
a- 9 14
26 23
5 9
7 2
9 13
2 6
14 17
6 10
1-17 21
10 14
13 17
23 26
12 16
26 23
17 22
14 10
21 25
10 15
25 30
15 11
16 20
23 27
30 26
11 15
22 25
15 19
25 30
19 15
26 31
27 23
30 25
15 19
25 22
19 15
Drawn

Var. 1.
17 22
10 14
22 25
14 18

12 16
18 22
25 30
23 27
16 20
22 18
30 26
27 31
26 30
18 23
20 24
23 27
24 28
27 32
13 17
31 27
W draws
By keeping command of square 20

(a)
12 16
26 23
2-16 20
23 19
9 14
7 2
14 18
2 6
18 22
6 10
22 26
10 15
26 31
19 23
5 9
15 19
9 13
19 15
13 17
15 18
20 24
23 27
24 28
27 32
Drawn

Var. 2.
9 14
7 2
14 17
2 7
17 22
7 11
16 20
23 19
22 26
11 15
3-26 31
19 23
20 24
23 27
24 28
27 32
31 26
15 19
Drawn

Var. 3.
26 30
15 18
5 9
18 23
9 14
23 27
14 18
19 15
18 22
15 18
30 25
18 23
25 30
27 31
22 25
23 27
25 29
27 32
29 25
31 27
Drawn

Wyllie's Solution
9 14
†26 23
14 17
7 3
17 22
3 7
22 25
7 10
2-25 30
10 14
30 25
14 18
5 9
23 26
9 13
26 30
1-25 21
30 26
21 17
26 23
17 21
18 22
12 16
23 27
16 20
27 32
20 24
22 26
21 25
26 31
Drawn

† The only move by which White can draw

Var. 1.
25 29
18 23
13 17
23 19
17 21
30 26
29 25
19 24
25 29
26 30
12 16
30 26
29 25
26 23
16 20
24 27
Drawn

Var. 2.
5 9
10 15
25 30
15 18
3- 9 13
18 22
12 16
23 27
16 20
22 18
13 17
18 23
17 22
27 31
Drawn

Var. 3.
30 25
23 26
12 16
18 15
9 14
26 23
25 22
23 27
14 17
27 24
16 20
24 27
22 26
15 19
26 31
27 23
17 22
19 15
22 25
15 19
Drawn

Gourlay's Solution
9 14
26 23
14 17
7 2
17 22
2 6
22 25
6 10
25 30
10 14
30 25
14 18
5 9
23 26
9 13
26 22
25 30
18 23
12 16
23 27
16 20
22 18
13 17
18 23
17 22
27 32
22 26
23 27
26 31
27 23
31 27
23 18
27 24
18 23
24 28
23 27
30 26
27 31
26 23
31 27
23 19
27 31
19 16
31 27
16 12
27 31
28 24
31 26
24 19
32 27
12 16
26 31
19 15
31 26
15 18
26 23
18 22
27 32
Drawn

763.
32 27
15 18
5 1
10 14
1 6
19 23
27 31
18 22
6 9
14 18
9 14
22 25
14 17
25 29
a-17 14
18 22
14 17
b-23 26
17 21
26 30
31 27
30 26
27 31
26 23
21 17
22 26
31 22
Drawn

(a)
If 17 21 29 25 & B wins

(b)
If 22 25 W wins by 31 26

——

764.
1- 9 13
17 14
13 17
a-14 9
2- 1 6
9 5
6 1
15 10
17 14
10 7
14 10
7 3
10 14
3 7
14 9
7 10
9 13
2 6
13 17
10 14
W wins

(a)
b-14 10
17 14
2 7
14 18
7 11
18 14
10 7
14 10
Drawn

(b)
15 10
1 5
2 6
5 1
6 9
c-17 13
10 7
13 6
7 2
W wins

(c)
1 5
9 13
W wins

Var. 1.
1 5
2 7
9 13
17 14
13 9
14 10
5 1
d- 7 3
9 6
10 7
6 2
15 11
1 6
3 8
6 10
7 3
2 6
11 7
6 2
8 11
10 14
3 8
14 10
7 3
W wins

(d)
7 2 or 7 11 and B draws same as Var. *a*

Var. 2.
e- 1 5
9 6
5 1
15 10
17 14
2 7
14 9
6 2
W wins

(e)
17 14
9 5
14 9
15 10
W wins

——

765.
25 22
16 12
22 18
20 16
18 23

16 11
23 19
11 8
19 16
8 4
16 11
12 8
a-10 15
8 3
15 10
3 8
Drawn

(a)
10 7
8 3
7 10
Drawn

———

766.
12 16
24 20
23 18
11 7
18 15
20 11
15 6
7 2
6 1
B wins

———

767.
7 10
1- 8 11
30 25
a-11 16
10 14
b-18 15
2-25 30
16 11
30 25
11 7
c- 9 13
7 11
25 30
11 16
30 26
d-16 20
26 30
20 24
30 26
24 27
13 17
e-27 31
17 22
15 10
14 18
f-10 15
26 30
g-31 27
3-30 25
21 17
18 23
27 18
25 30
Drawn

Var. 1.
18 22
10 15
8 11
15 19
11 15
19 24
15 18
24 28
21 17
9 13
17 14
28 32
14 10
32 28
10 6
28 32
6 2
32 28

White having the move can only draw, but if b ack had the move white would win.

Var. 2.
25 22
15 10
4-22 18
10 17
9 13
17 22
18 25
16 19
W wins

Var. 3.
30 26
21 17
h-26 23
27 31
23 26
17 13
26 30
13 9
30 26
9 6
26 30
6 2
30 26
2 6
26 30
6 9
30 26
9 14
26 23
15 19
W wins

Var. 4.
22 17
10 6
17 13
16 19
14 18
19 15
18 23
15 18
23 26
18 22
W wins

(a)
11 7
10 14
18 15
9 13
Draws same as Var. 1 at 10th mve

(b)
18 23
25 22
16 11
22 18
Draws

(c)
25 22
7 10
W wins

(d)
16 19
13 17
15 10
17 22
Draws

(e)
15 10
17 22
10 17
26 30
Draws

(f)
10 14
26 23
14 17
23 26
Draws

(g)
21 17
18 23
15 18
23 26
Draws

(h)
26 31
27 24
31 26
17 13
W wins

———

768.
28 24
16 20
23 27
14 17
30 26
21 25
26 22
17 26
27 32
20 27
32 21
W wins

———

769.
* 3 7
23 19
*15 11
24 20
14 17
19 23
17 22
23 18
22 26
18 14
11 15
14 9
26 31
9 6
31 26
6 2
15 11
2 6
*11 8
1- 6 2
* 8 12
2 11
12 19
11 8
26 23
8 12
23 18
20 16
18 14
16 11
14 10
11 8
10 7
B wins

Var. 1.
6 9
26 23
9 14
23 19
16 12
8 11
14 18
19 24
18 14
24 27
14 18
7 10
B wins

———

770.
24 27
23 18
15 11
32 23
28 32
1-23 19
32 27
19 15
11 7
22 17
27 23
18 14
7 2
15 11
2 6
17 13
23 18
14 9
6 1
11 7
18 14
9 5
14 10
7 2
10 14
2 7
14 17
7 10
17 21
13 9
21 17
9 6
17 13
Drawn

Var. 1.
22 17
11 16
17 13
32 27
13 9
27 24
18 14
24 19
23 18
16 11
Drawn

———

771.
12 16
19 12
4 8
2 7
10 6
Drawn

———

772.
28 32
a-27 24
32 27
24 20
27 23
21 17
23 18
20 16
18 23
17 22
23 19
22 18
19 24
18 15
3 7
12 3
24 20
3 10
20 18
Drawn

(a)
27 23
32 27
23 18
3 7
12 3
27 23
3 10
23 7
21 17
7 10
B wins

———

773.
9 14
17 13
10 6
22 25
14 17
25 21
17 22
21 17
27 31
17 26
31 22
28 24
22 18
24 19
18 14
19 15
6 1
15 11
14 9
B wins

———

774.
2 7
10 14
19 15
14 18
7 11
8 4
15 10
18 23
10 6
23 19
6 2
19 24
3 7
24 20
7 10
20 24
10 15
24 28
15 19
28 32
3 7
32 28
7 10

28 32
10 15
32 28
15 18
28 32
18 23
32 28
23 27
28 32
19 23
32 28
27 32
28 24
23 26
24 20
26 31
20 24
32 28
24 19
31 27
W wins

775.
18 23
32 28
23 19
24 27
19 24
28 19
26 23
19 26
30 32
W wins

776.
19 24
27 31
32 28
23 27
30 23
27 32
23 18
32 27
24 20
27 23
18 15
23 19
15 11
31 27
11 8
27 23
8 4
23 18
4 8
18 15
8 12
15 11
20 24
11 15
24 27
†15 11
27 32
11 15
12 8
15 18
32 27
1-19 16
27 31
16 19
8 11
18 23
11 7
23 18
7 10
18 23
10 14
19 15
28 24
15 11
24 20
23 19
14 18
19 24
18 23
24 28
23 19
28 32
31 26
32 27
26 22
W wins

(†)
If 15 18
play
27 31

Var. 1
15 18
27 31
19 16
28 24
15 18
8 12
16 11
31 27
18 15
27 23
15 10
23 18
10 7
18 14
11 15
12 16
7 3
16 19
15 11
14 18
3 7
19 15
W wins

777.
18 23
21 17
23 27
17 14
1 6
30 26
27 31
1-26 23
31 27
23 19
27 23
19 15
23 19
14 10
6 9
11 7
9 13
7 2
13 17
15 11
19 15
11 7
15 6
2 9
3 10
9 14
Drawn

Var. 1.
26 22
31 26
a-22 17
3 7
11 2
26 22
B wins

(*a*)
22 18
6 10
14 7
3 10
B wins

LAIRD & LADY GAME.
11 15
23 19
8 11
22 17
9 13
17 14
10 17
21 14
15 18
26 23
13 17
19 15
4 8
23 19
17 21
24 20
7 10
14 7
3 10
31 26
2 7
26 22
10 14
19 16
12 19
20 16
11 20
27 24
20 27
32 16
14 17
22 13
6 9
13 6
1 19
16 12
8 11
12 8
7 10
8 3
5 9
30 26
21 30
3 8
30 23
8 13
Forms Prob. 778

778.
18 22
13 17
23 26
17 13
26 30
13 17
22 26
1-17 21
26 31
29 25
31 27
25 22
27 23
22 17
23 18
17 13
18 14
B wins

Var. 1.
17 22
26 31
22 18
31 27
18 15
27 24
15 18
24 20
18 15
19 23
15 19
20 24
19 26
30 23
B wins

779.
14 10
19 24
10 7
24 20
7 3
1-20 24
3 7
24 20
7 10
20 24
10 15
24 20
15 19
20 24
11 15
24 20
19 24
20 27
32 23
28 32
15 19
32 28
23 27
28 32
19 23
W wins by 1st Position

Var. 1.
12 16
a-11 15
20 24
3 8
16 19
15 18
24 20
8 11
20 24
11 16
W wins

(*a*)
32 27
16 19
11 15
28 32
15 24
32 23
24 28
Drawn

780.
20 24
11 15
24 27
15 19
27 31
19 24
22 18
24 28
18 14
28 32
14 9
32 28
9 6
28 24
6 2
24 19
2 6
13 17
30 26
19 15
6 9
15 18
26 23
18 27
31 24
17 22
24 27
22 26
9 14
26 30
27 23
21 25
14 17
W wins

781.
26 30
4 8
30 26
8 11
18 22
11 16
22 25
16 19
25 29
19 16
29 25
16 19
25 22
19 16
22 18
16 11
26 22
11 16
31 26
24 20
18 23
27 18
22 15
16 12
26 23
20 16
15 10
16 11
23 19
11 8
10 7
8 4
7 3
B wins

782.
1- 7 2
24 20
2 6
20 24
3 7
12 8
6 2
8 4
15 11
16 12
Drawn

Var. 1.
7 10
24 20
2- 3 7
16 11
15 8

12 3
Drawn

Var. 2.
10 14
20 24
14 18
24 27
18 22
27 31
22 18
31 27
18 14
27 24
3- 3 7
12 8
4-15 11
8 3
Drawn

Var. 3.
14 10
24 20
10 7
20 24
15 11
24 20
11 8
20 24
8 4
24 19
5- 7 10
16 11
Drawn

Var. 4.
14 10
8 3
15 11
24 20
11 15
16 11
15 8
3 12
Drawn

Var. 5.
4 8
19 15
8 4
15 19
7 10
16 11
Drawn

——

783.
10 14
1a30 26
17 21
2-26 23
18 15
23 19
15 10
19 23
10 6
23 19
6 1
19 24
1 6
24 19
6 10
19 23
10 15
23 27
15 19
27 32
14 18
b-32 28
18 23
28 32
19 24
32 28
23 19
28 32
24 28
32 27
28 32
27 31
19 15
31 26
32 27
26 22
27 23
5 9
15 10
W wins

(a)
29 25
17 22
25 29
14 17
30 25
17 21
W wins

(b)
5 9
21 17
9 13
17 22
W wins

Var. 1.
30 25
17 21
25 22
18 15
22 26
15 10
26 30
10 6
29 25
14 18
5 9
6 1
9 13
1 6
25 29
18 22
W wins

Var. 2.
26 22
18 15
22 17
14 10
17 13
15 11
5 9
10 15
9 14
11 7
13 17
7 2
17 22
2 6
14 18
21 25
W wins

784.
9 14
17 22
14 18
22 25
18 22
25 29
30 26
21 25
† 22 18
a-25 30
18 23
29 25
26 22
25 18
23 14
30 26
14 17
26 31
27 32
31 26
32 28
26 23
17 22
23 19
22 18
19 16
18 23
16 11
23 19
11 8
28 32
8 11
32 27
W wins

(a)
25 21
26 22
21 25
18 23
25 18
23 14
W wins
† Only move to win.
26 23 changes the move but only draws:—
26 23
25 18
23 14
29 25
14 10
25 22
10 6
22 26
6 2
26 31
27 32
31 26
32 28
26 23
2 7
23 19
7 11
19 16
Drawn

——

785.
8 11
16 20
11 16
18 22
21 17
22 26
17 14
26 31
14 10
31 27
a-10 7
19 24
28 19
27 24
19 15
24 19
B wins

(a)
16 11
23 26
11 16
19 23
B wins

——

786.
10 7
12 16
7 2
16 19
2 7
19 23
7 10
22 26
10 15
26 31
15 10
5 9
10 15
9 13
15 10
31 26
10 15
26 22
15 11
1-22 18
11 16
13 17
16 20
17 22
20 24
18 15
24 27
15 18
27 31
Drawn

Var. 1.
22 26
11 15
2-26 31
15 10
13 17
10 14
17 22
or
17 21
14 18
Drawn

Var. 2.
13 17
16 11
17 21
11 7
26 22
7 11
22 18
11 16
18 15
16 20
23 27
32 23
28 32
20 24
Drawn

——

787.
10 6
19 23
6 2
23 19
*11 7
3 10
2 6
20 11
6 24
W wins

——

788.
27 32
1 6
11 15
18 11
24 27
6 15
32 28
31 24
28 10
B wins

——

789.
1 6
5 1
6 10
1 6
10 14
6 10
14 17
10 15
17 22
15 18
22 26
18 23
26 31
24 19
31 27
23 18
27 24
19 23
24 20
18 15
20 16
15 18
16 11
18 22
3 7
22 18
7 10
18 22
10 14
22 26
14 17
26 30
17 21
30 26
21 25
26 30
25 29
30 26
29 25
26 31
25 22
23 19
22 17
19 23
17 14
31 26
14 10
26 22
10 7
22 18
7 3
18 22
11 15
22 26
15 10
26 22
10 14
22 26
14 17
26 31
17 22
1-23 19
22 18
19 16
18 15
16 20
15 11

20 24
32 27
24 20
27 23
20 24
28 32
24 28
23 19
B wins

Var. 1.
23 26
22 18
a-26 30
18 15
30 26
15 19
26 30
19 24
30 26
32 27
B wins

(*a*)
26 23
18 27
31 24
32 27
24 31
28 32
B wins

——

790.
19 15
24 19
15 11
19 12
25 22
12 8
22 17
W wins

——

791.
30 26
22 25
26 23
25 22
23 19
22 25
19 15
25 22
14 10

22 25
10 6
†-31 26
24 19
26 31
27 23
1-31 26
15 11
25 22
11 16
26 31
19 15
31 27
23 19
27 24
16 12
W wins

(†)
25 30
24 19
31 24
15 10
24 15
10 19
W wins

Var. 1.
31 27
15 18
25 30
19 16
30 26
23 19
26 23
18 15
20 24
15 10
24 28
19 15
W wins

——

792.
31 26
†-18 22
26 17
29 25
17 14
15 19
14 18
19 24
30 26

24 28
26 30
25 29
18 22
W wins

(†)
If 29 25
W wins
by
26 22
25 29
32 27
&c.

——

793.
10 15
14 21
15 11
29 25
or
21 25
1 6
25 18
11 7
3 10
6 22
W wins

——

794.
20 16
11 20
18 15
10 19
22 18
23 26
17 14
26 30
14 5
30 26
18 14
26 22
5 1
Drawn

——

795.
11 15
7 3
20 11
3 7

15 18
Drawn

——

796.
7 11
18 14
11 8
14 7
6 2
3 12
2 11
1 6
5 1
6 10
1 6
10 14
6 10
14 18
10 15
18 23
11 16
W wins

——

797
30 25
17 22
25 18
19 23
28 22
23 14
27 23
14 10
32 27
10 15
23 26
16 19
26 31
19 24
27 32
24 28
31 27
16 19
27 31
19 23
31 27
23 26
27 31
26 30
31 27
30 26

27 31
26 23
31 27
23 19
27 31
20 24
31 26
19 16
26 31
Drawn

——

798.
1-23 19
2- 6 10
13 6
31 26
*19 16
26 22
*16 11
3-22 18
*11 16
18 23
*16 11
23 19
*11 15
19 23
15 11
23 18
*19 16
18 15
* 2 7
15 11
7 14
Drawn

Var. 1.
23 18
6 10
13 6
31 26
18 14
10 17
B wins

Var. 2.
31 26
19 16
26 23
16 11
23 18
2 7.

18 14
11 8
14 18
8 11
Drawn

Var. 3.
22 17
11 16
17 13
16 11
13 9
2 7
Drawn

——

799.
*29 25
22 29
6 2
29 25
2 7
25 22
7 11
22 26
11 8
26 19
8 12
W wins

——

800.
30 25
1 6
25 18
6 9
12 16
20 11
18 15
9 18
15 22
11 7
22 18
7 2
13 17
B wins

——

801.
3 7
10 3
4 8
3 7

8 11
7 10
11 20
10 15
20 24
Drawn

——

802.
12 16
8 4
3 8
4 11
20 24
11 20
27 32
20 27
32 7
B wins

——

803.
*22 17
2 7
1 5
10 6
5 9
7 10
9 13
10 15
17 14
6 2
13 17
15 10
14 7
2 11
17 22
11 15
22 25
15 18
29 25
18 22
12 16
32 27
16 20
30 26
21 25
22 18
25 30
18 23
29 25
Drawn

804.
3 7
1-19 24
26 23
2-24 20
7 11
16 7
10 3
20 24
1 6
24 27
23 19
27 31
6 10
32 27
19 15
27 23
10 14
31 27
15 11
23 19
3 7
27 24
7 10
24 20
B wins

Var. 1.
32 27
26 22
19 23
1 6
27 24
10 15
23 19
15 11
B wins

Var. 2.
24 19
23 18
32 28
18 15
28 24
15 11
B wins

——

805.
29 25
15 24

20 27
31 24
25 22
24 19
16 23
28 24
23 18
24 19
22 17
B wins

——

806.
23 18
15 10
32 27
16 19
28 32
†-19 24
27 23
24 27
23 19
27 31
18 15
10 14
15 11
14 10
19 16
20 24
16 12
24 28
12 8
10 6
8 3
6 10
3 8
10 6
8 12
6 10
12 16
10 6
11 7
W wins

(†)
If 19 23
W wins
by 22 17
10 6
18 14
&c.

807.
7 11
2 7
11 16
24 20
9 14
20 11
14 18
23 14
17 3
19 15
12 8
11 4
3 7
Drawn

——

808.
26 23
†- 2 7
3 10
6 15
8 11
15 8
27 24
28 19
23 16
Drawn

(†)
6 10
8 11
2 7
11 16
7 11
16 20
Drawn

——

809.
27 23
18 14
23 26
22 17
11 15
7 3
2 7
3 10
19 23
10 19
26 31
19 26
31 6
B wins

——

810.
24 19
1-10 14
*19 15
14 18
*15 10
26 23
*10 6
23 19
2 7
18 22
* 7 10
22 18
6 1
18 22
32 28
22 18
1 5
W wins

Var. 1.
26 31
27 23
10 14
19 15
31 27
23 19
27 23
19 16
23 19
*15 10
19 12
*32 27
14 7
2 11
W wins

——

811.
23 27
31 24
15 18
14 23
16 20
21 14
20 2

B wins

812.
27 23
6 9
23 18
9 14
18 9
13 6
22 18
6 2
18 14
2 7
1 6
10 1
3 10
1 6
10 15
6 2
15 19
B wins
by First
Position

——

813.
31 26
28 32
19 23
32 28
27 24
a-28 19
23 16
20 24
30 25
21 30
16 20
W wins

(*a*)
20 27
23 32
28 24
30 25
21 30
32 28
W wins

——

814.
10 15
2 6
15 19
1-32 27
30 25
6 10
25 22
10 15
22 26
15 24
26 31
27 23
20 27
28 24
31 26
23 18
26 23
18 14
27 32
B wins

Var. 1.
6 10
19 23
10 15
30 26
15 18
23 27
32 23
26 19
B wins

——

815.
27 23
19 16
23 26
11 7
26 22
7 2
14 18
2 6
18 23
6 10
23 26
16 11
26 30
11 7
*30 26
7 2
26 23
2 6
*23 18
1-15 19
22 25
10 7
9 14
Drawn

Var. 1.
15 11
*22 26
10 15
*26 22
2- 6 1
*18 14
11 7
*13 17
7 10
14 7
21 5
Drawn

Var. 2.
6 10
18 23
11 16
23 18
15 11
18 23
10 6
*22 18
6 1
23 27
16 19
9 14
1 5
Drawn

——

816.
25 22
11 15
19 23
27 18
5 9
21 17
22 13
Drawn

——

817.
22 26
15 22
14 18
22 15
30 25
B wins

818.
27 23
19 28
23 19
15 24
14 10
1-24 27
32 14
28 32
14 9
32 27
9 5
27 31
26 22
31 26
22 17
26 22
17 13
W wins

Var. 1.
2-18 23
26 19
24 27
32 23
28 24
19 15
24 27
23 19
27 23
19 16
23 19
16 11
19 16
10 7
16 19
15 10
19 15
10 6
W wins

Var. 2.
18 22
26 17
24 27
32 23
28 24
17 13
24 27
23 19
27 23
19 16
23 18
16 12
W wins

——

819
a-23 26
6 2
26 22
17 13
22 18
13 9
18 11
10 7
3 10
12 3
11 15
3 7
†- 1 6
7 14
6 13
Drawn

(†)
If 14 10
W wins
by
9 6
1 10
2 6
&c.

(*a*)
3 7
or
23 18
would
lose, as
follows:
3 7
10 3
1 19
3 7
W wins

23 18
6 2
18 11
10 7
3 10

12 3
11 16
3 7
W wins

——

820.

23 18
15 8
18 14
9 25
27 23
W wins

——

821.

6 10
11 18
10 15
8 11
15 8
a*22 25
or
22 26
Drawn

* Only moves to draw.

(*a*)
12 16
loses as follows,

12 16
8 11
16 20
11 15
20 24
15 19
22 26
19 28
26 31
28 24
18 22
24 19
31 26
32 28
W wins

——

822.

25 29
14 10
21 25
30 21
22 25
10 7
25 30
31 26
23 18
26 31
29 25
7 3
25 22
3 7
18 15
31 27
30 26
27 24
26 23
24 28
23 18
28 32
18 14
32 27
22 18
27 24
18 23
24 28
23 19
28 32
19 16
32 27
15 11
7 2
16 12
27 24
12 8
24 20
8 3
20 24
11 15
24 27
15 19
27 32
14 18
32 27
18 15
27 32
19 24
32 28
15 19
21 17
24 27
17 14
27 23
14 10
23 18
28 32
19 23
32 28
23 26
28 24
26 22
24 19
22 17
19 16
17 13
16 11
13 9
11 16
18 15
B wins

——

823.

14 18
9 2
8 3
5 9
*21 17
9 13
17 14
13 17
14 9
17 21
3 8
2 7
9 6
7 2
6 1
2 7
1 6
12 16
6 2
7 3
8 11
16 20
11 16
W wins

——

824.

7 10
16 11
10 7
11 8
7 11
8 4
2 6
28 24
11 16
4 8
16 20
24 19
20 16
8 4
16 23
4 8
* 3 7
8 4
23 19
1- 4 8
19 15
8 4
15 11
12 8
11 15
8 3
15 11
B wins

Var. 1.

12 8
19 15
8 3
15 11
3 10
6 15
B wins

——

825.

21 25
11 18
1 25 30
2 8 11
3 26 23
19 26
30 14
11 15
27 23
15 18
23 19
18 22
14 18
22 26
18 23
26 30
28 24
20 27
23 32
W wins

Var. 1.

12 16
26 23
19 26
30 14
16 19
14 17
8 11
17 22
11 15
27 23
19 26
22 31
W wins

Var. 2.

20 24
27 20
18 23
20 16
23 27
30 25
27 31
25 22
31 27
22 18
19 23
26 19
27 24
18 22
24 15
16 11
W wins

Var. 3.

18 23
27 18
12 16
26 23
19 26
30 23
8 11
18 14
11 15
14 9
15 19
23 27
W wins

——

826.

18 15
10 26
30 23
7 11
23 19
W wins

——

827.

*18 23
19 26
13 17
14 10
5 14
6 1
17 22
26 17
14 21
Drawn

(†)
13 17
or
18 22
loses for Black.

——

828.

4 8
*16 11
13 9
11 18
9 2
22 17
8 11
17 13
11 16
18 15
2 6
14 18
16 20
18 23
20 24
15 18
24 19
23 26
6 1
26 31
19 24
13 9
1 5
9 14
5 1
18 23
1 5
23 27
24 28
31 26
5 1
26 23
1 6
23 18
6 1
14 9
21 17
9 5
28 32
27 23
32 28
23 19
28 32
19 15
32 27
15 10
27 24
18 22
17 13
22 18
24 19
10 7
19 24
18 15
24 27
15 10
27 23
10 6
1 10
7 14
23 19
5 1
19 16
1 6
16 19
6 10
19 23
10 15
23 27
15 11
27 23
3 7
23 19
7 10
19 23
10 15
23 27
15 19
27 32
19 24
32 28
24 27
28 24
27 32
24 28
32 27
28 32
27 23
32 28
23 19
28 32
19 15
32 27
15 10
27 23
10 6
23 19
14 10
19 24
10 15
24 28
15 19
28 32
19 24
32 28
11 16
28 19
16 23
B wins

——

829.

11 15
19 10
2 7
10 15
7 10
14 7
3 19

9 14
19 15
14 17
15 18
5 9
29 25
17 22
25 21
22 26
21 17
26 31
18 23
W wins

830.
23 18
11 16
27 23
20 24
22 17
24 27
18 14
27 31
14 7
31 27
23 18
16 23
7 2
W wins

831.
6 10
14 7
2 11
28 24
11 15
32 27
1 6
27 23
6 10
21 17
13 22
23 18
12 16
B wins

832.
1-21 17
19 23
24 19
15 24
28 19
18 22
17 13
23 26
6 2
26 30
19 16
30 25
2-16 12
22 17
12 8
25 21
8 3
7 10
2 6
11 15
3 7
10 14
7 11
14 18
6 10
15 19
Drawn

Var. 1.
6 9
19 23
21 17
23 26
17 14
26 30
24 19
15 24
28 19
30 26
9 5
18 9
5 14
26 23
19 16
11 15
16 12
15 19
12 8
7 11
14 10
11 15
8 3
23 27
3 7
27 24
Drawn

Var. 2.
13 9
11 15
2 18
22 15
9 6
25 22
6 2
15 10
16 12
22 18
Drawn

833.
31 26
23 19
26 22
19 16
22 17
14 9
6 13
16 12
17 22
12 3
22 26
3 10
26 23
B wins

834.
7 10
17 26
12 16
20 11
10 14
9 18
15 31
27 24
31 27
23 18
27 20
18 14
20 16
B wins

835.
20 16
11 20
18 11
20 24
23 18
24 27
22 17
27 31
17 14
31 26
14 5
6 10
5 1
26 22
11 7
22 15
1 6
3 8
7 3
8 12
3 7
W wins

SINGLE CORNER GAME
11 15
22 18
15 22
25 18
12 16
18 14
9 18
23 14
10 17
21 14
6 10
29 25
10 17
25 21
17 22
26 17
8 11
27 23
4 8
23 18
8 12
17 14
1 6
31 26
6 9
32 27
16 20
26 23
11 16
30 26
2 6
18 15
9 18
23 14
3 8
21 17
7 11
14 10
11 18
10 1
18 22
26 23
22 25
17 13
25 30
30 26
6 10
26 19
24 15
16 19
Forms Prob. 836

836.
13 9
5 14
10 17
12 16
15 11
8 15
17 22
W wins

BRISTOL GAME
11 16
24 20
16 19
23 16
12 19
22 18
10 14
18 15
19 23
26 19
7 11
15 10
6 24
28 19
8 12
25 22
3 7
29 25
11 16
20 11
7 23
27 18
14 23
31 26
23 27
32 23
4 8
23 19
9 14
26 23
8 11
22 18
2 7
18 9
5 14
30 26
Forms Prob. 837

837.
7 10
25 22
11 15
19 16
12 19
23 16
14 18
22 17
18 22
26 23
22 26
16 11
26 31
11 7
31 27
7 2
27 18
2 6
18 14
17 13
14 9
6 2
15 19
13 6
10 14
2 7
1 10
7 11
19 23
11 7
23 26
7 2
26 31
2 6
10 15
6 10
14 18
10 19
18 23
19 26
31 22
B wins

838.
*16 11
24 27
*30 26
27 24
26 23
24 27
*22 18
27 24
18 15
24 20
15 10
20 24
10 7
3 10
6 15
24 27
*15 18
27 24
18 22
24 27
23 19
27 23
19 16
23 19
16 12
19 16
11 7
16 11
7 3
11 15
3 8
15 10
8 11
10 6
12 8
W wins

839.
30 26
19 15
26 23
15 10
23 19
1-10 6
2) 19 15
3) 6 2
15 10
2 7
17 22
7 2
22 26
2 7
26 31
7 2
31 27
2 7
27 24
7 2
24 19
2 7
8 11
7 2
19 15
16 17
15 11
B wins

Var. 1.
10 7
3 10
12 3
19 12
3 7
17 22
7 2
10 15

2 6
14 18
6 10
15 19
10 15
19 23
15 19
23 26
B wins

Var. 2.
16 11
15 10
11 4
10 1
4 8
1 6
8 11
6 10
11 7
10 15
7 2
17 22
2 6
22 26
6 9
14 18
21 17
26 31
17 14
15 11
B wins

Var. 3.
6 1
15 10
1 5
10 6
5 1
6 9
1 5
17 22
5 1
22 26
1 5
26 31
5 1
31 26
1 5
26 22

5 1
22 17
1 5
17 13
5 1
14 18
1 5
9 14
5 1
14 10
B wins

840.
19 24
28 19
3 7
11 2
27 24
2 9
24 6
Drawn

841.
12 8
3 12
18 14
17 10
15 6
24 15
31 27
32 23
6 2
12 19
2 27
W wins

842.
6 10
13 9
11 15
9 6
15 24
23 19
24 27
6 2
27 31
2 6
31 27
6 15
27 24

20 16
1 6
5 1
14 17
1 10
24 20
21 14
20 9
Drawn

843.
23 19
15 24
30 25
21 30
8 11
30 23
11 18
2 7
9 14
17 22
18 25
7 11
14 18
11 16
18 23
16 20
23 27
13 17
25 30
17 22
27 32
20 24
32 28
24 27
30 26
22 31
28 32
W wins

844.
6 9
13 6
15 19
6 24
32 28
8 15
28 10
30 25
22 26

25 21
26 22
29 25
22 29
21 17
29 25
17 13
10 14
2 6
25 22
6 1
22 18
1 5
18 15
5 1
15 10
B wins

845.
1 6
11 16
23 19
15 24
13 9
5 14
30 26
21 30
6 9
30 23
9 4
Drawn

846.
23 19
16 23
32 28
26 22
a-7 10
6 15
13 6
Drawn

(*a*)
18 15
loses by
22 18
7 10
18 11
10 1
11 7

13 6
7 2
B wins

847.
30 26
21 25
22 17
15 18
17 21
25 30
26 22
18 25
7 10
Drawn

848.
5 9
11 7
18 22
27 18
14 23
7 2
9 13
2 6
10 14
1- 6 9
14 17
9 14
26 31
14 21
31 27
21 17
22 25
30 21
13 22
21 17
22 25
17 13
25 30
13 9
30 26
9 6
26 22
6 1
22 18
1 6
18 15
B wins

Var. 1.
6 10
14 17
10 15
26 31
15 18
23 26
18 25
17 21
30 23
21 30
B wins

849.
27 24
3 8
32 28
8 12
24 19
15 24
28 19
18 23
26 22
23 26
25 21
26 31
22 17
1- 5 9
14 5
31 27
17 14
27 24
19 16
12 19
5 1
11 15
1 6
7 11
6 10
W wins

Var. 1.
31 27
14 9
5 14
17 3
27 24
3 8
24 15
21 17

12 16
17 14
W wins

850.
19 16
†12 28
23 19
14 23
21 7
28 32
7 3
32 28
3 8
28 24
8 15
Drawn

(†)
If 12 26
W draws
by
24 19
&c.

851.
1- 4 8
24 20
8 11
10 7
1 10
7 14
11 15
19 10
26 19
20 11
19 15
Drawn

Var. 1.
16 20
23 18
20 27
19 16
12 19
3 8
4 11
18 15
11 18
10 15
W wins

852.
*15 10
14 30
*24 15
9 14
10 1
Drawn

853.
1- 7 2
20 24
2 6
24 28
5 1
28 32
6 10
30 25
10 17
25 18
1 5
W wins

Var. 1.
7 3
20 24
3 7
24 28
7 10
*28 32
10 17
30 25
Black for choice.

* Cooper, Ayr.

854.
9 6
31 24
23 19
16 23
15 10
8 22
14 9
5 14
10 28
4 8
28 24
12 16

6 2
8 11
2 6
11 15
24 20
W wins

855.

10 6
1 10
20 24
28 3
18 15
10 19
25 22
W wins

856.

26 22
1 6
22 15
7 11
1-25 22
11 25
29 22
8 11
27 23
6 10
23 18
W wins
Reid

Var. 1.

20 16
a-11 18
25 22
18 25
29 22
6 10
22 18
10 14
18 9
5 14
27 23
14 17
23 18
17 22
18 15
22 25
16 11
W wins
Murdoch

(*a*)

11 20
25 22
5 9
22 18
9 13
18 14
13 17
29 25
W wins
Murdoch

857.

*22 25
29 22
8 12
31 27
12 19
27 23
11 15
23 16
3-15 19
*16 11
7 16
20 11
1-17 21
22 17
6 10
26 22
21 25
11 7
14 21
22 18
25 30
7 2
30 26
2 6
W wins

Var. 1.

6 10
13 9
17 21
11 7
2-21 25
7 2
25 29
2 7
10 15
7 10
14 18
22 17
W wins

Var. 2.

10 15
22 17
14 18
17 13
21 25
26 22
W wins

Var. 3.

14 18
*28 24
18 25
26 23
7 10
16 11
10 14
23 19
6 10
11 7
25 30
7 2
30 26
2 7
26 22
13 9
17 21
9 6
21 25
6 2
25 30
2 6
30 25
7 11
22 18
20 16
25 22
16 12
W wins

858.

3 7
30 25
7 10
27 24
2 7
32 28
13 17
23 18
14 23
21 14
10 17
25 21
23 27
B wins

859.

19 15
1-11 18
12 8
3 12
32 27
23 32
30 14
10 17
1 3
Drawn

Var. 1.

10 19
1 10
7 14
32 27
23 32
30 7
3 10
Drawn

860.

10 15
18 2
12 16
20 11
8 15
2 9
5 30
27 24
4 8
32 27
8 11
27 23
11 16
24 20
15 19
20 11
19 26
11 7
26 31
B wins
by 1st
position

861.

14 17
22 13
15 10
29 22
6 1
13 6
7 11
16 14
1 28
31 24
28 19
B wins

862.

17 14
10 17
19 15
12 28
20 16
3 19
15 6
7 11
6 10
11 16
10 15
28 32
18 23
32 28
15 19
16 20
23 27
28 32
19 23
32 28
27 32
28 24
32 28
W wins

863.

3 7
22 17
7 10
29 25
1 6
25 22
5 9
32 28
21 25
30 21
9 14
B wins

864.

25 22
2 7
24 20
9 13
18 9
5 14
21 17
14 21
23 18
W wins

BRISTOL GAME.

11 16
23 18
16 20
24 19
9 14
18 9
5 14
22 17
8 11
27 23
4 8
25 22
11 15
29 25
15 24
28 19
8 11
17 13
20 24
22 18
1 5
18 9
5 14
25 22
11 15
32 28
6 9
13 6
2 9
22 17
9 13
Forms
Prob. 865

865.

a-23 18
14 23
17 14
10 17
19 10
7 14
28 19
14 18
21 14
18 22
26 17
13 22
14 10
3 8
10 6
8 11
6 2
11 16
19 15
16 20
2 6
23 27
31 24
20 27
6 10
27 31
10 14
W wins

866.

26 22
7 11
†13 9
11 25
9 2
25 29
2 7
29 25
27 24
19 23
24 20
16 19
7 10
8 11
10 7
12 16
7 3
23 26
31 22
25 18
3 8
18 15
8 12
15 10
12 8
Drawn

† Only move to draw.

867.

3 7
12 3
10 15
3 10
19 23
10 19
26 30
19 26
30 5
2 9
5 30
B wins

868.

6 9
13 6
11 15
22 13
15 31
1- 6 2
31 22
2 11
10 14
32 27
22 26

23 19
26 31
27 24
31 27
11 15
12 16
20 11
27 20
B wins

Var. 1.
26 22
31 27
6 2
26 19
2 11
10 14
13 9
19 15
11 18
14 23
22 18
5 14
18 9
3 7
B wins

——

869.
24 19
15 24
*10 6
1 10
32 28
1-18 23
26 19
17 22
25 18
10 17
21 14
7 11
27 23
24 27
31 24
20 27
*19 15
27 31
15 8
12 16
2-28 24
3 12

24 20
31 26
20 11
26 19
*11 8
19 23
* 8 4
23 26
Drawn

Var. 1.
17 22
26 17
7 11
14 7
3 10
28 19
11 15
17 14
10 17
19 10
17 22
Drawn

Var 2.
8 4
31 26
14 10
26 19
10 6
5 9
6 1
19 23
18 15
16 19
1 6
9 13
6 9
13 17
9 14
17 22
15 10
22 26
10 6
26 31
6 2
31 27
2 6
or
14 9

27 24
B wins

——

870.
15 10
6 15
13 6
1 10
31 26
22 31
18 14
31 24
14 7
3 10
28 3
W wins

——

871.
* 7 11
30 26
*11 16
26 22
*15 18
22 15
4 8
2-32 28
* 2 7
13 9
6 22
15 6
* 7 11
19 15
11 18
6 2
22 16
2 6
26 31
6 9
31 26
1- 9 13
26 19
24 15
16 19
13 17
19 23
17 10
23 32
21 17
18 22
17 13.

32 27
13 9
20 24
28 19
27 23
B wins

Var. 1.
24 19
26 31
28 24
31 26
9 13
or 9 6
18 22
B wins

Var. 2.
15 11
8 15
23 18
*15 22
19 15
10 28
17 1
B wins

——

872.
13 9
6 13
21 17
13 29
14 9
5 14
30 25
29 22
26 3
19 26
3 10
32 23
31 8
W wins

——

873.
19 16
12 19
23 16
14 30
21 7

3 10
11 8
4 11
16 5
W wins

OLD 14TH GAME.

11 15
23 19
8 11
22 17
4 8
17 13
15 18
24 20
11 15
28 24
8 11
26 23
3 8
23 14
9 18
30 26
6 9
13 6
2 9
26 22
1 6
21 17
9 14
17 13
5 9
Forms Prob. 874

874.
20 16
11 20
31 26
14 17
25 21
18 25
21 5
25 30
19 16
12 28
5 1

30 23
27 2
W wins

875.
12 8
4 11
27 24
11 15
22 18
15 22
26 3
W wins

——

876.
7 10
27 24
a-20 27
31 24
10 19
24 15
9 13
18 9
11 27
32 23
5 14
B wins

(*a*)
10 19
24 15
9 13
18 9
11 27
32 23
5 14
B wins

——

877.
1} *8 3
2} 2 6
3 8
3- 6 9
8 11
10 14
23 18
14 23
27 18
4-20 24
5-18 15

9 14
15 10
14 17
22 18
17 22
11 16
22 26
a-10 6
13 17
6 1
6-17 22
1 6
22 25
6 10
25 30
10 14
30 25
18 15
25 22
14 18
22 25
18 14
Drawn

(*a*)
18 14
13 17
10 6
17 22
6 2
22 25
2 7
25 30
7 10
30 25
14 9
5 14
10 17
*26 30
17 21
24 27
32 23
30 26
B wins

Var. 1.
5 9
7- 3 8
8- 9 14
9-22 18

14 17
18 14
10 2 7
23 19
17 22
14 9
22 26
9 6
Drawn

Var. 2.
10 14
23 18
14 23
27 18
d-20 24
3 8
24 27
32 23
28 32
18 15
32 27
22 18
27 31
15 10
31 27
Drawn

(*d*)
5 9
3 8
2 6
e- 8 11
6 10
11 16
10 14
16 19
Drawn

(*e*)
8 12
*20 24
f-12 16
24 27
32 23
28 32
B wins

(*f*)
18 15

9 14
15 11
* 6 10
12 16
*10 15
16 20
*24 27
32 23
14 17
B wins

Var. 3.
10 14
23 18
14 23
27 18
6 10
b
c} 8 11
11-20 24
*11 7
10 14
18 9
5 14
7 11
14 17
22 18
17 22
11 16
Drawn

(*b*)
8 3
10 14
18 9

5 14
B wins

(*c*)
8 12
20 24
12 16
24 27
32 23
B wins

Var. 4.
9 14
18 9
5 14
11 16
14 17
22 18
17 22
16 19
12
13} 20 24
19 16
22 26
18 15
13 17
15 11
17 22
11 8
22 25
8 3
25 30
3 7
Drawn

Var. 5.
11 16

24 27
32 23
28 32
23 19
32 27
18 15
9 14
B wins

Var. 6.
5 9
1 6
9 13
6 9
17 21
9 14
14 13 17
18 15
17 22
15 11
21 25
11 8
25 29
14 18
29 25
8 4
25 29
18 25
29 22
4 8
Drawn

Var. 7.
23 18
20 24

27 20
10 14
18 15
14 18
3 8
18 25
B wins

Var. 8.
10 14
23 18
14 23
27 18
20 24
8 11
24 27
32 23
28 32
18 15
32 27
22 18
27 31
15 10
Drawn

Var. 9.
23 18
14 23
27 18
20 24
8 12
24 27
32 23
28 32
23 19
32 27

12 16
27 23
B wins

Var 10
10 15
14 10
17 21
8 11
13 17
11 18
17 22
18 25
21 30
Drawn

Var. 11.
10 15
*18 14
15 19
11 15
19 23
15 18
23 26
22 17
13 22
18 25
26 30
25 22
20 24
14 18
Drawn

Var. 12.
22 26

19 23
26 31
18 14
31 27
23 26
27 24
Drawn

Var. 13.
13 17
19 23
15-20 24
23 19
22 26
19 16
17 22
18 15
22 25
15 11
25 30
11 8
30 25
8 3
25 22
3 8
22 18
8 12
16-18 23
16 19
23 16
12 19
26 30
19 16
Drawn

Var. 14.
21 25
18 15
25 30
*14 18
30 25
15 11
Drawn

Var 15.
17 21
23 27
22 26
27 31
26 30
18 14
21 25
14 9
25 29
9 6
29 25
6 1
25 22
1 6
22 18
6 9
18 15
9 14
15 19
31 27
Drawn

Var. 16
18 15
12 8
24 27
32 23
28 32
16 11
26 30
11 18
30 26
Drawn

878.
7 3
10 15
3 7
15 18
*30 25
18 23
25 22
23 27
22 18
27 31
18 14
6 10
*13 9
10 17
9 6
1 10
7 21
31 26
21 17
W wins
by First
Position

NOTES ON THE POSITIONS.

756.—This position was left as a draw in game 1465, in the *Glasgow Herald.*

762 is given as a correction of Problem 3 (by Wardell,) in the *American Checker Player.* The problem will be found in the American Section No. 881; and it will require great penetration to discover the flaw. I have, therefore, given it.

767 is well worthy of study, because of the many peculiar positions it develops.

768 is an end game from the "Switcher." It was published some years before the 29-25 "Switcher" controversy, and has therefore no reference to that.

771 and 774 are companion problems, and the draughts student will do well to examine them attentively.

776.—Exhibits fine play; and such positions, or modifications of them, often occur.

780.—Taking into consideration that the Author of this position is blind, it is a very creditable production.

782.—This appeared as Notable Problem No. 1 in the *Independent*; and the Editor says, "No problem ever excited so much controversy as the one which now inaugurates our series of Notables." Its authorship has been claimed for or by many, including Wyllie, Albert Brown, Cooper, Wallace, McPherson, Busby, and Mackintosh. The weight of evidence is, however, in favour of Mackintosh, although his claim has been disputed by Mr. Toner, Mr. Busby, and Wyllie; whilst Neilston says Mr. Mackintosh showed him the position in 1875. Mr. Kear supports the same authorship, and Mr. T. Stevenson, Paisley, was shown the position by Mackintosh in 1856 or 1857. It occurred in a game between Messrs. Wyllie and Wallace, and also between Wyllie and Steel. It appears Mr. Mackintosh is entitled by priority of publication to be styled its author, as several players, including Albert Brown, Neilston, &c.. acknowledge their ignorance of it until it was shown to them by Mr. Mackintosh. The whole history of the problem was ably discussed in the *Independent*, which devoted no less than seven long and carefully-compiled articles to it. It is now known amongst players as the "Mackintosh Position."

785 was given by Mr. Lyman in the *Leeds Weekly Draughts Player* as a draw. He played 31-26 at 10th move.

786 was given in the *Paisley Gazette* as a Black win, being left as such at the 18th move.

789.—This position—an End-game between Messrs. Coltherd and Martins—was given in No. 8 of the *Recreationist*. with the terms, 'Black to play, White to draw,' the solution commencing 3-7. By playing this man, White gets the move, whereas by moving the man on 1, as in the solution, Black retains the move.

797.—At the 11th move of this position it forms the 1st Var. in the solution of a problem published some years ago by Mr. Wyllie. Mr. Wyllie plays 27-32, which allows Black to win; 23-26, however, as given in the solution, draws.

798 and 810 are companion problems, although by different authors, and will repay careful study.

801 is an End-game, in which Mr. Parker played Blacks.

812 was brought prominently under notice by being published in the Match Games of Wyllie and Martins, 1864. It was also published as Notable Problem No. 6 in the *Independent*, where the Editor gives it a short memoir, according to which it appears its conception was attributed to both Mr. Wyllie and Mr. Bertie, the latter having published it in 1860. The first conception of the idea, however, the Editor believes to have been published by Sturges in the following form—Black men 2, 3, 6, 22, king 5; White men 13, 18, 29, kings 11, 15; Black to move and win. Solution—6-10 15-6, 2-9, 13-6, 3-7, 11-2, 5-1, Black wins.

816.—The late Mr. Harper Coltherd averred that he never could "compose" problems, this, therefore, and the one or two others by him, given in this work, will interest the student.

822 is an End-game from the "29-25 Switcher" opening.

824 is an End-game from the "Choice," and exhibits fine play.

828.—This position was published under the heading, "Original Situations," with the Wyllie-Martins Match Games, 1864, with the terms, "White to play and draw." It had been published five years previously in the *New York Clipper*, by Mr. E. Hull, of Philadelphia, with the same terms. Its second appearance drew renewed attention to it, and Messrs. Janvier, Pool, Lear, and Broughton all gave play to prove a win. I have now copied it, and Mr. Miller's Solution, from the *Glasgow Herald*.

829.—This position occurs at the 79th move of the 55th game—a "Maid o' the Mill"—played in the match between Messrs. Martins and Wyllie, in 1867. Mr. Wyllie played 3-8, and, after playing 211 moves, Martins won.

832 occurs in an Old Fourteenth game — 14-18 move — the strength of which was discussed in the *South Durham and Cleveland Mercury*. The Editor having remarked that 14-18 appeared a strong move and a departure from the books, was corrected; and play given from "Pattinson's Handbook" to prove that that move was considered a loss, and from the "A.D.P." to prove it did not depart from the books. Mr. Drinkwater, however contested the idea that the move was a loss, and gave play which proved a draw. At the ninth move of Var. 2 of the solution, the Editor remarked. "Why not play 16-11 here, and W wins?" This position was afterwards given a few moves earlier as "A Tough Little Nut." See Prob. 765.

838 is an End-game from the "White Dyke," and was given as a draw by a noted player and analyst.

839.—This position occurs in game 1597 *Glasgow Herald*, by Mr. J. Lees, junr, which was given as a correction of Mr. Bryce's play. Mr. Bryce gave play to prove that var. 9, "Ayrshire Lassie," in Anderson's third, was a win for White—not a draw—and Mr. Lees' play was intended to prove the var. was a draw. Mr. Downie, however, proves the var. to be neither a win for White nor a draw, but a Black win.

846 is a position that was left as a Black win in game 830 *Glasgow Herald*, and was afterwards sent to the *Herald*, accompanied by the solution showing a draw. At the last move of the Trunk it is remarked, "The position is now so unique that if merely set on the board one would be disposed to say that it could not occur in play."

847.—This position occurs in the Trunk of Anderson's "Bristol," and is the only flaw that has been, so far, discovered in any of his Trunk games. The win is credited to Mr. Adair in Lyman's Book of Problems; but the discovery of the win has been claimed by Professor G. W. Smith, and Mr. J. Zanoni of Cincinnati. Professor Smith claims that he showed the correction to Mr. Adair, and that Mr. Adair afterwards published it as his own. A newspaper controversy has at various times been maintained concerning the authorship of the discovery; but amidst so much talk it would be difficult to arrive at a correct conclusion. There seems to be little doubt, however, that the correction was well known to all three claimants before it was published at all.

852.—An End-game with Mr. Howitt. Mr. Parker finding he could play up to this Position, did so, to exhibit a neat finish.

853 is a correction of Position 610, var. 1 at 10th move, by the author, Mr. W. Leggett.

855.—This was given in Anderson's Second Edition, and attributed to Mr. John Drysdale. It appears that a Montrose player, who had received a copy of it from the composer, showed it to Mr. Drysdale, and by him it was contributed to the publisher of Anderson's Second Edition. It was given as Notable Problem No. 3 in the *Independent*.

863.—Mr. Wyllie, speaking of this problem, said, "This is the best position I ever saw."

866 occurred in an End-game, in which Mr. Willie Gardner played Whites and lost. He, however, dotted down the position for after-consideration. On examining it carefully he discovered it was a draw, and sent it for publication in this work.

868.—This position occurred in the 46th game in the Martins-McKerrow match, when 5-9 was played, and the game was drawn.

869.—An End-game from the "White Dyke." It was given as a win for Blacks by a noted player and analyst.

870.—An End-game between the late Champion, Andrew Anderson and Mr. Seaton.

871.—An End-game with the late Mr. R. Graham, Southwick. Mr. Parker remarks that 4-8 for first move admits of a draw.

877. For the best and fullest solution of this problem, the Draughts Editor *Sunderland Echo* offered a prize—Gould's Problem Book; and the prize was awarded to Mr. John Ross, of Glasgow, for the fullest solution sent in. Many other solutions were received, two of which were correct, but they only gave one line of play. The Editor in his concluding remarks says, the position is one of "undoubted excellence, and it will enhance still further the well-deserved reputation of the author as a profound problemist." Messrs. McKay, Gourlay, Smith (Leeds), Smith (Spennymoor), Bell, and many others of the "Upper Draughts Thousand" sent their hearty acknowledgments of the intricacy and beauty of the conception. Mr. Allen's solution in full is given.

878 was given in the *Glasgow Herald*, and excited considerable interest, the Editor having intimated his intention of acknowledging all correct solutions. At fifth move of solution, if White plays 30-26 (the most natural-looking move), Black can force a draw; and the manner in which White secures "First Position" at 13th move, by the "waiting play" of 13-9, is very neat. It was contributed to this work, with others, by Mr. McCall, Draughts Editor, *Glasgow Herald*.

SOLUTIONS OF
PROBLEMS AND CRITICAL POSITIONS
BY
AMERICAN AUTHORS.
(SECTION XV.)

879.
7 10
26 22
10 6
22 17
6 9
17 13
9 5
13 17
11 16
17 13
16 19
13 17
* 5 1
17 13
19 23
18 14
23 18
14 9
1 5
9 6
5 1
6 2
18 14
B wins

880.
Var. 14
14 17
24 20
16 19
31 26
19 15
20 16
15 18
16 11
17 21
11 7
21 25
26 22
18 14
7 2
25 30
B wins

881.
20 16
17 14
16 11
1-14 10
11 15
10 7
1 6
† 7 2
6 9
2 6
9 13
6 9
15 18
9 5
18 14
B wins

(†)
7 3
a- 6 9
21 17
Drawn

(*a*)
2-15 18
21 17
18 22
17 13
22 18
3 7
Drawn

Var. 2.
15 11
21 17
11 15
3 7
Drawn

Var. 1.
21 17
11 7
17 13
1 5
13 9
7 2
B wins

882.
20 16
1-25 22
18 15
2-22 18
15 11
18 23
11 7
23 27
16 11
27 24
19 15
24 19
15 10
19 15
11 8
12 3
7 2
W wins

Var. 1.
12 8
18 15
25 22
15 10
22 18
10 6
18 14
6 1
14 10
1 5
10 14
19 15
8 12
16 11
14 18
15 10
W wins

Var. 2.
12 8
15 10
8 3
16 11
22 18
10 6
18 23
6 2
23 7
2 11
W wins

883.
a- 1 5
19 15
20 24
b-15 19
24 28
19 24
28 32
24 28
32 27
28 32
27 23
32 28
23 19
28 32
19 15
32 27
15 10
27 23
c-10 6
23 18
6 9
18 23
9 13
23 26
5 9
26 30
9 14
22 26
14 18
26 31
18 23
31 26
23 27
26 31
27 32
31 26
13 17
d-26 31
17 22
30 26
22 18
26 30
21 25
30 21
18 22
B wins

(*a*)
1 6
22 18
1-21 25
18 14
25 30
19 15
30 26
15 11
20 24
11 7
Drawn

Var. 1.
6 9
18 22
9 13
19 16
20 24
16 20
24 28
20 24
28 32
24 28
32 27
28 32
27 23
32 28
23 19
28 32
19 15
32 27
15 10
27 23
10 14
23 26
Drawn

(*b*)
15 18
24 27
18 23
27 31
23 18
5 9
18 23
9 13
23 18
31 27
2-18 14
27 23
14 9
23 19
9 14
19 15
3-14 9
15 10
9 5
10 14
22 26
14 18
26 30
18 23
5 9
13 17
9 14
17 22
14 17
22 25
4-17 14
25 29
14 17
29 25
17 13
25 22
13 9
23 18
9 5
14 18
5 1
14 9
1 5
22 27
B wins

Var. 2.
22 26
21 25
26 30
25 29
18 22
27 31
22 18
13 17
18 14
17 21
14 18
29 25
18 15
25 22
30 26
22 18
15 22
21 25
B wins

Var. 3.
14 18
13 17
B wins

Var. 4.
17 22
25 29

22 26
23 18
B wins

(c)
5 9
23 18
10 6
18 15
6 1
15 10
1 5
*10 15
9 13
15 18
Drawn

(d)
26 23
17 22
23 19
32 27
19 15
27 23
B wins

884.
25 22
a-10 15
17 21
b- 1 6
21 17
c-15 19
22 18
6 10
d-17 21
e-19 24
21 17
24 27
17 22
f-27 32
18 23
g- 9 14
22 25
10 15
25 22
32 28
22 26
h-15 18
23 19
14 17
19 15
18 22
26 30
17 21
15 18
22 25
18 22
25 29
30 26
28 24
26 30
24 27
30 26
27 31
26 23
21 25
23 26
25 30
26 23
30 25
23 18
31 27
22 26
Drawn

(a)
1- 9 13
17 21
3- 1 5
21 25
10 15
†25 30
15 19
30 26
5 9
22 25
‡19 24
25 22
24 27
26 23
27 31
23 18
31 27
18 15
27 23
15 10
23 19
22 18
13 17
7-18 15
19 23
10 14
9 18
15 13
Drawn

Var. 1.
9 14
17 21
2-10 15
22 17
14 18
17 14
18 23
14 10
15 19
10 15
19 24
15 19
Drawn

Var 2.
1 6
22 17
6 9
17 13
10 15
13 6
15 19
6 10
W wins

Var. 3.
10 15
21 25
4-15 19
22 18
19 24
25 22
24 28
18 23
28 23
23 18
32 27
18 14
27 23
14 9
23 19
9 14
19 15
22 25
15 11
25 22
11 7
22 18
7 2
18 15
2 6
15 11
1 5
11 15
6 9
15 18
Drawn

Var. 4.
1 6
25 30
6 9
30 26
15 19
22 25
13 17
5-25 22
17 21
22 18
21 25
26 22
25 30
22 17
Drawn

Var. 5.
25 21
9 14
26 31
17 22
31 27
14 18
21 17
22 26
6-27 31
18 22
17 14
19 24
B wins

Var. 6
17 14
26 31
14 16
31 24
B wins

Var. 7.
10 6
9 13
6 10
17 21
18 22
Drawn

(†)
25 21
Also draws

(‡)
13 17
Same as 4 at 7th move

(b)
15 19
22 18
19 24
21 17
24 27
17 14
8- 9 13
18 22
Drawn
same as 3

Var. 8.
1 5
14 10
27 32
18 23
Drawn

(c)
6 10
17 13
9 14
13 9
14 18
22 17
Drawn

(d)
17 22
10 14
18 15
B wins

(e)
10 14
18 22
9 13
21 25
19 24
25 30
24 27
30 26
Drawn

(f)
10 14
18 23
27 31
22 25
14 17
23 18
17 21
25 22
31 27
22 17
Drawn

(g)
10 15
22 17
9- 9 13
10-17 14
15 18
23 19
18 22
19 23
22 25
14 18
Drawn

Var. 9
32 28
17 13
9 14
13 9
15 18
23 19
Drawn

Var. 10.
17 22
32 28
22 25
13 17
25 21
17 22
23 18
Drawn

(h)
14 17
26 30
17 21
30 26
21 25
26 22
25 30
22 17
11-28 32
17 13
32 28
13 9
Drawn

Var. 11.
30 25
17 14
Drawn

885.
4 8
1 6
20 24
6 10
24 27
10 14
27 31
14 18
22 26
30 23
31 26
23 19
8 11
19 15
26 22
B wins

886.
a- 1 6
9 5
6 10
5 1
10 15
1 6
15 19
6 9
19 24
9 14
24 28
b-14 17
28 32
c-17 22
32 27
22 26
27 24
d-26 23
7 10
e-23 18
10 15
18 23
11 16
2 7
24 28
7 10
15 19
23 26
f-16 20
10 14
20 24
26 31
19 23
14 18
23 27
31 26
g-27 32
18 23
24 27
26 31
28 24
31 26
27 31
26 22
24 27
h-23 26
32 28
26 30
27 23
i-22 17
31 26

30 25
23 18
25 21
18 22
17 13
28 24
13 9
26 23
9 13
23 18
21 17
24 19
17 26
18 14
B wins

(a)
1 5
9 6
5 9
6 1
9 14
1 6
14 18
6 9
1-18 23
9 14
23 27
2 6
11 16
6 10
2-16 20
10 3
Drawn

Var. 1.
18 22
9 14
22 25
3-14 17
25 30
17 22
Drawn

Var. 2.
7 11
10 15
11 18
14 32
W wins

Var. 3.
2 6
11 16
6 10
7 11
14 18
16 20
10 15
11 16
18 23
25 30
15 11
30 25
11 15
25 22
4-23 27
22 26
5-27 31
26 22
31 27
Drawn

Var. 4.
15 11
22 17
11 15
17 14
23 27
Drawn

Var. 5.
15 11
26 31
27 23
Drawn

(b)
2 6
11 16
6 10
7 11
14 18
16 19
10 15
19 23
15 8
28 32
18 27
32 23
B wins

(C)
17 14
32 28
6-2 6
11 16
6 10
7 11
7-10 7
28 24
14 18
24 19
8-18 14
19 15
14 9
15 18
7 10
18 22
10 7
22 17
9 6
17 14
9-6 1
14 18
10-7 10
18 23
10 7
23 19
1 6
19 24
6 10
24 20
11-10 14
11 15
7 11
15 19
14 18
19 24
12-18 23
24 28
23 27
28 32
27 23
32 28
23 27
16 19
27 32
19 23
B wins

Var. 6.
14 9
28 24
9 14
24 20
2 6
11 16
14 18
7 11
18 23
20 24
6 10
24 19
23 27
16 20
10 14
11 15
14 17
15 18
27 32
20 24
17 14
19 23
14 10
27 24
B wins

Var. 7.
14 18
16 19
10 7
13-19 23
7 16
28 32
18 27
32 23
B wins

Var. 8.
7 3
14-16 20
3 8
15-20 24
8 15
19 10
B wins

Var. 9.
6 10
14 9
7 3
16 19
3 7
11 16
7 11
16 20
B wins

Var. 10.
1 6
11 15
7 11
16 20
11 16
16-18 14
6 1
14 10
16 11
15 19
B wins

Var. 11.
7 3
16 19
3 8
17-11 15
8 11
15 18
B wins

Var. 12.
11 15
16 19
18 22
24 28
B wins

Var. 13.
11 16
7 11
‡16 20
11 16
19 24
18 23
28 32
16 19
18-24 27
19 24
27 31
24 28
31 27
23 19
Drawn

(‡)
28 32
B wins

Var. 14.
19 15
18 23
15 10
3 8
11 15
8 12
15 19
23 27
16 20
12 16
19 24
27 32
10 15
16 19
15 18
19 28
18 23
B wins

Var. 15.
19 15
18 23
11 16
8 12
19-15 10
Drawn

Var. 16.
18 23
6 10
20-15 18
10 15
18 22
15 19
22 26
19 15
20 24
B wins

Var. 17.
11 16
8 12
20 24
10 14
16 20
B wins

Var. 18.
24 28
19 16
20 24
16 19
24 27
23 26
27 31
26 23
31 27
23 18
27 24
19 23
Drawn

Var. 19.
15 19
23 27
W wins

Var. 20.
15 19
10 15
20 24
16 20
23 27
20 16
Drawn

(d)
26 22
24 20
22 26
7 10
2 6
10 15
26 23
11 16
6 10
15 19
23 27
19 24
27 32
21-24 28
10 15
20 24
15 11
16 19
11 15
19 23
15 18
23 26
18 23
26 31
22-23 27
24 19
27 24
19 23
24 20
31 27
B wins

Var. 21.
16 19
10 15
20 16
32 28
16 12
28 32
12 8
32 28
8 3
28 32
3 7
32 28
7 2
28 32
2 6
32 28
6 9
28 32
9 14
32 28
14 17
28 32
17 22
32 28
22 26
15 18
26 31
18 15
31 27
23-15 18
Drawn

Var. 22.
23 18
31 26
18 14
26 22

14 9
22 18
9 5
18 14
5 1
24 19
1 6
19 15
6 1
15 10
1 5
10 6
5 1
14 10
32 27
28 32
27 24
6 9
1 5
9 14
5 1
14 18
1 5
10 6
24 28
32 27
28 32
27 23
5 1
6 9
32 28
23 27
1 5
27 23
5 14
18 9
B wins

Var. 23.
28 32
19 23
‡15 19
27 31
19 28
31 27
B wins

(‡)
32 23
Draws

(e)
2 7
10 14
7 16
24 19
B wins

(f)
19 24
26 23
32 28
10 15
16 20
15 19
Drawn
Same as 13

(g)
27 31
26 23
28 32
23 19
Drawn

(h)
23 19
32 28
19 15
31 26
22 24
28 10
B wins

(i)
24-30 25
31 26
22 31
23 27
31 24
28 19
B wins

Var. 24.
22 25
31 26
25 29
26 22
30 25
28 32

25 27
32 23
B wins

——

887.
a- 1 6
11 16
b-26 23
c-21 25
23 18
7 11
6 10
16 20
10 15
11 16
18 23
25 30
15 11
30 25
11 15
25 22
15 11
22 17
11 15
17 14
d-23 27
14 9
27 23
Drawn

(a)
26 23
11 15
1 6
21 25
6 2
7 11
1- 2 6
11 16
6 10
15 19
23 27
16 20
10 15
19 24
27 32
2-25 30
15 19
30 26
19 28

26 23
B wins

Var. 1.
2 7
15 19
B wins

Var. 2.
24 28
15 18
25 30
18 23
20 24
23 19
30 26
19 16
26 23
B wins

(b)
6 2
7 11
2 7
21 25
26 22
25 30
22 18
3-30 25
7 10
4-16 19
10 7
11 16
7 11
16 19
11 16
19 24
18 23
24 28
16 19
28 32
19 15
20 24
15 19
24 27
B wins

Var. 3.
30 26
7 10

16 20
10 7
11 16
7 11
26 30
18 23
Drawn

Var. 4.
16 20
18 23
11 6
10 15
25 22
23 27
22 26
27 31
Drawn

(c)
5- 7 11
6 10
21 25
23 18
16 20
10 15
11 16
18 23
Drawn

Var. 5
16 20
23 19
21 25
19 15
Drawn

(d)
15 11
14 10
23 27
16 19
11 16
19 24
27 32
6-10 15
16 19
15 18
19 28
18 23
B wins

Var. 6.
24 28
16 19
10 14
19 23
20 24
7-23 26
14 18
B wins

Var. 7.
23 19
14 18
19 16
18 23
16 20
24 27
20 16
27 31
16 20
31 27
20 16
23 19
B wins

——

888.
22 26
15 11
26 22
18 15
22 18
14 9
23 19
15 10
19 15
9 14
W wins

——

889.
31 26
23 18
26 22
1- 18 14
16 11
2- 14 10
22 18
21 17
11 15
3-10 7
15 10

7 3
1 5
9 13
10 6
3 7
4 18 22
7 11
5 9
11 16
22 25
16 19
25 21
B wins

Var. 1.
18 15
22 18
15 10
16 11
21 17
11 15
B wins

Var. 2.
9 13
11 7
5-14 9
7 2
6-21 17
2 7
17 14
22 18
13 17
7- 1 5
17 13
7 3
13 17
18 15
8-17 22
15 10
14 7
3 10
B wins

Var. 3.
17 13
15 6
9 2
1 5
2 7

18 15
B wins

Var. 4.
6 1
7 10
18 14
10 15
14 21
15 10
21 25
13 17
25 30
17 22
5 9
22 17
9 13
17 22
1 5
10 14
Drawn

Var. 5.
21 17
1 5
B wins

Var. 6.
9 5
2 6
21 17
22 18
or
6 10
B wins

Var. 7.
7 11
17 13
9-11 16
13 17
16 19
17 13
19 23
13 17
23 26
B wins

Var. 8.
9 6

15 10
14 7
3 1
B wins

Var. 9.
11 15
14 10
15 6
9 2
Drawn

——

890.
3 8
24 19
8 12
19 23
11 15
23 27
6 9
27 23
9 14
23 27
14 18
27 24
18 23
24 28
23 27
28 32
27 31
32 28
31 27
28 24
27 23
24 28
23 18
28 32
18 14
32 27
1-14 10
27 24
10 7
24 27
15 19
2-27 32
19 24
32 28
24 27
28 24

27 32
24 19
7 11
19 24
11 15
24 28
32 27
28 24
27 23
24 28
23 19
3-28 32
15 11
32 27
19 15
27 23
12 16
23 27
16 19
27 32
19 24
32 28
15 19
28 32
24 28
B wins

Var. 1.
15 18
27 24
18 22
24 19
14 10
19 23
22 25
23 18
4-10 7
18 14
25 30
14 9
7 10
9 5
30 26
B wins

Var. 2.
20 16
7 2
27 32
19 23

16 11
12 8
B wins

Var. 3.
20 16
15 10
16 11
19 16
B wins

Var. 4.
25 30
20 16
12 19
18 15
Drawn

——

891.
1-25 22
2-14 10
22 18
10 7
31 27
7 3
27 23
19 16
18 15
3- 3 8
4-15 19
16 12
19 16
8 4
23 19
12 8
16 12
8 3
19 15
3 7
15 11
7 16
12 19
4 8
5-21 25
8 11
25 30
11 7
19 15
28 24
30 26

7 2
15 10
24 19
6-26 22
19 16
22 17
16 11
17 13
11 8
10 6
2 9
13 6
B wins

Var. 1.
31 27
19 16
a-27 23
16 12
23 18
14 9
18 15
12 8
15 10
8 3
25 22
28 24
22 18
24 19
21 25
19 16
25 30
16 11
Drawn

(*a*)
25 22
16 12
22 18
14 9
18 15
12 8
15 10
8 3
21 25
3 8
25 30
8 11
30 26
11 16

26 23
9 5
10 15
5 1
15 19
b- 16 20
23 18
1 5
Drawn

(*b*)
16 12
23 18
1 6
18 15
12 8
19 16
8 3
16 11
6 1
27 23
28 24
23 27
24 20
27 23
1 6
23 18
6 1
15 10
1 5
18 14
5 1
14 9
1 5
10 14
5 1
9 13
c- 1 5
Drawn

(*c*)
1 6
14 9
6 1
9 5
1 6
5 1
6 2
1 6
2 9

13 6
B wins

Var. 2.
28 24
31 27
24 20
27 24
19 16
22 18
14 10
18 15
10 7
24 19
16 12
15 11
B wins

Var. 3.
16 11
15 8
3 12
23 19
12 8
21 25
8 3
25 30
3 7
19 15
B wins

Var. 4.
23 19
d-16 11
21 25
11 7
19 16
8 12
16 11
7 2
15 19
2 6
25 30
6 10
30 25
10 6
25 22
6 10
e- 22 17
10 6

17 14
6 1
14 9
1 5
9 6
5 1
11 15
1 10
15 6
12 8
19 15
28 24
6 10
24 20
10 7
f- 20 16
7 3
g- 8 12
15 11
16 7
3 10
B wins

(*d*)
16 12
19 16
8 4
15 11
12 8
16 12
B wins

(*e*)
22 18
28 24
19 28
10 15
Draws

(*f*)
8 12
15 11
12 16
7 2
B wins

(*g*)
16 12
3 7
8 4

15 11
B wins

Var. 5.
19 15
28 24
21 25
24 20
15 19
8 12
25 30
20 16
Draws

Var. 6.
26 23
19 16
23 18
16 11
18 14
11 8
14 9
8 3
Drawn

——

892.
17 22
18 15
22 18
15 10
18 15
10 7
1 5
1-27 23
5 9
7 2
2 15 10
23 19
9 14
19 16
14 17
16 11
17 22
11 8
21 25
8 3
25 30
3- 3 8
22 26
8 11

26 31
11 8
31 26
8 3
26 22
3 8
30 25
8 11
25 21
4-11 16
10 15
2 6
21 17
6 9
22 18
5- 9 5
17 14
16 12
15 11
29 25
14 17
25 21
17 14
5 1
18 15
1 5
14 10
6-21 17
10 6
7- 5 1
6 9
8- 1 5
9 13
17 14
11 7
12 8
7 2
8 12
9-13 9
14 10
15 6
5 14
6 10
14 7
2 11
B wins

Var. 1.
7 2
10 15

27 23
10 6
B wins

Var. 2.
9 13
2 6
13 17
6 9
17 22
9 14
22 26
14 17
26 31
17 22
31 27
23 18
Drawn

Var. 3.
2 7
22 25
7 14
30 26
B wins

Var. 4.
11 8
22 18
10- 8 3
18 14
3 8
14 9
11- 8 11
21 17
11 16
10 15
16 20
15 19
2 7
9 14
7 11
14 18
11 8
18 15
8 12
15 11
29 25
17 21
25 22
11 15
12 8

19 23
20 16
15 10
8 12
23 26
22 18
26 23
B wins

Var. 5.
9 13
17 14
12-16 12
15 11
29 25
18 15
25 21
15 19
13 17
11 15
B wins

Var. 6.
5 1
11 16
12 19
15 24
21 17
24 19
17 13
10 14
B wins

Var. 7.
17 14
15 19
5 1
11 15
B wins

Var. 8.
17 13
9 5
1 6
5 1
6 9
13-15 10
9 6
10 14
6 2

14 9
B wins

Var. 9.
13 17
14 9
17 14
12 16
15 10
B wins

Var. 10
8 11
21 17
11 8
18 15
8 3
15 11
29 25
17 13
25 21
10 6
or
13 9
B wins

Var. 11.
8 3
9 13
3 8
10 6
B wins

Var. 12.
29 25
15 19
16 23
18 27
25 21
27 23
13 17
14 9
14-17 13
9 6
13 17
23 18
17 13
18 22
21 17
22 18
B wins

Var. 13.
15 18
9 5
18 14
B wins

Var. 14.
17 22
9 13
21 17
13 9
17 13
9 6
22 17
23 18
17 21
18 14
21 25
6 10
B wins

893
6 1
13 9
23 26
31 22
30 25
9 5
25 18
29 25
18 15
25-22
15 10
22 18
10 7
18 14
1 6
5 1
6 9
B wins

894.
28 32
27 31
17 13
26 30
29 25
31 26
25 22
W wins

895.
†- 8 11
24 20
15 19
1-30 25
*11 15
20 11
10 14
23 16
12 19
25 21
14 18
Drawn

(†)
16-19
here loses

Var. 1.
22 17
10 15
17 13
3 7
13 9
7 10
2- 9 6
10 14
26 22
19 26
30 23
15 19
22 18
19 26
18 9
16 19
6 2
19 23
2 6
26 31
6 10
23 26
9 6
26 30
6 2
31 27
2 6
30 26
6 9
26 23
9 14
23 19
Drawn

Var. 2.
30 25
19 24
28 19
15 24
9 6
10 15
26 22
24 27
23 18
27 31
6 2
31 26
2 7
26 17
25 21
15 22
21 14
22 26
7 3
16 19
3 8
11 15
8 11
Drawn

896.
B moves
10 7
1 6
7 3
6 1
11 7
1 6
7 2
6 1
14 10
1- 1 5
2 6
21 17
10 7
5 1
6 9
17 13
9 6
B wins

Var. 1.
21 17
2 7
1 5

10 6
17 13
7 10
5 9
6 1
9 6
B wins
W moves
1 5
10 6
5 1
14 10
1 5
6 1
5 9
1 5
1- 9 14
10 17
21 14
11 15
4 8
5 1
8 12
1 6
B wins

Var. 1.
9 13
10 6
13 17
5 9
17 13
6 2
13 6
2 9
21 17
11 15
17 13
15 10
B wins

897.
B moves
14 9
5 1
9 6
1-21 17
11 15
2, 3} 5 1
6 9
17 13
9 5

3 8
10 7
4- 1 6
5 1
6 9
7 11
8 12
15 18
B wins

Var. 1.
5 1
10 7
3 10
6 15
1 6
11 7
21 17
7 10
6 9
15 11
B wins

Var. 2.
3 8
15 11
8 15
10 19
5 1
6 9
1 5
9 13
17 14
19 15
B wins

Var. 3.
17 13
6 1
3 8
10 14
8 3
15 11
B wins

Var. 4.
8 3
7 11
1 6
5 1
6 2
15 10
2 6
10 14
6 10
14 7
3 10
1 5
10 14
11 15
14 17
15 10
17 22
10 14
22 25
5 1
25 22
1 6
B wins
White to move.
1 5
10 6
5 1
14 10
1 5
6 1
5 9
1 5
1- 9 13
10 6
13 17
5 9
17 22
9 14
22 17
14 18
17 13
18 22
21 17
6 10
B wins

Var. 1.
9 14
10 17
21 14
11 15
3 8
5 1
14 9
15 18
8 12
18 14
9 5
14 18
B wins

898.
13 17
6 9
17 22
9 14
22 26
14 17
26 31
17 22
†21 25
23 18
15 10
22 17
25 30
18 14
10 6
17 13
31 26
14 9
6 1
9 5
26 22
13 9
30 26
9 13
26 23
13 9
23 18
9 13
18 15
13 9
15 10
9 6
10 7
6 9
7 2
B wins
† correct move

899.
22 17
1- 6 2
2- 15 10
5- 7 11
17 21
6 11 16
10 15
2 6
21 17
6 1
17 22
1 6
22 18
7-16 20
15 19
6 1
18 23
1 6
23 27
6 1
27 32
1 6
19 24
B wins

Var. 1.
3- 6 1
15 10
7 2
17 22
1 5
14 18
8- 5 1
18 15
1 5
22 18
5 9
10 7
B wins

Var. 2.
4- 7 2
14 10
9- 6 9
17 13
B wins

Var. 3.
7 3
15 11
10-29 25
11 7
B wins

Var. 4.
29 95
14 18
7 10
15 19
6 9
19 23
25 21
17 13
10 6
23 19
B wins

Var. 5
7 3
17 21
3 8
14 17
8 3
17 13
3 8
10 6
B wins

Var. 6.
11 8
14 17
8 11
17 13
11 16
10 15
16 20
15 19
2 7
13 17
7 11
17 22
11 8
21 25
8 12
25 30
12 8
22 26
8 11
26 31
11 7
19 24
B wins

Var. 7.
16 12
15 11
6 1
18 15
1 5
14 10
11-29 25
10 14
5 1
15 18
12-1 6
14 17
6 10
18 23
10 6
17 21
25 22
11 15
B wins

Var. 8
5 9
10 6
9 5
6 1
13-5 9
22 17
2 7
17 14
9 5
18 15
7 2
15 11
29 25
11 15
2 7
15 18
7 11
14 17
25 21
17 14
B wins

Var. 9.
6 1
17 22
1 5
22 18
5 9
10 7
B wins

Var. 10.
6 2
14 10
29 25
17 13
25 21
10 6
B wins

Var. 11.
5 1
11 16
B wins

Var. 12.
1 5
14 17
25 21
17 14
5 1
18 15
1 5
15 10
5 1
B wins

Var. 13.
2 7
18 14
7 11
22 18
11 16
18 15
29 25
1 6
5 1
6 10
16 20
15 19
1 5
10 15
5 1
15 18
1 5
18 23
5 1
23 27
1 5
27 32
5 1
19 24
32 23
B wins

900.
6 2
7 10
1-27 24
28 19
2 7
4 8
7 14
8 11
14 18
19 24
18 23
24 28
12 8
11 16
23 27
16 20
27 32
28 24
8 11
24 28
11 16
W wins

Var. 1.
2 7
28 32
7 14
Drawn

901.
1 6
21 25
6 10
7 14
22 17
14 21
26 30
W wins

902.
19 15
28 24
23 19
24 28
15 10
28 32
19 24
1-32 27
10 14
2-27 23
3 1 8
4 23 27
5 14 18
6-27 32
7 24 28
8 31 26
9 18 14
10 20 16
28 24
32 28
24 19
16 12
8 11
28 32
19 24
26 22
24 19
32 27
14 9
22 17
9 13
17 14
19 15
27 24
15 18
14 10
13 9
B wins

Var. 1.
31 26
10 14
11-32 28
24 19
28 32
11 15
32 27
15 18
27 31

18 23
26 22
14 18
B wins

Var. 2.
27 32
24 28
12 32 27
13 14 18
31 26
14 11 15
15 27 31
16 28 24
20 16
15 19
16 12
18 23
26 22
23 18
B wins

Var. 3.
23 26
24 19
17-26 22
18 8 11
19 22 26
11 15
26 22
14 18
22 26
18 23
26 22
23 27
B wins

Var. 4.
20 16
8 12
B wins

Var. 5.
31 26
8 12
B wins

Var. 6.
20 16
8 12

27 20
12 19
B wins

Var. 7.
32 27
8 11
31 26
B wins
Same as Var 2 at 6th move

Var. 8.
20 16
18 23
16 12
8 11
B wins

Var. 9.
31 27
18 22
27 23
8 11
32 27
11 15
27 31
28 32
B wins

Var. 10.
20-32 27
28 24
21 27 32
22 8 11
B wins
Same as Var 1 at 3d move

Var. 11.
26 22
11 15
20 16
24 19
16 12
19 23
12 8
23 26
B wins

Var. 12.
31 26
28 24
32 28
B wins
Same as Var. 1 at 4th move

Var. 13.
31 27
28 24
27 23
24 27
23 19
27 24
B wins

Var. 14.
20 16
15 19
16 11
28 32
27 31
18 23
26 22
23 18
B wins

Var. 15.
27 32
15 19
32 27
28 32
27 31
18 23
26 22
23 18
B wins

Var. 16.
26 23
18 22
27 31
28 32
B wins

Var. 17.
26 30

23 8 11
24 31 26
14 18
30 25
11 7
25 30
19 24
B wins

Var. 18.
22 25
14 18
25-31 26
11 7
25 30
19 24
B wins

Var. 19.
31 26
11 15
22 25
15 18
25 21
19 24
B wins

Var. 20.
26-26 22
28 24
32 28
24 19
28 32
19 23
20 16
8 3
B wins

Var. 21.
27 23
8 12
B wins

Var. 22.
27 31
14 18
20 16
8 12
16 11
18 23
B wins

Var. 23.
30 25
14 18
B wins
Same as var. 20 at 3d move

Var. 24.
30 26
11 15
B wins
Same as Var. 3 at 6th move

Var. 25.
25 30
18 23
30 25
11 15
25 22
23 27
B wins

Var. 26.
26 23
28 24
20 16
8 12
16 11
24 27
B wins

———

903.
10 15
25 22
15 19
22 17
19 23
17 14
23 27
14 10
27 31
1- 2 6
31 27
6 9
27 23
9 6
23 18
6 9

18 15
9 6
1 5
6 1
15 6
1 10
5 9
B wins

Var. 1.
10 7
31 27
7 3
27 24
3 7
24 20
B wins

———

904.
22 18
14 17
23 26
11 7
18 14
17 21
13 9
6 13
26 22
W wins

———

905.
15 11
14 17
21 25
17 22
25 30
22 18
30 25
18 14
25 22
14 10
22 26
10 14
26 23
14 10
23 27
10 14
19 23
14 10
23 26

10 14
26 31
14 18
31 26
18 14
26 23
14 10
23 19
10 14
27 23
14 10
23 26
10 14
26 22
14 10
22 17
10 6
17 14
6 1
14 9
1 5
9 6
5 1
11 15
1 10
15 6
12 8
6 10
8 11
10 14
11 7
19 15
28 24
14 9
24 20
9 13
7 2
15 10
20 16
10 6
2 9
B wins

———

906.
23 18
a-27 23
18 15
10 19
12 16
24 28

31 27
28 32
16 23
W wins

(a)
27 32
12 16
32 28
16 19
W wins

——

907.
1 8 12
2 23 18
3 12 16
27 23
16 20
24 19
20 24
B wins

Var. 1.
24 20
10 15
27 24
12 16
B wins

Var. 2.
24 19
11 16
27 24
16 20
B wins

Var. 3.
23 19
11 16
27 23
16 20
B wins

——

908.
27 23
1- 7 11
23 19
11 7
20 16
7 2
16 11
2 6
11 7
6 9
7 2
9 5
18 22
5 9
2 7
9 14
22 17
14 21
7 14
W wins

Var. 1.
7 2
23 19
2 6
20 16
6 9
16 11
10 14
18 22
9 13
11 7
14 17
22 18
13 9
7 2
9 5
2 6
17 21
18 22
5 1
6 9
1 5
22 17
5 14
17 10
21 25
10 15
25 30
19 16
12 19
15 24
W wins

——

909.
29 25
23 18
25 30
18 22
2 7
10 6
7 11
22 18
30 26
6 2
11 16
18 15
26 23
2 6
16 20
Drawn

——

910.
1 5
9 13
5 9
13 6
3 7
10 3
19 1
B wins

——

911.
12 16
6 2
16 19
2 7
18 23
26 31
19 24
7 10
1-21 25
10 14
24 28
14 17
25 29
Drawn

Var. 1.
23 27
10 15
27 32
15 19
32 28
13 9
21 25
9 6
25 30
6 2
30 25
2 7
25 22
19 23
28 32
7 11
22 17
11 16
W wins

——

912.
29 25
10 7
25 22
17 13
11 16
7 3
22 18
1-31 26
16 19
2- 3 7
18 15
7 3
19 24
26 22
24 27
3 8
27 31
8 12
31 26
22 17
15 10
12 16
26 23
16 11
23 18
11 16
18 15
B wins

Var. 1.
3 7
18 15
31 26
16 19
26 22
19 23
22 17
23 16
7 3
15 10
3 8
26 30
8 11
30 25
11 16
25 21
B wins

Var. 2.
3 8
19 24
8 12
24 27
26 23
18 15
12 8
27 31
8 3
31 27
B wins

——

913.
3 7
9 14
7 10
14 17
22 18
1-17 21
10 14
13 17
11 7
17 22
14 17
22 25
17 22
25 29
22 26
29 25
7 2
2- 5 9
2 7
25 29
7 10
29 25
26 22
25 29
10 14
9 13
18 15
21 25
15 11
25 30
14 18
30 25
18 15
25 18
15 22
W wins

Var. 1.
17 22
10 14
22 25
11 7
25 30
7 2
30 25
2 6
25 21
6 10
W wins

Var. 2.
25 29
2 6
19 25
18 14
25 29
6 10
29 25
26 30
25 29
10 15
W wins

——

914.
29 25
20 16
25 22
16 11
22 18
11 7
a-18 15
7 2
13 9
6 13
15 10
13 17
14 21
5 9
21 17
W wins

(a)
13 9
6 13
18 15
W wins

——

915.
*19 23
17 14
*23 26
14 10
5 9
10 6
26 30
25 21
9 13
6 1
30 26
1 5
26 23
5 9
23 18
9 5
18 14
B wins
by 1st
position

——

916.
20 16
11 7
16 19
7 2
13 17
*15 11
19 15
11 7
15 6
2 9
3 10
9 14
10 15
14 21
Drawn

917.
27 23
30 26
23 30
32 27
21 25
22 29
30 26
29 25
a 19 23
18 27
26 22
Drawn

(a)
26 31
27 23
19 26
25 30
W wins

——

918.
10 7
9 13
7 2
21 17
22 18
17 21
2 6
1-21 25
6 10
13 17
10 14
2-17 22
a-19 24
3-22 26
18 23
4-26 30
14 18
25 29
18 22
12 16
22 18
16 20
24 27
29 25
18 23
25 18
23 14
W wins

(a)
19 23
will also win.

Var. 1.
21 17
6 10
17 21
10 14
b-21 25
19 24
c-25 21
18 22
12 16
24 20
16 19
14 18
21 17
20 16
W wins

(b)
13 17
19 23
12 16
23 19
16 23
18 27
17 22
27 23
W wins

(c)
12 16
24 19
&c.
W wins

Var. 2.
17 21
14 17
25 29
17 22
21 25
19 24
25 30
18 23
12 16
22 18
16 20
24 27
W wins

Var. 3.
12 16
18 23
16 20
23 27
25 30
14 17
22 25
17 21
25 29
27 32
W wins

Var. 4.
26 31
24 20
25 22
23 27
W wins

———

919.
1 6
19 16
*14 18
1-16 19
18 15
19 24
10 14
24 27
14 18
2-27 24
18 23
24 20
23 27
21 17
6 10
B wins

Var. 1.
16 11
10 14
11 7
6 9
B wins

Var. 2.
21 17
6 10
27 24
18 22
24 27
22 25
B wins

———

920.
11 15
18 22
15 18
22 25
18 14
25 29
*16 11
29 25
*12 8
25 21
8 3
21 25
11 7
25 22
7 2
22 26
14 9
W wins

———

921.
11 7
10 15
9 14
1-25 30
* 7 10
15 19
12 8
4 11
10 15
W wins

Var. 1.
25 21
12 8
4 11
7 16
21 25
14 17
W wins

922.
8 3
†- 7 10
‡- 3 7
28 32
7 14
32 27
23 19
27 20
19 16
11 15
14 10
20 11
10 19
W wins

(†)
28 32
3 10
32 27
24 19
27 18
10 7
W wins

(‡)
23 19
or
3 8
only
draws:
e.g.
23 19
28 32
3 7
10 15
Drawn

3 8
11 16
24 20
28 32
20 11
10 15
Drawn

———

923.
31 27
4 8
*27 24
8 11
24 20
11 15
22 26
15 24
20 27
B wins

———

924.
27 31
12 16
31 26
1-16 20
26 22
20 24
22 26
24 27
13 17
a-27 31
17 22
15 10
14 18
2-10 15
26 30
31 27
30 25
21 17
18 23
27 18
25 30
Drawn

Var. 1.
16 19
13 17
19 16
17 22
16 11
22 25
11 7
26 22
7 10
22 17
Drawn

Var. 2.
10 14
26 23
21 17
22 25
17 13
18 22
14 17
23 26
17 21
25 30
Drawn

(a)
15 10
17 22
10 17
26 30
Drawn

———

925.
31 26
9 13
26 22
4 8
7 3
8 12
* 3 7
12 16
* 7 10
16 20
*10 14
20 24
22 18
24 28
18 15
28 32
15 10
32 27
10 6
27 24
6 2
1-24 20
2 7
20 16
7 10
16 11
*14 18
13 17
10 15
11 16
30 25
W wins

Var. 1.
24 19
*14 18
19 16
18 22
W wins

———

926.
26 22
9 13
17 14
13 9
22 18
9 6
18 22
6 1
14 10
5 9
10 7
1 6
11 15
12 16
7 2
16 20
2 7
1- 9 14
7 11
20 24
11 16
24 27
16 19
27 32
19 23
Drawn

Var. 1.
6 1
7 10
20 24
22 17
9 13
17 22
24 27
15 19
27 32
19 23
1 5
10 14
Drawn

———

927.
2 7
11 15
7 11
15 19
14 18
19 24
18 23
24 28
11 15
a-28 32
15 11
32 28
11 8
20 24
8 11
16 20
11 15
28 32
15 19
*24 28
19 15
20 24
15 18
24 27
18 22
27 31
22 18
Drawn

(a)
20 24
15 19
16 20
19 16
28 32
16 19
24 27
19 24
27 31
24 28
Drawn

———

928.
1-10 14
1 6
17 21
6 2
21 25
2 7
25 30
7 11
30 23

11 15
19 24
Drawn

Var. 1.
10 15
1 6
2-19 24
3-12 8
4-24 27
* 6 9
15 18
26 23
18 15
9 14
17 21
14 17
27 31
17 22
21 25
22 29
31 26
23 19
15 24
8 3
Drawn

Var. 2.
15 18
6 10
19 24
12 8
24 28
8 3
28 32
3 7
32 28
7 11
28 24
10 15
18 22
26 23
17 21
15 10
Drawn

Var. 3.
6 9
15 18
12 8
17 21
8 3
24 27
26 23
18 15
9 6
27 31
3 7
31 26
B wins

Var. 4.
15 18
8 3
24 27
26 23
18 15
3 7
27 31
7 10
Drawn

929.
28 24
4 8
3 7
8 3
7 11
1-12 8
24 20
8 4
20 24
3 7
24 20
7 16
20 11
B wins

Var. 1.
3 8
24 27
8 15
22 26
30 23
27 11
B wins

930.
15 10
7 11
14 18
1-23 26
18 23
26 30
23 19
11 15
19 23
30 25
10 7
W wins

Var. 1.
23 27
18 23
27 32
23 19
W wins

931.
*18 14
1-11 8
19 15
3-25 21
14 10
21 17
10 7
17 14
7 11
B wins

Var. 3.
8 3
15 11
25 22
14 10
a-22 18
12 16
B wins

Var. 1.
2-11 7
19 15
7 2
15 10
B wins

Var. 2.
25 21
12 16
b-11 8
14 10
20 11
19 16
B wins

(*a*)
22 17
10 15
B wins

(*b*)
21 17
14 21
11 8
21 17
B wins

932.
29 25
22 18
25 22
1-18 15
a-22 17
15 11
1 5
2-10 6
12 16
11 7
16 19
Drawn

(*a*)
22 18
loses

Var. 1.
18 14
22 17
14 9
1 5
9 6
5 9
6 2
9 14
10 15
17 21
2 6
14 17
6 10
17 21
10 14
21 25
Drawn

Var. 2.
11 7
5 9
7 2
9 14
Drawn

933.
24 20
4 8
or
† 3 7
28 24
23 27
24 19
27 32
31 27
W wins

(†)
If 3 8
then
20 16
8 12
16 11
12 16
28 32
16 20
31 27
W wins

934.
27 32
12 8
32 27
8 3
†29 25
22 29
31 26
30 23
27 18
3 7
18 15
B wins

† Only move to win

Either 27 23 or 27 24 allows W to draw

935.
1 26 22
2 18 25
28 24
31 27
3-24 20
27 23
4-21 17
25 29
20 16
23 18
16 11
18 22
17 13
22 17
5 11 7
6 17 21
7-30 26
a-29 25
26 23
25 22
23 19
22 18
19 16
18 15
7 3
Drawn

(*a*)
21 17
26 23
17 14
23 19
14 10
7 3
29 25
19 16
25 22
16 11
22 18
3 8
B wins

Var. 1.
28 24
31 22
24 19
18 23
19 15
23 27
15 10
27 32
10 7
32 27
7 2
27 23
2 7
1 5
7 10
23 18
B wins

Var. 2.
26 23
18 27
21 17
27 32
28 24
32 27
8-24 20
31 26
30 23
27 18
20 16
18 22
17 13
1 5
16 11
22 18
B wins

Var. 3.
21 17
27 20
30 21
B wins

Var. 4.
20 16
23 19
16 11
19 15
11 7
15 10
7 3
10 14
3 7
25 29
7 11
29 25
30 26
14 18
26 22
18 14
22 17
14 9
11 16
25 22
17 13
9 14
16 19
22 18
19 24
1 6
B wins

Var. 5.
30 26
17 14
26 23
29 25
23 19
14 10
19 16
25 22
16 12
22 18
9-12 8
18 15
B wins

Var. 6.
13 9
17 14
9 5
14 10
30 26
29 25
26 23
10 15
11 7
25 22
B wins

Var. 7.
7 2

29 25
10. 2 7
25 22
13 9
22 17
7 2
7 14
9 6
14 18
2 7
18 15
B wins

Var. 8.
24 19
31 26
30 23
27 18
16 19
18 22
17 13
1 5
B wins

Var. 9.
11 8
10 7
13 9
18 15
8 4
15 11
9 5
7 3
B wins

Var. 10.
30 26
1 6
2 9
25 22
26 17
21 5
B wins

——

936.
15 19
10 17
18 22
26 23
19 26
30 23
24 27
17 26
27 18
B wins

——

937.
22 25
15 10
1/2 25 30
10 6
17 22
3- 6 10
*30 26
10 17
26 30
17 26
30 23
21 17
23 18
31 27
18 22
17 14
22 18
14 10
18 15
10 6
15 19
6 2
5 9
2 6
9 14
6 10
14 18
10 14
18 22
14 10
22 25
10 14
25 30
14 10
30 25
10 14
25 22
14 9
22 26
B wins

Var. 1.
14 18
21 14
18 23
10 7
23 26
31 22
25 9
7 10
9 13
10 14
Drawn

Var. 2.
5 9
*10 6
9 13
*31 26
14 18
21 14
25 30
6 10
30 23
10 15
Drawn

Var. 3.
6 9
30 25
9 18
25 29
18 25
29 22
31 27
5 9
27 24
9 13
B wins

——

938.
1-*14 9
18 27
30 26
2-21 25
26 23
27 18
10 14
25 29
14 23
17 22
9 14
22 25
14 17
25 30
17 21
W wins

Var. 1.
23 26
18 9
10 15
9 13
15 18
13 9
18 22
9 13
22 18
13 9
26 23
9 13
23 19
13 9
19 15
3- 9 5
15 10
5 9
10 14
4- 9 13
30 26
17 22
Drawn

Var. 2.
27 31
10 14
31 22
9 13
W wins

Var. 3.
9 13
15 11
13 9
30 26
9 13
18 22
W wins

Var. 4.
9 5
30 26
5 1
18 22
W wins

——

939.
17 22
24 19
7 3
19 16
3 7
28 24
11 15
16 12
15 11
24 19
7 3
19 16
11 8
16 11
8 15
20 16
15 11
16 7
8 10
B wins

——

940.
4 8
7 11
14 18
11 4
*18 22
6 2
15 11
B wins

——

941.
1/2 16 11
17 14
31 26
29 25
26 23
14 9
23 18
9 5
18 23
25 21
23 18
32 27
18 14
27 23
14 9
23 18
9 13
18 22
13 9
21 17
9 13
17 14
13 9
22 18
9 6
18 23
11 15
12 8
6 9
14 10
15 6
8 3
6 10
Drawn
J. Bertie

Var. 1.
17 13
3- 1 5
4-32 28
31 27
29 25
27 23
28 24
5-23 18
24 27
18 14
25 22
14 10
22 18
10 15
18 14
11 7
12 8
7 3
8 4
3 7
4 8
7 3
8 12
3 7
12 16
7 3
6-16 20
3 7
27 23
15 10
23 18
10 17
18 15
Drawn
J. A. Kear

Var. 2.
29 25
31 26
32 27
26 30
25 21
30 26
17 13
1 5
21 17
11 15
12 8
26 22
27 23
22 25
23 26
25 21
17 14
21 17
14 9
Drawn
J. Bertie

Var. 3.
31 26
7-32 27
26 22
27 23
1 6
8-23 27
22 17
27 23
17 22
23 27
22 17
29 25
17 21
25 22
6 10
27 23
21 25
23 18
25 21
18 23
21 25
23 18
25 21
13 9
10 14
18 23
11 15
22 17
21 25
Drawn
J. Wyllie

Var. 4.
29 25
31 26
32 27
26 30
25 21
30 26
27 24
26 23
21 17
11 15
12 8
23 26
24 20
15 10
20 16
26 22
16 11
22 25
8 3
25 21
11 7
21 14
13 9
Drawn
J. Bertie

Var. 5.
11 15
12 8
23 26
8 3
26 30
25 21
15 11

24 19
30 26
21 17
26 30
17 14
30 26
19 24
11 15
13 9
15 18
3 7
26 22
7 10
22 17
24 20
17 13
10 6
13 17
14 10
5 14
10 7
18 23
Drawn
J. Bertie

Var. 6.
27 24
15 11
16 7
3 17
24 19
17 14
19 15
5 9
Drawn
J. Wilkin

Var. 7.
29 25
26 23
25 21
23 18
9-32 27
18 14
27 23
1 6
23 26
14 18
26 31
18 14

31 26
14 18
21 17
6 10
Drawn
J. Wyllie

Var. 8.
23 19
22 17
19 23
17 22
23 19
22 17
29 25
17 21
25 22
6 10
13 9
11 15
19 23
10 14
22 17
21 25
same as Var. 3, at end
Drawn
J. Wyllie

Var. 9.
13 9
18 14
9 5
14 9
32 27
9 6
27 23
6 10
23 18
10 7
18 14
7 3
21 17
11 7
14 9
7 2
Drawn
J. Wyllie

942.
30 26
14 18
26 30
18 23
13 17
10 6
17 22
6 2
30 25
2 6
25 21
6 10
21 17
10 15
17 21
15 19
21 25
19 24
25 30
24 27
30 25
27 31
3 7
23 19
7 11
31 27
25 21
27 23
21 17
Drawn

943.
26 30
10 6
30 25
6 2
24 27
1- 2 6
9 14
18 9
25 18
6 10
5 14
10 17
27 31
17 13
18 14
13 17
14 9

17 13
9 5
B wins

Var. 1.
2 7
27 31
7 11
31 27
11 16
27 24
22 17
24 20
2-17 13
20 11
13 6
25 22
B wins

Var. 2.
16 12
9 13
17 14
25 22
B wins

944.
1- 6 1
5 9
1 6
3 7
6 1
7 10
1 6
10 14
2- 6 1
14 18
1 6
18 23
3- 6 1
23 27
1 6
27 32
6 1
32 27
1 6
27 24
6 1
24 19
1 6

19 15
6 1
15 10
1 5
9 6
2 9
13 6
5 1
6 9
1 5
10 14
5 1
9 5
1 6
5 1
6 2
14 18
B wins

Var. 1.
6 10
5 1
10 14
1 6
2 9
13 6
B wins

Var. 2.
6 10
9 5
10 17
13 22
W wins

Var. 3.
6 10
9 14
10 17
13 22
B wins

945.
7 10
4-24 20
6 9
17 13
1 6
3-20 16

10 14
28 24
14 17
1, *2*- 22 18
15 22
24 19
22 26
19 15
26 31
16 11
31 27
11 7
27 23
7 2
23 18
15 11
18 15
11 8
15 10
8 3
17 22
3 8
22 26
8 11
26 31
8-11 8
31 27
8 11
27 23
11 8
10 15
8 3
15 18
3 8
23 27
5- 2 7
9 14
7 2
6 10
7- 2 7
18 22
8 11
22 17
7 2
14 18
2 6
10 14
6 9
17 21
B wins

Var. 1.
16 11
17 26
11 7
26 31
7 2
31 27
24 20
27 23
6-20 16
23 18
16 12
15 19
12 8
19 24
8 3
24 27
3 8
27 31
8 11
31 27
11 8
27 23
8 11
23 19
11 7
18 14
7 3
14 10
2 7
9 14
7 2
6 9
13 6
10 1
B wins

Var. 2.
24 19
15 24
22 18
24 27
16 11
27 31
11 7
31 26
7 2
26 23
18 15
23 18
B wins

Var. 3.
22 17
9 14
20 16
14 21
16 11
10 14
11 7
14 17
7 2
6 10
2 7
10 14
7 10
15 18
13 9
18 22
9 5
14 18
B wins

Var. 4.
17 13
6 9
13 6
15 18
22 15
10 19
24 15
B wins

Var. 5.
8 3
9 14
2 9
18 23
9 18
23 14
B wins

Var. 6.
2 7
15 19
7 2
23 18
20 16
18 15
B wins

Var. 7.
2 6

18 15
8 3
27 24
6 2
15 19
B wins

Var. 8.
11 16
10 15
16 20
15 19
B wins

946.
6 9
2 6
10 14
6 13
18 23
13 9
23 27
9 18
19 23
28 19
27 32
B wins

947.
27 23
18 27
24 19
a- 6 9
31 24
9 14
19 23
4 8
23 26
14 17
20 16
8 3
16 12
b- 7 10
24 19
3 7
12 16
7 2
16 11
2 6
11 7
10 14
19 15
6 9
7 2
9 13
2 6
17 21
26 30
W wins

(a)
27 32
31 27
W wins

(b)
7 11
24 20
W wins

948.
28 32
20 16
32 27
16 11
27 24
11 8
24 19
8 4
19 15
4 8
* 1 6
5 1
6 10
1 6
10 14
6 9
14 18
9 14
18 23
14 9
23 26
9 14
26 31
14 9
31 27
9 14
27 24
14 9
24 20
9 14
20 16
14 9
16 11
8 4
*15 18
9 6
*18 22
6 9
*21 17
9 5
17 14
5 1
14 10
1 5
10 6
5 1
11 7
1 10
7 14
4 8
* 3 7
8 4
14 18
12 8
18 14
8 3
22 17
3 10
14 7
B wins

949.
16 11
14 10
3 7
10 3
1 6
2 9
5 14
12 8
11 4
3 7
4 8
7 2
8 11
2 6
11 15
6 1
15 10
B wins

950.
6 1
5 9
3 8
12 3
1 5
3 10
5 7
B wins

951.
31 26
18 15
* 2 6
12 5
26 22
B wins

952.
25 30
1-26 23
30 26
23 19
26 23
6 2
24 27
2 7
5 9
7 3
27 31
3 8
31 27
8 12
27 24
19 15
23 18
*15 10
Drawn

Var. 1.
26 22
30 25
22 18
25 22
18 15
22 18
B wins

953.
18 22
19 10
22 13
10 17
13 22
1 6
22 18
6 10
18 22
10 15
30 26
15 19
26 23
19 26
22 31
W wins

954.
29 25
1-13 17
28 24
2-17 22
27 23
22 29
23 19
W wins

Var. 1.
15 19
27 24
19 23
24 19
23 26
19 15
18 23
15 18
W wins

Var. 2.
15 19
24 15
17 22
27 23
22 29
23 26
29 25
26 22
25 30
22 17
W wins

955.
22 25
10 17
9 13
29 22
30 25
1-16 11
5 18
2-11 7
13 22
7 2
22 17
21 14
18 9
W wins

Var. 1.
22 18
13 15
21 17
15 10
17 13
10 6
16 11
25 22
11 7
22 18
3- 7 2
6 10
13 9
10 6
9 5
6 1
2 7
18 15
B wins

Var. 2.
17 22
18 25
11 7
25 22
7 2
13 9
B wins

Var. 3.
7 3
18 14
3 7
6 1
7 11
14 9
13 6
1 10
B wins

956.
12 16
10 7
16 19
7 2
20 24
11 8
24 27
8 3
27 31
3 8
31 27
8 11
27 24
11 8
19 15
2 7
14 17
21 14
15 10
B wins

957.
26 23
19 26
30 23
1- 8 11
23 19
2- 3 7
27 23
7 10
23 18
W wins

Var. 1.
3- 3 7
23 19
7 10
22 18
8 11
27 24
13 17
18 14
W wins

Var. 2.
3 8
27 24
8 12
24 20
W wins

Var. 3.
8 12
23 19
3 7
27 24
7 10
22 18
13 17
18 14
W wins

958.
24 19
1- 6 10
23 18
13 17
31 26
2-17 21
26 22
21 25
18 15
11 18
22 6
W wins

Var. 1.
13 17
a-23 18
6 10
31 26
17 21
26 22
W wins
same as trunk.

Var. 2.
12 16
19 12
10 15
26 23
15 22
23 19

22 26
12 8
26 31
8 3
31 27
3 8
W wins

(a)
31 26
allows B to Draw as follows:
31 26
12 16
19 12
11 15
12 8
6 10
8 3
10 14
3 7
15 18
23 19
18 23
Drawn

959.
5 9
20 16
15 18
24 15
12 19
15 11
9 14
11 7
14 17
7 2
18 22
B wins

960.
32 27
23 32
22 26
20 27
16 19
15 24
26 31
W wins

961.
26 22
18 25
31 26
2 11
26 30
1-11 15
30 21
2-15 18
24 27
18 22
27 31
13 17
21 14
3-22 25
31 27
25 30
14 17
30 25
17 21
25 22
27 23
W wins

Var. 1.
13 17
30 14
4-11 15
24 27
29 25
27 23
15 18
23 26
W wins

Var. 2.
13 17
21 14
29 25
24 27
25 30
14 10
15 18
10 14
18 22
27 23
22 25
14 17
25 29
17 21
29 25
23 18
W wins

Var. 3.
29 25
31 27
25 21
27 23
22 25
23 26
25 29
26 30
29 25
14 18
W wins

Var. 4.
5-29 25
24 19
25 22
19 15
11 18
14 23
W wins

Var. 5.
11 16
14 18
29 25
18 23
16 20
23 27
25 22
27 32
20 27
32 23
W wins

962.
27 23
1 6
19 15
6 1
15 18
1 6
18 22
6 9
22 17
2 6
23 19
6 10
11 7
10 6
19 15
6 2
7 11
9 6
1-17 14
2-20 16
11 20
6 10
15 6
2 18
Drawn

Var. 1.
17 13
6 1
3-15 10
2 6
10 14
1 5
4-11 7
6 2
7 10
5- 5 1
14 9
20 16
10 15
1 6
9 5
6 1
13 17
2 6
17 14
6 2
14 18
2 6
18 23
6 10
15 6
1 10
23 19
16 11
19 16
11 7
Drawn

Var. 2.
6 1
14 18
1 6
a-11 7
2 11
15 8
6 10
8 4
20 16
4 8
10 7
3 10
12 3
10 14
16 11

(*a*)
3 7
20 16
11 20
2 11
15 8
12 3
Drawn

Var. 3.
13 9
1 5
9 14
5 1
14 18
same as 2 at 2.
Drawn

Var. 4.
11 15
5 1
6-14 10
6 2
13 9
1 5
10 14
5 1
9 5
20 16
14 18
2 6
18 23
6 10
15 6
1 10
5 9
16 11
23 19
11 7
19 16
7 2
Drawn

Var. 5.
20 16
10 15
2 6
13 17
5 1
17 22
6 2
22 18
2 6
18 23
6 2
23 19
1 6
14 10
6 1
19 24
2 7
10 14
16 11
3 10
1 6
15 8
12 3
14 9
Drawn

Var. 6.
14 9
6 10
15 6
1 10
9 14
10 17
13 22
20 16
22 18
16 11
18 15
11 8
15 11
8 4
Drawn

963
1 6
27 23
6 10
23 18
10 6
18 14
6 1
14 17
1 6
19 23
6 9
23 18
2 6
17 13
9 5
18 14
1- 5 1
14 9
6 2
13 17
2- 1 5
17 14
5 1
9 5
2 6
*14 18
6 10
18 23
3-10 14
23 19
1 6
5 1
6 9
19 15
4- 9 5
11 7
14 9
7 2
9 13
15 11
5-13 17
3 7
6-17 14
2 6
14 18
7 10
18 23
10 15
23 27
15 19
27 32
19 23
32 28
6 10
28 24
10 15
B wins

Var. 1.
6 2
13 9
5 1
same as trunk at 23.
B wins

Var. 2.
1 6
9 5
6 1
17 14
2 6
same as trunk at 25.
B wins

Var. 3.
10 6
23 19
7- 6 2
19 15
2 6
3 7
6 2
7 10
8- 2 6
10 14
6 10
15 6
1 17
5 9
B wins

Var. 4.
9 13
11 7
14 17
15 18
17 21
1 6
13 17
6 10
17 13
10 14
13 17
7 10
20 16
18 15
B wins

Var. 5.
5 9
1 5
9 14
11 15
14 17
5 9
13 6
2 9
B wins

Var. 6.
5 9
7 10
17 13
1 6
9 5
10 14
5 9
14 17
B wins

Var. 7.
6 10
5 9
1 5
11 15
5 14
15 6
20 16
3 7
B wins

Var. 8.
12 8
11 4
2 7
10 14
7 10
15 6
1 17
5 9
B wins

———

964
1-22 17
2-6 9
15 18
9 13
17 14
32 27
19 15
3-12 16
14 10
16 19
10 6
19 23
18 22
27 31
6 2
23 26
2 7
26 30
15 10
30 26
22 18
4-31 27
5-10 6
26 23
18 22
27 31
7 10
6-23 26
10 15
26 17
21 14
31 26
15 18
26 31
18 22
31 27
6 2
27 23

2 7
23 19
7 10
W wins

Var. 1.
32 28
17 14
6 9
14 10
28 24
10 6
24 20
6 2
20 16
2 6
16 23
6 13
23 27
15 19
a-27 31
19 23
12 16
13 17
16 20
17 22
5 9
21 17
20 24
23 27
W wins

(*a*)
27 32
13 17
32 27
17 14
27 32
21 17
32 27
17 13
27 32
13 9
W wins

Var 2.
5 9
15 18
b- 9 13
17 14

c-32 27
19 15
27 24
15 11
24 19
11 7
6 10
18 15
10 17
15 24
17 22
24 19
22 26
7 2
26 31
2 7
W wins

(*b*)
32 27
19 15
27 24
15 11
24 19
11 7
W wins

(*c*)
13 17
19 15
32 27
15 11
27 24
11 7
W wins

Var. 3.
27 24
15 10
24 19
10 6
e-19 16
14 10
16 11
6 2
12 16
10 7
16 19
7 3
19 24

3 7
11 8
2 6
24 28
6 10
28 32
10 15
W wins

(*e*)
12 16
6 2
16 20
2 6
20 24
14 10
24 27
10 7
27 31
6 10
W wins

Var. 4.
26 23
18 27
31 24
7 11
24 19
11 15
19 23
10 6
23 27
15 18
W wins

Var. 5.
26 30
10 6
31 26
7 10
30 25
6 2
26 22
10 15
22 26
2 7
26 22
7 11
22 26
*15 19

26 22
11 15
f-22 26
18 23
26 22
19 24
g-25 29
24 27
h-29 25
23 18
22 26
15 19
25 29
27 23
26 30
19 15
30 25
15 10
25 30
18 22
30 25
23 18
25 30
21 17
30 25
17 14
25 30
10 15
30 25
15 19
25 21
22 26
21 25
26 30
25 22
18 25
29 22
19 15
13 17
14 10
17 21
10 7
5 9
15 10
22 17
7 2
9 14
10 15
17 22
2 6

14 18
15 19
22 17
6 9
17 13
9 14
18 22
14 18
22 25
18 22
25 29
19 23
13 9
23 18
9 5
18 14
5 1
14 9
1 5
22 17
5 14
17 10
29 25
30 26
W wins
*Same as A.D.P.

(*f*)
If
5 9
reply
19 23
W wins

(*g*)
25 30
23 18
22 26
15 19
26 31
24 28
W wins

(*h*)
5 9
15 10
22 25
23 18
25 22

18 25
29 22
27 23
22 25
10 15
W wins

Var. 6.
31 27
6 2
27 31
2 7
i-23 19
7 11
31 27
10 7
27 23
7 3
23 27
3 8
27 23
8 12
23 27
11 16
19 24
22 18
27 31
12 8
24 27
8 11
31 26
16 19
26 31
19 23
27 32
11 15
31 27
23 26
27 24
26 22
W wins

(*i*)
31 27
7 11
27 31
11 16
31 27
10 7
27 24

7 11
24 20
16 12
W wins

965.

6 2
10 19
2 7
1-19 24
20 16
12 19
11 8
4 11
7 16
24 28
31 27
23 32
W wins

Var. 1.

12 16
7 10
19 24
11 7
16 19
10 15
2-23 27
7 3
27 23
20 16
23 27
W wins

Var. 2.

4 8
7 3
8 12
3 7
23 27
20 16
27 23
16 11
12 16
11 8
16 20
8 4
23 27
4 8
27 23
8 11
W wins

966.

9 13
11 18
19 23
18 27
32 23
20 16
24 28
16 11
28 32
11 7
32 28
7 2
23 27
31 24
B win by First Position

967.

21 17
18 9
17 13
9 14
30 26
31 22
13 9
14 7
3 10
5 14
10 26
12 16
26 23
W wins

968.

17 14
10 17
26 23
17 26
18 14
9 27
32 21
W wins

969.

5 9
*32 27
9 14
27 23
6 10
20 16
1 6
23 19
6 9
16 11
14 18
22 17
13 22
11 7
18 23
7 2
9 14
2 7
15 18
7 11
Drawn

WHILTER GAME.

11 15
23 19
7 11
21 17
11 16
17 13
16 23
27 11
8 15
22 18
15 22
25 18
9 14
18 9
5 14
29 25
4 8
25 22
8 11
26 23
11 15
31 26
3 7
24 20
14 18
23 14
10 17
32 27
12 16
20 11
7 16
27 23
16 20
23 18
15 19
18 14
20 24
22 18
17 21
26 22
24 27
14 10
6 15
18 11
27 31
11 8
19 23
22 18
2 6
Forms Prob. 970

970.

28 24
31 27
24 20
27 31
8 3
31 26
3 7
26 22
7 10
6 15
18 11
22 18
20 16
Drawn

CROSS GAME.

11 15
23 18
8 11
27 23
11 16
18 11
16 20
24 19
7 16
22 18
4 8
25 22
8 11
29 25
10 14
19 15
3 8
31 27
2 7
22 17
7 10
17 13
10 19
26 22
19 26
30 23
6 10
13 6
5 9
6 2
10 15
28 24
1 6
2 7
16 19
7 16
19 26
18 4
12 28
22 17
6 10
17 13
26 31
13 6
31 24
4 8
14 18
8 11
24 19
1-21 17
Forms Prob 971

971.

19 23
a-17 13
23 26
11 7
10 15
7 11
15 19
11 16
19 23
16 11
26 30
11 15
30 21
15 22
20 24
Drawn

(*a*)

11 7
10 15
7 11
15 19
11 16
19 24
17 13
23 26
16 19
26 31
Drawn

Var. 1.
(Game contined)

11 7
10 15
7 11
2-18 22
11 18
22 29
21 17
29 25
17 13
25 21
13 9
21 17
9 5
W wins

Var. 2

19 16
25 22
16 7
6 2
18 25
2 18
W wins

972.

16 11
15 8
3 7
2 11
12 3
a-4 8
3 12
1 5
12 8
11 16
8 11
16 20
11 16
20 24
16 19
24 28
19 23
28 32
Drawn

(*a*)

11 16
3 7
10 15
7 11
4 8
Drawn

973.

11 15
20 11
9 14
17 19
8 31
B wins

974.

6 10
13 6
5 9
14 5
23 21
7 14
26 1
B wins

975.

19 24
28 19
21 25
30 21
14 17
21 14
7 10
14 7
2 18
1-20 16
18 23
16 12
23 16
12 8
16 11
8 3
22 17
29 25
17 14
25 21
14 9
21 17
11 15
17 13
15 10
13 6
1 10
B wins.

Var. 1.

19 16
18 15
16 11
15 8
20 16
22 18
29 25
18 15
16 12
8 11
25 22
15 10
22 17
10 6
17 13
6 1
13 9
11 15
12 8
15 18
8 3
18 14
9 5
B wins

976.
1-27 23
11 7
2-23 14
26 23
14 17
21 14
9 27
7 14
27 31
19 15
31 27
14 10
Drawn

Var. 1.
27 24
11 15
10 14
26 22
14 23
15 18
24 15
18 11
23 26
22 18
26 30
18 15
30 26
11 7
26 23
7 10
23 19
10 1
19 10
13 6
Drawn

Var. 2.
3-23 16
7 14
16 19
14 17
12 16
17 22
16 20
21 17
19 16
18 15
16 19
15 10
6 15
13 6
19 24
26 23
24 27
23 18
15 19
Drawn

Var. 3.
23 30
7 14
30 26
19 15
12 16
14 10
26 23
10 1
23 14
13 6
W wins

977.
7 10
8 3
15 19
3 8
18 15
8 3
19 24
3 8
32 27
8 3
24 28
31 24
28 19
3 8
19 23
8 3
23 18
3 8
18 22
8 3
30 25
3 8
25 21
8 3
21 17
3 8
17 13
8 3
1-13 9
3 8
9 5
8 3
15 18
3 8
10 6
8 15
18 11
2 9
5 14
12 8
14 18
8 15
18 11
W wins

Var. 1.
10 6
2 9
13 6
3 8
6 9
8 3
9 14
3 8
15 18
8 15
18 11
W wins

978.
6 1
8 11
3 7
11 15
7 10
15 19
* 1 5
9 13
12 16
19 23
5 9
13 15
16 19
15 24
28 17
W wins

979.
*23 26
31 22
*12 16
1-29 25
14 17
21 14
30 21
14 9
21 17
15 11
17 26
11 20
26 23
10 6
23 18
6 1
18 14
1 5
13 17
Drawn

Var. 1.
15 11
30 25
11 20
25 18
28 24
18 15
2-10 6
2 9
24 19
15 24
20 27
3-13 17
27 23
17 22
23 19
22 26
19 23
26 30
29 25
9 13
25 22
30 25
22 18
14 17
21 14
25 22
Drawn

Var. 2.
10 7
2 11
24 19
15 24
20 27
14 18
27 24
18 23
24 19
23 26
29 25
26 30
25 22
30 25
22 18
25 22
18 14
22 17
14 9
17 14
9 6
14 10
6 2
11 15
19 23
10 14
2 7
15 18
23 26
14 9
26 31
9 14
7 11
18 22
Drawn

Var. 3.
14 18
29 25
9 14
27 31
18 23
25 22
23 26
31 27
26 30
27 23
30 25
Drawn

980.
21 17
22 29
30 26
31 22
18 25
29 22
9 6
11 18
13 9
22 13
6 1
13 6
1 28
18 23
28 24
23 26
24 19
W wins

981.
18 15
7 11
22 18
1-13 17
19 16
17 22
16 7
22 26
7 2
26 31
* 2 7
31 24
7 10
8 12
10 17
12 16
17 22
W wins

Var. 1.
8 12
15 8
13 17
8 3
17 22
3 7
22 26
*27 24
20 27
7 10
2-26 31
10 17
9 13
17 22
27 32
18 14
32 27
23 18
27 23
19 15
W wins

Var. 2.
27 31
10 17
9 13
17 22
26 30
18 14
W wins

982.
9 6
1-18 9
10 7
1 10
11 8
2 11
8 13
Lyman.
27 32
16 11
32 27
11 15
27 23
13 17
23 27
15 18
27 32
18 23
5 9
23 18
9 13
17 22
32 27
28 32
27 24
18 15
24 28
15 19
20 24
19 15
W wins
Schaefer

Var. 1.
2 9
11 15
18 11
16 7
9 18
10 6
1 10
W wins

983
24 19
22 26
19 12
11 15
12 8
26 31
8 3
1- 7 10
*20 16
31 26
16 12
26 19
3 7
10 14
17 10
15 18
18 9
W wins

Var 1.
7 11
3 8
31 26
8 3
26 19
3 7
19 16
7 2
W wins

984.
26 23
19 26
31 22

25 18
10 7
1 19
11 16
3 10
16 7
W wins

985
19 16
a-12 19
23 7
3 10
32 23
26 19
2 7
19 23
7 14
W wins

(a)
26 19
16 7
3 10
32 16
12 19
2 7
W wins

986.
14 18
20 27
9 14
2 9
18 22
1-25 18
14 23
27 18
5 16
B wins

Var. 1.
9 18
22 31
25 22
5 9
2-22 18
31 26
18 15
26 23
15 11
23 19
11 7
19 15
32 28
9 14
28 24
14 9
24 20
9 5
7 2
15 10
20 16
10 6
2 9
5 14
B wins

Var. 2.
22 17
31 26
32 28
26 22
17 13
9 6
28 24
22 18
24 19
6 1
13 9
18 14
9 5
14 18
B wins

987.
26 22
19 23
17 13
1-27 32
20 16
12 19
22 18
15 22
24 6
2 9
13 6
23 27
31 24
32 27
6 2
27 20
2 6
3 8
6 10
8 15
10 19
4 8
19 15
8 12
15 18
W wins

Var. 1.
10 14
11 8
4 11
31 26
W wins

988.
6 2
20 11
2 6
11 2
10 7
2 11
21 17
14 21
6 10
5 14
W wins

989.
30 26
1, 2} 31 27
10 14
17 10
26 17
21 14
6 15
13 6
1 17
3-27 23
5 9
3 7
9 14
7 10
15 18
23 19
18 23
19 16
23 26
16 12
26 30
12 8
20 24
28 19
17 22
B wins

Var. 1.
3 8
20 24
28 19
10 14
17 10
26 17
21 14
6 24
13 6
1 17
B wins

Var. 2.
28 24
20 27
31 24
10 14
17 10
26 17
21 14
6 15
13 6
1 17
3 7
15 18
7 10
17 21
10 14
18 22
24 19
22 25
19 15
25 30
15 10
30 26
10 6
26 22
B wins

Var. 3.
3 7
15 18
7 10
17 21
10 14
18 22
14 17
22 26
17 22
26 31
22 18
31 24
28 19
21 25
B wins

990.
24 19
15 24
26 22
18 23
22 18
5 9
18 15
10 19
17 1
9 14
25 22
23 26
1 6
26 30
6 9
30 25
9 18
24 27
13 9
27 32
22 17
19 23
18 27
32 23
9 6
W wins

991.
15 10
6 15
20 16
12 19
26 23
19 26
25 22
18 25
11 18
14 32
5 23
W wins

992.
21 25
31 24
14 9
5 14
13 9
6 13
15 10
8 15
10 17
13 22
25 27
12 16
27 24
4 8
29 25
8 11
25 22
11 15
24 20
16 19
20 16
19 23
16 11
W wins

993.
8 11
25 18
28 24
20 27
31 24
1- 9 14
17 10
2- 5 9
24 19
15 24
11 7
6 15
13 6
1 10
7 23
W wins

Var. 1.
6 10
13 6
15 19
24 15
10 19
11 7
W wins

Var. 2.
15 19
24 15
18 14
11 7
14 18
15 11
6 15
7 10
15 19
10 15
W wins

994.
27 23
20 27
16 12
7 16
12 8
4 11
19 12
26 19
32 7
2 11
17 14
11 16
12 8
16 19
8 3
19 23
3 8
23 27
8 11
27 32
11 25
32 27
14 10
W wins

LAIRD & LADY GAME.

11 15
23 19
8 11
22 17
9 13
17 14
10 17
21 14
15 18
26 23
11 16
24 24
6 10
20 11
10 17
23 14
7 23
27 18
17 21
18 15
2 7
15 10
4 8
25 22
8 11
28 24
12 16
31 27
[illegible] 20
a-24 19
11 15
19 16
15 19
16 12
19 23
27 18
5 9
14 5
7 23
22 18
13 17
18 15
17 22
15 11
22 26
11 8
26 31

8 4
31 27
4 8
27 24
8 11
24 19
*11 16
19 15
29 25
23 26
30 23
21 30
32 28
Drawn

(a)
22 18
Forms
Prob. 995

995.

†*13 17
1-27 23
20 27
23 19
27 31
19 15
11 16
15 11
17 22
11 2
22 26
30 23
b 31 26
c 2 6
d 26 19
6 9
19 23
9 13
16 20
3-32 28
20 24
28 19
23 16
h-13 17
16 11
f-17 13
11 7
13 9
7 2
18 15
3 8
9 13
2 6
B wins

Var. 1.

24 19
20 24
27 20
5 9
14 5
7 23
e-19 16
11 15
16 11
15 19
2-20 16
23 26
30 23
19 26
16 12
26 31
11 8
31 26
8 4
26 23
4 8
17 22
8 11
21 25
11 16
25 30
16 20
22 26
20 16
26 31
B wins

Var. 2.

29 25
19 24
20 16
23 26
30 23
21 30
32 28
24 27
23 18
30 26
18 14
17 21
14 10
26 23
28 24
23 18
11 7
27 32
16 12
32 28
24 20
28 24
7 2
24 19
2 7
18 14
B wins

Var. 3.

4-13 9
20 24
9 13
24 27
c-13 9
27 31
9 13
31 26
13 9
26 22
18 15
22 18
B wins

Var. 4.

18 15
23 19
13 17
20 24
10 6
19 10
14 7
3 10
17 13
10 15
B wins

(b)
23 19
16 23
32 28
23 27
18 15
26 22
B wins

(c)
2 7
26 19
7 11
16 20
32 28
19 23
B wins

(d)
18 15
26 19
32 28
16 20
15 11
20 24
B wins

(e)
29 25
23 26
30 23
21 30
23 18
30 26
B wins

(f)
17 22
21 25
22 17
or
22 26
11 7
B wins

(g)
18 15
21 25
29 22
1 6
10 1
23 26
B wins

(h)
18 15
3 8
B wins

(†)
5 9
Drawn

GLASGOW GAME.

11 15
23 19
8 11
22 17
9 14
25 22
11 16
24 20
16 23
27 11
7 16
20 11
3 7
28 24
7 16
26 23
16 20
24 19
5 9
17 13
4 8
30 26
2 7
22 18
1 5
29 25
20 24
25 22
14 17
21 14
10 17
32 28
Forms
Prob. 996

996.

7 10
18 15
17 21
23 18
21 25
15 11
8 15
18 11
12 16
19 12
25 30
28 19
30 7
B wins

997.

19 16
12 19
23 16
10 19
16 11
8 15
26 23
W wins

998.

4 8
3 19
18 23
27 11
20 27
31 24
7 30
24 19
30 26
28 24
26 22
17 13
22 18
29 25
18 15
25 22
15 11
22 18
5 9
13 6
2 9
24 20
9 13
19 16
11 8
16 12
8 11
B wins

999.

23 19
5 9
20 16
11 20
19 16
15 19
24 15
10 19
22 15
1-19 23
27 18
14 23
15 11
7 10
11 7
10 15
7 2
Drawn

Var. 1.

7 10
25 22
19 24
22 17
24 31
16 11
10 19
17 1
9 14
1 6
19 23
11 7
3 10
6 15
23 26
12 8
26 30
8 3
30 26
15 10
Drawn

BRISTOL GAME.

11 16
24 19
8 11
28 24
16 20
22 17
9 13
17 14
10 17
21 14
11 16
25 21
6 9
23 18
16 23
26 19
4 8
29 25
13 17
31 26
9 13
25 22
7 11
19 15
12 16
15 10
2 7
Forms
Prb. 1000

1000.

27 23
20 27
14 9
7 14
9 6
1 10
18 9
5 14
23 18
14 23
21 7
3 10
26 3
W wins

LAIRD & LADY GAME.

11 15
23 19
8 11

22 17	13 17	*1001.*	OLD 14TH	24 20	*1002.*	11 15	31 15
9 13	15 10			11 15		25 22	14 18
17 14	9 13	27 23	GAME.	28 24	22 17	7 11	17 14
10 17	19 15	18 27		8 11	15 18	32 28	18 23
21 14	2 6	32 23	11 15	25 22	30 25	15 18	14 9
15 18	24 20	11 27	23 19	18 25	*18 23	22 15	23 27
19 15	17 22	31 24	8 11	29 22	27 18	11 27	21 17
4 8	26 17	6 15	22 17	3 8	9 14	19 16	27 31
24 19	13 22	25 2	4 8		18 9	12 19	20 16
6 9	Forms		17 13	Forms	5 14	24 15	31 26
28 24	Prb. 1001	W wins	15 18	Prb. 1002	26 23	10 19	Drawn

NOTES ON THE POSITIONS.

880 is from the ending of "New Thirteenth" game, var. 14, in Barker Brothers' "World Checker Book."

181 and some others in this section were contributed by Mr. Drinkwater.

883.—This, and many of the other positions in this section, by Mr. Wardell, are from "Barker's American Checker Player." They are grand productions, and it will greatly benefit most Draughtplayers to study carefully the play and variations given in the solutions. I request the reader's pardon for persistently spelling his name all through with an *a*—Wardall—a mistake on my part. The "American Checker Player," by C. F. Barker, from which I quote, I may here observe, is described to me by one of our most able critics as "an undoubtedly fine and scientific work."

888 is not by an American author, but as I copied it and others from "Bowen's Cross," I have given it a place in this section.

895 was given in the "New York Checker Monthly" as a win for White.

896 and 897 are companion problems.

898 is given to show a neat correction of var. 2, of prob. 892, at second move.

899 is a useful study, and is a likely position to occur in play.

915.—The "American Draught-Player" leaves this as a Draw.

941 is by the late J. Birtie, of Dundee.

948.—In favouring the *Glasgow Herald* with the above position, Mr. Lyman requested that there might be a delay of two or three weeks before giving the solution, and that solutions be invited He wrote :—"The position cost me considerable labour, but I will be amply compensated if it excites a little curiosity on the part of the amateurs contributing to the *Herald.*" And the Editor in response said he "had pleasure in complying with Mr. Lyman's wishes." At the end of the time allowed, the Editor received solutions from many of the "upper row" of Draughts celebrities. and flattering criticisims from not a few.

958.—It will be noticed that Prob. 666 is nearly similar, but as the play varies I have given both.

962 and 963 are the renowned "Bowen's Twins."

964.—This problem won the gold medal in the *Clipper* tournament. The position occurs in the "Old Fourteenth" opening, var. 32, in Spayth's "American Draught Player." The Draughts Editor, *Sunderland Times* (now *Echo*), from which I copied, says —"In publishing this problem we reversed the colours of the pieces, making the terms 'White to play and win,' so that our young players might have the winning side next to them." This position received considerable attention from most of the prominent players of this country and America, and in no single instance was a satisfactory win proved; the opinion therefore became general that a draw could only be made of it. But Mr. Janvier's masterly play has brought out the true merits of the position, and was hailed by all competent judges as a great achievement.

968 appeared in the *Newcastle Chronicle*, and in presenting it the Draughts Editor says, "This neat little problem is given in the 'New York Checker Monthly' as 'selected.'"

970.—End-game between Messrs. C. F. Barker, Boston, and J. Reed, Pittsburg. Mr. Reed played 3-8, and Barker won.

983.—Ending of a game played in the New York tourney Mr. Schaefer played Whites.

985.—This Problem was given in the *New York Clipper* as a draw, by the following play:—2-7, 3-10, 19-15, 10-19, 23-7, 26-22, 32-23, 22-15, 7-2, 15-10, 23-19, 4-8, 20-16. Drawn.

989 was published in *Glasgow Weekly Herald*, solutions being particularly requested. The position occurs in Drummond's Fourth, but he plays 10-15, 3-7, when Black of course wins by 6-10, &c., but instead of 3-7 play 3-8, and draw—White, indeed, if anything now having the best of it, for after 3-8 Black's only move to draw is 15-19; if 30-25, White wins by 8-11, followed by 28-24, &c. Many would think the solution simple, by 10-15 first move, as Drummond played it, overlooking the force of 3-8 in reply.

998 is an end-game between Messrs. Bailey and Bugbee, played at the New England Checker Rooms, Boston, U.S.A.

Mr. Fred. Allen writes that he has found a flaw in var. 2 of Prob. 237. After the 9th move of the var. the position is—Black men 9, 12, 13, 20, king 26; White men 10, 19, 23, 32, king 2. The play should be continued thus—10-6, 9-14, 6-1, 26-31, 19-15, 12-16, 2-6, 31-27, 6-9, 27-11, 9-18. Drawn.

Mr. Drinkwater, who corrected his own games, says he failed to notice the following slips in notation in his section:—Prob. 122, var. 9, at last move 9-14 is best; 137, var. 3, at 44th move, 19-24 should be 23-27; 144, trunk at 45th move, 19-23 also wins; same prob., var. 1, at 8th move, 15-18 is best.

APPENDIX,

CONTAINING

CORRECTIONS AND IMPROVEMENTS.

COMPILED BY

MR. J. RICHARDS, PENZANCE.

Second Position.

"Argus," in the "International Magazine," June, 1888, having called attention to the fact that this problem was credited to Anderson instead of Payne or Sturges, "Boozle" wrote as follows —"'Argus' is correct: Second Position, credited in Lyman and Gould's to Anderson, is in Payne and Sturges. Anderson's Prob. 86 is the same as Sturges' 5, and both 86 and 5 are really Prob. 7 in embryo, by Payne. Now, Lyman and Gould, in solution to Dr. Brown's First Position in embryo, follow Mr. Drinkwater's arrangement of published play, and credit to Sturges and others' play that is essentially Payne's."

No. 17.

In the "American Checker Review," Jan., 1889, Mr. Charles Hefter gives the following to correct, restore, and improve Dr. Brown's solution:—

2 6	6 9	15 19	17 21	23 18
10 14	*d*-17 22	26 30	25 30	25 29
11 15	*b*- 9 14	14 17	19 23	18 22
f-14 17	*a*-22 26	30 25	29 25	W wins.

(*a*) 22-25, 14-17, 25-30, 17-21, 30-26, 15-19. W wins.
(*b*) *c*-15-18, 22-25, 9-14, 25-30, 18-23, 30-25. Drawn.
(*c*) 9-13, 22-26, 15-19. 26-31, 19-23, 29-25. Drawn.
(*d*) *e*-17-21, 9-14, 21-25, 14-17, 25-30, 17-21, 30-26, 15-19. W wins.
(*e*) 29-25, †-9-14, 17-22, 15-19, 22-26, 19-23, 26-30, 14-17. W wins. (†) Dr. Brown plays 15-18, permitting a draw.
(*f*) 29-25, 6-9, 14-17, 9-14, 17-22, 15-19, 22-26, 19-23, 26-31, 14-18. W wins.

This position has also commanded the attention of Mr. J. Lees, Dalmellington, and others; but the problem-expert of Chicago was first in the field.

No. 115.

Var. 1, at 11th move, instead of 17-14, play as follows:—

10 7	15 18	6 2	*3*-17 21	14 10	18 23
3 10	14 9	11 15	9 6	26 31	16 11
17 14	6 10	2 7	1 10	10 26	22 18
10 17	9 6	*1-2*-14 17	7 14	31 22	24 19
21 14	10 14	13 9	22 26	20 16	Drawn.
					F. Allen.

Var. 1.

23 27	18 23	*4*-27 32	27 23	18 14	32 27
7 10	19 26	24 20	28 24	12 8	Drawn.
14 17	22 31	31 27	23 18	1 6	
10 19	20 16	16 12	24 19	19 15	*F. Allen.*

Var. 2.

22 26	10 19	31 22	16 12	27 32 or	22 18
7 10	26 31	20 16	23 27	12 8	28 24
14 17	19 26	18 23	24 20	32 27	Drawn.

Var. 3.

1 5	22 26	26 31	31 22	18 23	Drawn.
9 6	7 10	10 26	20 16	16 11	*F. Allen.*

Var. 4.

31 26	26 23	27 32	23 27	32 28	Drawn.
24 20	28 24	16 12	12 8	24 19	*F. Allen.*

No. 124.

At 20th move of trunk, Black wins by 3-7, &c., but Mr. Belden corrects that play:—

3 8	20 16	21 17	16 11	8 3
a-23 19	14 10	19 24	24 19	Drawn.

(*a*) 23-18, 8-11, 14-10, 21-17, 10-15, 11-8, 18-14. 17-10, 15-6, 8-11, 6-10, 20-16. Drawn.

The position can, however, be won as follows:—

32 28	22 26	32 27	31 26	23 18	18 15
31 27	23 18	15 10	7 2	7 11	30 25
28 32	26 30	27 23	26 22	22 17	17 14
27 23	18 15	10 7	2 7	11 8	B. wins.
					Belden.

No. 134.

At 2nd move, for 11-15 play 11-16, and win:—

11 16	2 6	6 10	21 17	10 14	31 27
a-18 23	*b*-30 25	*c*-25 22	22 13	24 28	*W. Gardner*

(*a*) 19-23, 16-11, 18-22, 11-15, 22-25, 15-18, 23-27, 18-23, 27-32, 2-7. W. wins.—*W. Gardner.*

(*b*) 24-28, 31-27. W. wins.—*W. Gardner.*

(*c*) 25-30, 10-15, 30-25, 15-18. W. wins.—*W. Gardner.*

No. **136.**—Trunk, at 12th move.

14 18	*a*-19 24	28 32	7 2	32 28	23 27
15 11	32 28	27 31	18 23	7 10	Drawn.
18 14	24 27	14 18	2 7		*Allen.*

(*a*) 19-15, 14-18, 30-25, 22-29, 15-22. Drawn.

No **161.**

Var. 4, at 2nd move, play 2-6, instead of 2-7, and maintain the draw. At 3rd move of the same var. play 8-4, and win, instead of 15-18, which only draws.—*W. Gardner.*

No. **163.**

At 7th move of var. 4, 24-19, &c., draws easily.—*Jumbo.*

No. **166.**

At 7th move of var. 6, instead of 26-23, which draws, Mr. Belden plays for a win, thus:—

4 8	6 2	17 14	24 19	1 6	6 10
10 6	22 17	6 1	14 17	17 22	22 26
26 22	2 6	8 12			B. wins.

No. **168.**

The trunk solution is left as drawn; but continue as follows, and win:—

9 18	17 14	*b*-21 25	23 27	20 24	18 14
15 13	26 22	14 18	22 2	18 15	
a-31 26	6 2	25 21	27 32	25 22	
13 17	22 25	9 14	25 22	14 18	
5 9	2 6	21 25	19 15	22 15	
10 6	25 21	18 23	22 25	15 19	*Willie*
9 13	6 9	25 22	15 18	24 28	*Gardner.*

(*a*) 31-27, 10-7, 27-32, 13-17, 32-28, 17-22, 28-32, 7-2, *c*-32-28, 2-6, 28-32, 6-10, 32-28, 10-14, 28-32, 22-26, 32-28, 26-31, 28-32, 19-23, 32-28, 31-27, 28-24, 27-32, 24-27, 23-19, 27-31, 19-24. W. wins.—*Gardner.*

(*b*) 13-17, 14-18, 21-25, 9-14, 17-22, 18-23, 25-30, 23-27, 22-25, 27-32, 25-29, 14-9. W. wins.—*Gardner.*

(*c*) 5-9, 2-6, 9-13, 6-10, 32-28, 10-14, 28-32, 22-26, 32-27, 26-31, 27-32, 19-23. W. wins.—*Gardner.*

No. **184.**

Var. 1, at 7th move, 10-15 draws, as follows:—10-15, 19 10, 16-20, 24-19, 11-15. Drawn.—*F. Allen.*

No. **205.**

At 18th move of solution, Mr. Allen plays 26-31, and W. wins; but Mr. J. Reed, in "American Checker Review," June, 1888, goes 26-22 for a draw, as follows:—26-22, 11-7, 22-18, 7-3, 18-15, 3-7, 23-27. Drawn.

No. **206.**

Mr. W. Gardner writes:—"The first move to the solution of this problem is starred. If the 'star' is put there to signify that that move is the only move to win, it is a mistake, as 31-27, 6-2, 11-16, 2-7, 16-20, 7-11, 20-24, 11-18, 19 23 also wins."

No. 218.

At 5th move of var. 3, 11-15 and 17-22 are played, and Black wins. Mr. Belden draws by 17-14, as follows:—

17 14	27 23	14 10	22 18	24 28	28 32
30 26	19 15	26 22	14 9	9 5	5 1
23 19	23 19	18 14			Drawn.

No. 219.

At 10th move of trunk, 25-30 is played, and Black wins; but Mr. Belden draws, thus:—

7 11	21 14	25 30	20 16	30 26	11 16
13 17	18 9	9 14	19 24	12 19	Drawn.

No. 281.

Instead of 30-26, at 4th move of trunk, play 22-18 and draw:—

22 18	22 18	22 18	18 22	13 9	6 2
19 16	11 7	13 17	25 30	3 7	7 10
18 22	18 22	*30 26	22 13	9 6	2 6
16 11	7 3	21 25	30 23	10 15	23 18

Drawn.—*C. Hefter.*

No. 297.—Var. 1, at 24th move.

17 21	6 10	21 25	10 6	30 26	26 23
10 6	31 27	6 10	27 24	10 6	B. wins.
26 31	10 6	25 30	6 10		*J. Macfarlane*

Var. 5, at 3rd move.

19 15	17 22	6 1	†-17 22	18 14	12 19
22 17	24 19	13 9	7 3	9 18	3 12
28 24	22 17	10 7	26 23	19 16	Drawn.

(†) 26-23 loses, thus:—19-16, 23-14, 7-2, 12-19, 1-6, 11-18, 6-24. W. wins.

No. 345.

Var. (*c*), at 7th move, book plays 11-15, and B. wins. Mr W. Leggett here plays 30-25, and draws:—

30 25	11 15	15 22	14 10	21 14	14 9
26 30	*a*-27 31	30 26	26 17	31 26	Drawn.

(*a*) 18-22, 25-18, 30-25, 14-9. Drawn.

No. 358.

Showing that 22-17 also draws.

22 17	6 9	19 23	14 10	*1*-23 26	15 10
13 22	19 15	2 6	*a*-21 17	15 10	25 21
14 17	9 14	15 18	9 14	26 23	10 7
15 6	16 19	6 9	17 13	10 15	Drawn.
17 19	7 2	18 22	10 15	30 25	*Leggett.*

(*a*) 22-17, 9-14, 23-19, 14-18, 15-16, 10-15. Drawn.

Var. 1.

22 26	26 23	16 20	20 16	19 15	12 3
15 10	6 10	15 10	14 18	6 1	14 9
23 19	19 16	23 19	16 11	11 16	
10 6	10 15	10 6	18 14	3 8	Drawn.

No. 364.

At 2nd move of trunk, 16-19 draws, instead of 7-10, which allows a W. win :—

16 19	2 6	20 27	27 31	31 27	3 8
11 2	23 32	13 17	17 22	18 14	Drawn.
19 23	6 13				*Asher.*

No. 380.

Var. (*a*) is left as drawn. Asher continues for a W. win by the following play :—

10 6	*a*-24 27	18 22	23 19	19 24	24 28
9 13	32 23	19 23	14 18	18 15	15 19
6 10	26 19	10 14			W. wins.

(*a*) 26-23, 18-27, 24-31, 10-14, 31-26, 14-18, 26-31, 18-22. W. wins.

No. 401.

At 5th move of var. 1, book has 24-27, and White wins, but Mr. W. C. Belden draws thus :—

24 28	23 18	28 32	9 6	6 2	16 11
17 13	31 27	13 9	32 27	24 20	27 23
26 31	18 15	27 24			Drawn.

No. 404.

At 5th move of var. 1, 6-9 is played, and White wins; Mr. W. C. Belden, however, varies for a draw, thus :—

3 7	14 10	31 26	11 15	24 27	24 19
11 8	16 23	*a*- 8 3	22 17	15 19	6 9
7 11	10 1	26 22	9 13	22 26	19 15
17 14	24 27	3 8	17 22	19 24	9 13
10 17	1 5	12 16	15 11	27 31	17 14
21 14	27 31	8 11	20 24	13 17	26 22
11 16	5 9	16 20	11 15	2 6	Drawn.

(*a*) 9-14, 26-22, 14-10, 12-16, 8-3, 16 20, 10-15, 22-26, 3-8, 2-6, 8-11, 6-9, 15-10, 9-13, 10-14, 26-31, 11-15, 31-26. Drawn

No. 419.

At the 8th move of trunk, where the late Mr. Robertson gave 10-15, and only drew, Mr. Boreham wins by 25-21, as follows :—

25 21	29 25	10 6	24 19	11 15
a-23 27	*b*-16 19	23 26	11 16	26 30
31 24	15 10	6 2	2 11	14 9
12 16	19 23	8 12	16 23	W. wins.

(*a*) 13-17, 14-9, &c., wins; and if 23-26, then 31-22, 12-16, 14-9, 5-23, 29-25, &c., wins.

(*b*) If 13-17, W. wins by 14-9.

With the hope of shutting out the above play, and maintaining a draw, Mr. Wray, at 5th move of the original solution, varied with 2-6, instead of 2-7; but Mr. F. Dunne improved Mr. Wray's play, and gave figures proving a W. win on that line, as follows:—

2 6	25 21	23 27	†-14 9	11 18
19 15	12 16	31 24	5 21	20 2
3 7	21 17	9 13	18 14	W. wins.

(†) Dunne improves Wray.

Messrs. Belden, Calvert, and Head contributed play similar to Mr. Boreham's, to the *Woonsocket Reporter;* but the correction had previously appeared in Dunne's "Guide and Companion."

426.

"Achilles," in "Draught Players' Weekly Magazine," continues the author's solution with the following, and draws:—

17 21	30 21	25 29	9 14	29 25
6 2	22 25	*b*- 6 9	18 22	
21 25	*a*- 2 6	14 18	14 10	Drawn.

(*a*) 2-7, 25-29, 7-11, 29-25, 11-16, 25-22, 16-20, 22-18, 20-24, 18-15. Drawn.

(*b*) 6-10, 29-25, 10-17, 23-26. Drawn.

The solution to this position is left as a White win; but continue the play as follows, and draw:—

22 25	6 2	2 6	*a*- 6 10	10 17	31 22
30 21	22 25	25 29	29 25	23 26	25 18
17 22					Drawn.

(*a*) 6-9, 14-18, 9-14, 18-22, 14-10, 29-25, 21-17, 22-26, 31-22, 25-18, 17-13. Drawn.—*Belden.*

No. 429.

At 4th move of trunk, 24-20 is played, and draws. Mr. Belden goes 24-19 for a win:—

24 19	11 8	4 8	19 23	23 18	24 20
1-17 22	26 23	23 18	26 30	20 16	16 19
2 7	19 16	8 11	12 8	19 24	14 18
18 23	5 9	18 14	3 12	16 11	5 9
11 15	16 11	2 6	7 3	6 9	10 6
23 27	9 13	22 26	14 7	25 21	9 13
7 2	11 7	11 16	3 10	9 14	6 10
27 24	13 17	24 20	16 20	1 5	21 17
16 11	8 4	16 19	15 19	18 22	20 16
22 26	17 22	20 16	30 25	11 16	W. wins.

Var. 1.

17 13	11 7	*b*- 9 14	7 10	22 25	7 2
12 8	18 11	7 3	13 17	18 14	30 26
3 12	7 23	*c*-14 17	3 7	17 13	14 9
19 15	*a*- 5 9	2 7	1 5	10 6	5 14
12 19	10 7	*d*-*e*-17 22	23 18	25 30	6 9
					W. wins.

(*a*) 13-9, 23-19, 9-13, 2-7, 13-9, 19-15, 9-6, 7-2, *f*-5-9. 10-7, 1-5, 7-3. 6-1, 15-10. 9-14. 10-17, 1-6. W. wins.

(*b*) 13-17, 23-26. 9-13, 26-30. 17-22. 7-3, 22-18, 3-7, 1-5, 7-10, 13-17, 2-6, 18-23, 30-25, 23-18, 25-21, 18-14. W. wins.

(*c*) 13-17, 23-26, 14-18, 3-7, 1-5. 7-10, 5-9, 10-15, 18-22, 26-30, 17-21, 15-18, 22-25, 18-22, 25-29, 2-6, 9-13. W. wins.

(*d*) 17-21, 23-18, 1-6, 18-22, 13-9, 3-8, 9-14, 8-12, 6-10, 7-11, 14-9, 12-16, 9-13, 16-19, 13-9, 11-7, 9-14. W. wins.

(*e*) 1-6, 23-18, 13-9, 3-8, 9-5, 8-11, 6-9. 18-23, 9-14, 7-10. 5-9, 11-15, 9-13, 10-6, 17-21, 15-18, 14-17, 23-26, 21-25, 18-22, 25-30, 26-31. W. wins.

(*f*) 6-9, 15-11, 9-13, 2-7, 13-9, 11-8, 9-13, 10-6, 1-10, 7-14, 13-9, 14-10, 9-13, 10-6, 5-9, 8-11, 9-14. W. wins.

No. 435.

At 2nd move of var. 2, Mr. Robertson points out that 27-23 (instead of 27-31) should be played, and the position drawn:—

27 23	23 16	6 9	9 6
16 19	20 11	15 18	Drawn.

The move 27-31, however. allows a W. win, at the 5th move of the same var., by 10-7, 3-10, 19-16. Mr. Robertson had previously published the correct play, but slipped in copying.

No. 477.

At 20th move of trunk, book has 5-1, and draws; at this point Mr. Belden alters the result by 23-26, and wins for Black:—

23 26	16 12	14 10	8 4	10 14	9 5
7 11	31 26	6 1	15 11	19 15	18 14
5 9	4 8	10 15	6 10	14 9	
11 16	9 14	1 6	23 19	15 18	
26 31	10 6	26 23			B. wins.

At the 19th move of Gould's play, Mr. Jas. P. Murray, Orange, N.J., U.S.A., maintains the terms of the position, thus:—

10 7	6 9	5 1	8 11	23 26	25 22
3 10	14 18	4 8	18 22	18 25	26 31
2 6	9 14	1 6	14 18	6 10	21 17
10 14					Drawn

No. 487.

At 4th move of trunk, book has 22-25, and White wins; but Mr. Belden goes 11-16 for a draw:—

11 16	8 4	25 29	23 27	25 21	23 18
26 17	19 23	3 7	31 24	17 13	15 22
18 22	4 8	29 25	28 19	19 23	21 17
12 8	22 25	7 10	10 6	11 15	
16 19	8 11				Drawn
W					

No. 504.

At 14th move of trunk, book plays 8-11, and W. wins. Mr. Asher plays 20-24, and draws, as follows:—

20 24	1 10	14 18	25 30	30 26	22 26
26 22	5 1	6 10	7 3	7 10	14 18
10 14	10 15	18 25	8 12	26 22	26 31
2 7	1 6	10 19	3 7	10 14	18 22
					Drawn.

No. 505.

At 30th move of solution, 2-6 is given, and B. wins. Instead of 2-6, play 20-16, 27-20, 16-12, and draw.—*J. Smith.*

No. 516.

At 8th move of trunk Mr. W. C. Belden goes 14-18 for a Black win, as follows:—

14 18	23 26	26 23	22 18	27 24	24 28
6 10	10 14	14 9	14 9	12 8	14 17
18 22	22 25	25 22	23 27	18 23	15 18
20 16	*a*- 7 10	9 14	16 12	9 14	B. wins.

(*a*) 14-10, 26-22, 7-11, 15-18, 11-15, 19-23, 10-14, 29-25, 15-19, 22-26. B. wins.

No. 540.

Var. (*a*), last move, book has 18-15, but play 7-3, 31-27, 18-15. 27-24, 3-7, and W. wins.

Var. (*a*) left as W. wins; continue and draw:—31-26, 15-24, 8-11. Drawn.—*C. Hefter.*

No. 547.

Var. 4, at 7th move, the book gives the option of three moves—31-27, 31-26, and 6-10—all resulting in Black wins. Instead of any of them, Mr. Belden suggests 6-9 for a draw, supported by the following play:—

6 9	9 6	10 15	19 24	28 24	32 28
1-14 18	*a*- 3 8	18 22	32 28	27 32	15 11
31 26	6 10	26 17	24 27	24 19	
15 19	8 12				Drawn

(*a*) 3-7, 6-2, 7-10, 29-25. Drawn.

Var. 1.

b-15 18	6 10	17 21	18 25	30 26	30 26
9 6	14 17	14 18	3 7	25 30	
18 22	10 14	23 26	31 22	26 17	Drawn.

(*b*) 14-17, 9-14, 17-21, 14-17, 3-7, 17-14, 7-11, 14-10, 15-19, 10-7, 11-16, 7-11, 16-20, 32-28. Drawn.

No. 548.

At 14th move of trunk, 19-23 is played, and White wins. Mr. Belden suggests 19-24 for a draw:—

19 24	23 19	27 31	31 27	18 22	22 26
9 6	3 7	1 5	5 9	10 14	13 9
18 23	24 27	19 23	23 18	27 23	8 11
7 3	*a*- 6 1	*b*- 7 3	9 13	14 17	Drawn.

(*a*) 10-14, 27-32, 6-2, 19-23, 7-10, 8-11, 14-17, 23-19, 17-22, 32-28, 22-18, 28-32, 18-22, 32-28, 2-6, 11-15. Drawn.

(*b*) 7-2, 8-11, 5-9, 31-27, 9-13, 23-19, 13-17, 27-32, 17-22, 32-28, 22-26, 19-24, 10-14, 11-15, 14-10, 15-19. Drawn.

No. 552.

Mr. Belden writes—"At 2nd move of var. 1, book has 22-26, which makes an easy win for Black, thus:—22-26, 7-10, 26-31, 19-23, 28-24. 10-15, 24-20, 23-19. B. wins.

But Mr. Belden plays 22-18, instead of 22-26, and forms a better defence:—

22 18	*1-2-b*-18 22	24 20	18 23	23 19	20 11
7 10	10 14	16 11	27 32	32 28	28 24
18 15	28 24	17 14	21 17	19 16	
19 16	11 16	18 23	11 15	11 7	
15 18	22 17	14 18	17 14	16 11	
a-16 11	14 18	23 27	15 11	7 16	B. wins.

(*a*) 16-20, 18-22, 10-15, 22-17, 15-19, 17-14, 20-16, 14-18, 16-11, 21-17. Drawn.

(*b*) 21-17, 5-9, 28-24, 11-16, 18-23, 16-20, 23-27, 9-14. B. wins.

Var. 1.

18 23	27 24	28 24	19 16	20 16	11 8
10 15	19 23	27 32	11 15	15 10	10 7
23 27	24 19	24 20	16 12	16 11	
15 19	23 27	32 27	27 23	23 19	B. wins.

Var. 2.

28 24	16 11	25 22	24 28	16 12	27 23
11 16	*d*-22 25	15 19	23 19	32 27	8 11
c-18 22	11 7	22 18	28 32	20 16	23 18
10 15	24 20	19 24	19 16	15 10	16 12
21 17	7 11	18 23	11 15	12 8	18 22

B. wins.

(*c*) 24-20, 16-11, 18-23, 10-15, 21-17, 6-10. B. wins.

(*d*) 17-14, 11-7, 22-17, 18-15, 24-19, 18-23, 17-22, 23-27, 22-18, 7-2, 19-15, 2-7, 18-23, 7-2. B. wins.

No. 553.

Referring to this position, Mr. Asher, of Southampton, points out that at the 6th move of var. 4, 2-7 wins for W., instead of 11-16, which only draws. At the 7th move of (B), same position, book has 8-3, and B. wins. Instead of 8-3, Mr. Asher plays 2-7, and wins for W., as follows:—

2 7	1 6	14 10	2 6	15 18	6 9
9 2	8 3	9 13	11 15	9 6	8 11
7 14	6 9	10 14	6 9	3 8	W. wins.

No. 554.

At the "dagger," in solution, for 2-6 read 6-2. At the 4th move of var. 2, the book plays 2-7, but Mr. C. Hefter, of Chicago, points out that 19-16 should be played here to sustain the draw, for at the 13th move of same var. Mr. Asher shows a win for B. by 18-22, as follows:—

18-22, *a*-27-24, 14-18, 15-10, 22-26, 24-15, 12-19. B. wins.

(*a*) 16-11, 14-18, 15-10, 19-23, 27-24, 18-15. B. wins.

No. 555.

At 16th move of trunk Mr. Belden draws, as follows:—

a-26 30	2 6	14 18	9 6	18 14	16 11
10 6	5 9	7 16	18 23	7 3	8 15
30 25	6 2	21 17	6 2	14 18	19 10
6 2	9 14	13 9	14 18	28 24	27 32
25 21	*b*- 2 7	17 14	2 7	23 27	10 7
					Drawn.

(*a*) Book plays 26-31 and 11-15, resulting in White wins.

(*b*) 2-6, 21-17, 13-9, 14-18, 6-10, 18-23, 9-6, 23-26, 6-2, 26-31, 2-6, 31-26, 6-9, 17-22, 9-14, 26-23, 10-7, 23-16, 28-24, 22-26, 14-18, 11-15. Drawn.

No. 561.

After 6-10, in var. 1, Mr. Allen wins as follows:—*a*-5-9, 10-6, 9-13, 6-10, 11-16. 10-14. *b*-16-20, 24-19. W. wins

(*a*) 11-16, 10-14, 16-11, 22-18, 12-16, 24-19, 16-23, 18-27, 11-7, 27-23, 7-2 W. wins.

(*b*) 16-11, 22-18, 11-7, 18-15, 7-2, 15-10, 12-16, 14-18. W. wins

No. 563.

At the 18th move of trunk, Mr. Bugbee, of Boston, U.S.A., played 30-25, instead of 31-27. and won for Black; but his play was found to be faulty by Mr. Macfarlane, of Glasgow; and Mr. Menzies, Christchurch, New Zealand, sent play to Mr. Gould also proving a weakness in Mr. Bugbee's play. The problem was then admitted by the experts to be an absolute draw; and it was allowed to rest as such for some years. In the September, 1893, part of "Quarterly Review," however, the position was again attacked, and "A Masterpiece from Glasgow" was given. In this, Mr. McCulloch, author of "McCulloch's Guide," varies from Mr. Bugbee's play, and by avoiding the faulty part upholds the win. The following includes part of Mr. Bugbee's play, from the 18th move of trunk:—

30 25	27 23	16 11	* 2 7	14 10	10 14
2 6	1 6	5 9	*b*-13 9	*c*- 9 13	1 5
31 27	23 19	7 2	19 23	18 23	* 2 7
18 14	6 1	6 10	5 1	13 9	9 6
25 22	15 11	20 16	* 7 2	23 27	18 15
14 10	1 6	10 6	1 5	24 20	*d*-20 16
19 16	16 20	11 15	23 18	27 23	7 2
6 2	6 1	6 1	5 1	5 1	6 9
22 18	19 16	15 10	10 14	* 7 2	14 10
10 6	2 6	1- 1 5	1 5	1 5	5 1
18 15	11 7	*a*-16 19	* 2 7	23 18	10 7
6 1	1 5	9 13	2-28 24	5 1	B. wins.

(*a*) Mr. Bugbee's play ceases here. He continues 10-6, &c.
(*b*) Any other move would lose at once.
(*c*) 5-1, 18-14, 9-18, 10 6. B. wins.
(*d*) 6-2, 14-18. B. wins. Or 6-9, 7-11. B wins.

Var. 1.

9 13	10 14	1 5	16 11	*f*- 5 1	14 17
2 6	5 1	10 15	1 5	11 15	
1 5	6 10	*e*-5 1	15 18	1 6	B. wins.

(*e*) 13-9, 16-11. B. wins.
(*f*) 28 24, 11-16, 24-20, 16-11, 13-9, 18-15. B. wins.

Var. 2.

9 6	15 18	9 13	2 7	9 5	14 17
*18 15	9 13	23 27	13 17	7 11	
28 24	18 23	24 20	23 18	5 1	
7 2	13 9	27 23	17 13	11 15	
6 9	14 10	5 9	10 14	20 16	B. wins.

Mr. McCulloch adds the following note:—"In Gould's Book of Problems, referring to No. 563, Mr. Hedley, in a letter to Mr. Gould, says that the position is a safe draw, and he would gladly award him a prize of a white hat if he could show a win. Mr. Bugbee published play showing a win for Black in the *Boston Globe*, and subsequently in the *Leeds Mercury*, and also offered a prize to anyone who could show a draw on his play; this Mr. Macfarlane has done lately in the *Glasgow Herald*. Mr. Lees, writing on this position, says he can see nothing but a draw. The mistake that Bugbee, Macfarlane, and Lees make is trying to play the man on 3, which is not required, as will be seen by the above solution."

No. 599.

At 7th move of trunk Mr. Hefter draws, as follows:—

31 27	27 24	19 23	23 27	27 32	32 28
1- 3 7	7 11	11 15	25 22	22 18	18 14
					Drawn.

Var. 1.

25 22	22 18	18 15	15 11	11 7	
27 24	19 23	24 19	19 15	15 11	Drawn.

No. 610.

For play on 7-2, see No. 853.

No. 616.

At 3rd move of var. 6, 15-10 is played, and draws. Mr. Belden wins for White in two ways—by 14-17 and 14-10—as follows:—

14 17	16 11	*a*-11 16	16 23	8 15	15 22
20 16	23 18	18 22	15 11	22 18	17 19
18 14					W. wins.

(*a*) 31-27, 15-10, 27-24, 19-15, 24-19, 14-9. W. wins.

14 10	31 27	18 22	24 15	6 2	16 20
20 16	14 9	7 11	23 27	16 19	22 26
18 14	27 24	22 26	8 11	2 7	
16 11	10 14	11 18	9 6	12 16	
23 18	11 7	14 23	11 16	26 22	W. wins.

No. 618.

Mr. Leggett writes :—"The win by 13-9, at 3rd move of var. 1, will be patent to all."

No. 621.

At 6th move of trunk 25-30 is played, resulting in a draw. Mr. Belden goes 2-6 for a Black win :—

2 6	30 26	31 27	15 22	19 15	16 19
26 22	*c*-17 13	*d*-*e*-28 24	13 9	22 25	
25 30	26 31	10 15	27 18	15 8	
a-*b*-22 17	5 1	1 10			B. wins.

(*a*) 28-24, 30-26, 22-17, 26-31, 17-13, 31-27, 5-1, 10-15, 1-10. 15-22, 19-15, 27-18, 15-8, 16-19. B. wins.

(*b*) 5-1, 30-26, 22-17, 26-22, 28-24 22-13, 1-5, 6-9. B. wins

(*c*) 18-14, 26-22, 14-7, 3-10, 17-13, 22-26, 5-1, 26-31, 1-5, 31-27, 5-9, 27-18, 9-2, 16-23. B. wins.

(*d*) 1-5, 27-24, 18-14, 24-15, 14-7, 3-10, 5-9, 15-19, 9-2, 19-26, 2-7, 10-15, 7-3, 16-19, 3-8, 26-22, 13-9, 22-17, 9 6, 17-14, 6-1, 19-23, 1-6, 23-27, 6-1, 27-32, 1-6, 32-27, 6-1, 27-23, 1-6, 23-19, 6-1, 14-10, 1-5, 11-16. B. wins.

(*e*) *f*-18-15, 27-18, 15-11, 16-23, 8-4, 23-27, 4-8, 18-15, 8-4, 15-11, 1-5, 11-7, 5-9, 7-2, 4-8, 27-32, 8-11, 3-7. B wins.

(*f*) 13-9, 6-13, 1-6, 4-8, 6-15, 27-24. B. wins.

Var. 2, after 4th move, 3-10, 18-14, 10-17 are omitted.

No. 623.

a- 8 12	13 22	11 18	19 23	5 14	12 16
24 20	26 17	20 2	6 10	10 7	28 24
15 19	9 13	13 22	22 25	25 29	16 20
22 17	18 15	2 6	14 9	32 28	B. wins.

(*a*) Mr. Gilbert plays, at 2nd move, 16-19 and 16-20, and W. draws.—*J. Smith.*

No. 624.

At the 3rd move of trunk the late J. Smith won by 11-7, instead of 11-16.

At 10th move of trunk the author plays 22-18, but Mr. Smith drew by 6-2, 12-16, 27-24.

And Mr. Leggett continues the trunk solution of the author, and draws, as follows :—15-11, 26-19, 11-20, 22-18, 32-28, 18-15, 20-24, 19-16, 24-20, 15-11, 28-24. Drawn.

No. 630.

Mr. Gardner wins by 3-8, at 26th move of trunk, as follows :—

3 8	23 26	13 22	26 23	23 14	9 13
10 17	22 18	*a*-18 15	25 18	29 25	B. wins

(*a*) 21-17, 9-13, *b*-17-14, 26-23. B. wins.
(*b*) 25-21 or 18-14, 26-23. B wins.
Mr. Macfarlane also gave this correction.

No. 673.

This is described as "Author Unknown." It has however been discovered that the author is Mr. J. Mackintosh, Tow Law.

No. 708.

At 12th move, book has 15-18, and draws; but Mr. Robt. Lyons, Stranton. Illinois, wins by 15-19, thus:—

15 19	8 3	26 30	11 16	16 11	11 15
11 8	16 20	8 11	19 24	30 26	26 23
23 26	3 8	24 28			B. wins.

No. 758.

Mr. Asher points out that, at the 8th move of var. 2, Blacks should play 27-32 to maintain the win, for if they move 27-31, as in solution, White could easily win by 15-10 at next move. instead of 26-22.

No. 767.

A correction of this problem having appeared in the *Liverpool Mercury*, by Mr. Veitch, the following interesting note, by Mr. A. E. Hodgson, of Leeds, was sent in answer:—

Problem 767 in Gould's "Problem Book" seems to be very unfortunate in attracting the notice of correctors. During the past few years I have seen nearly a dozen attempts at it, the latest being the one you published last week. Perhaps Mr. Veitch and your readers may be interested in knowing that Mr. Fred. Allen was the first in the field with a correction. In the *Leeds Express* for July 14, 1888, he gave the following play:—

7 10	30 25	*b-c-d*-10 15	9 14	
a-18 23	23 26	26 23	8 11	W. wins.

(*a*) This corrects Strickland's solution.
(*b*) 9-13, 26-23, 10-14, 8-11, 13-17, 11-15. W. wins
(*c*) 25-30, 26-22, 10-15, 22-17, *e*-30-25, 17-13, 9-14, 13-17, 14-18, 8-11, 18-22, 11-18. W. wins.
(*d*) 25-29, 8-11, 29-25, 11-7, 10-14. W. wins.
(*e*) In the *Draughts World*, Sept. 17, 1892, Mr. A. J. Macdonald wins as follows:—15-19. 17-13, 9-14, 8-11, 19-23, 11-15, 23-27, 13-17. W. wins. Mr. Macdonald also wins same as var. (*c*).

No. 769.

At 10th move White plays 18-14, enabling Black to win; but Mr. Barber, Manchester, plays 18-23 for a draw:—

18 23	30 25	*19 23	*a*-17 21	23 19
26 30	*23 19	22 17	18 23	
16 12	25 22	*23 18	7 10	Drawn.

(*a*) It will be observed that Black cannot get his two kings together to release the man on 7. Mr. Price's solution permits this.

No. 777.

At the 7th move of trunk solution, Mr. Taylor plays 27-31, with a drawn result, but the late Mr. G. Price, of Newcastle, gave 6-10, instead of 27-31, and won for Black :—

6 10	3 10	27 31	10 14	31 26
14 7	11 7	26 22	7 2	B. wins.

At a later stage of trunk—viz., at the 13th move—Mr. Asher also wins for Black, by 23-18, in the place of 23-19, as in solution :—23-18, 14-10, 6-9, 10-6, 18-14. B. wins.

No. 786.

At 2nd move of solution, Mr. Deans plays 12-16, but Mr. Asher moves out 5-9 for a Black win :—

5 9	14 18	22 26	31 27	12 16	26 30
7 2	7 11	15 11	15 11	30 25	21 17
9 14	18 23	26 31	27 24	23 26	30 26
2 7	11 15	11 15	11 15	25 21	15 10
					B. wins.

At the 16th move of trunk, Mr. Deans has 31-26, resulting only in a draw, but here Mr. Hefter wins for Black by 13-17 :—

13 17	10 14	31 26	14 21	26 22	B. wins.

No. 788.

At the 2nd move of solution to this position, 1-6 is played, resulting in a B. win, but White should play 18-23 (in place of 1-6) and draw. This has been pointed out by several gentlemen, both before and since the publication of this work, amongst them being Messrs. R. Mar, J. Roberts, Asher, Leggett, and Gardner. These are the figures to draw :—

18 23	23 18	31 26	26 22	22-17
11 16	32 28	24 17	27 31	Drawn

No. 803.

At 2nd move of trunk, 2-7 is played, and draws. Mr. Belden plays 32-27, and wins as follows :—

32 27	7 11	7 3	23 19	3 7	2 6
17 13	9 14	1 5	9 14	6 9	
2 7	10 7	27 23	11 15	7 2	
13 9	14 10	5 9	10 6	9 13	W. wins.

No. 825.

At 11th move of var. 2, Mr. Menmuir plays 19-23, and allows W. to win, but Mr. C. Hefter, in an American column, draws by 27-31. This correction was subsequently published by Mr. Asher.

No. 842.

Mr. Asher writes :—At the 16th move of solution 5-1 is played, but the following shows a neat win :—15-18, 14-23 or 24-22, 5-1. W. wins.

Black can maintain the draw at previous move as follows :—17-18, 15-22, 24-15, Drawn.—*J. Richards.*

No. 857.

Mr. Asher writes:—At the 25th move of var. 3, Mr. Price plays 22-18 and Black loses, but 14-17, 11-18, 22-15, and Black has a stronger position than White.

No. 858.

At the 2nd move of solution Mr. Macfarlane draws by 27-24:—

27 24	2 7	19 15	10 14	30 23	14 18
7 10	23 18	11 18	2 6	18 27	9 14
32 28	14 23	20 2	23 26	6 9	Drawn.

Mr. W. C. Belden also draws by similar play.

No. 863.

Mr. Tonar's improved solution of this fine position:—

1 6	5 9	3 7	7 10	21 25
1-22 17	29 25	25 22	32 28	B. wins.

Var. 1. By Wyllie.

23 18	19 24	18 14	27 31	30 23
5 9	32 28	9 18	23 14	21 30
29 25	24 27	26 23	31 26	B. wins.

At 6th move of trunk, 25-22 is played, and Black wins; but Mr Robt. Lyons, Stranton, Ill., U.S.A., draws by 17-14:—

17 14	5 9	9 14	14 23	19 28	17 26
10 17	32 28	23 18	28 24	26 1	30 23
25 22					Drawn.

No. 869.

At 6th move of trunk, and at 1st move of var. 1, 18-23 and 17-22 are played respectively, enabling White to draw, over-looking 7-11, which wins for Black, as follows:—

7 11	3 10	11 16	16 30	B. wins.
14 7	21 7	28 19	25 21	

It is perhaps worthy of notice that the first correction of this position appeared in the *Otago Witness*, by a correspondent signing himself "W. G." The prob. has now quite a history, for on page 307 there is a note setting forth that it was originally given as a Black win, being an end game from the "White Dyke." In August, 1883, Mr. F. Allen published the position in the *Leeds Mercury Supplement* as a draw. From here, it was reprinted in the *Otago Witness*, when the above correction was shown. On the win being clearly pointed out, the *Leeds Mercury* again inserted the position (March, 1884) with the terms "White to play and Black to win," and invited solutions, only a small number being correct. Mr. Allen acknowledged his error, and subsequently contributed the correction to several British Draught columns.

No. 877.

At 2nd move of var. 10, 14-10 is played; but F. Allen gives 14-9, as the move to draw:—

14 9	8 11	11 18	18 25	9 5
a-*b*-17 21	13 17	17 22	21 30	Drawn.

(a) 17-22, 23-18, 15-19 draws.

(b) 2-7, 9-6 7-11, 8-12, 17-22, 6-2 also draws.

Solvers would do well to make a special note of the above, as the positiod is an important one

No. 879.

Dr. Purcell, at 6th move of solution, plays 17-13, which allows Black to win; but play 18-15, 11-18, 17-14, and White draws. This has been pointed out by several gentlemen.

No. 928.

At 7th move of trunk, book plays 25-30, which draws, but 25-29 wins for Black :—25-29, †-12-8, 29-25, 8-3, 14-18. B. wins.

(†) 7-11, 14-18, 12-8, 19-24, 11-16, 24-28. B. Wins.—*Belden.*

No. 935.

At 7th move of var. 7, play 30-25, 21-30, 9 6 (drawn). correcting the var., and sustaining the terms of the position. This is the only var. that White can draw.— *Belden.*

No. 942.

At 2nd move, 14-18 is played in book, which only draws. Mr. Belden varies as follows, with 10-6, and wins :—

10 6	15 6	14 10	22 17	10 14	27 24
26 23	2 9	25 30	9 6	22 26	18 23
6 2	13 17	22 18	3 8	14 18	24 28
23 19	9 14	30 26	6 2	26 31	23 19
29 25	17 21	18 14	8 11	6 10	
a-19 15	25 22	b-26 22	2 6	31 27	
14 10	21 25	14 9	17 22	10 14	W. wins.

(a) 12-16, 20-11, 19-15, 14-10, 15-8, 2-7, 13-17, 25-21, 17-22, 21-17, 22-26, 17-13, 26-31, 13-9, 31-26, 9-6, 26-22, 6-2, 22-17, 2-6, 8-4, 7-11. W. wins

(b) 26-23, 10-15, 23-26, 14-10, 26-22, 10-6, 22-17, 15-18, 17-13, 18-14, 3-8, 6-1. W. wins.

Mr. Barber gives the following as a great improvement on the author's solution, which he finds faulty in several respects :—

30 26	10 6	25 21	c-15 19	24 27	23 26
14 18	17 22	6 10	d-21 17	21 17	3 7
26 30	6 2	21 17	19 24	27 31	
18 23	a-30 25	b-10 15	17 21	17 21	
13 17	2 6	17 21			Drawn.

(a) 22-26, 29-25, 30-21, 23-30, &c. W. wins.

(b) 23-19, 22-26, 20-16, 3-8, 10-15, 17-22, 16-11, 22-18, &c , draws.

(c) 23-19, 21-17, 20-16, 3-7, &c., draws.

(d) Corrects Buttery's solution. See the following variations :—

e-21 25	24 27	3 7	7 11	25 21	21 17
f-19 24	30 25	g-23 19	h-31 27	27 23	Drawn.
25 30	27 31				*Buttery.*

(e) Mr. Buttery's continuation from *d.*

(*f*) Here White should win, thus—23-26, 22-31, 29-22, 31-26, 22-18, 26-22, 19-15, 3-7, 18-14, 22-17, 15-10, 7-11, 9-14, &c.

(*g*) Here again 31-26, &c., W. wins.

(*h*) Again overlooking the win:—31-26, 22-31, 29-22, 31-26 22-18, 26-22, 19-15. W. wins.

Mr. Leggett wins, at 24th move of trunk, as follows:—31-26, 22-31, 29-22, 7-11, 22-18, 12-16, 18-14. W. wins.

No. 963.

Mr. J. Stark, of Broxburn, in the *West Lothian Courier*, wrote—"In looking over one of the two problems known as 'Bowen's Twins,' by Mr. Wyllie, I find the trunk solution left as a B. win; and as I have failed to find the win I give play showing the draw, and will be pleased to see anyone give the win. The win must be good; and Mr. Wyllie ought to have made it a little more apparent." Mr. E. Clark gave the desired improvement in the *Liverpool Mercury*. Continue the trunk solution as follows:—

24 28	31 26	28 32	19 23	1 5	27 24
23 27	32 27	1 6	1 5	14 18	10 14
28 32	19 24	5 1	24 27	5 9	19 16
27 31	27 32	†-6 10	32 28	18 23	28 19
32 28	26 23	1 5	27 32	9 14	16 23
15 19	32 28	10 14	5 1	23 27	
28 32	23 19	5 1	23 19	14 10	B. wins.

(†) Mr. Stark plays 11-15 here, and only draws.

Mr. M'Culloch, also in answer to Mr. Stark, says Wyllie's play seems sound up to the 38th move, at which stage Mr. M'Culloch continues as follows:—

15 18	3 7	1 6	6 10	*22 25	15 22
9 13	5 9	17 21	17 13	21 30	
7 11	7 10	10 14	18 22	10 15	
a-13 17	*b*-*c*-9 13	13 17	13 9	9 18	B. wins.

(*a*) 13-9, 3-7, 9-13, 7-10, 13-9, 10-14, 9-13, 1-6, 5-1, 6-2, 1-5, 18-15, 5-1, 15-10, 1 5, 10-6, 5-9, 14-17. B. wins.

(*b*) 9-5, 18-14, 17-13, 1-6, 5-1, 14-9, *d*-1-5, 10-14, 5-1, 6-2. B. wins.

(*c*) 9-6, 10-14, 17-10, 18-14, 10-17, 1-10. B. wins.

(*d*) 13-17, 10-14. B. wins.

No. 971.

The trunk solution of the above position is left as drawn, but by continuing with 13-9, Mr. J. Hedley wins as follows:—

13 9	27 31	6 10	24 27	2 6	27 24
24 27	1 6	27 24	6 2	24 27	10 15
6 1	*a*-31 27	9 6	27 24	6 9	W. wins.

(*a*) 23-26, 9-5, 26-30, 6-9, 30-26, 9-13. W. wins.

Mr. J. Hedley points out that the terms of the position can be maintained by playing 21-17, instead of 20-24, at the last move of trunk solution, as follows:—

21 17	6 2	17 22	23 18	30 25
22 18	26 30	2 7	20 24	
23 26	18 23	22 26	7 11	Drawn.

No. 981.

At 2nd move of trunk, 8-12 draws by the following play:—

8 12	10 6	16 19	15 11	9 14	2 6
15 10	11 16	23 16	14 18	6 2	19 24
7 11	19 15	12 19	22 15	14 18	Drawn.

Macfarlane

No. 994.

The author of this problem is Martins. It was copied from the "World Checker Book," and was in consequence erroneously attributed to Barker Brothers.

No. 995.

At the 10th move of var. 3, Mr. J. Hedley points out that the terms of the position may be maintained by playing 23-19, instead of 26-22, as in the solution. By the latter move being made, Mr. Hedley is enabled to win for White by 9-6, instead of 18-15, as given for the 11th move, by the following:—

9 6	15 6	32 27	7 11	23 26	24 27
22 15	2 27	*b*- 6 9	27 24	15 19	11 7
14 9	*a*- 1 6	23 26	11 15	20 16	27 32
5 14	27 23	*c*-*d*- 9 14	24 20	19 24	7 2
6 2	*1*- 3 7	26 23	14 17	16 11	W. wins.

(*a*) Now comes the "tug of war."

Var. 1.

3 8	8 12	*e*- 6 9	9 14	14 17	12 16
32 27	27 24	23 19	19 23	23 26	24 20

W. wins, same as above.

(*b*) 6-10, 23-18, 7-11, 27-24, 10-15, 18-14, 11-16, 24-20. W. wins.
(*c*) 9-13, 26-23, 7-10, 23-26, 10-14, 27-23, 13-17, 23-19. W. wins.
(*d*) 7-10, 27-23. 10-15, 26-31, 9-14, 31-27, 14-17. 27-24 W. wins.
(*e*) 6-10, 23-18, 12 16, 24-19, &c. W. wins.

At the 2nd move of var. 4, 23-19 is played, which allows White to draw, as pointed out by Messrs. C. Hefter and J. Macfarlane. To keep the win good, however, Mr. Lyman substitutes 20-24 for 23-19, and plays as follows:—

20 24	*g*-15 11	18 9	18 15	9 14	1 6
f-13 17	23 18	23 18	6 9	11 7	
24 27	32 23	9 6	17 13		B wins.

(*f*) 15-11, 23-19, 13-17, 19-15, 32-28, 15-6, 28-19, 6-9, 14-10, 9-6, 19-15, 6-9, 17-22. 9-14. 11-7. 1-6. B. wins.

(*g*) 17-22, 21-25, 22-17, 25-30, 17-13, 23-18, 32-23, 18-9, 6-31, 8-7. B. wins.

Mr. A. Bryce, of Inverness, also gave play for a B. win by 5 9, two moves previous to the above, but the play by Mr. Lyman keeps all straight.

In var. 4, at the 5th move, the book has 10-6, but Mr. C. Hefter, in *Turf*, and subsequently, Mr. J. Macfarlane, in *Herald*—one on each side of the Atlantic—strike the same key-note (10-7) for a draw, but vary in the after-play, as seen below :—

Mr. Hefter's play.

10 7	b- 1 6	29 22	5 21	3 7	25 30
a-19 10	2 9	3 8	7 3	21 25	Drawn.
7 2	21 25	14 7	8 12	7 11	

(*a*) 3-10, 15-6, 1-10, 14-7, 19-15, 17-14, 15-10, 32-28, 10-17, 28-19. Drawn.

(*b*) *Mr. Macfarlane's play.*—24-28, 14-7, 3-10, 2-7, 10-15, 17-14, 15-19, 14-18, 1-6, 7-11, 6-9, 11-16, 19-24, 16-20. Drawn.

The above draws, while strictly correcting the solution, are virtually superseded by the play for a win, which Mr. Lyman gives at the second move of the same variation.

Mr. Nasmyth has also shown a Black win on var. 4.

At the 4th move of var. 3, Mr. Lyman plays 24-27, which allows a draw by 13-17, 5-9, 14-5, 23-7, 32-23, 7-10, 23-19, 3 8, 17-13, 10-6, 19-16 (drawn); but, instead of 24-27, play 24 28, 13 9, 23-19, 9-13, 19-16, 13-9, 16-11, 9-13, 11-7, 13-9, 7-2, 18-15, 3-8 B. wins. —*Belden.*

Nos. 996 and 997

Are companion positions, the former given as a B. win, and the latter as a W. win. Mr. R. Walker, of Glasgow, believes 996 to be only a draw, and gives play to support his opinion :—

17 21	31 27	10 28	22 18	7 10	18 9
19 15	7 10	18 15	27 31	31 27	25 11
21 25	27 24	28 32	26 22	10 1	
28 19	12 16	3 7	30 25	9 14	
25 30	19 3	32 27			Drawn

No. 1002.

At 17th move of solution, 19-15 (in place of 19-16) makes this prob. a win for White as shown by Messrs. Hefter and G. Jewitt :—

19 15	23 27	21 14	27 23	28 24	20 16
10 19	20 16	27 32	6 2	18 23	4 8
24 15	6 10	14 10	23 18	10 15	16 23
14 18	a/b} 15 6	32 27	2 6	23 27	8 11
31 24	1 10	10 6	18 23	16 11	
18 23	17 14	2 9	6 10	27 20	
24 19	10 17	13 6	23 18	11 4	W. wins.

(*a*) 2-7, 17-14, *c*-6-10, 15-6, 1-17, 21-14, 27-32, 13-9, 32-27, 9-6, 27-23, 14-9, *d*-8-11, 28-24, 11-27, 6-2, 23-16, 2-20. W. wins.

(*b*) 27-32, 16-11, 32-27, 11-8, 27-23, 28-24, 23-16, 24-20, 16-19,

15-11, 19-23, 4-8, 23-26, 20-16, 12-19, 11-7, 2-11, 8-24, 26-23, 17-14. W. wins.

(c) *1-5, 28-24, 27-32, 15-10, 6-15, 19-3, 12-28, 3-12. W. wins.

(d) 7-10, 6-2, 10-14, 28-24, 23-27, 24-20, 27-23, 2-7, 14-17, 7-3, 23-18, 19-15, 12-19, 3-12, 18-11, 12-16. W. wins.

NOTES, &c.

No. 53.—32nd move of solution should be 32-27, not 23-27.

No. 194.—The solution should be "W. wins."

No. 200.—2nd move should be 4-8, not 8-4

No 384.—12th move of Trunk should be 3-26, not 32-6.

No. 612.—The 4th move of solution is 22-18; it should be 18-22.

No. 783.—At 5th move, 14-17 wins, thus:—14-17, 23-14, 17-10, 6-9, 21 17. W. wins.—*J. M. Adams.*

No. 836.—The 46th move of the Single Corner game—1-6—is omitted.

Note 846 should be 847; and 847 should be 848. Both are on page 306.

No. 1002.—Some three months after Mr. Jewitt's Problem had appeared, Mr. Willie Gardner wrote to the *Free Press*—"Problem No. 1340, just published in *Turf, Field, and Farm*, New York, by Mr. C. Hefter, Chicago, Ill., is the same as No. 62 in your column, by G. Jewitt. This position was first published in the *New York Checker Monthly*, No. 23, by Mr. C. Kelly, from which it was copied into Gould's Problem Book. It was shown to be a win by Mr. C. Hefter, in game No. 73, *N. Y. C. M.*, some time before Gould's book was published, but it escaped his notice."

I am, in common with all draughts-players, thankful to our friend, Mr. Wray, for kindly handing his grand collection of Bridge Position Problems over to me when I informed him I would like to give them in the present edition of my Problem Book. It has always been my opinion that such a series of end-games would make my book complete, so far as a work on Draughts can be complete, and I tender my sincere thanks to the compiler, and also thanks on behalf of my numerous draughts-playing friends, for this grand compilation.

JOSEPH GOULD.

SPECIAL SECTION.

BY MR. W. J. WRAY, HALIFAX.

THE BRIDGE POSITION.

INTRODUCTION.

MANY young players ask, "What is the 'Bridge' position?" It can be formed on either side of the board by either black or white. The true "Bridge" position is formed by Black men on 1 and 3; White to obtain a king must first plant a man on square 10, and then pass by way of squares 6 or 7 to the king-row The man on 10 is sometimes called the keystone of the bridge, and is a source of weakness to White, as it is much exposed and is liable to be captured. Of course if a king can be planted on 10 and other kings obtained, via squares 6 and 7, then White has the stronger side. Such positions are treated upon, and also positions where the piece on 3 is a king.

The side holding the Bridge position is undoubtedly the stronger, the strength sometimes being equal to a man; and if the number of pieces is equal the side holding the Bridge can force a win in nine cases out of ten. The few instances where such positions can be drawn are treated upon and freely explained, as I think it is as important for the student to know how to draw these positions as it is how to win First or Second Positions. I may here mention that one of the finest of these, in my op'nion, is the famous "Petterson Drawbridge," which is fully treated upon.

The student must bear in mind that in order to win the Bridge Position it is necessary that the side holding the "Bridge" must have at least two kings.

A search through the various works on the game. Problem Books, and periodicals, reveals very few examples of Bridge position endings, and I am tempted to think that the old masters did not attach so much importance to them as they did to short, snappy endings. For instance, in Sturges's renowned "One Hundred and Fifty Critical Situations" we find one solitary example, and that is of the short, crisp kind. In the other Problem Books there is just a sprinkling: Gould's and Lyman's contain about a dozen each, "World's Problem Book" two only, Problemist's Guide and Leggett's three or four. It is in the newspaper columns and periodical's that we find the most examples. From these I have selected the best.

In conclusion, I consider a knowledge of Bridge Position Endings is absolutely necessary to the student, enabling him to finish off his games with neatness and despatch.

W. J. WRAY.

SPECIAL SECTION.

BRIDGE POSITION PROBLEMS

CONTRIBUTED BY

MR. W. J. WRAY, HALIFAX.

1003.—B. Woolhouse.

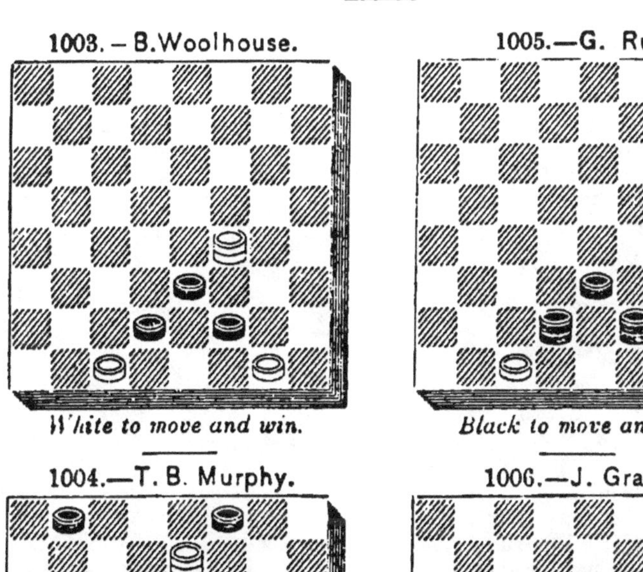

White to move and win.

1005.—G. Rule.

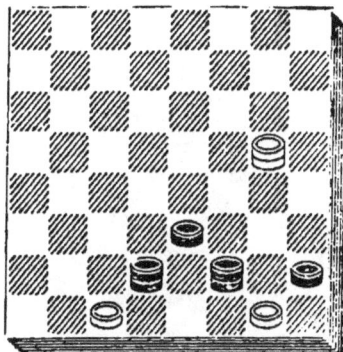

Black to move and win.

1004.—T. B. Murphy.

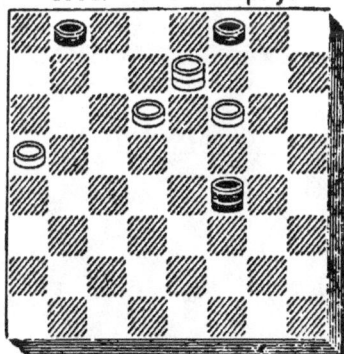

White to move, B draws.

1006.—J. Grant.

Black to move and win.

1007.—H. Overton.

Black to move and win.

1010.—P. Quigley.

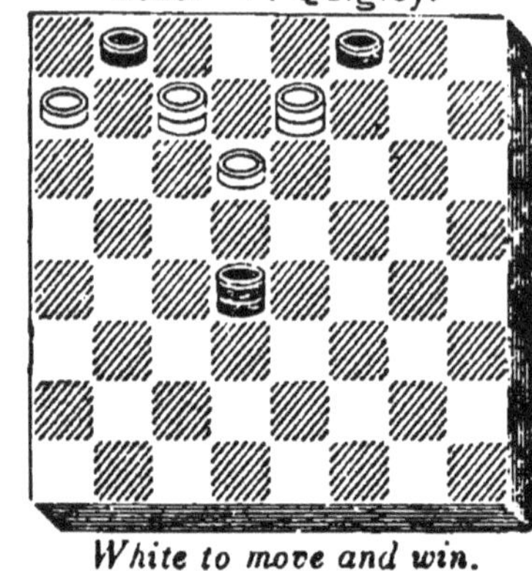

White to move and win.

1008.—Frank Dunne

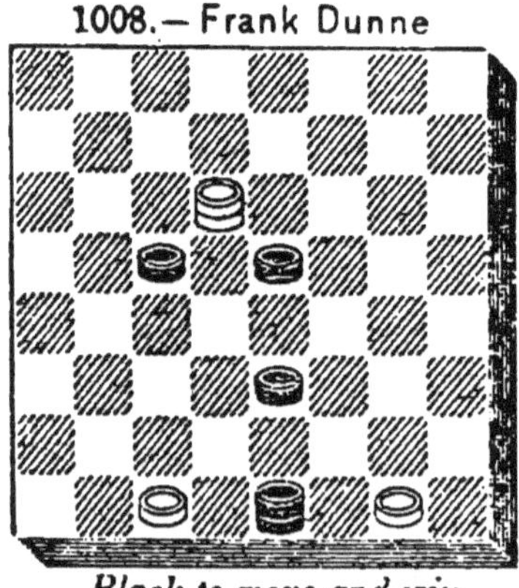

Black to move and win.

1011.—J. K. Lyons

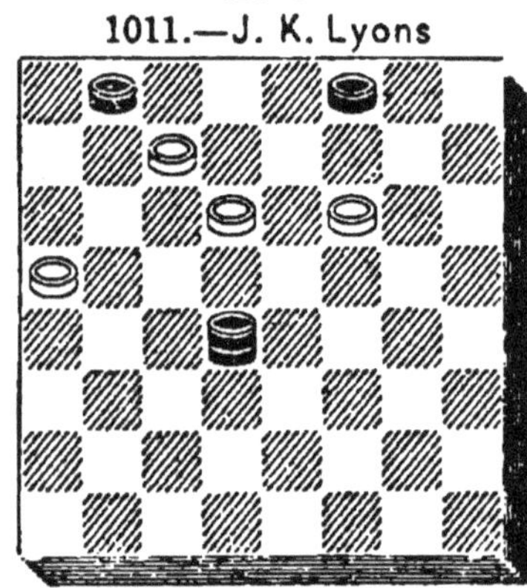

Black to move and draw.

1009.—J. Deans.

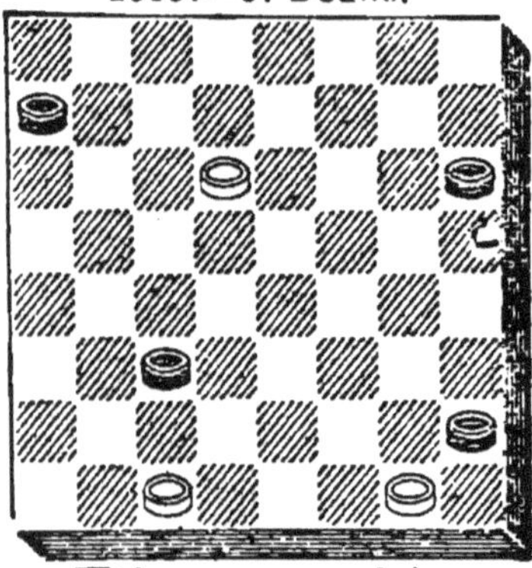

White to move and draw.

1012.—W. J Wray.

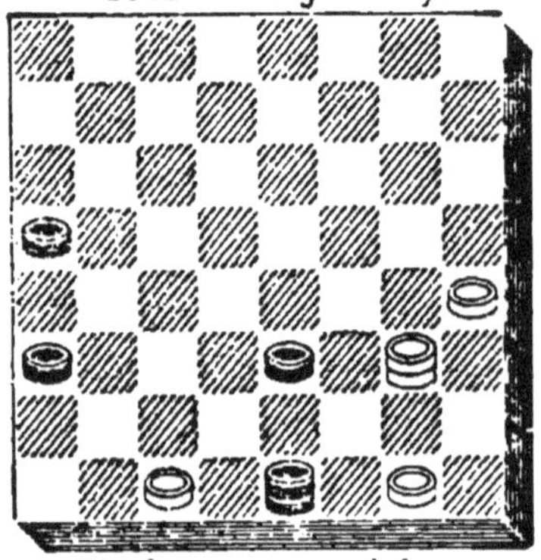

Black to move and draw.

1013.—W. G. W. Leggett.

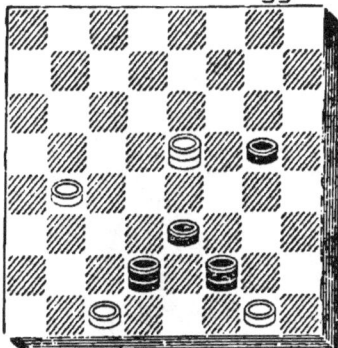

White to move, B draws.

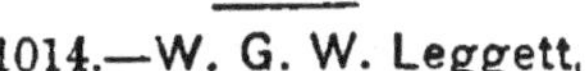

1014.—W. G. W. Leggett.

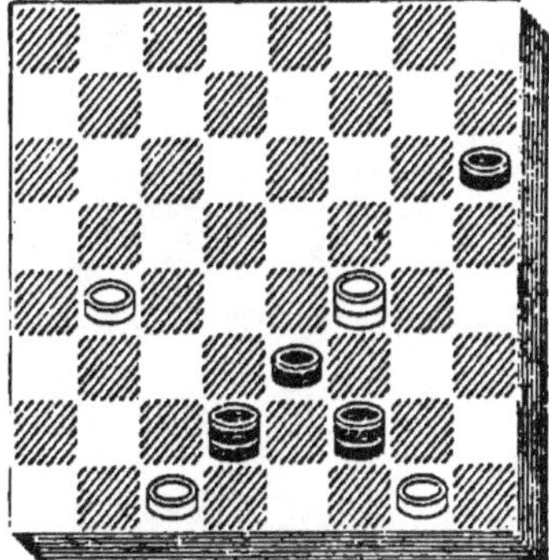

White to move and win.

1015.—W. G. W. Leggett.

Black to move, W. wins.

1016.—F. Allen.

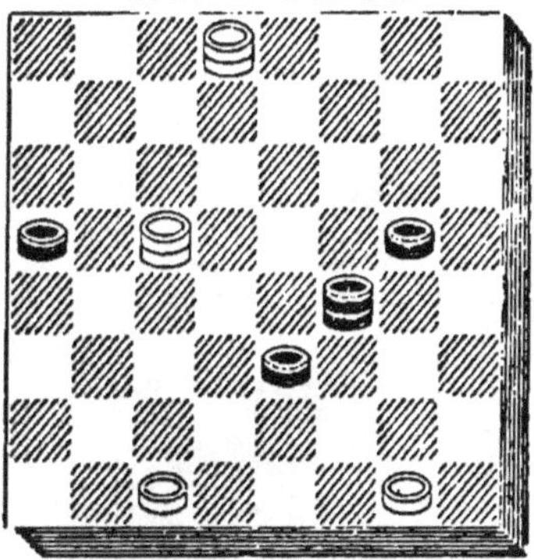

White to move and win.

1017.—W. Sheriden.

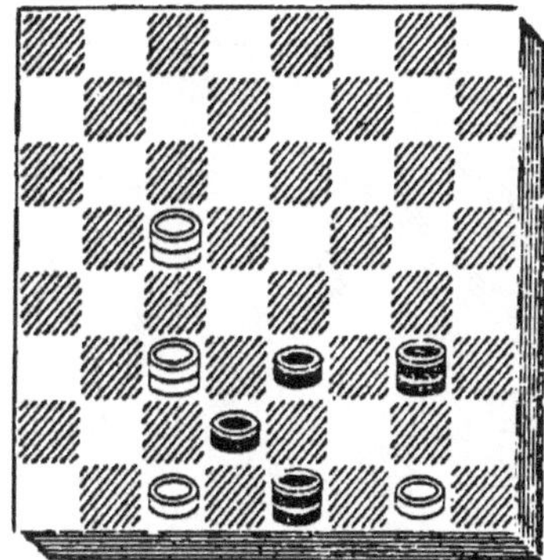

Black to move and draw.

1018.—J. Hartley.

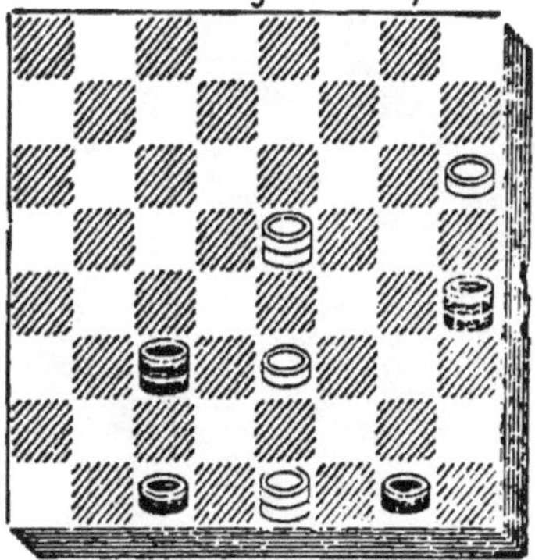

Black to move and win.

1019.—James Wyllie.

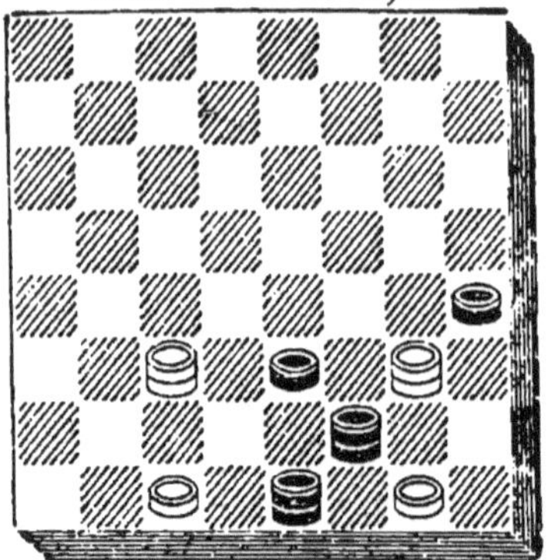

Black to move, W. wins.

1022.—H. D Lyman.

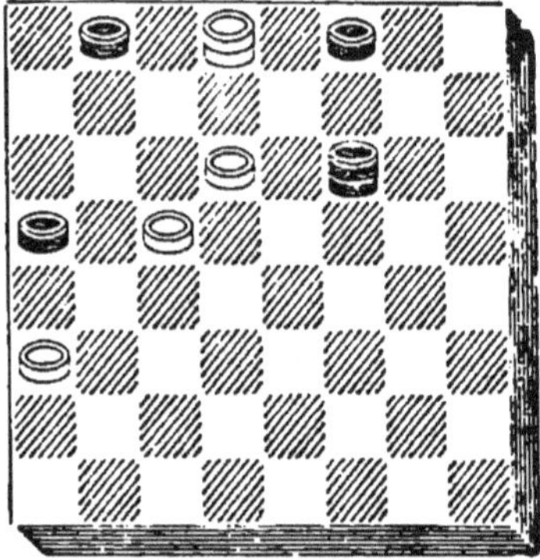

Black to move and win.

1020.—James Wyllie.

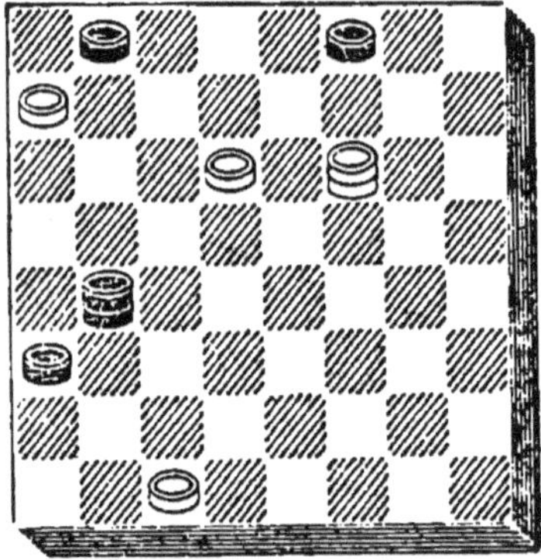

White to move and draw.

1023—B. Grant.

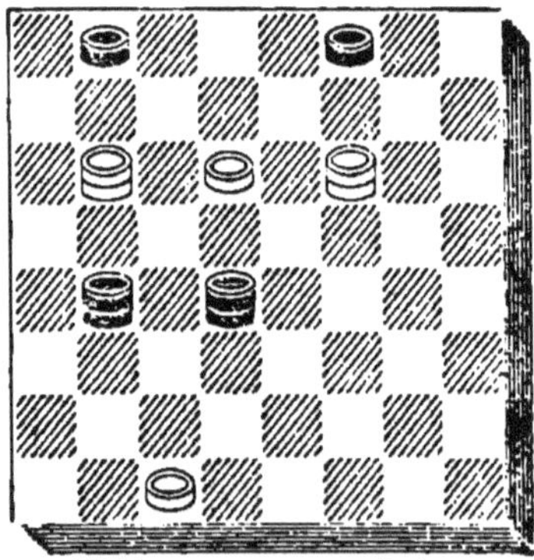

White to move and draw.

1021.—B. Brown.

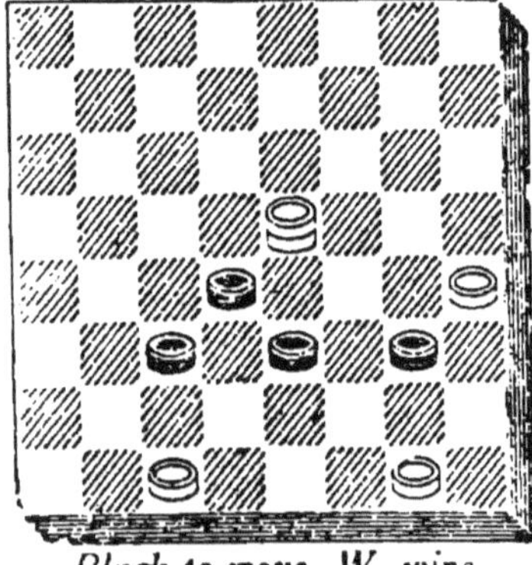

Black to move, W. wins.

1024—F. W. Drinkwater.

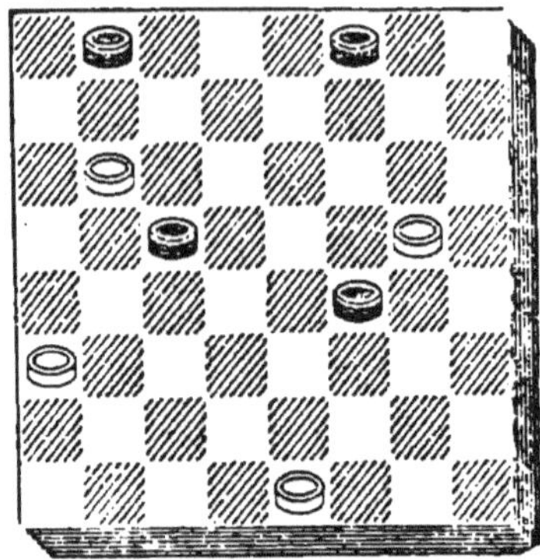

Black to move and win.

1025.—R. D. Petterson

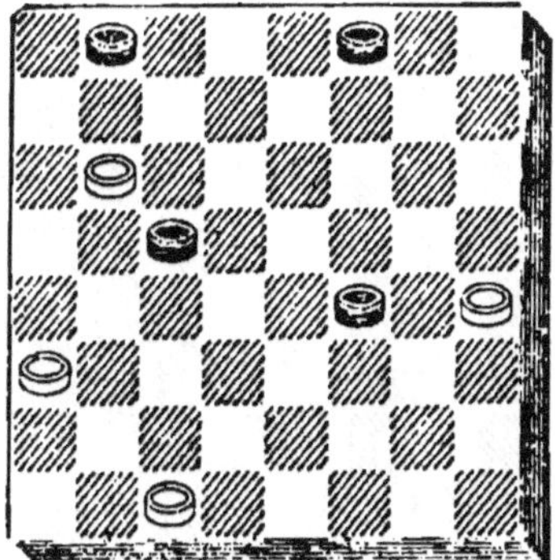

White to move and draw.

1028.—J. K. Lyons.

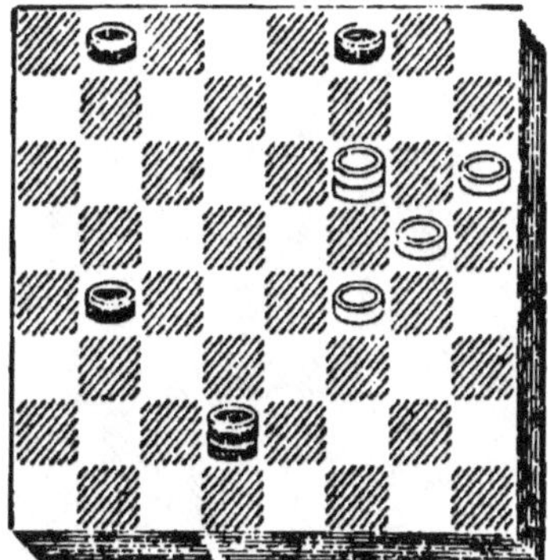

White to move and draw.

1026.—John Bradley.

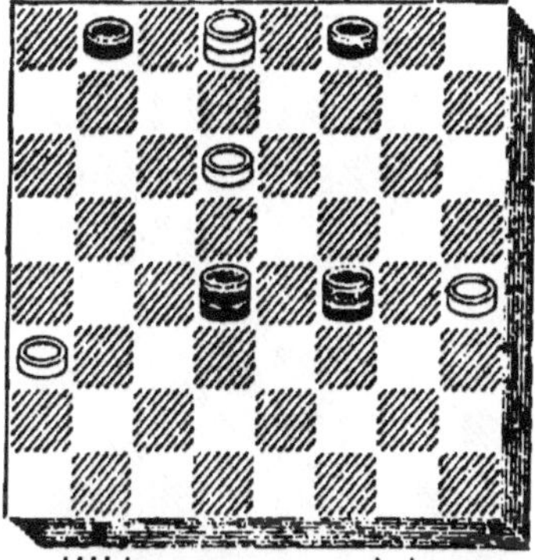

White to move and draw.

1029.—T. J. Riley.

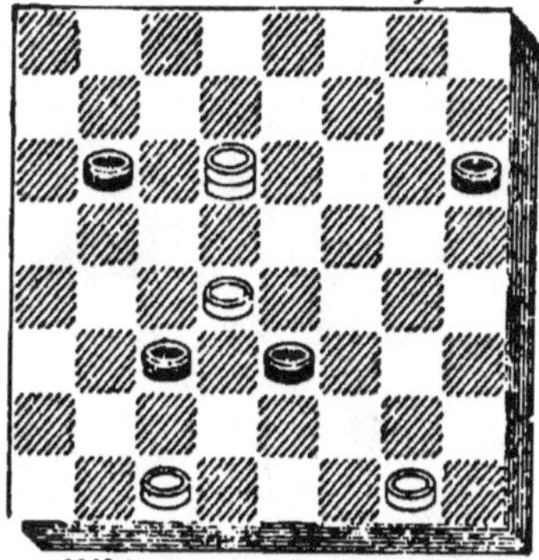

White to move and win.

1027.—F. W. Drinkwater.

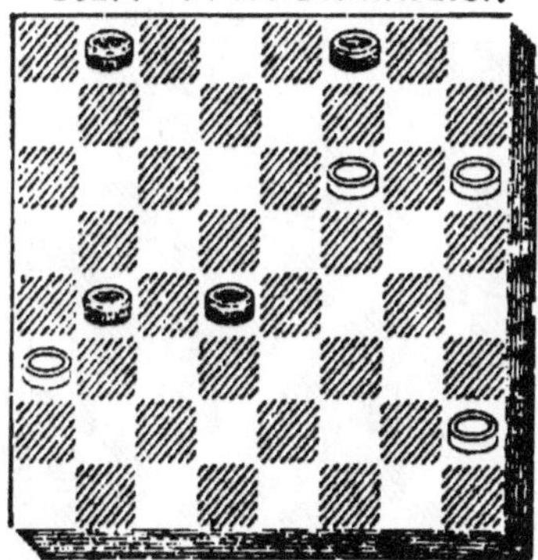

Black to move and win.

1030.—W. J. Wray.

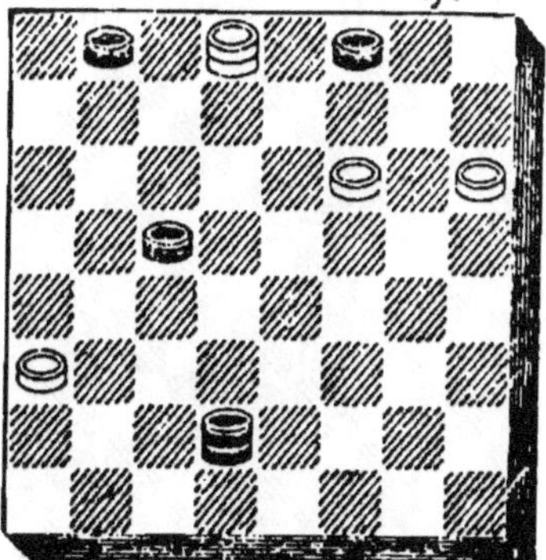

Black to move, W. draws.

1031.—J. Ward.

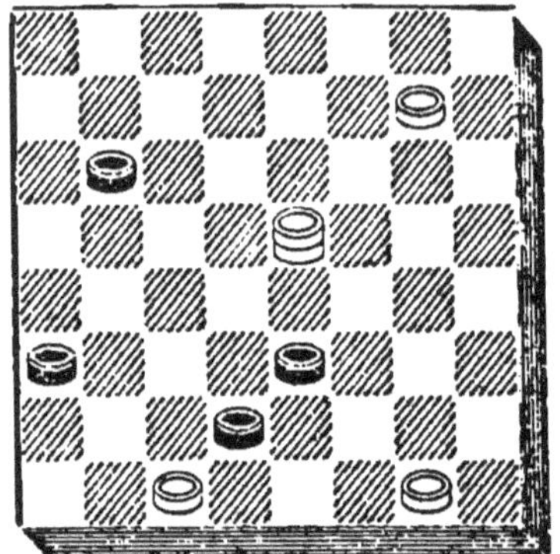

White to move and win.

1034.—F. Allen.

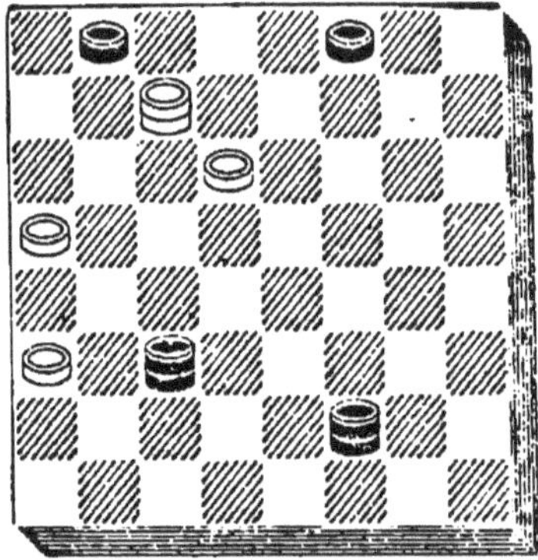

Black to play and win.

1032.—W J. Wray.

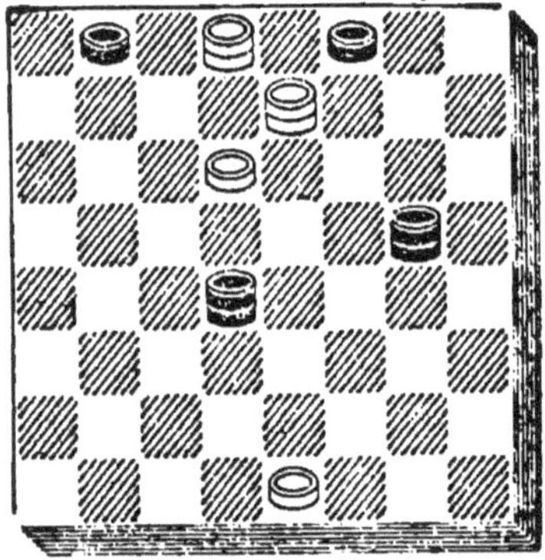

Black to play, W. draws.

1035.—J. Saaright.

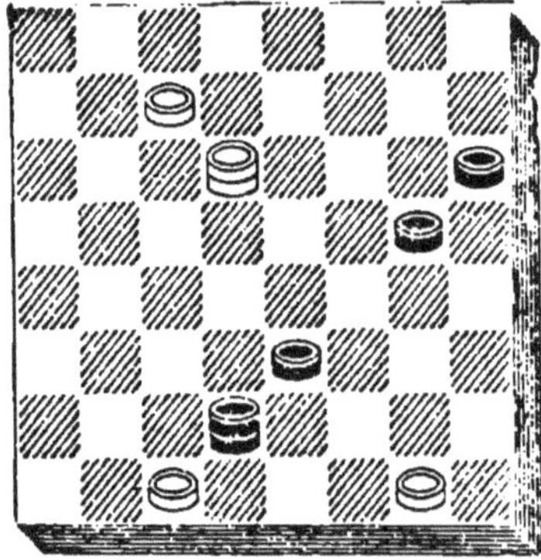

White to play and win.

1033—R. D. Petterson.

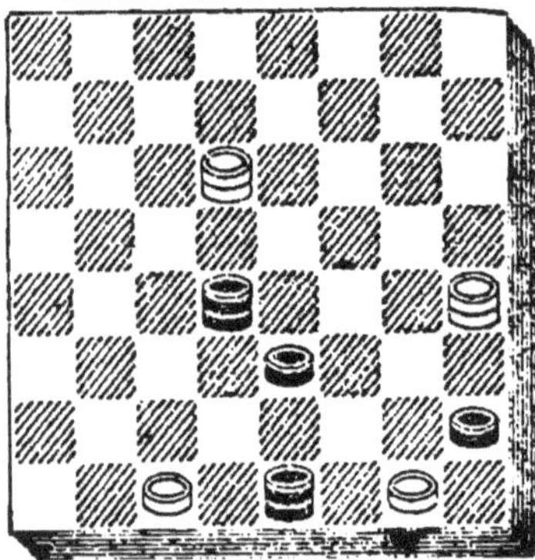

Black to move and draw.

1036—W. J. Wray.

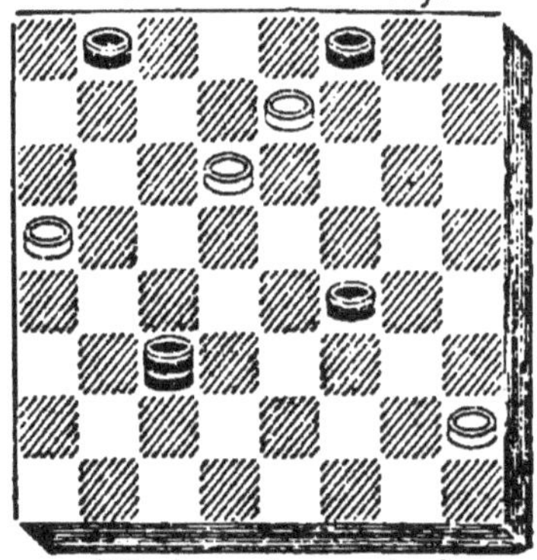

Black to play and win.

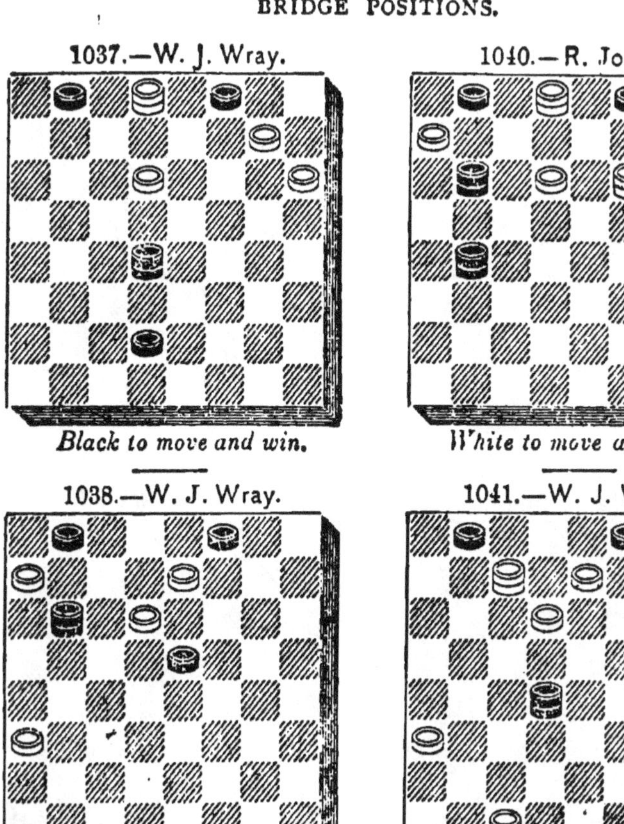

1037.—W. J. Wray.

Black to move and win.

1040.—R. Jordan.

White to move and win.

1038.—W. J. Wray.

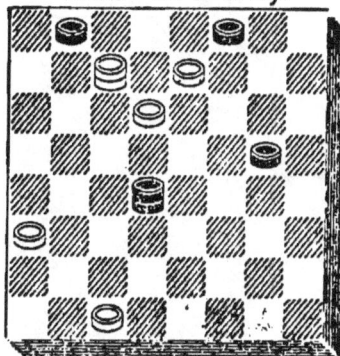

White to move and draw.

1041.—W. J. Wray.

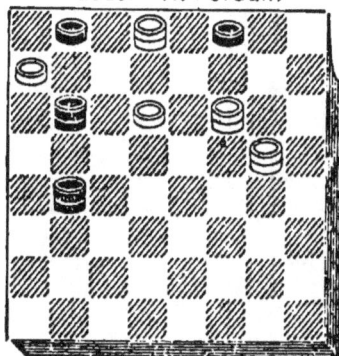

Black to move, W. wins.

1039.—R. Jordan.

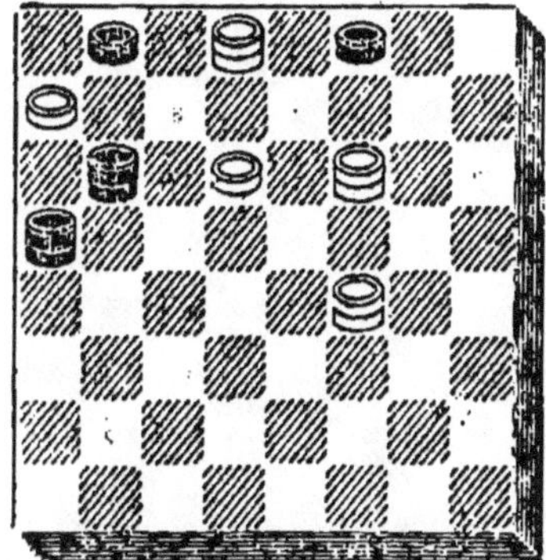

White to move and win.

1042.—W. Hamilton.

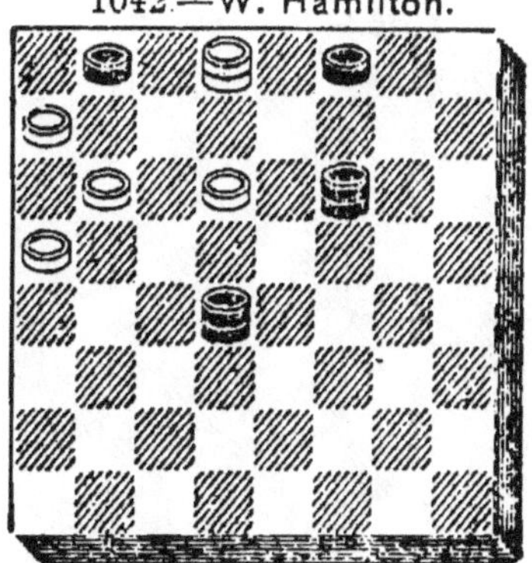

Black to move and win.

1043.—C W. Flower.

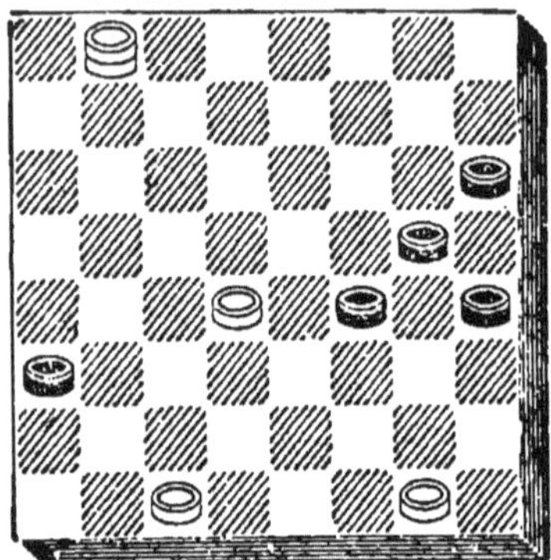

Black to move and win.

1046.—F. Dunne.

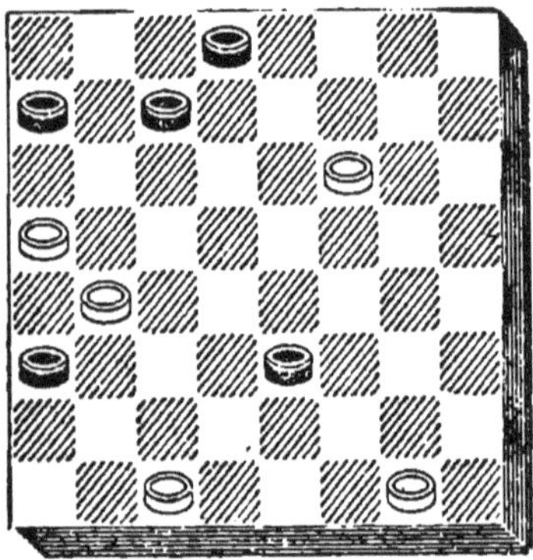

Black to move and draw.

1044.—Henry Spayth.

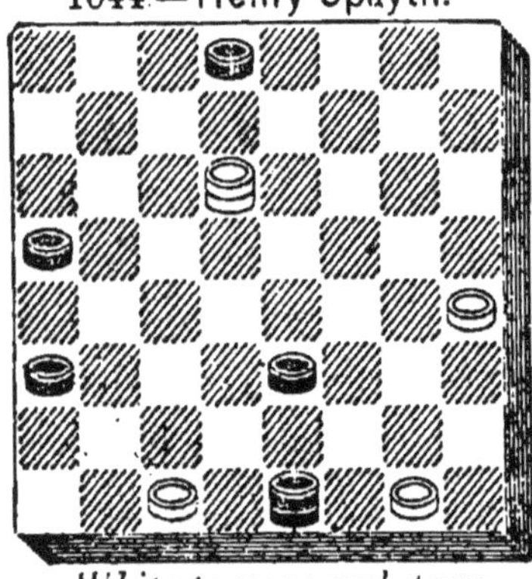

White to move and draw.

1047.—A. McGill.

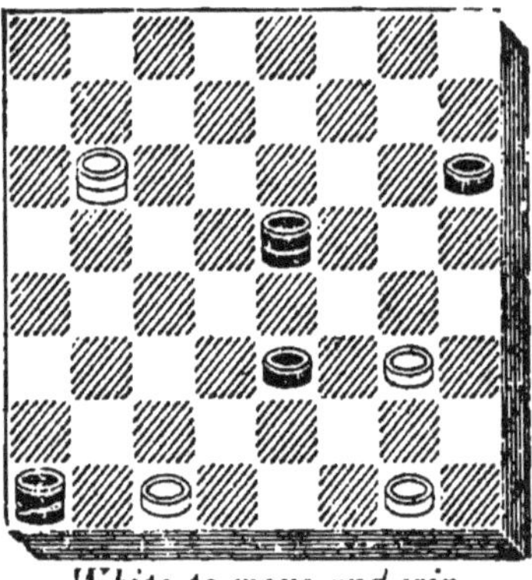

White to move and win.

1045.—R. Stewart.

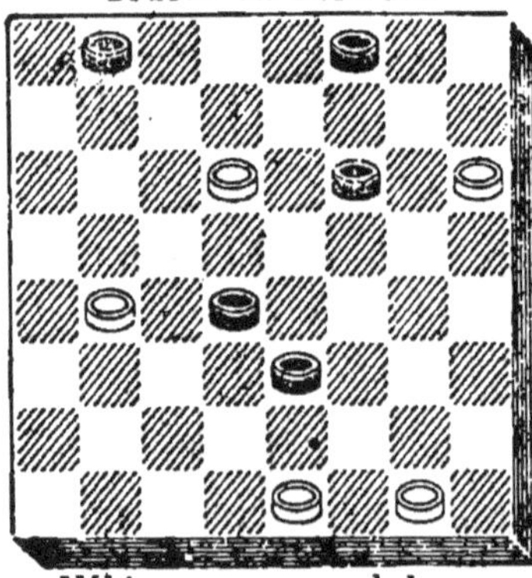

White to move and draw.

1048.—W. J. Wray.

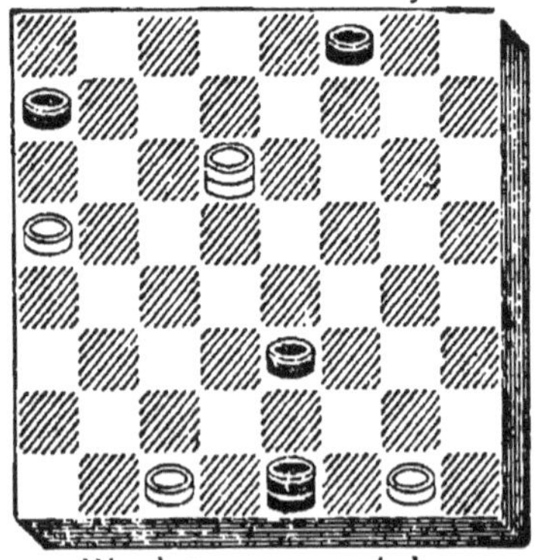

Black to move and draw.

1049.—Wm. Bell.

White to move and draw.

1050.—F. Dunne.

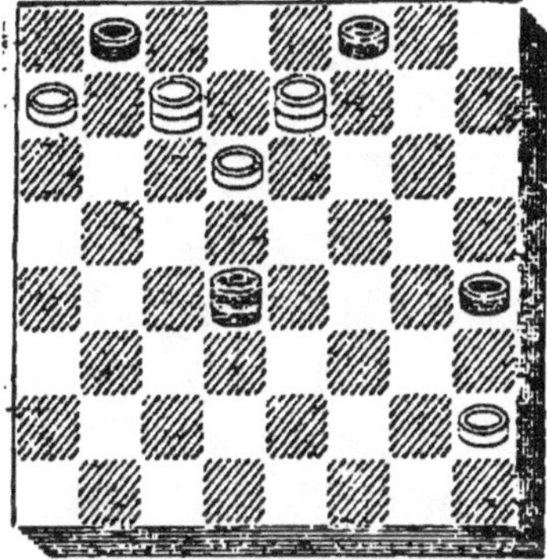

White to move and win.

1051—J. Robinson.

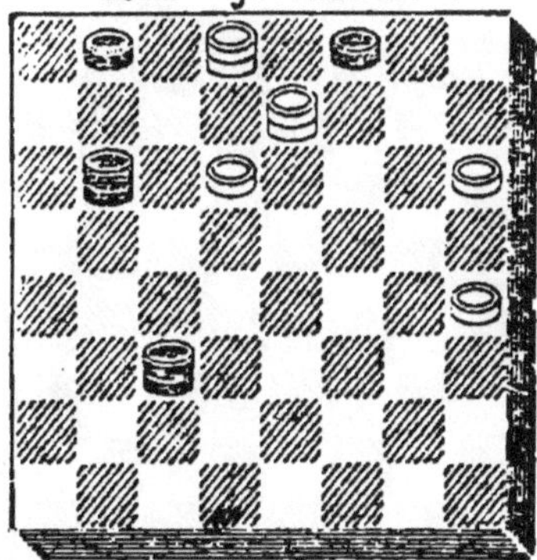

Black to move and draw.

1052.—W. J. Wray.

Black to move and draw.

1053.—J. B. Hatton.

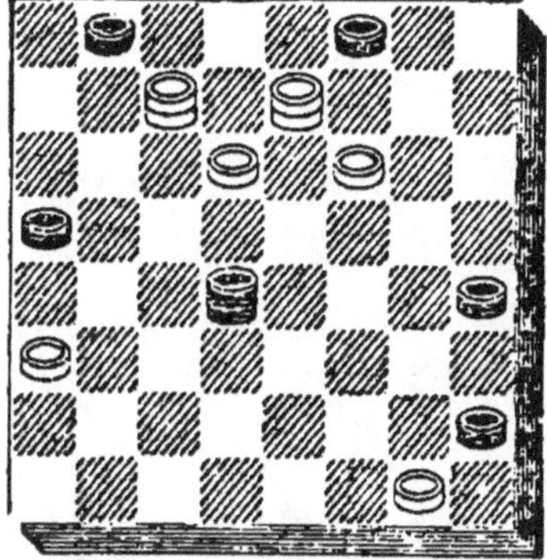

White to move and draw.

1054.—E. Clark & J. K. Lyons.

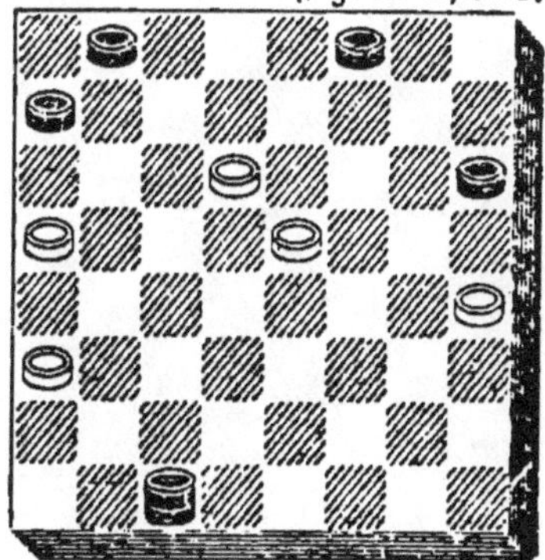

Black to move and draw.

1055.—J. Robertson.

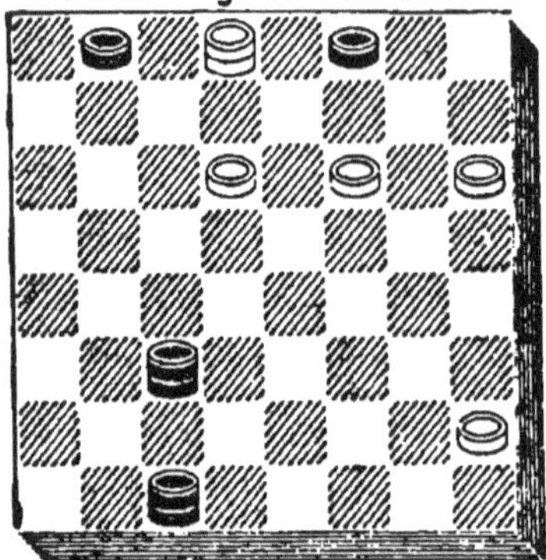

Black to move and draw.

1056.—H. S. Rogers.

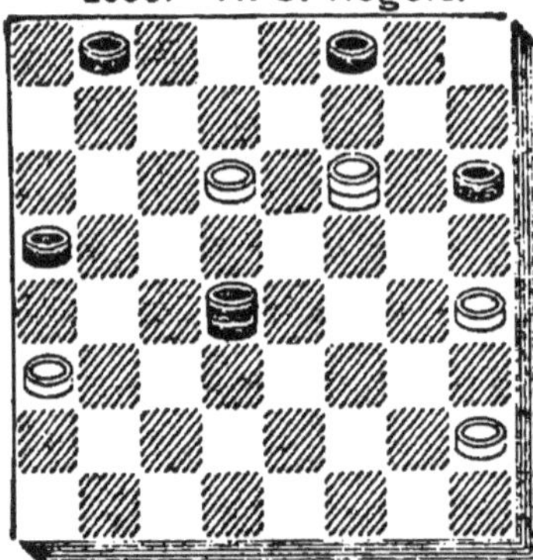

Black to move and win.

1057.—Wyllie & Robertson.

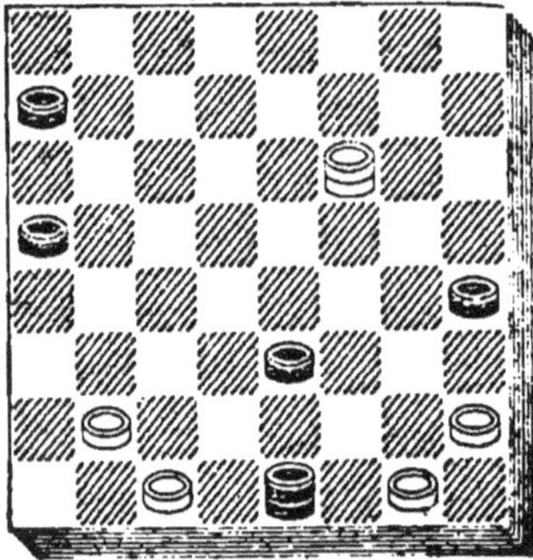

Black to move and draw.

1058.—International, 1899.

Black to move and win.

1059.—W. J. Wray.

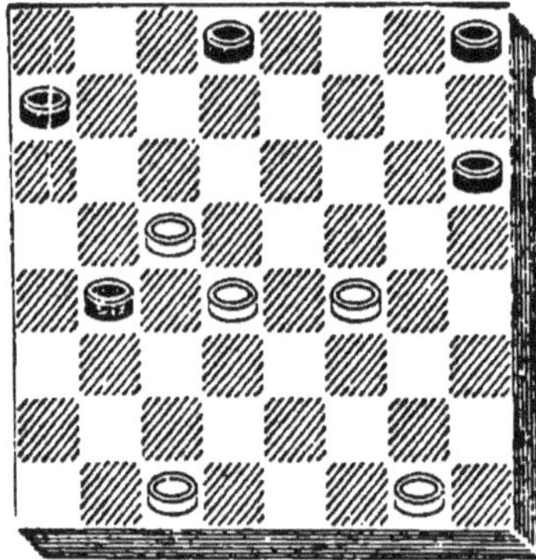

Black to move and draw.

1060.—J. Lees.

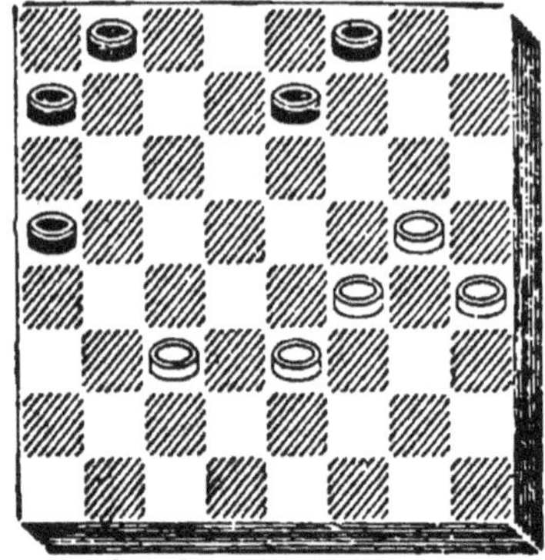

Black to move and win.

1061.—C. M. Wilder.

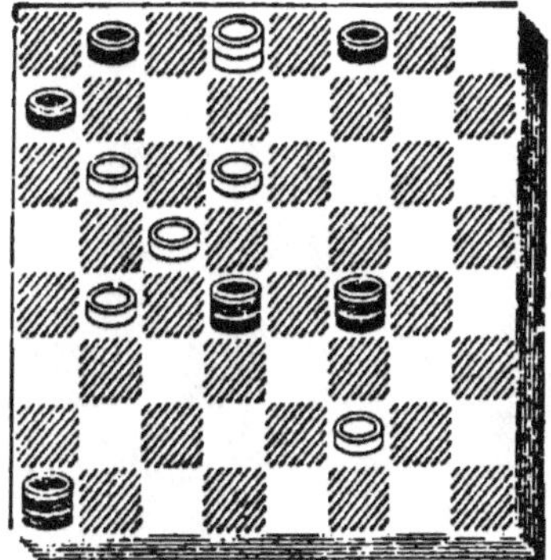

White to move and draw.

1062.—F. Dunne.

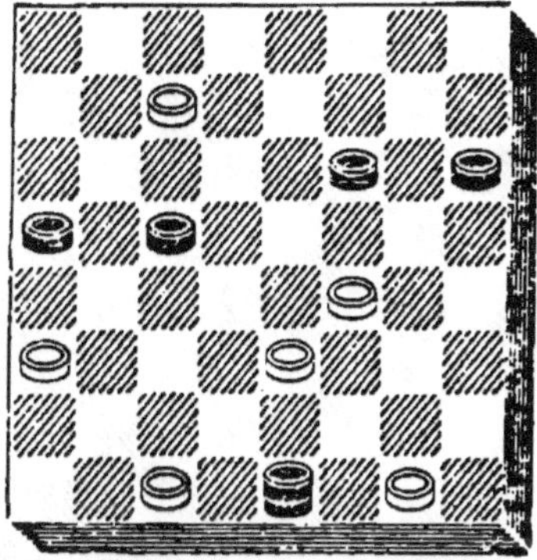

White to move and win.

1063.—F. Tescheleit.

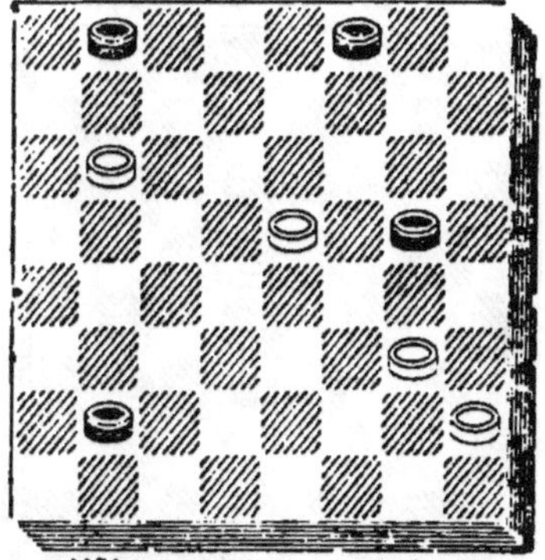

White to move and draw.

1064.—M. Atkinson.

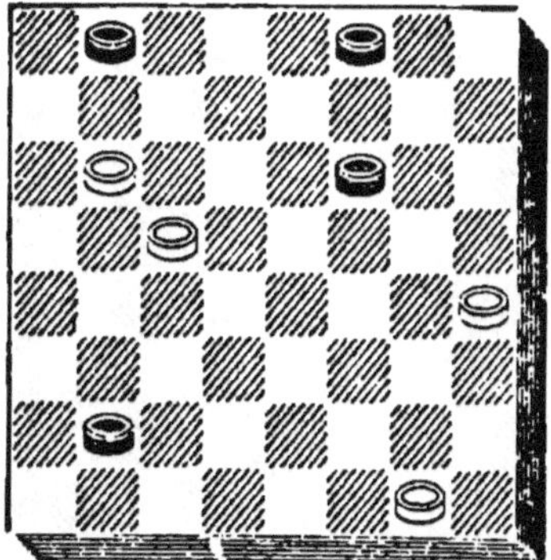

Black to move and win.

1065.—W. D. Benstead.

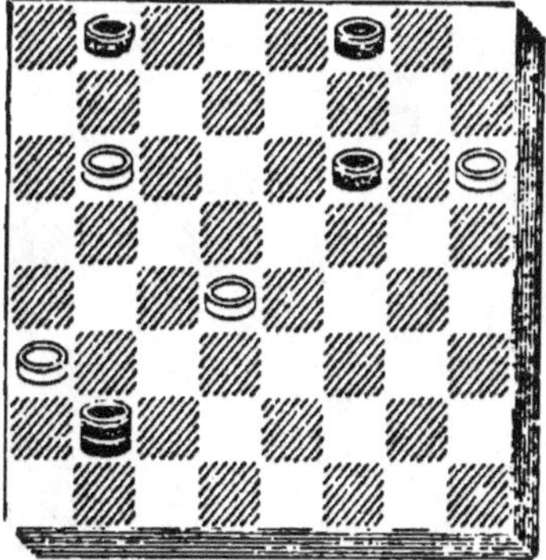

White to move and draw.

1066.—J. Lees.

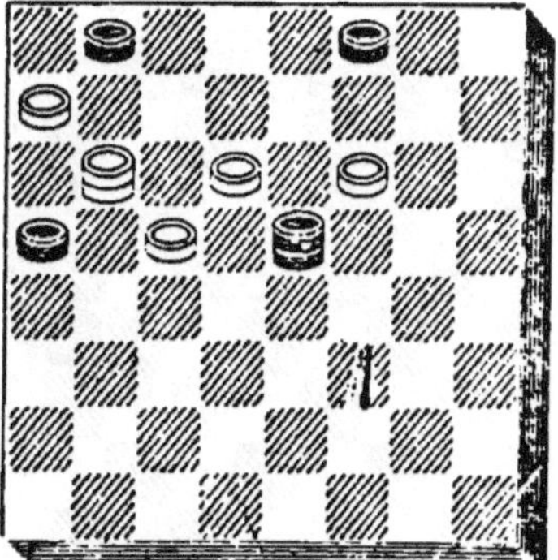

White to move and draw.

1067.—F. Tescheleit.

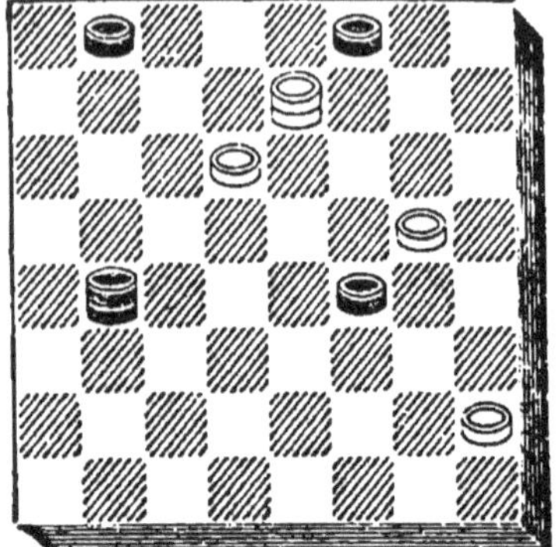

Black to move and win.

1068.—F. W. Drinkwater.

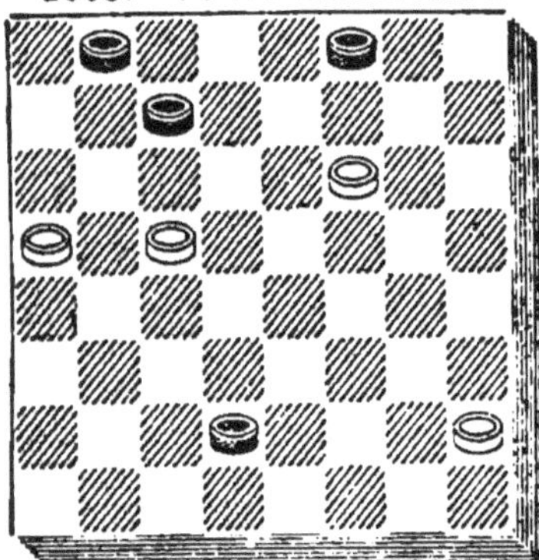

White to move and draw.

1069—T. Devereux.

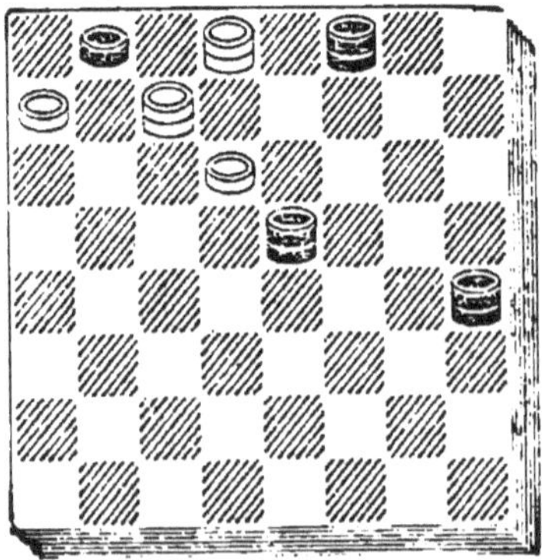

Black to move and win.

1070—Dr. Schaefer.

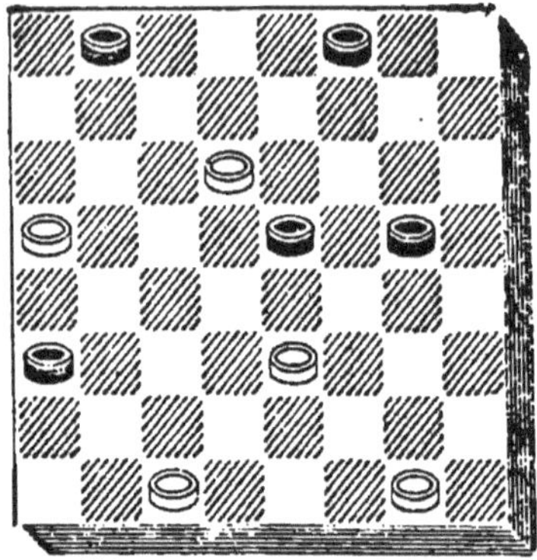

Black to move and draw.

1071.—A. R. Brigham.

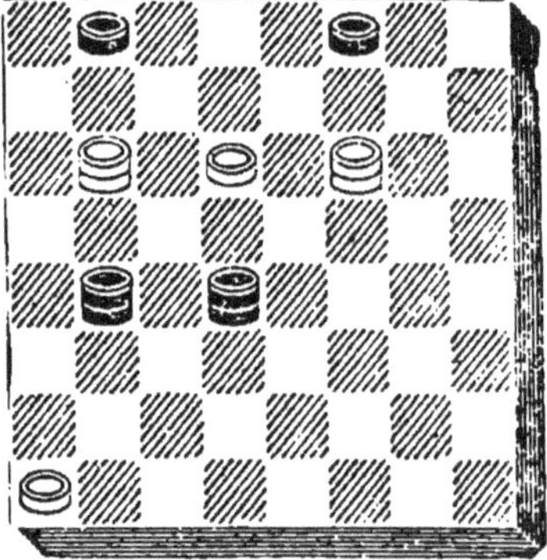

White to move and draw.

1072.—W. J. Wray.

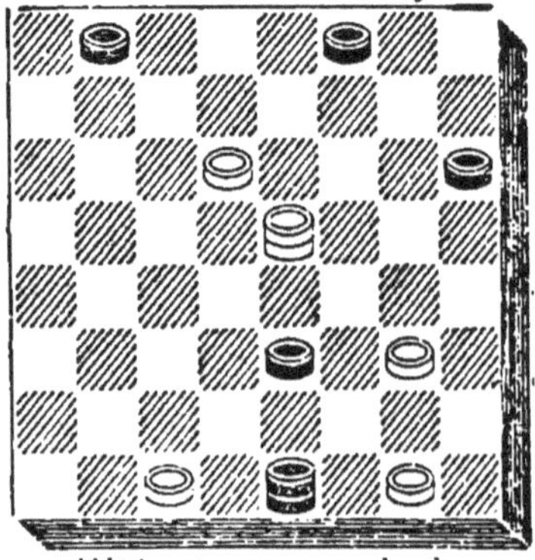

White to move and win.

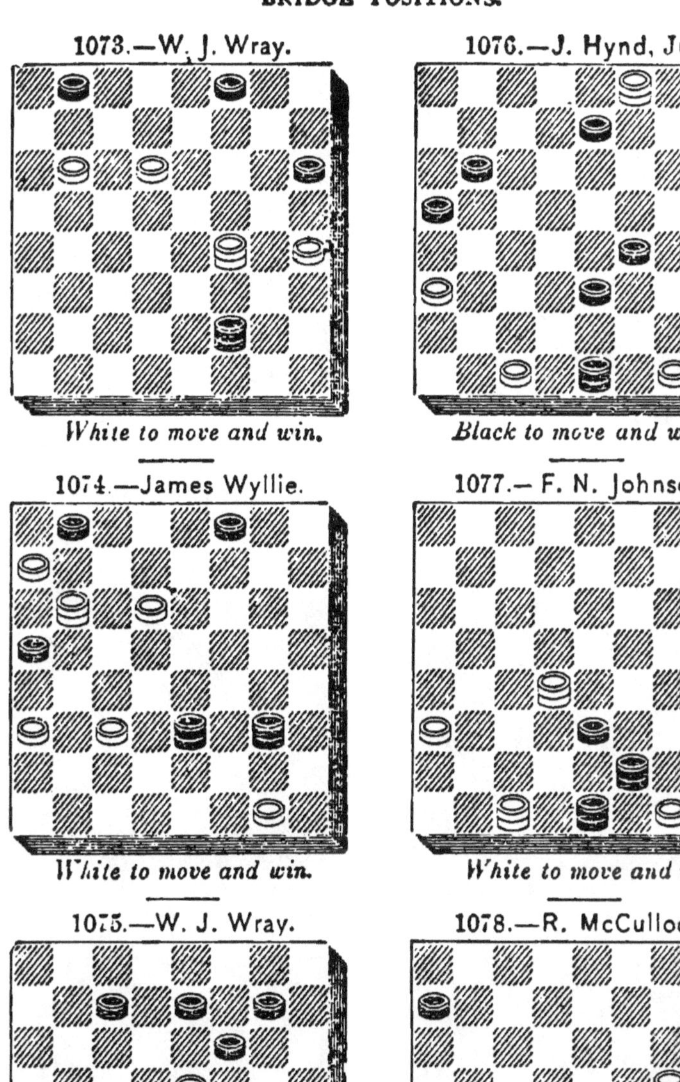

1073.—W. J. Wray.

White to move and win.

1074.—James Wyllie.

White to move and win.

1075.—W. J. Wray.

Black to move and draw.

1076.—J. Hynd, Jun.

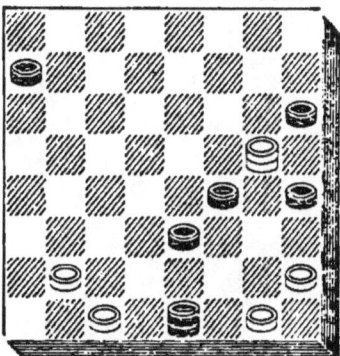

Black to move and win.

1077.—F. N. Johnson.

White to move and win.

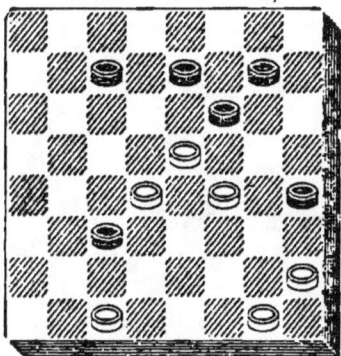

1078.—R. McCulloch.

Black to move and win.

1079.—R. D. Petterson.

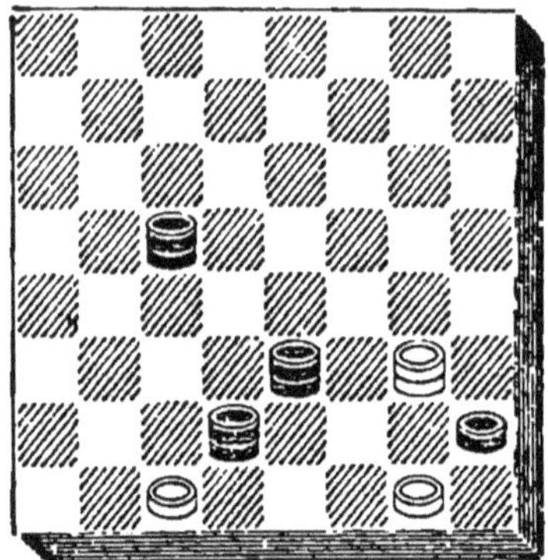

White to move and draw.

1080.—D. Anderson.

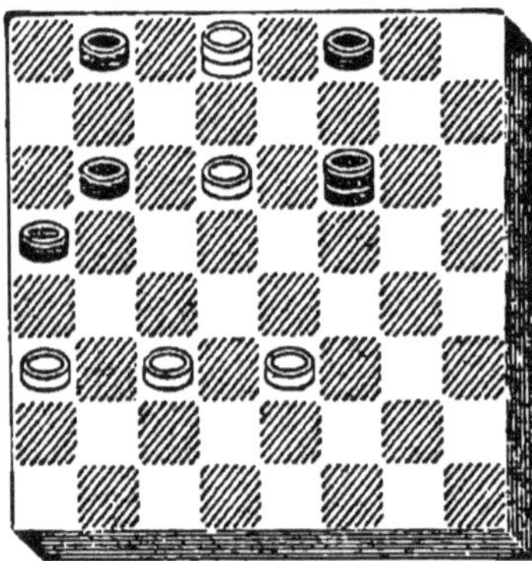

Black to move and win.

1081.—O. H. Richmond.

White to move and win.

1082.—W. Thompson.

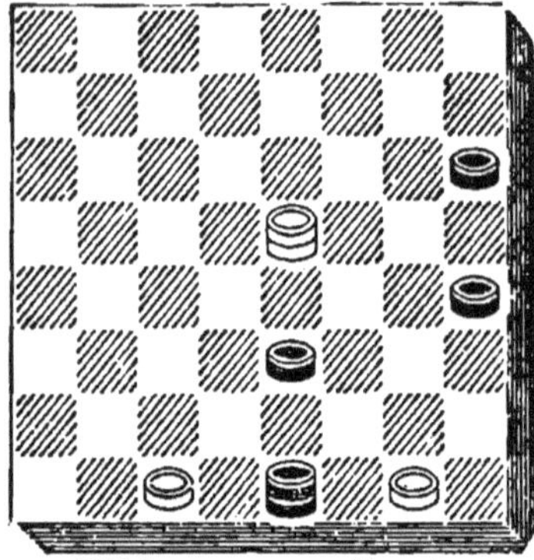

White to move, B. wins.

1083.—The late C. M. Wilder.

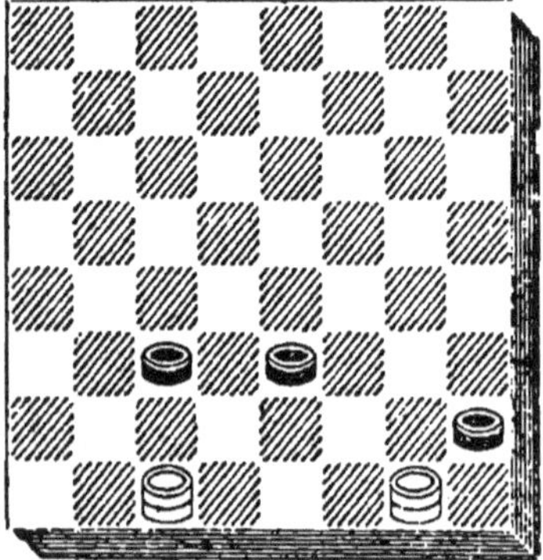

Black to move, W. wins.

1084.—A. J. Heffner.

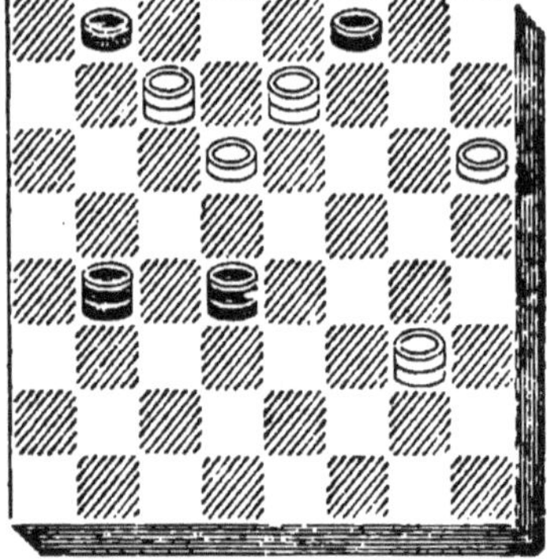

Black to move, W. wins.

SOLUTIONS OF

BRIDGE POSITION PROBLEMS.

CONTRIBUTED BY MR. W. J. WRAY.
HALIFAX.

1003,
19 24
27 31
32 28
23 27
30 23
27 32
23 18
32 27
24 20
27 23
18 15
23 19
15 11
31 27
11 8
27 23
8 4
23 18
4 8
18 15
8 12
15 11
20 24
11 15
24 27
a-15 11
27 32
11 15
12 8
15 18
32 27
1-19 16
27 31
16 19
8 11
18 23
11 7
23 18
7 10
18 23
10 14
19 15
28 24
15 11
24 20
23 19
14 18
19 24
18 23
24 28
23 19
28 32
31 26
32 27
26 22
W wins

Var. 1.
18 15
27 31
19 16
28 24
15 18
8 12
16 11
31 27
18 15
27 23
15 10
23 18
10 7
18 14
11 15
12 16
7 3
16 19
15 11
14 18
3 7
19 15
W wins

(*a*) If
15 18
then
27 31
wins.

1004.
13 9
1-19 16
9 6
16 19
6 2
19 16
2 6
16 19
2- 6 9
19 16
9 13
16 19
7 2
19 15
13 17
15 8
17 14
8 11
14 18
1 5
3-10 6
3 8
6 1
8 12
1 6
*11 16
4-18 15
16 20
15 19
20 16
19 24
16 20
24 27
12 16
6 10
16 19
Drawn

Var. 1.
a-19 15
9 6
15 8
6 2
8 4
7 11
3 8
11 16
1 5
2 6
8 12
16 11
W wins

(*a*)
1-5 also
loses.

Var. 2.
7 2
19 16
11 7
1 5
6 1
16 11
1 6
11 16
6 9
Drawn

Var. 3.
2 6
11 7
18 14
7 2
6 9
2 7
9 13
7 2
13 17
2 7
10 6
7 10
Drawn

Var. 4.
6 10
16 19
18 15
*19 24
2 6
12 16
15 11
24 20
Drawn

1005.
26 22
16 19
22 25
30 21
27 31
19 26
31 22
32 27
28 32
27 23
32 27
23 19
27 23
19 15
23 18
15 10
22 17
B wins

1006.
19 16
18 27
31 24
30 23
24 19
23 18
19 15
18 11
16 7
82 27
7 10
27 24
10 15
24 20
15 19
B wins

1007.
22 25
30 21
27 31
19 26
31 22
32 27
22 18
27 24
9 13
24 19
13 17
B wins

1008.
a-14 17
10 26
31 22
b-32 28
22 18
28 24
18 23
24 20
23 19
30 25
19 23
B wins

(*a*)
14 18
allows
a draw

(*b*)
32 27
22 18
30 26
17 21
26 23
18 15
27 24
21 25
B wins

1009.
10 7
12 16
7 2
16 19
2 7
19 23
7 10
22 26
10 15
26 31
15 10
5 9
10 15
9 13
15 10
31 26
10 15
26 22
15 11
1-22 18
11 16
13 17
16 20
17 22
20 24
18 15
24 27
15 18
27 31
Drawn

Var. 1.
22 26
11 15
2-26 31
15 10
13 17
10 14
17 21

14 18
Drawn

Var. 2.
13 17
15 11
17 21
11 7
26 22
7 11
22 18
11 16
18 15
16 20
23 27
32 23
28 32
20 24
Drawn

——

1010.
7 11
18 14
11 8
14 7
6 2
3 12
2 11
1 6
5 1
6 10
1 6
10 14
6 10
14 18
10 15
18 23
11 16
W wins

——

1011.
b-18 15
11 7
15 11
a- 7 2
3 8
10 7
1 10
7 3
8 12
13 9
10 15
Drawn

(*a*)
If 6-2
then 1-5
draws.

(*b*)
See
notes.

——

1012.
13 17
20 16
17 22
16 11
22 25
11 7
25 29
7 3
29 25
3 7
25 22
7 11
*22 25
11 16
*31 26
16 20
26 22
24 27
22 18
27 31
25 22
20 24
18 15
31 27
22 18
27 31
18 22
24 20
15 19
31 27
22 18
Drawn

——

1013.
1-15 18
16 20
17 13
20 24
2-13 9
24 28
9 6
26 31
6 2
31 26
2 7
26 31
7 11
31 26
11 15
26 31
15 19
31 26
19 16
27 31
18 27
31 24
30 23
Drawn

Var. 1.
3-15 19
26 22
19 26
22 31
32 23
31 26
Drawn

Var. 2.
32 28
26 31
28 19
27 32
18 27
B for
choice.

Var. 3.
17 13
27 24
15 18
23 27
30 23
24 19
Drawn

——

1014.
a-17 13
27 31
13 9
31 27
9 6
27 31
6 2
31 27
2 6
27 31
6 10
31 27
10 15
27 31
32 28
W wins

(*a*)
If 17 14
B draws
by 26 31

——

1015.
1-24 20
11 7
2-20 16
7 3
16 11
30 25
11 15
25 21
15 11
21 17
11 16
17 13
16 20
32 28
20 16
13 9
16 11
9 6
11 15
6 2
15 11
3 7
11 8
W wins

Var. 1.
24 27
14 10
18 22
10 15
22 26
15 18
26 31
11 7
31 26
7 3
26 31
3 7
31 26
7 11
26 31
11 16
31 26
16 20
26 31
18 22
4 8
22 18
31 26
18 15
26 22
20 16
8 12
a-32 28
W wins

(*a*)
15 19
wins
thus:
15 19
23 26
32 23
26 31
16 11
31 27
19 15
27 18
30 25
W wins

Var. 2.
4 8
7 3
8 12
3 7
20 16
7 10
16 19
30 26
23 30
14 16
12 19
32 27
W wins

——

1016.
14 18
23 26
30 23
19 26
2 7
26 31
18 22
16 19
7 11
19 23
11 16
23 26
16 20
26 30
32 27
31 24
20 27
W wins

——

1017.
a-23 27
b-30 23
31 26
22 31
24 20
31 24
20 9
32 27
9 14
27 23
Drawn

(*a b*)
See
notes.

——

1018.
13 9
21 17
9 13
1-17 14
13 17
2 6
3 8
6 9
17 13
9 6
8 12
14 9
1 5
18 14
12 16
a-10 7
11 2
6 1
13 6
1 10
16 19
14 18
19 24
18 23
24 28
23 27
28 32
27 23
5 9
23 18
32 27
18 22
27 23
10 6
9 13
6 10
23 19
10 14
19 15
14 9
15 10
B wins

(*a*)
See
note.

Var. 1.
18 22
11 15
2 6
3 8
17 14
8 12
14 9
12 16
9 5
16 19
22 26
19 24
26 23
24 28
23 27
28 32
27 23
32 28
23 27
15 11
b-27 23
28 24
6 2
11 8
23 18
13 9
18 15
8 3
15 18
24 19
18 15
19 16
15 18
16 11
B wins

(*b*)
If 6-2
then
11 8
2 7
8 3
to win.
Wray.

——

1019.
23 26
32 23
20 27
22 18
27 32
18 15
32 28
15 19
28 32
19 24
32 28
23 18
W wins

——

1020.
10 6
1 10
5 1
10 14
1 6
17 13
11 15
3 8
6 2
8 12
15 19
13 9
2 7
9 6
7 11
6 10
11 16
14 18
16 20
18 22
20 24
22 25
24 27
25 29
27 24
29 25
24 27
25 22
27 24
22 18
24 27
18 15
27 24
15 11
24 27
11 16
27 23
16 20
23 27
10 7
27 23
Drawn

1021.
24 27
1-20 16
27 31
16 11
31 27
11 7
27 24
7 2
24 27
2 7
27 24
7 11
24 27
11 16
27 24
16 20
24 27
30 26
W wins
(*a*)
15 19
wins

1022.
11 15
2 6
15 18
6 9
1 5
10 6
3 8
6 2
8 12
2 7
12 16
7 11
16 19
11 7
19 23
7 11
23 26
B wins

1023.
10 7
3 10
11 7
10 14
9 13
17 21
13 17
1 5
17 10
18 14
10 17
21 14
30 26
Drawn

1024.
19 23
16 11
14 18
21 17
18 22
17 14
23 26
14 10
26 30
9 6
30 26
11 7
26 23
6 2
23 18
2 6
18 14
7 2
14 7
2 11
1 10
11 7
10 14
7 10
14 17
10 14
17 21
14 17
22 25
17 22
*25 30
31 27
3 8
27 23
8 11
23 19
21 25
22 29
30 26
B wins

1025.
Souter.
11 15
23 19
9 14
22 17
6 9
17 13
2 6
25 22
8 11
27 23
14 18
23 14
9 25
29 22
4 8
26 23
15 18
22 15
11 27
32 23
8 11
31 26
5 9
26 22
9 14
22 17
11 15
24 20
15 24
28 19
10 15
19 10
6 15
17 10
7 14
13 9
15 19
23 16
12 19
Forms Position 1025.

Solution
30 25
19 23
25 22
23 26
22 17
14 18
17 14
26 30
14 10
30 26
9 6
26 22
6 2
18 23
* 2 7
23 27
7 2
27 32
2 7
32 27
7 2
27 23
2 7
23 19
7 2
22 18
now into *Bradley's position.*

1026.
1- 2 7
1 5
7 2
19 15
2- 2 6
5 9
6 13
15 6
20 16
18 22
*16 12
6 10
*13 9
22 18
3-21 17
18 22
*17 13
22 18
9 5
18 15
5 1
15 11
13 9
11 7
1 5
7 2
5 1
3 7
12 8
7 11
8 3
11 15
3 8
15 18
8 11
18 22
11 16
22 25
16 19
25 30
19 23
2 7
* 1 5
30 25
*23 26
25 21
*26 22
7 2
5 1
10 14
1 5
Drawn

Var. 1.
2 6
3 7
10 3
1 10
4- 3 8
10 14
8 12
14 17
21 14
18 9
20 16
9 14
16 11
14 10
11 8
10 7
B wins

Var. 2
10 6
5 9
6 1
3 7
2 11
15 6
20 16
9 13
1 5
18 15
16 12
8 11
5 9
15 18
9 5
18 14
B wins

Var. 3.
9 5
18 14
5 1
14 9
1 5
9 6
21 17
10 7
17 13
6 1
5 9
7 10
B wins

Var 4.
21 17
18 15
3 7
10 14
7 10
15 6
7 11
6 9
11 8
9 14
B wins

1027.
17 22
11 8
22 26
8 4
26 31
4 8
31 27
8 11
18 23
11 16
23 26
16 20
26 31
20 16
31 26
16 20
26 22
20 16
22 18
16 20
18 15
20 16
27 23
16 20
15 11
20 24
1 6
21 17
11 15
24 20
23 18
20 24
18 22
17 13
22 18
24 19
15 24
28 19
6 10
19 16
18 15
13 9
10 14
B wins

1028.
19 15
17 21
15 10
26 22
11 7
22 17
16 11
17 14
11 8
14 9
7 2
21 25

8 4
25 30
4 8
30 25
8 11
25 21
11 7
9 14
2 6
21 17
6 2
17 13
2 6
14 9
7 2
9 14
2 7
13 17
6 2
17 22
2 6
22 18
6 2
18 23
2 6
23 27
6 2
27 24
2 6
14 18
7 11
Drawn

1029.
18 14
9 18
10 15
12 16
15 19
23 26
19 12
18 22
12 16
26 31
16 19
31 26
32 28
W wins

1030.
14 18
21 17
26 22
17 14
22 17
14 10
17 13
11 8
13 9
8 4
18 22
4 8
22 25
8 11
25 30
11 7
9 14
2 6
30 26
6 2
26 22
2 6
22 17
6 2
17 13
2 6
14 9
7 2
9 14
2 7
13 17
6 2
17 22
2 6
22 18
6 2
18 23
2 6
Drawn

1031.
8 3
26 31
3 7
31 26
7 10
26 22
10 6
9 13
6 10
22 26
15 18
26 31
18 27
31 24
10 14
24 19
14 18
19 24
18 22
24 19
32 27
W wins

1032.
a-18 14
2 6
16 19
6 2
19 23
2 6
23 18
6 2
18 22
2 6
22 17
6 2
1-17 13
2 6
14 9
* 7 2
3 8
31 27
8 12
27 23
12 16
23 18
16 20
18 15
20 24
15 11
24 27
11 8
27 31
8 3
31 27
3 8
27 24
8 12
24 19
12 8
19 15
8 3
15 11
3 7
11 8
7 3
8 12
3 7
Drawn

Var.1.
14 9
7 11
17 13
11 15
9 6
2 9
13 6
31 27
6 2
15 11
Drawn

(*a*)
18 15
2 6
15 11
7 2
16 19
6 9
19 23
9 14
Drawn

1033.
18 22
a-10 15
23 27
32 23
31 27
23 18
28 32
20 16
27 23
Drawn

(*a*)
20 16
31 27
10 15
27 24
16 20
23 27
32 23
27 24
Drawn

1034
27 23
6 9
23 18
9 14
18 9
13 6
22 18
6 2
18 14
2 7
1 6
10 1
3 10
1 6
10 15
6 2
15 19
B wins
by 1st
position

1035.
6 2
1-26 31
2 7
31 27
7 11
16 20
10 14
27 24
14 17
24 19
17 22
20 24
22 26
24 27
26 31
19 24
11 16
12 19
30 25
W wins

Var.1.
26 22
10 15
22 26
2 7
26 31
7 11
16 20
15 10
31 26
32 27
23 32
30 23
W wins

1036.
19 23
7 2
23 27
28 24
27 31
24 20
31 27
2 7
27 23
20 16
23 19
16 12
19 16
13 9
22 25
9 6
25 22
6 2
16 20
2 6
22 18
6 9
18 15
9 6
20 16
B wins

1037.
18 22
8 4
22 17
4 8
26 30
1- 8 11
30 25
11 8
17 13
2 6
25 22
8 11
22 18
11 16
18 15
16 20
15 11
6 2
13 9
20 24
11 15
24 20
B wins

Var.1
2 6
30 25
6 9
17 13
9 6
25 22
8 11
22 18
11 7
18 14
B wins

1038.
7 2
15 19
10 6
1 10
5 1
10 15
1 6
9 5
6 10
5 1
21 17
1 5
2 7
5 9
7 2
9 13
17 14
13 17
2 7
17 22
14 9
22 17
* 9 6
17 14
10 17
3 10
6 2
15 18
2 7
18 23
7 14
23 27
Drawn

1039.
10 6
1 10
5 1
10 14
1 5
13 17
11 15
17 13
19 16
W wins

1040.
10 6
1 10
5 1
1-10 14
* 1 5
17 22
11 15
22 26
*15 19
26 22
19 24
22 18
16 19
4- 3 8
24 27
8 12
*27 31
18 22
19 23
12 16
23 26

22 25
31 27
16 20
27 32
25 30
26 22
20 24
32 28
24 27
2 7
9 6
5 1
6 10
28 32
10 3
32 23
W wins

Var 1.
2-17 13
1 5
9 6
2 9
13 6
16 19
10 14
19 15
a-14 17
5 1
6 9
15 18
9 5
1 6
5 1
6 10
1 5
10 14
17 21
18 22
5 1
14 9
1 5
22 17
5 14
17 10
21 25
10 6
25 30
11 7
W wins

Var. 2.
3- 9 5
2 6
10 14
6 9
14 18
1 6
5 14
11 7
3 10
6 15
W wins

Var. 3.
9 13
1 5
17 22
5 9
13 6
2 9
22 17
16 19
17 13
9 6
10 14
19 15
W wins

Var 4.
9 13
5 9
13 6
2 9
14 17
24 27
17 21
19 23
18 15
23 26
21 25
26 22
25 30
27 23
15 10
23 19
10 7
19 16
3 8
16 12
8 11
9 14
W wins

(*a*)
6 9
15 18
14 23
5 14
W wins by First position

1041
1-16 20
6 9
2-18 15
9 14
15 6
7 2
6 10
14 7
3 10
30 26
10 14
2 7
1 6
7 2
6 10
2 6
W wins

Var. 1.
18 15
7 2
16 20
2 7
20 24
6 2
15 6
2 9
3 10
9 6
10 15
6 10
15 19
10 15
1 6
21 17
5 9
17 13
9 14
13 9
W wins

Var. 2
18 22
7 2
20 24
10 6
1 10
2 6
10 15
21 17
22 13
6 1
13 6
1 28
W wins

1042
18 14
10 6
1 10
2 6
10 15
6 2
15 18
2 6
18 22
6 2
22 25
2 6
25 30
6 2
30 26
2 6
26 23
6 2
23 18
2 6
18 15
6 1
15 10
9 6
14 9
6 2
10 14
13 6
3 7
B wins

1043.
19 23
1 6
16 19
6 10
12 16
10 15
23 26
15 24
20 27
32 23
26 31
18 14
31 26
23 18
26 22
18 15
22 18
B wins

1044.
20 16
31 26
16 11
26 22
10 15
2 6
11 7
22 26
7 2
6 9
15 11
9 14
2 6
14 17
11 16
26 31
16 19
31 26
19 16
Drawn

1045.
10 7
3 10
12 8
10 15
8 3
11 16
8 7
23 26
31 22
18 25
7 11
Drawn

1046.
23 26
30 23
21 25
23 18
25 30
17 14
30 25
a-11 8
25 21
32 27
21 17
Drawn

(*a*)
32 27
25 22
Drawn

1047.
9 13
12 16
24 20
16 19
13 17
2-15 18
20 16
19 24
16 12
18 15
17 22
24 27
22 26
15 19
26 31
19 24
12 8
24 28
31 24
28 19
8 3
19 15
3 7
1-15 19
7 10
19 24
10 14
24 27
14 17
27 31
17 22
31 27
22 26
W wins

Var 1.
a-23 26
30 23
29 25
32 28
W wins

(*a*)
15 18
7 11
18 22
11 16
22 26
16 20
26 31
20 24
W wins

Var. 2.
19 24
17 22
b-24 27
22 26
15 19
26 31
19 24
32 28
W wins

(*b*)
c-15 19
22 18
27 24
30 26
W wins

(*c*)
24 28
22 26
15 19
20 16
19 12
26 19
W wins

1048.
31 26
16 15
26 31
15 11
31 27
30 26
23 30
32 23
30 26
23 18
26 22
18 14
22 17
14 10
17 22
11 15
22 17
15 19
17 22
19 23
22 17
23 26
17 21
10 6
5 9
26 22
21 17
22 18
a- 3 8
18 23
17 22
6 2
9 14
2 7
14 17
7 10
8 12
23 19
17 21
Drawn

(*a*) The saving move.

1049.
16 11
23 19
11 8
19 16
2 7
20 24
8 4
24 27
4 8
2 31
8 11
16 20
7 2
31 27
2 7
27 23
7 2
23 19
11 8
20 24
8 11
19 23
2 7
24 27
11 16
27 31
16 11
31 26
11 16
26 22
16 11
22 18
11 16
13 17
21 14
18 9
7 2
23 18
16 11
18 22
11 7
9 14
2 6
22 17
6 2
17 13
2 6
13 17
6 2
17 22
2 6
22 18
6 2
18 23
2 6
23 19
6 2
19 24
Drawn

1050.
7 11
18 14
10 7
1 10
5 1
1-14 17
1 5
10 14
5 9
3 10
9 18
17 13
18 22
10 14
11 7
14 17
22 18
17 21
7 10
13 9
18 22
W wins

Var.1
2-14 18
11 16
3-18 14
1 5
14 9
5 14
10 17
7 2
17 22
16 11
22 26
2 6
26 31
11 7
W wins

Var 2
14 9
1 6
9 2
11 16
2 11
16 14
3 7
14 18
W wins

Var. 3
18 15
1 5
20 24
28 19
15 24
5 9
W wins

1051.
9 5
20 16
22 17
16 11
17 13
11 8
13 9
Drawn

1052.
26 31
2 7
31 27
7 11
27 24
15 10
24 28
10 14
20 24
14 18
24 27
11 15
28 24
18 22
27 31
22 17
24 28
17 14
Drawn

1053.
7 2
18 15
11 8
3 12
6 9
15 6
9 14
*13 17
2 9
17 22
* 9 13
22 26
14 18
26 31
13 17
12 16
*18 15
1 5
17 22
5 9
21 17
9 13
17 14
16 19
15 24
20 27
32 23
31 27
23 19
27 23
19 16
23 19
16 12
Drawn

1054.
15 11
30 26
11 7
26 23
7 2
23 19
2 6
5 9
6 2
1-19 15
13 6
15 11
21 17
12 16
17 13
16 19
20 16
11 20
2 7
20 16
6 2
19 23
2 6
23 26
6 9
26 30
9 5
30 26
13 9
26 22
9 6
22 18
6 2
18 14
2 6
Drawn

Var. 1.
9 14
2 7
14 18
21 17
18 22
7 11
19 23
17 14
22 26
11 15
26 31
14 9
31 26
20 16
12 19
15 24
23 18
9 6
Drawn
Lyons.

1055.
22 17
11 8
17 13
8 4
30 26
4 8
26 22
8 11
22 18
28 24
18 9
24 20
9 13
10 6
1 10
2 6
18 14
6 15
13 9
11 16
9 6
16 19
6 2
19 23
14 9
23 18
9 5
20 16
5 1
16 11
1 5
11 8
5 1
8 4
1 5
4 8
5 1
8 11
1 5
15 10
5 1
18 14
1 5
14 17
5 1
17 13
2 6
10 14
6 2
14 9
1 6
9 5
6 1
11 15
2 6
Drawn

1056.
13 17
21 14
18 9
28 24
9 14
11 7
1 6
10 1
3 10
1 6
10 15
6 1
14 10
1 5
10 7
5 9
7 11
9 14
12 16
14 10
16 19
B wins

1057.
1-23 26
30 23
31 26
23 19
13 17
11 15
17 21
Drawn

Var 1.
13 17
28 24
20 27
25 22
17 26
11 15
5 9
15 18
9 13
18 14
W wins

1058.
24 27
31 24
20 27
15 19
22 26
19 24
26 31
24 19
31 26
19 24
27 31
24 19
31 27
19 15
12 16
15 19
16 20
1-19 24
27 31
24 19
20 24
19 28
31 27
30 25
27 24
28 19
26 31
19 26
31 29
B wins
Searight v. Jordan

Var. 1.
19 15
20 24
15 18
24 28
18 15
26 22
15 11
27 24
11 15
24 20

15 19
22 26
19 15
20 16
15 19
16 11
B wins
Buchanan
v.
Hynd, jun

——

1059.
* 2 7
19 15
* 7 11
15 8
4 11
14 10
11 16
10 7
16 19
7 2
17 22
a- 2 7
– 5 9
7 10
b- 9 13
c- 10 15
19 23
18 14
22 26
14 10
26 31
10 7
31 26
7 2
26 31
2 7
31 26
7 10
26 31
e-10 14
Drawn

(*a*)
2 6
12 16
6 10
12 26
Drawn

(*b c*)
See
notes.

——

1060.
7 10
16 11
10 14
a-20 16
14 17
22 18
17 22
18 14
22 26
14 10
26 31
23 18
31 27
18 15
13 17
11 7
27 23
7 2
23 18
16 11
18 23
19 16
23 18
16 12
17 21
2 6
21 25
6 2
25 30
2 6
30 25
6 2
26 23
2 6
23 27
6 2
27 24
2 6
24 20
6 2
20 16
B wins
(*a*)
If 19-15
B wins

by 13 17
22 13
5 9
&c.

——

1061.
27 23
19 26
10 6
1 10
14 7
5 21
2 6
3 10
6 31
Drawn

——

1062.
6 2
11 16
2 7
16 20
7 2
31 27
30 26
27 18
26 23
18 27
32 23
20 24
2 6
24 27
6 9
W wins

——

1063.
*24 20
16 19
a-15 10
25 30
9 6
30 26
6 2
26 22
2 7
22 17
7 2
19 23
20 16
23 26

2 6
26 31
6 9
17 13
9 6
31 27
16 11
27 23
11 7
23 18
7 2
18 14
2 7
13 17
28 24
17 22
24 20
22 18
20 16
18 23
16 12
23 27
6 2
27 24
2 6
24 20
6 2
20 16
2 6
14 18
6 2
18 15
2 6
15 11
7 2
16 19
6 9
Drawn
(*a*)
9-6
loses.

——

1064.
25 30
14 10
30 26
9 6
11 15
1- 6 2
15 19

2 7
26 23
7 11
23 18
2-32 28
19 23
28 24
23 26
24 19
26 31
19 16
18 14
11 7
14 9
B wins

Var. 1.
20 16
15 19
16 11
26 22
11 7
22 18
7 2
19 23
2 7
18 14
B wins

Var. 2
20 16
19 23
11 7
23 26
16 12
18 23
32 28
23 27
7 11
26 31
11 16
31 26
B wins

——

1065.
18 14
1-25 22
14 10
22 18
9 6

18 14
* 6 2
14 7
21 17
1 5
17 13
7 10
2 7
Drawn

Var. 1.
3 7
12 8
25 22
8 3
22 17
3 10
1 5
9 6
11 15
Drawn

——

1066.
11 8
3 12
9 6
15 18
6 9
18 15
9 6
15 11
6 2
11 8
10 7
8 3
14 10
12 16
2 6
16 19
6 9
19 23
7 2
23 26
2 7
26 31
7 11
31 26
10 6

1 10
5 1
Drawn

——

1067.
17 13
7 11
19 23
11 15
13 9
28 24
23 26
24 19
9 6
16 11
26 31
19 15
31 26
16 12
26 22
11 8
6 2
15 11
22 17
B wins

——

1068.
14 9
6 10
9 6
1-10 14
11 7
3 10
6 2
2-10 15
2 7
15 19
7 10
14 17
10 15
19 23
15 18
23 27
18 23
27 32
23 30
1 5
*30 25
32 27
24 21

17 22
21 17
27 31
17 26
31 22
28 24
22 18
24 19
18 14
19 15
14 18
15 10
Drawn

Var. 1.
26 31
6 2
31 27
2 6
10 15
6 10
15 19
11 7
19 23
7 2
Drawn

Var. 2.
14 18
2 7
10 15
7 10
18 23
10 19
26 30
19 26
30 23
13 9
23 18
9 5
Drawn

——

1069.
3 8
2 7
15 11
7 10
20 11
6 2
8 3

2 6
11 16
6 2
16 19
2 6
19 23
6 9
23 18
9 6
3 8
6 2
18 14
2 7
14 9
7 2
8 3
2 7
1 6
10 1
3 10
B wins

1070.
a-16 20
2-32 27
3 8
10 7
8 12
7 3
15 19
23 16
12 19
3 7
19 24
27 23
24 27
7 10
27 31
23 18
20 24
1-18 14
24 27
14 9
27 32
9 6
32 27
13 9
1 5
10 14
27 23

6 2
31 26
2 6
23 18
30 23
18 27
Drawn

(*a*)
15 19
loses by
23 18
19 23
13 9
16 19
9 6
19 24
6 2
24 27
10 7
8 10
2 7
27 31
7 14
31 26
14 17
1 6
18 14
W wins
Busby.

Var. 1.
10 14
24 27
18 15
27 32
14 17
32 27
30 26
31 22
17 26
21 25
26 30
25 29
13 9
27 23
15 10
1 5
Drawn

Var. 2
13 9
20 24
9 6
24 27
23 18
15 22
32 23
22 26
6 2
26 31
23 18
31 27
10 7
3 10
2 7
*10 14
18 9
27 23
7 10
23 18
9 6
*18 15
10 19
1 10
19 24
*10 14
24 27
*14 17
Drawn

1071.
*10 7
3 10
11 7
10 14
* 9 13
17 21
13 17
1 5
17 10
*18 14
10 17
21 14
*29 25
5 9
*25 22
9 18
* 7 11
14 10

*11 16
10 15
*16 20
15 19
22 18
Drawn

1072.
24 20
31 26
32 27
23 32
30 23
32 27
23 18
27 24
18 14
24 28
14 9
28 24
*15 18
24 19
9 6
12 16
20 11
19 15
18 23
15 8
6 2
8 11
23 19
3 8
10 7
8 12
7 3
11 16
19 24
16 20
*24 28
12 16
3 8
16 19
8 11
19 23
11 15
23 26
15 19
26 30
19 23
W wins

1073.
9 6
1-27 32
6 2
32 28
19 15
28 24
15 18
24 19
2 6
12 16
20 11
19 15
18 23
15 8
6 2
8 11
23 19
1 5
10 6
5 9
6 1
9 14
1 6
14 17
19 15
11 18
2 7
W wins

Var. 1.
3 7
10 3
1 10
3 7
10 14
7 10
14 17
10 15
27 32
15 18
32 28
20 16
17 21
18 22
a-28 24
19 28
12 19
22 18
W wins

(*a*)
If 28 32
16 11
W wins
by 1st
Pos.

1074.
10 6
1 10
22 18
23 14
9 18
3 7
5 1
a-13 17
21 14
10 17
18 15
17 21
1 6
21 25
6 2
25 30
2 11
30 26
15 18
W wins

(*a*)
If 7-11
then
1 6
10 15
32 28
15 22
28 19
22 26
6 2
W wins

1075.
6 9
19 16
20 24
28 19
11 20
19 16
8 12
15 11
12 19

11 2
19 23
2 6
9 13
6 10
22 26
1-10 15
26 31
18 14
13 17
14 10
17 21
10 7
31 26
15 11
20 24
11 16
24 27
16 19
27 31
7 3
31 27
3 7
27 31
7 11
31 27
11 16
27 31
16 20
31 27
19 24
26 31
Drawn

Var. 1
10 14
26 31
18 15
31 26
15 11
26 22
14 10
13 17
11 7
17 21
7 2
22 26
2 7
20 24
7 11

24 27
10 15
27 31
a-15 19
31 27
11 16
27 31
16 20
31 27
19 24
26 31
Drawn

(*a*)
15-18 is
no
better.

1076.
31 27
3 10
9 14
10 17
13 22
21 17
27 24
17 14
24 20
14 10
20 16
10 6
23 26
30 23
19 26
32 27
16 11
27 23
11 7
6 2
7 10
28 24
26 31
24 20
31 27
23 19
27 23
19 16
23 18
16 12
19 15
20 16

15 19	27 31	(a)	7 11	1081.	15 19	2 6	17 21
16 11	17 14	25 21	24 27	25 22	22 25	W wins	23 26
10 7	31 27	19 24	11 16	18 25	B wins		25 29
11 8	14 10	23 19	27 24	29 22	(a)	(a)	12 8
7 3	27 24	27 24	16 20	14 17	15 19	b-17 14	etc.
8 4	10 15	W wins	24 27	30 23	27 31	12 8	W wins
22 26	24 27		Drawn	23 30	19 23	3 12	
B wins	30 25	(b)	——	32 27	31 27	7 3	(c)
——	27 31	8 11		17 26	30 25	14 7	d-18 15
1077.	15 19	23 27	1080.	27 31	27 24	3 10	19 23
21 17	31 26	32 23	11 15	W wins	B wins	18 23	13 17
31 26	19 24	19 26	a- 2 6	by 1st		6 2	6 2
17 14	26 31	30 23	3 8	position	——	23 18	15 6
26 31	25 30	31 26	23 18	——	1083.	2 7	2 9
14 10	W wins	W wins	8 11	1082.	23 27	1 5	3 10
31 26	(a)	——	21 17	15 19	32 23	24 20	9 14
10 7	If 27 31	1079.	15 19	31 26	22 26	18 23	W wins
26 31	22 18	32 27	6 2	19 15	23 27	10 15	
7 2	W wins	23 32	19 23	20 24	26 31	W wins	(d)
31 26	——	30 23	17 14	15 19	27 32		18 14
2 6	1078.	1-14 17	1 5	24 27	W wins	(b)	12 8
26 31	31 27	24 27	B wins	19 15		17 21	3 12
6 9	a-16 11	17 22		27 31	——	24 19	7 3
31 26	12 16	27 31	(a)	15 19	1084.	21 25	14 7
9 13	11 8	22 25	10 6	31 27	a-17 13	6 2	3 10
26 31	27 31	31 27	1 10	19 15	24 19	18 15	W wins
30 25	b- 8 12	25 30	23 18	12 16	c-13 17	19 23	
31 26	23 26	27 31	15 19	15 19	6 2	15 6	(e)
18 22	30 23	Drawn	18 15	16 20	e-18 14	2 9	18 15
26 17	19 26		9 14	19 15	12 8	3 10	19 23
13 22	12 19	*Var. 1.*	15 6	20 24	3 12	9 6	15 6
a-27 24	26 30	14 10	14 18	a-15 18	7 3	10 14	2 9
25 30	25 21	24 27	22 15	24 28	14 7	6 9	3 10
24 27	30 26	10 7	19 1	18 15	3 10	14 17	9 14
22 17	W wins	27 24	B wins	26 22	17 [illegible]	9 14	W wins

NOTES ON THE POSITIONS.

1003 is a Bridge position with the fewest number of pieces. The white king has come down hard on the black pieces, and so confined them that one must be sacrificed; but the win is only achieved by exact play.

1004 is a very fine problem; the advantage of the "Bridge" and the king on 18 are sufficient to balance the inequality of pieces.

1010 and 1011 are two of the most instructive positions of this series, and should be known by every player, as they frequently occur from other openings.

1011. In this problem black has the Bridge position, and though a piece down the proximity of his king enables him to draw. This was given as a white win by no less a personage than Drummond, whose play Mr. Lyons corrects. The terms are Black to play and White to win, Drummond's play being—

18 14	6 2	5 9	2 7	9 14	2 6	5 14
11 7	9 5	7 2	14 9	13 9	3 8	7 2
14 9	2 6	9 14	6 2	14 5	6 9	14 7
						W wins.

We have come across several problems embracing Drummond's win, notably at the third, ninth, and thirteenth moves.

1012. Here white's position is counterbalanced by black having the move. Worthy to rank as a standard ending.

1013 is a companion to 1012. It will be seen that white cannot get the grip on 19; and, later, black gets the move and draws.

1014. Here black has two kings to one; but white has a double grip on black's pieces, as, in addition to the Bridge, he has a hold with the king on 19, forcing both black kings to remain round the piece on 23.

1016. Here black has got into line to break the Bridge, but white's superior disposition of his pieces forces a win.

1017. (*a*) Shows a very neat way of getting out of the confined position in which, if white had played correctly, he ought to have won. This little trap should be carefully noted, as it may frequently crop up. (*b*) If 32-23, then 31-27 brings out the same draw.

1018. White attempts to form Payne's "Third Position," but is frustrated by black's exact play.

1025. This is Petterson's noted "Drawbridge" position, which was subjected to analysis by the late Mr. Drinkwater, whose solution appeared in Lyman's Problem Book, No. 546, as a black win. Petterson, however, discovered the draw, which is here given. Drinkwater played 20-16, intead of 13-9 at 26th move in Souter game, which loses.

1027. Mr. Drinkwater's full solution to this problem contains 24 variations, but we give only sufficient to justify his terms.

1029. Black, in playing for "Petterson's Drawbridge," gets nicely trapped.

1032 will repay very careful examination. It was drawn in actual play across board.

1035. Here we have an ending where the apparently strongest move, and one which to all appearances is keeping up the attack, permits the draw. Was drawn in the Scottish Tourney of 1897.

1037. An ending from the International match of 1903, between F. Tescheleit and R. Stewart, which was drawn by the former.

1045. Shows the draw in a game between F. Tescheleit and R. Stewart in the International match played at Newcastle-on-Tyne in 1903.

1053. Played in the Glasgow Championship tourney, 1903. Mr. Hatton played 9-5 at the 11th move and lost.

1059. (*b*) If 19-23 white wins by 18-14, forming the "Dicky Sam" position, by T. J. Riley. See No. 1029.

(*e*) Now the "Petterson Drawbridge" position. B. draws by playing 31-26 and 26-31. The pieces on 12 and 13 must not be moved until white exchanges.

1072 and 1073 are end games from the "Denny," and have not previously been published. They are very instructive exercises.

1074. Played in "Last Battle" between Wyllie and Martins.

1075. Ending between Hill and Buchanan in the British American match, which the former lost. This was also pointed out by Mr. Heffner after this note was in type.

I have omitted a wonderful position and its solution by P. H. Rouer, Oneida, N.Y., U.S.A, which was kindly contributed to this section, as it is given in the Second Edition of Gould's Problem Book, No. 949; but I call particular attention to it, for it certainly is a grand and startling production, which my friends will find on turning to it.

No. 848 in Gould's Problem Book was also contributed to this section, but being in the body of the work is not given here. It is a beautiful correction of one of Anderson's trunk games, the only one of his trunks ever found faulty.

INDEX TO BRIDGE POSITIONS.

INDEX.

———o———

The Appendix: being Corrections and Improvements of Play on the following Problems:—

17	206	404	540	610	769	869	995
115	218	419	547	618	777	877	996
134	219	426	548	621	786	879	997
136	281	429	552	623	788	928	1002
161	297	435	553	624	803	935	
163	345	477	554	630	825	942	
166	358	487	555	673	842	963	
168	364	504	561	708	857	971	
184	380	505	563	758	858	981	
205	401	516	599	767	863	994	

www.ingramcontent.com/pod-product-compliance
Lightning Source LLC
Chambersburg PA
CBHW030902270326
41929CB00008B/542

* 9 7 8 3 3 3 7 4 2 7 9 2 4 *